Thomas Stölner, Uwe H. Bittlingmayer, Gözde Okcu (Hg.)

Anarchistische Gesellschaftsentwürfe

AF738192

UNRAST

Thomas Stölner ist Ethnologe, Philosoph, Lehrer und Autor. Sein Interesse gilt der Umsetzung partizipatorischer Inhalte und Fertigkeiten gerade auch für weniger privilegierte Menschen.

Uwe H. Bittlingmayer ist Soziologe mit den Schwerpunkten empirische Gesundheits-, Bildungs- und Ungleichheitsforschung, Kritische Theorie, Afghanistan, Namibia.

Gözde Okcu, geboren 1998 in Izmir, ist Soziologin mit Arbeitsschwerpunkten Gesundheitliche Ungleichheit und soziallagenorientierte Gesundheitsförderung.

Thomas Stölner, Uwe H. Bittlingmayer, Gözde Okcu (Hg.)

Anarchistische Gesellschaftsentwürfe

Zwischen partizipatorischer Wirtschaft, herrschaftsfreier Vergesellschaftung und kollektiver Entscheidungsfindung

UNRAST

Der Verlag behält sich die Verwertung der urheberrechtlich geschützten Inhalte dieses Werkes für Zwecke des Text- und Data-Minings nach §44 b UrhG ausdrücklich vor.

Thomas Stölner, Uwe H. Bittlingmayer, Gözde Okcu (Hg.):
Anarchistische Gesellschaftsentwürfe
Zwischen partizipatorischer Wirtschaft, herrschaftsfreier Vergesellschaftung und kollektiver Entscheidungsfindung

3., durchgesehene Auflage, Januar 2026
ISBN 978-3-89771-369-7

© UNRAST Verlag, Münster 2023
Fuggerstr. 13a, D–48165 Münster
www.unrast-verlag.de – kontakt@unrast-verlag.de
Mitglied in der assoziation Linker Verlage (aLiVe)

Umschlag: Felix Hetscher, Münster
Satz: Andreas Hollender, Köln
Druck: Multiprint, Kostinbrod

Danke an:
Manfred Renken (Übersetzungen), Doris Englisch-Stölner (Übersetzungen, Korrekturlesen einiger Texte), Lars Stubbe (Übersetzungen), Jan Pauls (Textbearbeitung), Stefan Hilden (grafische Bearbeitung).

Inhalt

Konstantin Wecker
Von der Kraft der Ideen – gemeinsam denken, träumen und handeln 9

Thomas Stölner / Uwe H. Bittlingmayer / Gözde Okcu
Zwischen Partizipatorischer Ökonomie, Herrschaftskritik und Sozialanthropologie 14

Teil 1 – Die Wirtschaft und unser Gemeinwesen partizipatorisch organisieren

Michael Albert und Alexandria Shaner
Partizipatorische Ökonomie im Überblick: Was, Warum, Wie 38

Robin Hahnel
Partizipatorische Investitions- und Entwicklungsplanung 64

Jason Chrysostomou & Mitchell Szczepanczyk
Optimierung und Demokratisierung jährlicher Planungsprozesse 86

Claude Klöckl
Warum (nicht) planen? – Proceedings 100

Anders Sandström
Anarchistische Buchhaltung 119

Stephen R. Shalom
Entscheidungsfindung in einer guten Gesellschaft: Ein Fall für verschränkte Räte 137

Savvina Chowdhury
Wie man die soziale Reproduktion in einer partizipatorischen Wirtschaft organisiert und dabei das Patriarchat abbaut 156

Stefan Meretz, Simon Sutterlütti
Verteilte commonistische Planung 176

Daniel Loick und Jan Groos
Freiheit, Souveränität und Recht ohne Gewalt | Ein Gespräch 198

Simon Sutterlütti
Parecon: Noch immer Lohnarbeit, noch immer Kapitalismus 218

Robin Hahnel
Antwort auf Sutterlütti und den ›Commonismus‹ 230

Teil 2 – Alternative Organisationen zur Überwindung überflüssiger sozialer Herrschaft

Reinhart Kößler
Nationalstaat und Moderne 240

Bernd Drücke
Anarchismus als gelebte Utopie, Anarchie als Ziel 257

Ilse Lenz
Frauenmacht ohne Herrschaft –
Überblick und aktuelle Ansätze feministischer Theorie 275

Hermann Amborn
Recht – ein Hort der Anarchie am Beispiel
polykephaler Gesellschaften in Afrika 299

Johann Bergmann
Herrschaftsfrei die Re_Produktion organisieren 309

John Holloway
Anarchistische Antworten? 325

Jens Kastner
Solidarität zwischen Staat und Anarchie 331

Teil 3 – Konkrete Formen alternativer Entscheidungsfindungen

Christoph Besemer
Konsens mit Tausenden. Entscheidungsfindung in großen Gruppen 354

Zora Weber
Gemeinschaftsbildung nach Morgan Scott Peck als Ressource
für anarchische Gruppenbildungsprozesse 376

Peter Seyferth
Rechtsdurchsetzung in anarchistischen Gruppen 383

Gerlinde Krehn
Gemeinschaftsfähigkeit durch Philosophieren 408

Ausblick

Nika Dubrovsky & Noam Chomsky
Über David Graebers »Pirate Enlightenment« 416
Ilija Trojanow
Von der Notwendigkeit von herrschaftsfreien Räumen zu erzählen 431
Konstantin Wecker
Die Kultur der Anarchie 442
Den Parolen keine Chance 446
Was mich wütend macht 448

Weiterführende Empfehlungen 449
Die Autor*innen 458
Die Herausgeber*innen 465

Konstantin Wecker

Von der Kraft der Ideen – gemeinsam denken, träumen und handeln

Ein Vorwort

Wir, die wir keine Machthaber sind und niemals sein wollen, besitzen eine sehr wertvolle Fähigkeit: Wir können unsere Ideen und unsere Leidenschaft für Utopien in die Welt setzen. Und wir sollten es gerade im Angesicht von Krieg und Klimakrise verstärkt tun. Je älter ich werde, desto bewusster wird mir die Bedeutung dieser wertvollen Praxis, gemeinsam zu denken, zu träumen und zu handeln. Und als Künstler und alter Anarcho fühle ich mich ganz besonders dazu verpflichtet, dafür zu sorgen, dass die anarchischen Kräfte unserer Ideen und Utopien gerade in schrecklichen Zeiten wie diesen nicht verstummen oder gar aussterben.

Deshalb habe ich mich sehr gefreut, ein Teil dieses wichtigen Buches über anarchistische Gesellschaftsentwürfe sein zu dürfen. Zumal darin so viele spannende und wichtige Denker*innen zu Wort kommen, von denen ich viele seit Jahrzehnten schätze, mit einigen schon lange befreundet bin und wieder andere hoffentlich noch kennenlernen darf.

»Es ist unsere Verantwortung, als Intellektuelle oder einfach als nachdenkliche Menschen zu versuchen, zumindest zu überlegen, wie etwas Besseres aussehen könnte. Und wenn es Leute gibt, die tatsächlich versuchen, etwas Besseres zu schaffen, liegt es in unserer Verantwortung, ihnen dabei zu helfen«, sagte David Graeber über die Bedeutung der »echten Revolution« in Rojava in einem Gespräch mit der Journalistin Pinar Öğünç. Das spricht mir aus der Seele.

Der Anthropologe, Anarchist und Aktivist David Graeber ist viel zu früh aus dem Leben gerissen worden. Seit vielen Jahren schätze und lese ich seine so wichtigen Bücher und Texte und bedaure es sehr, dass ich ihn persönlich leider nicht mehr kennenlernen durfte. Umso glücklicher bin ich, dass sein Denken in unserem Buch präsent ist: »David sagte oft, seine Aufgabe sei es, die Aufklärung zu dekolonisieren, unsere Vorstellungen von der Gesellschaft, in der wir leben wollen, zu verändern«, sagt die Künstlerin und Autorin Nika Dubrovsky in dem Gespräch mit dem großen Intellektuellen Noam Chomsky über das erst posthum erschienene Werk ihres verstorbenen Mannes *Pirate Enlightenment, or the Real Libertalia*, das in diesem Buch zu lesen ist. Das gemeinsame Nachdenken von Dubrovsky und Chomsky ist ein beeindruckendes Beispiel kritischen dialogischen Denkens, das die Bedeutung von Graebers Arbeit und seinen Kampf für eine bessere Welt würdigt.

David Graeber ist zum Beispiel persönlich nach Rojava gefahren und hat die Menschen in dieser selbstverwalteten Region in Nordsyrien unterstützt und ihnen bei ihrem Versuch geholfen, »etwas Besseres zu schaffen«. Ich stimme ihm von Herzen zu: Rojava und die kurdische Bewegung gehen uns alle an und die Menschen von Rojava brauchen unsere weltweite Solidarität. Und wir brauchen die Utopie von Rojava, gerade auch wir in den westlichen Metropolen: dieses gesellschaftliche Experiment einer basis- und rätedemokratischen, feministischen, ökologischen und sozial gerechten, multiethnischen und multireligiösen Gesellschaft in Nordsyrien. Seit Jahren ist das selbstverwaltete Projekt in Rojava ein Hoffnungsschimmer in der gesamten Region für Frieden und eine antirassistische Solidarität gegen Hass und Zerstörung. Für David Graeber ist Rojava eine »echte Revolution«, so wie der Kampf um ein freies, selbstbestimmtes und selbstorganisiertes anarchosyndikalistisches Spanien 1936 für ihn eine war. Sein Vater hatte dort auf der Seite der spanischen Republik gegen den Faschismus gekämpft und kehrte als überzeugter Anarchist zurück.

Es ist eine kluge Idee dieses Sammelbandes über anarchistische Gesellschaftsentwürfe Beiträge zu versammeln und miteinander in Kommunikation zu bringen, die global und regional, abstrakt, groß und zugleich konkret und praktisch denken, forschen und argumentieren. Das spüre und erlebe ich, wenn Ilija Trojanow über die Notwendigkeit nachdenkt, von herrschaftsfreien Räumen zu erzählen, oder wenn Nika Dubrovsky und Noam Chomsky über feministische Praktiken in Kunst, Ökonomie und Politik sprechen oder über die Konkurrenz der Imperien und den Krieg in der Ukraine. Es wird lebendig, wenn Jens Kastner *Solidarität* als »permanente, kollektive Beziehungsarbeit« diskutiert, Michael Albert und Alexandria Shaner Ideen für eine partizipatorische Ökonomie vorstellen, Christoph Besemer sich Gedanken macht über die Entscheidungsfindung in großen

Gruppen anhand konkreter Erfahrungen in Protestbewegungen, Stephen R. Shalom über Möglichkeiten partizipativer Entscheidungsfindung in einer guten Gesellschaft oder sich Zora Weber mit antihierarchischen Gruppenbildungsprozessen und Kommunikationsformen auseinandersetzt, die für die Bildung von anarchistischen Gemeinschaften sinnvoll sind. Um nur einige der Texte beispielhaft anzusprechen.

In meinem Beitrag »Die Kultur der Anarchie« setze ich mich mit der langen Geschichte der Diffamierung anarchistischen Denkens auseinander. Denn Machthaber, Regierungen und reaktionäre Denker wollen uns schon seit Jahrhunderten einreden, dass eine andere, gerechtere, herrschaftsfreie Gesellschaft nicht möglich sei. Wir sollten endlich diese gefährliche Propaganda von der Notwendigkeit staatlicher Gewalt als das entlarven, was sie ist: eine Lüge. Der Mensch ist zu Empathie und Solidarität fähig und somit mitnichten »dem Menschen ein Wolf«, wie es Thomas Hobbes für seine Konstruktion des angeblichen Naturzustandes des Menschen behauptet und benötigt, um dem Staat absolute Macht zu schenken und jede demokratische Selbstbestimmung als Hochverrat zu unterbinden.

Der anarchische Gedanke durchglühte die Menschheitsgeschichte schon lange, bevor das Wort Anarchie zum Schimpfwort wurde. Die Reichen und Mächtigen tun gerade alles dafür, diese Welt für immer zu zerstören. Es bleibt unsere Aufgabe und unsere Fähigkeit, endlich dafür zu sorgen, das angeblich »Unmögliche, nicht Realisierbare« wirklich werden zu lassen.

»Es kommt darauf an, das Hoffen zu lernen«, schrieb der Philosoph Ernst Bloch in seinem Werk *Das Prinzip Hoffnung*. Utopien sind Prozesse der Bewusstwerdung der Möglichkeit von Veränderung. Und so werden gesellschaftliche Kämpfe maßgeblich von den Hoffnungen der Menschen auf ein besseres Leben und eine gerechtere Welt vorangetrieben. Wir sollten deshalb einfach nur noch das tun, was uns allen ein besseres Leben ermöglicht.

Die herrschenden Verhältnisse sind nie alternativlos, in keinem Moment. Auch wenn uns die Narrative der Macht dies vormachen wollen. Wir könnten unsere Utopien gar nicht denken, wenn nicht schon längst auf der ganzen Welt so ungeheuer vielfältige, kreative und lebendige Momente und Aspekte einer herrschaftsfreien Welt gelebt würden. Durch den alltäglichen Widerstand für Würde, echte Demokratie und Brot, durch Selbstorganisation und durch solidarische Projekte: All diese gemachten Erfahrungen und die Erinnerungen daran und vor allem die selbstorganisierten lebendigen

Momente sind »Oasen der Freiheit«, wie es mein Freund Ilija Trojanow in einem gemeinsamen Gespräch so treffend formuliert hat. Ihr könnt unser Nachdenken über *Anarchie & Utopien* übrigens vollständig sehen in unserem YouTube-Kanal *Weckerswelt.*

> »Wir, die Kinder, haben eine uralte Kultur geerbt, die versteht, dass alles miteinander verbunden ist, dass nichts getrennt ist und dass nichts außerhalb ist. Deshalb sagen sie uns, dass wir alle zusammen gehen, dass niemand zurückbleibt, dass alle alles haben und niemandem etwas fehlt. Und dass das Wohlergehen aller das Wohlergehen von einem selbst ist. Dass Helfen ein Weg ist, zu wachsen und glücklich zu sein. Dass uns der Verzicht zum Wohle des anderen stärkt, dass uns zu vereinen und uns im Ganzen zu erkennen der Weg von gestern, heute, morgen und immer ist, von dem wir nie abgewichen sind.«

Diese Worte stellte der bolivianische Vizepräsident David Choquehuanca an den Anfang seiner richtungsweisenden Rede zu seinem Amtsantritt am 8. November 2020. Wie sehr erinnern mich seine Worte an eine Strophe in meiner deutschen Nachdichtung des Liedes *Gracias a la Vida* der chilenischen Musikerin Violeta Parra:

Ich danke dem Leben,
den Flüssen, den Reben,
den Winden, den Bäumen,
und ich dank meinen Träumen,
denn sie ließen mich fliegen,
die Starrheit besiegen,
und es ließ mich erkennen:
wir sind nicht zu trennen,
woher wir auch stammen –
wir sind eins und zusammen.

Die uralten indigenen Kulturen haben ihre Erfahrungen und ihre Erkenntnisse bis heute weitergegeben. Sie haben nicht vergessen, dass alles miteinander verbunden ist. Nichts getrennt. Ich möchte es immer und immer wieder hören, denn diese Erkenntnis ist entscheidend für diese so alte und doch so neue Utopie, an der wir uns immer und immer wieder orientieren sollten. Im Gegensatz dazu basiert der Kapitalismus auf Arbeitsteilung und Ausbeutung. Kein Wunder, dass er dieses Wissen von der Verbundenheit aller Dinge und Menschen auslöschen will. Das Gemeinsame verbindet, unterstützt und baut auf, statt zu trennen und zu zerstören.

Es geht also darum, anarchistische Welten zu denken, zu suchen und zu erschaffen. Dafür brauchen wir Mut, den so oft belächelten Weg in eine andere Gesellschaft, in eine liebevolle und respektvolle Gesellschaft der Ordnung ohne Herrschaft für unsere zukünftigen Mitmenschen zu ebnen.

Ich werde deshalb nicht aufhören von einer herrschaftsfreien Welt ohne Krieg und Faschismus zu träumen, von einer grenzenlosen Welt ohne Patriarchat, Rassismus, Unterdrückung und Ausbeutung. Und wir sollten weiter gemeinsam für eine herrschaftsfreie Welt kämpfen. Denn nur eine sozial gerechte Welt solidarischer Menschen wird uns von Kriegen, Klimawandel, Rassismus, Patriarchat und Kapitalismus befreien.

Wer die Zukunft neu und gerecht gestalten will, muss die Gegenwart verstehen: Und weil wir uns von der sich rasant ausbreitenden Dummheit der Macht nicht weiter dumm machen lassen wollen, brauchen wir heute dringend Utopien und gelebte Versuche, die das Leben für alle Menschen auf der Welt gerechter machen und die uns allen Hoffnung und Mut schenken und uns überleben lassen. Die Suche nach anarchistischen Gesellschaftsentwürfen ist eine aufregende Reise in eine freie Welt voller Sehnsucht und Träume nach einem besseren Leben. Begeben wir uns gemeinsam auf die Suche. In diesem Sinne wünsche ich diesem Buch viele Leser*innen sowie spannende Diskussionen, die wachsen und sich fortsetzen.

Thomas Stölner / Uwe H. Bittlingmayer / Gözde Okcu

Zwischen Partizipatorischer Ökonomie, Herrschaftskritik und Sozialanthropologie

Anarchistische Antworten auf die Krise des Nationalstaats

1. Rahmung: Nationalstaaten in der Krise

Obwohl in den anarchistischen Theorietraditionen seit Jahrzehnten um plausible Alternativen gegenüber der aktuellen Vergesellschaftung gerungen wird, lässt sich die etablierte Wissenschaft bislang sehr wenig davon beeindrucken. Das ist umso erstaunlicher, weil die globale gesellschaftliche Ordnung und die sie bildenden Nationalstaaten tief in der Krise stecken. Dabei wird die Einschätzung, dass kapitalistische Ökonomien bzw. Gesellschaften aufgrund vielfacher Unzulänglichkeiten keine Perspektive für eine sozial gerechte und nachhaltig für Menschen und andere Lebewesen bewohnbare Welt bieten, immer breiter geteilt. Darin sind sich fast alle vernünftigen Wirtschaftswissenschaftler*innen einig. Allein der intrinsische Wachstumszwang ist Grund genug, sich um eine andere Form der Gütererzeugung und -verteilung zu kümmern. Die Existenzkrise des Nationalstaats ist insofern keine kühne Behauptung, sondern mehr oder weniger Common Sense in der soziologischen, politikwissenschaftlichen und wirtschaftswissenschaftlichen oder philosophischen Auseinandersetzung mit Gegenwartsgesellschaften (vgl. hierzu auch die Beiträge von Albert & Shaner sowie Shalom). In den letzten Jahren ist eine Reihe von klugen Analysen publiziert worden, die sich mit unterschiedlichen Krisensymptomen auseinandergesetzt haben und zu unterschiedlichen prognostischen Einschätzungen gelangen. Als zentrale (aber nicht exklusive) und sehr komplexe Krisenmotive werden in der Regel – unabhängig voneinander – das globale ökonomische Geschehen, mitsamt Weltwirtschaftskrisen, Armutsproduktion und Verteilungsproblematik (I.), die Militarisierung der Außenpolitik (II.) sowie die ökologische Krise (III.) verhandelt. Die drei Krisenmotive sollen im Folgenden ganz knapp und aus großer Flughöhe skizziert werden, um zumindest einen groben Eindruck der aktuellen Lage zu vermitteln.

I. Am Beginn der Krisendiagnosen kapitalistischer Gesellschaften steht häufig die Vermutung, dass die demokratisch-repräsentative Organisationsform kapitalistischer Gesellschaften mit Blick auf ihre Regulationsmöglichkeiten ihr Pulver verschossen hat und auf eine Situation zusteuert, die nicht mehr durch die verfügbaren politischen Instrumente bearbeitet werden kann (Streeck 2018). Am anderen Ende der Gesellschaftskritik werden in den westlichen Industriegesellschaften Phänomene angeprangert, die auf ein Zuviel an staatlicher Regulation, auf eine Ausdehnung staatlicher Gewalt gegenüber Bürger*innen hinweisen. Dabei wird auf die Ausdehnung von staatlicher Eingriffstiefe wie sie etwa durch die ›Sozialgesetzreformen‹ in den 2000ern durchgesetzt wurden oder sich in der Ausspähung der ganzen Bevölkerung im Zuge des Einsatzes von sogenannten Bundestrojanern niederschlagen, Bezug genommen und die Gefahr der Etablierung eines digitalen Polizeistaates sichtbar gemacht (Lessenich 2013; Greenwald 2015; Welzer 2017).

In der Analyse sozialer Ungleichheit wird die Lage breiter erörtert, aber die These, dass es – weltweit – eine enorme Konzentration des gesellschaftlichen Vermögens gibt und dass das reichste Prozent in den Industriegesellschaften selbst in Zeiten der globalen Wirtschaftskrisen 2008/2009 und 2013/14 noch reicher geworden ist, findet viele Anhänger*innen (vgl. hierzu die Studie von Piketty 2014 und die bis heute anhaltende Diskussion). Es wird sogar die realistisch anmutende Prognose diskutiert, dass sich die Hegemonie eines globalisierten Kapitalismus nachhaltig nach Osten zugunsten Chinas verschiebt und sich damit das immer wieder beschworene natürliche Wechselverhältnis zwischen Demokratie und Kapitalismus verabschiedet (Milanović 2020). Die Hoffnung der Neoliberalen, falls sie jemals selbst daran geglaubt haben, dass sich durch den Rückbau staatlicher Regulierungen und die Stärkung marktwirtschaftlicher Selbstregulierung etwas verbessert, ist spätestens seit den letzten drastischen Finanzkrisen 2007/08 und 2013 nicht mehr zu halten. Dennoch ist die neoliberale Programmatik der Landnahme von lange Zeit vor dem Markt geschützter Bereiche wie Gesundheit und Bildung seit Jahrzehnten die Doxa politischen Handelns und es wird bis heute noch immer jenseits irgendwelcher empirischen

Evidenzen auf die selbstregulierenden Kräfte des Marktes verwiesen (vgl. u.v.a. Hirsch 1995; Hirsch et al. 2001; Jessop 2016; Demirović 2018; Dörre 2019) – so zuletzt in der Debatte um das Gesetz, das die Heizungen in Gebäuden klimafreundlicher machen sollte. Und das, obwohl Tendenzen zu einer sozialen Polarisierung ebenfalls seit Jahrzehnten allerorts ablesbar sind, die Schere zwischen arm und reich immer weiter auseinanderklaft. An diesem Punkt bietet sich an, die Versprechungen und Vorhersagen der Neoliberalen ernst zu nehmen und sie an den Resultaten zu messen. Denn demnach müssten nach Jahrzehnten der überwiegenden Durchsetzung neoliberaler Maßgaben die Erde ein blühendes Paradies mit durchweg glücklichen, ungestressten Menschen sein, die zudem noch so effektiv und lustvoll arbeiten, dass es einem Thomas Morus die Sprache verschlagen hätte. Dass sich diese Situation anhaltender und sich verschärfender globaler Ungleichheit dann verbessert, wenn die in der Regel unzulänglichen staatlichen Regulationsversuche zugunsten einer umfassenden Marktsteuerung umgeschichtet werden, muss als Ideologie in strengem Sinn verstanden werden, der es vor allem darum geht, keine Alternativen zu diskutieren.

II. Das jahrzehntelang konsensuell vertretene Paradigma einer Pazifizierung der Welt durch die Stärkung des globalen Handels – Frieden durch Handel! – ist seit dem russischen Angriffskrieg gegen die Ukraine auch im *Westen* Schnee von gestern. In Europa ist die – seit dem Zweiten Weltkrieg weitgehend verdrängte – Gewaltförmigkeit der internationalen Weltordnung durch den Ukraine-Krieg schlagartig präsent geworden und aus der Peripherie vor die eigene Haustür gewandert. Im Jahr 2021, also vor dem durch nichts zu rechtfertigenden russischen Angriffskrieg, zählte die Arbeitsgemeinschaft Kriegsursachenforschung an der Universität Hamburg 28 kriegerische Auseinandersetzungen, wobei Afrika und Asien am stärksten betroffen waren (Arbeitsgemeinschaft Kriegsursachenforschung der Universität Hamburg 2023). Diese laufenden kriegerischen Auseinandersetzungen haben tatsächlich kaum Resonanz in Europa erzeugt, erst der brutale Ukraine-Krieg hat in Europa zu der erneuten Einsicht geführt, wie schrecklich und unmenschlich Kriege sind. Die andauernden hitzigen Debatten über die richtigen Reaktionsweisen auf den Ukraine-Krieg, sinnvolle Formen der Solidarität, unerträgliche Formen der Heuchelei usw. deuten an, dass widerspruchsfreie Antworten innerhalb der bestehenden (Macht)Ordnung kaum möglich sind.[1] Die hektisch aufgelegten Programme einer verstärkten Militarisierung haben kaum Antworten auf die Frage verfügbar, wie eine bessere Gesellschaft aussähe, in der Gewalt insgesamt geächtet ist (Scherr 2022).

III. Die ökologische Krise ist nunmehr seit einigen Jahren in den Alltagsdiskursen sehr präsent. Bei etwas genauerer Betrachtung ist der Diskurs um die ökologischen Grenzen der vorhandenen Formen der Vergesellschaftung allerdings bis in die 1970er-Jahren zurückzuverfolgen (siehe zum Beispiel den breiten Diskurs um die Grenzen des Wachstums, angestoßen durch Meadows 1972). Zwischen den 1970er- und den 1990er-Jahren fand das statt, was später als »Rio-Prozess« bezeichnet wurde und zu einer – zumindest formalen – Institutionalisierung des Klima- und Umweltschutzes führte. Auf der als »Erdgipfel« benannten Konferenz für Umwelt und Entwicklung in Rio de Janeiro wurde von den anwesenden Nationalstaaten die Agenda 21 verabschiedet, ein vor allem mit Blick auf Klima- und Umweltschutz wegweisendes Dokument, das die kooperative Aufnahme des Kampfes der Menschheit gegen Armut und Umweltzerstörung dokumentieren sollte (vgl. Vereinte Nationen 1992). Als zentrale Agenten dieses Kampfes wurden Nationalstaaten angesehen, die sich aber mit NGOs austauschen und mit ihnen bei der Ausrichtung gesellschaftlicher Verhältnisse auf nachhaltige Entwicklung kooperieren sollten.

Rund dreißig Jahre später scheint das Konzept, Nationalstaaten als zentrale Schaltstelle der globalen Armutsbekämpfung und des Klima- und Umweltschutzes zu installieren, nicht aufgegangen zu sein. Die in Rio konstatierte gesamtökologische Krise ist nicht schwächer, sondern umfassender geworden. Sie stellt sich aktuell als eine Verschränkung ganz unterschiedlicher Problemkonstellationen dar. Dazu gehören zum Beispiel das Abschmelzen der Gletscher, das Insektensterben, das Waldsterben, die weiter zunehmende Konzentration von klimaschädlichen Gasen in der Atmosphäre, die bereits jetzt messbare Erhöhung des Mee-

1 Eine Einleitung ist nicht der Ort, um eine kurze und vernünftige Einschätzung über einen extrem komplexen Sachverhalt abzuliefern; das könnte nur scheitern. Hinzuweisen wäre auf einige interessante Analysen, z. B. Scherr 2022. Vgl. auch die Beiträge in der Ausgabe Nr. 340 der Zeitschrift *Das Argument* mit einer Sondernummer zum Ukraine-Krieg.

resspiegels, die globale Erwärmung, die fortschreitende Desertifikation oder der Rückgang der Biodiversität (einen Überblick liefern die Beiträge in Thunberg 2022). Während lange Zeit darüber diskutiert wurde, ob es solche einschneidenden Veränderungen auf unserem Planeten gibt, sind mittlerweile die Zweifel am *ob* gewichen. Die Diskussion hat sich dahingehend verlagert, *wie* der Klima- und ökologische Wandel noch so gestaltet werden kann, dass die Konsequenzen für Menschen, Flora und Fauna nicht vollkommen desaströs ausfallen. Hier spielen sogenannte Kipppunkte eine bedeutsame Rolle, die nach Überschreitung unaufhaltsame und unabsehbare ökologische Veränderungen einleiten.

Die hier nur angedeuteten wichtigsten gesellschaftlichen Krisenmotive stehen selbst in Wechselwirkung zueinander. Durch die Zunahme von Umweltkatastrophen, die mit dem Klimawandel und der globalen Erwärmung in Verbindung gebracht werden, steigt die Anzahl der Menschen, die ihre Wohnungen sowie ihr Hab und Gut verlieren und zu Migration gezwungen sind, sodass Armut und Elend weiter zunehmen (Flavell et al. 2019a, 2019b). Klaus Dörre (2021: 61) nutzt den Begriff der ökonomisch-ökologischen Zangenkrise:

> »Dieser Begriff [...] hebt hervor, dass sich in der globalen Finanz- und Wirtschaftskrise zwei langfristige Entwicklungslinien kreuzen, die beide mit der industriellen Revolution eingesetzt haben: rasches permanentes Wirtschaftswachstum einerseits und beschleunigter Energie- und Ressourcenverbrauch andererseits. Sofern Wirtschaftswachstum überhaupt noch generiert werden kann, zehren die mit ihm verbundenen ökologischen und sozialen Destruktionskräfte den äußerst ungleich verteilten Wohlfahrtsgewinn nicht nur auf, sondern – und das ist historisch neu – sie kumulieren sich bis hin zu Schwellenwerten, an denen eine irreversible Destabilisierung globaler Ökosysteme einsetzt. Zangenkrise besagt somit, dass das wichtigste Mittel zur Überwindung ökonomischer Stagnation und zur Pazifizierung interner Konflikte im Kapitalismus, die Generierung von Wirtschaftswachstum nach den Kriterien des Bruttoinlandsprodukts, unter Status-quo-Bedingungen (hoher Emissionsausstoß, hohe Ressourcen- und Energieintensität auf fossiler Grundlage) ökologisch zunehmend destruktiv und deshalb gesellschaftszerstörend wirkt.«

Nun sind kapitalismuskritische Untergangsszenarien nicht neu und die Hoffnung darauf, dass der Kapitalismus aufgrund seiner internen Widersprüche zusammenbricht, besteht seit den Analysen von Marx und Engels. Auch die Debatten in den 1970er- und 1980er-Jahren hatten etwas Apokalyptisches – Ozonloch, Überbevölkerung, Waldsterben, Krise des Individualverkehrs, Vernichtung des Regenwaldes, Verseuchung und Überfischung der Meere waren seinerzeit zentrale Marker in den Diskussionen (vgl. u.v.a. BUND / Misereor; Daly 1991; Pirages 1977; Knaus und Renn 1995; Sachs 1997; Schumacher 1977; Bittlingmayer 2000). Neu ist aber vielleicht ein globalisiertes und massenhaft bestehendes Bewusstsein von der Krisenhaftigkeit des aktuellen sozio-ökonomischen und ökologischen Zustands der Gegenwartsgesellschaften. Aus den hier nur grob skizzierten Szenarien ergibt sich, dass es einen enormen Regulations- und Handlungsbedarf gibt, soll »das Überleben der Gattung Mensch in ihren uns bekannten Formen« (Dörre 2021: 63) nicht riskiert werden. Vermutlich ist die Anzahl der Menschen, die der aktuellen globalen politischen Ordnung eine Bewältigung dieser Vielfach- oder Zangenkrise zutraut, mittlerweile in der Minderheit. Dabei mangelt es nicht an verfügbaren politisch relevanten Dokumenten, in denen sich Nationalstaaten (selbst-)verpflichtet haben, eine gute globale Ordnung zu schaffen. Von der Allgemeinen Erklärung der Menschenrechte über die Ottawa-Charta der Weltgesundheitsorganisation bis hin zum Sozialpakt der Europäischen Union finden sich großartige Statements, die, wenn sie umgesetzt würden, nur mit einer anderen Art der Vergesellschaftung als der bestehende realisierbar wären. In dem Moment, in dem sich Fragen nach Gerechtigkeit, ökologisch sinnvoller und nachhaltiger Vergesellschaftung und politischer Selbstbestimmung gegenüber dem kapitalistischen Profitzwang behaupten müssen, bleibt die Logik des Faktischen und der Reproduktion kapitalistischer Ökonomie primär und sind alle Dimensionen, die auf eine bessere Gesellschaft abzielen, nachgelagert.

2. Anarchismustheorie als aktualisierte Politische Ökonomie

Die Reaktionsweisen auf die gesellschaftliche Krise sind überschaubar, es überwiegen Strategien, sowohl staatliche als auch individuelle, die sich mit dem Bestehenden arrangieren. Verbreitet ist die Leugnung, dass es schon nicht so schlimm sein wird, die so lange aufrechterhalten wird, bis man selbst zum/zur Betroffenen von Umweltkatastrophen, Kriegen, Ressourcenmangel usw. wird. Auch Zynismus findet sich häufig, der die Probleme und Krisenphänomene einräumt, aber mit dem allgemeinen Hinweis auf die Schlechtigkeit des Menschen achselzuckend hinnimmt. Davon zu unterscheiden ist die individuelle Ohnmacht, die angesichts des gewaltigen Ausmaßes der Drohung nicht weiß, wo anzusetzen wäre. Es gibt aber auch massenhaft Widerstand, Solidarisierung und die Weigerung, friedlich auf die Katastrophe zuzumarschieren. Dieser Widerstand vor allem der über Jahrzehnte als unpolitisch gescholtenen Jugend ist groß, international und vernetzt. Zur Reproduktionslogik der kapitalistischen Gesellschaft gehört, dass alles, was anders ist, ängstlich diffamiert wird. Die Diffamierung derjenigen, die sich gegen die scheinbar alternativlose nationale bzw. Weltordnung stemmen, ist systemimmanent. Wenn etwa die Fridays-for-Future-Bewegung als *bloße* und damit naive Jugendbewegung abgestempelt wird, die noch nicht Bescheid wisse über die komplexen Probleme der Welt; wenn Aktivist*innen der Last Generation als Ökoterrorist*innen beschimpft werden, weil sie mit klugen Aktionen zur Einführung eines Tempolimits auf deutschen Straßen beitragen wollen; wenn alternative kollektive Lebensentwürfe wie bei den Zapatista oder der kurdischen Bevölkerung in der türkisch-syrisch-irakischen Grenzregion weitgehend unsichtbar gemacht werden, oder wenn pazifistische und militärkritische Positionen angesichts realer Angriffskriege als naiv und idiotisch diffamiert werden, dann weil mit ihnen Alternativen verbunden werden können, die außerhalb des zulässigen Denkrahmens fallen (Ilija Trojanow geht in seinem Beitrag noch ausführlicher auf diese Haltung ein).

Zu dieser systematischen Ausblendung oder Verunglimpfung von gesellschaftlichen Alternativen gehört die Unsichtbarmachung von alternativen Theorien und Ansätzen im akademischen Feld, die im Spektrum dessen liegen, was als anarchistische Theorie und Praxis gilt. Allerdings ist mit der Benennung des häufig als Synonym von Chaos diffamierten oder spiegelbildlich als besonders revolutionär romantisierten Begriffs Anarchie noch nicht sonderlich viel gewonnen. Eine bekanntere Einschätzung über den Anarchismus lautet, dass es in ihm mehr Richtungen gebe, als ein Huhn Federn habe. Eine Gemeinsamkeit aller Ansätze und Praktiken sind jedenfalls sein Streben nach einer freien Gesellschaft, in der sowohl die Freiheit des Individuums als auch soziale Gleichheit im Mittelpunkt stehen. Freiheit und Gerechtigkeit werden in allen anarchistischen Ansätzen nicht als Gegensatzpaare verstanden, sondern als grundlegende Merkmale einer herrschaftsfreien Gesellschaft. Mit diesen beiden für den Anarchismus so zentralen Begriffe befinden wir uns mitten in den verschiedensten Disziplinen wie der Philosophie, Kulturanthropologie, Soziologie, Psychologie und den Wirtschaftswissenschaften. Mit dem Bestreben, zu einer herrschaftsfreien Gesellschaft zu gelangen, handelt es sich bei allen anarchistischen Ansätzen immer auch um normative Theorien und Praxen. So wie es ist, soll es nicht bleiben. Dem anarchistischen Tun unterliegt stets der empathische Grundsatz der Berücksichtigung des anderen, wie es Errico Malatesta ausgedrückt hat:

> »[…], wenn ich esse, dann kann ich keinen Geschmack daran finden, wenn ich denke, dass Menschen Hungers sterben; wenn ich meiner kleinen Tochter ein Spielzeug kaufe und ganz glücklich über ihre Freude bin, dann wird diese Freude schnell getrübt, wenn ich vor dem Schaufenster des Händlers Kinder mit weit aufgerissenen Augen sehe, die mit einem Pfennigpüppchen glücklich gemacht werden könnten; wenn ich mich vergnüge, dann verdüstert sich mein Gemüt, sobald mir in den Sinn kommt, dass es Unglückliche gibt, die im Kerker schmachten; wenn ich studiere oder eine Arbeit mache, die mir gefällt, empfinde ich so etwas wie Gewissensbisse, wenn ich daran denke, wie viele es gibt, die klüger sind als ich und gezwungen, sind, ihr Leben in einer abstumpfenden, oft unnützen oder schädlichen Arbeit zu vergeuden. Reiner Egoismus, wie ihr seht, doch ein Egoismus, den andere Altruismus nennen und ohne den […] niemand ein wirklicher Anarchist sein kann« (Malatesta [1922] 1980 ohne Seite).

Dass der Anarchismus mit seinen vielfältigen Ansätzen zur Lösung der multiplen Krisen in der öffentlichen Debatte kaum eine Rolle spielt, kann angesichts seines Bestrebens, eine Gesellschaft zu errichten, in der kein Mensch über dem anderen steht, in der jegliche Herrschaft überwunden werden soll, kaum verwundern. Denn spätestens seit den 1980er-Jahren ist die Proklamierung, dass es eben nicht anders geht, zur gesamtgesellschaftlichen Doxa, zu einem insgesamt eingedampften Denkhorizont sedimentiert. »There is no alternative« meinte die ehemalige britische Premierministerin Margarete Thatcher. Da dieser Ausruf nicht die Wirklichkeit beschreibt, muss er als Kriegseinsatz im Klassenkampf im Verständnis Warren Buffets verstanden werden. Warren Buffet hatte überraschend offen auf eine spezifische Form des Klassenkampfes hingewiesen: »›There's class warfare, all right‹, Mr. Buffett said, ›but it's my class, the rich class, that's making war, and we're winning‹« (zit. in Stein 2006). Es ist dieser Klassenkampf von oben, der das Dogma der Alternativlosigkeit kapitalistischer, repräsentativ-parlamentaristischer Vergesellschaftung etabliert hat, von dem die

Profiteure des Status quo nachhaltig abhängig sind. Da wir treu einem anarchistischen Motto, »das Ziel muss in den Mitteln zu sehen sein«, folgen, versuchen wir, die Handlung der Klassenkämpferin Margarete Thatcher zu unterlaufen und gerade der Dominanz des Kampfes mit Vorschlägen zu einer friedfertigen, demokratischen und gerechten Wirtschaftsform zu begegnen und den Gedanken in die Köpfe zu pflanzen: es könnte alles ganz anders sein!

Dass in diesem Krieg zunächst die Vorherrschaft über die Köpfe und deren Körper gewonnen werden muss, hat Gramsci mit seinem Konzept der Hegemonie überaus nachdrücklich herausgestellt. Pierre Bourdieu kommt der Verdienst zu, diese Herrschaftsmechanismen bis in körperliche Details hinein nachverfolgt zu haben. Für das akademische Feld sieht es nach einem klaren und nahezu vollständigen Sieg für den Kapitalismus und seinen komplementären Helfer Staat aus. Ob die anarchistischen Antworten, denen wir in diesem Band Raum geben wollen, überzeugen, bleibt dem*der Leser*in überlassen. Selbstredend kann hier kein vollständiger Überblick über das reichhaltige Spektrum anarchistischer Theorie und Praxis geleistet werden. Ein besonderer Schwerpunkt des vorliegenden Buchs ist die Vorstellung und Auseinandersetzung mit einem spezifischen – und aus Sicht der Herausgebenden besonders vielversprechenden – Ansatzes, der sogenannten Partizipatorischen Ökonomie, Parecon[2] (vgl. zum Parecon-Ansatz Albert 2006, 2018, 2022b, 2022a; Hahnel 2012, 2021, 2022; Hahnel und Wright 2021), die zu den anarchistischen polit-ökonomischen Theorien gerechnet wird. Der Parecon-Ansatz ist aus unserer Perspektive auch deshalb sinnvoll in den Mittelpunkt zu stellen, da es gerade im wirtschaftlichen Bereich kaum konkrete Modelle im öffentlichen Raum gibt, die sich in ihrer Konkretion greifbar und angreifbar darbieten. Mit Parecon scheint uns ein echter alternativer Ansatz gegeben, weil er etwa die Mitbestimmung in der Selbstverwaltung umzusetzen versucht, die verschiedenen wirtschaftlichen Ebenen vom örtlichen Kleinbetrieb bis hin zu überregionalen Verkehrsbetrieben adressiert, die Commons als Grundlage jeglichen Wirtschaftens

2 Nur kurz angemerkt sei, dass Robin Hahnel, immerhin einer von zwei geistigen Vätern der Partizipatorischen Ökonomie, mit der Abkürzung Parecon nicht sehr glücklich ist. »Ich vermeide diese Abkürzung, weil mir scheint, dass sie einen falschen Eindruck des Konzepts vermittelt und einen Dogmatismus fördert, der bei Diskussionen über einen Systemwechsel wenig hilfreich ist.« Hahnel und Wright 2021: 26–27.

definiert, eine grüne, nicht auf Wachstum, sondern auf Kooperation basierende, dezentrale, demokratische Planwirtschaft entwirft und die Care-Arbeit als integralen Bestandteil allen Wirtschaftens integriert. Es spricht auch für Parecon, dass es bereits seit über 30 Jahren existiert und einige Weiterentwicklungen durchlaufen hat. Die Partizipatorische Ökonomie (einführend dargestellt von Albert und Shaner) greift dabei weit aus: ins Feld der Geschlechterordnung (vgl. den Beitrag von Savvina Chowdhury), der Demokratietheorie und Entscheidungsfindung (vgl. Stephen Shalom), der Buchhaltung (vgl. Anders Sandström), der Güterverteilung (vgl. den Beitrag von Mitchell Szczepanczyk und Jason Chrysostomou), der langfristigen Planung und der Generationengerechtigkeit (vgl. Robert Hahnel). Eine weitere Stärke von Parecon ist die Nähe zum Aktivismus, die Parecon von vielen durchdachten theoretischen Ansätzen unterscheidet und die Parecon nahe an die Erprobung alternativer Praktiken im Hier und Jetzt heranführt. Es wird vor allem in den USA konkret versucht, das Modell zumindest in Teilen bereits zu verwirklichen (vgl. z. B. Albert 2018). Um Parecon nicht unkritisch zu feiern, haben wir einen Beitrag aufgenommen, der den Parecon-Ansatz scharf kritisiert (vgl. den Beitrag von Sutterlütti und die Erwiderung von Hahnel auf die Kritik im Buch). Neben der Auseinandersetzung mit anarchistischer politischer Ökonomie adressiert das Buch weitere Dimensionen anarchistischer Studien und Arbeiten.

3. Anarchie als Herrschaftskritik und andere Praxis

Im gesamten ersten Teil des Bandes liegt der Schwerpunkt auf politökonomischen Modellen, Analysen und Theorien. Im zweiten und dritten Teil des Buches komplementieren wir die politökonomische Analyse mit unterschiedlichen Formen und Gegenständen theoretischer (vgl. die Beiträge von Kastner, Kößler, Holloway und Bergmann) und empirisch gelagerter Formen allgemeiner Herrschaftskritik (vgl. die Beiträge von Lenz und Amborn im Band) sowie Motiven einer herrschaftsfreie(re)n Praxis (vgl. die Beiträge von Drücke, Bergmann, Holloway, Weber, Chomsky & Dubrowsky) und einer demokratischen Entscheidungsfindung (vgl. die Beiträge von Weber, Besemer, Seyfehrt und Krehn).

Aus Sicht der Herausgebenden ist eine solche komplementäre Perspektive auf die vorrangig politikökonomischen und wirtschaftswissenschaftlichen Analysen um den Parecon-Ansatz deshalb besonders sinnvoll, weil sich *einerseits* auch von dieser Seite aus die behauptete Alternativlosigkeit bestehender kapitalistischer und staatlicher Vergesellschaftungsformen radikal problematisieren lässt, indem bereits bestehende Alternativen präsentiert und ihre je unterschiedliche Herrschaftsförmigkeit analysiert werden. Hier geht es insbesondere um Studien, die nachzeichnen, dass das Spektrum menschlicher Vergesellschaftung sich auch im Hier und Jetzt nicht im parlamentarisch-repräsentativen bzw. staatssozialistisch, etatistisch organisierten Nationalstaat erschöpft. *Andererseits* könnte durch den Rückgriff etwa auf sozialanthropologische Studien der Parecon-Ansatz stärker in die Nähe soziologischer Erkenntnisse über Vergesellschaftung, Sozialisation und Reproduktion und Wandel sozialer Normen gerückt und damit weiter ausgearbeitet werden.

Die allen Beiträgen in diesem Sammelband gemeinsame Perspektive ist die Kritik an bestehenden gesellschaftlichen Verhältnissen und die Orientierung an der (vollständigen) Reduktion von sozialer Herrschaft. Dabei stellt sich der Nationalstaat aus anarchistischer Sicht als besonders dringendes Problem dar, das die bestehenden gesellschaftlichen Herrschaftsverhältnisse zementiert und alle Alternativen – mittels unterschiedlicher Formen von Gewalt – zudeckt. Der Staat bezeichnet hier vorrangig eine Zwangsinstitution, die es in Hinblick auf die Herstellung von sozialer Gleichheit und unmittelbarer Demokratie zu überwinden gilt. Der Nationalstaat ist – in all seinen historischen und strukturellen Widersprüchen – in dieser Perspektive nicht der Garant von Menschenrechten, sondern steht einer *selbstorganisierten und gegenseitigen Zuweisung von Menschenrechten* gerade im Weg.

Diese kritische Perspektive auf Staatlichkeit ist keineswegs das Privileg einer anarchistischen Position, sondern etwa auch im Rahmen von Analysen des Wohlfahrtsstaats verbreitet. Hier lassen sich Ansätze unterscheiden, die die Sinnhaftigkeit staatlicher Strukturen von der Reichweite und Güte staatlicher Umverteilung abhängig machen und unterschiedlich gelungene Formen von Staatlichkeit differenzieren (vgl. die klassische Studie von Esping-Andersen 2010). In der durch Foucault inspirierten und in der marxistischen Tradition stehenden Wohlfahrtsstaatsanalyse von Stephan Lessenich (2013) wird der Staat als scharfes Herrschaftsinstrument verstanden, das im Zuge neoliberaler Aktivierungsmaßnahmen die Menschen in kapitalistischen Wohlfahrtsstaaten brutal diszipliniert. Demgegenüber gibt es in marxistischer Tradition bekanntlich die Figur des absterbenden

Staates (MEW 19, 224), der den Übergang von der sozialistischen zur kommunistischen Gesellschaftsordnung signalisieren soll. Das ist bei Marx und Engels selbst nicht ohne Widerspruch zu haben; in der einen Lesart als vollkommene Auflösung, eben Absterben, allerdings eher konzeptionalisiert als nicht erreichbare Utopie, in einer anderen Lesart wird ein Staat imaginiert, der zwar auch in der klassenlosen Gesellschaft bestehen bleibt, der aber ohne Zwangsapparat auskommt. In der materialistischen Staatstheorie wird das Motiv, dass der repräsentativ-parlamentarische Staat nicht das Gegenüber des Kapitalismus, sondern integraler und notwendiger Bestandteil kapitalistischer Vergesellschaftung ist, vermutlich am systematischsten entfaltet (vgl. hierzu z. B. Hirsch 2005; Demirović 2018; Poulantzas 2002). Wichtig ist vor allem das Argument, dass der Staat nicht einfach als selbstverständliche Evolution des Allgemeinwillens zu betrachten ist, sondern als »Ausdruck eines antagonistischen und widersprüchlichen Vergesellschaftungsverhältnisses« (Hirsch 2005: 16). Die materialistische Staatstheorie ist in ihren Implikationen weitgehend anarchistisch, auch wenn sie sich selbst selten so verortet (Hirsch und Kellermann 2012).

Obwohl anarchistische Positionen also keine Singularität in Hinblick auf Staatskritik reklamieren können, gibt es dennoch Besonderheiten.[3] Zum einen ist das Spektrum dessen, was als Staatskritik *innerhalb* des anarchistischen Spektrums formuliert worden ist, unheimlich breit und im Kontext von Herrschaftskritik sehr widersprüchlich. Wenn man gewillt ist, die marktradikalen und libertären Positionen (vgl. Nozick 1974) umstandslos unter Anarchie zu subsumieren, weil sie den Staat als Herrschaftsinstrument kritisieren, entfernt man allerdings den wesentlich humanistischen Kern der überragenden Mehrzahl anarchistischer Positionen, der davon ausgeht, dass

3 In jüngerer Zeit lassen sich auch Versuche der Reanimierung eines utopisch und programmatisch angelegten Sozialismus beobachten, die eine zum Ansatz der Partizipatorischen Ökonomie analoge Kapitalismuskritik formulieren; vgl. Dörre 2021; besonders hervorzuheben ist Erik Olin Wright, der bereits in den 1990er-Jahren das Real Utopias Projekt initiierte. Wright hat 2017 hierzu eine komprimierte Version seiner Ideen vorgelegt – Wright 2017; interessant sind auch Videoproduktionen mit Wright – vgl. etwa: https://www.rosalux.de/dokumentation/id/13927/envisioning-real-utopias-im-kapitalismus-und-ueber-ihn-hinaus. Schließlich ist noch die wertschätzende Auseinandersetzung zwischen Wright und Hahnel empfehlenswert, die unter dem Titel *Alternativen zum Kapitalismus* 2021 in deutscher Sprache erschienen ist. Das Buch ist ein Lehrstück, wie ruhige, sachliche und gegenseitig gewinnbringende Kritik zu beiderseitigem Vorteil funktionieren kann; vgl. Hahnel und Wright 2021.

mit einem marktvermittelten, staatenlosen Kampf aller gegen alle, in dem sich die Stärkeren durchsetzen, das Ziel einer herrschaftsreduzierten oder -befreiten Gesellschaft nicht zu haben ist (vgl. hierzu auch die humanistisch inspirierten Texte von Ilija Trojanov und Konstantin Wecker). Schließt man marktradikale Positionen als Unfug aus, wie es hier in diesem Sammelband geschieht, dann ist die anarchistische Diskussion von Staatskritik in *dreifacher* Hinsicht besonders bedeutsam.

Erstens lässt sich nicht hinter die Einsicht zurückgehen, dass mit der Etablierung und Fortexistenz staatlicher Strukturen (prinzipiell überflüssige) Herrschaftsverhältnisse in die Gesellschaft eingezogen werden, die Selbstbestimmung und solidarisches Verhalten systematisch blockieren oder erschweren und deren Institutionen auf Selbsterhalt und nicht auf die Maximierung und Demokratisierung individueller Entfaltungsräume programmiert sind. Hier ist insbesondere das Argument zentral, dass der Staat selbst eine materielle Verdichtung sozialer Kräfteverhältnisse bezeichnet (vgl. hierzu Poulantzas 2002; Hirsch et al. 2001; Demirović 2007) und die Erlangung der Staatsgewalt als Zwischenziel einer revolutionären oder reformistischen Bewegung nach aller historischen Erfahrung nicht zu einer humanistischeren Gesellschaft führt.

> »Das Staatsparadigma, also die Annahme, dass die Übernahme der Staatsmacht von zentraler Bedeutung ist, hat nicht nur die Theorie, sondern auch die meisten revolutionären Erfahrungen des 20. Jahrhunderts bestimmt: nicht nur die Erfahrungen der Sowjetunion und Chinas, sondern auch der Vielzahl nationaler Befreiungs- und Guerillabewegungen der 60er und 70er Jahre. Während das Staatsparadigma für die längste Zeit des 20. Jahrhunderts das Instrument der Hoffnung darstellte, so tötete es diese Hoffnung ab, je weiter das Jahrhundert voranschritt« (Holloway 2002: 22).

Analog argumentiert Joachim Hirsch, wenn er in einem Interview mit Philippe Kellermann resümiert:

> »Vom Anarchismus wäre vor allem zu lernen, dass soziale Emanzipation nicht von Avantgarden, Parteien und Staaten ausgehen kann, sondern eine unmittelbare Angelegenheit der Menschen sein muss, dass Freiheit nicht durch Zwang hergestellt werden kann und dass dies bestimmter Formen gesellschaftlicher Praxis bedarf. Auch angesichts der Tatsache, dass die theoretischen Rechtfertigungen des Staatssozialismus, die in der marxistischen Tradition eine verhäng-

nisvolle Rolle gespielt haben, inzwischen der Vergangenheit angehören, bleibt das wichtig. Staatsfixierung und Staatsfetischismus spielen bis heute in sozialen Bewegungen, linken Gruppierungen und vor allem Parteien eine große Rolle« (Hirsch und Kellermann 2012: 126).

Zweitens existiert in einer Variante der Sozialanthropologie eine empirische (zum Teil auch rekonstruktive) Wissenschaft, die anhand historischer oder existierender Gesellschaften nachweisen kann, dass das Spektrum menschlicher Vergesellschaftung staatenlose und herrschaftsbalancierte (vgl. hierzu vor allem den Beitrag von Ilse Lenz) Formen unspektakulär mit einschließt. Diese Studien sind deshalb von überragender Bedeutung, weil sich ein fortwährendes Motiv der – zum Teil nur psychoanalytisch erschließbaren – Abwehr gegenüber anarchistischen Ansätzen auf die Vorstellung gründet, dass sich Menschen ohne einen disziplinierenden und das Gewaltmonopol ausübenden Staat gegenseitig an die Gurgel gingen und der Staat, so schlimm er auch sei, nur noch Schlimmeres verhindere. Christian Sigrist kommt im Kontext seiner gemeinsam mit Fritz Kramer herausgegebenen Sammlung klassischer Texte der Social Anthropology zu einer analogen Einschätzung:

> »Die bleibende Bedeutung der social anthropology liegt darin, daß sie Gesellschaften ohne Staat in ihrer Funktionsfähigkeit dargestellt hat. [...] An diesen Gesellschaften zeigt sich, daß Menschen ohne zentrale Herrschaft, ohne Hierarchie und ohne Ausbeutung zusammenleben können. Es zeigt sich an ihnen, daß es keine anthropologische Notwendigkeit für zentrale Herrschaft, Hierarchie, Ausbeutung und soziale Ungleichheit gibt. Diese ethnologisch triviale Wahrheit ist nicht belanglos für die Frage, ob radikale Alternativen zur bestehenden spätkapitalistischen Gesellschaft überhaupt denkbar sind. Gleichheit und Herrschaftslosigkeit scheitern nicht an ›anthropologischen Erfordernissen‹« (Sigrist 1978: 42–43).

Dabei ist anzumerken, dass der Ursprung der Social Anthropology ein durch und durch kolonialistischer und bis in die Studien der 1960er-Jahre überaus ethnozentristischer war (vgl. hierzu Kramer 1978). Die erste Generation der Sozialanthropologen, Bronislav Malinowski und Alfred R. Radcliffe-Brown, waren im Auftrag der Britischen Regierung als Kolonialbeamte unterwegs und sollten herausfinden, wie sogenannte akephale, also wörtlich kopflose, Gesellschaften – häufig auch als segmentäre

Gesellschaften oder Stammesgesellschaften bezeichnet – funktionieren. Grund für diese Mission war die Erkenntnis, dass der Widerstand gegen den britischen Kolonialismus in solchen Gesellschaftsformen erheblich ausgeprägter war als in bereits bestehenden Königreichen (Sigrist 1978: 30; analog argumentiert Amborn 2016: 19).[4]

Es liegen also eine Reihe von Studien vor, die zeigen, dass Menschen ohne staatliche Strukturen in der Lage sind, soziale Organisationsformen aufzubauen und Regeln zu entwickeln, die demokratischer und partizipativer ausgelegt sind als die gängigen Verfahren und Rechtssetzungsprozesse in repräsentativ-parlamentarischen Staaten, die nach Walter Benjamin (1977: 179–203) selbst macht- und gewaltförmig sind.

Bemerkenswert ist in diesem Zusammenhang eine jüngere Studie, die in der Tradition der Social Anthropology steht, aber weder Auftragsspionage ist, noch dem Ethnozentrismus verhaftet bleibt. Hermann Amborn hat in seinem Buch Das Recht als Hort der Anarchie konkret aufgezeigt, wie eine großflächige Gesellschaft in Südäthiopien nicht nur ohne staatliche Strukturen, sondern weitgehend herrschaftsfrei funktioniert, und das in der Gegenwart. Als Beschreibung dieser Gesellschaft nutzt er den Begriff polykephal – wörtlich: Mehrköpfigkeit – und weist darauf hin, dass es unterschiedliche gesellschaftliche Bereiche gibt, die sich gegenseitig in Balance bringen (eine starke Zusammenfassung wichtiger Erkenntnisse der Studie finden sich im Beitrag von Amborn im Buch).[5] Die Etablierung herrschaftsabweisender Muster ist ein wichtiges kulturelles Element, wird aber durch gesellschaftliche Strukturen flankiert, die notwendig sind, um eine herrschaftsabweisende Praxis sicherzustellen:

4 Am Beispiel Afghanistans und Pakistans zeigt Omar-Khaled Sahrai 2018: 153–198 allerdings überzeugend, dass im Kontext des massiven süd- und zentralasiatischen Widerstands gegen den britischen Imperialismus allein das Vorhandensein stammesgesellschaftlicher Strukturen keine ausreichende Erklärung liefert, sondern weitere wichtige Faktoren wie Religiosität und Ethnizität einzubeziehen sind.

5 Analog argumentiert übrigens auch die sozialanthropologisch orientierte Geschlechterforschung, die ebenfalls Studien zur Bildung und Aufrechterhaltung von Herrschaftsbalancen unterschiedlicher gesellschaftlicher Bereiche (wie Arbeit, Familie, Reproduktion, politische Entscheidungsfindung) und weniger zur Herrschaftsfreiheit vorgelegt haben; vgl. die Beiträge in dem überragenden Sammelband von Lenz und Luig 1990 sowie den Beitrag von Lenz im Band. Wichtig ist an dieser Stelle noch der Hinweis von Bini Adamczak, dass der Maskulismus im Anarchismus ausgeprägt ist und dringend der Renovierung bedürfe; vgl. Adamczak und Kellermann 2012: 37.

> »Zur Inkorporation des soziopolitischen antiherrschaftlichen Leibildes gehört [...] das Zusammenspiel von Recht, Institutionen und sozialen Beziehungssystemen, denn die bestehenden Institutionen allein dürften zur Verhinderung von Herrschaft nur bedingt in der Lage sein« (Amborn 2016: 236).

Damit enthält – das wäre aus Sicht der Herausgeber*innen ein wichtiger Gedanke für die Weiterentwicklung des Parecon-Ansatzes – herrschaftsfreie Praxis ein eminent kulturelles Element.

> »Der Widerstand gegen jegliche Bevormundung durch den Staat und sein Machtmonopol wird in den polykephalen Gesellschaften nicht mit Waffengewalt geleistet. Vielmehr hängt das Gelingen der Schaffung lokaler Freiräume von einer gemeinsam getragenen anarchischen Haltung und dem Willen ab, diese durch eigenes Recht zu stützen« (Amborn 2016: 238).

Dabei ist wichtig anzumerken, dass Recht in polykephalen Gesellschaften, wie Amborn umfassend zeigt, vollkommen anders funktioniert. Recht ist keine entsagende und an den Staat delegierte Rache, sondern es geht um Versöhnung aller Konfliktparteien. »Strafe ist dann nicht Abschreckung, sondern Ausdruck der Einsicht in ein Fehlverhalten« (Amborn 2016: 188–189). Gegen den von Amborn gegenüber seiner Studie antizipierten Einwand, er würde die von ihm untersuchte polykephale Gesellschaft idealisieren, gibt er die folgende Antwort:

> »Wir sollten [...] die Beobachtung zulassen, dass es Gesellschaften gibt, in denen andere Paradigmen als die unseren gelten und in denen die Vereinzelung des Individuums nicht den Grad erreicht hat wie in westlichen Gesellschaften. In denen Profitmaximierung nicht den höchsten Wert darstellt und in der auch das Konkurrenzverhalten stets die Würde des anderen respektiert« (Amborn 2016: 239).

In dieser Weise äußert sich auch Nika Dubrovsky, die in diesem Sinne das Erbe ihres verstorbenen Mannes, David Graeber, antritt in dem Versuch, die Aufklärung zu dekolonialisieren (siehe ihr Gespräch mit Noam Chomsky).

Der dritte Grund, warum anarchistische Positionen mit Blick auf die Kritik von Staat und Kapitalismus unbedingt zur Kenntnis zu nehmen sind, selbst wenn Anarchismus nicht zur Selbstbeschreibung gehört, besteht aus Sicht der Herausgeber*innen darin, dass mit Parecon nicht nur eine überzeugende Kritik kapitalistischer Vergesellschaftung, sondern auch ein mutiger positiver Entwurf vorliegt, wie Gesellschaft anders, nämlich herrschaftsärmer und ausbeutungsfrei, funktionieren könnte. Dieser positive Entwurf, der über die immanente Kritik am Kapitalismus hinausführt und gewissermaßen das in der marxistischen Tradition tief eingeschriebene Bilderverbot überwindet, ist zum einen deshalb zentral, weil allein das Fehlen staatlicher Herrschaft ganz offensichtlich nicht automatisch zu einer besseren Gesellschaft führt. Zum anderen hilft eine konkrete Vorstellung des Besseren bei der Mobilisierung der Menschen, die ihr gesellschaftliches Schicksal ja selbst in die Hand nehmen sollen.

Wenn der Maßstab Herrschaftsreduktion oder Herrschaftsfreiheit sein soll, ist, selbst wenn man zustimmt, dass die Abschaffung von Staaten mit Herrschaftsreduktion oder -freiheit einhergeht, die Abwesenheit staatlicher Strukturen eine notwendige, jedoch keine hinreichende Bedingung für eine bessere Gesellschaft. In Hinblick auf die dem Parecon-Ansatz zugrunde liegende Idee sozialer Herrschaft wäre zu sagen, dass es sich weniger um ein Modell einer vollständig herrschaftsfreien Gesellschaft handelt (vgl. hierzu auch die Erwiderung von Hahnel an Sutterlütti im Band), als um ein Modell direkter Demokratie und partizipativer Entscheidungsverfahren. Wenn der Parecon-Ansatz zusammengedacht wird mit dem Parpolity-Konzept von Stephen Shalom (vgl. hierzu den Beitrag von Shalom), lässt sich Parecon in die Nähe von Ideen einer Machtbalance rücken. Denn es ist unwahrscheinlich, dass unter den Bedingungen einer institutionell abgesicherten partizipatorischen Ökonomie diejenigen, die in den überregionalen Arbeiter*innenräten vertreten sind, zugleich auch den überregionalen Konsumräten und den überregionalen politischen Räten angehören. Vollständige Herrschaftsfreiheit dürfte Parecon dagegen nicht erreichen, weil bei Einführung starker partizipativer Verfahren redegewandtere Personen sich besser artikulieren können und es stetiger und zusätzlicher Anstrengungen bedarf, Menschen mit unterschiedlichen Einschränkungen die volle Teilhabe in allen gesellschaftlichen Bereichen zu ermöglichen. Normativ gut und menschenrechtlich überzeugend ausformuliert ist das übrigens in der UN-Behindertenrechtskonvention (UN-BRK; https://www.behindertenrechtskonvention.info/), die, wenn die darin enthaltenen Rechte ernsthaft umgesetzt würden, die bisherigen gesellschaftlichen Verhältnisse vollständig revolutionieren dürfte. Allerdings ist das Argument, dass sich bei etablierten partizipativen Verfahren die Gebildeteren, die Redegewandteren oder die strategisch Klügeren durchsetzen werden kein Automatismus und kann selbst wieder demokratischer Kontrolle unterzogen werden. Zudem ist eine der Grundideen des Parecon-Ansatzes, dass alle Verfahren transparent, nachvollziehbar und, weil nicht mit einer Staatsgewalt verbunden, deutlich reversibler bleiben.

Der Parecon-Ansatz ist zudem international ausgerichtet und nimmt Prozesse der Globalisierung in den Blick. Neben einer lebhaften Diskussion des Modells im englischsprachigen Raum bestehen inzwischen auch Kontakte zwischen dem Commons-Institut in Deutschland und dem Participative Economy Project. In Finnland, Schweden, Britannien, Irland, Deutschland und Österreich und anderen Ländern wird versucht, das Modell bekannt zu machen und mit Wissenschaftler*innen und Aktivist*innen der jeweiligen Länder in Kontakt zu treten. Es konnte bereits ein Gespräch mit Thomas Piketty begonnen werden, der über *Democratic Economic Planing* von Robin Hahnel meinte, dass es ein »must read« sei. Michael Albert, neben Robin Hahnel der andere Begründer von Parecon, steht im Austausch mit Noam Chomsky und Yanis Varoufakis. Damit sind nur die prominentesten Diskutant*innen erwähnt, mit denen ein Austausch begonnen wurde oder schon seit geraumer Zeit läuft.

Auf der anderen Seite sind die Einsichten in die Empirie der regulierten Anarchie (vgl. hierzu Sigrist 1979) noch nicht von dem Parecon-Ansatz rezipiert worden. Aus Sicht der Herausgeber*innen ist eine Diskussion zwischen der polit-ökonomischen, weitgehend auf die Analyse, Kritik und Überwindung kapitalistisch-westlicher Gesellschaften ausgerichteten Anarchismustheorie und der sich der Analyse (ehemals) kolonialisierter Länder des Globalen Südens widmenden Sozialanthropologie überfällig. Zu dieser Diskussion möchten wir mit diesem Buch explizit anregen.

4. Aufbau des Buches

Um in den Dialog einzusteigen, ist die Kenntnis der jeweiligen Positionen zentral. *In einem ersten Teil* sind die politökonomischen Beiträge versammelt, die den Parecon-Ansatz repräsentieren. Im Mittelpunkt stehen dabei Grundideen, wirtschaftspolitische Fragen nachhaltiger Wirtschaftssteuerung im Sinne von Planung, die Darstellung politischer Strukturen einer Parpolity sowie Überlegungen zur Herstellung geschlechtergerechter Strukturen. Um schon einmal in Diskussionen einzusteigen, haben wir mit Stefan Meretz und Simon Sutterlüty Personen eingeladen, die Parecon skeptisch gegenüberstehen und einen gewissermaßen konkurrierenden Ansatz vertreten, den sie als Commonismus bezeichnen. Friederike Habermann bietet mit ihrem Konzept einer tauschlogikfreien Ökonomie ebenfalls einen bedenkenswerten Zugang an, gerade der Care-Logik jeden wirtschaftlichen Tätigseins als Mittelpunkt menschlicher Existenz die ihr gebührende Bedeutung beizumessen. Leider kam unsere Einladung, einen Beitrag für unseren Band zu verfassen, zu kurzfristig, aber die Lektüre ihrer Bücher sind als Ergänzung und Kontrast zu Parecon sehr empfehlenswert.

Eine weitere Ergänzung zum Thema, wie sich eine befreite Gesellschaft organisieren soll, berührt neben wirtschaftlichen und politischen Aspekten die Frage nach dem Recht und seiner Umsetzung durch den *Souverän*. Zu dieser Problemstellung macht das Gespräch von Jan Groos und Daniel Loick einen Anfang und wird aus kulturanthropologischer Perspektive von Hermann Amborn und aus philosophischem Blickwinkel von Peter Seyferth wieder aufgegriffen.

Im zweiten, deutlich heterogenen *Teil* finden sich Beiträge zur Analyse des Nationalstaats oder zur Solidarität und liefern damit wichtige Erkenntnisse für die allgemeine anarchismustheoretische Diskussion. Ferner finden sich Beiträge, die über konkrete Projekte bereits realisierter Herrschaftsfreiheit und/oder Widerständigkeit berichten. Und schließlich finden sich in diesem Teil auch Beiträge in der Tradition der Social Anthropology, einmal aus ethnologischer, einmal aus geschlechtertheoretischer Perspektive.

Der dritte Teil umfasst Beiträge, die sich mit demokratischen oder anarchistischen Entscheidungsfindungsverfahren befassen. Damit wird das für alle anarchistischen Ansätze essenzielle Motiv der nicht-hierarchischen Entscheidungsfindung adressiert, um Formen und Möglichkeiten der Umsetzung von anarchistischen Praktiken im Hier und Jetzt konkret diskutierbar zu machen. Der *Ausblick* besteht aus einem Interview zwischen Nika Dubrovsky und Noam Chomsky sowie Texten von Ilija Trojanow und Konstantin Wecker. Der Einbezug dieser Autor*innen soll auch einer rein akademischen Debatte über abstrakte Ideen zumindest etwas Vorschub leisten und für andere Textsorten und ästhetische Zugänge sensibilisieren. Diese auch im Rahmen eines Sammelbandes, der sich vor allem an ein akademisches Publikum richtet, zu Gehör zu bringen, kann für die Erweiterung unser aller Denkwege und Erfahrungshorizonte nur von Vorteil sein, angesichts der mangelnden Fantasie in vielen Disziplinen und einem öffentlichen Raum, in dem sich anarchistischen Persönlichkeiten kaum die Gelegenheit bietet, sich zu äußern. In dieser Hinsicht sind wir sehr dankbar dafür, dass mit Ilija Trojanow und Konstantin Wecker zwei Menschen diesen Band mit Texten unterstützen, die diesen Raum immer wieder mit Vehemenz, Beharrlichkeit und Zärtlichkeit zu besetzen versuchen.

Literatur

Adamczak, Bini; Kellermann, Philippe (2012): Dekonstruktivismus von Anarchismus und Kommunismus. Bini Adamczak über die verlorene Unschuld des 19. Jahrhunderts, die Hilflosigkeit gegenüber der Zukunft und die Nichtidentität der Revolution. In: Philippe Kellermann (Hg.): Anarchismus, Marxismus, Emanzipation. Gespräche über die Geschichte und Gegenwart der sozialistischen Bewegungen. 1. Auflage. Berlin: Die Buchmacherei: 11–42.

Albert, Michael (2006): Parecon. Leben nach dem Kapitalismus; [(participatory economics). Dt. Orig.-Ausg. Frankfurt a. M.: Trotzdem-Verlagsgenossenschaft.

Albert, Michael (2018): Die machbare Utopie. Strategien für eine Gesellschaft der Zukunft. Mit einem Vorwort von Noam Chomsky. 1. Auflage. Münster: Unrast.

Albert, Michael (2022a): New world in our hearts. Unter Mitarbeit von Noam Chomsky. Oakland: Kairos PM.

Albert, Michael (2022b): No bosses. A new economy for a better world. Winchester, UK, Washington, USA: Zero Books.

Amborn, Hermann (2016): Das Recht als Hort der Anarchie. Gesellschaften ohne Herrschaft und Staat. 1. Aufl. Berlin: Matthes & Seitz (Fröhliche Wissenschaft, v.310).

Arbeitsgemeinschaft Kriegsursachenforschung der Universität Hamburg (2023): Kriegsgeschehen 2021. Online verfügbar unter https://www.wiso.uni-hamburg.de/fachbereich-sowi/professuren/jakobeit/forschung/akuf/laufende-kriege.html, zuletzt geprüft am 18.02.2023.

Benjamin, Walter (Hg.) (1977): Aufsätze, Essays, Vorträge. Gesammelte Schriften, Band II-1. Herausgegeben von Hermann Schweppenhäuser und Rolf Tiedemann. Frankfurt am Main: Suhrkamp.

Bittlingmayer, Uwe H. (2000): Askese in der Erlebnisgesellschaft? Eine kultursoziologische Untersuchung zum Konzept der »nachhaltigen Entwicklung« am Beispiel des Car-Sharing. Wiesbaden: Westdeutscher Verlag.

BUND / Misereor (Hg.): Zukunftsfähiges Deutschland. Ein Beitrag zu einer global nachhaltigen Entwicklung. Basel u.a.: Birkhäuser.

Daly, Herman (1991): Steady State Economics. 2. Aufl. Washington: Island Press.

Demirović, Alex (2007): Nicos Poulantzas – Aktualität und Probleme materialistischer Staatstheorie. 2., überarb. und erw. Aufl. Münster: Westfälisches Dampfboot.

Demirović, Alex (2018): Materialistische Staatstheorie als Kritische Theorie. In: Ulrich Brand und Christoph Görg (Hg.): Zur Aktualität der Staatsform. Die materialistische Staatstheorie von Joachim Hirsch. 1. Auflage. Baden-Baden: Nomos Verlagsgesellschaft (Staatsverständnisse, Band 113): 95–113.

Dörre, Klaus (2019): Kritische Theorie und Krise: Landnahme an den Grenzen kapitalistischer Dynamik. In: Uwe H. Bittlingmayer, Alex Demirović und Tatjana Freytag (Hg.): Handbuch Kritische Theorie. 2 Bände. Wiesbaden: Springer VS (Springer Reference): 953–980.

Dörre, Klaus (2021): Die Utopie des Sozialismus. Kompass für eine Nachhaltigkeitsrevolution. Erste Auflage. Berlin: Matthes & Seitz Berlin.

Esping-Andersen, Gøsta (2010): The three worlds of welfare capitalism. Reprint. Cambridge: Polity Press.

Flavell, Alex; Milan, Andrea; Melde, Susanne (2019a): Migration, environment and climate change: Impact. Dessau-Roßlau. Online verfügbar unter https://www.umweltbundesamt.de/sites/default/files/medien/1410/publikationen/2020-03-04_texte_43-2020_migration-impacts_2.pdf, zuletzt geprüft am 18.02.2023.

Flavell, Alex; Milan, Andrea; Melde, Susanne (2019b): Migration, environment and climate change: Literature Review. Dessau-Roßlau. Online verfügbar unter https://www.umweltbundesamt.de/sites/default/files/medien/1410/publikationen/2020-03-04_texte_42-2020_migration-literature-review_1.pdf, zuletzt geprüft am 18.02.2023.

Greenwald, Glenn (2015): Die globale Überwachung. Der Fall Snowden, die amerikanischen Geheimdienste und die Folgen. Erw. Taschenbuchausg. München: Knaur (Knaur, 78691).

Hahnel, Robin (2012): Of the people, by the people. The case for a participatory economy. Toronto: Soap Box.

Hahnel, Robin (2021): Democratic economic planning. London, New York: Routledge, Taylor & Francis Group (Routledge frontiers of political economy).

Hahnel, Robin (2022): A Participatory Economy. La Vergne: AK Press.

Hahnel, Robin; Wright, Erik Olin (2021): Alternativen zum Kapitalismus. Vorschläge für eine demokratische Ökonomie. Berlin: Bertz + Fischer (Realität der Utopie, 2).

Hirsch, Joachim (1995): Der nationale Wettbewerbsstaat. Staat, Demokratie und Politik im globalen Kapitalismus. Berlin u.a.: Ed. ID-Archiv.

Hirsch, Joachim (2005): Materialistische Staatstheorie. Transformationsprozesse des kapitalistischen Staatensystems. Hamburg: VSA.

Hirsch, Joachim; Jessop, Bob; Poulantzas, Nicos (2001): Die Zukunft des Staates. Denationalisierung, Internationalisierung, Renationalisierung. Unter Mitarbeit von Joachim Hirsch. Hamburg: VSA.

Hirsch, Joachim; Kellermann, Philippe (2012): Vereinfacht Emanzipationskonzepte hinter sich lassen. In: Philippe Kellermann (Hg.): Anarchismus, Marxismus, Emanzipation. Gespräche über die Geschichte und Gegenwart der sozialistischen Bewegungen. 1. Auflage. Berlin: Die Buchmacherei: 105–128.

Holloway, John (2002): Die Welt verändern, ohne die Macht übernehmen. 1. Aufl. Münster: Westfälisches Dampfboot.

Jessop, Bob (2016): The state. Past, present, future. Cambridge: Polity.

Knaus, Anja; Renn, Ortwin (1995): Den Gipfel vor Augen. Unterwegs in eine nachhaltige Zukunft. Marburg: Metropolis.

Kramer, Fritz (1978): Die social anthropology und das Problem der Darstellung anderer Gesellschaften. In: Fritz Kramer und Christian Sigrist (Hg.): Gesellschaften ohne Staat. Frankfurt am Main: Syndikat: 9–27.

Lessenich, Stephan (2013): Die Neuerfindung des Sozialen. Der Sozialstaat im flexiblen Kapitalismus. 3. unveränd. Aufl. Bielefeld: Transcript. (X-Texte zu Kultur und Gesellschaft).

Malatesta, Errico ([1922] 1980): Gesammelt Schriften. Band 2. Theorie und Praxis des Anarchismus. Anarchismus und Kommunismus. Über die Moral der Revolutionäre. Fabrikbesetzungen und bewaffnete Aufstände. Tageskämpfe. Berlin: Karin Kramer.

Meadows, Dennis (1972): Die Grenzen des Wachstums. Bericht des Club of Rome zur Lage der Menschheit. Frankfurt a. M.: Europäische Verlagsanstalt.

Milanović, Branko (2020): Kapitalismus global. Über die Zukunft des Systems, das die Welt beherrscht. Erste Auflage. Berlin: Suhrkamp. Online verfügbar unter https://www.content-select.com/index.php?id=bib_view&ean=9783518764718.

Nozick, Robert (1974): Anarchy, state, and utopia. New York, NY: Basic Books.

Piketty, Thomas (2014): Das Kapital im 21. Jahrhundert. München: C.H. Beck (C.H. Beck Paperback, 6236).

Pirages, Dennis Clark (Hg.) (1977): The Sustainable Society. New York: Praeger.

Poulantzas, Nikos A. (2002): Staatstheorie. Politischer Überbau, Ideologie, autoritärer Etatismus. Mit einer Einführung von Alex Demirović, Joachim Bischoff und Bob Jessop. [Neuausg.]. Hamburg: VSA.

Sachs, Wolfgang (1997): Sustainable Development. Zur politischen Anatomie eines internationalen Leitbildes. In: Karl-Werner Brand (Hg.): Nachhaltige Entwicklung. Eine Herausforderung für die Soziologie. Opladen: Leske + Budrich: 93–110.

Sahrai, Omar Khaled (2018): Ethnizität, Widerstand und politische Legitimation in pashtunischen Stammesgebieten Afghanistans und Pakistans. Berlin: Peter Lang (Soziologie und Anthropologie, Band 14).

Scherr, Albert (2022): Die Soziale Arbeit muss auf die »Zeitenwende« reagieren. Die Logik des Kriegs und die allzu voreilige Verabschiedung von Pazifismus und Anti-Militarismus. In: *Sozial Extra* 46: 382–389. Online verfügbar unter https://link.springer.com/article/10.1007/s12054-022-00529-5.

Schumacher, Ernst Fritz (1977): Die Rückkehr zum menschlichen Maß. Alternativen für Wirtschaft und Technik. Reinbek bei Hamburg: Rowohlt.

Sigrist, Christian (1978): Gesellschaften ohne Staat und die Entdeckungen der social anthropology. In: Fritz Kramer und Christian Sigrist (Hg.): Gesellschaften ohne Staat. Frankfurt am Main: Syndikat: 28–44.

Sigrist, Christian (1979): Regulierte Anarchie. Untersuchungen zum Fehlen und zur Entstehung politischer Herrschaft in segmentären Gesellschaften Afrikas. Frankfurt am Main: Syndikat.

Stein, Ben (2006): In Class Warfare, Guess Which Class Is Winning. In: *New York Times*, 2006 (26.11.2006). Online verfügbar unter https://www.nytimes.com/2006/11/26/business/yourmoney/26every.html, zuletzt geprüft am 14.06.2023.

Streeck, Wolfgang (2018): Gekaufte Zeit. Die vertagte Krise des demokratischen Kapitalismus; Frankfurter Adorno-Vorlesungen 2012. Erweiterte Ausgabe, 3. Auflage. Berlin (Frankfurter Adorno-Vorlesungen, 9783518297339).

Thunberg, Greta (Hg.) (2022): Das Klimabuch. Deutsche Erstausgabe. Frankfurt am Main: S. FISCHER.

Vereinte Nationen (1992): Agenda 21. Konferenz der Vereinten Nationen für Umwelt und Entwicklung. Rio de Janeiro. Online verfügbar unter https://www.un.org/depts/german/conf/agenda21/agenda_21.pdf, zuletzt geprüft am 18.02.2023.

Welzer, Harald (2017): Die smarte Diktatur. Der Angriff auf unsere Freiheit. Frankfurt am Main: Fischer Taschenbuch (Fischer Taschenbuch, 03552).

Wright, Erik Olin (2017): Reale Utopien. Wege aus dem Kapitalismus. Deutsche Erstausgabe, erste Auflage. Berlin: Suhrkamp (Suhrkamp Taschenbuch Wissenschaft, 2192).

TEIL 1

Die Wirtschaft und unser Gemeinwesen partizipatorisch organisieren

Michael Albert und Alexandra Shaner

Partizipatorische Ökonomie im Überblick: Was, Warum, Wie[1]

1. Warum eine Vision?

Es gibt vielleicht eine Sache auf der Welt, über die sich der Großteil der Menschheit einig ist. Wenn man den Zustand der heutigen Institutionen der Wirtschaft, des Gemeinwesens, der Gemeinschaft und der verwandtschaftlichen Beziehungen betrachtet, gibt es einen großen Konsens, dass fast alles in einer Krise steckt und die aktuelle Situation der Mehrheit der Menschheit nicht dienlich ist, sondern die Bedingungen für die Erhaltung des Lebens auf der Erde, wie wir es kennen, zerstört. Dies ist kein radikaler Standpunkt mehr. Wir leben in einer Zeit, in der dieses Wissen einfach Teil unseres Bewusstseins ist. Warum mangelt es uns dann an Visionen? Wir wissen, was wir nicht wollen, aber was wollen wir?

Vielleicht beherzigen diejenigen von uns, die eine bessere Welt anstreben, lediglich die Warnungen unserer intellektuellen Lehrer*innen und wehren sich gegen überzogene Pläne für die künftige Gesellschaft, die im besten Fall in ihrer Umsetzung nicht vorhersehbar und im schlimmsten Fall autoritär sind. Aber vielleicht benutzen wir diese Weisheit auch als Krücke, weil wir Angst haben, ins Leere zu blicken und auch nur in Erwägung zu ziehen, dass wir die Welt grundlegend verändern können.

Wir prangern die Missstände in der Gesellschaft an, reagieren auf die dringenden und schlimmen Probleme der Gegenwart, überleben und kämpfen in der Gegenwart. Fairerweise muss man sagen, dass es eine Aufgabe sein kann, den Kopf über Wasser zu halten und gegen eine raue See des Leidens anzukämpfen, die nur wenig übrig lässt. Selbst diejenigen, die den Kampf für eine bessere Welt unterstützen würden, erliegen oft der mentalen und emotionalen Erschöpfung, bevor sie überhaupt ihre Stimme

1 Aus dem US-amerikanischen Englisch übersetzt von Manfred Renken und Thomas Stölner

erheben oder einen Finger rühren, geschweige denn der Hoffnung erlauben, ihr Herz zu entflammen, sodass Untätigkeit nicht mehr möglich ist. Das Ausmaß des Ganzen erstickt die Initiative. Ohne eine Vision, eine wirkliche, realisierbare, erreichbare, inspirierende Vision, einen Weg, der einen Ausweg aus dem Selbstmordmarsch des Kapitalismus bietet, verwechseln wir Vorgehensweise mit Strategie, kämpfen uns von einer Schlacht zur nächsten und sehen allzu oft keinen klaren Weg vor uns. Wir verkümmern vor Müdigkeit, streiten uns und schaffen es im Allgemeinen nicht, uns massiv und tiefgreifend für unsere Sache zu begeistern.

Antikapitalisten müssen dringend eine würdige postkapitalistische Vision entwerfen und teilen, um den Zynismus zu überwinden, die strategische Ausrichtung zu teilen, die Praxis und das Experimentieren zu leiten und das Engagement gegen ernsthafte Gegner aufrechtzuerhalten (vgl. hierzu auch den Beitrag von Ilija Trojanow im vorliegenden Buch). Wir müssen darüber diskutieren, wo wir hinwollen, warum wir dorthin wollen und wie wir den Weg dorthin gestalten können. Visionen sind dazu da, auf etwas zuzulaufen, vor allem dann, wenn es nicht mehr ausreicht, einfach wegzulaufen.

Der folgende Aufsatz ist eine kurze Einführung in die partizipatorische Ökonomie: was sie ist, warum sie wichtig ist und wie sie erreicht werden kann (vgl. für eine ausführliche Darstellung des Parecon-Ansatzes Albert 2006). Ein nützlicher erster Schritt, um sich ein Leben jenseits des Kapitalismus vorzustellen, besteht darin, einige zentrale Leitwerte von Parecon vorzustellen. Hier schlagen wir fünf vor: *Selbstverwaltung*, *Gerechtigkeit*, *Solidarität*, *Vielfalt* und *Nachhaltigkeit*. Zur Institutionalisierung dieser Werte schlagen wir fünf Merkmale vor, die einen Rahmen oder ein Gerüst für eine postkapitalistische Wirtschaft bilden: ein Gemeingut an produktiven Ressourcen, Selbstverwaltung durch partizipatorische Räte, gerechte Entlohnungsnormen, Tätigkeitsbündel [i.O. balanced jobs] und Allokation durch partizipatorische Planung. Wir gehen auf weiterreichende Auswirkungen ein und schlagen Strategien vor, um die Praxis mit der Theorie und dem Kontext in Einklang zu bringen. Wir hoffen, dass diese stark zusammengefasste Präsentation dazu beiträgt, weiteres Interesse und Fragen zu den Vorzügen und der Erreichbarkeit der partizipatorischen Ökonomie zu wecken, während sie gleichzeitig zeigt, dass eine würdige Vision notwendig und dringend ist und Aufmerksamkeit und Maßnahmen verdient.

Selbstverwaltung

Für die Entscheidungsfindung schlagen wir vor, dass alle Menschen ein Mitspracherecht bei Entscheidungen haben sollten, und zwar in dem Maße, in dem sie davon betroffen sind. Manchmal kann das Mehrheitsprinzip eine hervorragende Arbeit leisten. In anderen Fällen ist der Konsens besser geeignet. Manchmal brauchen wir mehr Beratung, manchmal weniger. Manchmal sollte eine einzelne Person mit überwältigender Mehrheit entscheiden. In anderen Fällen sollte eine stark betroffene Gruppe entscheiden, wobei jedoch die umfassenden Entscheidungen größerer Gruppen zu respektieren sind. Wenn Sie zum Beispiel ein Familienfoto auf Ihrem Schreibtisch aufbewahren möchten, ist dies eine Entscheidung, die überwiegend oder sogar ausschließlich Sie betrifft. Sie sollten die alleinige Entscheidungsbefugnis in dieser Angelegenheit haben. Wenn Sie jedoch während der Arbeit in der Nähe anderer Menschen Musik hören wollen, ist dies eine Entscheidung, die alle in Reichweite des Lärms betrifft. Jetzt ist eine Methode der Entscheidungsfindung erforderlich, die die Präferenzen aller berücksichtigt. Außerdem würde eine Methode, die Überlegungen und eine kreative Konsensbildung zulässt, statt eines einfachen Ja oder Nein zu lauter Musik, die besten Ergebnisse liefern.

Der Punkt ist, dass verschiedene Beratungs- und Abstimmungsmethoden in verschiedenen Situationen der Selbstverwaltung am nächsten kommen können, aber die übergeordnete Norm gilt immer. Die Methoden sind Vorgehensweisen, um die Norm zu erreichen, und müssen daher strategisch und angemessen auf verschiedene Kontexte angewendet werden. Keine Person verdient mehr Mitspracherecht, nur weil sie männlich, weiblich, transsexuell, schwul oder heterosexuell ist oder eine andere wirtschaftliche Stellung, kulturelle Zugehörigkeit oder politische Rolle hat. Wir alle verdienen es, ein angemessenes Mitspracherecht bei den uns betreffenden Angelegenheiten zu haben.

Die typischste Kritik an der Befürwortung des Mitspracherechts betont, dass manche Menschen bessere Entscheidungen treffen können. Es wird behauptet, dass wir ihnen ein größeres Mitspracherecht einräumen sollten, um von ihren besseren Einsichten zu profitieren.

Aber ist das klug? Die Selbstverwaltung selbst bringt soziale und persönliche Vorteile mit sich, wie etwa gegenseitigen Respekt, Solidarität und Beteiligung. Diese Vorteile sind auch dann gegeben, wenn die Selbstverwaltung zu weniger einsichtigen Entscheidungen führt, als wenn man den besseren Entscheidungsträgern mehr Mitspracherecht einräumt. Der konsequente Akt der partizipatorischen Selbstverwaltung in der gesamten Gesellschaft kommt der Entwicklung der Gesellschaft zugute.

Zweitens: Dass jede*r von uns seine persönliche Präferenz zum Ausdruck bringt, ist durch die einfache Tatsache gerechtfertigt, dass wir alle am besten wissen, was wir wollen. Selbstmanagement macht Expert*innenwissen nicht überflüssig. Ich sollte entscheiden, ob ich mich einer medizinischen Behandlung unterziehe, aber erst, nachdem mir ein Arzt*eine Ärztin meinen Zustand und die Auswirkungen der Behandlung erklärt hat. Das medizinische Fachwissen sollte in meine Entscheidung einfließen. Aber mein Arzt*meine Ärztin sollte nicht für mich entscheiden. Meine Präferenzen zählen. Mein Wille zählt.

Bei der Selbstverwaltung sollte das gesamte Fachwissen respektiert und genutzt werden, aber wir sollten den Expert*innen kein unverhältnismäßiges Mitspracherecht bei Entscheidungen einräumen, die andere betreffen. In diesem Sinne schlagen wir als ersten Leitwert vor, dass die Wirtschaftsinstitutionen jedem Akteur in dem Maße, wie er*sie davon betroffen ist, Entscheidungshilfen geben sollten.

Aber kann die Art und Weise, wie wir produzieren, konsumieren und verteilen, all dies tatsächlich leisten und trotzdem zu hervorragenden Entscheidungen führen? Kann die wirtschaftliche Entscheidungsfindung vermeiden, dass einige wenige in Herrschaftspositionen gehoben werden? Muss sie die meisten zum Gehorsam zwingen? Um Selbstverwaltung zu erreichen, müssen wir diese Fragen beantworten.

Gerechtigkeit

Was ist gerecht in Bezug auf Nutzen und Kosten? Philosoph*innen debattieren. Wählerschaften kämpfen. Schauen wir uns die Situation noch einmal genau an. Wir wissen, dass die Gesellschaft Leistungen erbringt, die Aufwand erfordern und Nutzen bringen. Die Frage der Gerechtigkeit lautet: Wie sollten wir das Sozialprodukt der Gesellschaft auf die Bevölkerung aufteilen?

Nehmen wir an, wir könnten alle Vorteile und Nachteile aus der Produktion und dem Konsum aufzählen, die jede*r Einzelne genießt oder erträgt, sowohl individuell als auch gesellschaftlich. Wir könnten dann fragen: Warum sollte eine Person eine bessere Mischung aus Nutzen und Lasten haben als andere Menschen? Warum sollten nicht alle Menschen einen gerechten Anteil an Lasten zu tragen haben und im Gegenzug einen gerechten Anteil an Vorteilen genießen?

Für das wirtschaftliche Engagement bedeutet dies, dass jede*r von uns ein Anrecht auf einen Anteil am Sozialprodukt haben sollte, der der Dauer unserer Arbeit, der Intensität unserer Arbeit und der Belastung, die wir ertragen, entspricht, während wir gesellschaftlich geschätzte Arbeit leisten – es sei denn natürlich, wir können nicht arbeiten. In diesem Fall impliziert diese Sichtweise, dass wir dennoch einen vollen Anteil erhalten sollten, plus eine sozial unterstützte medizinische Versorgung und andere ähnlich angesehene kollektive Leistungen.

Bei der Entwicklung von Visionen für eine künftige Wirtschaft müssen wir ständig zwischen Vorgehensweise und Normen unterscheiden, zwischen den Leitwerten, die wir erheben und reproduzieren wollen, und den Mechanismen, die diese Werte in verschiedenen Kontexten am besten fördern. Bei der gerechten Entlohnung verhält es sich nicht anders. Wir sollten versuchen, Normen zu entwickeln, die es den Menschen in der Zukunft ermöglichen, über die Vorgehensweise zu entscheiden, die ihrer Situation und ihrem Umfeld am besten entspricht. Ein gängiges Beispiel ist die Einführung eines bedingungslosen Grundeinkommens (BGE), das jeder Person in einer Gesellschaft ein Grundeinkommen oder eine Art Grundkonsumrecht gewährt. Ein Grundeinkommen ist ein mögliches Merkmal oder eine Vorgehensweise, die die Menschen in einer partizipatorischen Gesellschaft in Zukunft nutzen könnten, um mehr Gerechtigkeit zu erreichen. Es könnte auch eine einheitliche Grundversorgung, verschiedene gemeinschaftliche Sozial- und Pflegeleistungen, universelle Wohn-, Transport- und Versorgungszuschüsse usw. geben. In der Tat könnten viele dieser Maßnahmen auch strategische und schadensmindernde Vorgehensweisen auf dem Weg zu einer gerechteren Wirtschaft sein.

Die partizipatorische Ökonomie schreibt jedoch nicht vor, dass ein BGE oder irgendeine andere Vorgehensweise von zukünftigen Menschen genutzt werden muss. Vielmehr bauen wir ein Gerüst auf, eine Reihe von freiheitlichen Institutionen, die den Werten *Gerechtigkeit, Selbstverwaltung, Solidarität, Vielfalt* und *Nachhaltigkeit* gerecht werden und durch die die Menschen ihre eigenen, selbstverwalteten Entscheidungen in ihrem eigenen Kontext treffen können. Auf diese Weise streben wir eine gerechte Entlohnung als Norm an, indem wir die gesellschaftlich geschätzte Arbeit nach Dauer, Intensität und Beschwerlichkeit entlohnen, wobei diejenigen, die nicht arbeiten können, trotzdem ein durchschnittliches Einkommen erhalten sollen. Spezifischere Vorgehensweisen und Merkmale, die darüber hinausgehen, sollten den Menschen überlassen werden, die in den unzähligen tatsächlichen Kontexten ihrer eigenen unterschiedlichen Gesellschaften leben, um zu bestimmen, welche Vorgehensweisen und Programme die gewünschten Ergebnisse am besten erreichen.

Bei dieser Art der Entlohnung werden alle gleich behandelt. Wer länger, härter oder unter schlechteren Bedingungen produktiv arbeitet, bekommt mehr. Wer weniger lange, weniger hart oder unter besseren Bedingungen produktiv arbeitet, bekommt weniger. Weder Rasse, Geschlecht, Talent noch Geburtsrecht, geschweige denn Verhandlungsmacht oder Eigentumsrechte spielen bei der Berechnung eine Rolle.

Jede*r, der*die arbeitet, trägt zur Produktion von Sozialleistungen bei. Jede*r, der*die konsumiert, erhält Gegenstände aus dem Sozialprodukt. Sollte die Summe aus Produktion und Konsum nicht alle vergleichbar entlohnen?

Man könnte sich darüber beschweren, dass Ungleichheit – bei der einige mehr und andere weniger Einkommen erhalten, weil sie über Eigentum, Verhandlungsmacht, angeborene Talente, mehr Wissen oder bessere Ausrüstung verfügen – notwendig ist, um die Motivation zu Höchstleistungen zu wecken, ohne die das Gesamtprodukt stark schrumpfen würde. Diese Behauptung wird zwar oft geglaubt und ständig wiederholt, ist aber falsch. Ethisch vertretbare Anreize profitieren nicht davon, Ungleichheit zuzulassen (und noch viel weniger davon, sie zu erzwingen). Wir brauchen Anreize, um länger, härter oder zu schlechteren Bedingungen zu arbeiten. Das ist richtig. Und eine gerechte Entlohnung ermöglicht es uns, aus genau diesen und keinen anderen Gründen mehr Lohn zu erhalten.

Gerechtigkeit, wie wir sie vorschlagen, bedeutet, dass wir ein Einkommen für unsere Anstrengungen und Opfer bei der Verrichtung gesellschaftlich geschätzter Arbeit erhalten. Wir erhalten kein Einkommen für das Glück, genetisch besser ausgestattet zu sein, oder weil wir zufällig etwas Wertvolleres produzieren, oder weil wir zufällig bessere Ausrüstung benutzen, und noch viel weniger, weil wir Eigentum besitzen oder eine größere Verhandlungsmacht haben. Alle werden gleich behandelt. Keine*r profitiert vom genetischen Glück, vom Glück, bessere Werkzeuge zu haben, von der Verweigerung anderer und so weiter.

Aber können wirtschaftliche Institutionen Gerechtigkeit einbeziehen und fördern, anstatt Einkommen für Eigentum, Macht oder sogar Leistung bereitzustellen? Kann die Art und Weise, wie wir produzieren, konsumieren und verteilen, nicht nur Einkommen allein für die Dauer, Intensität und Beschwerlichkeit der gesellschaftlich geschätzten Arbeit vermitteln, sondern auch gleichzeitig erwünschte Ergebnisse liefern und unerwünschte Verschwendung verhindern? Um wirtschaftliche Gerechtigkeit zu erreichen, müssen wir diese Fragen beantworten.

Solidarität

Ein weiterer Wert, den wir angesichts der Tatsache, dass die Wirtschaft die Beziehungen zwischen den Menschen beeinflusst, vorschlagen, ist, dass die Menschen im gesamten Wirtschaftsleben Solidarität empfinden sollten (vgl. zum Thema Solidarität auch den Beitrag von Jens Kastner). Wirtschaftliche Umstände und Möglichkeiten sollten nicht zu einem Nullsummenspiel führen, bei dem der Verlust unserer Arbeitskolleg*innen, unserer Nachbarn oder sogar entfernter Menschen zu unserem Gewinn wird. Stattdessen sollten mein Wohlergehen und ihr Wohlergehen miteinander verflochten sein, sodass wir alle gemeinsam profitieren. Wir genießen das Gefühl der Empathie. Wir feiern die gegenseitige Hilfe. Wer würde stattdessen eine Wirtschaft bevorzugen, die Asozialität produziert, in der die ›netten Jungs und die netten Mädchen als Letzte ins Ziel kommen‹?

Solidarität bedeutet, dass die Menschen ein Interesse am Wohlergehen der anderen haben, es respektieren und Raum und Gründe haben, es zu verbessern. Das ist ein unumstrittener Anspruch, aber kann die Art und Weise, wie wir produzieren, konsumieren und verteilen, tatsächlich allen Beteiligten gegenseitige Wertschätzung, Respekt und sogar Empathie vermitteln, anstatt ein feindseliges Umfeld zu schaffen, in dem die Gier auf Kosten anderer sozialen Fortschritt und Wertschätzung hervorbringt? Um wirtschaftliche Solidarität zu erreichen, müssen wir diese Frage beantworten.

Vielfalt

Vielfalt ist ein weiterer weitgehend unumstrittener Wert. Wir sollten die Möglichkeiten nicht einschränken, sondern im Gegenteil erweitern. Wir sollten nicht alles auf eine Karte setzen, sondern vielfältige alternative Möglichkeiten im Spiel halten. Wir wollen erweiterte Optionen und Wege zur Verfügung haben, damit wir uns nicht verirren, wenn sich ein Weg als fehlerhaft erweist und schnell eine Alternative benötigt wird. Es ist von strategischer Bedeutung, die Vielfalt des Denkens zu fördern und eine Vielfalt von Optionen zu erhalten.

Auch wenn jede*r von uns nur das tun kann, was er*sie selbst kann, können wir alle stellvertretend davon profitieren, dass andere ein breites Spektrum an Dingen tun, die wir nicht tun. Vielfalt belebt das Leben. Konformität verdirbt das Leben. Wer würde schon soziale Homogenität der sozialen Vielfalt vorziehen? Um Vielfalt wertzuschätzen, sollten Wirtschaftsinstitutionen Optionen schaffen und bewahren, statt sie einzuschränken und zu ersticken.

Aber kann die Art und Weise, wie wir produzieren, konsumieren und verteilen, allen eine breite Palette wirklich vielfältiger Optionen vermitteln, anstatt kommerzialisierte und kommodifizierte kollektive Konformität? Um wirtschaftliche Vielfalt zu erreichen, müssen wir diese Frage beantworten (vgl. hierzu auch die Beiträge von Robin Hahnel, Jason Chrysostomou & Mitchell Szczepanczyk, Claude Klöckl sowie Andres Sandström).

Ökologische Weisheit

Als letzten Wert haben wir den wohl intellektuell und emotional am wenigsten umstrittenen: die Nachhaltigkeit. Wir sollten in der Welt leben, aber die Welt nicht verschandeln. Um zu beurteilen, ob etwas sinnvoll ist, sollten wir auch seine Auswirkungen auf die Umwelt bewerten, sowohl in der Gegenwart als auch in der Zukunft. Wer würde es vorziehen, stattdessen die ökologischen Auswirkungen zu ignorieren und Nicht-Nachhaltigkeit zu provozieren? Wer würde den sozialen Selbstmord der ökologischen Weisheit vorziehen? Eine Wirtschaft sollte es ablehnen, sich selbst umzubringen. Eine Wirtschaft sollte Nachhaltigkeit anstreben.

Aber kann die Art und Weise, wie wir produzieren, konsumieren und verteilen, die Auswirkungen auf die Umwelt berücksichtigen? Um ökologische Weisheit zu erlangen, müssen wir diese Frage beantworten (vgl. hierzu auch den Beitrag von Robin Hahnel).

2. Partizipatorische Institutionen

Nehmen wir an, dass wir die oben genannten Werte als mögliche Richtschnur für den Vorschlag neuer Institutionen annehmen oder vielleicht auch nur in Erwägung ziehen. In diesem Fall müssen wir uns fragen, welche zentralen Institutionen Selbstverwaltung, Gerechtigkeit, Solidarität, Vielfalt und Nachhaltigkeit im Wirtschaftsleben der Menschen fördern können (vgl. hierzu auch den Beitrag von Stephen Shalom).

Die partizipatorische Ökonomie schlägt *fünf Kernmerkmale* für die Organisation der Wirtschaft vor: eine *Gemeinschaft produktiver Ressourcen*, *selbstverwaltete Arbeiter*innen- und Verbraucher*innenräte*, *ausgewogene Tätigkeitsbündel*, *gerechte Entlohnung* und *partizipatorische Wirtschaftsplanung*. Diese Institutionen erheben und reproduzieren die Werte, die wir für die Gesellschaft anstreben. Sie bieten einen Rahmen, innerhalb dessen die Menschen in Zukunft weitere Einzelheiten und verschiedene Ausprägungen in den sich verändernden Kontexten ihres Lebens bestimmen werden.

Selbstverwaltungsräte der Arbeiter*innen und Verbraucher*innen

Privateigentum an Produktionsmitteln verstößt gegen alle von uns vorgeschlagenen Werte, da es den Eigentümern ungerechtfertigte Macht und Reichtum garantiert. Wenn aber Ressourcen und Arbeitsplätze nicht im Besitz von Privatpersonen sind, wer wird dann anstelle der Eigentümer über Maßnahmen am Arbeitsplatz entscheiden? Die von uns vorgeschlagenen Werte legen nahe, dass jeder Mensch in dem Maße an der Entscheidungsfindung teilnimmt, wie er davon betroffen ist – was einen neuen Ort der Entscheidungsfindung und neue Verfahren erfordert.

Für die Arbeitsplätze schlagen wir Arbeiter*innenräte und auf einer niedrigeren Ebene innerhalb der Arbeitsstätten Arbeitsteams vor. Auf einer umfassenderen Ebene schlagen wir Räte entlang der Industriebranchen vor. So ist jeder lokale Arbeiter*innenrat Teil eines Rats einer ganzen Industriebranche, und die Summe der Räte der Industriebranchen entspricht der Belegschaft einer ganzen Wirtschaft.

Beim Konsum hingegen konsumiert jede Person als Individuum, aber auch typischerweise in einer Familie, einer Wohneinheit, einer Nachbarschaft, einer Region und einem Staat und wäre somit auch Mitglied eines Rates oder jeweils einer Föderation von Räten.

Die Struktur und Logik eines jeden Rates ist ähnlich. Die Akteure auf der jeweiligen Ebene beraten sich, diskutieren, äußern ihre Präferenzen und stimmen diese schließlich ab, um eine möglichst kollektive, kooperative Selbstverwaltung zu erreichen. Manchmal ist es so, dass eine Person eine Stimme hat. In anderen Fällen gibt es verschiedene Abstimmungsverfahren. Manchmal wird mehr, manchmal weniger Zeit für die Präsentation und

Bewertung von Optionen aufgewendet und strukturiert. Doch mit dieser Selbstverwaltung stellt sich eine neue Frage. Wie wird sichergestellt, dass die Entscheidungen des Rates im Rahmen der Selbstverwaltung weise sind?

Ausgewogene Tätigkeitsbündel

Wie können wir Aufgaben organisieren und verteilen, um weise Entscheidungen am Arbeitsplatz zu gewährleisten? Wir wollen, dass die Arbeit, die die Menschen verrichten, fair ist und dass die Menschen Dinge tun, die sie gut können. Aber damit Arbeiter*innen ihre Ergebnisse selbst steuern können, gilt es, ein wichtiges Problem zu lösen.

Was wir tun, beeinflusst, wie wir uns fühlen, wer wir sind und was wir sonst noch tun können. Wenn wir einen Großteil unserer Zeit damit verbringen, Handlungen auszuführen, die uns Selbstvertrauen, Wissen, Fähigkeiten, soziale Verbindungen und Zugang zu Entscheidungen vermitteln, bereitet uns unsere Tätigkeit darauf vor, etwas zu schaffen und zu initiieren. Wenn wir die meiste Zeit mit Handlungen verbringen, die uns langweilen, unser Wissen reduzieren, uns isolieren und unser Selbstvertrauen schwächen, wird unsere Tätigkeit uns darauf vorbereiten, Befehle zu befolgen.

Wenn wir jeden Tag immer wieder verschiedene entmündigende wirtschaftliche Aufgaben erledigen, sind wir sowohl im Job als auch in der Freizeit auf wenig mehr als das Befolgen von Befehlen vorbereitet. Unsere vorherige Ausbildung und unsere Lebensumstände müssen uns ebenfalls darauf vorbereiten, Langeweile zu ertragen und Befehle zu befolgen, damit wir unsere Position nicht ablehnen. Wenn wir dagegen Aufgaben übernehmen, die uns in hohem Maße befähigen, werden wir darauf vorbereitet sein, während und nach der Arbeit die Initiative zu ergreifen und Einfluss zu nehmen. Unsere vorherige Ausbildung und unsere Lebensumstände müssen uns ebenfalls darauf vorbereiten, unsere Talente einzusetzen und Anweisungen zu erteilen, damit wir in unserer Position und an unserem Platz nicht versagen.

Nehmen wir an, in der heutigen Wirtschaft bezeichnen wir Beschäftigte, die überwiegend befähigende Arbeit leisten, als Koordinator*innen, und nehmen wir an, wir bezeichnen Beschäftigte, die fast ausschließlich entmündigende Arbeit leisten, als Arbeiter*innen. Wir können getrost vorhersagen, dass die Klasse der Koordinator*innen die Arbeiter*innenklasse nicht nur dadurch dominieren wird, dass sie sich Optionen ausdenkt, Agenden festlegt und Überlegungen anstellt, sondern dass die meisten Arbeiter*innen aufgrund dessen, was sie täglich sehen und erleben, dazu neigen werden, ihre Situation als unvermeidlich und sogar angemessen zu empfinden. Koordinator*innen werden vorbereitet, fähig, selbstbewusst und initiativ erscheinen. Arbeiter*innen werden hingegen engstirnig, schüchtern und passiv erscheinen. Es erscheint natürlich oder zumindest unvermeidlich, dass die Koordinator*innen herrschen und die Arbeiter*innen gehorchen. Der Schein trügt darüber hinweg, dass eine solche Hackordnung in Wirklichkeit ein Produkt kontingenter sozialer Beziehungen ist, die manche Menschen selbstbewusster und besser vorbereitet und andere weniger selbstbewusst und besser vorbereitet.

Das zeigt, dass wirtschaftliche Klassenunterschiede, die harte Hierarchien begründen und sogar zu rechtfertigen scheinen, nicht nur aus den Eigentumsverhältnissen resultieren, sondern auch aus der Art der Aufgaben, die wir den größten Teil unseres wachen Tages erledigen. Der Besitz oder Nichtbesitz von Produktionsmitteln bedeutet, dass einige Menschen über andere Menschen herrschen, die wiederum gehorchen. Aber auch die Monopolisierung von befähigenden Aufgaben oder umgekehrt die folgsame Verrichtung von meist auswendig gelernten Aufgaben führt dazu, dass einige Menschen herrschen und andere ihnen gehorchen.

In kapitalistischen Volkswirtschaften gibt es eine Koordinator*innenklasse, die zwischen den Eigentümer*innen oben und den Arbeiter*innen unten steht. Im Sozialismus, Staatssozialismus oder Staatskapitalismus des zwanzigsten Jahrhunderts gibt es trotz der Abschaffung des Privateigentums an Produktionsmitteln immer noch eine ermächtigte Koordinator*innenklasse, die über eine entmachtete Arbeiter*innenklasse herrscht.

Bisher haben wir eine postkapitalistische Wirtschaft ohne Eigentümer vorgeschlagen, in der sich die Arbeiter*innen selbst verwalten. Aber wie stellen wir sicher, dass alle Arbeiter*innen über die entsprechenden Kenntnisse, Fähigkeiten und das Vertrauen verfügen, um gute Entscheidungen zu treffen? Wir können nicht zulassen, dass bei einer hierarchischen Arbeitsteilung vier von fünf Beschäftigten unterwürfig sind und eine*r von fünf dominiert. Wie können wir diese vertraute Klassenteilung überwinden?

Die partizipatorische Wirtschaftsvision behauptet, dass wir, wenn wir wollen, dass alle Arbeiter*innen in die Lage versetzt werden, effektive Entscheidungen zu treffen, Arbeitsplätze neu definieren müssen, damit jeder einen fairen Anteil an ermächtigenden und entmündigenden Aufgaben übernimmt. Um die Kapitalist*innen loszuwerden, die alle anderen beherrschen, müssen wir ihnen die Grundlage für ihre Herrschaft entziehen. Es gibt kein Privateigentum an produktivem Eigentum mehr. Wenn es keine Eigentümer*innen mehr gibt, müssen wir den Koordinator*innen die Grundlage für ihre Herrschaft entziehen, um sie loszuwerden. Keine Monopolisierung von ermächtigenden Aufgaben mehr. Die hierarchische Arbeitsteilung muss einer ausgewogenen Arbeit Platz machen.

Wir sollten uns jedoch darüber im Klaren sein, dass einige sagen werden, dass diejenigen, die gute Entscheidungen treffen können, es verdienen, Ärzt*innen, Anwält*innen, Ingenieur*innen, Manager*innen und Entscheidungsträger*innen zu sein – während andere, die keine guten Entscheidungen treffen können und die sogar unterdrückt werden würden, wenn man sie dazu zwingen würde, es verdienen, Anweisungen zu befolgen. Sexist*innen und Rassist*innen behaupten das Gleiche über Frauen und Minderheiten. Vor siebzig Jahren war die Meinung weit verbreitet, dass Frauen und People of Color ihre Rollen aufgrund mangelnder Fähigkeiten einnehmen und nicht aufgrund von Ablehnung und Verweigerung. Heute ist sich die Gesellschaft einig, dass das Unsinn ist, aber früher glaubten sogar die Abgehängten und Abgelehnten, dass dies zutrifft. Die Beherrscher behaupten immer, die Beherrschten seien untergeordnet, weil sie minderwertig sind. Die Beherrschten verwechseln selbstgefällig die Auswirkungen von Unterdrückungsstrukturen mit der Ursache dieser Strukturen.

Kurz gesagt: Wenn manche sagen, dass ausgewogene Tätigkeitsfelder gegen die Natur verstoßen, sollten sie sich schämen, solche klassistischen und sozialrassistischen Ansichten zu vertreten. Wir können nicht alle alles machen, so viel ist sicher wahr. Und jeder von uns hat viele Dinge, die er nicht tun kann. Auch das ist wahr. Aber wir alle können, von wenigen Ausnahmen abgesehen, einen angemessenen Anteil an kreativen und entscheidungsfindenden Aufgaben übernehmen, die für uns geeignet sind und die uns liegen. Wenn wir klassenlos sein und keine unbegründeten Klassenhierarchien haben wollen – und welche*r Linke würde das nicht wollen –, sind ausgewogene Tätigkeitsfelder unerlässlich. Die hierarchische Alternative führt unweigerlich zur Herrschaft derjenigen, die strukturell mächtig sind. Selbst wenn wir das Privateigentum abschaffen und demokratische oder besser noch selbstverwaltete Räte einführen, werden rund zwanzig Prozent der Beschäftigten in solchen veränderten Unternehmen in übergeordneten Arbeitsplätzen tätig sein. Unabhängig von den anfänglichen Wünschen wird die betriebliche Arbeitsteilung mit der Zeit die Wünsche verzerren und andere Innovationen zunichtemachen. Einfach ausgedrückt: Wenn wir darüber nachdenken, wer was besitzt, wer was verdient und wer was entscheidet, dürfen wir nicht außer Acht lassen, wer was tut. Daraus folgt, dass wünschenswerte Wirtschaftsinstitutionen ausgewogene Tätigkeitsfelder beinhalten und erhalten müssen.

Gerechte Verteilung von Nutzen und Lasten

Der oben genannte Wert für die Verteilung von Vorteilen, den wir als Gerechtigkeit bezeichnen, setzt voraus, dass die Gesellschaft ihre Aufgaben und Angebote so verteilt, dass jedes Mitglied ein faires Gesamtpaket erhält. In der Wirtschaft bedeutet dies, dass jede*r von uns einen Anspruch auf Konsum hat, der im Verhältnis zur Dauer und Intensität seiner gesellschaftlich geschätzten Arbeit steht und auch die Beschwerlichkeit der Bedingungen berücksichtigt, unter denen wir arbeiten.

Die Kritiker dieses Ansatzes behaupten in der Regel, dass er die Produktion lähmen würde. Wer würde schon Arzt oder Ärztin werden wollen, fragen sie, wenn es dafür keine große Belohnung gäbe? Sehen wir uns die Situation einmal an. Wenn das Einkommen von Ärzt*innen geringer wäre, würdest du es dann wirklich vorziehen, das College, das Medizinstudium, das Praktikum und den Beruf des Arztes*der Ärztin (oder ähnliche Entscheidungen, die Voraussetzung für eine andere einflussreiche Karriere sind) zu überspringen, um direkt von der Oberstufe der Schule in eine Kohlemine zu gehen oder eine Fritteuse bei McDonalds zu bedienen? Die weit verbreitete Behauptung, dass die Gesellschaft Ungerechtigkeit braucht, impliziert, dass du zu McDonalds gehen würdest, anstatt Arzt*Ärztin zu werden, wenn der Lohn eines Arztes*einer Ärztin viel geringer wäre. Aber würdest du es tatsächlich so sehr vorziehen, Burger zu braten, anstatt zu studieren, dass man dir das Zehn- oder sogar Fünfzigfache zahlen müsste, damit du die sogenannte Härte des Studiums auf dich nehmen müsstest und danach noch erfüllende Arbeit hättest? Würdest du dich für eine sich ständig wiederholende Routinearbeit entscheiden, wenn der Lohn für eine Routinearbeit nur halb so hoch wäre wie der Lohn für eine befähigende Arbeit? Was wäre, wenn das Einkommen das gleiche wäre? Was wäre, wenn es für die Routinearbeit mehr wäre? Die Wahrheit ist, wenn man dem Arzt ein gutes, existenzsicherndes Gehalt zahlt, würden die Leute auch für ein viel höheres Gehalt als das eines Arztes, Juristen, Ingenieurs oder was auch immer nicht nur Routinearbeit machen wollen.

Es ist auch wichtig zu bedenken, dass mit den Institutionen, die wir vorschlagen, die oben angesprochene Situation gar nicht erst entsteht. Jeder arbeitet an einem ausgewogenen Arbeitsplatz. Wir alle erledigen einige befähigende Aufgaben und einige Routineaufgaben. Für diese Kombination erhalten wir alle ein angemessenes Einkommen. Außerdem hat jeder einen Anreiz, eine nützliche Tätigkeit gut und kompetent auszuüben. Wir alle arbeiten so lange und so intensiv, wie es uns gefällt, je nachdem, ob wir Konsum oder Freizeit bevorzugen. Daraus ergibt sich, dass wirtschaftliche Institutionen, ja alle Institutionen, Belohnungen und Kosten gerecht verteilen sollten. Für das wirtschaftliche Einkommen bedeutet dies nach der partizipatorischen Wirtschaftsauffassung insbesondere, dass die Dauer, die Intensität und der Aufwand der gesellschaftlich geschätzten Arbeit entlohnt werden – und natürlich auch die kostenlose Bildung.

Partizipatorische Planung

Die Idee hinter der letzten institutionellen Neuerung, die der partizipatorischen Wirtschaftsvision zugrunde liegt, ist, dass die Aufteilung von Energien, Ressourcen und Arbeit sowie die Vorteile, die sich aus ihrer Nutzung ergeben, im Einklang mit kollektivem, kooperativem Selbstmanagement entschieden werden sollten, und zwar so, dass die Aufgaben auf einsichtige Weise und in Einklang mit den Bedürfnissen und Wünschen der Menschen erledigt werden.

In den heutigen Volkswirtschaften erfolgt die Zuteilung über den Markt und/oder die zentrale Planung. Diese Institutionen sind jedoch äußerst fehlerhaft, selbst wenn es kein Privateigentum an Produktionsmitteln gibt. Ihr normales Funktionieren führt zu hartem und irrationalem Wettbewerb, Autoritarismus, Umweltkatastrophen, Finanzkrisen, asozialen Motiven und Klassenspaltung. Die Volkswirtschaften nutzen Märkte und zentrale Planung trotz dieser Mängel, weil sie den Mächtigsten und Wohlhabenden Vorteile bringen. Um stattdessen die Werte voranzutreiben, auf die wir uns geeinigt haben, brauchen wir neue Strukturen der Allokation, so wie wir neue Strukturen der Entscheidungsfindung, der Entlohnung und der Arbeitsteilung brauchen. Würden wir Märkte und zentrale Planung einsetzen, würden sie unsere früheren institutionellen Entscheidungen und Werte durch ihre Funktionsweise untergraben.

Arbeit findet statt. Es wird konsumiert. Die Aufgabe der Zuteilung besteht darin, dass jeder Arbeitsplatz eine Agenda für Zwischenprodukte,

Ressourcen, Werkzeuge und Arbeit sowie für die erzeugten Produkte für beliebige Konsument*innen aufstellen muss. Ebenso muss jeder einzelne Verbraucher, jede Nachbarschaft, jede Stadt, jeder Staat usw. eine Entscheidung darüber treffen, was er oder sie erhalten will und was andere produzieren oder bereitstellen sollen. Um tragfähig und wertvoll zu sein, müssen die Entscheidungen jedes teilnehmenden Betriebs, jedes einzelnen Verbrauchers und jedes kollektiven Verbrauchers in der Summe sinnvoll aufeinander abgestimmt sein, damit es möglichst wenig Mangel oder Überschuss gibt. Wir wollen, dass wirtschaftliche Entscheidungen die persönlichen, sozialen und ökologischen Kosten und Vorteile berücksichtigen, sodass wir Optionen verfolgen, die insgesamt positiv sind, und Optionen vermeiden, die insgesamt negativ sind. Wir wollen erreichen, was wir uns wünschen, ohne zu verschwenden, was wir schätzen. Wir wollen, dass die Anforderungen der Allokation an unser Verhalten die von uns bevorzugten Werte fördern und die von uns gewünschten Beziehungen erleichtern, und nicht, dass die Allokation beides untergräbt.

Millionen und Abermillionen von Akteur*innen verhandeln über die Verteilung riesiger Mengen von Waren und Dienstleistungen. Unsere Werte stellen hohe Anforderungen an dieses äußerst komplexe Problem. Und was jetzt? Die übliche Antwort lautet: Lassen wir die Märkte oder die zentrale Planung oder eine Kombination aus beidem die Verteilung für uns übernehmen. Das Problem ist, dass Märkte und zentrale Planung, egal in welcher Kombination, Kosten und Nutzen falsch berechnen, das Verhalten verfälschen, die Vielfalt verringern, die Klassenspaltung fördern, die Gerechtigkeit zerstören und die Selbstverwaltung verletzen.

Aus diesem Grund schlagen wir eine partizipatorische Planung vor, einen kooperativen und gemeinschaftlichen Prozess, der Märkte und/oder zentrale Planung ersetzt. Jeder Arbeiter*innenrat (und jeder Zusammenschluss von Räten) und jede*r einzelne und kollektive Verbraucher berücksichtigt die Aktionen des letzten Jahres sowie die voraussichtlichen Veränderungen für dieses Jahr, um ihre*seine bevorzugten Aktivitäten vorzuschlagen. Es wäre ein Wunder, wenn das alles auf Anhieb zusammenpassen würde. Wenn das nicht der Fall ist, berücksichtigt jede*r Teilnehmer*in die Vorschläge der anderen Teilnehmer*innen und die Auswirkungen aller Vorschläge auf die prognostizierten Kosten und Vorteile und reicht einen neuen Vorschlag ein. Es wird wahrscheinlich immer noch keine Übereinstimmung geben, aber wir sind dem Ziel nähergekommen. Die Akteure überarbeiten ihre

Vorschläge im Hinblick auf ihre eigenen Wünsche und die Wünsche der anderen Akteure sowie die sozialen und ökologischen Kosten und Vorteile für die Gesellschaft und für sich selbst. Dies geschieht in einer Reihe von Iterationen, wobei einige geschickte Mechanismen, die mit den Leitwerten übereinstimmen, dabei helfen, sich jedes Mal mehr anzunähern.

Die partizipatorische Ökonomie behauptet, dass – trotz Abweichungen in Detailfragen – partizipatorische Planung ohne Wettbewerb und ohne ein autoritäres Zentrum möglich ist und effizient zu einem angemessenen Plan führen kann, der die kollektiven, selbstverwalteten Präferenzen widerspiegelt. Darüber hinaus behauptet die partizipatorische Ökonomie, dass die erforderlichen Schritte und Maßnahmen mit anderen angestrebten Merkmalen der Wirtschaft – wie ausgewogene Arbeitsplätze, gerechte Entlohnung und selbstverwaltete Räte – übereinstimmen, diese manifestieren und erleichtern.

3. Weitere Implikationen: Beendigung unnötiger Krisen und Erreichung menschlicher Erfüllung und Entwicklung

Warum sollten ein Commons produktiver Güter (Allmende), selbstverwaltete Räte, ausgewogene Tätigkeitsfelder, gerechte Entlohnung und partizipatorische Planung die Arten von Krisen beseitigen, die wir derzeit ertragen?

Die kurze Antwort lautet, dass diese neuen Institutionen nicht per se die gefürchteten Folgen hervorrufen würden. Aber was ist mit Seuchen, Drogenepidemien, Einwanderungsproblemen, Kriegen und Situationen, in denen der Wert des eigenen Besitzes zusammenbricht, es zu viele oder zu wenige Arbeitsplätze gibt oder die globale Erwärmung und Umweltkatastrophen zunehmen?

Eine partizipatorische Gesellschaft schließt nicht aus, dass eine Krankheit entsteht und sich ausbreitet. Aber sie verändert die Art und Weise, wie wir mit solchen Problemen umgehen. Anstatt intellektuelle Energien für medizinische Aufgaben einzusetzen, um den Gewinn zu maximieren, werden medizinische Aufgaben, wie alle wirtschaftlichen Projekte, von den besten Schätzungen der Auswirkungen auf das menschliche Wohlergehen und die Entwicklung bestimmt. Fehler werden weiterhin möglich sein, aber systematische Missbräuche des Gesundheitswesens zur Erzielung von Profit werden nicht möglich sein.

In einer partizipatorischen Wirtschaft gibt es keinen Anreiz, Gewinne für einige wenige anzuhäufen oder Gefahren am Arbeitsplatz, giftige Umgebungen oder die Notwendigkeit einer würdigen Versicherung zu ignorieren, zu blockieren oder sogar zu verschlimmern. Noch wichtiger ist, dass es keine lähmende Armut oder weit verbreitete Unterernährung und Hunger gäbe.

Eine partizipatorische Wirtschaft würde den Anreiz zur illegalen Herstellung und zum Vertrieb von Suchtmitteln (und Lebensmitteln) beseitigen, indem sie es unmöglich macht, mit solchen Unternehmungen großen Reichtum zu verdienen und zu genießen. In einer partizipatorischen Wirtschaft hängt das Einkommen von der Dauer, der Intensität und der Schwere der Arbeit ab, die von einem Arbeiter*innenrat in einer Branche geleistet wird, die der Plan aufgrund der Nachfrage der Bevölkerung nach ihrem Produkt als wertvoll einstuft. Nehmen wir an, ein Kartell oder ein Konzern beschließt, durch die Bereitstellung von süchtig machendem Kokain, Zigaretten, Schnüffelkleber, Diätpillen, Opioiden oder was auch immer Wohlstand anzuhäufen. Wie würden die Menschen an solchen Aktionen verdienen?

Erstens würden durch solche Aktivitäten keine Ressourcen für die Produktion im Rahmen des partizipatorischen Planungssystems bereitgestellt werden. Angenommen, clevere, wenn auch niederträchtige Dealer finden einen Weg, dieses Hindernis zu umgehen, und schaffen es vorübergehend, riesige Einnahmen anzuhäufen (was eigentlich auch unmöglich ist, es sei denn, jeder Dealer ist in der Lage, Einnahmen für viele falsche Namen anzuhäufen, die alle an ihn selbst gehen), wie würden sie dann ihr riesiges Einkommen genießen? Jede riesige Menge an Konsumvorteilen in den Händen eines Einzelnen muss das Ergebnis von Betrug, Diebstahl usw. sein. Das heißt, niemand kann lange genug oder hart genug arbeiten, um auf legitime Weise so viel Reichtum anzuhäufen. Ein wirklich übermäßiger Reichtum zeigt, dass man ein Dieb ist.

Da es vermutlich Strafen für illegale Aktivitäten gibt, die Möglichkeiten, die Früchte illegaler Aktivitäten zu genießen, fast gleich null sind, es praktisch unmöglich ist, exorbitante Summen zu erwirtschaften, und da jeder in jedem Fall ein faires Einkommen erhält, gibt es praktisch keinen Grund zu betrügen, zu stehlen, schädliche Drogen zu vertreiben oder auch nur zu versuchen, so viel wie möglich von einem Produkt zu verkaufen, abgesehen von der Deckung des Bedarfs der Nutzer*innen. Heißt das, dass wir alle das gleiche Einkommen haben oder die gleichen Dinge konsumieren?

Natürlich nicht, aber die Einkommensunterschiede kommen nur dadurch zustande, dass wir weniger lange oder länger arbeiten, weniger hart oder härter arbeiten oder besonders beschwerliche Arbeiten verrichten. Daher sind die Einkommensunterschiede bescheiden.

Um ein anderes Beispiel zu nennen: Potenzielle Einwanderungsprobleme könnten so lange bestehen, bis international gerechte Verhältnisse herrschen; dann gäbe es keinen wirtschaftlichen Grund mehr für Massenmigrationen. Das gibt jeder partizipatorischen Gesellschaft einen weiteren Anreiz, partizipatorische Strukturen auf breiter Ebene zu verbreiten. Nehmen wir den Handel: Er sollte schwächere und ärmere Parteien stärker begünstigen als reichere, um das Wohlstandsgefälle zu verringern, und nicht, wie jetzt, die mächtigeren und reicheren Parteien begünstigen und damit das Wohlstandsgefälle vergrößern. Dieses positive Ergebnis hängt nicht von den partizipatorischen Institutionen in einem Land ab, sondern von den zukünftigen politischen Entscheidungen der Länder. In einer partizipatorischen Wirtschaft würden die nationalen Bevölkerungen in einem Umfeld agieren, das Solidarität und Sicherheit erzeugt, sodass man davon ausgehen kann, dass sie eine solidarische Politik bevorzugen würden.

Kriege um Wasser, Öl oder Lithium, um die Vorherrschaft über Handelsrouten, zum Schutz von Konzernen, zum Erhalt oder zur Stärkung politischer Eliten oder zur Bestrafung von Bevölkerungen würden verschwinden, weil ihre ursächliche Dynamik, wie bei der Einwanderung, verschwindet, sobald neue Institutionen international sind.

Krieg und Kolonialismus begünstigen nicht ganze Bevölkerungen auf Kosten anderer ganzer Bevölkerungen. Stattdessen fördern die Eliten eines Landes den Krieg in der Regel auf Kosten der Bevölkerung des eigenen Landes und – als eine Art gigantischer Kollateralschaden – auf Kosten der Bevölkerung anderer Länder. Die widersinnige Idee hinter der obigen Behauptung ist einfach. Angenommen, Großbritannien kolonisiert Indien. Es stiehlt Reichtum, unterdrückt die Bevölkerung usw. Die indische Bevölkerung leidet mit Sicherheit darunter. Aber wer profitiert davon? Großbritannien? Hoppla – Großbritannien ist eine Abstraktion. Was Indien entzogen wird, geht zum größten Teil an Konzerneliten in London. Aber die Rechnung für diese Ausbeutung zahlt die britische Bevölkerung über ihre Steuern. In diesem Fall kommt also pro zwei Dollar, die Großbritannien an Kosten für die Aufrechterhaltung des Imperiums abgezogen werden, nur ein Dollar an ergaunerten Gewinnen zurück. Und doch besteht dieses seltsame, aber übliche Imperium fort, weil die Bevölkerung die Kosten von zwei Dollar zahlt und die Unternehmenseliten den Gewinn von einem Dollar einstreichen. Es stellt sich heraus, dass der imperiale Kolonialismus die Kolonisierten oft nicht nur abzockt, sondern auch so viel kostet, dass er die Ungleichheit im eigenen Land noch verstärkt.

Man denke nur an Kriege wie in Indochina, die geführt wurden, um das Imperium vor der Gefahr eines ›guten Beispiels‹ zu bewahren – vor einem Land, das sich entschließt, sich aus unterdrückerischen Verhältnissen zu lösen, was andere dazu bringen könnte, es ihm gleichzutun (ein möglicher Faktor bei Russlands Einmarsch in der Ukraine, während wir diesen Artikel schreiben). Oder denken Sie an die Kriege im Nahen Osten, die geführt werden, um eine Ressource zu kontrollieren, an Öl als Druckmittel in den internationalen Beziehungen und so weiter. Wer zahlt dafür? Natürlich jede*r in dem Land, gegen das sich der Krieg richtet, und darüber hinaus jede*r im Gastland, der*die Steuern zahlt, um die Kosten zu decken. Wer profitiert? Die Eliten im Aufnahmeland – materiell und politisch – und oft auch einige Gauner*innen im angegriffenen Land.

Warum verschwindet all dies, wenn wir partizipatorische Wirtschaftsbeziehungen innerhalb der Länder errichten? Weil es in einer wertvollen Gesellschaft und Wirtschaft keine derartigen Eliten gibt, die davon profitieren, und weil die Bevölkerung eines jeden Landes, die gut informiert ist und nicht durch den Aufstieg zur relativen Macht in einem gnadenlosen Konkurrenzkampf, der in ihr Asozialität und persönliche Gier hervorgebracht hat, pervertiert wurde, niemals eine solche sadistische Vergrößerung durch und für einige wenige billigen würde. In einer klassenlosen Wirtschaft gäbe es weder einen institutionellen Drang zum Krieg noch eine willfährige Bevölkerung, die ihn akzeptieren würde.

Was versteht man eigentlich unter Krisen, d.h. unter wirtschaftlichen Verwerfungen? Es ist eine Krise, wenn die produktiven Einheiten zu viel produzieren, sodass es zu einer großen Verschwendung kommt. Dies ist eine endemische Bedingung der heutigen Wirtschaft, ohne die nutzlose Kriegsproduktion, die geplante Obsoleszenz usw. auch nur in Betracht zu ziehen. Dies ist eine Krise für die Ressourcen- und Arbeitsverteilung – und für die Ökologie. Für die Eliten wird sie jedoch nur dann zu einer Krise, wenn sie die Profitmöglichkeiten beeinträchtigt.

Wenn die Produktionseinheiten zu wenig produzieren, was zu Engpässen führt, und zwar so, dass zu wenig Konsum zu Produktionskürzungen führt, die wiederum zu weiteren Kürzungen des Verbrauchereinkommens führen, was wiederum zu noch weniger Konsum führt, dann ist das ebenfalls eine Krise – für die Bevölkerung und auch für die Eliten, wenn es wiederum die Profitmöglichkeiten beeinträchtigt.

Eine partizipatorische Wirtschaft würde all dies vermeiden, indem sie Produktion und Konsum eng miteinander verknüpft, und zwar nicht, um einige wenige zu begünstigen oder um die Anweisungen einiger weniger zu befolgen, sondern um die Bedürfnisse aller gerecht zu befriedigen, und zwar im Lichte der selbstverwalteten Präferenzen aller. Durch selbstverwaltete Räte, partizipatorische Planung, gerechte Entlohnung und ausgewogene Tätigkeitsfelder gibt es einfach keine andere Motivation, als die vereinbarten Szenarien der Gesellschaftspläne so gut wie möglich zu erfüllen. Es gibt keine Möglichkeit für Einzelpersonen oder Gruppen, ein wesentlich höheres Einkommen zu erzielen oder anderweitig zu profitieren, indem sie weniger oder mehr produzieren, als erwünscht. Es gibt keine Möglichkeit, ein höheres Einkommen zu erzielen, indem man den Konsum durch irreführende Werbung oder räuberische Finanzierungen anregt, da ein solcher Konsum weder die Bedürfnisse befriedigt, noch den gesellschaftlichen Nutzen erhöht.

In ähnlicher Weise ist in einer partizipatorischen Wirtschaft jedes Projekt, das die Ökologie objektiv destabilisiert, insgesamt gesellschaftlich nicht sinnvoll. Ja, es mag für einige kurzfristige Vorteile bringen, so wie die weitere Nutzung von Erdöl, aber es wird auch für viele einen kompensatorischen Schaden bedeuten, vielleicht nicht sofort, aber sicherlich mit der Zeit. Wenn das Zuteilungssystem einer Volkswirtschaft, wie bei Märkten und zentraler Planung, darauf abzielt, einige wenige zu begünstigen, nur kurzfristige Ergebnisse berücksichtigt und die ökologischen Auswirkungen außer Acht lässt, kommt es unweigerlich zu schrecklichen ökologischen und sozialen Verwerfungen. Wenn jedoch ein Allokationssystem die ökologischen, sozialen und persönlichen Auswirkungen von Entscheidungen bewertet, die Auswirkungen aller Folgen für alle und nicht nur für einige wenige abwägt und Maßnahmen auswählt, die mit den Präferenzen der Menschen im Lichte sorgfältig übermittelter Informationen übereinstimmen, die über ausgewogene Entscheidungshilfen für alle vermittelt werden, dann werden diese Arten von Verstößen verschwinden. Informierte und selbstbewusste Bevölkerungen werden niemals einer Politik zustimmen, die eindeutig einige wenige bereichert, während sie vielen schadet, oder sogar die Bedingungen gefährdet, die für ein dauerhaftes Leben auf der Erde notwendig sind.

Auch wenn alle oben genannten Fortschritte bei der Krisenbekämpfung von entscheidender Bedeutung sind, besteht der Wert einer partizipatorischen Wirtschaft und Gesellschaft nicht nur darin, die derzeitigen Krisentendenzen zu beseitigen. Es geht darum, das unnötige Leiden und die Plackerei des ›business as usual‹ zu beseitigen: das tägliche Maß an Ungerechtigkeit, Autoritarismus, Entfremdung und Umweltzerstörung. Das Hauptziel ist das Erreichen von universeller wirtschaftlicher Selbstverwaltung, Gleichheit, Solidarität, Diversität, Nachhaltigkeit, Klassenlosigkeit und Freiheit.

Zu fast jeder der oben genannten Behauptungen sollten Ihnen Fragen in den Sinn kommen. Eine weitere Bewertung der Merkmale, die sich hinter diesen Behauptungen verbergen, ist erforderlich, um über ihre Vorzüge zu entscheiden und eine umfassende Argumentation zu erstellen. In dieser kurzen Darstellung wollen wir nur noch einmal betonen, dass die obigen Ausführungen zu einer weiteren Untersuchung der Idee motivieren sollten, dass eine lebensfähige, würdige postkapitalistische Wirtschaftsvision etwas ist, das man anstreben sollte.

Wirtschaft und Gesellschaft

Wie sieht es mit den Auswirkungen der Wirtschaft auf den Rest der Gesellschaft aus und andersherum?

Wirtschaft ist wichtig. Sie beeinflusst unbestreitbar das meiste, was in der Gesellschaft vor sich geht. Aber wir leben nicht von der Wirtschaft allein. Verwandtschaft, Sexualität, Gemeinschaft, Kultur und Gemeinwesen beeinflussen ebenfalls einen Großteil des gesellschaftlichen Geschehens. Das Gleiche gilt für die Ökologie und die internationalen Beziehungen. Wir brauchen eine Vision für alle wichtigen Aspekte des gesellschaftlichen Lebens (vgl. hierzu den Beitrag von Savvina Chowdhuri). Jeder Schlüsselaspekt schafft den Kontext für die anderen Schlüsselaspekte, wirkt sich direkt auf deren Konturen aus und reproduziert diese sogar. Jeder Aspekt muss sich ändern, damit sich ein anderer Aspekt vollständig und dauerhaft ändern kann. Damit die Bewegungen über genügend Mitglieder, Zusammenhalt und Solidarität verfügen, um gegen die alten Strukturen und ihre Verteidiger zu gewinnen, müssen alle wirtschaftlich, sexuell, kulturell und politisch unterdrückten Gruppen dazugehören und sich wohl genug fühlen, um in jedem Schwerpunktbereich eine Führungsrolle zu übernehmen, nicht nur in ihrem eigenen, am nächsten gelegenen Bereich.

Was ist die Schnittstelle zwischen partizipatorischer Ökonomie und den wünschenswerten Visionen für Geschlecht und Sexualität, für *race* und kulturelle Gemeinschaft und für Politik, Ökologie und internationale Beziehungen? Und was könnten umgekehrt einige Auswirkungen grundlegender Veränderungen in diesen anderen Bereichen auf die Wirtschaft sein?

Selbstverwaltung bedeutet, dass Männer in der Wirtschaft nicht mehr zu sagen haben als Frauen, Weiße nicht mehr als Schwarze, eine Religion nicht mehr als eine andere oder einige politische Akteure nicht mehr als andere. Das Gleiche gilt für die Gerechtigkeit in der Wirtschaft. Die Entlohnung aller Menschen für Dauer, Intensität und Schwere der gesellschaftlich geschätzten Arbeit schließt rassische, geschlechtliche, sexuelle und politische Einkommenshierarchien aus. Ebenso wenig kann es eine rassistische oder sexistische Aufteilung von Leistungen und Belastungen am Arbeitsplatz geben. Daraus ergeben sich zwei Ratschläge oder Fragen. Wie kann verhindert werden, dass alte Verhaltensweisen in anderen Bereichen der Gesellschaft Vorteile in der Wirtschaft einschränken oder rückgängig machen? Und welche zusätzlichen außerwirtschaftlichen Vorteile wollen wir dem Wirtschaftsleben durch Innovationen aufzwingen, die zuerst anderswo erdacht und umgesetzt wurden?

Fazit: Wenn die Logik der partizipatorischen Ökonomie voll zum Tragen kommt, lässt sie nur wenig oder gar keinen Raum für rassifizierte, geschlechtsspezifische, sexuelle oder politische Hierarchien bei den wirtschaftlichen Lasten und Vorteilen. Um jedoch sicherzustellen, dass diese Logik universell anwendbar ist, müssen die Ursachen solcher Hierarchien im familiären/sexuellen, kulturellen/gemeinschaftlichen und politischen Leben überwunden werden, genauso wie wir die Ursachen der Klassenhierarchie im Wirtschaftsleben überwinden müssen, um sicherzustellen, dass die Klassenhierarchie, die von den verbleibenden wirtschaftlichen Beziehungen ausgeht, die in diesen anderen Bereichen erzielten Veränderungen nicht einschränkt oder untergräbt.

Nehmen wir an, die feministische Revolution schafft Institutionen, in denen Männer keine Väter und Frauen keine Mütter sind, sondern beide Elternteile. Nehmen wir an, die feministische Revolution stellt auch fest, dass Fürsorgearbeit so wichtig für die Entwicklung von sozialer Weisheit, Empathie und Solidarität ist, dass alle Mitglieder der Gesellschaft daran teilhaben sollten (vgl. den Beitrag von Savvina Chowdhuri). In diesem Fall müsste die Wirtschaft die Errungenschaften der Verwandtschaft unterstützen und dürfte sie keinesfalls verletzen. Wenn eine interkommunale Revolution Normen für die Beziehungen zwischen den Kulturgemeinschaften und die Rechte der einzelnen Gemeinschaften, z. B. auf verschiedene Feiertage und kulturelle und sprachliche Praktiken, festlegt, müsste die Wirtschaft dies unterstützen und fördern, abgesehen von einer partizipatorischen Wirtschaft, die allen Gleichheit und Selbstverwaltung gewährt. Wenn die politische Revolution Strukturen schafft, die wirtschaftliche Eingriffe erfordern und wirtschaftliche Entscheidungen beeinflussen, muss die partizipatorische Wirtschaft auch die Selbstverwaltung des Gemeinwesens unterstützen und fördern. Wenn die ökologische Revolution bestimmte Einschränkungen oder Normen einführt, die über das hinausgehen, was sich aus der partizipatorischen Ökonomie ergibt, die ökologische Auswirkungen auf die Ökologie hat, dann muss die partizipatorische Ökonomie dies unterstützen und mittragen. In ähnlicher Weise müssten Verwandtschafts-, Geschlechts- und Sexualbeziehungen, interkommunale kulturelle Beziehungen und politische Beziehungen die Klassenlosigkeit unterstützen und begünstigen. Der Punkt ist, dass die partizipatorische Ökonomie ihr volles Potenzial nur in Verbindung mit einer Transformation in allen anderen Bereichen des sozialen Lebens erreichen kann und umgekehrt.

Aktuelle Strategie

Bei einer Vision geht es nicht nur um die Zukunft, sondern auch um die Gegenwart. Was würde eine Vision wie die der partizipatorischen Ökonomie für die praktischen Entscheidungen von heute bedeuten?

Grob gesagt, wenn man etwas Neues erreichen will, sollte man Schritte in Richtung des Ziels unternehmen und nicht Schritte, die einen woanders hinführen. Eine offensichtliche Folge davon ist, dass Sie weder unerwünschte alte Strukturen verstärken noch neue schaffen sollten, die dem Erreichen Ihres Ziels entgegenstehen. Sie sollten versuchen, unerwünschte alte Strukturen zu untergraben und neue Strukturen zu entwickeln, die mit Ihren Zielen übereinstimmen. Der bekannte Slogan lautet: ›Pflanzt die Saat der Zukunft in der Gegenwart.‹

In diesem Sinne sollten wir Veränderungen anstreben, die das Los der leidenden Menschen verbessern. Wir sollten diese Veränderungen jedoch auf eine Art und Weise anstreben, die Bewusstsein, Engagement und Wünsche entwickelt, die geeignet sind, auf einem kontinuierlichen Weg zu unserem Endziel noch mehr zu erreichen. Wir sollten neue Institutionen aufbauen – sowohl für den Kampf als auch, wenn möglich, für das tägliche Leben –, deren Eigenschaften das Bewusstsein, das Engagement und die Wünsche steigern, die geeignet sind, noch mehr Errungenschaften zu erlangen, und deren Merkmale die Merkmale der neuen Gesellschaft, die wir anstreben, fördern und zu ihnen werden.

Nehmen wir zum Beispiel an, wir wünschten uns Einkommensverbesserungen für eine ausgebeutete Bevölkerungsgruppe, z. B. für Niedriglohnarbeiter*innen in einer bestimmten Region oder Branche. Natürlich sollten wir höhere Löhne fordern und durchzusetzen versuchen. Aber mit dem hier vorgeschlagenen Ansatz sollten wir das tun, indem wir nicht nur über die unmittelbare Forderung nach höheren Löhnen sprechen, sondern auch über das, was letztlich wirklich gerechtfertigt ist, nämlich eine gerechte Entlohnung. In diesem Fall würden wir es zu einem Teil unserer Agenda machen, ein Bewusstsein dafür zu entwickeln, wie ein bevorzugtes Endziel aussehen würde, was nötig wäre, um es zu erreichen, und wie unsere derzeitigen Bemühungen um mehr Lohn für einige Arbeiter*innen Teil eines längeren Projekts sein könnten, um eine gerechte Entlohnung für alle zu erreichen. Wir würden versuchen, uns so zu organisieren, dass alle Beteiligten nicht nur den Wunsch nach mehr Vorteilen verspüren, sondern auch organisiert, vorbereitet und emotional bereit sind, sich auf den Weg zu mehr Vorteilen zu machen. Wir würden Kampagnen und Organisationen entwickeln, die darauf ausgerichtet sind, nach dem Erreichen der aktuellen Ziele neue Ziele anzustreben.

Die gleiche Logik gilt auch allgemeiner. Nehmen wir an, wir wollten die Verteidigungsausgaben in Angriff nehmen. Auch hier würden wir sofortige Kürzungen fordern, aber wir würden auch ultimative Ziele ausarbeiten – z. B. eine neue Art der Mittelzuweisung – und wir würden versuchen, Strukturen der Auseinandersetzung zu schaffen, die fortbestehen und darum ringen, schließlich die neuen Strukturen einer neuen Gesellschaft zu werden.

Wenn wir den oben beschriebenen nicht-reformistischen Ansatz, der darauf abzielt, Reformen zu erreichen und gleichzeitig laufende Kampagnen und Bewegungen mit immer größerem Engagement und Klarheit über die ultimative Vision zu entwickeln, mit aktuellen Ansätzen vergleichen, die sich mit verschiedenen Krisen befassen, besteht der Unterschied darin, ob man sich am Status quo orientiert (als reformistisch bezeichnet) oder ob man sich an Veränderungen orientiert (als revolutionär bezeichnet). Es ist genau dieser Unterschied, den Menschen guten Willens und mit ernsthaften Absichten auf dem Weg zu einer besseren Gesellschaft akzeptieren müssen.

Eine weitere Implikation eines partizipatorischen wirtschaftlichen und gesellschaftlichen Ansatzes ist von etwas anderer Art. Da wir nicht nur eine neue Wirtschaft, sondern auch eine neue Gesellschaft anstreben, haben wir erkannt, dass die Verwirklichung einer neuen Wirtschaft von der Schaffung neuer verwandtschaftlicher, kultureller und gemeinschaftlicher Beziehungen, eines neuen Gemeinwesens und mehr abhängt – und umgekehrt –, weil die verschiedenen bestimmenden Merkmale der Gesellschaft sich gegenseitig reproduzieren und weil die Erzielung grundlegender Veränderungen in Bezug auf jedes einzelne Merkmal die Beteiligung von Gruppen erfordert, die sich nur dann engagieren werden, wenn auch ihre vorrangigen Merkmale berücksichtigt werden. Aber was ist mit der spezifischeren Frage der wirtschaftlichen Interessengemeinschaft?

Unsere Vision für eine partizipatorische Wirtschaft offenbart eine Komplexität, die viele frühere Wirtschaftsbewegungen nicht offen angesprochen haben. Es gibt Kapital und Arbeit, aber es gibt auch eine Koordinator*innenklasse dazwischen. Es gibt den Kapitalismus, es gibt den Postkapitalismus, der die Koordinator*innenklasse zur herrschenden Klasse erhebt, und es gibt auch einen klassenlosen Postkapitalismus: die partizipatorische Wirtschaft. Mit anderen Worten, es gibt einen Postkapitalismus mit neuen Chefs und nicht ohne Chefs: den Koordinatorismus. Und es gibt einen Postkapitalismus ohne Chefs: die partizipatorische Ökonomie.

Die strategischen Implikationen dieser Unterscheidung sind nicht einfach und auch nicht unumstritten, aber sie sind wichtig. Einerseits braucht ein grundlegender wirtschaftlicher Wandel die Fähigkeiten und Kenntnisse, die derzeit von zwanzig Prozent der Bevölkerung monopolisiert werden. Andererseits muss ein grundlegender wirtschaftlicher Wandel vermeiden, dass die zwanzig Prozent Koordinator*innen auch nur ungewollt als neue herrschende Klasse über die achtzig Prozent Arbeiter*innen erhoben werden.

Daraus folgt, dass partizipatorische Wirtschaftsbewegungen die Beteiligung der Koordinator*innenklasse begrüßen und gleichzeitig die Monopolisierung der Machtverhältnisse durch die Koordinator*innenklasse infrage stellen müssen. Partizipatorische Wirtschaftsbewegungen müssen die Beteiligung der Arbeiter*innenklasse begrüßen und gleichzeitig die Ermächtigung und

Führung der Arbeiter*innenklasse fördern. Diese Agenda muss die Forderungen, die Art und Weise, wie Gewinne erzielt werden, und insbesondere die Art und Weise der Öffentlichkeitsarbeit, der Organisierung und des Aufbaus von Organisationen bestimmen. Ohne diese Agenda werden Wirtschaftsbewegungen dazu neigen, von den Prioritäten der Koordinator*innenklasse geleitet zu werden und diese im Wesentlichen widerzuspiegeln, während sie genau aus diesem Grund auch dazu neigen, arbeitende Menschen abzustoßen, die sich zu Recht dagegen wehren, im Aktivismus untergeordnet zu sein, so wie sie es an ihren Arbeitsplätzen sind. Die Bewegungen müssen ihren Aktivismus und ihre Organisation auf die Ziele der Arbeiter*innenklasse ausrichten, die Teilnehmenden aus der Arbeiter*innenklasse befähigen und die Führung der Arbeiter*innenklasse stärken.

Dies ist nur ein kleiner Einblick in einige strategische Implikationen, die durch partizipatorische ökonomische Kämpfe sowohl informiert als auch geformt werden und diese ermöglichen. Unser Organisieren muss darauf abzielen, ebenso radikal zu sein und die grundlegenden Werte widerzuspiegeln, die wir anstreben.

Eine würdige Vision für ein Leben jenseits des Kapitalismus erkennt an, dass weder die gegenwärtige noch die zukünftige Gesellschaft aus perfekten Menschen besteht, die immer weise und immer bereit sind, sich altruistisch zu verhalten. Stattdessen können wir partizipatorische Institutionen und Systeme aufbauen, die es uns automatisch – und nicht unmöglich – machen, auf uns selbst, die anderen, die Umwelt und alle anderen *externen Faktoren* Rücksicht zu nehmen. Wir müssen daher eine Bewegung aufbauen, die Gerechtigkeit, Solidarität, Selbstverwaltung, Vielfalt und Nachhaltigkeit für alle fördert und belohnt. Auf diesem Weg werden wir Fehler machen und weiterhin menschlich sein, aber wir werden nicht mehr systematisch zum Scheitern verurteilt sein.

Literatur

Albert, Michael (2006): Parecon. Leben nach dem Kapitalismus. Frankfurt/Main: Trotzdem Verlag.

Albert, Michael/Chomsky, Noam (2018): Die machbare Utopie: Strategien für eine Gesellschaft der Zukunft: Strategien für eine Gesellschaft der Zukunft. 1. Aufl. Münster: Unrast Verlag.

Albert, Michael 2021: No Bosses: A New Economy for a Better World. Winchester, UK: John Hunt Publishing.

Robin Hahnel

Partizipatorische Investitions- und Entwicklungsplanung[1]

Das ›Modell‹ einer partizipatorischen Wirtschaft gibt es seit über 30 Jahren. Es wurde in einem halben Dutzend Büchern, Dutzenden von Artikeln in wirtschaftlichen und politischen Fachzeitschriften sowie unzähligen Vorträgen auf Konferenzen in aller Welt beschrieben. Von Anfang an war es unser Ziel, Wege zur Förderung der individuellen und kollektiven Selbstbestimmung vorzuschlagen. Doch angesichts vieler historischer Misserfolge wollten wir über diese allgemeinen Ziele, auf die sich viele Antikapitalisten einigen, hinausgehen und konkrete Vorgehensweisen zur Erreichung dieser Ziele erkunden, damit die Menschen darüber nachdenken und diskutieren können.

In der Literatur über postkapitalistische, sozialistische Planung gibt es keinen anderen übergreifenden Vorschlag, wie ein effizienter, umfassender Jahresplan erstellt werden kann:

- Jeder selbstverwaltete Arbeiter*innenrat schlägt vor, was er produzieren will und wie er es produzieren will, und ist selbst dafür verantwortlich, seinen eigenen Vorschlag während des jährlichen Planungsprozesses zu überarbeiten.
- Jeder selbstverwaltete Verbraucher*innenrat schlägt vor, was seine Mitglieder konsumieren werden, und ist für die Überarbeitung seines Vorschlags während des jährlichen Planungsprozesses selbst verantwortlich.
- Die Entscheidung darüber, ob diese Vorschläge genehmigt oder abgelehnt werden, liegt bei den Arbeiter*innen- und Verbraucher*innenräten selbst. Und keine zentrale Behörde, wie sie in den zentralen Planwirtschaften der Sowjetunion die Planungsentscheidungen traf, ist befugt, die Vorschläge der Arbeiter*innen- und Verbraucher*innenräte abzulehnen. Da das jährliche Planungsverfahren sorgfältig darauf ausgelegt ist,

1 Aus dem amerikanischen Englisch übersetzt von Manfred Renken.

immer genauere Schätzungen der Opportunitätskosten[2] für den Einsatz knapper Arbeitskräfte und anderer Produktionsmittel sowie der sozialen Kosten[3] für die Produktion verschiedener Güter zu erstellen, ist es in fast allen Fällen offensichtlich, ob die Vorschläge der Arbeiter*innen- und Verbraucher*innenräte effizient und gerecht sind oder nicht. Aus diesem Grund können sich Arbeiter*innen- und Verbraucher*innenräte ohne viel Aufhebens oder Zeitverlust gegenseitig zu sozialer Verantwortung verpflichten.

Es wird nicht festgelegt:

- Wie viel in die Produktion von Investitionsgütern statt in Konsumgüter investiert werden soll, damit in Zukunft noch mehr produziert werden kann.
- Wie viel in Bildung und Ausbildung investiert werden soll, damit die Arbeitskräfte produktiver werden und die Verbraucher*innen eine größere Vielfalt an Erfahrungen machen können.
- Wie viel in den Schutz der natürlichen Umwelt investiert werden soll, damit es künftigen Generationen nicht an natürlichen Ressourcen mangelt und die Verbraucher*innen weiterhin die Wunder der Natur genießen können.

Wie gedenken wir, all diese Fragen zu beantworten? Wie wollen wir Investitionspläne und verschiedene langfristige Entwicklungspläne auf demokratische, partizipatorische und effiziente Weise erstellen und überarbeiten? In zwei kürzlich erschienenen Büchern diskutiere ich diese Fragen zum

2 Wenn eine produktive Ressource knapp ist, sollten wir sie so nutzen, dass sie den größten Nutzen für die Gesellschaft bringt, anstatt sie auf eine Weise zu nutzen, die weniger Nutzen bringt. Indem wir potenziellen Nutzern den höchsten Nutzen in Rechnung stellen, den sie bei optimaler Nutzung erzielen könnten, stellen wir sicher, dass niemand, der die Ressource nicht optimal nutzen würde, ein Interesse daran hat, sie zu nutzen. Die Ökonomen nennen den Betrag, den wir den Nutzern von knappen Produktionsmitteln in Rechnung stellen sollten, ›Opportunitätskosten‹.

3 Die sozialen Kosten der Produktion eines Produkts sind die Gesamtkosten, die der Gesellschaft durch die Produktion des Produkts entstehen. Dazu gehören nicht nur die Opportunitätskosten für die Nutzung der knappen Arbeitskräfte, natürlichen Ressourcen und Investitionsgüter, die für die Produktion notwendig sind, sondern auch alle ›externen Kosten‹, wie z. B. Schäden durch Schadstoffe, die bei der Produktion entstehen.

ersten Mal sehr ausführlich: *Democratic Economic Planning* (Routledge 2021), das sich vor allem an professionelle Wirtschaftswissenschaftler*innen richtet, und *A Participatory Economy* (AK Press 2022), das sich an Progressive und Aktivist*innen mit wenig oder gar keiner wirtschaftlichen Vorbildung richtet.

Im folgenden Beitrag erläutere ich kurz:

- Notwendige Bedingungen für effiziente Investitionspläne.
- Gründe, warum die Schätzung unterschiedlicher Laufzeiten unter diesen Effizienzbedingungen *neue Probleme* aufwirft, die wir bei der Jahresplanung nicht haben.
- Wie man die heutige Generation dazu motiviert, die Interessen zukünftiger Generationen – die nicht anwesend sein können, um sich selbst zu vertreten, wenn Investitions- und langfristige Entwicklungspläne erstellt und genehmigt werden – zu berücksichtigen.
- Wer auf der Grundlage des Zugangs zu Informationen und der Motivation am besten verschiedene Bedingungen für die Investitionseffizienz einschätzen kann.
- Wie unvermeidbare Fehler in den Schätzungen, die während der Investitionsplanung gemacht werden, in den nachfolgenden Jahresplänen aufgedeckt werden und diese Fehler, sobald sie entdeckt werden, korrigiert werden können, um die Ergebnisse zu verbessern.
- Und schließlich, welche *zusätzlichen Belange* wir bei der langfristigen Bildungs- und Umweltplanung berücksichtigen müssen und wie dies am besten geschehen kann.

Notwendige Bedingungen für einen effizienten Investitionsplan für Investitionsgüter

Jede Volkswirtschaft muss entscheiden, wie viel sie in die Produktion von Investitionsgütern investiert, die in der Zukunft zur Herstellung von Gütern verwendet werden. Sie muss auch entscheiden, wie viel sie in die Ausbildung der Arbeitskräfte, das sogenannte ›Humankapital‹, und in den Schutz oder die Verbesserung der natürlichen Umwelt, das sogenannte ›Naturkapital‹, investieren will. In diesem Abschnitt erkläre ich, wie wir vorgehen wollen, um zu entscheiden, wie viel in Investitionsgüter investiert werden soll, was oft einfach als ›Investitionsplanung‹ bezeichnet wird. Im darauffolgenden

Abschnitt erkläre ich, wie wir in Bildung und Umweltschutz investieren wollen, was oft als langfristige ›Entwicklungsplanung‹ bezeichnet wird.

Damit ein Investitionsplan für Investitionsgüter effizient ist, muss der letzte Betrag, der jedes Jahr konsumiert wird, die soziale Wohlfahrt in diesem Jahr um den gleichen Betrag erhöhen, wie der letzte Betrag, der in diesem Jahr gespart und in die Produktion von Investitionsgütern investiert wird. Die Produktion in den kommenden Jahren muss um den Betrag erhöht werden, um den der letzte Dollar, der in den kommenden Jahren konsumiert wird, die soziale Wohlfahrt in den kommenden Jahren erhöht.

Um die Gleichungen zu lösen, die diese Bedingungen darstellen, müssen wir wissen:

- Um wie viel mehr der Konsum jetzt die soziale Wohlfahrt erhöht.
- Um wie viel mehr Investitionen jetzt die zukünftige Produktion erhöhen.
- Wie viel mehr Konsum in der Zukunft den Wohlstand in der Zukunft erhöht.

Neue Probleme

Bei der jährlichen Planung wissen die Arbeiter*innenräte, wie ihre Produktionsfunktionen aussehen, und die Verbraucher*innenräte, welche Präferenzen sie haben. Niemand weiß jedoch mit Sicherheit, wie die zukünftigen Technologien aussehen werden. Niemand weiß mit Sicherheit, wie die zukünftigen Präferenzen aussehen werden. Und künftige Generationen, die ein Interesse daran haben, jetzt weniger zu konsumieren, damit mehr investiert werden kann, um die Produktion in der Zukunft zu steigern, können bei der Investitionsplanung nicht anwesend sein. Wir müssen also überlegen:

- Wer kann am besten abschätzen, welche Technologien es in Zukunft geben wird?
- Wer kann am besten abschätzen, wie die zukünftigen Präferenzen aussehen werden?
- Wie können wir die heutige Generation dazu bringen, die Interessen der zukünftigen Generationen zu berücksichtigen?

Ich beginne mit unserem Vorschlag, wie wir das letzte Problem lösen können.

Generationengerechtigkeit

Wir schlagen vor, dass alle vor Beginn der Investitions- und Entwicklungsplanung darüber abstimmen, wie hoch sie ß machen wollen, was wir als *Generational Equity Constraint* [Bedingung der Generationengerechtigkeit] (GEC) bezeichnen.

A: c^4 (t+1) < 1.ßc(t), und B: c(t) < 1.ßc(t+1) für alle t. Dabei steht c(t) für den Gesamtverbrauch im Jahr t und c(t+1) für den Gesamtverbrauch im Jahr t+1.

Die Generationengerechtigkeit verhindert, dass sich der Konsum in aufeinanderfolgenden Jahren um mehr als ß Prozent unterscheidet, selbst wenn die zukünftigen Technologien und Präferenzen so beschaffen sind, dass sich der Konsum in einigen benachbarten Jahren im ›optimalen‹ Spar-*Investitionsplan um mehr als ß Prozent unterscheiden würde. Die GEC ist notwendig, weil, wie wir in Hahnel und Kerkhoff (2020) zeigen, ein ›effizienter‹ Investitionsplan bei *einigen* Veränderungen der Produktivität und der Präferenzen für die heutige Generation ungerecht sein *kann*, während er bei *anderen* Veränderungen der Produktivität und der Präferenzen für zukünftige Generationen ungerecht sein *kann*.

Wenn der technologische Fortschritt oder die Präferenzentwicklung sehr stark sind, kann der erstellte ›effiziente‹ Investitionsplan so viele Investitionen erfordern, dass er die heutige Generation ungerechtfertigt benachteiligt. Ist der technologische Fortschritt oder die Präferenzentwicklung hingegen sehr enttäuschend, kann ein ›effizienter‹ Investitionsplan so wenig Investitionen erfordern, dass er künftige Generationen ungerechtfertigt benachteiligt. *Die GEC verhindert beides, sofern ß nicht zu groß ist.*

Um sich für den Fall zu schützen, dass der technologische Fortschritt oder die Präferenzentwicklung sehr stark ist und sich daher herausstellt, dass Einschränkung A gilt, wäre es für die heutige Generation klug, für ein nicht zu großes ß zu stimmen. Damit schützt die heutige Generation aber auch künftige Generationen, falls der technologische Fortschritt oder die Präferenzentwicklung sehr schwach sind, so dass die Einschränkung B gilt.

Zusammenfassend lässt sich sagen, dass die heutige Generation für ein angemessen niedriges ß stimmen muss, um ihre eigenen Interessen zu schützen, wenn der technologische Fortschritt sehr hoch ist und der effiziente Investitionsplan so viele Investitionen erfordern würde, dass der heutige

4 im Original kein Eintrag

Verbrauch zu niedrig wäre. Dabei schützt dieses niedrige β aber auch die Interessen zukünftiger Generationen, falls der technische Fortschritt enttäuschend ist und der effiziente Investitionsplan so wenig Investitionen erfordern würde, dass der zukünftige Konsum zu niedrig wäre. Anders ausgedrückt: Die GEC veranlasst die heutige Generation dazu, als ›ehrlicher Makler‹ im Namen künftiger Generationen zu handeln, wenn sie darüber abstimmt, wie stark der Verbrauch in den einzelnen Jahren voneinander abweichen darf.

Um das klarzustellen, schlagen wir Folgendes vor:

- Bevor mit der Investitions- und Entwicklungsplanung begonnen wird, sollte eine nationale Abstimmung über β stattfinden.
- Danach werden ›effiziente‹ Investitions- und Entwicklungspläne erstellt, wie wir im weiteren Verlauf dieses Artikels erklären.
- Diese ›effizienten‹ Pläne werden dann daraufhin überprüft, ob sie gegen das Gebot der Generationengerechtigkeit verstoßen.
- Wenn sie nicht gegen das Gebot der Generationengerechtigkeit verstoßen, sollten die Pläne auf breiter Ebene diskutiert und dann von der nationalen Legislative oder in einem nationalen Referendum abgestimmt werden.
- Wenn sie gegen das Gebot der Generationengerechtigkeit verstoßen, müssen sie so geändert werden, dass sie mit dem Gebot der Generationengerechtigkeit übereinstimmen, und dann sollten sie in der Legislative oder in einem nationalen Referendum diskutiert und abgestimmt werden.

Einen effizienten Investitionsplan erstellen

Um einen effizienten Investitionsplan zu erstellen, müssen wir wissen, wie viel Investitionen jetzt die Produktion in der Zukunft steigern und wie viel Zufriedenheit die Verbraucher*innen in der Zukunft aus dem Konsum ziehen werden. Wir schlagen vor, zu berücksichtigen, *wer* am besten Zugang zu den relevanten Informationen hat und *wer* ein Interesse an mehr oder weniger Investitionen hat:

Die nationale Föderation der Verbraucher*innenräte, NFVR, schätzt ein, wie stark wir erwarten, dass sich die Präferenzen in Zukunft ändern werden.

Wer könnte besser als die nationale Föderation der Verbraucher*innenräte abschätzen, wie sich die Präferenzen in Zukunft ändern könnten? Dieser Verbraucher*innenverband wird die F&E-Aktivitäten für neue Produkte und Dienstleistungen beaufsichtigen, sodass der NFVR dafür zuständig ist, herauszufinden, welche Art von neuen Produkten die Verbraucher*innen wünschen. Durch die Kombination von Informationen aus dieser Arbeit mit Daten über historische Trends im Verbraucher*innenverhalten ist der NFVR ideal geeignet, um Veränderungen in den Verbraucher*innenpräferenzen abzuschätzen.

In Absprache mit den Industrieföderationen schätzt die nationale Föderation der Arbeiter*innenräte (NFAR), wie stark sich zukünftige Technologien voraussichtlich verändern werden.

Wer könnte die wahrscheinlichen technologischen Verbesserungen besser einschätzen als die nationale Föderation der Arbeiter*innenräte? Da der NFAR eine große F&E-Abteilung zur Erforschung neuer Technologien beaufsichtigt, ist dieser Verband am besten in der Lage, diesbezüglich die beste Einschätzung abzugeben.[5] Der NFAR kann auch die Arbeiter*innenräte der Industrieföderationen um Hilfe bitten, da sie die F&E für ihre jeweiligen Branchen beaufsichtigen. Wenn der NFAR überzeugend darlegen will, dass mehr gespart und investiert werden sollte, muss er argumentieren, dass bei dem derzeit in Betracht gezogenen Spar- und Investitionsniveau der Wohlfahrtszuwachs durch mehr Konsum in einem Jahr geringer ist als der Wohlfahrtszuwachs in zukünftigen Jahren durch mehr Investitionen. Der NFAR hat keinen Einfluss auf die Schätzungen des erstgenannten Wertes, da dieser aus dem Jahresplan des Vorjahres hervorgeht. Der NFAR könnte also nur dann für mehr Sparen und Investitionen als sozial optimal eintreten, wenn er vorgibt, dass er glaubt, dass die Grenzproduktivität der Investitionen größer ist, als er tatsächlich glaubt. Die entscheidenden Fragen im Hinblick auf einen Fehlanreiz für den NFAR, die Vorteile des

5 Wir schlagen vor, dass die F&E zur Entwicklung neuer Produkte von der Nationalen Föderation der Verbraucher*innenräte beaufsichtigt wird, während die Nationale Föderation der Arbeitnehmer*innenräte für die F&E zur Entwicklung neuer Technologien zuständig ist. In kapitalistischen Volkswirtschaften werden beide Arten von Forschung in der Regel von den Produzenten durchgeführt, obwohl die negativen Anreize, die sich daraus ergeben, dass die Produzenten für die Forschung über neue Produkte für die Verbraucher zuständig sind, selten beachtet werden.

Sparens und Investierens während des Investitionsplanungsprozesses zu übertreiben, sind daher folgende:

Wird jede Übertreibung, wie produktiv Sparen und Investieren wirklich ist, später aufgedeckt?

Und würde der NFAR ausreichend bestraft werden, wenn eine Übertreibung aufgedeckt würde, um zu verhindern, dass der NFAR versucht ist, seinen Enthusiasmus zu übertreiben, um mehr Investitionen für die Arbeiter*innenräte zu gewinnen?

Auf diese Fragen kommen wir gleich zurück.

Wenn der NFVR überzeugend argumentieren will, dass mehr konsumiert und weniger gespart und investiert werden sollte, muss er darlegen, dass bei dem derzeit vorgeschlagenen Spar- und Investitionsniveau der Wohlfahrtszuwachs durch mehr Konsum in einem beliebigen Jahr größer ist als der Wohlfahrtszuwachs in künftigen Jahren durch mehr Investitionen. Auf Ersteres hat der NFVR keinen Einfluss, da es sich aus dem vorangegangenen jährlichen Planungsprozess ergeben wird. Auch auf die Schätzung der Grenzproduktivität der Investitionen hat der NFVR keinen Einfluss, da diese in den Händen des NFAR liegt. Die einzige Möglichkeit für den NFVR, sich für mehr Konsum als sozial optimal einzusetzen, wäre also eine Unterschätzung der Konsumzufriedenheit der zukünftigen Verbraucher*innen. Auch hier sind die entscheidenden Fragen im Hinblick auf mögliche Fehlanreize für den NFVR während des Investitionsplanungsprozesses folgende:

Wird eine Unterschätzung der Zufriedenheit zukünftiger Verbraucher*innen mit dem Konsum später aufgedeckt?

Und wird der NFVR ausreichend bestraft, wenn eine Unterschätzung aufgedeckt wird, damit sie nicht in Versuchung gerät zu lügen?

Wir sind nun bereit, diese Fragen zu Fehlanreizen für den NFAR und den NFVR zu beantworten.

Die gute Nachricht ist, dass Fehleinschätzungen aufgedeckt werden und der Investitionsplan entsprechend überarbeitet werden kann. In Hahnel und Kerkhoff (2020) zeigen wir, dass, wenn bei der Schätzung zukünftiger Präferenzen und Technologien Fehler gemacht werden, was unweigerlich der Fall sein wird, diese Fehler anhand der Ergebnisse der nachfolgenden Jahrespläne erkannt werden können. Und vor allem zeigen wir, wie wir, sobald die Fehler aufgedeckt sind, einen optimalen Plan für die verbleibenden Jahre des Investitionsplans neu berechnen können, um Wohlfahrtsverluste zu mindern – auch wenn die soziale Wohlfahrt natürlich nie so hoch sein kann, wie es der Fall wäre, wenn die Schätzungen der zukünftigen Bedingungen von vornherein korrekt wären. Mit anderen Worten: Wenn der NFAR versucht, die Produktivität des Sparens und Investierens zu übertreiben, oder wenn der NFVR versucht, die Fähigkeit der zukünftigen Verbraucher*innen, Zufriedenheit aus dem Konsum zu ziehen, zu unterschätzen, werden diese Täuschungen aufgedeckt, und es können entsprechende Korrekturen vorgenommen werden, um die Wohlfahrtsverluste zu verringern.

Die schlechte Nachricht ist, dass es weniger einfach ist, Sanktionen für absichtliche Fehleinschätzungen zu entwickeln. Wie kann man den NFAR oder den NFVR wirksam bestrafen? Als nationale Föderationen vertreten sie alle Mitglieder aller Arbeiter*innenräte und alle Mitglieder aller Verbraucher*innenräte in der Nachbarschaft. Eine ›kollektive Bestrafung‹ aller Arbeiter*innen oder aller Verbraucher*innen ist weder wünschenswert noch möglich. Die Arbeit dieser Föderationen wird jedoch von gewählten und abwählbaren Delegierten ausgeführt. Wenn sich herausstellt, dass die Delegierten des NFAR die zukünftigen Produktivitätsgewinne absichtlich zu hoch eingeschätzt haben, was zu Überinvestitionen geführt hat, oder dass die Delegierten des NFVR die zukünftigen Verbraucher*innenpräferenzen absichtlich zu niedrig eingeschätzt haben, was zu Unterinvestitionen geführt hat, ist es möglich, sie auszutauschen, sie von der weiteren Ausübung ihres Amtes auszuschließen oder die Delegierten sogar persönlich zu bestrafen, wenn nachgewiesen werden kann, dass ein Delegierter absichtlich getäuscht hat, anstatt nur einen unbeabsichtigten Fehler begangen zu haben.

Eine Investitionsplanungsagentur kann dann einfach die Schätzungen, die sie für verschiedene Bedingungen in den Optimalitätsbedingungen für einen effizienten Investitionsplan erhält, in die Effizienzbedingungen einfügen, um einen effizienten Investitionsplan zu erstellen. Wichtig ist zu beachten, dass die Investitionsplanungsagentur selbst keine Entscheidungen trifft, sondern lediglich die Schätzungen dieser entscheidenden Auswirkungen in einen optimalen Investitionsplan umsetzt. Wie bereits erläutert, kann dieser Plan dann anhand der Generationengerechtigkeit geprüft, gegebenenfalls geändert und nach einer ausführlichen öffentlichen Debatte schließlich einer nationalen Abstimmung unterzogen werden.

Erstellung effizienter langfristiger Entwicklungspläne

Unser Vorschlag, wie langfristige Bildungspläne zu erstellen und zu ändern sind, wird in Kapitel 13 der Demokratischen Wirtschaftsplanung dargelegt, und unser Vorschlag für eine langfristige Umweltplanung ist in Kapitel 14 enthalten.

Kapitel 13 befasst sich mit neuen Überlegungen, die bei der Erstellung von Bildungsplänen berücksichtigt werden müssen, die viel mehr Jahre abdecken als Investitionspläne für Investitionsgüter. Die Optimalitätsbedingungen für den effizienten Betrag, der jedes Jahr in die Bildung investiert werden sollte, beinhalten jedoch nicht nur eine, sondern drei Kategorien von Vorteilen durch zusätzliche Bildung. (I.) Indem sie den Bestand an Humankapital erhöht, kann Bildung die zukünftige Produktion steigern. Dieser Nutzen ist vergleichbar mit dem einzigen Nutzen, der sich aus der Erhöhung des Bestands an produzierten Investitionsgütern ergibt. (II.) Darüber hinaus kann Bildung aber auch die Fähigkeit der Menschen erhöhen, sich effektiv an ›staatsbürgerlichen‹ Aktivitäten zu beteiligen. In einer hochgradig partizipatorischen Gesellschaft ist dieser Vorteil sogar noch wichtiger als in Gesellschaften, in denen die Entscheidungen von einer kleinen Elite monopolisiert werden. Und schließlich (III.) kann Bildung auch die persönliche Zufriedenheit der Menschen auf zweierlei Weise steigern: Die Teilnahme an einem Bildungsprogramm kann Spaß machen oder an sich schon befriedigend sein. Darüber hinaus kann Bildung auch die Fähigkeiten der Menschen entwickeln, die ihnen zur Verfügung stehenden Möglichkeiten in Zukunft mit größerer Zufriedenheit zu nutzen. Zwar haben alle menschlichen Aktivitäten sowohl Auswirkungen auf die Entwicklung von Präferenzen als auch auf die Erfüllung von Präferenzen, aber die Vorteile der Bildung für die Präferenzentwicklung sind besonders wichtig. Genauso wie wir uns überlegt haben, wer den besten Zugang zu relevanten Informationen hat und wer ein Interesse an mehr oder weniger Investitionen in Investitionsgüter hat, haben wir uns überlegt, wer den besten Zugang zu Informationen über die Kosten und Vorteile von Investitionen in mehr Bildung hat und wer motiviert sein könnte, für mehr oder weniger Bildung zu plädieren, bevor wir Folgendes empfehlen:

Wer sind die besten Kandidaten, um sich für mehr Investitionen in Bildung einzusetzen? Der NFAR, der vom Bildungsministerium[6] unterstützt wird, scheint gut geeignet zu sein, um zu argumentieren, dass Bildung die zukünftige Produktion erhöht. Aber wer kann am besten einschätzen, wie viel Freude die Menschen direkt an der Bildung haben, wie sehr die Bildung die Fähigkeit der Menschen steigert, aus allem, was ihnen in Zukunft zur Verfügung steht, Zufriedenheit zu schöpfen, und wie sehr die Bildung die Fähigkeit der Menschen steigert, sich effektiv an demokratischen Entscheidungsprozessen aller Art zu beteiligen? Der NFVR und das Bildungsministerium scheinen gut geeignet zu sein, den direkten und indirekten Nutzen von mehr Bildung für das Wohlergehen der Menschen abzuschätzen, während die Exekutive und die Legislative am besten geeignet sind, den politischen Nutzen von Bildung abzuschätzen. Wenn der NFAR, das Bildungsministerium, der NFVR und die politischen Instanzen überzeugend argumentieren wollen, dass mehr in die Bildung investiert werden sollte, müssen sie darlegen, dass bei dem derzeit in Betracht gezogenen Niveau der Bildungsinvestitionen der Anstieg des Wohlstands durch mehr Konsum jetzt geringer ist als der Gesamtanstieg des Wohlstands durch alle drei Arten von Vorteilen in zukünftigen Jahren durch mehr Investitionen in die Bildung.

Wer ist der beste Kandidat, um sich für weniger Investitionen in die Bildung einzusetzen? Das mag eine seltsame Frage sein. Warum sollte jemand für weniger Bildung plädieren! Die Antwort ist, dass alle Investitionen, egal welcher Art, auf Kosten von mehr Konsum in der Gegenwart gehen. Wir sind der Meinung, dass der NFVR der beste Fürsprecher für die Vorteile von mehr Konsum in der Gegenwart ist. Und wenn der NFVR überzeugend argumentieren will, dass weniger in die Bildung investiert werden sollte, muss er darlegen, dass bei der Höhe der Bildungsinvestitionen, die derzeit in Betracht gezogen werden, der Wohlfahrtszuwachs durch mehr Konsum in jedem Jahr größer ist als die Gesamtzunahme aller drei Kategorien von Wohlfahrtsgewinnen in zukünftigen Jahren durch Investitionen in die Bildung.

Der wichtige Teil dessen, was wir vorschlagen, ist jedoch nicht nur die Frage, wer sich aufgrund des Zugangs zu Informationen und der Motiva-

6 Mit ›Bildungsministerium‹ ist hier lediglich ein Betrieb wie jeder andere in der partizipatorischen Wirtschaft gemeint, der sich hauptsächlich mit Bildungsbelangen auf der Ebene des gesamten von der Parecon bestimmten Region beschäftigt.

tion für mehr oder weniger Bildung aussprechen sollte. Wichtig ist, wie die Befürworter von mehr oder weniger Investitionen in die Bildung ihre Argumente vortragen müssen. Wer sich durchsetzen will, muss Beweise dafür vorlegen, dass der Nutzen oder die Kosten unter den Bedingungen der Effizienz größer oder geringer sind, als von anderen behauptet. Sobald die Daten ausgewertet sind und die Schätzungen feststehen, wird die Größe der verschiedenen Parameter in den Optimalitätskriterien bestimmt, und eine nationale Bildungsplanungsagentur kann die Berechnung durchführen, um den effizienten Investitionsbetrag zu ermitteln. Auch hier trifft diese Bildungsplanungsagentur keinerlei Entscheidungen. Sie setzt einfach die Schätzungen der verschiedenen Effekte, die sie erhält, in die Gleichungen ein, die die Optimalitätsbedingungen für einen effizienten Investitionsplan darstellen, um zu berechnen, wie viel jedes Jahr in Bildung investiert werden sollte. Und auch dieser Plan sollte umfassend diskutiert werden, bevor er entweder von einer nationalen Legislative oder einem nationalen Referendum verabschiedet wird.

Bevor wir uns der langfristigen Umweltplanung zuwenden, sollten wir zwei Aspekte der Bildungsplanung näher betrachten. Der erste ist die Doppelrolle, die wir der NFVR zugewiesen haben. Einerseits haben wir die NFVR dazu ernannt, die Schlüsselrolle bei der Argumentation für weniger Bildung zu spielen, weil dies auf Kosten der Vorteile von mehr Konsum in der Gegenwart geht. Andererseits haben wir argumentiert, dass die NFVR zusammen mit dem Bildungsministerium gut geeignet ist, um abzuschätzen, wie viel Zufriedenheit die Menschen direkt aus der Bildung gewinnen und inwieweit die Bildung die Fähigkeit der Menschen erhöht, Zufriedenheit aus zukünftigen Chancen abzuleiten.

Die gute Nachricht ist, dass – wie bei Fehlern in der Planung von Investitionen in Investitionsgüter – auch Fehler in den Schätzungen der Auswirkungen von Bildung auf Produktion und Zufriedenheit aufgedeckt und korrigiert werden können, um Wohlfahrtsverluste zu verringern. Die schlechte Nachricht ist jedoch, dass Fehler bei der Schätzung der Auswirkungen von Bildung auf Produktion und Genuss zwar aufgedeckt und korrigiert werden können, aber leider nichts aufgedeckt wird, wenn die Schätzungen der Vorteile von mehr Bildung für die politische Handlungsfähigkeit falsch waren. Angenommen, die politischen Behörden irren sich und gehen davon aus, dass der politische Nutzen größer ist als er tatsächlich ist. Das wird dazu führen, dass mehr in die Bildung investiert wird, als optimal ist. Aber anders als bei anderen Fehlern werden die Ergebnisse der nachfolgenden Jahrespläne diesen Fehler nicht aufdecken. Wenn die erwarteten Veränderungen in Bezug auf die Breite und Tiefe der Beteiligung an Entscheidungsprozessen aller Art nicht eintreten, sollte die nationale Regierung in Absprache mit dem Bildungsministerium ihre Schätzung darüber, wie sehr Bildung die Fähigkeit der Menschen zur Beteiligung an politischen Entscheidungsprozessen erhöht, anpassen. Anders als in den anderen Fällen wird es jedoch kein klares Signal aus den nachfolgenden Jahresplänen geben, dass sie diese Effekte falsch eingeschätzt haben, an denen sie sich orientieren könnten.

Kapitel 14 in *Demokratische Wirtschaftsplanung* befasst sich mit besonderen Überlegungen, die bei der Erstellung von Umweltplänen berücksichtigt werden müssen, die noch mehr Jahre abdecken müssen als die Bildungspläne. Die natürliche Umwelt erbringt Leistungen, die für die Produktion notwendig sind. Aber die Menschen schätzen auch als ›Verbraucher*innen‹ verschiedene Aspekte der natürlichen Umwelt. Wie bei der Bildungsplanung müssen also auch bei der Umweltplanung neben den Beiträgen zur Produktion auch die Vorteile für den Konsum berücksichtigt werden, wie wir weiter unten erläutern. Bevor wir jedoch überlegen, wer am besten geeignet ist, sowohl die Kosten des Umweltschutzes als auch die verschiedenen Kategorien von Vorteilen aus Investitionen in den Umweltschutz und die Verbesserung der Umwelt zu schätzen, ist es wichtig, einige grundlegende Unterschiede bei der Umweltplanung zu berücksichtigen.

Sowohl bei der Investitions- als auch bei der Personalplanung besteht das Hauptziel darin, einen Wachstumsprozess effizient zu steuern. Das Ziel ist es, den Bestand an produzierten Investitionsgütern und Humankapital im Laufe der Zeit produktiver zu machen. Anders ausgedrückt: Der Zweck dieser Art von Planung besteht darin, suboptimale Bestände an Investitionsgütern und Humankapital in größere Bestände umzuwandeln, die produktiver sind. Um eine Analogie zum Sport zu verwenden: Bei der Investitions- und Personalplanung sind wir in der Offensive und erhöhen den Bestand an Produktions- und Humankapital. Wenn wir jedoch Umweltplanung betreiben, zielen wir auf den Rückgang von Umweltgütern ab, um sie nicht zu übernutzen. Wir müssen uns damit abfinden, dass die Umwelt in gewisser Hinsicht im Laufe der Zeit weniger optimal sein wird, und unsere Aufgabe ist es, die Umwelt klug zu verteidigen und ihre Nutzung möglichst effizient zu gestalten.

Ein weiterer Unterschied ist, dass wir von »Produktionsfunktionen« sprechen, die Umweltgüter verbessern oder besser schützen, die wiederum Umweltleistungen als Output erbringen. Aber natürlich unterscheiden sich diese Funktionen oft sehr von den Produktionsfunktionen für Investitionsgüter, die in Arbeiter*innenräten produziert werden, und auch von den Produktionsfunktionen für Humankapital, die in Bildungseinrichtungen produziert werden. Manchmal besteht der ›Output‹ einer Umweltproduktionsfunktion darin, den Bestand eines Umweltguts zu erhöhen, wie im Fall der Wiederaufforstung durch Anpflanzung oder des Anbaus von Deckfrüchten zur Erhöhung der Bodennährstoffe. Häufiger jedoch ›produziert‹ eine Umweltproduktionsfunktion eine Verringerung der Rate, mit der ein Umweltgut abnimmt, wie bei allen Aktivitäten, die darauf abzielen, mehr von dem zu erhalten, was bereits vorhanden ist.

Es geht jedoch um eine größere Frage, nämlich darum, was genau wir in Bezug auf die natürliche Umwelt zu erreichen versuchen. Da wir oft einen effizienten Rückzug inszenieren, ist es leicht, in eine Denkweise zu verfallen, die meiner Meinung nach nicht mehr angemessen ist. Viele Umweltschützer*innen haben dafür gekämpft, die natürliche Umwelt vor verschiedenen menschlichen Aktivitäten zu schützen, die die Umwelt in irgendeiner Weise schädigen. Und in der Tat wurden die meisten Siege für die Umwelt unter diesem Motto errungen. Ein Beispiel dafür war, als die Umweltbewegung in den Vereinigten Staaten das Gesetz zum Schutz gefährdeter Arten (Endangered Species Act) nutzte, um den Lebensraum des Fleckenkauzes in den Wäldern von Oregon, wo ich lebe, durch die Bundesgerichte zu schützen und die Holzindustrie in Oregon nicht nur daran zu hindern, den Fleckenkauz auszulöschen, sondern auch, was noch wichtiger ist, nicht nachhaltige forstwirtschaftliche Praktiken auf großen Flächen im Bundesbesitz in Oregon zu stoppen.

Die implizite Annahme hinter diesem Ansatz ist, dass die natürliche Umwelt ohne menschliche Aktivitäten perfekt auf sich selbst aufpassen würde und dass es daher das Ziel von Umweltaktivist*innen sein sollte, den ökologischen Fußabdruck der Menschheit zu verringern … und zwar so weit wie möglich in Richtung Null. Natürlich sollten Aktivist*innen, die mit dieser Denkweise arbeiten, erkennen, dass ein Null-Fußabdruck des Menschen nur möglich ist, wenn es keine Menschen gibt! Dennoch sehen viele das Ziel darin, die Umweltbelastung pro Person so weit wie möglich gen Null zu reduzieren und die Weltbevölkerung auf eine Größe zu begrenzen, die die wichtigsten ökologischen Systeme nicht bedroht. Kurz gesagt, die natürliche Umwelt wird oft als Garten Eden betrachtet, der perfekt wäre, wenn kein Mensch ihn betreten würde. Wenn wir Menschen ihn also betreten dürfen, ist es unser Ziel, unsere Spuren zu minimieren.

Wir schlagen eine andere Perspektive vor. Anstatt unsere Aufgabe darin zu sehen, unseren ›ökologischen Fußabdruck‹ zu minimieren – also zu versuchen, auf Zehenspitzen durch den Garten Eden zu gehen und dabei den Boden kaum zu berühren –, müssen wir stattdessen versuchen, gute Gärtner*innen zu werden. Um ein guter Gärtner zu sein, müssen wir oft Teile des Gartens vor schädlichen menschlichen Einflüssen schützen und bewahren. Aber die Einsicht, dass wir lernen müssen, bessere Gärtner*innen zu werden, ist etwas ganz anderes, als zu lernen, wie wir auf Zehenspitzen durch den Garten Eden gehen können. Kurz gesagt: Wir schlagen vor, die Umweltplanung so anzugehen, dass wir unsere Rolle als ›gute Gärtner‹ wahrnehmen[7].

Schließlich sehen sich alle, die versucht haben, ökologische Nachhaltigkeit zu definieren, mit folgendem Dilemma konfrontiert: Es ist einfach, ein ökologisch nachhaltiges Produktionsprogramm zu definieren – einschließlich solcher, bei denen der Output im Laufe der Zeit unbegrenzt steigt –, *wenn* es möglich ist, dass sich alle Umweltinputs mit einer positiven Rate regenerieren, wie ich es in Kapitel 2 von Hahnel 2017 tue. Solange der Umweltdurchsatz für jedes Umwelt-›Gut‹ nicht größer ist als die Regenerationsrate des Gutes, ist ein Produktionsprogramm ökologisch nachhaltig. Und solange der Anstieg der Effizienz des Umweltdurchsatzes mindestens so groß ist wie der Anstieg der Arbeitsproduktivität, kann die Pro-Kopf-Leistung und damit der materielle Wohlstand bei einer konstanten Bevölkerung unbegrenzt wachsen, ohne die Regenerationsraten zu überschreiten.

Wenn es jedoch auch nur eine einzige Umweltleistung gibt, die nicht reproduzierbar ist und die für die Produktion auch nur eines einzigen ›Grundgutes‹ erforderlich ist, kann kein positives Produktionsniveau öko-

7 Science-Fiction-Fans kennen vielleicht Kim Stanley Robinsons Mars-Trilogie *Roter Mars, Grüner Mars, Blauer Mars*, in der sich die von der Erde zum Mars gesandten Siedler darüber streiten, ob ihr Ziel darin bestehen sollte, die Auswirkungen des Menschen auf die empfindliche Ökologie des Mars zu minimieren oder stattdessen den Mars so zu ›terraformen‹, dass er für die menschliche Besiedlung besser geeignet ist. Was auch immer die ›richtige‹ Antwort für den Mars sein mag, wir wollen damit sagen, dass diese Entscheidung für die Erde schon lange gefallen ist und wir keine andere Wahl haben, als viel bessere Gärtner zu werden.

logisch nachhaltig sein. Glücklicherweise bedeutet das nicht, dass wir keine ökologisch nachhaltige Strategie verfolgen können, wie ich in Kapitel 2 in Hahnel 2017 ausführlicher erkläre. Es bedeutet nur, dass wir verstehen müssen, dass eine ökologisch nachhaltige Strategie darauf hinausläuft, ein erfolgreiches Spiel nach dem Motto ›kick the can down the road‹[8] zu spielen. Das Spiel besteht aus folgenden Elementen: In der Produktion werden (I.) nicht-erneuerbare Ressourcen durch erneuerbare Ressourcen ersetzt, (II.) knappere nicht-erneuerbare Ressourcen durch reichlich vorhandene ersetzt und (III.) Technologien entwickelt, die nicht-erneuerbare Ressourcen nicht verbrauchen, bevor sie aufgebraucht sind. Beim Konsum werden (I.) Waren, die mit nicht-erneuerbaren Ressourcen hergestellt werden, durch Waren ersetzt, die mit erneuerbaren Ressourcen hergestellt werden, und (II.) Waren, die mit knapperen, nicht erneuerbaren Ressourcen hergestellt werden, durch Waren ersetzt, die mit, weniger knappen nicht-erneuerbaren Ressourcen hergestellt werden. Glücklicherweise – und im Gegensatz zu dem, was viele in der Steady-State- und De-Growth-Bewegung zu glauben scheinen – kann diese Art von ›kicking the can down the road‹ gleichzeitig den wirtschaftlichen Wohlstand weitaus länger steigern, als die Menschen sich Sorgen machen müssen!

Eine nachhaltige Ressourcennutzung liegt also dann vor, wenn man in der Zeit, in der die Ressource zur Neige geht, eine andere Ressource findet, mit der man die zur Neige gehende Ressource ersetzen kann. Dieser Plan einer nachhaltigen Strategie ähnelt dem Spiel eines Kindes, das die Blechdose immer wieder die Straße hinunterkickt.

Die Umweltplanung muss entscheiden, wie viel sie in die Vergrößerung des Bestands eines Umweltguts investiert oder wie viel sie investiert, um die Geschwindigkeit zu verringern, mit der der Bestand eines Umweltguts abnimmt. Die Logik ist dieselbe wie im Fall des bereits erwähnten Produktions- und Humankapitals, obwohl wir im Fall der Umweltgüter oft die optimale Dekumulationsrate statt der Akkumulation planen.

Wie bei der Bildungsplanung müssen wir auch bei den Umweltgütern den Nutzen berücksichtigen, der über die Produktionssteigerung hinaus-

8 ›Kick the can down the road‹ ist ein Spiel, das Kinder früher gespielt haben. Das Spiel besteht darin, eine Blechbüchse wegzuschießen. Dabei wird die Dose gekickt und rollt ein Stück die Straße hinunter. Sie rollt nicht bis zum Ende der Straße, die endlos ist. Also gehen sie einfach zu ihr hin und treten sie erneut, weiter die Straße hinunter.

geht. So wie es oft persönliche Vorteile gibt, wenn man mehr Bildung ›konsumiert‹, kann es auch ›Konsum‹-Vorteile geben, wenn man Umweltgüter genießt. Umweltökonomen verwenden viel Zeit und Energie darauf, den sogenannten *Nutzwert* und den *Bestandswert*, den die Menschen den Umweltgütern und ihrer Erhaltung beimessen, genau zu schätzen.

Die Effizienzbedingungen für die Umweltplanung lauten, dass die Steigerung des Wohlbefindens durch den letzten Dollar, der jedes Jahr für den Konsum ausgegeben wird, gleich der Summe der zukünftigen Produktionssteigerungen durch den letzten Dollar ist, der für die Verbesserung bzw. den Schutz der Umwelt ausgegeben wird, multipliziert mit der zukünftigen Steigerung des Wohlbefindens durch den letzten Dollar, der für den Konsum ausgegeben wird, *plus* der direkten zukünftigen Steigerung des Wohlbefindens durch den letzten Dollar, der für die Verbesserung bzw. den Schutz der Umwelt ausgegeben wird. Sobald wir die Größe der verschiedenen Effekte abschätzen können, kann eine Umweltplanungsbehörde diese Effizienzbedingungen lösen, um die effiziente Höhe der jährlichen Investitionen in die Verbesserung bzw. den Schutz der Umwelt zu ermitteln, genauso wie eine Bildungsplanungsbehörde die optimale Höhe der Investitionen in Sach- und Humankapital ermitteln kann. Und wenn wir darüber nachdenken, wen wir mit der Schätzung der verschiedenen Begriffe in unseren Effizienzbedingungen beauftragen, müssen wir sowohl den Zugang zu Informationen als auch die Motivation berücksichtigen.

Wir glauben, dass die nationale Föderation der Verbraucher*innenräte (NFVR) am besten in der Lage ist, den Wert der Existenz und des Nutzens zu schätzen, den die Menschen den Veränderungen in der natürlichen Umwelt in der Zukunft beimessen werden, genauso wie die NFVR am besten geeignet ist, die zukünftigen Vorteile von mehr Konsum zu schätzen. Aber wer kann am besten abschätzen, wie stark die Zunahme (oder Abnahme) von Umweltgütern die zukünftige Produktion erhöhen (oder verringern) wird? Und wer kann die Kosten des Umweltschutzes bzw. der Umweltverbesserung am besten abschätzen?

Arbeiter*innenräte der Industrieföderationen können am besten einschätzen, wie stark sich Veränderungen des Naturkapitals auf die künftige Produktion auswirken werden, während das Umweltministerium am besten weiß, was der Schutz bzw. die Verbesserung der Umwelt kostet. So wie wir empfohlen haben, dass die Arbeiter*innenräte der Föderationen in den verschiedenen Branchen mit dem Bildungsministerium zusammenarbeiten, um abzuschätzen, inwieweit die Steigerung des Humankapitals die Produktion in der Zukunft erhöhen wird und wie hoch die Kosten für die Produktion von Bildung sind, empfehlen wir, dass die Arbeiter*innenräte der Föderationen in den Branchen mit dem Umweltministerium zusammenarbeiten, um abzuschätzen, inwieweit die Steigerung des Naturkapitals die Produktion in der Zukunft erhöhen wird und wie hoch die Kosten für den Schutz bzw. die Verbesserung der Umwelt sind – in dem Wissen, dass wir oft wissen müssen, welche Auswirkungen der Rückgang der Umweltgüter auf die zukünftige Produktion hat.

So wie der NFAR der beste Kandidat zu sein scheint, um für mehr Investitionen in Investitionsgüter einzutreten, und das Bildungsministerium in Absprache mit den Arbeiter*innenräten der Industrieföderationen die besten Fürsprecher für Investitionen in die Bildung zu sein scheint, scheint das Umweltministerium in Absprache mit den Arbeiter*innenräten der Industrieföderationen der beste Kandidat zu sein, um für mehr Investitionen in die Umwelt einzutreten. Der NFVR hingegen scheint der beste Kandidat zu sein, um überzeugend darzulegen, dass mehr konsumiert und weniger in die Umwelt investiert werden sollte. Schauen wir auf die Überlegungen, wie viel in die Umwelt investiert werden soll:

Wenn die Industrieföderationen und das Umweltministerium überzeugend argumentieren wollen, dass mehr in die Umwelt investiert werden sollte, müssen sie argumentieren, dass beim derzeitigen Stand der Dinge der zukünftige Nutzen von zusätzlichen Investitionen in die Umwelt größer ist als der Nutzen von mehr Konsum in der Gegenwart. Das Umweltministerium und die Industrieföderationen haben keinen Einfluss auf die Schätzungen, um wie viel der zusätzliche Verbrauch den Wohlstand steigern wird, denn das wird im Rahmen des jährlichen Planungsprozesses festgestellt. Sie haben auch keinen Einfluss darauf, wie viel mehr Konsum in der Zukunft das Wohlergehen steigern wird, da dies von der NFVR geschätzt wird. Die Gefahr besteht also darin, dass die Industrieföderationen versucht sein könnten, mehr Investitionen in die Umwelt zu fordern, als gesellschaftlich optimal ist, indem sie behaupten, dass künftige Produktionssteigerungen durch mehr Investitionen in die Umwelt größer sein werden, als sie wirklich glauben, oder dass das Umweltministerium versucht sein könnte zu behaupten, dass die Kosten für den Schutz oder die Verbesserung der Umwelt geringer sind, als es wirklich glaubt.

Wenn der NFVR überzeugend argumentieren will, dass weniger in die Umwelt investiert werden sollte, muss er darlegen, dass bei dem derzeit vorgeschlagenen Investitionsniveau der Wohlfahrtszuwachs durch mehr Konsum in jedem Jahr größer ist als der Wohlfahrtszuwachs in zukünftigen Jahren durch mehr Investitionen in die Umwelt. Der NFVR hat keinen Einfluss auf die Schätzungen des Wohlstandszuwachses durch mehr Konsum in der Gegenwart, da dieser durch den vorherigen jährlichen Planungsprozess ermittelt wird. Der NFVR hat auch keinen Einfluss darauf, wie stark eine Verbesserung der Umwelt die künftige Produktion steigern wird, da die Arbeiter*innenräte der Industrieföderationen in Absprache mit dem Umweltministerium damit beauftragt sind, dies zu schätzen. Wie könnte der NFVR also dafür eintreten, dass mehr konsumiert wird, als gesellschaftlich optimal ist, und daher weniger in Bildung investiert wird, als gesellschaftlich optimal ist? Der NFVR könnte versuchen, die Zufriedenheit der zukünftigen Verbraucher*innen mit dem Konsum zu unterschätzen. Oder der NFVR könnte versuchen, zu unterschätzen, wie sehr zukünftige Verbraucher*innen direkt von Investitionen in die Umwelt profitieren werden.

Auch hier sind die entscheidenden Fragen in Bezug auf mögliche Fehlanreize für diejenigen, die wir mit der Schätzung der verschiedenen Bedingungen für die Effizienz des Umweltinvestitionsplans beauftragen, folgende:

Werden etwaige Unter- oder Überschätzungen später aufgedeckt?

Und (würden die Akteure für Über- oder Unterschätzungen ausreichend bestraft, um sie nicht in Versuchung zu führen, dies zu tun.

Die gute Nachricht ist nach wie vor, dass Fehleinschätzungen aufgedeckt werden und der Umweltplan entsprechend überarbeitet werden kann. Die Ergebnisse der jährlichen Planung werden falsche Annahmen darüber aufdecken, wie produktiv Investitionen in die Umwelt wirklich sind, genauso wie sie falsche Annahmen darüber aufdecken, wie produktiv Investitionen in Investitionsgüter und Bildung sind, sodass die Investitionen in die Umwelt angepasst werden können, um auch Wohlfahrtsverluste zu verringern. Wenn Industrieföderationen versuchen, die Produktivität von Umweltinvestitionen zu übertreiben, oder das Umweltministerium versucht, die Kosten für den Schutz oder die Verbesserung der Umwelt zu niedrig einzuschätzen, wird diese Täuschung aufgedeckt und es können entsprechende Korrekturen vorgenommen werden. Ebenso werden die Ergebnisse der jährlichen Planung zeigen, ob der NFVR den Nutz- und Bestandswert der Umwelt für die Verbraucher*innen unterschätzt hat und wie der Umweltplan entsprechend überarbeitet werden kann.

Auch hier ist die schlechte Nachricht, dass die Festlegung von Sanktionen für Fehleinschätzungen weniger einfach ist. Wie schon zuvor müssen wir Sanktionen für die *Delegierten* des NFVR und der Arbeiter*innenräte der Industrieföderationen sowie für Personen in ›Führungspositionen‹ des Umweltministeriums ausarbeiten. Wenn sich herausstellt, dass die Industrieföderationen die zukünftigen Produktivitätsgewinne überschätzt haben oder das Umweltministerium die Kosten für den Schutz oder die Verbesserung der Umwelt unterschätzt hat, was zu Überinvestitionen geführt hat, oder dass die Delegierten des NFVR den zukünftigen Nutzen und den Existenzwert für die Verbraucher*innen unterschätzt haben, was zu Unterinvestitionen geführt hat, ist es möglich, Beamte des Umweltministeriums, Delegierte der Arbeiter*innenräte der Industrieföderationen und sowie Delegierte des NFVR zu ersetzen, sie für immer auszuschließen oder sogar persönlich zu bestrafen, wenn nachgewiesen werden kann, dass sie absichtlich getäuscht haben und nicht nur einen unbeabsichtigten Fehler gemacht haben.

Zusammenfassend lässt sich für alle langfristigen Entwicklungsplanungen sagen:

- Das Generational Equity Constraint wird bei allen Arten von langfristiger Entwicklungsplanung, die sich über viel längere Zeiträume erstrecken als Investitionspläne für produzierte Investitionsgüter, eine noch wichtigere Rolle spielen, wodurch sich das ›Problem der fehlenden Generationen‹ für die demokratische langfristige Entwicklungsplanung verschärft.
- Wie wir gezeigt haben, lassen sich mit geeigneten Modifikationen für verschiedene Nutzenkategorien Effizienzbedingungen für die Bildungs- und Umweltplanung berechnen, die analog zu den Effizienzbedingungen für Investitionspläne in produzierte Investitionsgüter sind.
- Nachdem wir geprüft haben, wer den besten Zugang zu Informationen über die Kosten und den Nutzen von mehr Investitionen in Bildung und Umweltschutz hat und wer ein persönliches Interesse an jeder Art von Investition hat, haben wir verschiedene Föderationen und Agenturen

als wahrscheinliche Kandidaten für die Schätzung unterschiedlicher Bedingungen in den Effizienzbedingungen für verschiedene Arten der Entwicklungsplanung identifiziert.

- Schließlich haben wir gezeigt, wie diese längerfristigen Entwicklungspläne, die sich über viele, viele Jahre erstrecken, aktualisiert werden können, um Wohlfahrtsverluste abzumildern, wenn die Ergebnisse der nachfolgenden Jahrespläne zeigen, dass die ursprünglichen Schätzungen der wichtigsten Zukunftsparameter falsch waren.

Fazit

Seit vielen Jahrzehnten beschäftigen sich die Befürworter*innen einer partizipatorischen Wirtschaft mit der Frage, wie man selbstverwalteten Arbeiter*innen- und Verbraucher*innenräten bei der Jahresplanung Autonomie über ihre eigenen Aktivitäten einräumen und gleichzeitig Informationen generieren kann, die es ihnen ermöglichen, sich gegenseitig im Blick zu behalten, *ohne* dass eine *zentrale Behörde* dafür sorgt, dass die Räte sich sozial verantwortlich verhalten. Kürzlich haben wir in Kapitel 9 von *Demokratische Wirtschaftsplanung* die Ergebnisse von Computersimulationen des jährlichen partizipatorischen Planungsverfahrens vorgestellt, um seine *Praktikabilität* (würde es zu viel Zeit der Menschen in Anspruch nehmen) und seine *Robustheit* (würde es in realen Umgebungen funktionieren, in denen bequeme Annahmen, die Ökonomen üblicherweise über Technologien und Präferenzen machen, zusammenbrechen) zu testen. Die bisherigen Ergebnisse deuten darauf hin, dass die Bedenken der Kritiker*innen in dieser Hinsicht nicht gerechtfertigt sind.

Wir haben nun vorgeschlagen, wie die Investitionsplanung und verschiedene Arten der langfristigen Entwicklungsplanung – die neue Herausforderungen mit sich bringen – auf demokratische, partizipatorische und effiziente Weise durchgeführt werden können. Und wir haben gezeigt, wie all diese verschiedenen Pläne integriert werden können, wie die Ergebnisse der Jahrespläne genutzt werden können, um Fehler in den Schätzungen der Produktivitäts- und Präferenzveränderungen zu erkennen, die bei der Erstellung der Investitions- und Entwicklungspläne auftraten, und wie diese Pläne aktualisiert werden können, um die Ergebnisse für die verbleibenden Jahre der Pläne zu verbessern.

Literatur

Hahnel, Robin. (2017): Radical Political Economy: Sraffa Versus Marx. Routledge: London UK.

Hahnel, Robin und Allison Kerkhoff (2020). Integrating Investment and Annual Planning. In: *The Review of Radical Political Economics* 52 (2): 222–238.

Robin Hahnel. 2021. Demokratische Wirtschaftsplanung. Routledge: London UK. Siehe insbesondere die Kapitel 11, 12, 13, 14 und 15.

Robin Hahnel. 2022. A Participatory Economy. AK Press: Chico CA. Siehe insbesondere die Kapitel 7, 8 und 9.

Website zur partizipatorischen Wirtschaft: www.ParticipatoryEconomy.org

Jason Chrysostomou & Mitchell Szczepanczyk

Optimierung und Demokratisierung jährlicher Planungsprozesse[1]

Im ersten Teil dieses Beitrags stellen wir die Schlüsseltheorie des postkapitalistischen Wirtschaftssystems vor, das als Partizipatorische Ökonomie bekannt ist, und gehen im Detail auf das jährliche demokratische partizipatorische Planungsverfahren ein, bei dem die Bürger*innen dieser Gesellschaft über ihre selbstverwalteten Räte an der Koordinierung der Verteilung der produktiven Gemeingüter der Gesellschaft beteiligt sind. Im zweiten Teil berichten wir über Initiativen, die darauf abzielen, die partizipatorische Planung mit Hilfe von Computerexperimenten unter Verwendung von agentenbasierten Simulationen zu testen, sowie über künftige Pläne zur Schaffung eines interaktiven Prototyps.

Teil 1 – Eine Einführung in die partizipatorische Planung

Anarchist*innen stellen sich seit Langem eine Gesellschaft vor, die von unten nach oben organisiert ist, eine Gesellschaft, in der die Bürger*innen emanzipiert sind, befreit von unterdrückerischen Strukturen und Herrschaft von oben nach unten. In dieser anarchistischen Gesellschaft würden die Menschen auf der Grundlage von gegenseitiger Hilfe und Solidarität zusammenarbeiten, indem sie die produktiven Ressourcen über Vereinigungen von selbstverwalteten Arbeitsplätzen und lokalen Nachbarschaftsversammlungen teilen.

Auch wenn es in der Geschichte und in der Gegenwart Beispiele für derartige gesellschaftliche Organisationsformen in kleinem Maßstab gegeben hat, stellen sich doch viele berechtigte Fragen, wie eine Gesellschaft ohne Privateigentümer*innen, ohne Chef*innen, ohne Marktwettbewerb und ohne zentralisierte Planung in der Praxis funktionieren würde. Wie würden Arbeitsplätze und Einkommen verteilt? Gäbe es Geld? Wie würden die Produktionsmittel, die sich im Gemeineigentum befinden, den

1 Aus dem amerikanischen Englisch übersetzt von Manfred Renken.

Arbeitsplätzen zugewiesen? Viele in der anarchistischen Tradition stehende Menschen haben sich dagegen ausgesprochen, detailliertere Antworten auf diese Fragen zu erforschen, mit der Begründung, dass wir noch nicht alle Antworten kennen können, dass es wichtigere tägliche Kämpfe gibt, denen wir uns widmen sollten, dass das Eintreten für eine Vision zu Sektierertum führt und dass wir es künftigen Generationen überlassen sollten, über diese Fragen zu entscheiden.

Es gibt jedoch mehrere Gegenargumente dazu. Einer der wichtigsten Gründe für die Erforschung von Visionen ist, dass die Menschen von heute mehr Vertrauen haben müssen, dass eine andere Welt möglich ist, wenn sie die Mächtigen herausfordern und riskieren wollen, den Kapitalismus für etwas anderes aufzugeben. Und wie können wir den allgegenwärtigen Zynismus bekämpfen, der heute herrscht, ohne Inspiration und Hoffnung zu vermitteln, dass es einen besseren Weg gibt? Wir sind der Meinung, dass eine qualitativ hochwertige Debatte über postkapitalistische Gesellschaften eine wichtige Aufgabe ist und dass sie frei von starren Dogmen geführt werden kann und sollte. Wenn sie auf diese Weise geführt wird, kann sie für die Menschen in der Gegenwart oder in der Zukunft, die die Möglichkeit haben, mit sozialer Innovation und der Schaffung einer neuen Gesellschaft zu experimentieren, nur von Nutzen sein.

In diesem Sinne wurde das Modell der Partizipatorischen Wirtschaft konzipiert. Seine Schöpfer Michael Albert und Robin Hahnel stellten das Modell in den 1990er-Jahren vor, und es stößt auf neues Interesse, da immer mehr Menschen nach systemischen Lösungen für die vielfältigen Krisen suchen, die der Kapitalismus verursacht hat.

Das Modell der Partizipatorischen Wirtschaft

Die Partizipatorische Wirtschaft soll ebenso die Selbstverwaltung fördern (den Menschen ein Mitspracherecht bei Entscheidungen geben, die sie betreffen) wie Gerechtigkeit (Lasten und Nutzen gerecht verteilen), Solidarität (Fürsorge und Empathie fördern), Vielfalt (eine Vielzahl von Optionen für ein erfülltes Leben schaffen) und ökologische Nachhaltigkeit (unsere natürliche Umwelt heute und für künftige Generationen schützen und pflegen) – und dies durch effiziente Nutzung unserer knappen Ressourcen, um das menschliche Wohlergehen zu maximieren und menschliche Bedürfnisse zu erfüllen.

Anstelle von privatem oder staatlichem Eigentum an Kapital und Märkten sind die Hauptmerkmale einer partizipatorischen Wirtschaft zur Erreichung der oben genannten Ziele folgende:

Soziales Eigentum an den produktiven Gemeingütern

Die Ressourcen (Natur, Maschinen, Werkzeuge, Gebäude, Land und Wissen), die wir alle erben und die zur Produktion von Gütern und Dienstleistungen genutzt werden, sind kollektives Eigentum aller Mitglieder der Gesellschaft.

Selbstverwaltete Arbeitsstätten

Arbeitsplätze ohne Eigentümer*innen oder Chef*innen. Das wichtigste Entscheidungsgremium eines jeden Betriebs ist ein Betriebsrat, in dem jede*r Arbeitnehmer*in Mitglied ist und ein Mitspracherecht hat.

Selbstverwaltete Nachbarschaften

Jede*r Bürger*in oder Haushalt ist Mitglied eines direkten Entscheidungsgremiums an seinem Wohnort, des sogenannten Nachbarschaftsrates. Ein Hauptzweck dieses Gremiums ist es, Entscheidungen über den kollektiven Verbrauch zu treffen.

Gemeinschaften betroffener Parteien (GBP) (Communities of Affected Parties – CAPs)

Jede von einer Umweltverschmutzung betroffene Person kann einer Gemeinschaft der Betroffenen beitreten und Mitglied werden. Durch dieses Gremium können die Bürger*innen mitbestimmen, wie viel Verschmutzung sie zu tolerieren bereit sind.

Föderationen von Räten

Rotierend entsendet jeder Rat abberufbare Delegierte in übergeordnete Föderationen, um Entscheidungen zu treffen, die eine größere Anzahl von Menschen betreffen. Arbeitnehmer*innenräte sind Mitglieder ihres Branchenverbands. Verbraucher*innenräte sind Mitglieder von Föderationen auf geografischer Basis, wie z. B. Bezirke, Städte und Regionen.

Partizipatorische Planung

Jedes Jahr nehmen diese Räte, GBPs und Föderationen an einem dezentralen demokratischen Planungsprozess teil, der als partizipatorische Planung bezeichnet wird, um die Verteilung der gemeinsamen Ressourcen der Gesellschaft zu koordinieren. Es gibt auch eine partizipatorische Investitions- und Entwicklungsplanung, die sich über längere Zeiträume erstreckt.

Jährliche partizipatorische Planung

Ziel der partizipatorischen Planung ist es, alle Bürger*innen der Gesellschaft in die Lage zu versetzen, sich an einem dezentralen Bottom-up-Prozess zu beteiligen, um einen Plan für die effiziente, gerechte und nachhaltige Nutzung der gemeinsamen produktiven Ressourcen der Gesellschaft zu erstellen. In diesem Sinne ist das partizipatorische Planungsverfahren ein einzigartiger und bahnbrechender Ansatz für die Ressourcenzuteilung, der sich nicht nur radikal vom Marktwettbewerb und von Top-down-Formen der Planung unterscheidet, sondern auch von anderen formellen demokratischen Planungsvorschlägen, die sich stärker auf Verhandlungen in großen, langwierigen Sitzungen stützen.

Die Grundlagen

Vor Beginn eines jeden neuen Jahres nehmen alle Wirtschaftsakteur*innen an einem Verfahren teil, das wahrscheinlich im Dezember beginnt und etwa vier Wochen dauert, bis es abgeschlossen ist. Zur Straffung des Prozesses ist auch ein*e Planungsmoderator*in beteiligt (der*die allerdings keine Entscheidungsbefugnis hat).

Das Verfahren basiert darauf, dass Arbeitnehmer*innen und Verbraucher*innen über ihre Räte ihre eigenen *Vorschläge zur ›Eigentätigkeit‹* für die Maßnahmen des kommenden Jahres in mehreren Runden oder *Iterationen* machen und verfeinern.

Kurz gesagt, die Unternehmen beantragen die Nutzung von Teilen der produktiven Allmende – oder anders gesagt, sie beantragen *Nutzungsrechte* für die Nutzung von Maschinen, Werkzeugen und Ressourcen, die sie benötigen – im Gegenzug für das Versprechen, der Gesellschaft Waren und Dienstleistungen zur Verfügung zu stellen. Die Bürger*innen werden über ihre Nachbarschafts-Verbraucher*innenräte gebeten, Angaben darüber zu machen, was sie im kommenden Jahr voraussichtlich konsumieren werden. Alle diese Vorschläge zur *Eigentätigkeit* werden addiert, die Informationen werden aktualisiert, die Vorschläge werden verfeinert, und dies wiederholt sich über eine Reihe von Runden, bis ein tragfähiger Plan erreicht ist.

Wenn das Verfahren abgeschlossen ist, hat die Gesellschaft einen Planentwurf für das kommende Jahr erstellt, in dem die Anfangspreise für alle Ressourcen, Güter und Dienstleistungen in der Wirtschaft festgelegt sind und die Nutzungsrechte für Teile der produktiven Gemeinschaftsgüter den Arbeitsplätzen zugewiesen wurden.

Runden oder Iterationen

Im Einzelnen umfasst jede Runde des Planungsverfahrens drei Schritte, die wie folgt aussehen:

1. Bekanntgabe der neuen Preise

Die moderierende Person gibt Preise bekannt, die auf dem Plan des vergangenen Jahres als Ausgangspunkt beruhen. Diese werden als *Richtpreise* bezeichnet, da sie die geschätzten sozialen Kosten und die Vorteile der Nutzung produktiver Ressourcen zur Herstellung von Waren und Dienstleistungen in der Wirtschaft widerspiegeln, einschließlich der Auswirkungen von Schadstoffen.

2. Vorschläge zur Eigenaktivität

Einzelpersonen und Haushalte reagieren, indem sie planen, was sie im kommenden Jahr konsumieren wollen. In der Praxis würde dies bedeuten, dass man sich eine Liste dessen ansieht, was man im vergangenen Jahr verbraucht hat, und kleinere Anpassungen nach oben oder unten vornimmt. Es wird nicht erwartet, dass man detaillierte Pläne für einzelne Artikel vorlegt (das wäre unrealistisch), sondern lediglich für allgemeine Warenkategorien. Die individuellen Verbrauchsvorschläge aller Mitglieder eines nachbarschaftlichen Verbraucher*innenrats werden addiert und mit ihren Plänen für lokale Kollektivgüter kombiniert, die zu einem früheren Zeitpunkt im Jahr demokratisch beschlossen und als Ganzes eingereicht wurden.

Verbraucherräte in übergeordneten Föderationen schlagen Pläne für öffentliche Güter vor, zum Beispiel für den öffentlichen Verkehr in einer Stadt.

Die Unternehmen reagieren darauf, indem sie Pläne für das vor ihnen liegende Jahr vorlegen. Dazu gehören die Ressourcen, die sie benötigen, und die Waren oder Dienstleistungen, die sie liefern werden, einschließlich der Schadstoffemissionen, die sie möglicherweise verursachen. In der Praxis würde dies bedeuten, dass man sich die Tätigkeitsberichte des letzten Jahres ansieht und sie für das kommende Jahr verfeinert. (Natürlich wird es ein erstes Jahr geben, in dem man eine gewisse Anpassung erwarten würde. Die

Preise und Zahlen müssen irgendwo beginnen, wahrscheinlich mit vernünftigen Schätzungen, die ausreichen müssen, bis sich genauere Preise ergeben).

3. Aktualisierung der Preise

Sobald alle Vorschläge zur *Eigentätigkeit* vorliegen, werden die Gesamtnachfrage und das Gesamtangebot berechnet und die Preise auf der Grundlage etwaiger Differenzen nach oben oder unten angepasst. Die Preisaktualisierung kann mithilfe eines Software-Algorithmus erfolgen (mehr dazu im zweiten Teil des Artikels).

Der Prozess wiederholt sich dann, die Vorschläge werden verfeinert und in mehreren Runden erneut vorgelegt. Der endgültige Plan kommt zustande, wenn es keine Überschüsse bei Angebot und Nachfrage mehr gibt.

Erwarteter Nutzen

Das jährliche partizipatorische Planungsverfahren soll die Ziele der Selbstverwaltung, Gerechtigkeit, Solidarität, ökologischen Nachhaltigkeit, Vielfalt und Effizienz fördern. Es zielt insbesondere darauf ab, bekannte Mängel anderer Wirtschaftssysteme auf folgende Weise zu beheben:

Erfassung der vollen sozialen Kosten

In Marktwirtschaften werden die Preise idealiter durch Verhandlungen zwischen einzelnen Käufer*innen erzeugt. Dies führt dazu, dass Nutzen und Kosten für Dritte ignoriert werden (was Ökonomen als externe Effekte bezeichnen), dass sozial schädliche Aktivitäten unterbewertet und sozial nützliche Aktivitäten überbewertet werden. Die partizipatorische Planung löst dieses Problem durch die Einführung von Preisen für Schadstoffe und andere externe Effekte, die in das Planungsverfahren einfließen. Dies führt dazu, dass die Preise für Waren und Dienstleistungen die vollen sozialen Kosten für die Gesellschaft genauer widerspiegeln. Den Verursacher*innen werden die Kosten für die von ihnen verursachte Verschmutzung in Rechnung gestellt, während die von der Verschmutzung Betroffenen auch ein Mitspracherecht darüber erhalten, wie viel Verschmutzung sie zu akzeptieren bereit sind – wenn überhaupt – und wie hoch im Gegenzug gegen eine Entschädigung ausfallen müsste.

Gerechte Einkommen aus Arbeit ermöglichen

Der Lohn oder das Arbeitseinkommen wird in Marktwirtschaften durch Verhandlungen zwischen Arbeitgeber*innen und Arbeitnehmer*innen auf den Arbeitsmärkten festgelegt. Der Wert der Arbeitsleistung wird jedoch stark von Faktoren beeinflusst, auf die man keinen Einfluss hat: das Glück, Zugang zu besserer Ausbildung oder besseren Werkzeugen zu haben, eine vorteilhaftere Genetik zu besitzen, Veränderungen in der Technologie und bei den Verbraucher*innen-Trends und viele andere. Eine moralische Grundlage für das Einkommen aus Arbeit erfordert, dass wir stattdessen das berücksichtigen, was unter unserer Kontrolle liegt: die Unterschiede, die wir in unseren Anstrengungen oder Opfern machen, indem wir länger arbeiten oder unangenehmere oder gefährlichere Arbeit verrichten. Diese Quadratur des Kreises ist auf einem Arbeitsmarkt nicht möglich, indem man gerechte Löhne zahlt, ohne dass es zu grober Ineffizienz kommt. Die partizipatorische Planung trennt das Verhältnis zwischen den Opportunitätskosten der Arbeitskategorie, die einem Arbeitsplatz in Rechnung gestellt werden, und dem Einkommen, das die Arbeitnehmer*innen erhalten. Mit anderen Worten: Der Lohn pro Arbeitnehmer*in wird dadurch bestimmt, wie hart er/sie arbeitet und welche Opfer er/sie bringt, und nicht durch den Wert dieser Arbeit in der Wirtschaft.

Kollektiver Konsum

Kollektivgüter oder -dienstleistungen sind Dinge, die von Gruppen von Menschen gemeinsam konsumiert werden, z. B. öffentliche Verkehrsmittel. Kollektive Güter werden in individualistisch ausgerichteten Marktwirtschaften stark unterproduziert. Durch Verbraucher*innenräte in den Stadtteilen und Föderationen der Verbraucher*innen können die Bürger*innen ihre Präferenzen für öffentliche Güter und Dienstleistungen genauso leicht zum Ausdruck bringen wie für individuelle Güter. Dies hat viele positive Auswirkungen, insbesondere auf die Nachhaltigkeit und die Effizienz der Ressourcennutzung, da ein höheres Maß an kollektivem Konsum die Auswirkungen auf die Umwelt verringern kann.

Autonomie der Arbeiter*innen

Die meisten Menschen denken an die Sowjetunion und ein zentrales Planungsgremium, wenn sie an eine Planwirtschaft denken. Bei der partizipatorischen Planung handelt es sich jedoch um einen Bottom-up-Prozess, der den Betrieben und Stadtvierteln die Freiheit gibt, über ihre eigenen Angelegenheiten zu entscheiden, ohne dass eine zentrale Behörde ihnen vorschreibt, was sie zu tun haben. In jeder Planungsrunde hat jede Gemeinde volle Autonomie bei der Erstellung und Überarbeitung ihres eigenen Plans zur Selbsttätigkeit.

Abschaffung des Wachstumszwangs

Die Logik des Marktwettbewerbs und der Gewinnmaximierung erfordert, dass Entscheidungen, die zu einem größeren materiellen Wachstum führen, Vorrang vor dem Wachstum der Freizeit haben, was sehr zum Nachteil unserer natürlichen Umwelt und des menschlichen Wohlbefindens ist. Diesen inhärenten strukturellen Zwang gibt es in der demokratischen Planung nicht, sodass die Bürger*innen ihre Präferenzen für ein höheres Maß an Freizeit voll zum Ausdruck bringen können.

Teil 2 – Computersimulationen zur partizipatorischen Planung

Technologie und Grundlagen

Wir haben für die in Freiburg 2019 durchgeführte Konferenz »Krise des Nationalstaats – anarchistische Antworten?« einen kleinen, funktionsfähigen Prototyp einer partizipatorischen Wirtschaftssoftware entwickelt und vorgeführt. Der Prototyp trug den Arbeitsnamen *par_planning app* und wir verwendeten die Meteor-Plattform (https://www.meteor.com), um den Prototyp zu erstellen. Meteor ermöglichte die schnelle Entwicklung einer dynamischen Website, auf der verschiedene Benutzer*innen ein Konto registrieren und sich anmelden konnten, um das partizipatorische Planungsverfahren in Echtzeit zu verfolgen und dazu beizutragen, dass es sich entfaltet. Der Quellcode des Prototyps ist online unter https://github.com/msszczep/par_planning_app zu finden.

Die Wirtschaft in dieser App, die von der Homepage heruntergeladen werden kann, ist gegenüber dem, was man von einer modernen Wirtschaft erwarten würde, stark vereinfacht. In diesem Prototyp werden nur drei Konsumgüter produziert (Pizza, Brot, Bier), die jeweils an einem einzigen Arbeitsplatz hergestellt werden (Pizzeria, Bäckerei oder Brauerei) und die alle aus nur zwei *Zutaten* hergestellt werden (Scheffel Weizen und Arbeitsstunden). In dieser Wirtschaft gibt es auch drei nach berühmten Anarchisten benannte Verbraucher*innenräte (Goldman Green, Rocker Hill und Bakunin Bay).

Wir betonen, dass eine Wirtschaft komplizierter ist als die hier beschriebene Anwendung. Unser Ziel ist es, Leser*innen, die mit demokratischer Planung nicht vertraut sind, die grundlegende Logik und Funktionsweise zu demonstrieren.

Regeln der App

Jede*r einzelne Teilnehmer*in erstellt ein Konto mit einer E-Mail-Adresse, loggt sich auf der Website ein und wählt nach dem Einloggen einen Arbeitsplatz (einen Arbeiter*innenrat) und ein Stadtviertel (einen Verbraucher*innenrat) aus, denen er/sie beitreten möchte. Die Teilnehmer*innen sind während ihrer gesamten Zeit in der Wirtschaft Mitglieder in diesen Räten.

Bei jeder Iteration des partizipatorischen Planungsverfahrens werden jedem/jeder Teilnehmer*in fünf Fragen gestellt:

1. Wie viele Stunden möchten Sie arbeiten?
2. Welches von den drei Rezepten möchten Sie an Ihrem Arbeitsplatz anwenden? (Hoher Arbeitsaufwand, geringe Ressourcen; mittlerer Arbeitsaufwand, mittlere Ressourcen; oder niedriger Arbeitsaufwand, hohe Ressourcen).
3. Wie viele Pizzen möchten Sie konsumieren?
4. Wie viele Biere möchten Sie konsumieren?
5. Wie viele Brote möchten Sie konsumieren?

Diese individuellen Werte – Arbeitsstunden, gewähltes Rezept und Menge der zu konsumierenden Pizzen, Biere und Brote – werden aggregiert und für alle Teilnehmer*innen auf einer riesigen Tafel angezeigt. Diese Tafel zeigt den Preis (der auf einen willkürlichen Anfangswert von 10 gesetzt wird) für jedes Gut an sowie das Angebot jedes Gutes, die Nachfrage nach jedem Gut, die prozentuale Differenz zwischen Angebot und Nachfrage und ob das Angebot ausreicht, um die Nachfrage nach jedem Gut zu decken. Die Tafel umfasst auch einen Iterationszähler, der anzeigt, in welcher Iteration wir uns bei dieser partizipatorischen Planung befinden, sowie den Verlauf der einzelnen Preise in allen zuvor abgeschlossenen Iterationen für alle Güter.

Die gleiche Tafel zeigt auch eine Momentaufnahme aller Arbeitsplätze und aller Stadtteile in der Wirtschaft. Jeder Arbeitsplatz listet jedes Mitglied des Arbeitsplatzes auf, die Anzahl der Stunden, die sie zu arbeiten gewählt haben, ein Verhältnis von sozialem Nutzen zu sozialen Kosten (SN/SK) für diesen Arbeitsplatz und den Verlauf der SN/SK-Verhältnisse für jede bisherige Iteration.

Das SN/SK-Verhältnis kann als Gradmesser betrachtet werden, um festzustellen, ob an einem Arbeitsplatz sinnvolle Arbeit geleistet wird – ob der*die Arbeiter*in mehr produziert, als er*sie als Input einnimmt (wenn er*sie im kapitalistischen Sprachgebrauch *profitabel* ist). Der soziale Nutzen eines Arbeitsplatzes wird ermittelt, indem man die Anzahl der produzierten Einheiten mit ihrem Preis multipliziert (z. B. die Anzahl der von der Pizzeria produzierten Pizzen mit dem Preis einer einzelnen Pizza). Die Sozialkosten eines Arbeitsplatzes werden ermittelt, indem man die Zahl der Arbeitsstunden aller Mitglieder*innen mit dem aktuellen Richtpreis für Arbeit multipliziert und das Ergebnis zu dem Produkt aus den vom Arbeitsplatz angeforderten Scheffeln Weizen und dem aktuellen Richtpreis für Weizen addiert. Der Quotient wird einfach berechnet, indem der Gesamtnutzen durch die Gesamtkosten geteilt wird, mit dem Ziel, einen SN/SK-Quotienten von mehr als eins zu erreichen, um zu bestätigen, dass das Unternehmen in der Wirtschaft wertvoll ist (d.h. mehr Wert produziert, als es einnimmt).

Auf der Tafel sind auch die einzelnen Nachbarschaften aufgeführt, und für jede Nachbarschaft können alle Teilnehmer*innen die Liste der Teilnehmer*innen in der Nachbarschaft sehen, die Mengen, die jede Person konsumieren möchte, und den Kreditüberschuss für die Nachbarschaft. Der Kreditüberschuss für eine Nachbarschaft ist der Wert, der berechnet wird, indem alle Kredite, die jede Person in der Nachbarschaft an ihren jeweiligen Arbeitsplätzen verdient, abzüglich der Gesamtbelastung (die Kosten für ein Gut multipliziert mit der Gesamtmenge für dieses Gut über alle Güter) für alle Mitglieder der Nachbarschaft.

In einer Iteration werden die Bedarfe aller Nachbarschaften aggregiert und mit den entsprechenden Güterangeboten aller Arbeitsstätten verglichen. Ein partizipatorischer Plan ist vollständig, wenn alle folgenden Bedingungen erfüllt sind:

1. Das Angebot für alle konsumierbaren Güter (Pizza, Bier, Brot) ist gleich oder größer als die Nachfrage.
2. Alle Stadtteile verfügen über ausreichend Guthaben für die von ihnen nachgefragten Güter zum aktuellen Preis.

3. Das Gesamtangebot und die Gesamtnachfrage nach allen Konsumgütern (Pizza, Bier, Brot) liegen maximal 10 % auseinander.
4. Alle Arbeitsstätten haben ein SN/SK-Verhältnis von mehr als eins.

Wenn in einer Iteration nicht alle diese Bedingungen erfüllt sind, werden die Preise angepasst und der Prozess wird wiederholt – d. h. jede Person wird erneut gefragt, wie viele Stunden er*sie arbeiten möchte, welches Rezept er*sie möchte und wie viele Pizzen, Biere und Brote jede*r Einzelne benötigt – unter Berücksichtigung der in der vorherigen Iteration gesammelten Informationen. Jedem Gut in der Wirtschaft (Pizza, Bier, Brot, Arbeit, Weizen) wird in der ersten Iteration ein Startpreis von 10,00 Einheiten zugewiesen, aber wenn nicht alle Bedingungen erfüllt sind, werden die Preise nach unten angepasst, wenn das Angebot für ein Gut größer ist als die Nachfrage, oder nach oben, wenn die Nachfrage größer ist als das Angebot. Die Preisanpassungsregel, die die Website verwendet, lautet:

$$W = V(1{,}05 - 0{,}5^{V})$$

wobei

W = prozentuale Änderung des Preises einer Ware in der nächsten Iteration

V = prozentualer Angebotsüberschuss für diese Ware in der aktuellen Iteration

außer wenn V > 0,25, dann wird der neue Anpassungswert auf W = 0,25 gesetzt.

Wir verwenden diese Formel, weil sie die Preisanpassungsformel war, die in dem Buch *Demokratische Wirtschaftsplanung* verwendet wurde und weil die Forschung gezeigt hat, dass sie die Preise wie beabsichtigt anpasst.

Wir wiederholen diesen Vorgang, bis ein partizipatorischer Plan fertiggestellt ist. Es gibt noch eine Reihe weiterer erwähnenswerter Punkte zu dieser App:

1. Jede*r Arbeiter*in an einem Arbeitsplatz hat einen Lohn von 15 Credits pro Stunde. Dieser Lohn ist während des gesamten Verfahrens festgeschrieben. Der Richtpreis für Arbeit kann sich zwar ändern (und wird sich wahrscheinlich auch ändern), aber diese Änderungen *haben keine Auswirkungen auf den allen Arbeiter*innen gezahlten Lohn*, der während der gesamten Wirtschaftssimulation bei 15 Credits pro Stunde bleibt.

2. Es gibt eine endliche Anzahl von Arbeitsstunden in der gesamten Wirtschaftssimulation, die der Anzahl der Teilnehmer*innen mal zehn entspricht. Ebenso gibt es eine endliche Anzahl von Scheffeln Weizen für die gesamte Simulation, die der Anzahl der Teilnehmer*innen mal zwölf entspricht. Außerdem gibt es für jeden Arbeitsplatz eine Kapazitätsbeschränkung - ein bestimmter Arbeitsplatz kann maximal so viele Waren herstellen, wie die elffache Anzahl der Teilnehmer*innen an einem bestimmten Arbeitsplatz beträgt. Wenn zum Beispiel die Bäckerei 10 Arbeiter*innen hat, kann sie maximal 110 Brote herstellen.

3. Hier ist die Liste der Rezepte für die Kombination von Arbeit und Weizen zur Herstellung eines bestimmten Gutes:

A. Eine Pizza entsteht aus 1 Stunde Arbeit und 1 Scheffel Weizen.

B. Eine Pizza ergibt sich aus 1,5 Stunden Arbeit und einem 0,5 Scheffel Weizen.

C. Eine Pizza ergibt sich aus 0,5 Stunde Arbeit plus 1,5 Scheffel Weizen.

D. Für ein Bier braucht man 1 Stunde Arbeit und 1 Scheffel Weizen.

E. Ein Bier ergibt sich aus 1,75 Stunden Arbeit und einem 0,25 Scheffel Weizen.

F. Ein Bier ergibt sich aus 0,25 Arbeit plus einem und 1,75 Scheffel Weizen.

G. Ein Laib Brot ergibt sich aus 1 Stunde Arbeit und 1 Scheffel Weizen.

H. Ein Laib Brot ergibt sich aus einer und 1,25 Stunden Arbeit plus einem 0,75 Scheffel Weizen.

I. Ein Laib Brot ergibt sich aus 0,75 Viertelstunden Arbeit plus 1.25 Scheffel Weizen.

Wie die App das Modell umsetzt

Trotz der relativen Einfachheit der Anwendung glauben wir, dass sie eine Reihe von Punkten erfolgreich demonstriert:

1. Sie setzt einige der grundlegenden Merkmale einer partizipatorischen Wirtschaft um. Es gibt selbstverwaltete Arbeitsplätze und selbstverwaltete Stadtviertel (die den im Modell vorgesehenen Arbeitnehmer*innenräten bzw. Verbraucher*innenräten entsprechen). Sie sind selbstverwaltet, weil jeder Arbeitsplatz und jedes Viertel selbst entscheidet, was produziert und konsumiert werden soll, und die App verbietet es jeder*jedem anderen, diese Entscheidungen zu treffen, genau wie es das Modell verlangt.

2. Die Räte (Arbeitsplätze und Nachbarschaften) interagieren miteinander mittels eines partizipatorischen Planungsverfahrens, um zu einem gesellschaftsweiten Allokationsplan zu gelangen, in dem jede Person ausrechnet, wie viele Stunden er*sie zu arbeiten und wie viele Einheiten jedes Gutes er*sie zu produzieren und zu konsumieren gedenkt, und zwar zu klar ausgewiesenen Richtpreisen – alles ohne Befehlsgewalt und ohne Märkte und ohne Wachstumsdruck um jeden Preis.
3. Es gibt Grenzen in der App, die die Arbeitszeit, die Mengen an Weizen und die Kapazität eines gegebenen Arbeitsplatzes betreffen – all das spiegelt die endlichen Kapazitäten einer realen Wirtschaft wider, die unser Programm anerkennt und mit ihnen arbeitet, anstatt sie zu ignorieren und so zu tun, als gäbe es sie nicht.

Wie die App das Modell *nicht* umsetzt

Wir sind uns der Grenzen dieses Programms bei der Umsetzung eines partizipatorischen Planungsmodells bewusst, von denen wir hier einige auflisten.

1. Das Programm berücksichtigt keine Güter, die auf kollektiver Basis konsumiert werden (Dinge wie ein Schwimmbad in der Nachbarschaft oder ein Nahverkehrssystem). Alle in der Wirtschaft produzierten Güter sind Gegenstände, die ein*e Einzelne*r konsumieren würde (Essen und Trinken).
2. Obwohl viele Details des Modells automatisiert sind, einschließlich der Bestimmung der Preisanpassung, der Berechnung des Verbraucherratskredits und der Bestimmung der SN/SK-Verhältnisse, könnte man vernünftigerweise argumentieren, dass die Dinge zu sehr automatisiert sind. Das Modell der partizipatorischen Wirtschaft räumt den Betriebsräten das Recht ein, einen Plan abzulehnen, wenn es dafür einen Grund gibt, aber das Programm ignoriert dieses Recht einfach – es geht davon aus, dass ein partizipatorischer Plan automatisch genehmigt wird, wenn alle Berechnungen akzeptabel sind.
3. Es gibt ernsthafte Bedenken hinsichtlich des Datenschutzes. In dieser App ist alles transparent – jede Person sieht, was jemand in Echtzeit tut. Das ist zwar gut, weil es keine Geheimnisse gibt und jede Korruption oder jedes Problem sofort für alle sichtbar ist, aber es gibt auch keine Privatsphäre, vor allem nicht bei Konsumwünschen, die sensibel oder peinlich sein könnten.

4. Es gibt keine Überlegungen für längerfristige Pläne. Die App verwaltet kurzfristig eine kleine Wirtschaft, vermutlich für ein Jahr (die Standardeinstellung für ein partizipatorisches Planungsverfahren), aber es ist schwer vorstellbar, dass jemand ein Jahr lang von einer Handvoll Pizzen, Bier und Broten leben kann. Längerfristige Investitionen und Planungen, die sich über Jahrzehnte oder Generationen erstrecken, werden in dieser App nicht berücksichtigt.
5. Es gibt kaum Überlegungen zur Umweltverschmutzung oder zum Umweltschutz. Die App berücksichtigt zwar die Grenzen einer natürlichen Wirtschaft, aber es gibt weder Gemeinschaften betroffener Parteien, noch werden Schadstoffe berücksichtigt, noch gibt es Mechanismen zur Anpassung der Richtpreise an Umweltbelange.

Glücklicherweise kann diese Liste der Einschränkungen auch als Vorschlag für die künftige Ausrichtung der App dienen: Einbeziehung von kollektiven Gütern, volle Mitspracherechte, verbesserter Datenschutz, Mechanismen für die Erstellung längerfristiger Pläne und Mechanismen zum Schutz der Umwelt.

Literatur

Robin Hahnel (2022): A Participatory Economy. Chico, California: AK Press.
Eine partizipatorische Wirtschaft stellt eine faszinierende konkrete Alternative zum Kapitalismus vor, in der Arbeiter*innen und Verbraucher*innen zusammenkommen, um selbst zu entscheiden, was sie produzieren und konsumieren wollen.

Links

The Participatory Economy Project (website)
Eine gemeinnützige postkapitalistische Denkfabrik mit dem Ziel, eine demokratische Alternative zum Kapitalismus, die sogenannte partizipatorische Wirtschaft, zu fördern und zu entwickeln. www.participatoryeconomy.org

Computer Simulations of Participatory Planning (project)
Ein Projekt, das Computersimulationen zur Erforschung der partizipatorischen Jahresplanung einsetzt. https://participatoryeconomy.org/project/computer-simulations-of-participatory-planning/

par_planning_app (software code)
Eine Simulation einer partizipatorischen Wirtschaft im Meteor Framework. https://github.com/msszczep/par_planning_app

Claude Klöckl

Warum (nicht) planen? – Proceedings

Abstract

Der wissenschaftliche Sozialismus hat eine starke Tradition. Er war eine Forschungsströmung, die wissenschaftlich analysierte, wie eine ›gerechte Gesellschaft‹ geschaffen werden kann.

In späteren Jahren wurde dieser Begriff jedoch für die Staatsideologie der UdSSR verwendet und seiner ursprünglichen Bedeutung beraubt. Im gegenwärtigen Jahrhundert ist er in der akademischen Debatte fast unsichtbar geworden. Das ist bedauerlich, da viele Forschungsbereiche, die, oberflächlich betrachtet, nichts mit politischer Theorie zu tun haben, große Fortschritte gemacht haben. So haben zum Beispiel zahlreiche Bereiche der Mathematik und der Ökonomie große Auswirkungen auf die Machbarkeit der Planung einer Gesellschaft ohne Märkte. Dadurch wird die Möglichkeit, eine Gesellschaft statt auf finanzielle Rentabilität auf die Bedürfnisse ihrer Mitglieder hin zu planen, realistischer denn je.

Ich diskutiere, welche Fragen die moderne akademische Forschung angehen könnte, um zur Formulierung und Verfeinerung machbarer Modelle für eine utopische Gesellschaft beizutragen. Außerdem versuche ich, anhand von Beispielen aus der Gegenwart zu zeigen, wie Planwirtschaften funktionieren können. Ich glaube nämlich, dass wir schon heute Beispiele dafür geben können, wie Arbeitskräfte motiviert werden können und wie eine gerechte und effiziente Verteilung knapper Güter im Hier und Jetzt funktioniert.

1 Moderner wissenschaftlicher Sozialismus

Ich habe häufig das Zitat von Adorno (»Es gibt kein richtiges Leben im falschen« (Adorno, 1944)) als Rechtfertigung dafür gehört, warum man heute noch nicht die genaue Gestaltung einer wirklich freien Gesellschaft vorschlagen kann. Es dient häufig als bequeme Ausrede, warum man eine alternative Gesellschaft noch nicht beschreiben kann. Ich denke, dass diese Strategie falsch und gefährlich ist.

Wenn wir heute nicht zumindest prototypisch beschreiben können, wie wir uns eine funktionierende Gesellschaft vorstellen, werden wir niemanden davon überzeugen können, dass dies eine realistisch erreichbare Gesellschaft ist. Diese Argumente zu liefern, sollte das Ziel eines überfälligen modernen wissenschaftlichen Sozialismus sein. Ich glaube zum Beispiel, dass die Arbeit von Elinor Ostrom (Ostrom, 1990) eine Inspiration für uns sein sollte. Sie hat empirisch nachgewiesen, dass Gemeingüter über Hunderte von Jahren in vielen Gemeinschaften erfolgreich bewirtschaftet wurden, trotz der gängigen theoretischen Vorstellung, dass die ›Tragödie der Allmende‹[1] dies unmöglich machen würde.

Wenn wir die Bedenken über gerechte Gesellschaften ernst nehmen und empirisch widerlegen, können wir so viel mehr gewinnen, als wenn wir warten, bis die Zeit reif ist, um mit dem Nachdenken zu beginnen. Wenn wir keine konkreten und detaillierten Vorschläge für eine solche Gesellschaft vorlegen, können sie nicht kritisiert und verbessert werden. Ich hoffe, dass wir zu einer Diskussionsebene zurückkehren, auf der Gesellschaftsmodelle veröffentlicht, diskutiert und verfeinert werden. Ich glaube, dass es notwendig ist, alle üblichen Bedenken zu sammeln und zu beantworten, die sich gegen die Möglichkeit einer utopischen, nicht geldbasierten Wirtschaft richten. Viele Bedenken sind berechtigt und müssen daher so konkret wie möglich beantwortet werden. Sorgen ernst zu nehmen und ihnen proaktiv zu begegnen, scheint die beste Strategie zu sein, um die Menschen wieder

1 Der Begriff ›Tragedy of the commons‹ (Hardin, 1968) wurde von Garrett Hardin geprägt, um die Interessenkonflikte beim geteilten Bewirtschaften einer knappen öffentlichen Ressource zu beschreiben. Die Grundessenz des Problems ist, dass jede indviduelle Entnahme aus der gemeinsam bewirtschafteten Ressource zwar individuelle Profite bringt, aber im Gegenzug die Erträge in der Zukunft schmälert. Generell geben solche Situationen einen Anreiz, so schnell wie möglich alles zu entnehmen, bevor es ein anderer tut. Dies scheint die nachhaltige Bewirtschaftung zunächst unmöglich zu machen. Traditionell wird das Modell anhand einer Weide dargestellt, die von mehreren Hirten geteilt wird. Mittlerweile wurde es aber auf viele Problemlagen wie Umweltverschmutzung, Überfischung und Impfvorsorge übertragen. Es gibt auch bekannte spieltheorethische Formulierungen, die beweisen, dass in ›Tragedy of the Commons‹-Situationen (›CC-PP-Spielen‹) kooperatives Verhalten nicht rational im Sinne der Spieltheorie ist. Elinor Ostroms Beitrag war eine empirische Widerlegung dieser theoretischen Resultate durch den Hinweis, dass insbesondere Dorfgemeinschaften in vielen Fällen ›Tragedy of the Commons‹-Probleme seit langer Zeit erfolgreich lösen. Ebenfalls interessant ist Ostroms Analyse, welche Faktoren diesen Gemeinschaften gemein sind und inwieweit ›Best Practices‹ daraus abgeleitet werden können.

davon zu überzeugen, dass eine gerechte Wirtschaft machbar ist. Ich glaube, dass wir auf diese Bedenken eingehen können. Mehr noch, wir können diese Bedenken mit praktischen Beispielen beantworten. Beispiele, die zeigen, dass mögliche Probleme gelöst werden können. Ein anschauliches praktisches Beispiel sollte idealerweise bereits realisiert sein und nicht ein theoretisches Modell, das auf seine Umsetzung wartet. Wenn wir aktuelle Beispiele für die Lösung der befürchteten Probleme bei der Planung einer gerechten Wirtschaft geben, können wir schrittweise alle Behauptungen der Unmöglichkeit widerlegen. Deshalb habe ich begonnen, Beispiele dafür zu sammeln, wie Planwirtschaften heute schon funktionieren. Nicht in der Zukunft, sondern genau hier und jetzt.

2 Was muss getan werden?

Es folgt eine Auswahl der häufigsten Einwände gegen die Möglichkeit einer utopischen Wirtschaft. Diese Einwände müssen für jedes überzeugende Modell einer freien Gesellschaft entkräftet werden.

1. Stimulierung von Innovation und Produktdifferenzierung[2]
2. Demokratische Teilhabe
3. Korruption
4. Motivation der Arbeitskräfte
5. Effiziente Planung der Allokation (i.e. Güterverteilung)

Wir schlagen vor, dass die Forschung, die sich dem modernen wissenschaftlichen Sozialismus widmet, die oben genannten Punkte beantwortet und

2 Warum braucht eine befreite Gesellschaft eine Antwort auf die Frage nach der Produktdifferenzierung? Produktdifferenzierung bedeutet, wie viele Varianten eines an sich ähnlichen Gutes in einer Gesellschaft zur Verfügung gestellt werden. Das inkludiert diverse Marken (Cola vs. Pepsi), Designs & Moden (Farben und Muster bei Kleidung), aber auch unterschiedliche technische Merkmale (schnelle Autos vs sparsame Autos). Generell bedeutet eine hohe Produktvielfalt insgesamt mehr Aufwand und somit mehr Arbeit in einer Gesellschaft. Zusätzlich erhöht sie meist den ökologischen Fußabdruck. Gleichzeitig, war einer der verbreitetsten Kritikpunkte am realsozialistischen Wirtschaften der Mangel an Produktdifferenzierung von Konsumgütern im Vergleich zu den Marktwirtschaften. Eine gute Auswahl an Nahrung und Kleidung scheint für viele Menschen ein berechtigter Wunsch zu sein. Die Frage, wie viel Produktdifferenzierung ideal wäre und wie dies festgestellt werden kann, muss von einer utopischen Wirtschaft beantwortet werden können.

diese Liste um weitere verbreitete Einwände erweitert. Wenn wir alle diese Punkte beantworten könnten, hätten wir sicherlich die meisten Zweifel an der Möglichkeit einer gerechten Gesellschaft ausgeräumt. Ich selbst kann nicht auf alle diese Punkte umfassend antworten. Ich konnte jedoch glücklicherweise zumindest damit beginnen, sie zu beantworten. Ich hoffe, dass wir sie dann schließlich zusammen ganz ausräumen können. Dieser Artikel wird sich daher ausschließlich mit den letzten beiden Punkten befassen: der effizienten Planung und Zuteilung knapper Güter und der Motivation von Arbeitskräften.

3 Motivierung der Arbeitskräfte

Ein Haupteinwand gegen geldlose Gesellschaften ist, dass es den Arbeitenden in solchen Gesellschaften an Motivation fehlen könnte. Heute dient das Geldverdienen als Mechanismus positiver und negativer Verstärkung, der wirtschaftliche Aktivität belohnt. Positive Verstärkung, durch Geld im Überfluss umfasst die Ermöglichung des jeweiligen individuellen guten Lebens (Hobbys, Konsumstandards) sowie einen besseren Zugang zu Luxusprodukten, Statussymbolen und eine größere Autonomie sowohl beim Konsum als auch bei der wirtschaftlichen Tätigkeit (›Wer zahlt, schafft an‹). Negative Verstärkung durch Geldknappheit, beruht auf der Bedrohung durch Armut, die die Arbeitenden dazu veranlasst, länger und unter schlechteren Bedingungen zu arbeiten. Es wird häufig argumentiert, dass die Menschen ohne diese Motivationsmechanismen weniger oder weniger hart arbeiten würden und vielleicht sogar weniger kreativ wären. Ich glaube, dass diese Befürchtung zumindest teilweise zutrifft.

Zweifellos ist wirtschaftliche Not ein starker Motivator, Arbeit zu verrichten. In der Tat beruht ein großer Teil der ›Motivations‹-Bedenken auf der Idee, dass Geld die Information über wirtschaftliche Knappheit an die Verbraucher weitergeben sollte. Es soll Knappheit ›fühlbar‹ machen und so zu einem überlegten Umgang mit den Ressourcen anregen. In der Tat ist auch die Arbeitszeit anderer eine wertvolle und knappe Ressource, die nicht verschwendet werden sollte. Typischerweise sind zwei Arten von vorgeschlagenen Modellen für utopische Gesellschaften zu unterscheiden. Es gibt solche, die eine (I.) Entkopplung von Arbeit und Konsum fordern[3]

3 Zu einer Kritik der darin enthaltenen Tauschlogik siehe Friederike Habermann *Ausgetauscht* (Habermann, 2018)

und (II.) jene, die eine stärkere Integration von beidem fordern. (I.) wird in der Regel mit Begriffen wie ›Grundeinkommen‹, ›Wertkritik‹ und anarchistischer Lohnarbeitskritik verbunden[4], (II.) wird mit Modellen in Verbindung gebracht, die der Arbeitswerttheorie folgen, wie z. B. Parecon (Hahnel, 2021; Albert und Hahnel, 2021) und Cockshott (Cockshott and Cottrell, 2000) und verlangen, dass der Konsum eines Gutes durch eine gleichwertige Menge an Arbeit für die Gesellschaft ausgeglichen werden muss. Es ist wichtig festzuhalten, dass beide Modelle verwandte, aber unterschiedliche Probleme zu lösen versuchen. Ein ›Wohlfahrtsstaat‹ und die ›Vermeidung von Arbeitsausbeutung‹ sind unterschiedliche Konzepte. Beide Konzepte können in verschiedenen Modellen in unterschiedlichem Maße vorhanden sein, von gar nicht über wenig bis hin zu vollständig, und in allen möglichen Kombinationen davon.

In (I.) versuchen die Modelle, die negative Verstärkung der Wirtschaftssysteme zu beseitigen, indem sie die Befriedigung der menschlichen Grundbedürfnisse garantieren. Die Modelle unterscheiden sich durch den Grad der Bereitstellung von Konsum- oder sogar Luxusgütern. Typischerweise plädieren Grundeinkommensmodelle ausschließliche für die garantierte Befriedigung der Grundbedürfnisse, während anarchistische Modelle sogar für die Aufhebung der positiven Verstärkung durch eine vollständige Versorgung mit allen Gütern (›Alles für alle‹) plädieren. Im Wesentlichen können diese Modelle als Erweiterungen eines Wohlfahrtsstaatskonzepts angesehen werden, bei dem der Konsum in unterschiedlichem Umfang garantiert wird. In der Regel sehen diese Modelle keinen expliziten Mechanismus vor, der die ›Ausbeutung der Arbeitskraft‹ oder eine Begrenzung des Konsums (z. B. aus ökologischen Gründen) vermeidet. Darüber hinaus müssen diese Modelle das in diesem Abschnitt beschriebene Problem der Motivation der Arbeitskräfte angehen. Entweder teilweise (bei lediglicher Abschaffung der negativen Verstärkung) oder vollständig (durch Abschaffung der negativen und positiven Verstärkung).

In (II.) variieren die Details der Verrechnung von Arbeitszeit. So besteht beispielsweise Uneinigkeit darüber, inwieweit die Löhne differenziert werden sollten oder nicht. Darüber hinaus gibt es mehrere denkbare Möglichkeiten der Lohndifferenzierung auf der Grundlage verschiedener Faktoren

4 Einen neuen Versuch hierzu startet das Commons Institut, insbesondere Stefan Meretz und Simon Sütterlütti, mit ihrem Werk *Kapitalismus Aufheben* (Sutterlütti and Meretz, 2018).

wie Qualifikation, Bildung, Arbeitskräfteknappheit und Beliebtheit der Arbeit. Die Modelle von (II.) sehen komplexe Buchhaltungssysteme vor, die sicherstellen, dass die Arbeitenden nicht mehr von der Gesellschaft konsumieren, als sie zur Gesellschaft beitragen. Mehr zu konsumieren, als man beigetragen hat, bedeutet in gewisser Weise, anderen die Arbeitskraft zu entziehen. In der Arbeitswerttheorie ist dies nichts anderes als die Aneignung der Zeit eines anderen, ein Merkmal der kapitalistischen Ausbeutung der Arbeit und somit etwas, das es zu vermeiden gilt. Das Ergebnis dieser Modelle ist, dass sie den Verbraucher*innen tatsächlich Informationen über die Arbeitsintensität vermitteln. Folglich weisen sie in ihrer reinsten Form ähnliche positive und negative Motivationsmechanismen auf wie klassische geldbasierte Systeme. Reine Modelle aus (II.) müssen sich daher nicht mit dem Motivationsproblem wie bei (I.) auseinandersetzen. Eher dystopische, auf Arbeitsethik basierende Gesellschaften sind vorstellbar, in denen die ›Vermeidung von Arbeitsausbeutung‹ ohne einen ›Wohlfahrtsstaat‹ gewährleistet wird. Keine Arbeitskraft würde ausgebeutet, aber die Arbeitsunwilligen oder -unfähigen erhalten keinerlei Unterstützung.

Fast alle Befürworter*innen von (II.) plädieren jedoch typischerweise für die Einrichtung eines durch eine ›Arbeitssteuer‹ finanzierten Wohlfahrtsstaates neben ihrem Arbeitsbuchhaltungssystem. Sie betonen jedoch, dass die Höhe der Sozialleistungen eine politische Entscheidung ist, die in den verschiedenen Gemeinschaften unterschiedlich ausfallen kann. Es liegt auf der Hand, dass die Frage der Motivation der Arbeitenden umso wichtiger wird, je stärker der Schwerpunkt auf soziale Transfers gelegt wird, da der Konsum zunehmend von der Wirtschaftstätigkeit entkoppelt wird.

Ich glaube nicht, dass die Frage der Motivation der Arbeitenden unbeantwortbar ist. Ich bin jedoch der Meinung, dass sie von den Befürworter*innen utopischer Gesellschaften oft nicht oder nur unbefriedigend beantwortet wird. Insbesondere gibt es zwei gängige Antworten, die ich für nicht ausreichend halte. Weder das Argument, dass (a) die Produktivität so hoch sein wird, dass es in einer utopischen Gesellschaft keine Knappheit mehr gibt (›Post-Scarcity Communism‹), noch das Argument, dass (b) Menschen von Natur aus motiviert sind, fleißiger zu arbeiten, wenn die Gesellschaft nur egalitärer wäre, wird Skeptiker*innen überzeugen können. Diese Argumente mögen richtig sein oder nicht. Sie beruhen jedoch auf Überzeugungen und nicht auf Beweisen, da noch niemand eine utopische Gesellschaft verwirklicht hat. Ohne weitere empirische Beweise für ihre

Gültigkeit können sie daher nicht für bare Münze genommen werden. Ein vielversprechendes Betätigungsfeld des modernen wissenschaftlichen Sozialismus könnte darin bestehen, empirische Beweise für diese Argumente zu finden, wenn man sie für berechtigt hält.

Meine persönliche Meinung ist, dass (a) nur für spezielle Fälle und niemals für alle Güter gelten kann, da jedes auf natürlichen Ressourcen basierende Gut zumindest zu einem kleinen Teil irgendwo in seiner Herstellungskette von Knappheit betroffen ist. Selbst einfache und verbreitete Produkte wie z. B. Karton benötigen zur Herstellung mehr oder weniger knappe Ressourcen wie z. B. Holz oder Energie. Keines davon ist unerschöpflich und das zeigt uns, dass selbst vermeintlich im Überfluss verfügbare Güter wie Verpackungsmaterial immer einer gewissen Knappheit unterliegen. Vor allem in Anbetracht der zunehmenden ökologischen Krise scheint (a) zu optimistisch zu sein. Ich möchte es daher nicht im Detail diskutieren. Allerdings scheint mir (b) eine ungeheuer interessante und nuancierte Frage zu sein. Die Frage, was die Menschen motiviert, verdient eine gründliche Untersuchung. So gibt es in der heutigen Gesellschaft zahlreiche Beispiele für die negativen Auswirkungen der Arbeitslosigkeit (siehe *Die Arbeitslosen von Marienthal* (Jahoda et al., 2017)). Man könnte argumentieren, dass diese nur auf die starke wirtschaftliche Not zurückzuführen sind, die in der heutigen Gesellschaft mit Arbeitslosigkeit verbunden ist, in einer besseren Gesellschaft aber anders gelagert oder gar abgeschafft wäre. Dennoch glaube ich, dass uns empirische Beweise für eine ausreichend starke intrinsische Motivation der Menschen zur Arbeit fehlen. Ich freue mich über jeden Hinweis auf Forschungen in dieser Richtung.

Ich bin der Meinung, dass es nicht eine grundsätzliche menschliche Motivation zur Arbeit gibt, aber dass Menschen Motivation entwickeln, sobald sie in einem geeigneten Umfeld arbeiten. In der Tat haben Kinder jedoch einen angeborenen Spieltrieb, der auch bei Erwachsenen vorhanden ist. Und wir wissen heute, dass es eine klare Verbindung zwischen Lernen und Spielen gibt. So sind Kinder von Natur aus durch ihren Spieltrieb zum Lernen motiviert. Man könnte also hoffen, dass lohnend gestaltete Arbeitsprozesse von Erwachsenen ähnlich selbstmotiviert verfolgt werden.

Allerdings sind nicht alle Arbeitsprozesse von Natur aus reizvoll oder gar spielerisch. Daher sollten wir uns auf die Frage konzentrieren, was ein Arbeitsprozess beinhalten muss, damit er als motivierend empfunden wird. Können wir empirisch nachweisen, dass bestimmte Merkmale eines Arbeitsprozesses die Arbeit lohnender machen? Können wir Arbeitsprozesse aktiv so gestalten, dass sie für die Arbeitskräfte lohnender sind?

Der moderne wissenschaftliche Sozialismus könnte von Fachrichtungen wie der Psychologie und der Ludologie [Lehre vom Spiel] bei der Beantwortung der Frage profitieren, wie Arbeitskräfte auch ohne wirtschaftliche Not motiviert bleiben können. Kann die ›Gamification‹ der Arbeit ihre Attraktivität erhöhen? Können wir langfristige Motivationssysteme wie lohnende Karrierewege auch in egalitären Gesellschaften schaffen?[5] Wenn ja, dann könnte eine utopische Gesellschaft sogar Spezialist*innen beschäftigen, die dafür sorgen, dass sich jede Arbeitsstelle lohnend und selbstmotivierend anfühlt. Dies mag auf den ersten Blick absurd erscheinen, aber wenn wir bedenken, dass der heutige Marketingsektor eine große Rolle dabei spielt, den Konsum attraktiver zu machen, warum sollten wir dann nicht ähnliche Anstrengungen unternehmen, um die Arbeit attraktiver zu machen?

4 Eine moderne Perspektive auf die Planwirtschaft

Die Debatte über die ›Wirtschaftsrechnung im Sozialismus‹ (›Socialist Calculation Debate‹) in den 1920er-Jahren wurde zwischen den Befürwortern der Planwirtschaft (Neurath, Lange, Tisch) und der österreichischen Ökonomie geführt (Hayek, von Mises). Letztere stellten die berühmte Behauptung auf, dass die Planwirtschaft nicht in der Lage sei, die komplexen Berechnungen durchzuführen, die für die effiziente Organisation einer Wirtschaft erforderlich seien. Sie behaupteten, dass nur die emergente Informationsverarbeitung eines Markes eine effiziente Zuteilung wirtschaftlicher Ressourcen erreichen könnte.

Ich glaube, dass das Gegenargument der österreichischen Schule sogar in den 20er-Jahren gültig gewesen sein könnte. Im letzten Jahrhundert hat sich das Blatt jedoch gewendet. Cockshott (Cockshott and Cottrell, 2000)

5 Der Wunsch, ›Karriere zu machen‹, gehört zu den wichtigsten Motivationsfaktoren für qualifizierte und hochqualifizierte Arbeitskräfte. Ein beruflicher Aufstieg führt natürlich zu einer höheren monetären Entlohnung, geht jedoch mit vielen anderen Faktoren einher, wie z.B. einer größeren Entscheidungsfreiheit, der Leitung größerer Teams, Prestige, Lehrmöglichkeiten und einem Wechsel der Tätigkeiten. Wir müssen sorgfältig abwägen, welche dieser Faktoren einer egalitären Gesellschaft nützen und welche ihr schaden können. Es ist sehr gut möglich, dass viele dieser nicht-monetären Faktoren ebenso viel zur Motivation beitragen wie die monetäre Vergütung.

hat ausführlich dargelegt, dass Planwirtschaften heute technisch machbar wären. Das Aufkommen leistungsfähiger Computer, des Internets und moderner mathematischer Optimierungsverfahren hat die Berechnungsmöglichkeiten erheblich erweitert. Während Cockshot sehr ausführlich darlegt, wie Computer, RFID-Chips, Barcodes und das Internet die Verwaltung einer Planwirtschaft heutzutage enorm erleichtern, möchte ich mich auf einen häufig übersehenen Punkt konzentrieren: die Entwicklung der modernen numerischen linearen Algebra und der mathematischen Theorie der Optimierung (siehe (Wright, 2005) für eine Diskussion der historischen Entwicklung der Optimierung. Um die enormen Auswirkungen des algorithmischen Fortschritts (im Gegensatz zum rein hardwarebasierten Fortschritt) zu verdeutlichen, möchte ich die Auswirkung nur einer einzigen algorithmischen Innovation vorstellen: Straßens schnellem Multiplikationsalgorithmus für große Matrizen aus dem Jahr 1976. Wir werden sehen, dass bereits dieser einfache, geniale Trick einen enormen Einfluss auf Planungsprobleme hat.

4.1 Optimierung

Die effiziente Verwaltung knapper Ressourcen erfolgt heute mithilfe der mathematischen Optimierung. Systemanforderungen, die quantifizierbar formuliert werden können, lassen sich im Prinzip durch die Lösung eines entsprechenden Gleichungssystems effizient erfüllen. Wie viele Produkte, wie viele Unternehmen und wie viele Ressourcen auf einmal verwaltet werden können, hängt wesentlich von der Anzahl der Gleichungen ab, die bei der Modellierung des Systems verwendet werden. Zumindest erfordert die Verwaltung eines einzelnen Produkts eine einzelne Gleichung, um sogenannte Input-Output-Berechnungen durchzuführen. In der Praxis kann die Verwaltung eines Produkts mit einer großen Anzahl von Beschränkungen einhergehen (z. B. Mindestversorgungsgrad, Sicherheitsmarge usw.), die zusätzliche Gleichungen in die Berechnung einbeziehen. Die Verknüpfung der Fragen ›Wie viele Gleichungen können in einem Optimierungsproblem gelöst werden?‹ und ›Wie viele Gleichungen sind für die Modellierung einer Volkswirtschaft erforderlich?‹ führt zu der Erkenntnis, dass die überschaubare Größe von Optimierungsproblemen sehr wichtig ist, um zu beantworten, ob eine wirtschaftliche Planung machbar ist. Also: *Wie komplex ist es, eine gesamte Gesellschaft wirtschaftlich zu planen?* Diese Frage ist tatsächlich noch nicht beantwortet. Allerdings, können wir anfangen, diesen Rechenaufwand abzuschätzen. Einen Ansatzpunkt liefern Cottrell und Cockshott 1993 (Cottrell und Cockshott, 1993). Sie diskutieren den historischen Fall der UdSSR und zitieren Yun (1988: 55), der feststellt,

> dass Gosplan [Staatliches Komitee für Wirtschaftsplanung] ab Mitte der 1980er-Jahre in der Lage war, in seinen Jahresplänen Materialbilanzen für nur 2.000 Güter zu erstellen. Bezieht man die Berechnungen von Gossnab [Staatliches Komitee für materiell-technische Versorgung] und den Industrieministerien mit ein, so steigt die Zahl der erfassten Produkte auf etwa 200.000, was immer noch weit unter den 24 Millionen Artikeln liegt, die in der sowjetischen Wirtschaft zu dieser Zeit produziert wurden.«

Die Planungsbehörden der UdSSR (Gosplan, Gossnab, Industrieministerien...) berücksichtigten also bestenfalls 0,83 % aller Produkte in ihrem Planungsverfahren[6].

Diese niedrige Zahl zeigt, dass das Planungsverfahren der UdSSR bei Weitem nicht allumfassend war. Es ist auch nicht überraschend, dass dies nicht zu einer effizienten Planung führen konnte. Eine moderne Wirtschaft sollte mindestens so viele Produkte anbieten, wie in der UdSSR vorhanden waren. Darüber hinaus gibt es zahlreiche Berichte von Klagen über eine zu geringe Produktdifferenzierung in der UdSSR. Folglich sollte eine moderne utopische Gesellschaft wahrscheinlich nach mehr als 24.000.000 Produkten streben. Wie viele mehr? Diese Frage ist schwer zu beantworten und bis zu einem gewissen Grad eine politische Entscheidung. Mehr Produkte bedeuten mehr zu leistende Arbeit. Ein Gleichgewicht zwischen Produktdifferenzierung und Arbeitszeit lässt daher unterschiedliche Kompromisse zu. Für eine grobe Überschlagsrechnung würde ich jedoch sagen, dass Volkswirtschaften, in denen zehnmal mehr Produkte erhältlich sind als in der UdSSR, zu insgesamt zufriedeneren Verbraucher*innen führen könnten. Das führt zu einer groben Schätzung von höchstens $24 * 10^7$ Produkten, die in einem Optimierungsproblem zu berücksichtigen wären. Vereinfacht gesagt führt die Durchführung einer linearen Optimierung dazu, dass wir lineare Gleichungssysteme lösen müssen die in etwa so groß sind wie die Anzahl der in einer Wirtschaft verfügbaren Produkte.[6]

6 Das ergibt sich aus folgender Gleichung: $\frac{2*10^5}{24*10^6}=\frac{2}{240}=0.0083$

In der Praxis reichen lineare Modelle nicht aus, um eine Wirtschaft zu modellieren. Die konvexe und semi-definite Optimierung ist jedoch ähnlich schnell wie die lineare Optimierung. Es ist bekannt, dass konvex und semi-definite Modelle

Für eine Worst-Case-Analyse betrachten Sie ein vollbesetztes Gleichungssystem, das eine Gleichung für jedes Produkt enthält. Die Lösung eines solchen Systems durch Gaußsche Elimination ist beinahe eine ›Brute-Force‹-Lösungsstrategie. Der numerische Aufwand für die Lösung eines linearen Gleichungssystems wird von seiner LU-Zerlegung[7] dominiert. Die LU-Zerlegung durch naive Gaußsche Elimination erfordert $\frac{2}{3}n^3$ FLOPS[8] für n-Gleichungen. Für eine Wirtschaft mit $24 * 10^7$ Produkten führt dies zu $\frac{2}{3}\, 13824 * 10^{21} \sim 10^{25}$ FLOPs. Der heute schnellste Supercomputer FRONTIER liefert 1.1 EXAFLOPS, d.h. $1.1 * 10^{18}$ FLOPS. Ein Jahr hat $8760 * 360 \sim 3 * 10^6$ Sekunden. Wir kommen also auf Laufzeiten von mehreren Jahren (d.h. etwa $3 \sim O(1)$ Jahre).Im Gegensatz dazu benötigt die LU-Zerlegung nach dem Algorithmus von Strassen $O(n^{2.8})$ FLOPs für n-Gleichungen. Für eine Wirtschaft mit $24 * 10^7$ Produkten führt dies zu $7321^{18.22} \sim 10^{23}$ FLOPs. Daraus ergibt sich eine Laufzeit von

$$\frac{10^{23}}{1.1*10^{18}*3*10^{6}}=\frac{10^{23}}{3.3*10^{24}}=\frac{1}{33}\,\text{Jahr}$$

auf FRONTIER. Mit anderen Worten, die Anwendung des Strassen-Algorithmus reduziert die Laufzeit auf mehrere Tage (etwa zehn Tage sind 1/33 eines Jahres). Dies ist bereits eine praktikable Laufzeit für die Jahresplanung im Sinne der Worst-Case-Komplexität. Es muss darauf hingewiesen werden, dass nur ein kleiner Prozentsatz aller Güter als Input in jedem anderen Produkt benötigt wird. Folglich gibt es eine große dünnbesetzte Matrix. In der Praxis führen Methoden wie z. B. der ›Divide & Conquer‹-Algorithmus oder spezialisierte Lösungsmethoden für dünn-

reichhaltigere Modelle als lineare zulassen. Ich habe allerdings noch nicht von einer genauen Analyse gehört, wo die konvexe Optimierung die lineare Optimierung im Hinblick auf Wirtschaftsplanung übertreffen kann. In meinen Augen stellt eine Analyse dieser Vorteile einen äußerst vielversprechenden Schritt in Richtung einer zeitgemäßen volkswirtschaftlichen Planung dar.

7 In der numerischen Algebra wird der Aufwand an FLOPs zur Lösung von Gleichungssystemen untersucht. Für beliebige Gleichungssysteme erfolgt der klassische Lösungsansatz in 2. Schritten. Eine erste Beobachtung ist, dass sogenannte Dreiecksmatritzen besonders leicht lösbar sind. Nämlich durch den Rücksubstitutions-Algorithmus mit moderatem O(n^2) Aufwand. Die nächste Beobachtung ist, dass eine Matrix immer in eine unitäre Matrix U und eine Dreiecksmatrix zerlegt werden kann, hier wird die sogenannte LU-Zerlegung verwendet.
Allerdings mit Aufwand O(n^3). So kann jede beliebige Matrix gelöst werden, indem sie erst zerlegt wird und die erhaltene Dreiecksmatrix gelöst wird.

8 FLOPs bedeutet Floating Point Operations per second.

besetzte Matritzen zu enormen weiteren Aufwandsreduzierungen bei der Berechnung großer Gleichungssysteme. Die exakten Einsparungen hängen davon ab, wie dünnbesetzt die Matritzen sind. Sie betragen aber sicherlich mehrere Größenordnungen, sodass das Problem auch für wesentlich schwächere Computer, mehr Produkte oder mehr Beschränkungen bei der Produktallokation lösbar ist. Außerdem sehen wir, dass die Lösung eines linearen Gleichungssystems durch den Strassen-Algorithmus anstelle der Gaußschen Elimination eine Planung in großem Maßstab möglich macht. Dieses Beispiel soll verdeutlichen, warum algorithmische Entwicklungen für die Planungsgemeinschaft von großem Interesse sind. Es ist vor allem nur ein Beispiel von vielen ähnlichen. Fortschritte wie Divide & Conquer, Inner-Point-Methoden, konvexe Optimierung, semidefinite Programmierung, Timsort und viele ähnliche kleine Schritte tragen dazu bei, dass großräumige Planungen von Tag zu Tag machbarer werden.

4.2 Eine kurze Geschichte der Optimierung

In den 1920er-Jahren war die Technik der mathematischen Optimierung noch nicht einmal bekannt. Leonid Kantorowitsch war der Erfinder der linearen Optimierung. Kantorowitsch entwickelte die lineare Optimierung bei der Planung der sowjetischen Holzindustrie in der UdSSR (Kantorovich, 1939). Später wurde er zu einem Kriegshelden, weil er die logistische Versorgung von Stalingrad mathematisch verbesserte. Dennoch wurde Kantorowitschs Arbeit innerhalb der UdSSR nie in großem Umfang anerkannt, da sie auf den Widerstand des Planungsbüros stieß. Kantorowitsch wurde kritisiert, weil er sich nicht an die Arbeitswerttheorie hielt, und wurde daher vom Establishment der UdSSR ignoriert. Außerdem litt Kantorowitsch unter dem fehlenden Zugang zu modernen Computern. Die UdSSR hinkte bei der Entwicklung von Computern hinterher, und Kantorowitsch war gezwungen, sich auf geometrische Berechnungsmethoden zu verlassen. Er entwickelte den berühmten grafischen Ansatz zur linearen Optimierung, der bis heute für Studierende in den Einführungskursen in die Optimierung weltweit gelehrt wird. Parallel dazu entwickelten Dantzig und von Neumann in den USA die lineare Optimierung weiter und versuchten, die Militärlogistik zu verbessern. Dantzigs wichtigster Beitrag war die Entwicklung des Simplex-Algorithmus im Jahr 1947. Er ermöglichte die erste breite Anwendung von Computern auf Optimierungsprobleme, was damals in der UdSSR noch nicht möglich war. Später, in den 1960er-

Jahren, wurde Dantzig und Kantorowitsch ein gemeinsamer Nobelpreis verliehen. In der Folge inspirierten sie die Kybernetische Schule und das Projekt Cybersyn in Chile. Algorithmische Entwicklungen waren in der Tat ein Durchbruch für die Wirtschaftsplanung. Algorithmenentwicklung war dabei von zumindest gleicher Bedeutung wie die zunehmende Computerrechenleistung, wenn nicht vielleicht sogar relevanter als diese. Mit der Erfindung des ›Innere-Punkte-Verfahrens‹ wurde der Umfang der behandelbaren Probleme erheblich erweitert. Kamarkars ›Innere-Punkte-Algorithmus‹ (Karmarkar, 1984) gilt als der erste effiziente nicht-simplex Algorithmus. Seit den 90er-Jahren ist es möglich, große Systeme (d.h. 100.000+ Gleichungen) zu lösen. Mit anderen Worten, hatten wir erst in den 1990er-Jahren das algorithmische Potenzial erreicht, die sowjetische Wirtschaft der 1970er-Jahre vollständig zu planen. Dies geht einher mit der Entwicklung speziellerer effizienter Problemklassen, insbesondere der konvexen Optimierung, der semidefiniten Optimierung, der gemischt-ganzzahligen Optimierung und der stochastischen Optimierung. Diese machen kompliziertere Funktionen lösbar, die nicht nur lineare Gleichungen sind. So können Modelle, die Wahrscheinlichkeitsbedingungen, Wenn-dann-Bedingungen, Positivitätsbedingungen und einige nichtlineare Funktionen beinhalten, effizient gelöst werden. Heutzutage ist die Planung mittels mathematischer Optimierung Standard bei industriellen Anwendungen im großen Maßstab. Optimale Lösungen zu finden, ist heute kein schwieriges Problem mehr. Die richtige, fairste oder beste Problemformulierung zu finden, ist jedoch nach wie vor eine Herausforderung. Ob Amazon, die Deutsche Bahn oder Netflix – sie alle verlassen sich in hohem Maße auf mathematische Planungstechniken. Optimierungsprobleme sind heute Standard in den meisten Branchen, wie z. B. für groß angelegte Logistik. Ein ganzes Forschungsgebiet widmet sich diesem Thema, das als Operations Research bezeichnet wird. Wenn multinationale Unternehmen diese Techniken einsetzen, um Millionen von Mitarbeiter*innen zu organisieren, warum sollte dies nicht auch möglich sein, um eine utopische Gesellschaft zu organisieren? Ich glaube, dass die heutigen technologischen Möglichkeiten die Umsetzung einer effizienten Planwirtschaft wahrscheinlicher denn je machen. Es scheint offensichtlich, dass es seit den gescheiterten historischen Versuchen, eine Planwirtschaft zu etablieren, einen enormen technischen Fortschritt gegeben hat. Ich habe jedoch den Eindruck, dass sich dies weder in der öffentlichen noch in der akademischen Debatte widerspiegelt. Daher ist es an der Zeit, sich wieder auf die Wurzeln des wissenschaftlichen Sozialismus zu besinnen und erneut konkrete, falsifizierbare und wissenschaftliche Modelle dafür zu formulieren, wie wir uns utopische Gesellschaften vorstellen.

5 Eine Sammlung von Planwirtschaften im Hier und Jetzt

Im Sinne von Ronald Coase glaube ich, dass große Teile der Wirtschaft bereits heute geplant sind. Ronald Coase hat die scheinbare Unterscheidung der Nationen in Marktwirtschaften und Planwirtschaften aufgelöst. Er stellte fest, dass in scheinbaren Marktwirtschaften die Organisationen, insbesondere die Unternehmen, in der Regel intern geplant werden. Während Unternehmen ihre Produkte auf Märkten anbieten können, gleicht ihr internes Funktionieren einer Planwirtschaft. Coase erklärt dies mit der Annahme, dass Märkte ›Transferkosten‹ verursachen und es für bestimmte Wirtschaftseinheiten wirtschaftlich effizienter ist, zu planen, um ›Transferkosten‹ zu vermeiden. Unabhängig davon, ob man diese Erklärung glaubt, ist sie heute eine anerkannte Theorie. Meiner Meinung nach stellt Coases Beobachtung aus zwei Gründen einen Wendepunkt im wirtschaftlichen Denken dar. Erstens erkennt sie an, dass Planwirtschaften unter bestimmten Umständen effizienter sein können als Marktwirtschaften. Ich glaube, dass es eine der wichtigsten Herausforderungen des modernen wissenschaftlichen Sozialismus ist, diese Umstände genau herauszufinden und zu definieren. Zweitens ist die Beobachtung von Coase bemerkenswert, da sie zahlreiche Beispiele für Planwirtschaft in der Gegenwart und in jedem Land liefert. In der Tat stellt jedes Unternehmen bis zu einem gewissen Grad ein solches Beispiel dar. Dies gilt sogar für große multinationale Konzerne wie Amazon und Walmart (siehe Phillips und Rozworski, 2019, für eine ausführliche Erörterung des paradoxen Falls der Planung bei Walmart). Dies verdeutlicht auch, dass Planwirtschaften keineswegs von Natur aus gut sind. Planwirtschaften sind einfach mächtige Werkzeuge, die für verschiedenste Zwecke eingesetzt werden können. Ich glaube, dass Planwirtschaft ein Werkzeug ist, das wir für die Organisation einer gerechten Gesellschaft benötigen werden. Aber wie bei jedem Gesellschaftsmodell müssen wir immer vorsichtig abwägen, ob das vorgeschlagene Modell tatsächlich eine Verbesserung darstellt, sobald es umgesetzt wird. Wir können jedoch bereits in der heutigen Gesellschaft Beispiele finden, die auf eine nicht gewinnorientierte Planung ausgerichtet sind. Diese sollten überzeugende Argumente dafür sein, dass wir auch in utopischen Gesellschaften ein komplexes und groß angelegtes Wirtschaften organisieren können. Wenn wir beweisen können, dass nicht gewinnorientierte Planung bereits heute funktioniert, dann wird es keinen Zweifel mehr daran geben, dass sie auch in befreiten Gesellschaften möglich ist. Aus diesem Grund führe ich eine Liste von Beispielen funktionierender Planwirtschaften in der Gegenwart. Im Folgenden möchte ich diese Liste mit Ihnen teilen und Sie ermutigen, weitere Beispiele für diese Liste vorzuschlagen.

5.1 Der Energiesektor

Das erste Beispiel, bei dem die Planwirtschaft auch heute noch relevant ist, ist der Energiesektor. Elektrizität und Heizung sind Grundbedürfnisse in der heutigen Gesellschaft. Die meiste Zeit der letzten Jahrhunderte wurden Strom und Wärme von staatlichen Unternehmen verwaltet, da diese Ressourcen als zu wichtig angesehen wurden, um sie privaten Unternehmen zu überlassen. In meinem Heimatland Österreich beispielsweise gab es bis zur Liberalisierung des europäischen Energiemarktes im Jahr 2001 einen zentral geplanten Stromsektor. In dieser Zeit waren die österreichischen Energiepreise weitaus niedriger und es kam zu keinen Stromausfällen oder Stromengpässen. Man kann also nicht sagen, dass der österreichische Energiesektor schlecht verwaltet wurde. Sicherlich war es keine Zeit der Energieknappheit. Die Liberalisierung war in erster Linie politisch motiviert, und es ist noch nicht klar, inwieweit die Liberalisierung dem Verbraucher zugutekommt. Zumal die österreichische Energiewirtschaft nur als paradoxe Mischform zwischen Plan- und Marktwirtschaft charakterisiert werden kann. Erstaunlich ist, dass die österreichische Elektrizitätswirtschaft die Energiewende tatsächlich vorantreibt. Während die Projektumsetzung von privaten Unternehmen durchgeführt wird, erfolgt die Finanzierung weitgehend durch die staatliche ÖMAG. Es hat den Anschein, dass der Aufbau einer Windkraftindustrie in Österreich eher der wirtschaftlichen Planung als den Marktkräften geschuldet ist. Es ist jedoch klar, dass Österreich seit 1945 von nicht gewinnorientierten staatlichen Unternehmen sicher und kostengünstig versorgt wurde. Außerdem hat Österreich, wie viele europäische Länder, in den letzten 10–20 Jahren einen unerwarteten Boom der erneuerbaren Energien erlebt, der letztlich von staatlichen Eingriffen und Subventionen herrührte.

Wenn es in der Vergangenheit möglich war, einen so komplexen Sektor wie die Energiewirtschaft über einen so langen Zeitraum zu managen, wird es auch in Zukunft möglich sein.

Ein noch beeindruckenderes Beispiel ist Brasilien. Während zentrale Planung in der Regel vor allem mit der UdSSR in Verbindung gebracht wird, ist den meisten Menschen nicht bewusst, dass der brasilianische Wasserkraftsektor immer noch vollständig staatlich kontrolliert wird. Der brasilianische Elektrizitätssektor basiert größtenteils auf Wasserkraft, wobei etwa 81 % der Elektrizitätskapazität aus den reichhaltigen Wasserressourcen des Landes stammen. All diese Ressourcen werden direkt vom brasilianischen Ministerium für Energie und Bergbau kontrolliert. Brasilien verfügt über ein partielles Marktsystem, bei dem den Verbraucher*innen Energiepreise in Rechnung gestellt und die Erzeuger für die Produktion finanziell entschädigt werden. Die Planung, wann das gespeicherte Wasser genutzt wird und welche Preise dafür zu zahlen sind, wird jedoch vollständig vom Energie- und Bergbauministerium vorgenommen, um eine billige und sichere Versorgung der Bevölkerung zu gewährleisten. Die Preise ergeben sich aus einer komplexen Kette von mathematischen Optimierungsproblemen, die die verfügbaren und erwarteten Ressourcen und die Kosten des Wassers für die brasilianische Bevölkerung berechnen. Das bedeutet, dass die Energieversorgung von 215 Millionen Menschen heute zentral geplant ist und schon immer geplant wurde. Man kann sich darüber streiten, ob dieses System das beste ist oder nicht. Es ist aber sicherlich nicht unmöglich, es umzusetzen.

5.2 Der Nierentausch

Ein gängiger Einwand gegen geldloses Wirtschaften (›in-kind planning‹) lautet, dass die Allokation knapper Güter nur dann effizient sein kann, wenn in der Wirtschaft Preissignale vorhanden sind. Dies ist eine Position, die sowohl von Befürworter*innen der Marktwirtschaft als auch von Marktsozialist*innen geteilt wird.

Interessanterweise gibt es dazu ein hervorragendes Gegenbeispiel aus dem relativ neuen Forschungsfeld des ›Mechanism Design‹: die Transplantationsmedizin. Konkret: das US-amerikanische Nierentauschsystem. Es ist mittlerweile ein gut untersuchtes Beispiel auf dem Gebiet des Mechanism Design. Im Speziellen gehört es zum Teilgebiet des geldlosen Mechanism Designs (Roth et al., 2004). Ein Gebiet, das trotz seiner starken Bezüge zur Planwirtschaft, leider in der Debatte über Planwirtschaft zu wenig Beachtung findet.

In den USA ist, wie in fast allen Ländern, die Annahme von Zahlungen für eine Organspende streng verboten. Folglich werden Organspenden von Gremien aus Transplantationsspezialist*innen und nicht von Märkten vergeben. Organtransplantationen können als Paradebeispiel für ein knappes Gut angesehen werden, dessen Zuteilung mit schwierigen medizinischen, logistischen und ethischen Herausforderungen verbunden ist. Die meisten Organspenden würden den*die Spender*in töten und werden daher nur nach tödlichen Unfällen durchgeführt. Dennoch gibt es eine große Nachfrage nach Organtransplantationen.

Nierenspenden sind ein Sonderfall, bei dem es möglich ist, eine Niere zu spenden und relativ unbeschadet weiterzuleben. Daher gibt es eine relativ große Zahl von Menschen, die bereit sind, Nieren für Angehörige zu spenden, die eine Niere benötigen. Dies ist jedoch nur bei genetischer Kompatibilität möglich, ähnlich wie bei der Kompatibilität der Blutgruppen, die für Bluttransfusionen erforderlich ist. Daher wurde die Idee des Nierentauschs geboren. Angenommen, es gibt zwei Paare von inkompatiblen Spender*innen und Empfänger*innen, dann könnte es sein, dass beide Spender*innen mit den anderen Empfänger*innen kompatibel sind. Daher könnten sie sich bereit erklären, der anderen Empfänger*in zu spenden, wenn der*die andere Spender*in dem*der eigenen Empfänger*in ebenfalls eine Niere spendet. Dies wäre ein Fall von Pareto-Effizienz, bei dem alle gewinnen. Wenn es jedoch Tausende von inkompatiblen Paaren in den USA gibt, kann es viele Konstellationen geben, wer wem spenden könnte. Um dies in den Griff zu bekommen, haben die USA im Jahr 2000 ein modernes Verteilungssystem auf nationaler Ebene eingeführt (das ›Paired Donation‹-System). Etwa 10 % der Lebendspenden in den USA werden über das Paired-Donation-System organisiert. Studien haben gezeigt, dass weder Spender*innen noch Patient*innen oder Ärzt*innen eine bestimmte politische Tendenz haben. Das System dient ausschließlich dem Wohl der Allgemeinheit, ohne dass eine finanzielle Gegenleistung erbracht wird. Inkompatible Spender*in-Empfänger*in-Paare lassen sich bei ihrer Ärzt*in registrieren, die einen Antrag bei der Transplantationsbehörde stellt. Die Ärzt*in sammelt Informationen über die medizinische Kompatibilität (Hauptgewebeverträglichkeitskomplex-Kompatibilität, Antigen-Kompatibilität, Panel-reaktive Antikörper Einstufung), logistische

Fakten (Reiseentfernung) und soziale Erwägungen (ob ein*e Empfänger*in minderjährig ist oder in der Vergangenheit gespendet hat). Anhand dieser Informationen werden die Punktzahlen für jedes Paar berechnet, und die am besten bewerteten Paare werden zur gegenseitigen Spende eingeladen. Das Ziel des Paired-Donation-Systems besteht darin, die Zahl der erfolgreichen Transplantationen zu maximieren, und ist ein lebendiges Beispiel für eine funktionierende Planwirtschaft.

Wenn wir die Verteilung eines so wertvollen Gutes wie lebensnotwendiger Organe planen können und dies auch tun, warum sollten wir dann nicht auch die Verteilung anderer, weit weniger lebenswichtiger Konsumgüter wie Kaffee, Bier oder Autos planen können?

Wir organisieren die Verteilung lebenswichtiger Organe aus ethischen und medizinischen Erwägungen, ganz ohne Geld. Warum können wir nicht auch die Verteilung anderer Grundbedürfnisse wie Wohnen und Ernährung ohne Geld organisieren?

6 Resümee

Ich habe die größten Forschungslücken skizziert, die wir schließen müssen, um ein überzeugendes Gesellschaftsmodell zu erhalten. Eines meiner Hauptziele ist es, Sie zu überzeugen, dass es eine große Anzahl von scheinbar nicht miteinander verbundenen akademischen Bereichen gibt, die weiterhin Beweise dafür liefern, dass eine freie Gesellschaft möglich ist. Ich gebe Beispiele aus der Planungstheorie, der Psychologie, der Ludologie, der Optimierungstheorie, dem Operations Research, der numerischen linearen Algebra und dem Mechanism Design. Viele dieser Forschungsbereiche sind sich ihrer Bedeutung für die Planungstheorie gar nicht bewusst, aber ich bin der Meinung, dass sie einen unschätzbaren Beitrag dazu leisten. Vielleicht weil sie eine andere Perspektive haben, sind sie auch weniger ideologisch und fairer, wenn sie planungsrelevante Themen diskutieren. Insbesondere habe ich meine Überzeugung unterstrichen, dass Planwirtschaften in den heutigen Marktwirtschaften bereits vorhanden sind. Ich nannte die Beispiele des Energiesektors und des Nierenaustauschprogramms und lade Sie ein, mir zu helfen, diese Liste von Beispielen fortzusetzen.

Literatur

Adorno, T. (1994). *Minima Moralia*, S. 42. Frankfurt a. M: Suhrkamp.

Albert, M. and R. Hahnel (2021). The political economy of participatory economics. In *The Political Economy of Participatory Economics*. Princeton University Press.

Cockshott, W. P. and A. Cottrell (2000). Towards a new socialism.

Cottrell, A. and P. Cockshott (1993). Socialist planning after the collapse of the soviet union. *Revue européenne des sciences sociales 31*(96), 167–185.

Habermann, F. (2018). Ausgetauscht. Warum ein gutes Leben für alle tauschlogikfrei sein muss. Sulzbach am Taunus: Ulrike Helmer Verlag.

Hahnel, R. (2021). Democratic economic planning. Routledge.

Hardin, G. (1968). The tragedy of the commons: the population problem has no technical solution; it requires a fundamental extension in morality. science 162(3859), 1243–1248.

Jahoda, M., P. F. Lazarsfeld, und H. Zeisel (2017). Marienthal: The sociography of an unemployed community. Routledge.

Kantorovich, L. V. (1939). The mathematical method of production planning and organization. Management Science 6(4), 363–422.

Karmarkar, N. (1984). A new polynomial-time algorithm for linear programming. In Proceedings of the sixteenth annual ACM symposium on Theory of computing, pp. 302–311.

Ostrom, E. (1990). Governing the commons: The evolution of institutions for collective action. Cambridge university press.

Phillips, L. and M. Rozworski (2019). The people's republic of walmart: How the world's biggest corporations are laying the foundation for socialism. Verso Books.

Roth, A. E., T. Sönmez, and M. U. Unver (2004). Kidney exchange. The Quarterly journal of economics 119(2), 457–488.

Sutterlütti, S. und Meretz, S. (2018). Kapitalismus aufheben: Eine Einladung, über Utopie und Transformation neu nachzudenken Beiträge zur kritischen Transformationsforschung, VSA: Verlag Hamburg GmbH.

Wright, M. (2005). The interior-point revolution in optimization: history, recent developments, and lasting consequences. Bulletin of the American mathematical society 42(1), 39–56.

Anders Sandström

Anarchistische Buchhaltung[1]

Jede Art von Wirtschaft, sowohl die heutige als auch die zukünftige, braucht eine Buchhaltung, um faire und effiziente Entscheidungen zu treffen. Historisch gesehen ist dies jedoch nicht der Standpunkt von Sozialist*innen und Anarchist*innen.

Im Gegenteil, Sozialist*innen und Anarchist*innen haben argumentiert, dass wir in einer demokratischen und libertären sozialistischen Wirtschaft keine Buchhaltung bräuchten und Buchführung nur in einer kapitalistischen Wirtschaft mit Märkten und Privateigentum sinnvoll sei.

Um ehrlich zu sein, ist die Entwicklung der Finanzbuchhaltung von den einfachen Aufzeichnungen von Handelsgeschäften in der Antike bis zu den heutigen umfassenden Buchhaltungssystemen sicherlich das Ergebnis der Bedürfnisse der Machthaber*innen und Kapitaleigner*innen und ihres Bedarfs an Buchhaltungsverfahren, um ihre Rendite zu maximieren und Handel, Kredite und Produktion zu verwalten und zu kontrollieren. Zu den Machthaber*innen gehört natürlich auch der zweite Profiteur der aktuellen Buchhaltung: der Staat, der ein eigenes Interesse daran hat, die Menschen zu kontrollieren und zu steuern.

Es ist daher vielleicht nicht verwunderlich, dass die radikale Linke, zu der auch viele libertäre Kommunist*innen und Anhänger*innen des russischen Anarchisten Peter Kropotkin gehörten, schon früh eine ablehnende Haltung gegenüber der Buchhaltung und dem Rechnungswesen einnahm, da diese Tätigkeiten als integraler Bestandteil des Systems angesehen wurden, das sie abschaffen wollten.

Der französische Anarchist Ravachol aus dem späten neunzehnten Jahrhundert brachte die Stimmung mit den Worten auf den Punkt:

---

1 Aus dem Englischen übersetzt von Manfred Renken

> »Es gibt heute viele nutzlose Dinge; auch viele Berufe sind nutzlos, zum Beispiel die Buchhaltung. In der Anarchie gibt es keinen Bedarf mehr an Geld, keine Notwendigkeit mehr für die Buchhaltung und die anderen Formen der Beschäftigung, die sich daraus ergeben« (Ravachol 1992).

Auch heute noch betrachten einige Anarchist*innen die Buchhaltung auf diese Weise.

Es gibt sicherlich gute Gründe zu glauben, dass eine zukünftige nichtkapitalistische, demokratische und faire Wirtschaft der Freizeit in Form von reduzierten Arbeitszeiten den Vorrang vor mehr Konsum geben würde. Die Produktivitätssteigerung seit dem Durchbruch der Industrialisierung war wirklich außergewöhnlich und es gibt Anzeichen dafür, dass sich diese Entwicklung sehr wohl fortsetzen könnte, zum Beispiel mithilfe fortschrittlicher künstlicher Intelligenz (KI). Es ist jedoch unwahrscheinlich, dass wir, zumindest in naher Zukunft, eine Wirtschaft schaffen können, in der wir alle unsere Bedürfnisse befriedigen und alle gewünschten Waren und Dienstleistungen ohne jegliche Arbeitsanstrengung oder den Verbrauch von nicht erneuerbaren natürlichen Ressourcen und produktiven Ressourcen produzieren können.

Solange produktive Ressourcen knapp sind, muss jede Wirtschaft – egal ob kapitalistisch, kommunistisch, anarchistisch, partizipatorisch oder wie auch immer – Prioritäten setzen, was sie produzieren und konsumieren will, und entscheiden, wie sie die Ressourcen und Konsumrechte verteilt. Unterschiedliche Gesellschaften werden unterschiedliche Entscheidungen treffen, und sie werden je nach ihren Werten und Zielen sehr unterschiedlich vorgehen, aber sie alle müssen zwangsläufig einige Alternativen gegenüber anderen wählen.

Da Ressourcen endlich sind, sind mit jeder Nutzung einer Ressource *Opportunitätskosten* verbunden. Die Nutzung einer Ressource für einen bestimmten Zweck bedeutet, dass andere mögliche Nutzungen geopfert werden müssen. Wenn sich eine Volkswirtschaft zum Beispiel dafür entscheidet, ihre produktiven Ressourcen für die Produktion von Autos einzusetzen, bedeutet das, dass dieselben Ressourcen – Arbeit, Maschinen, Werkzeuge, Land usw. – nicht für die Produktion anderer Güter wie Windräder, Lebensmittel oder Kleidung verwendet werden können.

Um faire und effiziente Entscheidungen zu treffen, wenn es darum geht, zwischen verschiedenen Nutzungsalternativen zu wählen – d.h. Entscheidungen zu treffen, die die Ziele der Gesellschaft fördern, ohne Ressourcen zu verschwenden –, müssen die Entscheidungsträger*innen, wer auch immer sie sein mögen, Zugang zu Informationen über die Opportunitätskosten der verschiedenen verfügbaren Optionen haben. Das bedeutet, dass alle produktiven Ressourcen so bepreist werden sollten, dass sie die Opportunitätskosten widerspiegeln, und dass alle Zwischen- und Endprodukte und Dienstleistungen die *sozialen Kosten* widerspiegeln sollten (und nicht wie heute die privaten Kosten). Ohne diese Informationen können die Entscheidungsträger*innen keine fairen und effizienten Entscheidungen treffen, egal wie gut sie es auch meinen mögen.

Beachte, dass es immer jemanden geben wird, der diese Entscheidungen trifft. Wenn die betroffenen Verbraucher*innen und Produzent*innen keinen Einfluss auf die Produktions- und Konsumpläne nehmen können, wird jemand anderes entscheiden, was produziert und konsumiert werden soll. Entweder treffen, wie in der Marktwirtschaft, die einzelnen Käufer*innen und Verkäufer*innen, die direkt an den Transaktionen beteiligt sind, die Entscheidungen ohne Rücksicht auf die Auswirkungen auf andere, oder es wird, wie in der zentralen Planwirtschaft, ein zentrales Planungsbüro versuchen, Präferenzen und Kosten abzuschätzen und Produktionspläne zu erstellen.

Beachte auch, dass Kosten und Nutzen für Waren und Dienstleistungen in verschiedenen Wirtschaftsformen nicht unbedingt gleich aussehen. In einer privaten Marktwirtschaft enthalten die Preise, die einzelne Käufer*innen und Verkäufer*innen aushandeln, keine Kosten, die anderen Betroffenen aufgebürdet werden, z. B. die durch Umweltverschmutzung verursachten Schäden für die Gesellschaft, während in einer Planwirtschaft, die darauf abzielt, dass die Preise die wahren sozialen Kosten widerspiegeln, diese Kosten im Preis enthalten sein könnten.

Anarchistische Buchführung

Rechnungswesen kann definiert werden als »die Erfassung, Zusammenfassung und Berichterstattung von wirtschaftlichen Transaktionen, um die notwendigen Informationen für wirtschaftliche Entscheidungen [und deren Bewertung] zu liefern« (Sandström 2021, S. 5). Wirtschaftliche Transaktionen können sich natürlich sowohl auf geplante als auch auf tatsächliche Transaktionen beziehen. Und sicherlich ist mehr Information besser als weniger Information, wenn alles andere gleich bleibt. Natürlich gibt es irgendwann einen Kompromiss, bei dem die Vorteile von mehr Informationen die Kosten für ihre Erstellung oder Auswertung nicht mehr rechtfertigen, z. B. in Form von Bürokratie, Informationsüberlastung usw. Aber im Allgemeinen sind mehr Informationen immer besser als weniger, wenn man eine Entscheidung treffen muss.

Eine libertär-sozialistische Wirtschaft wird natürlich ganz andere Werte und Institutionen haben als eine kapitalistische oder staatssozialistische Wirtschaft, was die Entscheidungsfindung, die Einkommensverteilung und die ökologische Nachhaltigkeit angeht, aber wenn eine zukünftige libertär-sozialistische Wirtschaft demokratisch, fair, effizient und ökologisch nachhaltig sein soll, muss sie eine Art Buchhaltungssystem einführen, das die erforderlichen Informationen zusammenfasst und allen Entscheidungsträger*innen in der Wirtschaft, also allen Betroffenen, auf transparente und zugängliche Weise präsentiert. Wenn sie das nicht tut, wird sie schließlich in eine Version der autoritären Wirtschaftssysteme zurückfallen, denen wir entkommen wollen.

Eine partizipatorische Ökonomie

Eine partizipatorische Ökonomie, die ich hier als Beispiel für eine libertäre sozialistische Ökonomie verwende, besteht aus einer Reihe von Werten oder Zielen und einer minimalen Liste von Institutionen, die zum Erreichen dieser Ziele notwendig sind (vgl. die Beiträge von Albert und Hahnel in diesem Band).

Sie zielt ausdrücklich auf sechs spezifische Ziele ab: Wirtschaftsdemokratie, wirtschaftliche Gerechtigkeit, Solidarität, Vielfalt, Effizienz und ökologische Nachhaltigkeit.

Mit *Wirtschaftsdemokratie* meinen wir, dass der Einfluss auf eine Entscheidung davon abhängen sollte, wie sehr eine Person von der Entscheidung betroffen ist. Wenn du mehr betroffen bist als andere, solltest du mehr Einfluss haben; und wenn du weniger betroffen bist als andere, solltest du weniger Einfluss haben. Wir nennen das Selbstmanagement.

Wirtschaftliche Gerechtigkeit bedeutet, dass Einkommensunterschiede auf unterschiedlichen Belastungen oder persönlichen Mühen bei der Verrichtung gesellschaftlich wertvoller Arbeit beruhen sollten und nicht davon beeinflusst werden, wie produktiv die eigene Arbeit ist, weil man Zugang zu besseren Werkzeugen und mehr Kapital hat, mit einer höheren Intelligenz geboren wurde oder andere Faktoren hat, die außerhalb der Kontrolle einer Person liegen.

Solidarität definieren wir als Sorge um das Wohlergehen anderer und die Einstellung, dass die Lebensumstände unserer Mitmenschen so geschätzt und bewertet werden sollten, als wären sie unsere eigenen.

Vielfalt bezieht sich auf eine Situation, in der Menschen Zugang zu einer großen Anzahl unterschiedlicher Möglichkeiten haben, ihre Bedürfnisse und Wünsche in verschiedenen Aspekten ihres Lebens zu erfüllen. Menschen unterscheiden sich stark in ihren Vorlieben, Geschmäckern, Talenten und Lebensstilen; das beste Leben für eine Person ist nicht unbedingt das beste Leben für eine andere.

Effizienz bedeutet, dass unsere Ziele mit der geringstmöglichen Verschwendung von Ressourcen, Zeit, Aufwand und Energie erreicht werden.

Eine partizipatorische Wirtschaft will das menschliche Wohlbefinden für alle maximieren, ohne unsere gemeinsamen knappen Ressourcen unnötig zu verschwenden.

Diese fünf Ziele unterstützen bereits indirekt die *ökologische Nachhaltigkeit*, aber die langfristige Nachhaltigkeit und die Sorge um die Umwelt ist ein wichtiger und eigenständiger Wert an sich.

Das Modell definiert dann eine minimale Anzahl von Schlüsselinstitutionen, die das Potenzial zur Erreichung der Ziele und Werte maximieren sollen.

1) Demokratische Arbeiter*innen- und Verbraucher*innenräte

In einer partizipatorischen Wirtschaft basiert der Einfluss auf Entscheidungen nicht auf dem Besitz von Privateigentum oder auf der Verhandlungsmacht verschiedener Gruppen. Die produktiven Ressourcen gehören der Allgemeinheit. Stattdessen treffen sich die Menschen in demokratischen Arbeiter*innen- und Verbraucher*innenräten und ihren jeweiligen Verbänden, wo sie über Entscheidungen, die ihre eigenen Angelegenheiten betreffen, diskutieren und abstimmen. Alle Mitglieder haben die gleichen Rechte und alle Mitglieder haben eine Stimme.

2) Tätigkeitsbündel (Balanced jobs)

Von jedem Arbeitsplatz in einer partizipatorischen Wirtschaft wird erwartet, dass er so weit wie möglich Aufgaben zu Arbeitsplätzen zusammenfasst, die in Bezug auf die Befähigung in etwa vergleichbar sind. Das bedeutet, dass alle Arbeiter*innen einige Aufgaben ausführen, die sie befähigen, und einige, die sie weniger befähigen. Die Idee ist nicht, dass jeder jede Aufgabe an einem Arbeitsplatz ausführen sollte. Es wird weiterhin eine Spezialisierung geben. Ein ausgewogenes Verhältnis zwischen den Aufgaben und der Befähigung der Arbeiter*innen wird dazu beitragen, dass alle Mitglieder eines Arbeiter*innenrats in der Lage sind, sich sinnvoll an demokratischen Entscheidungen zu beteiligen.

3) Entlohnung auf der Grundlage von Mühen, Belastungen und Bedarf
Arbeiter*innen, die sich für einen höheren Arbeitseinsatz entscheiden, sollten ein höheres Einkommen erhalten können. Die Arbeiter*innenräte müssen Verfahren ihrer Wahl einführen, um die Mühen der Mitglieder zu bewerten. Mühen oder Belastungen können verschiedene Formen annehmen, z. B. längere Arbeitszeiten, höhere Arbeitsintensität oder gefährlichere oder ungesunde Aufgaben. Wie die Mitglieder ihre Mühen einstufen, bleibt ihnen überlassen, und die Arbeiter*innenräte werden zu diesem Zweck wahrscheinlich verschiedene Verfahren entwickeln.

Partizipatorische Planung

In einer partizipatorischen Wirtschaft erfolgt die Koordinierung der Wirtschaftsbeziehungen zwischen Produzent*innen und Verbraucher*innen über ein einzigartiges demokratisches Planungsverfahren, die sogenannte partizipatorische Planung, bei der selbstverwaltete Arbeiter*innen- und Verbraucher*innenräte und -verbände ihre eigenen Produktions- und Konsumpläne vorschlagen und in mehreren Durchgängen überarbeiten.

Die grundlegenden Schritte des jährlichen partizipatorischen Planungsverfahrens sind relativ einfach, zumindest im Prinzip, wenn auch nicht unbedingt in den Details, wie wir noch sehen werden: Die Arbeiter*innen schlagen vor, was sie produzieren wollen; die Verbraucher*innen schlagen vor, was sie konsumieren wollen; die Preise werden auf der Grundlage des Überangebots oder der Übernachfrage von einem nicht entscheidungsbefugten sogenannten Iteration Facilitation Board aktualisiert; und die Schritte werden in einer Reihe von Iterationen wiederholt, bis ein realisierbarer Plan erreicht ist, d.h. bis es für kein Produkt oder keine Dienstleistung in der Wirtschaft mehr einen Angebots- oder Nachfrageüberschuss gibt.

An dieser Stelle lohnt es sich vielleicht, darüber nachzudenken, warum wir nicht glauben, dass der Markt als Allokationsmechanismus für eine partizipatorische Wirtschaft funktionieren wird. Würden wir den Markt als Verteilungsmethode akzeptieren, müssten wir uns keine Gedanken über die Festlegung neuer jährlicher Planungsverfahren machen oder uns um die Buchführungsfragen kümmern, über die wir gleich sprechen werden. Stattdessen könnten wir uns auf die anderen Institutionen konzentrieren.

Die meisten Alternativen zum Kapitalismus, die in den letzten Jahrzehnten nach dem Zusammenbruch der Sowjetunion vorgestellt wurden, haben die Märkte mehr oder weniger akzeptiert oder sogar begrüßt und die eine oder andere Version des Marktsozialismus gefördert. Sie haben die Märkte im Grunde als gegeben hingenommen. Warum ist das eine schlechte Idee? Was sind die wichtigsten Argumente gegen den Markt?

Ich möchte kurz vier Argumente gegen die Beibehaltung des Marktsystems darlegen:

1) Märkte sind ungerecht

In einer privaten Marktwirtschaft erhalten die Kapitaleigentümer Gewinne, ohne Arbeit zu leisten. Und wenn Arbeitskräfte über einen Arbeitsmarkt eingestellt werden – unabhängig vom Eigentumsmodell – erhalten diejenigen, die einen größeren Beitrag zu den Einnahmen der Unternehmen leisten, ein höheres Einkommen als diejenigen, die ungeachtet ihrer Mühen und Belastungen einen geringeren Beitrag leisten. Dies ist nicht mit unserer Definition von wirtschaftlicher Gerechtigkeit vereinbar.

2) Märkte untergraben die Solidarität und fördern den Egoismus

Märkte fördern Formen der menschlichen Interaktion, die von Kleinlichkeit geprägt sind, während Kooperationen, die auf Respekt und Empathie basieren, erschwert werden. Märkte belohnen diejenigen, die Menschen am effektivsten ausbeuten, und bestrafen diejenigen, die andere fair und mit Respekt behandeln.

Die Art und Weise, wie wir unseren Handel und unsere wirtschaftlichen Aktivitäten regulieren und koordinieren, beeinflusst die Art von Menschen, die wir werden, und Märkte sind soziale Umgebungen, die Gefühllosigkeit fördern und Solidarität bestrafen.

3) Märkte sind undemokratisch

Märkte untergraben die Charaktereigenschaften und Fähigkeiten, die für den demokratischen Prozess notwendig sind, z. B. die Fähigkeit, komplexe

Informationen zu verwalten und zu kommunizieren, kollektive Entscheidungen zu treffen und Empathie und Solidarität mit anderen zu empfinden. Außerdem werden bei Markttransaktionen diejenigen mit mehr Vermögen und Kapitalanlagen gegenüber denjenigen mit weniger begünstigt. Die Kapitaleigner*innen erhalten den größten Teil des Effizienzgewinns, der durch den Austausch auf dem Markt entsteht, und wirtschaftlicher Liberalismus führt zu einer größeren Vermögenskonzentration. In einem politischen System, in dem Geld die Wahlchancen beeinflusst, bedeutet dies auch eine Konzentration der politischen Macht.

Und schließlich:

4) Märkte sind ineffizient

Ökonom*innen sagen, dass ein Ergebnis dann effizient ist, wenn es kein anderes mögliches Ergebnis gibt, bei dem mindestens eine Person bessergestellt ist, ohne dass jemand anderes schlechter gestellt wird. Dies wird als Pareto-optimales Ergebnis bezeichnet.

Eine weiter gefasste Definition, die manchmal auch von Ökonom*innen verwendet wird, besagt, dass ein Ergebnis effizient ist, wenn es den sozialen Nettonutzen maximiert, d.h. die Differenz zwischen dem Gesamtnutzen und den Gesamtkosten für die Gesellschaft.

Basierend auf diesen beiden Definitionen räumen selbst die meisten liberalen Ökonom*innen ein, dass Märkte Ressourcen ineffizient verteilen, wenn (a) externe Effekte auftreten, (b) der Wettbewerb schwach ist und (c) die Märkte nicht im Gleichgewicht sind. Schauen wir uns diese Situationen nacheinander kurz an:

1) *Externe Effekte* sind Kosten, die von anderen als den einzelnen Käufer*innen und Verkäufer*innen getragen werden. Das offensichtlichste Beispiel sind die Kosten für Umweltverschmutzung. Manipulationen, um Kosten zu *externalisieren* und andere die Produktionskosten tragen zu lassen, gehören zum Standardverhalten von Unternehmen in einer Marktwirtschaft. Infolgedessen führen Märkte zu einer Überproduktion von Waren und Dienstleistungen, wenn mit ihrer Produktion oder ihrem Konsum negative externe Effekte verbunden sind, und zu einer Unterproduktion von Waren und Dienstleistungen, wenn es positive externe Effekte gibt. Der gleiche Aspekt, der Markttransaktionen für die einzelnen Käufer*innen und Verkäufer*innen bequem macht – der Ausschluss aller anderen betroffenen Parteien von den Verhandlungen –, ist auch eine Hauptquelle für Ineffizienz.

2) Märkte mit schwachem Wettbewerb führen zu einer ineffizienten Ressourcenallokation, und der Trend geht heute zu weniger Wettbewerb, nicht zu mehr.

3) Märkte schaffen es aufgrund von Spekulationen oft nicht, Angebot und Nachfrage auszugleichen. Wenn Käufer*innen und Verkäufer*innen spekulieren, erzeugen sie oft einen großen Nachfrageüberhang, der die Preise in die Höhe treibt und schließlich zu einer *Marktblase* führt, oder ein Überangebot, das die Preise nach unten treibt und zu einem *Marktcrash* führt.

Herausforderungen bei der Buchführung

Kommen wir nun zu den Herausforderungen, denen wir bei der Definition eines Buchführungssystems für eine partizipatorische Wirtschaft begegnen werden.

Das Ziel eines solchen Buchhaltungssystems ist es, dass sich Betroffene und Entscheidungsträger*innen schnell ein Bild von den Auswirkungen geplanter und tatsächlicher wirtschaftlicher Aktivitäten und Investitionen machen können und dass sie verstehen, wer mit den Kosten belastet wird und wer in den Genuss von Vorteilen kommt, und ob die Verteilung von Lasten und Vorteilen gerecht ist.

Es gibt vor allem vier Buchführungsfragen oder Herausforderungen, die meiner Meinung nach für ein Buchführungssystem in einer partizipatorischen Wirtschaft von zentraler Bedeutung sind, damit die Entscheidungsträger*innen faire und effiziente Entscheidungen treffen können. Das soll nicht heißen, dass es nicht noch viele andere gibt:

1) In einer partizipatorischen Wirtschaft entsprechen die Entlohnung, die Arbeiter*innen für ihre geleistete Arbeit erhalten, und die Gebühren, die den Arbeiter*innenräten für den Zugang zu Arbeitskräften in Rechnung gestellt werden, nicht dem, was in einer Marktwirtschaft der Fall ist.

Die Entlohnung, die Arbeiter*innen für ihre Arbeit erhalten, entspricht einem Teil der Gesamtproduktion der Wirtschaft, der ihre Mühen und Belastungen widerspiegeln sollte (wie sie von ihren Kolleg*innen beurteilt werden), während die Kosten, die den Arbeiter*innenräten für den Zugang zu den verschiedenen Arbeitskräftekategorien[2] in Rechnung gestellt werden,

2 Die Arbeitskategorien würden von der Föderation festgelegt und die Unterschiede in Funktionalität und Produktivität widerspiegeln. Sie wären eher grob gefasst,

die Opportunitätskosten der Arbeitskräfte widerspiegeln sollten und durch Angebot und Nachfrage während der jährlichen Planung bestimmt werden.

2) Die Kosten für schädliche Auswirkungen auf die Umwelt werden von den Verursacher*innen und nicht, wie in kapitalistischen und sozialistischen Marktwirtschaften, von der Gesellschaft getragen, und die Betroffenen werden für ihren Schaden entschädigt.

3) Verbraucher*innen und Produzent*innen haben unterschiedliche Bedürfnisse, was die Kategorisierung von Waren und Dienstleistungen angeht.

In einer partizipatorischen Wirtschaft wird von den Verbraucher*innen erwartet, dass sie während des Planungsverfahrens Konsumvorschläge für das kommende Jahr erstellen und einreichen, um ihre Präferenzen bekannt zu geben, und von den Produzent*innen, dass sie Produktionsvorschläge erstellen und einreichen. Die große Anzahl von Produkten in einer modernen Wirtschaft, die die Verbraucher*innen bei der Vorbestellung ihres Konsums für das kommende Jahr berücksichtigen müssten, hat zu viel Kritik an diesem Modell geführt. David Schweickart zum Beispiel hat das Modell der partizipatorischen Wirtschaft als »Unsinn auf Stelzen« bezeichnet, vor allem in diesem Sinne. Auch Seth Ackerman von der Zeitschrift *Jacobin* hat das Modell aus denselben Gründen sehr abgelehnt.

Verbraucher*innen und Produzent*innen haben offensichtlich unterschiedliche Bedürfnisse und Anforderungen, wie die Kategorisierung von Waren und Dienstleistungen aussehen soll, wenn sie ihre Vorschläge machen. Die Verbraucher*innen wollen und brauchen nur wenige grobe Kategorien mit möglichst wenigen Details, wenn sie ihre Konsumvorschläge ausarbeiten. Die Produzent*innen hingegen müssen bei der Ausarbeitung ihrer Produktionsvorschläge die Unterschiede im Ressourcenverbrauch für die Produktion der verschiedenen Versionen von Waren und Dienstleistungen berücksichtigen und daher mit einer detaillierteren Kategorisierung arbeiten.

4) Die Kosten der Arbeiter*innenräte für den Zugang zu produktiven Ressourcen entsprechen nicht unbedingt den Anschaffungskosten der Ressourcen.

Die Kosten, die den Arbeiter*innenräten in einer partizipatorischen Wirtschaft für den Zugang zum produktiven Kapital der Gesellschaft in

zum Beispiel Bauarbeiter, Elektriker, Metallarbeiter in der Industrie, Beschäftigte im Gesundheitswesen usw.

Rechnung gestellt werden, entsprechen nicht unbedingt, wie in der kapitalistischen Marktwirtschaft, den historischen Investitionskosten bzw. dem Kaufpreis des produktiven Kapitals.

In einer privaten Marktwirtschaft kaufen Unternehmen Produktivkapital und verteilen die Investitionskosten über die Lebensdauer der Ressource durch Abschreibung. In einer partizipatorischen Wirtschaft sind die Arbeiter*innenräte nicht Eigentümer*innen von Kapitalanlagen. Diese gehören allen Bürger*innen der Gesellschaft. Die Kosten, die den Arbeiter*innenräten für den Zugang zu den verschiedenen Kategorien von Investitionsgütern in Rechnung gestellt werden, sollten die Opportunitätskosten für die Nutzung der Ressource widerspiegeln, wie sie in der Jahresplanung festgelegt wurden. Diese Kosten stehen nicht in direktem Zusammenhang mit den historischen Kosten der Gesellschaft für die Produktion dieser Ressourcen. Theoretisch werden die Gebühren für den Zugang zu Investitionsgütern in den jährlichen Planungsrunden auf der Grundlage von Angebot und Nachfrage im Vorschlag festgelegt. In der Praxis basieren die Gebühren jedoch häufig auf der jährlichen Abschreibung der historischen Produktionskosten. Die Kategorien von Investitionsgütern sollten Unterschiede in Funktionalität und Produktivität widerspiegeln. Die Industrieföderationen sollten für den Kategorisierungsprozess verantwortlich sein, der recht komplex sein wird.

Entscheidungen über die Produktion von produktiven Investitionsgütern werden in einem separaten Investitionsplanungsverfahren getroffen, das der Jahresplanung vorausgeht und an dem Vertreter*innen von Verbraucher*innen- und Produzent*innenverbänden teilnehmen.

All diese und viele andere Herausforderungen muss das Buchhaltungssystem in einer partizipatorischen Wirtschaft bewältigen.

Ein Buchhaltungssystem in einer partizipatorischen Wirtschaft

Wie würde ein Buchführungssystem in einer partizipatorischen Wirtschaft diese Herausforderungen bewältigen?

Das nachstehende Diagramm gibt einen Überblick über ein mögliches Buchhaltungssystem oder, besser gesagt, über die Ströme der Finanztransaktionen, in einer partizipatorischen Wirtschaft. In unserem Buchhaltungssystem identifizieren wir zwei Hauptkategorien von Wirtschaftssubjekten, deren wirtschaftliche Aktivitäten und Finanztransaktionen verfolgt

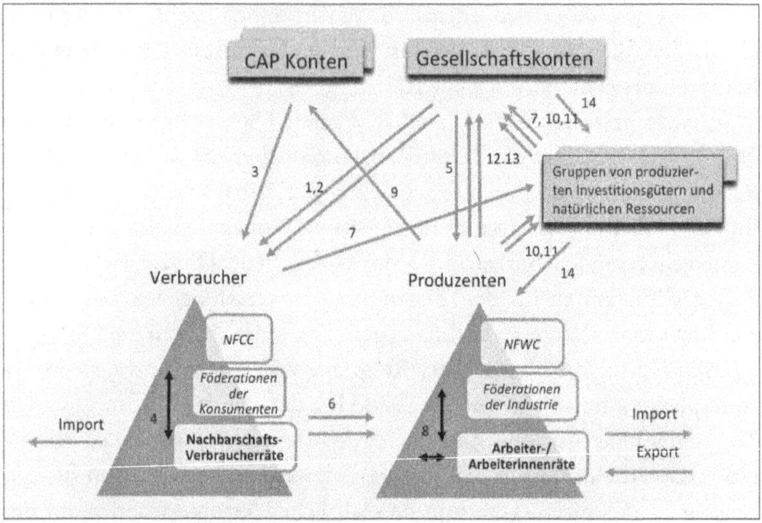

Diagramm 1: Finanzströme in einer partizipatorischen Wirtschaft

und aufgezeichnet werden, um effiziente und faire Entscheidungen zu ermöglichen: (A) Verbraucher*innen, ihre Räte und Verbände und (B) Produzent*innen, Arbeiter*innenräte und ihre Verbände.

Darüber hinaus führen wir eine separate Gruppe von Buchführungseinheiten ein, um die Aufzeichnung und Kontrolle der gesellschaftlichen Produktion und Nutzung von Kapitalgütern zu erleichtern. Außerdem führen wir sogenannte CAP-Konten ein, das sind Konten, die mit den Gemeinschaften der Betroffenen (Communities of Affected Parties, CAPs) verbunden sind und deren Zweck es ist, die Übertragung von Gebühren, die den Arbeiter*innenräten für Schadstoffemissionen in Rechnung gestellt werden, als Einkommen an die Betroffenen zu erleichtern. Ein CAP-Konto fungiert als eine Art Ausgleichskonto für die Gebühren der Arbeiter*innenräte und die Entschädigung der Mitglieder, basierend auf den von der CAP beschlossenen Regeln.

Schließlich führen wir ein Gesellschaftskonto ein, das zusammen mit den CAP-Konten das gesamte BIP der Gesellschaft oder ihr Gesamteinkommen darstellt, das zwischen Konsum und Investitionen aufgeteilt wird.

Die Pfeile im Flussdiagramm zeigen den Fluss der finanziellen Transaktionen an.

Das Einkommen der Konsument*innen

Auf der Gesamtebene und im Zeitverlauf entspricht der Konsum in einer partizipatorischen Wirtschaft der Summe der Einkommen aus vier Quellen. Erstens das Einkommen als Entgelt für gesellschaftlich nützliche Arbeit, das auf den Leistungsbewertungen in den Arbeiter*innenräten basiert (siehe Pfeil 1). Hier ist zu beachten, dass das Entgelt für die Arbeit der Arbeiter*innen *nicht* die Konten der Arbeiter*innenräte belastet, sondern aus dem Konto der Gesellschaft stammt. Gleichzeitig werden den Arbeiter*innenräten jedoch Gebühren für den Zugang zu Arbeitskräften in Rechnung gestellt, die im jährlichen Planungsverfahren beschlossen werden und die Opportunitätskosten der Arbeitskräfte widerspiegeln sollten. Diese Gebühren sind Teil des Gesellschaftseinkommens und werden dem Gesellschaftskonto gutgeschrieben, wie durch Pfeil 12 im Flussdiagramm dargestellt.

Die zweite Komponente des Gesamteinkommens der Verbraucher*innen ist ihre Entschädigung aus politisch beschlossenen und festgelegten nationalen Programmen wie Kinder-, Renten- und Invaliditätsleistungen, Pfeil 2 im Diagramm. Die dritte Einkommensquelle kommt von den Gemeinschaften der Betroffenen (CAPs), als Ausgleich für den Schaden, der den Mitgliedern durch den Ausstoß verschiedener Schadstoffe von Arbeiter*innenräten zugefügt wird, Pfeil 3. Und schließlich können die Verbraucher*innen ihr Einkommen auf der Grundlage von Sonderbedarfsanträgen, die von ihren Mitstreiter*innen bewilligt werden, untereinander umverteilen, dargestellt durch Pfeil 4. Man kann auch öffentlich finanzierte nationale Dienstleistungsprogramme wie das Gesundheits- und Bildungssystem als eine Form des Einkommens der Verbraucher*innen betrachten. Dies wird durch Pfeil 5 in der Grafik dargestellt.

Das Einkommen der Verbraucher*innen kann als ihr Anspruch an der *Torte* betrachtet werden, die in der Wirtschaft gebacken wird, das BIP der Wirtschaft. Je größer der Anteil an der Gesamtproduktion ist, der für Investitionen verwendet wird, desto geringer ist der Konsum und umgekehrt. Indem man vor der Jahresplanung den Wert des Gesamtverbrauchs der Wirtschaft schätzt, davon die politisch beschlossenen Leistungsprogramme und die Entgelte aus den CAPs abzieht und dann die Summe durch die Gesamtzahl der geleisteten Arbeitsstunden teilt, lässt sich ein Grundentgelt pro geleistete Stunde für das Jahr berechnen, das dann auf der Grundlage der Leistungsbewertungen der Arbeiter*innenräte angepasst werden kann. Auch hier ist zu beachten, dass es keinen Zusammenhang zwischen den Gebühren gibt, die ein Arbeiter*innenrat für seinen Zugang zu Arbeitskräften erhält, und der Entschädigung, die seine Mitglieder für die geleistete Arbeit erhalten.

Entschädigung für Umweltverschmutzung

Wie wir bereits festgestellt haben, haben in einer Marktwirtschaft einzelne Käufer*innen und Verkäufer*innen einen starken Anreiz, ihre Kosten für Produktion und Konsum auf externe Dritte abzuwälzen, einschließlich der Kosten für die negativen Umweltauswirkungen. Auf diese Weise können Käufer*innen und Verkäufer*innen ihre individuellen Gewinne maximieren und ihre Interessen auf Kosten der Gesellschaft fördern.

In einer partizipatorischen Wirtschaft werden die Verursacher*innen für den Schaden, den ihre Verschmutzung verursacht, zur Kasse gebeten und die Betroffenen für den Schaden, den sie erleiden, entschädigt. Gemeinschaften der Betroffenen (Communities of Affected Parties, CAP) bringen alle Parteien zusammen, die von einem Stoff negativ betroffen sind. Die CAPs schlagen vor, wie viel Emissionen sie zuzulassen bereit sind, wenn sie dafür mit einem Betrag entschädigt werden, der der aktuellen Kostenschätzung aus der Jahresplanung entspricht, wie Pfeil 3 in der Grafik zeigt. Natürlich kann die Gesellschaft als Ganzes oder eine einzelne CAP entscheiden, dass sie überhaupt keine Emissionen eines bestimmten Stoffes zulassen will, aber wenn eine CAP eine bestimmte Menge an Freisetzung akzeptiert, wird sie für die Kosten, die sie trägt, entschädigt. Die Arbeiter*innenräte werden für die sozialen Kosten der Emissionen genauso belastet wie für die Opportunitätskosten der Nutzung knapper produktiver Ressourcen und Kapitalgüter (Pfeil 9).

Wenden wir uns nun der herausfordernden Tatsache zu, dass Verbraucher*innen und Produzent*innen sehr unterschiedliche Anforderungen an die Einstufung von Waren und Dienstleistungen haben. Wir wollen, dass die Verbraucher*innen Einfluss darauf nehmen können, was in der Wirtschaft produziert wird, indem sie ihre Konsumpräferenzen angeben und während der Jahresplanung Konsumvorschläge unterbreiten. Aber wir wollen, dass sie dies so reibungslos und einfach wie möglich tun können, ohne übermäßig viel Zeit aufwenden zu müssen.

Von einem*einer Verbraucher*in wird erwartet, dass er*sie seinen*ihren geplanten Konsum für das kommende Jahr angibt, indem er*sie seine bevorzugte Menge vor einer Reihe von Waren- und Dienstleistungskategorien auf einer *Einkaufsliste* einträgt. Die Kategorisierung der Waren und Dienstleistungen muss an dieser Stelle nicht besonders detailliert sein. Die Vorschläge können im Laufe des Jahres mit den notwendigen Angaben aus den Verbraucher*innenprofilen und den tatsächlichen Einkäufen ergänzt werden. Ein individueller Konsumvorschlag ist also die beste grobe Schätzung eines*einer Verbraucher*in, was er*sie im kommenden Jahr zu konsumieren gedenkt, basierend auf einer Liste grober Warenkategorien, z. B. *Schuhe*, *Fahrräder*, *Computer* – oder noch gröberen Kategorien.

Jede Grobkategorie enthält mehrere mehr oder weniger detaillierte Unterkategorien, d.h. die Produktpalette, die die Produzent*innen anbieten wollen. Die Preise, die im Planungsverfahren angegeben werden und auf die sich die Verbraucher*innen bei ihren Vorschlägen stützen, sind jedoch der durchschnittliche Stückpreis für alle Waren oder Dienstleistungen in jeder Grobkategorie. Die Verwendung verschiedener Unterkategorien von Waren ist für die Produzent*innen wichtig, wenn sie ihre Produktion planen, da sie Unterschiede im potenziellen Ressourcenverbrauch berücksichtigen müssen, wenn sie verschiedene Sorten von Produkten herstellen. Verschiedene Unterkategorien von Waren kosten mehr oder weniger als der Durchschnittspreis für die Produktion, und die detaillierteren Unterkategorien helfen den Arbeiter*innenräten, ihren Bedarf an verschiedenen Ressourcen und Inputs für ihre Produktion zu planen. Diese doppelte Kategorisierung ermöglicht es auch, die Preise jeder Unterkategorie auf der Grundlage des angegebenen Durchschnittspreises in der groben Hauptkategorie zu berechnen oder abzuleiten.

Der Preis der verschiedenen Unterkategorien einer Ware in einer Grobkategorie kann mehr oder weniger stark vom notierten Durchschnittspreis abweichen. Wenn ein*e Verbraucher*in im Laufe des Jahres einen Artikel in einem Vertriebszentrum abholt oder eine Dienstleistung in Anspruch nimmt, wird ihm*ihr der tatsächliche Preis der Unterkategorie der betreffenden Ware oder Dienstleistung berechnet.

Die vierte und letzte Herausforderung für die Buchführung, die wir identifiziert haben, betrifft die Behandlung von Kosten für die Herstellung und den Zugang zu Investitionsgütern.

Kosten für die Produktion und Nutzung von Investitionsgütern

In einer kapitalistischen Wirtschaft sind die Investitionsgüter Teil der Bilanz eines Unternehmens oder einer Organisation. In unserem Buchführungsmodell bilanzieren wir die Investitionsgüter stattdessen in separaten Buchführungseinheiten. Wir tun dies aus zwei Gründen: (I.) Wir wollen betonen, dass Investitionsgüter nicht Eigentum von Arbeiter*innenräten oder Organisationen sind, sondern allen Menschen in der Gesellschaft gehören, und (II.) es erleichtert die Verbuchung sowohl der sozialen Kosten für die Produktion von Investitionsgütern als auch der separaten Nutzungsrechtsgebühren für den Zugang zu denselben Vermögenswerten, die während des jährlichen Planungsverfahrens festgelegt werden, um die Opportunitätskosten widerzuspiegeln. Diese beiden Kosten können sich sehr wohl unterscheiden.

Wie wir bereits festgestellt haben, sind es in einer partizipatorischen Wirtschaft nicht private Unternehmen oder Kapitalist*innen oder Gläubiger*innen, die Investitionsgüter wie Gebäude, Fabriken, Produktionsanlagen, Maschinen und Werkzeuge besitzen und kontrollieren oder entscheiden, welche Investitionen die Gesellschaft tätigen soll oder wer Zugang zu ihnen erhält. Stattdessen gehören die produktiven Ressourcen der Gesellschaft allen Bürger*innen. Und Konsumgütervermögen wie Bibliotheksgebäude oder Krankenhäuser und deren Ausstattung gehören einem Verbraucher*innenrat oder -verband.

Auf der untersten Ebene entsprechen diese Investitionsgüter, die für die Buchhaltung verwendet werden, den heutigen Bilanzen der einzelnen Arbeiter*innenräte und Verbraucher*innenräte, da sie die von den Räten genutzten Vermögenswerte identifizieren und erfassen. In einer partizipatorischen Wirtschaft stellen sie jedoch eigenständige Einheiten dar, die sowohl die historischen Anschaffungskosten der Vermögenswerte als auch die Gebühren für die Nutzungsrechte erfassen, die die Räte für den Zugang zu ihnen zahlen. Zu Analysezwecken können die Investitionsgüter geografisch in immer größeren Verbänden zusammengefasst werden, bis hin zu den höchsten Verbandsebenen. Jeder definierte Industrie- und Verbraucher*innenverband kann eine eigene buchhalterische Einheit bilden, für die die Vermögensbestände konsolidiert und kontrolliert werden.

Die Produktion von neuen Investitionsgütern wird in einem separaten Investitionsplanungsverfahren behandelt und beschlossen, das der

Jahresplanung vorausgeht. Wenn eine Gruppe von hergestellten Investitionsgütern erweitert wird, d.h. wenn ein neues Investitionsgut erworben und hinzugefügt wird, werden die sozialen Kosten seiner Herstellung der Gruppe belastet und werden zu einem Vermögenswert. Neu produzierte Güter werden über das Gesellschaftskonto finanziert, wie durch Pfeil 14 im Flussdiagramm angezeigt, und die Mittel werden an den Arbeiter*innenrat weitergeleitet, der das Investitionsgut produziert hat, und dort gutgeschrieben.

Wenn ein Arbeiter*innenrat dann Zugang zu einem produktiven Investitionsgut erhält, wird ihm eine Gebühr für das Recht zur Nutzung des Gutes berechnet (siehe Pfeil 10 und 11), die im jährlichen Planungsverfahren festgelegt wird. Beachte, dass diese Gebühr sehr wohl von den tatsächlichen sozialen Produktionskosten abweichen kann. Von den Verbraucher*innenverbänden und -räten wird hingegen eine Gebühr erhoben, die der jährlichen Abschreibung der ursprünglichen Produktionskosten zuzüglich eines Abzinsungssatzes auf den Nettobuchwert der Vermögenswerte entspricht (siehe Pfeil 7). In beiden Fällen werden die Gebühren an das Konto der Gesellschaft weitergeleitet und sind Teil der Gesamteinnahmen der Gesellschaft.

Das Einkommen der Gesellschaft und seine Verteilung

Das Gesellschaftskonto erfasst und verfolgt das Einkommen der Gesellschaft und wie es zwischen Konsum und Investitionen aufgeteilt wird. Es liefert eine zusammenfassende Übersicht über die verschiedenen Einkommensquellen der Wirtschaft und deren Verteilung.

Der Gesamtwert des Einkommens einer partizipatorischen Wirtschaft in einem Jahr entspricht der Summe aller gezahlten und verbuchten Gebühren für den Zugang zu Arbeit, Investitionsgütern, natürlichen Ressourcen und Land sowie etwaigen Überschüssen oder Defiziten von Arbeiter*innenräten und Gebühren für Schadstoffemissionen, wobei Letztere, wie wir gesehen haben, auf separaten Konten verbucht werden. Das Gesamteinkommen eines Jahres entspricht dem gesamten Konsum und den Investitionen der Wirtschaft und wird zwischen diesen aufgeteilt (nach Bereinigung um internationale Handelsgeschäfte, über die wir heute noch nicht gesprochen haben).

Der Konsum, der sich aus dem Einkommen der Arbeiter*innen aus geleisteter Arbeit, dem Einkommen der Verbraucher*innen aus staatlichen

Leistungsprogrammen und den Kosten für öffentliche Dienstleistungen zusammensetzt, wird als Sollbuchung im Gesellschaftskonto erfasst. Die Finanzierungen von Investitionsausgaben für produktive Investitionsgüter, Konsumgüter, Vorräte sowie nicht-produktives und nicht-kapitalistisches Vermögen werden ebenfalls als Sollbuchungen erfasst.

Abschließend möchte ich sagen, dass die Einführung eines neuen Buchhaltungssystems natürlich keine Aufgabe ist, die in einer Situation, in der sich der tägliche Widerstand gegen das kapitalistische System hauptsächlich auf die Abmilderung seiner schlimmsten Auswirkungen konzentriert, eine hohe Priorität hat oder haben sollte.

Aber in einer Situation, in der wir mit dem Aufbau alternativer Institutionen wie selbstverwalteten Arbeitsplätzen, Verbraucher*innenverbänden oder partizipatorischen Budgetierungsverfahren für einen Teil unseres kollektiven Konsums beginnen können, können sich Visionen und Ideen darüber, wie wir wirtschaftliche Informationen sammeln, sortieren und präsentieren können, um demokratische Entscheidungsfindung und wirtschaftliche Zusammenarbeit zu fördern, positiv und günstig auf die Entwicklung dieser Institutionen auswirken.

Literatur

Ravachol (1992): My Principles. Un saint nous est né, edited by Philippe Oriol. L'équipement de la pensée, Paris. https://www.marxists.org/reference/archive/ravachol/1892/principes.htm; letzter Zugriff am 01.06.2023.

Sandström, Anders (2021): Anarchist accounting. Accounting Principles for a Democratic Economy Abingdon, Oxon, New York, NY: Routledge.

Stephen R. Shalom[1]

Entscheidungsfindung in einer guten Gesellschaft: Ein Fall für verschränkte Räte

Jede Gesellschaft braucht eine Methode der Entscheidungsfindung, ein politisches System. Dies gilt selbst für eine postkapitalistische Gesellschaft, in der die wirtschaftliche Macht nicht in den Händen einiger weniger liegt.

Einige bestreiten jedoch diese Prämisse und argumentieren, dass viele der Konflikte in den heutigen kapitalistischen Gesellschaften auf das Wirtschaftssystem zurückzuführen seien und dass es nach der Enteignung der Kapitalist*innen keine abweichenden Klasseninteressen mehr geben werde und daher auch keine Notwendigkeit für politische Parteien oder Politik generell. Aber nicht alle wirtschaftlichen Meinungsverschiedenheiten sind auf konkurrierende Klasseninteressen zurückzuführen. Sollen wir diesen oder jenen Wirtschaftsplan annehmen? Wie sollten wir die Ressourcen zwischen Konsum und Investitionen aufteilen?

Darüber hinaus würden viele von denen, die sich gegen Rassismus, Sexismus und Heterosexismus einsetzen, argumentieren, dass Klassenzugehörigkeit nicht die einzige Ursache für gegensätzliche Interessen ist. Im Prinzip können wir uns eine Gesellschaft vorstellen, die den Kapitalismus abgeschafft hat, in der es aber dennoch Konflikte gibt, in denen etwa über ›ethnische‹ oder geschlechtliche Zugehörigkeit verhandelt wird.

Man könnte entgegnen, dass der Kampf zur Überwindung des Kapitalismus notwendigerweise antirassistisch, antisexistisch usw. sein muss (sonst wird er nicht erfolgreich sein), und dass daher Ungleichheiten basierend auf ›ethnischer‹ oder geschlechtlicher Zugehörigkeit gleichzeitig mit jener die auf Klassenzugehörigkeit basiert, verschwinden würden – nicht automatisch, sondern als natürliches Ergebnis eines Kampfes, der all diese Belange vereint. Man kann nur hoffen, dass dies eintreten würde. Und wenn, wird es immer noch viele Themen geben, die die Menschen in einer guten Gesellschaft spalten würden. Diese Streitpunkte sind vielleicht nicht

1 Aus dem US-amerikanischen Englisch übersetzt von Doris Englisch-Stölner.

so grundlegend wie jene, die dem Kapitalismus innewohnen, einem Kapitalismus, der mit Patriarchat, institutionellem Rassismus und dergleichen überlagert ist. Aber es sind Themen, die bereits leidenschaftliche Kontroversen in der Linken hervorgerufen haben, also unter all jenen, die sich einig sind, dass der patriarchale, rassistische Kapitalismus beendet werden muss. Hier sind, in keiner bestimmten Reihenfolge, nur einige Themen, die uns auch im *Leben nach dem Kapitalismus* (Albert 2006) beschäftigen werden: Transgender-Rechte; Tierrechte; Pornografie; Sexarbeit; Tiefenökologie; Drogenlegalisierung; Kinderrechte; Verteilung teurer oder knapper medizinischer Ressourcen; Klonen; Leihmutterschaft; Euthanasie; geschlechtergetrennte Schulen; Religionsfreiheit, wenn gleichzeitig Religionen andere wichtige gesellschaftliche Werte wie Geschlechtergleichstellung verletzen; genetisch veränderte Organismen.

Darüber hinaus gibt es Themen, die von der Linken im Allgemeinen unterstützt werden, jedoch wiederum nicht von allen... Wir können uns also vorstellen, dass es in einer guten Gesellschaft weiterhin Debatten geben würde, z. B. inwieweit wir das Recht auf Abtreibung oder eine Vorzugspolitik für Angehörige früher unterdrückter Gruppen anerkennen sollten. Sicherlich würde es auch in einer guten Gesellschaft keine Einstimmigkeit in solchen Fragen geben.

Und dann gibt es noch Fragen, die sich aus der Tatsache ergeben, dass nicht die ganze Welt auf einmal *eine gute Gesellschaft* werden kann – was man das Problem des *Sozialismus in einem Land* nennen könnte. Wie würden wir mit Fragen der Außenpolitik, des Handels oder der Einwanderung umgehen?

Kurz gesagt, selbst in einer Gesellschaft, die das Problem der wirtschaftlichen Ausbeutung gelöst und die Hierarchien basierend auf ethnischer, geschlechtlicher oder Klassenzugehörigkeit beseitigt hätte, würden viele Kontroversen – viele tiefgreifende Kontroversen – fortbestehen. Daher muss sich jede gute Gesellschaft mit dem Thema der Politik befassen und braucht eine Art politisches System, ein Gemeinwesen.

Indem ich mich hier nur auf das politische System konzentriere, meine ich natürlich nicht, dass andere Aspekte des Lebens – die Wirtschaft, der Diskurs um ethnische und geschlechtliche Dynamiken – nicht auch verändert werden müssten, um eine gute Gesellschaft zu erreichen. Ich gehe sogar davon aus, dass das hier beschriebene politische System so konzipiert ist, dass es mit einem egalitären Wirtschaftssystem vereinbar ist.

Mein Plan lautet nun, einen Überblick über verschiedene denkbare politische Systeme zu geben, ihre Vor- und Nachteile zu analysieren und dann zu versuchen, eine Alternative vorzuschlagen, die so viele Vorteile wie möglich aufweist und gleichzeitig so viele Nachteile wie möglich ausräumt.

Vor zweihundert Jahren erklärte James Mill (Mill 1819), dass der Grund, warum wir überhaupt eine Regierung haben, darin liege, dass die Menschen von Natur aus ihr Eigeninteresse verfolgten und dass ohne eine Regierung die Starken die Schwachen missbräuchlich übervorteilten. Nun, wenn wir eine Regierung einrichten: was kann diese daran hindern, ihre Macht zu nutzen, um den Interessen der Herrschenden auf Kosten der übrigen Gemeinschaft zu dienen? Die Lösung, so Mill, besteht darin, dass wir einen Weg finden müssen, um der Regierung dieselben Interessen zu vermitteln wie der Allgemeinheit, sodass die Regierung, wenn sie versucht, ihre eigenen Interessen zu maximieren, gleichzeitig auch die Interessen der Gesellschaft als Ganzes fördert.

Es gibt zwei Möglichkeiten, die Interessen der Regierenden mit denen der Allgemeinheit in Übereinstimmung zu bringen. Eine Möglichkeit besteht darin, die gesamte Bevölkerung die Regierenden sein zu lassen. Dies nennen wir direkte Demokratie oder partizipatorische Demokratie. Nach Mills Einschätzung ist die direkte Demokratie zu umständlich, um praktikabel zu sein. Viele politische Theoretiker*innen haben außerdem argumentiert, dass der*die Durchschnittsbürger*in zu unwissend, intolerant, beschäftigt oder wankelmütig ist, um die Lasten der direkten Demokratie zu schultern.

Es bietet sich aber auch eine andere Alternative, die repräsentative Demokratie, bei der eine kleine Gruppe von Menschen – die Repräsentant*innen – von der gesamten Bevölkerung gewählt wird und in deren Vertretung regiert. Da die Vertreter*innen immer wieder gewählt werden, decken sich ihre Interessen mit den öffentlichen. Wenn sie dem öffentlichen Interesse zuwiderhandeln, werden sie nicht gewählt oder wiedergewählt.

Repräsentative Demokratie

Die repräsentative Demokratie ist das politische System, das in fast allen bürgerlichen Demokratien der Gegenwart praktiziert wird. Aus einer Vielzahl von Gründen spiegeln die angeblich repräsentativen Gremien jedoch oft nicht die Ansichten der Mehrheit der Bevölkerung wider.

Um ein Beispiel aus der aktuellen US-Politik zu nennen: Joe Bidens *Build Back Better*-Plan wurde im Kongress ausgehöhlt; es scheint sehr wahrscheinlich, dass bloß eine extrem abgespeckte Version des Gesetzes durchkommen wird. Dennoch zeigen Umfragen, dass mehr als 61 Prozent der Wähler*innen den ursprünglichen Gesetzesentwurf unterstützen und alle seine Kernpunkte – Kinderbetreuung, Vorschulbildung, Hochschulbildung, grüne Arbeitsplätze, Ausweitung von Medicare [staatliche Gesundheitsversorgung für Senior*innen] und Investitionen in den Wohnungsbau – stark befürworten (Dandekar/Winter 2021).

Worauf ist diese Divergenz zwischen den Ansichten der Bevölkerung und den Ansichten ihrer Vertreter*innen zurückzuführen?

Offensichtlich spielt Geld eine Schlüsselrolle. Eine Studie kam zu dem Schluss, dass »Geldinteressen eine bemerkenswert effektive Kontrolle über die Verabschiedung umstrittener Gesetzesentwürfe ausüben«.

> »Geldinteressen beeinflussen systematisch die Entscheidungen der Abgeordneten über umstrittene Gesetzesentwürfe und haben somit einen erheblichen Einfluss auf politische Entscheidungen zu kontroversen Themen« (Matter et al. 2019).

In einer egalitären Gesellschaft mit einer partizipatorischen Wirtschaft wäre dies vermutlich kein Problem.

Ein weiterer Grund für die Divergenz zwischen Abgeordneten und ihren Wähler*innen sind Lügen: Abgeordnete sagen oft das eine, wenn sie sich zur Wahl stellen, und tun dann etwas anderes, wenn sie im Amt sind. Die Nichteinhaltung von Wahlversprechen ist vielleicht nicht so häufig, wie allgemein angenommen wird, aber die Literatur scheint zu zeigen, dass Wahlversprechen von den Regierungsparteien nur in etwa 60 Prozent der Fälle ganz oder teilweise erfüllt werden, was bedeutet, dass viele Versprechen nicht eingehalten werden (Thomson et al. 2017). Und da es so schwierig ist, Amtsinhaber*innen abzusetzen (vor allem in der Mitte der Wahlperiode), können die Wähler*innen Politiker*innen, die ihre Versprechen nicht einhalten, nicht so leicht abstufen.[2]

2 In den Vereinigten Staaten können Amtsinhaber*innen angeklagt werden, aber nur wegen Verbrechen und nicht nur, weil der*die Beamt*in nicht mehr das Vertrauen der Öffentlichkeit genießt. In mehreren US-Bundesstaaten ist eine Abberufung möglich, aber die kalifornische Version der Abberufung ist logisch inkohärent (Vgl. The New York Times Company 2021).

Man könnte meinen, dass eine einfache Lösung darin bestünde, Politiker*innen gesetzlich zu verpflichten, ihre Versprechen einzuhalten, sie also zu *mandatieren*. Vielleicht, aber es gibt Zeiten, in denen sich die Umstände ändern. Franklin D. Roosevelt zum Beispiel warb 1940 mit dem Versprechen, die Vereinigten Staaten aus dem Krieg herauszuhalten. Dreizehn Monate später bat er den Kongress um eine Kriegserklärung, aber erst nachdem Japan die Vereinigten Staaten in Pearl Harbor angegriffen hatte. War dies ein Verstoß gegen ein Wahlversprechen oder eine angemessene Reaktion auf die veränderten Umstände? Wer entscheidet das? Außerdem würde ein Mandat nicht das Problem lösen, wie die Stimme des Volkes – und vielleicht seine sich verändernden Meinungen – auch nach der Wahl seiner Vertreter*innen weiterhin gehört werden kann.

Ein weiteres Problem ist Gerrymandering, d.h. das Ziehen von Bezirkslinien zum Vorteil der Partei, welche die Linien zieht. In den meisten US-Bundesstaaten wird die Wahlkreiseinteilung von parteiischen Kommissionen vorgenommen. In 19 Bundesstaaten kontrollieren die Republikaner*innen das Verfahren, in neun die Demokrat*innen. So erhielten beispielsweise 2012 die Demokrat*innen 1,4 Millionen mehr Stimmen als die Republikaner*innen für das Repräsentantenhaus, aber die Republikaner*innen gewannen mehr Sitze in diesem Gremium, nämlich 234 zu 201 (Corasaniti 2021).

Die Beeinflussung von Wahlen ist eine weitere Erklärung für die Divergenz zwischen den Ansichten des Volkes und seiner Vertreter*innen. Es gibt viele Möglichkeiten, dies zu erreichen. Die regierende Partei kann die Zahl der Wahllokale in Gebieten, in denen ihre eigenen Anhänger*innen wohnen, erhöhen und sie in Gebieten, in denen andere Parteien stark sind, verringern. In den Vereinigten Staaten haben Gerichtsbarkeiten, die zuvor Afroamerikaner*innen das Wahlrecht verweigert hatten, zwischen 2014 und 2018 1.173 Wahllokale geschlossen (The Leadership Conference on Civil and Human Rights o. J.), (Jones 2022). Sie können Gesetze zur Ausweisung von Wähler*innen einführen, die die Wahlbeteiligung unter der armen Bevölkerung senken. Das Government Accountability Office [Anm. der Übersetzerin: In Deutschland: Der Bundesrechnungshof] schätzt, dass die Wahlbeteiligung aufgrund dieser Gesetze um zwei bis drei Prozent sinkt (U.S. Government Accountability Office 2015).

Sie können Wähler*innenlisten auf parteipolitische Weise bereinigen. Jene Bundesstaaten, die einst Afroamerikaner*innen das Wahlrecht generell verweigert hatten, fingen damit an, solche Bereinigungen unverhältnismäßig stark vorzunehmen – und konnten das auch machen, nachdem der Oberste Gerichtshof die Bundesaufsicht bei solchen Wahlen aufgehoben hatte. Wenn diese US-Staaten beim Bereinigen der Wähler*innenlisten so vorgegangen wären wie die anderen Bundesstaaten, wären in den Jahren 2012 bis 2016 zwei Millionen Wähler*innen weniger aus den Wähler*innenlisten gelöscht worden (Brater et al. 2018).

Entscheidend ist jedoch, dass selbst wenn Geld keine Rolle spielte, es keine lügenden Politiker*innen, kein Gerrymandering und keine Wähler*innenstimmenbeeinflussung gäbe, selbst dann würden repräsentative Organe nicht immer die Ansichten des Volkes vertreten. Dies hat mehrere Gründe.

Nehmen wir ein Land mit fünf Regionen mit jeweils genau 20 Wähler*innen, also insgesamt 100 Wähler*innen. Nehmen wir an, dass es in diesen Ländern zwei politische Parteien gibt, eine mit dem Namen Sozialdemokratische Partei (SP) und eine mit dem Namen Partei für Freiheit und Gerechtigkeit (PFG), mit der unten angegebenen Anzahl von Anhänger*innen.

Zählen wir alle SP- und PFG-Wähler*innen zusammen, sind das 44 SP-Wähler*innen und 56 PFG-Wähler*innen.

Wenn aber jede Region eine*n Vertreter*in wählt, gibt es drei SP- und zwei PFG-Vertreter*innen, was der SP eine 60-prozentige Mehrheit in der Legislative verschaffen würde.

Die Abgeordnetenanzahl (drei von fünf, d.h. 60 % SP) entspräche also nicht dem Bevölkerungswillen (56 % PFG).

Es gibt noch einen weiteren Grund, warum die Ansichten der Abgeordneten nicht mit denen ihrer Wähler*innen übereinstimmen könnten. Wenn ein*e Wähler*in für eine*n Kandidat*in stimmt, bedeutet das nicht, dass sie in allen Fragen mit dem*der Kandidat*in übereinstimmt. Vielmehr bedeutet es, dass der*die Wähler*in mit dem*der Kandidat*in häufiger übereinstimmt als mit anderen Kandidat*innen. Betrachten wir also den folgenden Fall: Es gibt zwei Kandidat*innen A und B, 20 Wähler*innen und zehn Themen.

Tabelle 1: Kandidat*innen und Wähler*innen

Themen	Position der*s Kandidat*in A	Position der*s Kandidat*in B	Positionen der Wähler*innen																				Wie viele Wähler*innen stimmen zu diesem Thema überein mit Kandidat*in A?	Wie viele Wähler*innen stimmen zu diesem Thema überein mit Kandidat*in B?
			Wähler*in 1	Wähler*in 2	Wähler*in 3	Wähler*in 4	Wähler*in 5	Wähler*in 6	Wähler*in 7	Wähler*in 8	Wähler*in 9	Wähler*in 10	Wähler*in 11	Wähler*in 12	Wähler*in 13	Wähler*in 14	Wähler*in 15	Wähler*in 16	Wähler*in 17	Wähler*in 18	Wähler*in 19	Wähler*in 20		
1	y	n	y	y	y	y	y	y	y	y	y	y	y	y	y	y	y	n	n	n	n	n	15	5
2	y	n	y	y	y	y	y	y	y	y	y	y	y	y	y	y	y	n	n	n	n	n	15	5
3	y	n	y	y	y	y	y	y	y	y	y	y	y	y	y	y	y	n	n	n	n	n	15	5
4	y	n	y	y	y	y	y	n	n	n	n	n	n	y	y	y	y	n	n	n	n	n	9	11
5	y	n	y	y	y	y	y	n	n	n	n	n	n	y	y	y	y	n	n	n	n	n	9	11
6	y	n	y	y	y	y	y	y	y	n	n	n	n	y	y	y	y	n	n	n	n	n	11	9
7	y	n	y	y	y	y	y	y	y	y	y	y	y	n	y	y	y	y	n	n	n	n	15	5
8	y	n	y	y	y	y	y	y	y	y	y	y	y	n	n	y	y	y	y	y	n	n	16	4
9	y	n	y	y	y	y	y	y	y	y	y	y	y	n	n	n	y	y	y	y	n	n	15	5
10	y	n	y	y	y	y	y	y	y	y	y	y	y	n	n	n	n	y	n	n	n	n	12	8
Bei wie vielen Themen stimmt der*die Wähler*in mit die*dem Kandidat*in A überein?			10	10	10	10	10	8	8	7	7	7	7	6	7	8	9	4	2	2	0	0		
Bei wie vielen Themen stimmt die*der Wähler*in mit der*dem Kandidat*in B überein?			0	0	0	0	0	2	2	3	3	3	3	4	3	2	1	6	8	8	10	10		
Wen wird die*der Wähler*in wählen?			A	A	A	A	A	A	A	A	A	A	A	A	A	A	A	B	B	B	B	B	15 Stimmen für Kandidat*in A	

Wähler*in 1, deren Ansichten perfekt mit denen von Kandidat*in A übereinstimmen, wird natürlich für Kandidat*in A stimmen. Ebenso stimmen die Ansichten von Wähler*in 20 perfekt mit denen von Kandidat*in B überein, die daher für B stimmen wird. Aber nicht alle Wähler*innen finden, dass ihre Ansichten perfekt mit einer der Kandidat*innen übereinstimmen. Daher werden sie für die Kandidat*in stimmen, deren Ansichten ihren eigenen am nächsten kommen. Insgesamt liegen 15 der 20 Wähler*innen mit ihren Ansichten näher bei A als bei B, sodass sie A als ihre Vertreter*in wählen werden. In einigen Fragen vertritt die Kandidat*in A diese 20 Wähler*innen jedoch nicht angemessen.

Bei einem Teil der Themen werden die Abgeordneten – selbst wenn sie fair gewählt werden – ihre Wähler*innen also nicht vertreten. (Beachten Sie, dass alternative Wahlsysteme, wie z. B. das Ranked Choice Voting, dieses inhärente Problem der Repräsentation nicht beseitigen).

Ein weiteres Problem bei der Vertretung besteht darin, dass die Abgeordneten in der Regel hunderttausend oder mehr Wähler*innen haben, sodass es für die Abgeordnete unmöglich ist, die Wähler*in persönlich zu kennen, wie es auch für jede Wähler*in unmöglich ist, die Abgeordnete zu kennen.

Tabelle 2: Wähler*in pro Abgeordnete*m

Land	Sitze im Unterhaus (Anm. des Übersetzers: Parlament)	Bevölkerung	Bevölkerung/ Abgeordnetem
Australien	150	22.507.617	150.051
Belgien	150	11.420.163	76.134
Brasilien	513	210.147.125	409.644
Kanada	338	34.834.841	103.062
Chile	155	17.574.003	113.381
Frankreich	577	66.259.012	114.834
Deutschland	709	80.996.685	114.241
Griechenland	300	10.775.557	35.919
Indien	543	1.236.344.631	2.276.877
Italien	630	61.680.122	97.905
Japan	465	126.451.398	271.938
Südkorea	300	49.039.986	163.467
Mexiko	500	120.286.655	240.573
Niederlande	150	16.877.351	112.516
Portugal	230	10.813.834	47.017
Südafrika	400	48.375.645	120.939
Spanien	350	47.737.941	136.394
Taiwan	113	23.451.837	207.538
Großbritannien	650	63.742.977	98.066
USA	435	318.892.103	733.085

https://en.wikipedia.org/wiki/List_of_legislatures_by_number_of_members (abgerufen am 1. 8. 2022)

Und es gibt noch ein weiteres Problem mit der repräsentativen Demokratie: In der repräsentativen Demokratie wird die Politik rein instrumentell betrachtet, d.h. als Mittel zum Zweck, und nicht als eigenständiger Wert. Tatsächlich aber hat politische Partizipation einen Wert an sich: Sie gibt den Menschen die Erfahrung, ihr Leben selbst zu bestimmen. Je mehr die Aufgabe, darüber nachzudenken, wie wir unser Leben gemeinsam gestalten können, an andere delegiert wird, desto weniger wissen wir über unsere Gesellschaft, desto weniger bestimmen wir über unser eigenes Schicksal, und desto schwächer werden unsere Solidaritätsbande zu unseren Mitbürger*innen.

Adam Smiths berühmte Bemerkungen über den sinnlosen Arbeitsplatz gelten auch für die sinnlose Wahl von Vertreter*innen:

> »Der Mensch, der sein ganzes Leben damit verbringt, einige einfache Handlungen auszuführen, deren Wirkungen vielleicht immer gleich oder fast gleich sind, hat keine Gelegenheit, seinen Verstand zu gebrauchen oder seine Erfindungsgabe einzusetzen, um Mittel zur Beseitigung von Schwierigkeiten zu finden, die nie auftreten. Er verliert daher von Natur aus die Gewohnheit, sich derartig anzustrengen, und wird im Allgemeinen so dumm und unwissend, wie es für ein menschliches Wesen nur möglich ist, zu werden« (Smith 1776: 734).

Wegen dieser Mängel der repräsentativen Demokratie wurde des Öfteren vorgeschlagen, eine Form der direkten (oder partizipativen) Demokratie einzuführen. In einer direkten Demokratie treffen die Menschen ihre Entscheidungen selbst, anstatt andere zu wählen, die diese Entscheidungen für sie treffen. Die Befürworter*innen der direkten Demokratie weisen die Annahme zurück, dass Menschen nicht in der Lage sind, sich selbst zu regieren, und argumentieren, dass dieser Vorwurf Ursache und Wirkung verwechselt. Es ist unbestreitbar, dass es viel Unwissenheit und Apathie gibt, aber die repräsentative Demokratie fördert diese Eigenschaften. Warum sollte man sich beispielsweise die Mühe machen, die Einzelheiten der Waffenkontrollpolitik zu studieren, wenn eine starke öffentliche Unterstützung für diese Politik nicht zu einer Unterstützung durch die eigenen Vertreter*innen führt? Nach einer Weile lernen die Wähler, nicht mehr allzu viel Zeit in die Auseinandersetzung mit Themen zu investieren und sich nicht mehr so sehr für die Bedeutsamkeit ihrer Stimme zu begeistern. Was wäre also mit einer direkten Demokratie?

Referendumsdemokratie

Es gibt mehrere Formen der direkten Demokratie. Eine davon ist die Referendumsdemokratie, bei der jedes Thema der gesamten Bevölkerung vorgelegt wird.

In der Vergangenheit war ein solcher Ansatz schlichtweg unmöglich: Es gab keinen Modus, der es einer großen Anzahl von Menschen ermöglicht hätte, fast täglich ihre Stimme abzugeben. Die moderne Technologie macht dies jedoch in großem Umfang möglich. Die Menschen könnten das Internet nutzen, um zunächst so viele Hintergrundinformationen zu erhalten, wie sie möchten, und dann über ihre bevorzugten Optionen abstimmen.

Aber selbst wenn es technisch möglich wäre, würden wir wirklich so viel Zeit damit verbringen wollen, die vielen hundert Themen, mit denen sich die nationalen Gesetzgeber*innen derzeit jedes Jahr befassen, eingehend zu untersuchen? Diese Abgeordneten tun dies mehr oder weniger hauptberuflich. Wollen wir alle die gleiche Zeit investieren (während wir gleichzeitig einer anderen Tätigkeit nachgehen)? Gesetzgeber*innen haben in der Regel einen Mitarbeiter*innenstab, um die Arbeit zu bewältigen. Würde jede*r Bürger*in eine*n Mitarbeiter*in haben? Es liegt auf der Hand, dass die wichtigen Themen von den eher routinemäßigen Angelegenheiten, mit denen sich die Gesetzgeber*innen derzeit befassen, getrennt behandelt werden müssen.

Aber es gibt auch noch andere Probleme mit der Referendumsdemokratie.

Erstens: Wer formuliert die Fragen für das Referendum? Wir wissen, dass die Formulierung einer Frage einen großen Unterschied für das Ergebnis bedeuten kann.[3]

Zweitens wird bei Volksabstimmungen über ein Thema – pro oder contra – abgestimmt; es gibt keine Gelegenheit zur Abwägung, zum Kompromiss, zum Versuch, einen Konsens zu finden. Beratungen, Abwägung sind ein wesentliches Merkmal repräsentativer Gremien. Die Vertreter*innen haben die Möglichkeit, die Auswirkungen eines vorgeschlagenen Vorgehens zu prüfen und nach Verbesserungen, Kompromissen und einem Konsens zu suchen – etwas, das bei Volksabstimmungen nicht möglich ist. Der endgültige Text eines Gesetzes, das von einem repräsentativen Gremium

3 Zwei Beispiele dazu in: Louis Harris zitiert in Ronald Dworkin (Dworkin 1998: 97) und Eugene C. Lee: California (Lee 1978).

verabschiedet wird, ist selten identisch mit dem ursprünglich eingebrachten Entwurf.

Und drittens bringt die Politik nicht nur Entscheidungen, sondern auch Menschen hervor: Menschen, die Entscheidungen nur durch Volksabstimmungen treffen, haben keine Erfahrung darin, mit ihren Mitbürger*innen zu beraten und Kompromisse zu schließen, und bauen daher keine solidarischen Beziehungen zu anderen auf.

Autonome Gemeinschaften

Eine weitere Form der direkten Demokratie sind *autonome Gemeinschaften*. Völlig autonome kleine Gemeinschaften sind eine Möglichkeit, die Vorteile der Partizipation und die Vorteile der Entscheidungsfindung zu kombinieren. Allerdings gibt es auch bei autonomen Gemeinschaften mehrere Probleme.

Das erste ist die Frage der Größe. Entweder sind sie zu klein und können daher keine ausreichende Vielfalt bieten oder nicht effektiv funktionieren. Oder sie sind zu groß, um direkte Demokratie von Angesicht zu Angesicht zu ermöglichen. Tatsächlich ist eine Versammlung von Tausenden oder gar Hunderten von Menschen in der Regel keine sehr partizipatorische Erfahrung.

Eine zweite Schwierigkeit bei autonomen Gemeinschaften besteht darin, dass viele Probleme nicht im kleinen Rahmen gelöst werden können (z. B. der Umgang mit Umweltproblemen oder Pandemien oder der Bau eines Staudamms). Zwar könnten autonome Gemeinschaften untereinander freiwillige Vereinbarungen treffen, um solche Probleme anzugehen. Aber für die gemeinsame Bewältigung und Zusammenarbeit ist ein Entscheidungsverfahren erforderlich. Und wenn die Zustimmung aller erforderlich ist (da die Gemeinschaften autonom sind), wird es Fälle geben, in denen das Eigeninteresse einer Gemeinschaft eine Vereinbarung verhindern wird, die im besten Interesse der Mehrheit ist, selbst der großen Mehrheit.

Eine Gemeinschaft könnte sich beispielsweise für den Ausbau einer Industrie entscheiden, die einen Fluss verschmutzt und damit vielen flussabwärts gelegenen Gemeinschaften schadet. Natürlich ist in einer guten Gesellschaft fast jeder umweltbewusst, aber es gibt Kompromisse, und die flussabwärts und flussaufwärts gelegenen Gemeinschaften sind sich möglicherweise nicht einig, wie sie Nutzen und Schaden abwägen sollen.

Verschränkte Räte

Eine dritte Art der direkten Demokratie lehnt sowohl das Modell der autonomen Gemeinschaften als auch das des Referendums ab und setzt stattdessen auf kleine, miteinander verbundene Räte.

Die Grundidee ist folgende: Jeder Mensch nimmt an einem ersten Rat teil, der klein genug ist, um Entscheidungen von Angesicht zu Angesicht zu beraten und zu treffen. Viele Entscheidungen werden in diesen Räten getroffen, weil die Entscheidung nur oder überwiegend die Mitglieder des jeweiligen Rates betrifft. Da es jedoch viele Entscheidungen gibt, die mehr als nur die Mitglieder eines einzigen Rates betreffen, müssen die betroffenen Räte ihre Entscheidungsfindung koordinieren. Das bedeutet, dass die Räte Delegierte in einen übergeordneten Rat entsenden müssen. Und wenn die Entscheidung mehr als einen dieser übergeordneten Räte betrifft, würden diese wiederum Delegierte in einen Rat der dritten Ebene entsenden. Und so weiter.

Wie groß sollten diese Räte sein? Das wäre eine gesamtgesellschaftliche Entscheidung, die wahrscheinlich auf der Grundlage der Erfahrungen revidiert würde. Die Idee wäre jedoch, dass die Räte *klein genug* sein sollten, um zu gewährleisten, dass die Menschen in beratende Gremien einbezogen werden können, in denen alle an persönlichen Diskussionen teilnehmen können, aber dennoch *groß genug*, damit (1) eine angemessene Meinungsvielfalt vorhanden ist und (2) die Anzahl der Ebenen der Räte, die erforderlich sind, um die gesamte Gesellschaft aufzunehmen, so klein wie möglich ist.

Wenn jeder Rat 25 Mitglieder hat und die Hälfte der Bevölkerung aus Erwachsenen besteht, könnten fünf Ebenen eine Gesellschaft von 19 Millionen Menschen aufnehmen; bei Räten mit 40 Mitgliedern könnten fünf Ebenen 200 Millionen Menschen aufnehmen.

Die Verfahrenskultur der Räte würde die Diskussion und das Entgegenkommen in den Vordergrund stellen und nicht die Kriterien eines Debattierclubs oder den Sieg über eine*n Gegner*in. Und von den Teilnehmer*innen würde erwartet, dass sie ihre Ansichten im Sinne des Gemeinwohls und nicht im Sinne des Eigeninteresses begründen.

Entscheidend ist, dass die Räte, sofern möglich, nach dem Konsensprinzip und, sofern dies nicht möglich ist, nach dem Mehrheitsprinzip entscheiden würden. In jedem Fall auf einem Konsens zu bestehen, hieße, jeder Einzelnen die Macht zu geben, die überwältigende Mehrheit zu blockieren. Ein solcher Ansatz ist nicht ratsam. Manchmal wird gesagt, dass sogar eine große Gruppe gezwungen werden sollte, die Gefühle einer einzelnen Andersdenkenden zu respektieren und anzuerkennen, die eine strikte Meinung zu einem Thema hat. Respekt und Anerkennung sind schön und gut, aber die Frage ist, ob die entschiedenen Ansichten einer einzelnen Andersdenkenden ausnahmslos die manchmal ebenso entschiedenen Ansichten aller anderen blockieren können sollten. Würden wir wirklich einer einzelnen Person die Macht geben wollen, die Gesellschaft am Bau einer Abtreibungseinrichtung zu hindern? Natürlich haben 50 Prozent plus eins nichts Magisches an sich, aber sie verdienen mehr moralisches Gewicht als 50 Prozent minus eins.

Die Kultur der Entscheidungsfindung im Konsens, die besagt, dass die Meinung aller respektiert werden sollte, dass Wege gesucht werden sollten, um allen entgegenzukommen, dass Entscheidungen nicht im Schnellverfahren getroffen werden sollten – all das ist wichtig und sollte Teil der Entscheidungsfindung im Rat sein. Aber wenn nach all diesen Dingen kein Konsens erzielt werden kann, dann ist eine andere Entscheidungsfindung erforderlich, und die Mehrheitsregel macht am meisten Sinn. Warum nicht stattdessen eine Art Super-Mehrheitsregel anwenden, z. B. dass 90 % der Stimmen erforderlich sind, um etwas zu beschließen (oder drei Viertel oder zwei Drittel)? Auf diese Weise kann eine einzelne unzufriedene Person eine gesellschaftlich notwendige Entscheidung nicht blockieren. Aber der gleiche Einwand, der für die Einstimmigkeit gilt, trifft auch auf die Super-Mehrheit zu. Warum sollten, sagen wir, 12 Prozent einer Gruppe in der Lage sein, sich über die tief verwurzelten Ansichten von 88 Prozent hinwegzusetzen? Man beachte, dass die Mehrheitsregel auf Probleme stößt, wenn die Mehrheit töricht handelt; der Konsens stößt auf Probleme, wenn die Minderheit töricht handelt. Man hofft, beides zu vermeiden, obwohl die Mehrheit vermutlich seltener töricht handeln wird als eine Minderheit.

Für viele Anarchist*innen stellt die Mehrheitsentscheidung einen inhärenten Zwang dar und ist daher moralisch inakzeptabel. Wie eine zeitgenössische Anarchistin es ausdrückte: »Wenn es keine Einstimmigkeit gibt, wird die Abstimmung zur Tyrannei der Vielen über die widerstrebenden Wenigen«.[4] Das philosophische Argument gegen die Mehrheitsregel

4 Z. B. Judith Malina zitiert in Janet Biehl (Biehl 2007: 12).

scheint mir schwach zu sein. Es scheint keine Verletzung meiner Freiheit zu sein, wenn ich mich freiwillig entschließe, einem Kollektiv beizutreten, in dem alle Mitglieder zustimmen, dass sie ihre Meinungsverschiedenheiten – oder eine bestimmte Untergruppe ihrer Meinungsverschiedenheiten – der Mehrheitsregel unterwerfen werden. Wenn ich einen Vertrag über den Handel mit etwas unterschreibe, schränke ich mich zwar ein (ich muss die entsprechenden Güter bereitstellen), aber wenn ich dem Vertrag aus freien Stücken zugestimmt habe, wurde meine Freiheit nicht beeinträchtigt.

Allerdings neigt die Dynamik kleiner Gruppen stark zum Konsens. Menschen, die sich in einigen Fragen in der Minderheit befinden, sind wahrscheinlich bereit, sich der Mehrheit anzuschließen, weil sie wissen, dass sie in anderen Fragen in der Mehrheit sein werden. In großen, anonymen Gruppen ist dieses Gefühl der Gegenseitigkeit wahrscheinlich nicht so stark ausgeprägt, aber wo es einen persönlichen Kontakt gibt, wird der soziale Druck die Menschen eher dazu ermutigen, Abstimmungen zu vermeiden und sich dem Tenor der Sitzung anzuschließen. Bei manchen Gelegenheiten wird dies jedoch nicht der Fall sein, und dann ist es sinnvoll, nach angemessener Überlegung eine Abstimmung durchzuführen. Die Abstimmung ist nicht nur für die Mehrheit von Vorteil, die ihre politische Präferenz durchsetzt, sondern auch für die Minderheit, die ihre abweichende Meinung offiziell kundtun kann.

Die Delegierten, die von einer Ratsebene zur nächsten wechseln, hätten die Aufgabe, die tatsächlichen Ansichten des Rates, aus dem sie kommen, zu reflektieren. Aber sie würden nicht *mandatiert*, d.h. man würde ihnen nicht sagen: »So müsst ihr abstimmen«, denn dann wäre der höhere Rat, dem sie beiwohnen, kein beratendes Organ. In der Tat könnten die Delegierten dann leicht durch Computermeldungen ersetzt werden, die die Meinung des unteren Rates wiedergeben.

Diese Delegierten sind zwar nicht zwingend mandatiert, aber sie sind den Menschen, die sie vertreten sollen, gegenüber sehr viel verantwortlicher als in den heutigen repräsentativen Systemen:

- Sie werden von einem kleinen Rat gewählt, dessen Mitglieder sie persönlich kennen.
- Die Delegierten sind Teil des Rates, der sie entsendet, und kehren ständig zu ihm zurück. Die Technologie würde es den übergeordneten Räten sogar ermöglichen, virtuell zusammenzukommen. Dies würde bedeuten,

dass die Delegierten der übergeordneten Räte nicht mehr von ihrem Entsenderat wegziehen müssten, sodass ihre Verbindung zu ihrem Heimatrat gewahrt bliebe. (Diese virtuellen Sitzungen der übergeordneten Räte hätten die gleiche Teilnehmer*innenzahl wie die anderen Räte und wären somit klein genug, dass alle Ratsmitglieder daran teilnehmen könnten, wobei ähnliche nicht-hierarchische Mechanismen wie bei persönlichen Sitzungen zur Anwendung kämen).

- Die Delegierten werden abwechselnd entsandt, damit kein*e Delegierte*r zu lange im Amt bleibt. Im Idealfall bekäme jede*r die Chance, das Amt auszuüben, aber die Gruppe möchte vielleicht niemanden als Delegierte*n entsenden, der*die gegen die Mehrheitsmeinung ist. Zumindest aber müssten diejenigen, die das Vertrauen der Mehrheit genießen, als Delegierte rotieren. Es gäbe auch Vorkehrungen, um sicherzustellen, dass unter den Delegierten ein angemessenes Gleichgewicht bezüglich ethnischer und geschlechtlicher Zugehörigkeiten gewahrt ist.
- Die Delegierten können sofort abberufen werden, wenn der entsendende Rat das Gefühl hat, dass der*die Delegierte ihn nicht mehr vertritt.
- Am wichtigsten ist jedoch, dass die übergeordneten Räte nur über Angelegenheiten abstimmen, die relativ unumstritten sind, um zu verhindern, dass die (nicht mandatierten) Delegierten die Macht an sich reißen.

Immer wenn eine Abstimmung knapp ausfällt (oder wenn genügend Bürger*innen oder untere Räte darauf bestehen), wird die Angelegenheit zur Entscheidung an die unteren Räte zurückverwiesen.

Mit diesem Verfahren wird das bereits erwähnte Problem der repräsentativen Gremien beseitigt.[5] Angenommen, in einer bestimmten Frage stehen 13 Delegierte aus Räten mit einer knappen Mehrheit für eine bestimmte Sache 12 Delegierten aus Räten gegenüber, die sich mit überwältigender Mehrheit gegen diese Sache aussprechen. Wenn der übergeordnete Rat abstimmen würde, würde die Angelegenheit mit 13:12 angenommen werden. Aber wenn wir zu den Räten der unteren Ebene zurückgehen, ist eine klare Mehrheit gegen die Entscheidung.

5 Dieses Problem wird von Gar Lipow (Lipow 2009) und Moshe Machover (Machover 2009) als Kritik an verschränkten Räten angesprochen. Meine Antwort an Machover finden Sie in *Machover on Collective Decision-Making* (Shalom 2009).

Wenn es also demokratischer ist, die unteren Räte entscheiden zu lassen, warum sollte dann nicht jedes Thema den unteren Räten zur Entscheidung vorgelegt werden?

Hier kommt unser Anliegen zum Tragen, die Beteiligung nicht durch übermäßigen Zeitaufwand zu überfrachten. Indem wir strittige Themen oder solche, die von den Bürger*innen oder den untergeordneten Räten gewünscht werden, zurückverweisen, haben wir eine Kontrolle gegen Machtmissbrauch durch die Delegierten in den übergeordneten Räten. Aber alles zurückzuverweisen, wäre reine Zeitverschwendung.

Es ist richtig, dass autoritäre Regime und Organisationen oft indirekte Wahlen nutzen, um die Kontrolle der Bevölkerung über die Führung abzuschwächen (McDonald 2021) (Skeen 2021), aber wenn alle engen oder strittigen Fragen der Basis zur Entscheidung vorgelegt werden, kann sich die volle demokratische Kontrolle durchsetzen.

Die Herausforderung des Mehrheitsprinzips

Es ist naheliegend, dass wir ein politisches System ablehnen, in dem die Reichen oder die Wohlhabenden oder die Leistungsorientierten über die Mehrheit herrschen. In dieser Hinsicht sind wir klar für Mehrheitsentscheidungen. Andererseits sind uns auch die Rechte der Einzelnen und jene von Minderheiten wichtig. Das Recht der Mehrheit sollte nicht absolut sein; sie sollte nicht das Recht haben, eine Minderheit zu unterdrücken oder in die Grundrechte der Einzelnen einzugreifen.

Erinnern wir uns, dass bei der Rechtfertigung der Mehrheitsregel vorhin argumentiert wurde, dass die Menschen das Recht haben, freiwillig zu entscheiden, einem Kollektiv beizutreten, in dem alle Mitglieder zustimmen, dass sie ihre Meinungsverschiedenheiten – oder eine bestimmte Teilmenge ihrer Meinungsverschiedenheiten – der Mehrheitsregel unterwerfen, und dass diese Zustimmung der Mehrheitsregel ihr moralische Legitimität verleiht. Aber nur wenige würden jemals im Voraus zustimmen, dass sie sich von der Mehrheit vorschreiben lassen, was sie sagen, denken oder glauben dürfen.

Daher wird eine gute Gesellschaft über Beschränkungen für die Mehrheit verfügen, die in einer Art Verfassung verankert sind. Aber kein kurzes Dokument wird in der Lage sein, eine vollständige Ausarbeitung dieser Rechte zu bieten. Wir brauchen also ein Instrument zur Auslegung der

Verfassung, eine Aufgabe, die in vielen Ländern von einem Obersten Gerichtshof oder einem Obersten Gericht wahrgenommen wird.

Die Auswahl der Richter für diese Gerichte stellt jedoch ein echtes Dilemma für die Theorie der Demokratie dar.

Wenn die Richter*innen ernannt oder durch ein indirektes Wahlsystem ausgewählt werden, insbesondere wenn sie eine lange oder sogar lebenslange Amtszeit haben, dann sind sie der Mehrheitskontrolle entzogen und spiegeln möglicherweise nicht die Ansichten der Bevölkerungsmehrheit wider. In den Vereinigten Staaten beispielsweise steht der Oberste Gerichtshof mit seiner konservativen 6-3-Mehrheit heute *weit* rechts von der Bevölkerung der USA.

Werden die Richter hingegen direkt per Mehrheitswahl gewählt, spiegeln sie die Ansichten und Leidenschaften der Mehrheit wider, bieten aber womöglich keinen starken Schutz für die Rechte unliebsamer Minderheiten.

Ein vielversprechender Weg, dieses Dilemma zu lösen, ist das Modell des amerikanischen Geschworenensystems. Man wählt eine kleine Gruppe zufällig aus der Bevölkerung aus, um *Ratsgerichte* zu bilden. Diese Gerichte überprüfen die von den Räten getroffenen Entscheidungen daraufhin, ob sie die Grundrechte und den verfassungsmäßigen Schutz verletzen. Wie die heutigen Geschworenengerichte werden diese Gerichte beratend tätig sein, doch im Gegensatz zu den Geschworenengerichten würde ihre Amtszeit länger dauern als ein einziger Fall – vielleicht gestaffelte zweijährige Amtszeiten.

Als Querschnitt der Bevölkerung werden diese Ratsgerichte demokratische Organe sein: demokratische Organe, die dazu dienen, die demokratischen Räte zu kontrollieren.

Die dahinter stehende Logik macht sich eine sozialwissenschaftliche Erkenntnis zunutze: Wenn Menschen Entscheidungen in einem deliberativen, also einander beratenden und abwägenden Prozess treffen, ist das Ergebnis wahrscheinlich weniger intolerant als eine einfache Umfrage der öffentlichen Meinung (Fishkin 1996).

* * *

Die Neugestaltung politischer Institutionen allein kann kein solides politisches System gewährleisten. Ein gutes politisches System braucht ein gutes Wirtschaftssystem. Anders ausgedrückt: Ohne ein Wirtschaftssystem, das gerecht, demokratisch und partizipatorisch ist, wird kein politisches System in der Lage sein, die von uns angestrebte Qualität zu bieten. Daher ist die Kritik am Wert der demokratischen Deliberation (z.B.: »Die Betonung der Deliberation berücksichtigt zu wenig das Ausmaß, in dem moralische Meinungsverschiedenheiten in der Politik durch Interessen- und Machtunterschiede geprägt sind«; Shapiro 1999: 29) – im Kontext bestehender wirtschaftlicher Ungleichheiten – durchaus angebracht.

Aber wenn wir eine partizipatorische Wirtschaft haben, die den Schwerpunkt auf Verteilungsgerechtigkeit legt, und wenn wir das systemimmanente Patriarchat und den Rassismus minimiert haben, dann scheint ein System verschränkter Räte eine angemessene politische Struktur zu sein.

Verschränkte Räte können jedoch nur dann Demokratie, Partizipation und Gleichberechtigung verwirklichen, wenn (I.) Fragen jederzeit zur Entscheidung an die primäre Ratsebene zurückgegeben werden können und (II.) es ein Mittel zum Schutz von Minderheitenrechten gibt, das mit der Mehrheitsregel vereinbar ist, z.B. durch eine zufällig ausgewählte Gruppe von Bürger*innen.

Literatur

Albert, Michael (2006): Parecon: Leben nach dem Kapitalismus. Deutsche Originalausgabe. Frankfurt a.M.: Trotzdem Verlagsgenossenschaft.

Biehl, Janet (2007): Bookchin Breaks with Anarchism (2007). In: *Communalism: International Journal for a Rational Society*, Text abrufbar unter: https://www.academia.edu/1411243/Bookchin_Breaks_with_Anarchism_2007_ (Zugriff am 30.5.2023).

Brater, Jonathan/Morris, Kevin/Pérez, Myrna/Deluzio, Christopher (2018): Purges: A Growing Threat to the Right to Vote. New York: Brennan Center for Justice at NYU Law School. Text abrufbar unter: https://www.brennancenter.org/sites/default/files/2019-08/Report_Purges_Growing_Threat.pdf (Zugriff am 30.5.2023).

Corasaniti, Nick (2021): How Maps Reshape American Politics. In: *The New York Times*.

Dandekar, Anika/Winter, Ethan (2021): Voters Continue to Support the Build Back Better Agenda. Data for Progress. Text abrufbar unter: https://www.dataforprogress.org/blog/2021/11/3/voters-continue-to-support-the-build-back-better-agenda (Zugriff am 25.5.2023).

Dworkin, Ronald (1998): Affirming Affirmative Action. *New York Review of Books*, Text abrufbar unter: https://www.nybooks.com/articles/1998/10/22/affirming-affirmative-action/ (Zugriff am 30.5.2023).

Fishkin, James S. (1996): The Voice of the People: Public Opinion and Democracy. New Haven: Yale University Press.

Jones, Chelsea N. (2022): States Are Closing Polling Places. That Hurts Democracy. In: *Washington Post*, 16. Juni 2022. Text abrufbar unter: https://www.washingtonpost.com/politics/2022/06/17/vra-black-voting-rights-georgia-texas-suppression/ (Zugriff am 29.5.2023).

Lee, Eugene C. (1978): California. In: Butler, David/Ranney, Austin (Hrsg.), Referendums: A Comparative Study of Practice and Theory. Washington, DC: American Enterprise Institute for Public Policy Research, 103–126.

Lipow, Gar (2009): When Money Talks, It Sometimes Lies. ZNetwork. Text abrufbar unter: https://znetwork.org/znetarticle/when-money-talks-it-sometimes-lies-by-gar-lipow/ (Zugriff am 30.5.2023).

Machover, Moshé (2009): Collective decision-making and supervision in a communist society. n/a.

Matter, Ulrich/Roberti, Paolo/Slotwinski, Michaela (2019): Vote Buying in the US Congress. In: *CESifo Working Paper Series*, CESifo. Text abrufbar unter: https://ideas.repec.org//p/ces/ceswps/_7841.html (Zugriff am 29.5.2023).

McDonald, Daniel (2021): Democracy Can Be Rebuilt after Dictatorship — If the People Build It. In: *Washington Post*, 5. Dezember 2021. Text abrufbar unter: https://www.washingtonpost.com/outlook/2021/12/06/democracy-can-be-rebuilt-after-dictatorship-if-people-build-it/ (Zugriff am 30.5.2023).

Mill, James (1819): An essay on government.: Edited with an introd. by Currin V. Shields. Indianapolis: Bobbs-Merrill. Open Library ID: OL21262871M.

Shalom, Steve (2009): Machover on Collective Decision-Making. *New Politics*, Text abrufbar unter: https://newpol.org/machover-collective-decision-making/ (Zugriff am 30.5.2023).

Shapiro, Ian (1999): Enough of Deliberation: Politics is About Interests and Power. In: Macedo, Stephen (Hg.), Deliberative Politics: Essays on Democracy and Disagreement. Oxford University Press, 31.

Skeen, Liz (2021): Only Democracy Can Save One of America's Greatest Unions. Text abrufbar unter: https://www.thenation.com/article/society/uaw-elections-union-democracy/ (Zugriff am 30.5.2023).

Smith, Adam (1776): The Wealth of Nations. New York: Modern Library.

The Leadership Conference on Civil and Human Rights (o. J.): Democracy Diverted: Polling Place Closures and the Right to Vote. The Leadership Conference on Civil and Human Rights. Text abrufbar unter: https://civilrights.org/democracy-diverted/ (Zugriff am 29.5.2023).

The New York Times Company (Hg.), (2021): California's Recall Election Is Broken. In: *The New York Times*, The New York Times Company.

Thomson, Robert/Royed, Terry/Naurin, Elin/Artés, Joaquin/Costello, Roy (2017): The Fulfillment of Parties' Election Pledges: A Comparative Study on the Impact of Power Sharing. In: *American Journal of Political Science*, 61 (3), 527–542.

U.S. Government Accountability Office (2015): Elections: Issues Related to State Voter Identification Laws. Text abrufbar unter: https://www.gao.gov/products/gao-14-634 (Zugriff am 29.5.2023).

Savvina Chowdhury

Wie man die soziale Reproduktion in einer partizipatorischen Wirtschaft organisiert und dabei das Patriarchat abbaut[1]

> »Der Feminismus, der uns vorschwebt, ist sich bewusst, dass er auf eine Krise epochalen Ausmaßes reagieren muss: Sinkender Lebensstandard und drohende ökologische Katastrophen; wütende Kriege und verstärkte Enteignung; Massenmigrationen, die mit Stacheldraht abgewehrt werden; erstarkter Rassismus und Fremdenfeindlichkeit; und die Rücknahme hart erkämpfter Rechte – sowohl sozialer als auch politischer. Wir streben danach, diesen Herausforderungen zu begegnen« (Arruzza et al. 2019:13).

1 Einleitung

Wie fließt die feministische Theorie in unsere Planung eines Alternativmodells zum Kapitalismus ein, das wir ›Partizipatorische Ökonomie‹ nennen? Die 1991 von Michael Albert und Robin Hahnel entwickelte Partizipatorische Ökonomie (kurz Parecon) sieht eine postkapitalistische Zukunft vor, die sich an den Werten der wirtschaftlichen Demokratie, Gerechtigkeit, Solidarität, Vielfalt und ökologischen Nachhaltigkeit orientiert (vgl. Albert/Hahnel 1991; Albert 2006; Albert 2022; Bohmer et al. 2020; Hahnel 2021; Sandström 2021; siehe auch die Beiträge im ersten Teil dieses Buches). In meinem Beitrag wird nun davon ausgegangen, dass Leser*innen mit Parecon vertraut sind, und es wird die Frage gestellt, wie die Erkenntnisse der feministischen Theorie der sozialen Reproduktion zu diesem Modell produktiv beitragen können. Die Theorie der sozialen Reproduktion geht von der Prämisse aus, dass die kapitalistische Wirtschaft zwar Waren produziert, aber auch Menschen und soziale Beziehungen auf täglicher

1 Danksagung: Ich möchte Peter Bohmer, Jeanne Hahn und Thomas Stölner für ihre detaillierten Kommentare danken, die mir geholfen haben, meine Ideen und Argumente zu überarbeiten und zu verfeinern.
Aus dem amerikanischen Englisch übersetzt von Manfred Renken.

und generationenübergreifender Basis hervorbringt und reproduziert.[2] Die soziale Reproduktionsarbeit ist darauf ausgerichtet, die menschlichen Bedürfnisse zu befriedigen, die Jugend zu erziehen, die Älteren zu pflegen sowie Normen und Werte zu kultivieren und umfasst die Sitten und Gebräuche, die nachbarschaftliche Beziehungen fördern und unsere Gemeinschaften zusammenhalten. Diese Arbeit kann grob kategorisiert werden als (I.) die häusliche Arbeit, die mit der Aufrechterhaltung von Haushalten verbunden ist, (II.) die fürsorgliche oder affektive Arbeit, die sich um die körperlichen und emotionalen Bedürfnisse von Menschen im Laufe ihres Lebens kümmert, und (III.) die Arbeit, die mit der Sozialisierung von Kindern, dem »Aufbau von Gemeinschaften und der Aufrechterhaltung der gemeinsamen Bedeutungen, affektiven Dispositionen und Wertehorizonte verbunden ist, die der sozialen Zusammenarbeit zugrunde liegen« (Fraser 2016: 101). Obwohl die soziale Reproduktion im Neoliberalismus immer mehr zur Ware wird, ist sie nach wie vor *weiblich* geprägt und wird überwiegend von Frauen geleistet, und zwar zu einem großen Teil auf unbezahlter oder unterbezahlter Basis[3].

Durch die Hervorhebung der anhaltenden Feminisierung und Unterbezahlung dieser Arbeit wird deutlich, wie die Unterordnung von Frauen, queeren und geschlechtsspezifisch marginalisierten Menschen im Kapitalismus mit der Unterordnung der sozialen Reproduktion verflochten ist, was sich auf die gesamte Gesellschaft auswirkt. Feministinnen argumentieren, dass die Entkopplung der sozialen bzw. gesellschaftlich reproduktiven Arbeit von der wirtschaftlichen Tätigkeit dazu diente, diejenigen zu stärken, die von der Verflechtung von Patriarchat + Kapitalismus + neoliberalem Staat profitieren. Indem die neoliberale Gesellschaftsordnung die Logik des Marktes auf alle Lebensbereiche ausdehnt, untergräbt sie zudem unsere sozial bzw. gesellschaftlich reproduktiven Fähigkeiten und untergräbt

2 Marxistische Feministinnen entwickelten das Konzept der Reproduktionsarbeit in Anlehnung an Karl Marx, um die Tatsache zu beschreiben, dass die Arbeitskraft täglich und über Generationen hinweg produziert und reproduziert werden muss. Für aktuellere Anwendungen siehe zum Beispiel Bezanson/Luxton 2006; Bhattacharya 2018; Arruzza et al. 2019.

3 In den USA sind zum Beispiel 76% der Lehrer*innen an öffentlichen Schulen und 89% der Grundschullehrer*innen Frauen. Mehr als 85% der Beschäftigten in der Krankenpflege und in der häuslichen Krankenpflege sind Frauen, aber nur ein Drittel der Ärzt*innen und Chirurg*innen; https://www.census.gov/library/stories/2019/08/your-health-care-in frauenhände.html

somit die Gesundheit, das Wohlergehen und den Zusammenhalt unserer Gemeinschaften. Im Mittelpunkt der Theorie der sozialen Reproduktion steht die Frage: Haben unsere Gemeinschaften, Nachbarschaften, Familien, Kinder und älteren Menschen das, was sie brauchen, um zu gedeihen und sich zu entwickeln? Für die Zukunft, die wir aufbauen wollen, fordern Feminist*innen eine Neuausrichtung unserer Wirtschaftsagenda, um die Grundbedürfnisse aller Menschen zu befriedigen (Nahrung, Kleidung, Unterkunft, sauberes Wasser, Gesundheitsfürsorge, Bildung, menschenwürdige Arbeit usw.), sodass das Wohlergehen unserer Gemeinschaften nicht der Rentabilität der Unternehmen untergeordnet wird.

Ausgehend von der feministischen politischen Ökonomie vertritt dieser Beitrag den Standpunkt, dass eine Neuordnung der sozialen Reproduktion ein wesentlicher Bestandteil des Kampfes für eine bessere Gesellschaft ist.

Wie können wir sicherstellen, dass sich die seit Langem bestehenden Hierarchien, die sich an ›Rassen‹- und Geschlechtergrenzen orientieren, im Prozess der Planung einer besseren, postkapitalistischen Zukunft nicht wieder neu konstituieren?

Der Beitrag ist wie folgt aufgebaut: Abschnitt 2 entwickelt eine Reihe von Grundsätzen, die unser Denken darüber leiten sollen, wie wir die Arbeit, die mit der Sorge für uns selbst und unsere Gemeinschaften verbunden ist, in einer postkapitalistischen, partizipatorischen Wirtschaft neu organisieren können; Abschnitt 3 erörtert die Operationalisierung dieser Grundsätze durch ausgewogene Arbeitsplatzkomplexe, die ein Gleichgewicht für sozial reproduktive Arbeit schaffen.

2 Grundsätze für die Organisation der sozialen Reproduktion in einer nachkapitalistischen Partizipatorischen Ökonomie

Die Umstrukturierung der sozialen Beziehungen weg von einer hierarchischen Gesellschaft ist ein grundlegendes Ziel des Modells der postkapitalistischen Partizipatorischen Wirtschaft von Albert und Hahnel. Das Modell schlägt vor, die Gesellschaft durch ihren institutionellen Aufbau umzustrukturieren: (I.) soziales Eigentum an den produktiven Gemeingütern; (II.) demokratische Entscheidungszirkel, die kollektiv verwaltete Arbeitsplätze und Nachbarschaften schaffen; (III.) ein iterativer, partizipatorischer Planungsprozess zur Zuteilung von Ressourcen, der durch

Föderationen ausgeweitet wird; (IV.) Entlohnung auf der Grundlage von Peer-Bewertungen, wie hart man arbeitet, wie lange man arbeitet und wie belastend die eigene gesellschaftlich wertvolle Arbeit ist; und schließlich (V.) ausgewogene Arbeitsplatzkomplexe, in denen die Menschen ein Gleichgewicht zwischen ermächtigender und entmachtender Arbeit finden.

Die grundlegenden Entscheidungsfindungsbausteine einer partizipatorischen Wirtschaft sind Arbeiter*innenräte und Nachbarschaftsräte sowie deren Föderationen. Die Menschen leben und arbeiten in selbstverwalteten Nachbarschaften und an selbstverwalteten Arbeitsplätzen und entscheiden kollektiv, wie sie ihre Gemeinschaften organisieren und ihre Ressourcen zuweisen, wobei sie *einerseits* die Opportunitätskosten, die sozialen Kosten und die Umweltschäden und *andererseits* die Entlohnung der Arbeiter*innen berücksichtigen. Die Opportunitätskosten beziehen sich auf die nächstbeste alternative Nutzung einer Ressource, auf die wir verzichten, wenn wir uns dafür entscheiden, eine Ressource auf eine bestimmte Weise zu nutzen. Mit anderen Worten: Wenn wir diese Ressource auf eine bestimmte Weise nutzen, können wir auch überlegen, welche anderen Möglichkeiten wir für diese Ressource hätten nutzen können. Zu den sozialen Kosten gehören sowohl die privaten Kosten, die einzelnen Produzent*innen einer Ware oder Dienstleistung entstehen, als auch alle externen Kosten (Externalitäten), die bei der Produktion oder dem Verbrauch entstehen und andere Menschen in der Gesellschaft beeinträchtigen können. In kurz: Die sozialen Kosten sind die privaten Kosten plus die externen Kosten. In Ermangelung durchgesetzter Vorschriften bleiben diese bei Markttransaktionen unberücksichtigt. Die Preise für Waren und Dienstleistungen in einer partizipatorischen Wirtschaft spiegeln daher die Opportunitäts- und Sozialkosten wider und werden als indikative Preise bezeichnet, da sie nützliche Hinweise auf alle Kosten enthalten.

Die Arbeiter*innen werden danach bezahlt, wie lange sie arbeiten, wie hart sie arbeiten und wie schwer ihre gesellschaftlich wertvolle Arbeit ist. Die Befürworter*innen der Partizipatorischen Ökonomie relativieren ihre Definition von Wirtschaftsdemokratie oder Selbstverwaltung, indem sie hinzufügen, dass die Entscheidungsprozesse in Nachbarschafts- und Arbeiter*innenräten den Menschen die Möglichkeit geben würden, Macht zu haben oder einen Beitrag zu leisten, der im Verhältnis zu dem Grad steht, in dem man von den verschiedenen Optionen betroffen ist. Jedes Gemeindemitglied kann in mehreren Räten am jeweiligen Arbeitsplatz sowie der Nachbarschaft mitwirken. Doch bevor Frauen, Pflegekräfte und marginalisierte Gemeinschaften an der Entscheidungsfindung teilhaben können, müssen sie in der Lage sein, zu den Ratssitzungen zu erscheinen.

2.1 Soziale Reproduktion, das Prinzip der Freizeitgleichheit und Wirtschaftsdemokratie

Die gesellschaftliche Position von Frauen und Pflegekräften, die den größten Teil der unbezahlten sozialen Reproduktionsarbeit leisten, bringt sie in eine untergeordnete Position in der Wirtschaft – eine zusätzliche Dimension, die in der Diskussion darüber, wer befugt/unbefugt ist, Entscheidungen in Räten und Föderationen zu treffen, zu berücksichtigen ist. Solange die Verantwortung für Pflege und Haushalt überproportional auf Frauen fällt, werden sie weniger Zeit und weniger Einkommen haben, um gleichberechtigt an einer partizipatorischen Wirtschaft teilzunehmen. So geschehen bei der weltweiten Pandemie Covid-19: Viele Pflegekräfte waren gezwungen, ihre bezahlte Arbeit aufzugeben, um sich um Kinder, ältere Menschen und Kranke zu kümmern. Angesichts der Unterbrechungen in der Schulbildung und der Kinderbetreuung gaben so viele Mütter in den Vereinigten Staaten ihren Job auf, dass Ökonom*innen die jüngste Rezession als »She-cession« (Pizinelli/Shibata 2022)[4] bezeichneten und sich Sorgen darüber machten, dass Betreuerinnen und Mütter von Kleinkindern weiterhin eine »Betreuungsstrafe« in Form von Einkommensverlusten zahlen (vgl. hierzu Fabrizio et al. 2021).

Frauen und Betreuerinnen sind im Vergleich zu allen anderen wahrscheinlich auch *zeitarm.* »Die Frauen in unseren Gemeinden«, so hieß es in einem politischen Bericht während der Pandemie, »waren noch nie so sehr damit beschäftigt, sich um Angehörige zu kümmern, Vorräte zu beschaffen und Wege zu finden, die enormen wirtschaftlichen und sozialen Belastungen dieser Zeit auszugleichen« (Hawaii's State Commission on the Status of Women 2020). Die unbezahlte *zweite Schicht* bedeutet, dass Frauen weniger Zeit für bürgerschaftliches Engagement, politische Ämter und Freizeit haben (vgl. Hoschild 2012). Die Organisation für wirtschaft-

4 Pizzinelli und Shibata argumentieren (2022), dass die anhaltenden Schulschließungen und der Mangel an Kinderbetreuungseinrichtungen eine zusätzliche Belastung für Mütter mit kleinen Kindern darstellen und viele dazu veranlassen, aus dem Erwerbsleben auszuscheiden – die sogenannte »She-cession«. Die Autoren stellen fest, dass in Großbritannien, wo die Kinderbetreuungseinrichtungen geöffnet blieben, die Beschäftigung von Frauen weniger betroffen war als in den USA.

liche Zusammenarbeit und Entwicklung (OECD) misst die *Zeitarmut* von Frauen weltweit anhand von Zeitbudgeterhebungen und stellt fest, dass »in allen Ländern Männer täglich mehr Freizeit haben, während Frauen mehr Zeit mit unbezahlter Hausarbeit verbringen« (OECD 2018). Freizeit ist nicht nur an sich ein erstrebenswertes Ziel in unserer postkapitalistischen Zukunft, sondern aus der Perspektive der Geschlechtergerechtigkeit, der Wirtschaftsdemokratie und des Selbstmanagements kann Zeitarmut Frauen und Betreuerinnen daran hindern, sich voll an den demokratischen Prozessen der Gesellschaft zu beteiligen, und ihre Perspektiven und Prioritäten sind in politischen Entscheidungsgremien eher unterrepräsentiert.

Eine Lösung, die von Parecon-Befürworter*innen vorgeschlagen wird, um die mit unbezahlter sozialer Reproduktionsarbeit verbundenen Kosten anzugehen, ist eine »Standardzahlung für Haushaltsmitglieder, die Kinderbetreuung und Altenpflege zu Hause leisten« (Hahnel 2021: 205). Mit anderen Worten: Die Mitglieder einer Partizipatorischen Ökonomie könnten beschließen, dass Haushalte mit Kindern oder älteren Menschen, die Pflege benötigen, Zuschüsse erhalten, um die von den Familienmitgliedern geleistete Pflegearbeit zu berücksichtigen. Doch auch wenn die Zulagen das geschlechtsspezifische Lohngefälle in einer partizipatorischen Wirtschaft abmildern könnten, wie verhindern wir, dass diese Arbeit unverhältnismäßig stark auf Frauen entfällt, und wie verhindern wir Zeitarmut? In Abschnitt 3 wird darauf näher eingegangen, aber die Einbeziehung des *Grundsatzes der Freizeitgleichheit* in unsere Vorstellung von wirtschaftlicher Gerechtigkeit bedeutet, dass die gesellschaftlich reproduktive Arbeit so umverteilt wird, dass keine Gruppe von Arbeiterinnen (Frauen, Einwanderinnen) eine unverhältnismäßig große Verantwortung trägt und dass es Menschen aller Geschlechter freisteht, sich an bürgerschaftlichen Aktivitäten zu beteiligen. Das Ausmaß, in dem Frauen in den Räten mitarbeiten können, hängt davon ab, inwieweit Männer sich die Reproduktionsarbeit teilen, sodass die Frauen an den Ratssitzungen teilnehmen können. Durch die Förderung eines umfassenden Engagements aller Geschlechter im politischen Prozess vertieft das Prinzip der Freizeitgleichheit die Parecon-Werte der wirtschaftlichen Demokratie, der kollektiven Selbstverwaltung und der wirtschaftlichen Gerechtigkeit:

Genauso wie es keine echte Demokratie geben kann, wenn einige Gruppen von Menschen schlecht ausgestattet sind, um sich zu beteiligen, weil sie den ganzen Tag über eine wenig ermächtigende Arbeit verrichten, kann es auch keine echte Demokratie geben, wenn einige Gruppen von Menschen unter Schlafentzug leiden oder von privaten Betreuungsaufgaben überfordert sind (vgl. zum Zusammenhang von Parecon und Demokratie den Beitrag von Stephen Shalom).

2.2 Soziale Reproduktion und das Anti-Marginalisierungs-Prinzip

Eine zweite Erkenntnis aus der feministischen Theorie der sozialen Reproduktion ist, dass die androzentrische Voreingenommenheit gegenüber weiblicher Arbeit die Arbeit, die mit der Pflege und Regeneration unserer Familien und Gemeinschaften verbunden ist, marginalisiert und unsichtbar gemacht hat. Infolgedessen sind die Perspektiven und Prioritäten von Pflegekräften in der Politik unterrepräsentiert, was unsere sozial reproduktiven Institutionen untergräbt. Die jahrzehntelange Sparpolitik der neoliberalen Staaten hat dazu geführt, dass Mittel von der Kinderbetreuung und außerschulischen Aktivitäten, vom öffentlichen Wohnungsbau, von der öffentlichen Bildung und von Bibliotheken abgezogen, Kliniken für psychische Erkrankungen kaputtgespart und die öffentlichen Gesundheitssysteme zu unserem kollektiven Schaden abgebaut wurden. Die globale Pandemie Covid-19 hat in den USA zu einer Todesrate geführt, die die anderer Länder mit hohem Einkommen übersteigt, wobei die Sterblichkeitsrate unter armen, schwarzen, indigenen und POC-Arbeiter*innen unverhältnismäßig hoch war.

Das *Anti-Marginalisierungs-Prinzip* fordert dazu auf, soziale Dienste in den Vordergrund unserer Investitionsentscheidungen zu rücken, um der anhaltenden Dominanz androzentrischer Werte in einer patriarchalischen Gesellschaft entgegenzuwirken. Arbeitsplätze, die maskulinisiert sind (wie Fließbänder, Zellenbüros und Vorstandsetagen) und auf die Anhäufung von Unternehmensreichtum ausgerichtet sind, oder der Apparat des auf Einschränkung ausgerichteten Überwachungsstaates (Militär, Polizei, Gefängnisse...) werden als investitionswürdiger erachtet als feminisierte Bereiche wie sozialer Wohnungsbau, Sozialmedizin oder öffentliche Bildung. Diese suboptimale Ressourcenzuweisung hat zu einer zunehmenden Belastung von Frauen und Pflegekräften geführt, während sich gleichzeitig diejenigen bereichern, die von dieser patriarchalen neoliberalen Ordnung profitieren. Wie es eine überarbeitete Krankenschwester während der Pandemie ausdrückte:

> »Wenn Sie jetzt nicht für ›Medicare for all‹ stimmen, reden Sie verdammt noch mal nicht mit mir! Ich verliere sonst meinen Verstand. Sagen Sie mir nicht danke und unterstützen Sie dann ein System, in dem die Reichen noch reicher werden und die Armen sterben.«

Das Anti-Marginalisierungs-Prinzip fordert eine Korrektur dieser männerzentrierten Verzerrung in der öffentlichen Politik. Die Befürworter*innen der Partizipatorischen Ökonomie argumentieren, dass ein lebendiges öffentliches Bildungssystem, eine allgemeine Gesundheitsversorgung, Kindertagesstätten, Altenpflege und sozialer Wohnungsbau allesamt Institutionen sind, die die Arbeit in den Mittelpunkt stellen, die zur Befriedigung unserer menschlichen Grundbedürfnisse notwendig ist. In einer Partizipatorischen Ökonomie mit ihren Werten, Normen und Institutionen sowie einer gleichberechtigten Vertretung von Frauen und Pflegekräften in den Entscheidungsgremien würde der iterative Planungsprozess vermutlich zur Schaffung und Priorisierung eines robusten öffentlichen Sektors führen, der qualitativ hochwertige, dekommodifizierte, universelle Grunddienste (Universal Basic Services, vgl. hierzu Gough 2021) unterstützt. Darüber hinaus ist zu erwarten, dass ein größerer Anteil des Gesamtverbrauchs eines Viertels in kollektiven Zusammenhängen organisiert wird, die von Arbeiter*innenräten initiiert und verwaltet werden. So könnten sich Stadtteile beispielsweise für den Bau von Sozialwohnungen mit Gemeinschaftsküchen und Speisesälen entscheiden, die die Hausarbeit kollektivieren, sowie für Kollektive zur Kinder- und Altenbetreuung, die das öffentliche Betreuungsangebot ergänzen. Es kann innovative Formen des gemeinsamen Konsums in Form von *Bibliotheken* mit langlebigen Konsumgütern wie Elektroautos, Rasenmähern und Fahrrädern geben, sowie andere Formen des Konsums, die darauf abzielen, den Kohlenstoffdioxidausstoß zu minimieren[5].

2.3 Soziale Reproduktion, das Anti-Ausbeutungs-Prinzip und Solidarität

Im Einklang mit den Parecon-Prinzipien der wirtschaftlichen Gerechtigkeit und Solidarität beinhaltet das Anti-Ausbeutungsprinzip die Entwicklung eines anti-rassistischen und anti-androzentrischen Rahmens für die Organi-

5 So Peter Bohmer in einem persönlichen Gespräch, das wir am 12. Januar 2022 geführt haben.

sation von Haus-, Pflege- und Sozialisationsarbeit, damit diese nicht auf Immigrantinnen, POC-Frauen und Randgruppen abgewälzt wird. Historisch gesehen waren in den USA Hausmädchen, Kindermädchen und Altenpflegerinnen Tätigkeiten, die von afroamerikanischen Frauen, Frauen aus der Arbeiterklasse und Einwanderinnen ausgeübt wurden, die für wohlhabende Haushalte arbeiteten[6]. Der schrittweise Abbau des Wohlfahrtsstaates und die Umstrukturierung der Unternehmen im Zuge des Neoliberalismus haben eine rassistische Dynamik wiederaufleben lassen, die seit Langem in der Organisation der sozialen Reproduktion in den fortgeschrittenen kapitalistischen Gesellschaften zu finden ist. Die Umstrukturierung von Unternehmen während der neoliberalen Ära zog immer mehr Frauen in die Erwerbsarbeit, und zwar zu einer Zeit, als Kürzungen der Staatsausgaben die staatliche Unterstützung für Sozialhilfeprogramme einschränkten. Frauen, die mit den Belastungen zu kämpfen hatten, die mit der Vereinbarkeit von bezahlter und unbezahlter Arbeit zu Hause verbunden waren, wandten sich marktwirtschaftlichen Lösungen zu und verlagerten die Last der Betreuung ihrer Familien auf zugewanderte Hausmädchen, Tages- und Altenpflegerinnen. Unabhängig davon, ob sie formell oder informell auf prekärer oder undokumentierter Basis arbeiten, kommen heute viele Pflegekräfte und Hausmädchen aus Ländern des globalen Südens.

Diese neue globalisierte Reorganisation der sozialen Reproduktion ist ein Segen für die Regierungen sowohl im globalen Norden als auch im Süden: Immigrantinnen subventionieren männerzentrierte neoliberale Staaten, indem sie diese Arbeit für einen geringen Lohn verrichten, die soziale Reproduktion privatisieren und die Regierungen von der Finanzierung sozialer Dienste entlasten. Die Immigrantinnen arbeiten lange Zeit fern von ihren eigenen Familien, leben genügsam und schicken dringend benötigte Devisen als Überweisungen zurück, um ihre eigenen Familien zu unterstützen. Für *Girlboss-Feministinnen* wirft dies die Frage auf, inwieweit die Erfolge berufstätiger Frauen während der neoliberalen Periode auf der schlecht bezahlten, prekären Sorgearbeit armer und eingewanderter Frauen beruhten.

In gewisser Weise bringt die Globalisierung der Kinderbetreuung und der Hausarbeit die ehrgeizigen und unabhängigen Frauen der Welt zu-

6 Zum Beispiel waren 1870 in den USA die Hälfte aller Frauen in der Erwerbsbevölkerung Hausangestellte; 90 % aller schwarzen Frauen arbeiteten als Hausangestellte; vgl. Mohandesi/Teitelman 2017.

sammen: die karriereorientierte Frau aus der oberen Mittelschicht einer wohlhabenden Nation und die aufstrebende Frau aus einem zerfallenden Globalen Süden oder einer postkommunistischen Wirtschaft. Nur bringt es sie nicht so zusammen, wie es sich Feministinnen der zweiten Welle in wohlhabenden Ländern einst gerne vorstellten – als Schwestern und Verbündete, die für gemeinsame Ziele kämpfen. Stattdessen kommen sie als Geliebte und Dienstmädchen, Arbeitgeberin und Arbeitnehmerin zusammen, mit einer großen Kluft von Privilegien und Möglichkeiten zwischen sich (vgl. Ehrenreich/Hochschild 2003: 11).

Das Prinzip der Ausbeutungsbekämpfung unterstreicht die Art und Weise, wie die neoliberale Ordnung die soziale Reproduktionsarbeit umgestaltet hat, sodass sie weiblich bleibt und (einmal mehr) rassifiziert wird, wodurch ›Rassen‹-, Klassen- und Geschlechterungleichheiten verstärkt werden. In der Zwischenzeit gehören die Beschäftigten in der Kinder- (Gould 2015) und Altenpflege nach wie vor zu den am schlechtesten bezahlten Arbeitskräften und sind zudem informellen Arbeitsverhältnissen oder prekären Arbeitsverhältnissen ausgesetzt, da Einwandererinnen kaum auf die staatsbürgerlichen und Arbeitsrechte zurückgreifen können. Aus feministischer Sicht ist der neoliberale, patriarchalische Staat wie ein *Versager*-Vater, der armen und zugewanderten Frauen die Verantwortung für die Kinderbetreuung aufbürdet. Anstelle der vom Steuerzahler finanzierten öffentlichen Einrichtungen werden arme und zugewanderte Frauen für diese Arbeit in informellen oder formellen Einrichtungen eingestellt, wo die Arbeitgeber ihnen niedrige Löhne zahlen, um die Pflege auf gewinnorientierter Basis zu leisten (Veselka 2022). In der Zwischenzeit wird das feministische Ziel der Vergesellschaftung von Pflege- und Hausarbeit durch marktorientierte Lösungen untergraben, da neoliberale Staaten in der Lage sind, die Finanzierung von Sozialmaßnahmen zu vermeiden.

Das Prinzip der Ausbeutungsbekämpfung unterstreicht die Notwendigkeit eines lebendigen öffentlichen Sektors, der sozial reproduktive Arbeit auf einer de-kommodifizierten Basis organisiert. Es lenkt die Aufmerksamkeit auch auf die Notwendigkeit von Arbeiter*innenkollektiven mit Autonomie darüber, wie Schulen, Kindertagesstätten und Altenheime kollektiv verwaltet werden. Aber wie wird Parecon verhindern, dass diese Arbeitsplätze feminisiert und rassifiziert werden? Wie verhindern wir die berufliche Segregation, die für die heutigen kapitalistischen Arbeitsmärkte charakteristisch ist, in denen Pflegeberufe weiterhin feminisiert und rassifiziert sind? Um die strukturellen Veränderungen herbeizuführen, die notwendig sind, um die rassischen und geschlechtsspezifischen Ungleichheiten in der hetero-patriarchalen kapitalistischen Gesellschaft anzugehen, muss eine Partizipatorische Ökonomie die gesellschaftlich reproduktive Arbeit von der Weiblichkeit entkoppeln; Parecon schlägt vor, dies durch ausgewogene Tätigkeitsbündel zu erreichen (dies wird in Abschnitt 3 behandelt).

2.4 Soziale Reproduktion und das Prinzip der Öko-Suffizienz

Das Prinzip der Suffizienz ist darauf ausgerichtet, dass die Grundbedürfnisse aller Menschen befriedigt werden, während wir gleichzeitig darauf hinarbeiten, unsere negativen Auswirkungen auf die Ökosysteme, auf andere Arten und auch auf den Menschen an sich zu minimieren. Mit den biologischen und sozialen Aspekten der Erhaltung unserer Gemeinschaften ist die Gesundheit der uns umgebenden Ökosysteme verflochten. Die Liste der *Opferzonen*, die die Landschaft der USA übersäen, wird immer länger, je mehr wir darüber erfahren, wie sich der Konsum auf die Gesundheit der Ökosysteme auswirkt und die Qualität unseres Trinkwassers, unseres Ackerlandes, gesunder Nahrungsmittelsysteme und Wassereinzugsgebiete beeinträchtigt.[7] Dieselbe Mentalität, die weiterhin in die Verbrennung fossiler Brennstoffe auf Kosten des Wohlergehens anderer Arten und der Zerstörung der Umwelt investiert, hat auch in unserem eigenen Körper Verwüstungen angerichtet, sodass inzwischen alarmierende Mengen an Industriegiften in der Muttermilch von Menschen gefunden und Mikroplastik in unserem Blutkreislauf nachgewiesen wurden (vgl. z. B. Leonard 2010).

Im Kapitalismus hat die Trennung von Produktion und lebenserhaltender Arbeit zu einer Überproduktion von Gütern für den individuellen Konsum geführt, die der kollektiven Befriedigung unserer Bedürfnisse vorgezogen wird. Befürworter*innen des Parecon-Konzepts argumentieren, im Gegensatz zu den neoklassischen Ökonom*innen, die an Märkten als effizienten Mechanismen der Ressourcenzuteilung festhalten, dass die Märkte bei der Bewertung von Umweltkosten tatsächlich ineffizient sind, weil

7 Die grundlegende Literatur zum Thema Umweltgerechtigkeit wie *Dumping in Dixie* von Robert Bullard (1990) zeigt, wie sich die Folgen einer geschädigten Umwelt unverhältnismäßig stark auf die Gesundheit der POC-Bevölkerung in den USA auswirken. Ein aktuelles Beispiel dafür ist die »Krebsallee« in Louisiana, wo die Giftstoffe, die als Nebenprodukte bei der Kunststoffherstellung entstehen, mit steigenden Krebsraten in dieser überwiegend schwarzen Gemeinde in Verbindung gebracht werden, vgl. hierzu United Nations 2021.

sie einen Großteil der Produktionskosten externalisieren (vgl. u.a. Albert 2006: 74–80). Im Gegensatz zu den vorherrschenden orthodoxen Ansichten seien externe Effekte keine Ausnahmen, sondern in der Tat allgegenwärtig (vgl. Hahnel 2021: 34; Sandström 2021: 20). Darüber hinaus sind diese externalisierten Kosten, wie wir jetzt erleben, eine Frage der Klimagerechtigkeit, da die globale Erwärmung die Ländereien und Lebensgrundlagen armer und marginalisierter Menschen auf der ganzen Welt beeinträchtigt. Aus ökofeministischer Sicht ignoriert die Voreingenommenheit gegen den kollektiven Konsum zugunsten des privaten Konsums auch die Tatsache, dass das gute Leben, das mit dem kapitalistischen Konsumismus verbunden ist, »auf Kosten anderer genossen wird: der Natur, anderer Völker, von Frauen und Kindern«, und nur für eine kleine globale Minderheit möglich ist (vgl. Mies 1986).

Parecons Gegenentwurf zu den Märkten, die partizipatorische Planung, umfasst Foren der iterativen Vermittlung, die Richtpreise für Waren und Dienstleistungen berechnen. Die Richtpreise werden berechnet, indem die sozialen Kosten der Produktion, die Opportunitätskosten und die geschätzten Schäden, die durch die Freisetzung von Schadstoffen im Produktionsprozess entstehen, addiert werden. In einem iterativen Prozess kommen die Räte und Föderationen zu einer Entscheidung, indem sie ihre Vorschläge für die Eigenaktivität bei den gewünschten Gütern mit den Kosten vergleichen, die durch die Richtpreise geschätzt werden. Die Einbeziehung des Suffizienz-Prinzips würde bedeuten, dass die Umweltkosten aus der Perspektive der globalen Klimagerechtigkeit im Zuge des Übergangs zur Dekarbonisierung unserer Volkswirtschaften geschätzt werden. Feministinnen weisen darauf hin, dass die Priorisierung der sozialen Reproduktion die Ressourcenallokation neu ausrichten würde, um die bestehenden kohlenstoffdioxidarmen Sektoren unserer Wirtschaft auszubauen und den Prozess des Wiederaufbaus unserer verschlissenen sozialen Netzwerke und des gemeinschaftlichen Zusammenhalts einzuleiten.

Die Umstellung auf eine Wirtschaft, die die Grenzen der Erde wahrt, bedeutet auch, dass wir jene Sektoren unserer Wirtschaft ausbauen müssen, die bereits kohlenstoffdioxidarm und von öffentlichem Interesse sind: Pflege, Unterricht, Sozialarbeit, Kunst und Medien, usw. All diese Arbeiten, die zum großen Teil von Frauen geleistet werden, sind der Klebstoff, der humane, widerstandsfähige Gemeinschaften aufbaut – und wir werden unsere Gemeinschaften brauchen, um angesichts der steinigen Zukunft, die wir bereits fest im Visier haben, so stark wie möglich zu sein (vgl. The Leap Manifesto o.J.).

In einer Partizipatorischen Ökonomie könnte sozial reproduktive Arbeit als ein Schlüsselsektor einer kohlenstoffarmen Gesellschaft betrachtet werden, der unsere Gemeinschaften erhält, die Ökosysteme pflegt und Wiedergutmachung durch Umweltsanierung leistet.

3 Ausgewogene Tätigkeitsbündel und rekonzeptualisierte soziale Beziehungen

Ein von Albert und Hahnel vorgeschlagener Schlüsselmechanismus zur Demokratisierung der Gesellschaft, zum Abbau von Hierarchien am Arbeitsplatz und zur Förderung der Eigenverantwortung der Arbeiter*innen sind ausgewogene Tätigkeitsbündel (vgl. z. B. Albert 2006: 102–109). Eine Neuorganisation der Arbeit, bei der die Menschen sowohl innerhalb eines Arbeitsplatzes als auch in der gesamten Wirtschaft Aufgaben übernehmen und wieder abgeben, würde es den Menschen ermöglichen, sich an Entscheidungsprozessen zu beteiligen, die uns alle in der Gesellschaft betreffen.

Ausgewogene Tätigkeitsbündel bedeuten, dass niemand nur Chirurg*in ist oder nur hinter Chirurg*innen aufräumt. Keine*r würde nur unterrichten oder nur fegen. Niemand würde nur Ressourcen aus einer Mine abbauen oder nur den Betrieb der Mine planen. Ausgewogene Tätigkeitsbündel würden bedeuten, dass alle Arbeiter*innen eine Mischung von Aufgaben erledigen, sodass der Gesamteffekt der Befähigung jedes Arbeitsplatzes dem aller anderen Arbeitsplätze entspricht.

Feministinnen argumentieren, dass neben dem Ausgleich von Arbeitsplätzen für ermächtigende und entmächtigende Arbeit die Fürsorgearbeit eine weitere zentrale Rotationsachse der Arbeitswelt ist: In einer Partizipatorischen Ökonomie würden Ausschüsse für den Ausgleich von Arbeitsplätzen die Arbeitspläne so organisieren, dass die Menschen in etwa zu gleichen Teilen ermächtigende Arbeit, Routinearbeit und Fürsorgearbeit leisten (vgl. Peters 2008: 44). Ausgleich für Betreuungsarbeit bedeutet, dass sich jede*r in irgendeiner Form an der Betreuung von Familien- oder Gemeindemitgliedern beteiligt, als Mentor*in für Jugendliche tätig ist oder Zeit mit ehrenamtlicher Arbeit in der Gemeinschaft verbringt:

Das soll nicht heißen, dass jede*r bei der Erziehung der Kinder von anderen mithelfen muss, aber sie müssen sich an der Schaffung eines sicheren, nährenden und erzieherischen Raums beteiligen, in den die nächste Generation hineinwächst. Sie müssen Teil des Netzes sein, das dafür sorgt, dass die Bedürfnisse anderer Menschen erfüllt werden. Daher müssen sie sich auf die Mechanismen der Fürsorge einstellen und sich ihrer bewusst sein. Dies wird zu einer besseren Entscheidungsfindung führen, so wie man, wenn man Erfahrung mit routinemäßiger und ermächtigender Arbeit hat, bessere Entscheidungen darüber trifft, wie man die Arbeit organisiert, weil man sich mehr für Fairness einsetzt usw. (vgl. Peters 2008: 45).

Die Realität sieht so aus, dass viele Menschen ihr Berufs- und Privatleben bereits mit Aktivitäten wie der Pflege älterer Menschen, der Betreuung einer Fußballmannschaft in der Nachbarschaft oder der ehrenamtlichen Arbeit in einer Tafel oder einem Heim für häusliche Gewalt vereinbaren. Feministinnen argumentieren, dass der »Schlüssel zur Verwirklichung von Geschlechtergerechtigkeit darin besteht, die Lebensmuster von Frauen zur Norm für alle zu machen« (Fraser 2013: 61). Norwegen ist ein erfolgreiches Beispiel für ein Land, das versucht hat, dies auf einer gewissen Ebene zu erreichen. Politische Veränderungen in den 1990er-Jahren brachten das Land näher an die Geschlechterparität heran, und zwar durch eine langfristige und kostspielige Familienpolitik, einschließlich einer gesetzlichen Urlaubszeit für Väter, eines großzügigen Lohnersatzes während des Elternurlaubs, erhöhter staatlicher Investitionen in die Verfügbarkeit qualitativ hochwertiger Kinderbetreuung zu niedrigeren Preisen sowie Geldleistungen als Ausgleich für informelle Kinderbetreuung.

Die Einbeziehung einer feministischen Vision in Parecons ausgewogene Tätigkeitsbündel würde sozial reproduktive Arbeit in den Tagesablauf aller Menschen integrieren, die Fürsorge für andere als Teil des Arbeitslebens eines jeden normalisieren und die Ethik der Fürsorge als wünschenswerte gesellschaftliche Norm kultivieren. Wenn das *feminisierte Ghetto der Fürsorge* für die Reproduktionsarbeit aufgebrochen werden soll und die Gesellschaft als Ganzes lernt, die Arbeit, die mit der Fürsorge für andere verbunden ist, wertzuschätzen, müssen Menschen aller Geschlechter, vor allem aber Männer, bewusst mehr Windeln wechseln, Mahlzeiten zubereiten, Großväter zu Arztterminen begleiten und sich um Menschen mit Behinderungen kümmern. Alle Arbeitsbereiche sollten mindestens als gleichwertig betrachtet werden, und wenn nicht, dann könnte vielleicht endlich die Reproduktionsarbeit als die wichtigste von allen anerkannt werden.

Feminisierte Berufe wie Lehrerinnen, Krankenschwestern, Kinderbetreuerinnen usw. schulen die Arbeiterinnen darin, für die Bedürfnisse anderer sensibilisiert zu sein und erziehen sie zu einer Ethik der Fürsorge. Jahrelange Praxis in dieser Arbeit trägt zur Kultivierung der Fähigkeit bei, sich an anderen zu orientieren (als Gegenstück zu eigennützigem Verhalten). Die Mobilisierung aller Geschlechter zur Teilnahme an der Pflege kann dazu beitragen, Werte wie Empathie, Fürsorge und Demut zu fördern und eine Ethik der Solidarität zu kultivieren – das ist der Schlüssel zum Aufbau einer gerechteren und ausgewogeneren Gesellschaft.

Die Pflege von Menschen kann sowohl ermächtigend als auch entmündigend sein. Die affektiven Aspekte der Pflegearbeit bedeuten, dass die Pflege kranker oder älterer Menschen sinnvoll, aber auch emotional anstrengend, geistig ermüdend und körperlich erschöpfend sein und zu Burnout und sekundären Traumata führen kann – und deshalb sollte die Verantwortung für die Pflegearbeit gleichmäßig verteilt werden. Die geschlechtsspezifischen Vorstellungen von Fürsorge aufzubrechen, bedeutet, dass wir unsere Jungen und Männer so sozialisieren müssen, dass sie wissen, dass auch sie pflegend, fürsorglich, einfühlsam und um das Wohlergehen anderer in der Gesellschaft besorgt sein können. Und es bedeutet auch, dass wir die *toxischen* Vorstellungen von Männlichkeit, die im Patriarchat und im Kapitalismus hegemonial sind, aufbrechen müssen, da sie Männer lehren, ihre männliche Identität durch Gewalt[8] und Dominanz über andere und aus Eigennutz zu behaupten. Kinder, die in einer postkapitalistischen Partizipatorischen Ökonomie aufwachsen, in der sich Menschen aller Geschlechter um Haus und Familie kümmern, »würden die Pflege als geschlechtsneutral wahrnehmen, auch wenn sie teilweise biologisch bedingt ist (wie im Fall des Stillens), und die Menschen würden die Pflege als eine nicht geschlechtsspezifische Tätigkeit« (Peters 2008: 44) erleben. Die Vermittlung von Werten fürsorgender Arbeit kann uns daher helfen, unsere Vorstellungen von Geschlecht zu verändern und hegemoniale Vorstellungen von Männlichkeit zu überwinden, die Frauenfeindlichkeit, Militarismus und Gewalt gegen Frauen normalisiert haben. Eine geschlechtsspezifische Sozialisation, die

8 In *The Will to change: Men, Masculinity and Love* wies die verstorbene bell hooks (2004) darauf hin, dass patriarchale Männlichkeit sowohl für Männer als auch für Frauen psychologisch zerstörerisch ist. Hegemoniale Vorstellungen von Männlichkeit, so argumentiert sie, sozialisieren Männer dazu, Frauenfeindlichkeit und geschlechtsspezifische Gewalt zu normalisieren.

Jungen und jungen Männern beibringt, fürsorglich zu sein, und Väter, die sich an der Pflege beteiligen, modellieren eine fürsorgliche und einfühlsame Männlichkeit. Indem wir die gesellschaftliche Reproduktionsarbeit so umgestalten, dass beide Geschlechter an der Fürsorge für die Menschen in der Gesellschaft beteiligt sind, könnten wir die Art und Weise, wie wir miteinander umgehen, grundlegend verändern.

Mit anderen Worten: Wenn die Arbeit, die wir tagtäglich verrichten, eine transformative Wirkung auf uns als Individuen haben kann, dann könnten die Aufgaben, bei denen wir uns am Wohlergehen der anderen orientieren, eine wesentliche Rolle dabei spielen, Vorstellungen von Solidarität zu vermitteln und ein Bewusstsein für das »Selbst in der Gemeinschaft« zu kultivieren (vgl. hierzu auch den Beitrag von Kastner). Ausgewogene Tätigkeitsfelder, die auf die Pflege ausgerichtet sind, könnten daher zahlreiche gesellschaftliche Vorteile mit sich bringen, darunter die Überwindung der Ghettoisierung der Pflegearbeit als *Frauenarbeit* oder als Arbeit, die armen POC- und Schwarzen Einwanderinnen vorbehalten ist, die Beseitigung der ungleichen Verteilung von Einkommen und Vermögen, die Beseitigung der ungleichen Verteilung der Freizeit für Pflegerinnen und Pfleger und das Aufbrechen hetero-patriarchalischer Geschlechternormen, damit wir mehr Freiheit in Bezug auf Geschlecht und Sexualleben haben:

> »Durch eine Neuorganisation der Arbeit und eine Verringerung des Ausmaßes, in dem die Pflegearbeit privat zu Hause geleistet wird, muss die Gesellschaft starre Geschlechterrollen und Definitionen von Sexualität aufheben, damit die Menschen die Freiheit haben, Identität und Intimität auf die Art und Weise zu suchen, die sie für richtig halten« (Peters 2008: 44).

In dem Prozess der Neukonzeption unserer Beziehungen zueinander könnten wir auch unsere Beziehung zur Umwelt neu gestalten. Wie könnte sich die Wiederherstellung unserer Umwelt mit einem feministischen Sanierungsplan für eine Gesellschaft nach der Pandemie überschneiden? Ähnlich wie die Works Progress Administration (WPA) der New-Deal-Ära gibt es Modelle, die uns zeigen, wie Arbeitskräfte im Rahmen einer staatlich geführten institutionellen Strategie mobilisiert und geschult werden können, um Arbeitsplätze zu schaffen und Menschen für die Wiederherstellung unserer Straßen- und Brückeninfrastruktur einzusetzen, wie Künstlerinnen und Künstler mobilisiert werden können, um im Rahmen eines landesweiten Kunstprojekts Wandmalereien anzufertigen, und wie wir in ähnlicher Weise Menschen mobilisieren können, um die Pflegesektoren einem feministischen Wiederherstellungsplan zu unterziehen. Wir können Lehren daraus ziehen, wie die WPA Menschen wieder in Arbeit brachte, um darüber nachzudenken, wie wir die Arbeit zur Reparatur und Wiederherstellung unseres sozialen Gefüges institutionell unterstützen können. Genauso wie der Green New Deal Arbeitsplätze schaffen könnte, indem alle Menschen für die Säuberung unserer Flüsse und Ozeane, die Entgiftung unserer Böden und die Wiederherstellung von Ökosystemen usw. eingesetzt werden, könnte ein solches Programm auch Menschen für Reproduktionstätigkeiten bezahlen und so alle, insbesondere stark rollentypisch sozialisierte Männer, dazu motivieren, sich im Rahmen eines neuen landesweiten Arbeitsplatzprogramms an Pflegearbeiten zu beteiligen, um Familien zu unterstützen, Kinder zu betreuen und ältere Gemeindemitglieder zu pflegen.

4 Schlussfolgerung

Feministinnen sagen, dass Entscheidungen über Frauen, ihre Rechte und ihre Körper, – und sogar in ihrem Namen – getroffen werden, während sie sich um andere Menschen, ihre Häuser, Familien und Nachbarschaften kümmern. Frauen werden außerdem am schlechtesten bezahlt, haben weniger Freizeit und sind anfälliger für strukturelle wie auch zwischenmenschliche Gewalt. Betrachtet man die Gesellschaft durch die Linse der sozialen Reproduktion, so werden die grundlegenden Ungleichheiten und die mangelnde Nachhaltigkeit im Kern der kapitalistischen Gesellschaften deutlich. Da Familien, Nachbarschaften, sozialer Zusammenhalt und Ökosysteme unter Druck geraten, bietet die Politik der sozialen Reproduktion einen Ansatzpunkt, um die Geschlechter-, ›Rassen‹- und Umweltgerechtigkeit in die Überlegungen zu einer postkapitalistischen Zukunft einzubringen. Nach Jahrzehnten neoliberaler Politik hat die globale Covid-19-Pandemie die Krise der sozialen Reproduktion mit Nachdruck ins öffentliche Bewusstsein gerückt. Frauen, Immigrant*innen und arme Erwerbstätige haben die Hauptlast der neoliberalen Sparmaßnahmen und jetzt auch noch einer sich ausbreitenden globalen Pandemie getragen, indem sie länger und härter arbeiteten und dabei das Risiko eingingen, sich und ihre Familien Krankheit und Tod auszusetzen. Feministinnen versuchen, die Krise der sozialen Reproduktion in den Vordergrund zu rücken und das Terrain des Kampfes der Arbeiter*innenklasse von der Fabrik, dem Büro und dem Bauernhof auf Schulen, Häuser und Nachbarschaften auszuweiten.

Auf der Grundlage der feministischen Theorie der sozialen Reproduktion werden in diesem Beitrag vier Prinzipien vorgeschlagen, um die Parecon-Werte der wirtschaftlichen Demokratie, Gerechtigkeit, Solidarität, Effizienz, Vielfalt und Nachhaltigkeit entlang geschlechtsspezifischer und rassischer Linien zu vertiefen: Ausgewogene Tätigkeitsbündel, in denen die Menschen in verschiedenen Arten von sozial-reproduktiver Arbeit rotieren, stellen sicher, dass alle an der Versorgung der Bedürfnisse der Gemeinschaft teilhaben (*Anti-Marginalisierungs-Prinzip*), ohne diese Arbeit auf andere abzuwälzen (*Anti-Ausbeutungs-Prinzip*), und unter der Prämisse, dass die Belohnungen und Verantwortlichkeiten dieser Arbeit gleichmäßiger unter den Mitgliedern einer Gesellschaft verteilt werden (*Freizeit-Prinzip*). Schließlich verlangt das *Öko-Suffizienz-Prinzip*, worauf wir hinarbeiten, die menschlichen Grundbedürfnisse für alle zu befriedigen und gleichzeitig die Auswirkungen auf unsere Ökosysteme, auf andere Arten und auf andere Menschen zu minimieren. Wenn Menschen aller Geschlechter in irgendeiner Form gesellschaftlich reproduktiver Arbeit nachgehen, dann bewegen wir uns auf den Abbau der Geschlechterhierarchie zu, stärken demokratische Praktiken und entkoppeln die gesellschaftliche Reproduktion von der ›Weiblichkeit‹. So würde die Reorganisation der sozialen Reproduktion durch ausgewogene Tätigkeitsbündel dafür sorgen, dass unsere Gemeinschaften nicht marginalisiert, feminisiert und ghettoisiert werden, und uns zum Abbau hierarchischer Machtverhältnisse bewegen.

Literatur

Albert, Michael (2006): Parecon. Leben nach dem Kapitalismus. Frankfurt/Main: Trotzdem Verlag.

Albert, Michael (2022): No Bosses: A New Economy for a Better World. Hampshire: Zero Books.

Albert, Michael/Hahnel, Robin (1991): The Political Economy of Participatory Economics. Princeton: Princeton University Press.

Arruzza, Cinzia/Bhattacharrya, Tithi/ Fraser, Nancy (2019): Feminism for the 99 %: A Manifesto, 2019. London: Verso.

Bezanson, Kate/Luxton, Meg (Hrsg.) (2006): Social Reproduction: Feminist Political Economy Challenges Neoliberalism. Montreal: McGill-Queen's University Press.

Bhattacharya, Tithy (2018): Social Reproduction Theory: Remapping Class Re-centering Oppression, London: Pluto Press.

Bohmer, Peter/Chowdhury, Savvina/Hahnel, Robin (2020): Reproductive Labor in a Participatory Socialist Society. In: Review of Radical Political Economics, 52 (4): 755–771; doi.org/10.1177/0486613419869369

Bullard, Robert (1990): Dumping in Dixie: Race, Class, and Environmental Quality. Boulder, CO: Westview Press.

Ehrenreich, Barbara/Hochschild, Arlie R. (2003): Global Woman: Nannies, Maids and Sex Workers in the New Economy. New York: Henry Holt & Company.

Fabrizio, Stefania/Gomes, Diego B. P./Tavares, Marina M. (2021): COVID-19 She-Cession: The Employment Penalty of Taking Care of Young Children. IMF Working Paper WP/21/58; https://www.imf.org/en/Publications/WP/Issues/2021/03/03/COVID-19-She-Cession-The-Employment-Penalty-of-Taking-Care-of-Young-Children-50117.

Fraser, Nancy (2013): After the Family Wage: A Postindustrial Thought Experiment. In Dies.: Fortunes of Feminism: From State-Managed capitalism to Neoliberal Crisis, New York: Verso, 2013: 41-66.

Fraser, Nancy (2016): Contradictions of Capital and Care. In: New Left Review, Nummer 100 (July/August, 2016): 99–107; https://newleftreview.org/issues/ii100/articles/nancy-fraser-contradictions-of-capital-and-care; letzter Zugriff 21.3.2023.

Gough, Ian (2021): UNESCO Inclusive Policy Lab: Move the debate from Universal Basic Income to Universal Basic Services; https://en.unesco.org/inclusivepolicylab/analytics/move-debate-universal-basic-income-universal-basic-services; letzter Zugriff 21.3.2023.

Gould, Elise (2015): Child care workers aren't paid enough to make ends meet. Economics Policy Institute, Issue Brief #405, https://www.epi.org/publication/child-care-workers-arent-paid-enough-to-make-ends-meet/#epi-toc-2. Letzter Zugriff 21.3.2023

Hahnel, Robin (2021): Democratic Economic Planning. New York: Routledge.

Hawaii's State Commission on the Status of Women (2020): Building Bridges, Not Walking on Backs: A Feminist Economic Recovery Plan for COVID-19. https://humanservices.hawaii.gov/wp-content/uploads/2020/04/4.13.20-Final-Cover-D2-Feminist-Economic-Recovery-D1.pdf; letzter Zugriff am 21.3.2023.

Hochschild, Arlie R. (2012): The Second Shift: Working Families and the Revolution at Home. London: Penguin Books.

hooks, bell (2004): The Will to change: Men, Masculinity and Love. New York: Washington Square Press.

Leonard, Anne (2010): The Story of Stuff: The Impact of Overconsumption on the Planet, Our Communities And Our Health And How We Can Make It Better. New York: Free Press.

Mies, Maria (1986): The Subsistence Perspective. London: Zed Books.

Mohandesi, Salar/Teitelman, Emma (2017): Without Reserves. In: Bhattacharya, Tithi (2017): Social Reproduction Theory. Remapping Class, Recentering Oppression. London: Pluto Press: 37–67.

OECD (2018): Gender Equality: Balancing paid work, unpaid work and leisure. https://www.oecd.org/gender/balancing-paid-work-unpaid-work-and-leisure.htm; letzter Zugriff 21.3.2023.

Peters, Cynthia (2008): The Art (and Serendipity) of Kinship: Ideas about Family, Sexuality, and Caregiving in a Better World. In: Spanos, Chris (ed.): Real Utopia: Participatory Society for the 21st Century. Oakland: AK Press.

Pizzinelli, Carlo/Shibata, Ippei (2022): Why Jobs are Plentiful While Workers are Scarce. International Monetary Fund Blog, https://blogs.imf.org/2022/01/19/why-jobs-are-plentiful-while-workers-are-scarce/; letzter Zugriff am 21.3.2023.

Sandström, Anders (2021) Anarchist Accounting: Accounting Principles for a Democratic Economy. New York: Routledge.

The Leap Manifesto (o.J.): A Call for a Canada Based on Caring for the Earth and One Another https://leapmanifesto.org/en/the-leap-manifesto/; letzter Zugriff 21.3.2023.

United Nations (2021): Environmental racism in Louisiana's ›Cancer Alley‹, must end, say UN human rights experts. https://news.un.org/en/story/2021/03/1086172; Letzter Zugriff: 21.3.2023.

Veselka, Vanessa (2022): »I'm a Longtime Union Organizer. But I Had Never Seen Anything Like This«. https://www.nytimes.com/2022/01/14/opinion/unions-oregon-assisted-living.html; letzter Zugriff 21.3.2023.

Stefan Meretz, Simon Sutterlütti

Verteilte commonistische Planung

Einleitung

Aus dem 20. Jahrhundert könnte man lernen, dass die »sozialistische Übergangsgesellschaft« mehr als nur einige »Muttermale« (Karl Marx) des Kapitalismus trägt, sondern mit diesem eine gemeinsame Basis teilt: Warenproduktion, Lohnarbeit, Abspaltung der Care-Arbeit, Geld, Externalisierung und Exklusionslogik. Das große Versprechen gesellschaftlicher Planung, Befreiung von Privateigentum und bedürfnisorientierter Produktivkraftentwicklung musste auf der fortbestehenden kapitalistischen Basis von Ware, Wert, Arbeitszwang etc. scheitern. Auch die vielfältigen aktuellen Alternativkonzepte von mehr markt- bis zu eher staatssozialistischen Ansätzen sind weiterhin von vielen dieser *Muttermale* gekennzeichnet. Deswegen vertreten wir mit dem Commonismus eine mögliche Gesellschaft, die viele Impulse der Commons – als heutiger re/produktiver Praxis »jenseits von Markt und Staat« (Elinor Ostrom) – aufnimmt und gesellschaftlich verallgemeinert. Das sei im Folgenden skizziert (vgl. Sutterlütti/Meretz 2018, 2023), bevor wir in diesem Text den Schwerpunkt auf die Planungsfrage legen.

Im Commonismus produzieren die einen, was die anderen brauchen. Die Vermittlung von Produktion und Bedürfnisbefriedigung geschieht über Commoning, der selbstorganisierten Planung und Koordination der notwendigen Prozesse, um in einem Commons (Betrieb, Kommune etc.) ein Ziel zu erreichen. Die Beziehungsweise des Commoning, die bereits heute erlernt werden kann und deren Handlungsmuster erforscht werden (Helfrich/Bollier 2019), besteht im Commonismus sowohl interpersonal (direkte Absprache) wie transpersonal (vermittelte Vereinbarung) – auf welche Weise, erläutern wir weiter unten. Die Beteiligung an allen dabei notwendigen Prozessen erfolgt freiwillig. Ein Arbeitszwang ist ausgeschlossen, denn jeder Zwang zersetzt Motivation. Wie die Kritische Psychologie gezeigt hat (Holzkamp 1983), werden Tätigkeiten selbst aus drängender

Notwendigkeit dann motiviert übernommen, wenn die Verfügung über die Tätigkeitsbedingungen gegeben sind und sich die Beteiligten über die Umsetzung frei verständigen können. Arbeitszwang – durch personalen oder strukturellen Druck (»Wer nicht arbeitet, soll nicht essen«) – ist hingegen ein inhumanes Artefakt markt- oder staatsförmiger Warengesellschaften. Wenn zentrale Macht- und Zwangsmittel wie Eigentum und strukturelle Gewalt aufgehoben und die Verfügung über die erforderlichen Mittel (u.a. Produktionsmittel) in kollektiven Händen liegt, so sind Ziele nur erreichbar, wenn die Umsetzungsbedingungen (z.B. im Betrieb) so einladend und kooperativ gestaltet sind, dass sich genügend Menschen beteiligen wollen. Für dieses Wollen gibt es eine Bedürfnisgrundlage (ebd.): die produktiven Bedürfnisse. Menschen fühlen sich nicht schon zufrieden und sicher, wenn ihre sinnlich-vitalen Bedürfnisse (fremd)erfüllt sind, sondern sie wollen sich selbst an dem gesellschaftlichen Prozess der vorsorgenden Schaffung der Bedingungen beteiligen, die für die Befriedigung der sinnlich-vitalen Bedürfnisse langfristig erforderlich sind. Erst dann entsteht ein Gefühl von Sicherheit, das im Kapitalismus nie erreicht werden kann, weil die allermeisten von der Verfügung über die gesellschaftlichen Bedingungen ausgeschlossen sind. Im Commonismus erzeugt die Handlungsnahelegung der Kooperation eine Logik der reziproken Inklusion – statt einer Exklusionslogik, wie sie die Konkurrenz im Kapitalismus hervorbringt. Unsere These ist: Nur eine auf radikaler Freiheit basierende Gesellschaft ist in der Lage, Kooperation zu maximieren und so Sicherheit und langfristige Stabilität für *alle* hervorzubringen. Zentrale Herausforderung ist es, eine (anonyme) transpersonale Vermittlung auf den beschriebenen Grundlagen so aufzubauen, dass auch hochgradig tätigkeitsteilige Prozesse kohärent ineinandergreifen. Das soll im Folgenden gezeigt werden.

Vermittlung

Nahezu jede schöpferische Tätigkeit besteht aus zwei Teilen, dem Vorsatz und der Aktivität, anders ausgedrückt: Planung und Umsetzung. Was für individuelle Aktivitäten gilt, gilt erst recht für kollektive. Bis es hier zum ausgereiften Vorsatz, also zum Plan kommt, bedarf es zusätzlich der Abstimmung oder wie wir sagen wollen: der *Vermittlung* zwischen unterschiedlichen Bedürfnissen, Zielvorstellungen und Umsetzungsideen der Beteiligten. Immerhin, auf interpersonaler Ebene kann diese Vermittlung in direkter Kommunikation erfolgen. Anders auf gesellschaftlicher Ebene, hier geht es um die transpersonale Vermittlung zwischen anonymen Beteiligten.

Wesentliches Moment der Vermittlung ist der Informationsaustausch. Dabei können wir zwischen der Vermittlung *innerhalb* des Produktionsbereiches, der Planung und Koordination (Allokation), und der Vermittlung *zwischen* Produktion und Konsum, der Verteilung, unterscheiden. Planung bereitet die Produktion vor und Koordination ist notwendig, um die geplante Produktion umzusetzen[1]. Im Folgenden wollen wir uns auf die Planung konzentrieren. Sie benötigt neben Informationen zur Produktion und ihren Voraussetzungen auch solche aus der Verteilung (etwa Qualität und Quantität der Nachfrage). Planung ist ein adaptiver dynamischer Prozess der Zusammenfügung und Bereitstellung aller relevanten Informationen, um vor Ort produzieren zu können. Hier entstehen drei Fragen, die unterschiedlich beantwortet werden. Erstens, welche *Informationen* sind vor Ort nötig und woher kommen sie? Zweitens, wie ist der Prozess der *Planung*, also der Informationskumulation und -bereitstellung, organisiert? Drittens, wie ist der Prozess der *Verteilung* organisiert, und wie gelangen Informationen als Feedback in den Prozess der Planung?

Wenn es nachfolgend um die Produktion geht, dann sowohl um die interpersonal organisierte Haushalts- und Kommunalproduktion im Nahfeld[2] wie um die transpersonal organisierte und tätigkeitsteilig strukturierte Produktion in der Gesellschaft. Dem liegt der Ansatz zugrunde, dass alle notwendigen Lebensbedingungen (materielle, symbolische und sozial-sorgende), einschließlich der Menschen selbst, an einem spezifischen *Ort* der Gesellschaft her- und/oder bereitgestellt werden. Produktion, die immer auch Reproduktion ist, ist in diesem Sinne umfassend zu verstehen. Daher sprechen wir auch allgemein von notwendigen Tätigkeiten und nicht spezifisch von Arbeit (vgl. Sutterlütti/Meretz 2018, 2023).

Dem umfassenden Verständnis von notwendigen Tätigkeiten entspricht unser Verständnis von Bedürfnissen. Bedürfnisse sind stets historisch spezifisch, an materielle, symbolisch oder sozial-sorgende Befriedigungsmöglichkeiten gebunden und besitzen zwei Dimensionen: Die *sinnlich-vitale* Di-

1 Dazu gehören Organisation, Beschaffung, Steuerung etc.

2 Haushalt ist breit verstanden und nicht bloß auf Familienstrukturen bezogen. Kommunalproduktion meint die den Haushalt überschreitende Bereitstellung von Befriedigungsmitteln im personal erreichbaren Umfeld (Nachbarschaften, Kiez, etc.).

mension verweist auf existenziell-erhaltende Lebensaspekte, die *produktive* Dimension auf schöpferisch-vorsorgende Tätigkeiten. Die Aufspaltung in eine unverfügbare Produktion mit tendenziell befriedigungsferner Arbeit und einen (geldlich) verfügbaren Warenkonsum mit befriedigungsnahem Genuss ist eine kapitalistische Besonderheit. Es handelt sich daher um eine naturalisierende Verkürzung, den Tätigkeiten der Produktion auch in einer freien (sozialistischen etc.) Gesellschaft die *Last* und jenen der Konsumtion den *Genuss* zuzuordnen (Dapprich 2022).[3] Ob eine Tätigkeit als Last oder Genuss empfunden wird (oder eine Mischung davon), ist individuell verschieden. Entscheidender ist, ob die Tätigkeit erzwungen oder motiviert (also freiwillig) ausgeführt wird. Ich kann eine Tätigkeit als Last empfinden und sie dennoch freiwillig vollziehen, weil sie mir in der Verbindung zu anderen Menschen wichtig ist und anerkannt wird oder sie langfristig eine verbesserte Lebenssituation (für mich oder andere) verspricht. Umgekehrt kann mich eine operativ leichte Tätigkeit demotivieren, wenn ich ihren Sinn nicht einsehen kann – weder im interpersonalen Bezug auf bekannte andere noch im transpersonalen Bezug auf eine nachhaltige, lebenswerte Zukunft.[4]

Informationen

Um die gesellschaftliche Vermittlung, hier fokussiert auf die Planung der Produktion und die Verteilung ihrer Ergebnisse, sicherzustellen, braucht es, allgemein betrachtet, zwei Informationen, eine qualitative und eine quantitative: Welche Art von Gütern (im Folgenden stets einschließlich von Diensten) wird benötigt und wie viel davon? Dabei sind sowohl die Güter zur direkten sinnlich-vitalen Bedürfnisbefriedigung gemeint wie jene, die als Vorprodukte und Produktionsmittel in die Produktion von Gütern eingehen. Es lassen sich zwei Konzepte für die Bereitstellung der

---

3 Häufig wird die kommunistische Perspektive »Jeder nach seinen Fähigkeiten, jedem nach seinen Bedürfnissen!« (Marx 1875) so gelesen, dass die Fähigkeiten auf die Arbeit und die Bedürfnisse auf den (freien) Konsum verweist – obwohl Marx im gleichen Satz von der Arbeit als »erstes Lebensbedürfnis« schreibt. Dazu hat allerdings auch Marx beigetragen, der sich im zweiten Teil für das passive »jedem« statt des aktiven »jeder« entschieden hat.

4 Freiwilligkeit ist also nicht mit unmittelbarem Spaß und dieser umgekehrt nicht mit Motivation zu verwechseln.

benötigten Informationen unterscheiden: mediation in kind (MIK) und mediation by value (MBV).[5]

Im ersten Konzept werden die Güter selbst als Träger der Information für die Vermittlung genutzt. Hinzukommen muss allein die Menge des Guts, die benötigt wird. Das Gut spricht für sich, es hat eine konstitutive Eigenlogik und verkörpert sowohl die gesellschaftlichen Prozesse seiner Herstellung wie seiner Nutzung. Es ist sowohl klar, welche Nutzungsbedürfnisse es befriedigen kann (Qualitäten), wie auch, was es zu seiner Herstellung braucht, also welche Prozesse wie geplant werden müssen, damit das angestrebte Produkt in der angestrebten Menge entsteht (Quantitäten). Quantitäten bleiben dabei stets auf die Qualitäten verwiesen: Es geht um eine bestimmte Materialmenge, Energiemenge, Tätigkeitszeit etc. für ein bestimmtes Produkt. Die Verteilung ergibt sich aus der Praxis der Entnahme: entweder direkt als Konsum der Endprodukte oder indirekt als Verwendung von Vorprodukten und Produktionsmitteln innerhalb einer längeren Produktionskette. Die zu produzierenden Güter selbst bleiben Träger sowohl der qualitativen (Nutzung) wie der quantitativen (Menge) Information. Sowohl Planung wie Verteilung geschehen *in situ* und *ex ante*, das heißt, sie bewegen sich im gleichen Informationsraum und geschehen vor der Produktion. Es handelt sich um eine *mediation in kind* (MIK)[6], also eine qualitative und quantitative Vermittlung mit der und durch die Sache selbst.

Im zweiten Konzept ist das anders, denn mit dem Kapitalismus übernimmt hier das Geld die Informationsfunktion. Als gesellschaftlich allgemeine *unit of account* (UOA) macht es alle Aufwände zur Herstellung von Waren vergleichbar und berechenbar. Produktion und Verteilung informieren sich über ein gemeinsames Maß, den Preis. Dabei werden die qualitative und die quantitative Information als Nützlichkeit und Vermittelbarkeit (Kapitalismus: Gebrauchswert und Wert) getrennt, tatsächlich jedoch verdoppelt. Die Nützlichkeit, die auf die sinnlich-vitalen Bedürfnisse verweist, ergibt sich durch die konkrete Gestalt des Produkts, das wiederum selbst qualitative und quantitative Dimensionen besitzt. Die Nützlichkeit spielt

5 Grundlage für die folgende Analyse ist das Konzept der *Stigmergie*, das wir hier aus Platzgründen nicht ausführen können (vgl. Sutterlütti/Meretz 2018, S. 175; 2023, S. 160).

6 Üblicherweise ist hier von *calculation in kind* oder *calculation in natura* die Rede, was aber nur auf den quantitativen Aspekt abzielt und damit die qualitative Frage, welche Bedürfnisse befriedigt werden sollen, abschneidet.

sowohl beim unmittelbaren Herstellakt wie beim Konsum die zentrale Rolle. Die Verteilung wird jedoch *ex situ* und *ex post* über einen eigenständigen, der Produktion nachgelagerten durch die UOA strukturierten Kreislauf als *mediation by value* (MBV) realisiert.[7] Es entstehen so zwei Zyklen. In der Produktion wie in der Konsumtion geht es um die Sache selbst, um ihre qualitativen und quantitativen Eigenschaften, die am Ende – direkt oder bei Zwischenprodukten indirekt – auf die sinnlich-vitalen Bedürfnisse verweisen, die das Gut befriedigen kann: Gebrauchswert- oder Bedürfnislogik.[8] Der Zyklus der Verteilung dreht sich um den Wert bzw. informationell betrachtet den Preis, der den gesellschaftlichen Aufwand repräsentiert, um das Gut herzustellen: Tausch- oder Wertlogik. Karl Marx führte diese Verdopplung auf den dualen Charakter der Ware zurück, einerseits Gebrauchswert (Nützlichkeit), andererseits Wert (Vermittelbarkeit) darzustellen – eine Erkenntnis, die für Marx »der Springpunkt ist, um den sich das Verständnis der politischen Ökonomie dreht« (Marx 1972 [1890], S. 56). Die Ware ist demzufolge eine besondere soziale und informationale Form, Güter zu planen, zu produzieren und zu verteilen. Der Vermittlung und damit der Wertlogik kommt hierbei der Primat zu.

Die Zyklenverdopplung schließt gleichzeitig ihre Kopplung ein. Ohne Verfügung über die gesellschaftliche Inkarnation der allgemeinen UOA, Geld, ist keine Teilhabe an Produktion und Verteilung – damit Erhaltung der eigenen Existenz – möglich.[9] In MBV-Gesellschaften zeigt sich dies in der Produktion als konkurrenzgetriebener Wachstumszwang und in der Verteilung als Arbeitszwang.

Eine weitere Folge der Zyklenverdopplung ist eine polare Aufspaltung der gesellschaftlich notwendigen Tätigkeiten. Alle Ergebnisse von Tätigkeiten, die sich mittels der UOA darstellen, bewerten und vermitteln lassen, können in den MBV-Zyklus eingehen – ob dies der Fall ist, hängt von spezifischen Bedingungen ab (im Kapitalismus etwa, ob sich damit Profit erzielen lässt). Solche, die sich (noch) nicht mittels der UOA darstellen

7 Die Produktionsplanung erfolgt zwar (wie jede Planung) ex ante, doch dabei einbezogene Vorprodukte vermitteln sich aus Sicht der Lieferanten wiederum ex post. Auch langfristige Lieferverträge oder Konsortienbildung sind nur partielle Mittel, um gegen die Unvorhersehbarkeit der ex post Vermittlung anzugehen.

8 Daran ändert auch die Überformung durch die Wertdimension, die sich etwa durch die Schaffung neuer Konsumanreize mittels Werbung etc. zeigt, nichts.

9 Wenn die UOA als Grundeinkommen leistungsunabhängig verteilt werden würde, müsste der gesellschaftliche Arbeitszwang in anderer Form etabliert werden.

lassen oder etwa nicht (mehr) profitabel sind – etwa wesentliche Teile der Versorgung von Kindern, Alten und eingeschränkten Menschen –, werden in den interpersonalen Bereich der Haushaltsproduktion abgeschoben oder staatlich organisiert. Aufgrund der Intersektion mit dem historisch vorgängigen Patriarchat ist die gesellschaftliche Sphärenspaltung geschlechtlich strukturiert.

Planung[10]

MIK- und MBV-Systeme unterscheiden sich bei der Planung erheblich. Dabei ist zu beachten, dass es bislang keine hocharbeitsteiligen MIK-Gesellschaften gab. Die historischen Beispiele basierten auf einer niedrigen Produktivkraftentwicklung mit geringer Fertigungstiefe. MBV gibt bzw. gab es in der kapitalistischen bzw. sozialistischen Warenproduktion. Hinzu kommen neuere Vorschläge, die Aspekte von MIK- und MBV-Systemen kombinieren (vgl. Dapprich 2022).

Bei MIK-Systemen besteht die Herausforderung darin, die Mehrdimensionalität der Informationen als automatisch prozessierbare Daten in der Vermittlung qualitativ unreduziert[11] zu transportieren und zu nutzen. Aufgrund der geringen Bandbreite der technischen Kommunikationssysteme (Briefe, Telegrafen, Telefon, Telefax etc.) war dies lange nicht möglich. Die erforderliche Reduktion auf wenige Kennzahlen führte unweigerlich zu Verzerrungen in der ökonomischen Koordination (für den Realsozialismus etwa bekannt als ›Tonnenideologie‹). Der unreduzierte Datentransport ist heute auf Basis moderner Informations- und Kommunikationstechnik möglich, womit MIK-Systeme sowohl mit zentraler wie mit dezentral-verteilter Planung konzeptuell denkbar werden[12]. Die Planung ist damit in der Lage, ex ante drei Felder von Produktionsbedingungen zu integrieren: die konkreten Produktionsvoraussetzungen (Materialien, Energie, Vorpro-

10 Da dieser Beitrag auf die Planung fokussiert, werden Aspekte der Verteilung im Folgenden nur peripher behandelt.

11 Das bedeutet, dass sich eine quantitative Größe stets auf ihre Qualität bezieht: eine Materialmenge x der Materialqualität y, eine Tätigkeitsmenge a der Qualifikation b etc. Eine allgemeine UOA abstrahiert von der Qualität, zerschneidet den Zusammenhang und wird zur bloßen Quantität. Eine tiefere Diskussion der UOA können wir hier nicht leisten.

12 Historisches Vorbild eines zentralen MIK-Systems ist die von Otto Neurath (1919) entworfene *Naturalwirtschaft mit Vollsozialisierung*.

dukte, Wissen, Tätigkeiten etc.), die Folgen der Produktionsumsetzung und ihrer Behandlung (Filterung, Aufbereitung, Recycling etc.) und die Bedingungen und Folgen der Produktion von Materialien, Energie, Vorprodukten etc., die andere bereitstellen. Voraussetzung ist dafür die generelle Informationstransparenz und der Zugriff auf automatisiert verdichtete Informationen über alle Aspekte der Produktionskette. Planung wird damit zu einer Erkundung von Realisierungsoptionen der Befriedigung von gesellschaftlichen Bedürfnissen, einschließlich der damit verbundenen Konsequenzen. Somit wird überhaupt erst das Verhältnis von sinnlich-vitaler wie produktiver Bedürfnisbefriedigung und ihren Konsequenzen bewusst gestaltbar. Die Menschen setzen sich damit (wieder) in die Lage, ihr Menschsein in der *mehr als menschlichen Welt* (Abram 1996) zu finden.

MBV-Systeme waren, allgemein betrachtet, die historische Antwort auf das gesellschaftliche Informationsparadoxon. Das Informationsparadoxon bestand darin, dass einerseits mit zunehmender Vergesellschaftung immer mehr Informationen bereitstanden, um eine bewusste gesamtgesellschaftliche Gestaltung der Mensch-Welt-Verhältnisse vorzunehmen; andererseits gab es kein Instrument, diese Informationsfülle in eine gesellschaftliche und davon abgeleitet lokale Handlungsfähigkeit (u.a. Planungsfähigkeit) zu übersetzen. Friedrich von Hayek (1945) formulierte das Problem:

> »Der eigentümliche Charakter des Problems einer rationalen Wirtschaftsordnung wird gerade dadurch bestimmt, dass das Wissen über die Verhältnisse, von denen wir Gebrauch machen müssen, niemals in konzentrierter oder integrierter Form vorliegt, sondern nur als verstreute Bruchstücke unvollständigen und oft widersprüchlichen Wissens, das alle einzelnen Individuen besitzen« (eig. Übers.).

Die naheliegende Antwort war die radikale Reduktion der Informationsfülle auf eine eindimensionale Größe: den Preis. Nur ein sich über den Markt selbst organisierendes Preissystem könne das benötigte Wissen für Entscheidungen bereitstellen. Aufgrund des radikal reduzierten Informationsgehalts und des ex post Charakters der Verteilung enthält jede Planung einer Warenproduktion durch *einzelne Individuen* allerdings immer zu einem gewissem Grad eine Spekulation darüber, ob die Waren am Ende verkauft werden können.

Da grundsätzlich alle Marktteilnehmer für sich planen, gibt es keine Integration über die ganze Produktionskette. Die Endproduzenten haben keinen Einblick in die Produktionsbedingungen der Lieferanten von Rohmaterialien und Vorprodukten. Nur wenn der Staat die Betriebe bei Strafandrohung zwingt, werden sie selbst oder die Vertragspartner upstream elementare Menschenrechte und Umweltschutzanforderungen einhalten.[13] Der strukturelle ex post Charakter von MBV-Systemen zeigt sich somit nicht nur aus der Sicht einzelner Betriebe, sondern auch aus Perspektive des Staates gegenüber der Ökonomie insgesamt.

Planung im Commonismus

Der Commonismus verallgemeinert das Konzept der Commons für die gesellschaftliche Ebene. Die eingebettete Planung spielt dabei eine zentrale Rolle. Zunächst soll jedoch die gesellschaftliche Vermittlungsstruktur dargestellt werden.

Der Commonismus ist eine konzeptuelle Konkretisierung eines polyzentralen MIK-Systems mit verteilter Planung. Die gesellschaftliche Vermittlung, also Planung, Koordination und Verteilung, erfolgt in situ. Zum leichteren Zugang sei eine Keimform, die sich im gegenwärtigen Kapitalismus ausgebildet hat, beschrieben: das *Fediverse*[14]. Die dargestellten Strukturen und Beispiele dienen nur der Illustration, wie ein inklusionslogisches System grundsätzlich funktionieren könnte. Die konkrete Ausgestaltung ist schließlich eine empirische Frage und kann weder ›ausgepinselt‹, noch gar ›vorgeschrieben‹ werden. Nach unser Erfahrung braucht es jedoch begriffliche Bausteine, mit denen wir im theoretischen Feld Optionen explorieren und uns aus der mentalen Fixierung auf die bestehenden bürgerlichen Formen lösen können.

Keimform Fediverse

Das Fediverse (Kofferwort aus engl. federation und universe) ist ein Netzwerk föderierter, aber voneinander unabhängiger dezentraler Internetdienste für Online-Publikation und Daten-Hosting. Die Föderation wird über gemeinsam verwendete standardisierte Protokolle realisiert, um Inhalte auszutauschen. In der Sprache der Commons handelt es sich um ein polyzentrales Netzwerk, wobei die Polyzentren verschiedene Dienste repräsentieren

13 Ein Beispiel sind die (meist unzureichenden) Lieferkettengesetze in einigen europäischen Ländern.

14 Vgl. https://de.wikipedia.org/wiki/Fediverse

(zum Beispiel Micro- und Macroblogging, Audio- und Videostreaming, Imagesharing etc.), die ihrerseits Subnetze darstellen. Die Knoten (Server) innerhalb eines Subnetzes agieren *semiautonom* (Carlisle/Gruby 2019)[15]. Einerseits sind sie von der gemeinsamen Sprache als Form übergreifender Kommunikationsregeln (realisiert durch die Protokolle) abhängig, andererseits entscheiden sie selbstständig über die sozialen Regeln des Miteinanders innerhalb ihres Subnetzwerkes. Damit werden zwei Ebenen des *Commoning* adressiert: die kontinuierlich weiterentwickelte technische Ebene der Kommunikationsprotokolle, die die *transpersonalen* Vereinbarungen über die Basisregeln des Informationsaustausches innerhalb des Fediverse vergegenständlicht, und die soziale Ebene des *interpersonalen* (oder interpersonalisierbaren) Miteinanders innerhalb eines Subnetzes, die von den (ggf. kollektiven) Instanzbetreiber*innen betrieben werden. Individuell können sich Personen eine Identität schaffen und einfach nur teilnehmen oder selbst eine neue Instanz eröffnen und damit ein neues Subnetz erzeugen. Die dafür erforderliche Software steht unter freien Lizenzen zur Verfügung. Da Nutzer*innen ein Subnetz jederzeit verlassen und ihre Identität und Daten mitnehmen können, liegt es für die Instanzbetreiber*innen nahe, ihre Instanz einladend und inklusiv zu gestalten. Einen ähnlichen Regulationsmechanismus finden wir auf der übergeordneten Instanzenebene. Einzelne Instanzen können entscheiden, die Verbindung zu anderen Instanzen zu defederieren, also zu beenden, um unerwünschte Informationen (z. B. ›hate speech‹) außen vor zu halten. Da die Lebendigkeit der Instanzen nicht nur von der eigenen Mitgliedschaft, sondern auch von den Verbindungen zu anderen Instanzen abhängt, liegt es nahe, auch ›nach außen‹ freundlich und kooperativ zu agieren. Sowohl auf interpersonaler als auch transpersonaler Ebene bildet sich eine Tendenz zu einer *Logik der Inklusion* aus. Wer es versteht, Menschen unterschiedlicher Bedürfnisse einzubeziehen und kooperative Verbindungen zu anderen Subnetzen aufzubauen, kann sich langfristig entfalten und entwickeln. Als generelle Regel kann formuliert werden: Wer besser kooperiert, setzt sich durch.[16]

15 Auch kapitalistische Betriebe sind semiautonom. Sie sind allerdings nicht von konkreten anderen abhängig, sondern von einer abstrakt-allgemeinen Marktlogik. Erstes ist verhandelbar, zweites nicht.

16 Dass damit ein komplettes Gegenmodell zu den kommerziellen, exklusionslogisch operierenden Walled Gardens wie Twitter oder Facebook etabliert wird, muss hier nicht ausgeführt werden.

Das Fediverse operiert im digitalen Raum (obgleich es auch eine materielle Basis besitzt), und es ist nicht perfekt. Es muss sich in einer feindlichen kapitalistischen Umgebung bewähren, was eine Menge an Widersprüchen erzeugt, doch das ist bei Keimformen notwendigerweise immer der Fall. Wenn wir von diesen Widersprüchen abstrahieren, können wir die wesentlichen Elemente des Commonismus im Fediverse erkennen und für die materielle, symbolische und sozial-sorgende Herstellung aller Lebensbedingungen verallgemeinern. Diese seien im Folgenden beschrieben, womit wir auch wieder zum Fokusthema der Planung zurückkehren können.

Vergesellschaftung

Das gesellschaftliche Produktionssystem ist als globales Netzwerk darstellbar. Die Knoten bilden die Commons, die je nach gesellschaftlichem Ort Betriebe, Institutionen, Kommunen oder Haushalte sein können. Die Kanten sind die materiellen wie informationellen Verbindungen zwischen den Knoten. Aus der Perspektive eines transpersonal hergestellten Produkts stellt sich die gestaffelte Produktionskette von den Ausgangsressourcen bis zum Endprodukt als Föderation, d.h. als ein Ausschnitt aus dem globalen Netz, dar. Da ein Betrieb meistens in viele unterschiedliche Produktionsketten eingebunden ist, ergibt sich eine Überlagerung von Föderationen (im Unterschied zum Fediverse, das nur eine Föderation kennt[17]).

Analog zum Fediverse basieren die informationellen Verbindungen auf standardisierten Protokollen. Sie entstehen, wenn zwei Knoten eine Vereinbarung über eine Kooperation (z.B. Lieferverbindung) eingehen. Vereinbarungen sind Bestandteil des Protokolls, es sind Schritte, die von beiden Seiten bestätigt werden müssen. Vereinbarungen bekommen ihre Stabilität durch grundsätzliche Informationstransparenz sowie Zustimmung und Vertrauen in deren Tragfähigkeit. Bestandteil des Protokolls ist die Möglichkeit von Knoten, jederzeit Informationen über die vergangenen und gegenwärtigen Kooperationsergebnisse (z.B. Lieferungen) der föderierten Partnerknoten zu erhalten. Das schafft Vertrauen. Hier wirkt die Inklusionslogik des transpersonalen Commoning: Betriebe streben nach

17 Im Fediverse wird auch über die Möglichkeit von Silos diskutiert, etwa anlässlich des massenhaften Eintritts von Alt-Right-Instanzen ins Fediverse, da die massenhafte Deföderation auch zur Trennung von ganzen Bereichen führen kann. Produktionssilos im commonistischen Netz sind hingegen in das Gesamtnetz integrierte virtuelle Teilnetze.

Zuverlässigkeit gegenüber ihren Kooperationspartner*innen, da sie sich selbst auch auf die Partnerbetriebe verlassen wollen, von denen sie abhängig sind. Umgekehrt erreichen unzuverlässige Betriebe weniger leicht ihre Ziele, da Partnerbetriebe die Unzuverlässigkeit nicht akzeptieren und sich anderen Betrieben zuwenden könnten. Betriebe sind in ihren Entscheidungen zwar grundsätzlich eigenständig, doch ihre eigene Handlungsfähigkeit hängt von der Kooperativität und Zuverlässigkeit gegenüber Dritten ab: Sie sind semiautonom (Carlisle/Gruby 2019). Entscheidungen der Betriebe nach außen sind Ergebnisse des Commoning innerhalb der Betriebe. Voraussetzung ist die *kollektive Verfügung* über die Betriebe.[18]

Doch nicht nur die Zuverlässigkeit geht in eine infrage stehende Kooperationsaufnahme ein, auch weitere unter kapitalistischen Verwertungsbedingungen häufig externalisierte Faktoren stehen auf dem Prüfstand: Arbeitsbedingungen, Umweltbelastungen, Energieverbrauch etc. Solche übereinstimmend als wichtig erachteten Aspekte können auf Protokollebene implementiert werden. Sie gehen damit in Standardroutinen der öffentlichen Transparenz und der Gestaltung von Vereinbarungen einschließlich daraus folgenden Kooperationsbeziehungen ein.

Protokollen kommt damit eine hohe Bedeutung zu. Sie sind gesellschaftlich gefundene Konsense über die Art und Weise der Kooperation und können potenziell alle Arten von Informationen und Vereinbarungen abbilden: Tätigkeitszeit, Emissionen, Energieverbrauch, Materialeffizienz (MIPS) etc. Betriebe können so erkennen, was in Produktionsmitteln und Vorprodukten steckt und danach ihre Kooperationspartner*innen wählen. Es sind Nahelegungen für das konkrete Handeln vor Ort. Legen Geld- und Marktlogik ein Gewinnstreben durch Unterbietung der Konkurrenz auf Kosten von Menschen und Umwelt nahe, so legen Semiautonomie, Informationstransparenz und Protokollvereinbarungen nahe, die Kooperation reziprok-inklusiv zu gestalten. Während Ersteres eine *Exklusionslogik* erzeugt, so erzeugt Letzteres eine *Inklusionslogik*. Beide Nahelegungen determinieren das Handeln nicht, dennoch ist die jeweilige Zielerreichung und damit am Ende die Existenzsicherung eng mit der Orientierung an diesen Nahelegungen verbunden: So wie es im Kapitalismus funktional ist, sich auf Kosten von Menschen und der mehr als menschlichen Welt

18 Das bedeutet, dass das Eigentum aufgehoben ist. Auch diesen Aspekt können wir nicht weiter ausführen.

durchsetzen, so ist es im Commonismus funktional, diese in die Kooperation einzuschließen.

Die Inklusion erstreckt sich auch auf die Haushalts- und Kommunalproduktion. Der Begriff Produktion im Kontext von Haushalt und Kommune klingt technokratisch, doch es soll damit verdeutlicht werden, dass die Schöpfungen des Menschseins in interpersonalen Nahbeziehungen, die gleichzeitig emotional wie materiell sind, wesentliche Grundlage für die menschliche Existenz überhaupt ist. Sie ist die Grundlage von allem. Die interpersonale Sorge im Nahbereich ist für den Kapitalismus nicht in Wert setzbar, sie muss aber dennoch getan werden und wird immer noch vorrangig an Frauen delegiert. Im Commonismus ist die interpersonale Sorge essenzieller und anerkannter Bestandteil der gesamten gesellschaftlichen Vorsorge. Dieser besondere Ort ist nicht wie im Kapitalismus von der Ökonomie getrennt, weil die Tätigkeiten darin *wertlos* sind, sondern er ist allererste Produktion, die Schöpfung des Menschen[19]. Der Unterschied zur transpersonalen vorsorgenden Herstellung der Lebensbedingungen sollte gleichzeitig nicht nivelliert werden, ist der Ort des vertraut-nahen Haushalts und der Kommune doch vollständig vom Funktionieren des anonym-fernen Haushalts der Gesamtgesellschaft abhängig. In der Antike wurde die Haushaltsproduktion als *Oikonomia* bezeichnet, im Kapitalismus hat sich jedoch die Ökonomie von dem Ort der menschlichen Lebensschöpfung abgespalten und zum »automatischen Subjekt« (Marx 1972 [1890], S. 169) verselbstständigt – als »Megamaschine« (Scheidler 2015), die jeden Winkel der Erde auf der Jagd nach Geldvermehrung durchpflügt.

Die mehr als menschliche Welt und die Menschen finden sich im Commonismus in einer wiederhergestellten Bezogenheit aufeinander wieder. Die Menschen sind eine besondere Naturform, aber sie sind Natur. Im Kapitalismus wurde dieser Zusammenhang in Form der Subjekt-Objekt-Trennung zerrissen und als eigentumsgestützte Sachherrschaft rechtsförmig besiegelt (von Redecker 2020). Es spiegelt die Abstraktion wider, die die Verwertungsmaschine an den Menschen und ihrer Mitwelt vollzieht. Es zählt nur das Zählbare, und alles wird zum äußeren, zu beherrschenden Objekt, auch die Subjekte, die mit Gewalt unterworfen werden oder sich selbst zurichten und dem äußeren Sachzwang unterwerfen.

19 Statt Lohn für Hausarbeit einzuführen, was auch Cyber-Sozialist*innen vorschlagen (Dapprich 2022), geht es darum, den Lohn aus der Produktion zu entfernen und die eigene Existenz bedingungsfrei zu machen.

Wird die selbstbezogene ökonomische Sachlogik, die im Kapitalismus als automatisches Subjekt über die Menschen herrscht, überwunden, so kann sich die beziehungsorientierte Soziallogik des Commonismus entfalten. In ihr sind die Bedürfnisse primärer Antrieb des Genusses und des Tätigseins. Wie dargestellt, hat jedes Bedürfnis zwei Aspekte, den der sinnlich-vitalen unmittelbaren Existenzerhaltung und den der vorsorgenden produktiven Schaffung der Bedingungen für die Befriedigung der Existenzbedürfnisse. Im Kapitalismus sind sinnlich-vitale und produktive Bedürfnisse in separate Sphären getrennt und überformt: Die sinnlich-vitale Bedürfnisbefriedigung hat die Form des Warenkonsums und der unbezahlten Sorgearbeit und geschieht im Privatbereich; die produktive Bedürfnisbefriedigung hat die Form der meist freudlosen Lohnarbeit (oder der Verwertung derselben) und findet nur in der Ökonomie statt. Diese Trennung und Überformung ist im Commonismus aufgehoben. Die sinnlich-vitalen Aspekte der produzierend-vorsorgenden Tätigkeiten sind ebenso bedeutsam wie die produktiv-schöpferischen Aspekte der sorgenden Tätigkeiten im interpersonalen Umfeld und umgekehrt. Vorsorge wird zur Sorge und vice versa. Beides macht die Lebensqualität aus, kein Bereich muss den anderen kompensieren, da die kollektive Verfügung und damit Gestaltbarkeit in allen Bereichen die Grundlage ist. Dies schließt die schwächsten Teile der Gesellschaft ein, die noch nicht oder nicht mehr beitragend tätig sein können. Da Vorsorge und Sorge tauschlogikfrei und damit bedingungslos sind, sind alle Menschen einbezogen. Während Entscheidungsfreiheit im Kapitalismus nur das Privileg autonomer, das heißt entbundener privilegierter Subjekte ist, hat Freiwilligkeit im Commonismus den Charakter von semiautonomer Verbundenheit. Freie Entscheidungen sind keine des getrennten Einzelnen, sondern reziprok-inklusiv bezogen auf andere Menschen, Situationen und Umwelten. Freiwilligkeit ist untrennbar mit Verantwortung verbunden. Sie ist nicht der Gegensatz der Notwendigkeit, sondern ein Bestandteil derselben.

Planung und Koordination

Die Planung der gesellschaftlichen Produktion ist keine von der Umsetzung getrennte Angelegenheit, etwa einer separierten Planbehörde, sondern Bestandteil der Produktion. Als eingebettete Planung orientiert sie sich an der Größe der zu realisierenden Aufgabe. Kleinere Ziele können von den Beteiligten selbst geplant werden, bei größeren Vorhaben, etwa bei

Commonsverbünden, können Meta-Commons die betriebsübergreifende Planung und Koordination übernehmen. Das kann man vergleichen mit der Planung und Steuerung in kapitalistischen Unternehmen oder Konsortien durch Planungsbüros. Der Unterschied ist jedoch, dass dort die Grenze des Unternehmens oder des Konsortiums die Planungsreichweite markiert, alle Entscheidungen getrennt von Arbeitenden und allgemeiner Öffentlichkeit geschehen und an dritten Gründen (Profit) orientiert sind. So verwundert es auch nicht, wenn im Kapitalismus neben den Partialinteressen des Unternehmens eine parallele Sphäre der staatlichen Politik die allgemeinen Interessen der Gesellschaft vertreten muss. Im Commonismus ist hingegen die Spaltung von Ökonomie und Politik/Staat aufgehoben, die Planung und Koordination der gesellschaftlichen Angelegenheiten geschieht in den gleichen Strukturen. Daher sprechen wir von eingebetteter, verteilter Planung. Hier findet der Begriff der *politischen Ökonomie* erst seinen vollständigen Sinn, denn Ökonomie und Politik sind im Hegel'schen Sinne »versöhnt«.

Die konkrete Ausgestaltung der Governance-Struktur ist alleine abhängig von der konkret zu bewältigenden Aufgabe und den beteiligten Menschen. So unterscheiden sich vermutlich die Governance-Strukturen von so unterschiedlichen Bereichen wie Forschung, Produktion, Care, Bildung, Medien, Gesundheit, Energie etc. deutlich. Die Inhalte und Ziele werden von den beteiligten Menschen semiautonom, d.h. in Kooperation mit anderen Bereichen, von denen sie abhängig sind, gesetzt. Die Ausdifferenzierung erfolgt nicht entlang unterschiedlicher Logiken (Profit vs. Gemeinwohl), sondern in der gleichen (Inklusions-)Logik entlang unterschiedlicher Inhalte. Planung und Koordination sind besondere Aufgaben innerhalb der gesellschaftlichen Tätigkeitsteilung, genauso wie auch Brückenbau und Krankenpflege.

Auch die im Kapitalismus geschlechtlich strukturierte Sphärenspaltung zwischen transpersonal-gesellschaftlicher und interpersonaler Nahproduktion ist aufgehoben. Gleichwohl befinden sich die Haushalte und Kommunen *am Ende* der gesellschaftlichen Produktionsketten, d.h. alles, was nicht gesellschaftlich-vorsorgend hergestellt, aber benötigt wird, muss im Haushalt oder kommunal vor Ort geleistet werden. Tatsächlich können zwar viele benötigte Güter und Leistungen gesellschaftlich bereitgestellt werden, doch keineswegs alle. Welche Tätigkeiten vergesellschaftet und damit transpersonalisiert werden, ist eine empirische Frage, die nicht vorab beantwortet werden kann. In jedem Fall besteht prinzipiell die Möglichkeit, bewusst diese Entscheidung zu treffen, da es zwischen den unterschiedlichen Produktionsorten keine strukturellen Barrieren gibt.

In vielen Diskussionen wird die Frage der Durchsetzungsfähigkeit der planenden Instanzen zu Recht als wesentlich angesehen. Auch wir haben immer wieder darauf bestanden, dass die fertige Planung nicht per Kommando durchgedrückt werden kann, sondern als sinnvoller Vorschlag von den Produzierenden übernommen wird (Sutterlütti/Meretz 2018, S. 173; 2023, S. 158). Hier schwang auch bei uns immer noch eine Vorstellung der Getrenntheit von Planung und Umsetzung, von Politik und Ökonomie mit. Planung und Umsetzung sind zwar qualitativ unterschiedliche Tätigkeiten, sie laufen dennoch nicht ex situ in eigenen Sphären getrennt nebeneinander, sondern sind in situ eng aufeinander bezogen. Die Größe der Planung und damit die Distanz der Planung zur Umsetzung hängt alleine von der Dimension der zu bewältigenden Aufgabe ab. Dabei ist es keineswegs so, dass *große Aufgaben* – nehmen wir die Umstellung der globalen Produktionsketten aufgrund der Klimakrise – auch große Planungsstrukturen benötigen, die dann top-down die Anforderungen vom Zentralplan ausgehend nach unten als immer konkretere Teilpläne herunterbrechen. Sondern auch große Aufgaben können von vergleichsweise kleinen Commons bearbeitet werden, die dann Parameter erarbeiten, die regional oder lokal als Rahmenbedingungen in die Produktion einfließen (etwa ein Emissionsbudget nicht zu überschreiten). Andere *große Aufgaben* wie etwa der Neubau einer Fabrik für die Produktion von mikroelektronischen Bauteilen benötigen auch *große Pläne*, die konkret festlegen, was die einzelnen Partnerbetriebe im Verbund zu leisten haben. Voraussetzung ist, dass alle Verbundpartner*innen öffentlich bekundet haben, ihren Beitrag in das gemeinsame Projekt einzubringen (s.o.). Mit diesen beiden Beispielen können wir *Zielplanungen* und *operative Planungen* unterscheiden. Operative Planungen sind erst möglich, wenn *alle* (Teil-)Ziele feststehen. Für den Bau einer Chip-Fabrik braucht es nicht nur die Entscheidung für das Erreichen des primären Ziels, sondern ebenso, dass gleichzeitig weitere Ziele – wie die Einhaltung von Emissionsbudgets – internalisiert werden.[20]

Doch wie kommt es zu Entscheidungen wie dem Bau einer ressourcenintensiven Chip-Fabrik oder der Festlegung eines für alle verbindlich ein-

20 Die Internalisierung ist somit die sachliche Seite der Inklusionslogik.

zuhaltenden Emissionsbudgets? Sind dafür von der Produktion getrennte, politische Entscheidungsstrukturen notwendig?

Rahmenziele, Entscheidungen und Konflikte

Rahmenziele sind gesellschaftlich allgemein gültige Ziele.[21] Sie sind Bestandteil der Protokolle, die die Verbindungen zwischen kooperierenden Einheiten (Commons) strukturieren. Neue Rahmenziele entstehen, wenn Menschen aus Gründen – Expertise, Betroffenheit, Reichweite etc. – bestimmte übergreifende Themen erforschen und in ihrer Relevanz für lokale, regionale, kontinentale oder globale Lebensbedingungen zur Geltung bringen. Ein aktuelles Beispiel ist der Weltklimarat (IPCC). Dieser könnte nicht nur Situationen und Szenarien beschreiben (wie heute), sondern auch Handlungsempfehlungen geben, die von weiteren Klima-Commons auf die entsprechenden geografischen und thematischen Bedingungen konkretisiert werden. Ein solches hierarchisches System von Commons könnte entsprechend angepasste Vorschläge erarbeiten, die als Rahmenziele implementiert durch Protokolle in die operativen Zielplanungen eingehen.

Vor Ort sind Entscheidungen unproblematisch, wenn alle Bedingungen für die zu entscheidenden Schritte zur Erreichung eines Ziels gegeben sind. Entscheidungen sind konfliktiv, wenn dem nicht so ist, wobei die Quellen des Konflikts vielfältig sein können, etwa Ressourcenbegrenzung, Beteiligungsmangel, widersprechende Rahmenziele und Zielkonflikte aufgrund von unterschiedlichen Bedürfnispriorisierungen. In diesem Fall kann die operative Planung nicht durchgeführt, sondern muss zugunsten einer Konfliktbearbeitung unterbrochen werden. Eine solche *Konfliktschleife* kann als kollektive »Lernschleife« (Holzkamp 1993, S. 183) verstanden werden, in der die beteiligten Personen alle Aspekte des Konflikts erkunden, bewerten, priorisieren und versuchen, einen Lösungsvorschlag zu entwickeln. Der Lösungsvorschlag wird dann an die beteiligten Betriebe gespiegelt und über die jeweiligen lokalen Entscheidungsverfahren (konsensuell, konsentuell[22], mehrheitsdemokratisch, rätedemokratisch etc.) angenommen oder abgelehnt. Bei Annahme wird die Beteiligungszusage auf Protokollebene eingecheckt, sodass in der ganzen Produktionskette (und damit auch öf-

21 Aktuell sind das zum Beispiel die UN-Menschenrechtscharta oder das Pariser Klimaschutzabkommen.

22 Im Gegensatz zum Konsens, bei dem alle zustimmen müssen, ist ein Konsent erreicht, wenn es keine schwerwiegenden Einwände gibt.

fentlich) bekannt wird, wer sich unter den neuen Bedingungen beteiligen wird. Bei Ablehnung kann eine neue Konfliktschleife eingelegt werden oder Betriebe entscheiden sich, aus der Produktionskette auszuscheiden und sich eine neue zu suchen. Die Möglichkeit, aus einer Kooperation austreten zu können, ist die wesentliche regulative Eigenschaft einer freien Kooperation (im Unterschied zu erzwungenen Kooperationen, vgl. Spehr 2003). Diese Bestimmung gilt nicht nur für interpersonale, sondern auch für interinstitutionelle Kooperationen.

Treten wir einen Schritt zurück, dann wird deutlich, dass hier drei Konfliktdimensionen eine *regulative Dynamik* entfalten. Wir nehmen die Perspektive einer lokalen produzierenden Einheit ein. Erstens will die Produktionseinheit einerseits loslegen, um die eigenen Ziele zu erreichen, andererseits kann oder will diese u.U. nicht alle Bedingungen akzeptieren, die andere setzen. Zweitens gibt es die entsprechenden Konstellationen auch bei jenen lokalen Produktionseinheiten, die in irgendeiner Form Zulieferer von Vorprodukten oder Abnehmer der eigenen Produkte sind, an die die betrachtete Einheit Anforderungen hat oder von denen sie Anforderungen empfängt. Drittens: Angesichts gegebener Produktionsbedingungen (Verfahren, Maschinen etc.) widersprechen einzuhaltende gesellschaftlich-allgemeine Zielgrößen u.U. den eigenen Zielen, sodass ein Vernachlässigen der allgemeinen Ziele die partiellen Ziele leichter erreichbar zu machen scheint. Das Widerspruchsdreieck ist kein Spezifikum des Commonismus. Um die dortige Dynamik besser zu verstehen, schauen wir uns zum Kontrast zunächst die Bewältigung im Kapitalismus an.

Auch im Kapitalismus kann ein Betrieb, erstens, nur produzieren, wenn die Rahmenbedingungen stimmen. Zweitens müssen Vorprodukte, Energie, Arbeitskraft etc. so eingekauft werden, dass sie nicht zu teuer sind und die Gewinnmarge unter das Selbsterhaltungsniveau sinkt. Umgekehrt müssen sich die Preise der eigenen Produkte am allgemeinen Marktniveau orientieren. Drittens bieten Externalisierungen naheliegende Kostensenkungsoptionen, seien es Umweltzerstörungen oder Arbeitskraftzersetzungen durch schlechte Arbeitsbedingungen. Damit wird deutlich, dass die Exklusionslogik sowohl antreibende (die Konkurrenz exkludierende) wie destruktive (Kosten externalisierende) Wirkungen hat.

Im Commonismus müssen ebenfalls, erstens, die Rahmenbedingungen stimmen, bevor die Produktion starten kann. Vorprodukte, Energie, qualifizierte Personen etc. müssen gesichert verfügbar sein. Dabei achten, zweitens, sowohl die Zuliefernden und die lokalen Produzierenden darauf, dass ihre Anforderungen erfüllt sind, etwa inwieweit ihre Produkte in eine Weiterverarbeitung eingehen, die aus Sicht der Vorproduzent*innen erwünschte Kriterien oder Ziele (die am Ende die Bedürfnisse repräsentieren) realisieren, oder aus Sicht der vor Ort Tätigen solche Arbeitsbedingungen gegeben sind, die dem eigenen Wunsch nach produktiver Bedürfnisentfaltung entsprechen. Drittens erzeugen gesellschaftlich gefundene Kriterien einen Druck, die Produktion so zu gestalten, dass die gesetzten Zielgrößen auch eingehalten werden. Zwar gibt es die Möglichkeit, die Zieleinhaltung zu vernachlässigen, doch dies ist sowohl von Partnerbetrieben wie von der allgemeinen Öffentlichkeit sichtbar und kritisierbar, was insbesondere in der Produktionskette einen Handlungsdruck zur Behebung der Mängel erzeugt. Hilft das nichts, werden am Ende destruktive Betriebe auskooperiert, d.h. durch zielangemessener handelnde Partnerbetriebe ersetzt. Das ist der einzige, aber wirkungsvolle indirekte Sanktionsmechanismus, den es gibt, da erfolgreiche Kooperation umgekehrt die einzige Möglichkeit ist, die je eigenen Bedürfnisse und Ziele zu realisieren. Die Inklusionslogik wirkt also in zwei Richtungen, sie erzeugt eine *inkludierende Reziprozität*: Beide Seiten sind bestrebt, die Kriterien und Ziele, also Bedürfnisse, der jeweiligen Partner*innen zu berücksichtigen, so wie sie jeweils die eigenen Bedürfnisse berücksichtigt sehen wollen.

Hier wird deutlich, dass die semiautonome Vernetzung viel stärker für eine wechselseitige Beeinflussung der Betriebe sorgt als im Kapitalismus, wo jeder Betrieb sich weitgehend von anderen abschottet und nur über Marktbeziehungen interagiert. Einfluss auf die Verwendung der eigenen Produkte, auf die Arbeitsbedingungen, auf die Produktionsfolgen etc. gibt es hier nicht. Solche Regulierungen obliegen dem Staat[23]. Statt einer Produktionskettenkontrolle ex post finden wir im Commonismus eine Produktionskettengestaltung ex ante.

Den Haushalten und Kommunen kommt eine Sonderrolle zu. Sie befinden sich am Ende der Güterproduktionsketten und nutzen die Produkte, deren freie Entnahme ein Upstream-Signal für die Produktion ist. Darüber hinaus ist ihr kooperativer Einfluss auf die Produktion geringer als von Betrieben innerhalb der Produktionsketten. Alle materiellen, symbolischen

23 Aktueller Versuch sind die in wenigen europäischen Ländern erlassenen und meist völlig unzureichenden Lieferkettengesetze.

und sozial-sorgenden Voraussetzungen für eine befriedigende Lebensgestaltung, die nicht allgemein-vorsorgend bereitgestellt werden, müssen vor Ort in den Haushalten und lokalen interpersonalen Zusammenhängen geschaffen werden. Genau diese kollektive Verfügung über die räumlich, sozial und emotional nahen Lebensbedingungen kann explizit erwünscht sein. Umgekehrt kann der Bedarf entstehen, bestimmte soziale Infrastrukturen zu schaffen und allgemein zur Verfügung zu stellen. Im Kapitalismus werden die unprofitablen und die physisch-psychischen Care-Tätigkeiten den isolierten Haushalten zugewiesen. So bekommen diese eine Ausputzerfunktion für das Versagen der destruktiven Warenproduktion, das in klassistischer, sexistischer und rassistischer Segregation den vulnerabelsten Personen aufgedrückt wird, die kaum eine andere Wahl haben.

Im Commonismus gibt es keine funktionale Schranke zwischen der Haushalts/Kommune- und Gesellschaftsproduktion. Alle produktiv tätigen Menschen können sich entscheiden, ob ihre Tätigkeiten im interpersonalen Nahfeld für konkrete andere oder in der transpersonalen Produktion für anonyme andere (oder einer Kombination von beidem) liegen. Alle Tätigkeiten, deren Ergebnisse gebraucht werden und Bedürfnisse befriedigen, sind gesellschaftlich notwendige Tätigkeiten. Das schließt auch Redundanz ein: Solche Tätigkeiten, die im Sinne der Existenzerhaltung von Menschen besonders sensitiv sind, können auch mit großen Puffern abgesichert werden, sodass Ausfälle verkraftet werden können. Im Kapitalismus figurieren solche Redundanzen als bloße Kosten, die in der nächsten Rationalisierungsrunde zu tilgen sind.

Topologischer Vergleich

Zum Abschluss zoomen wir heraus und werfen aus einer Netzwerksicht einen Blick auf die getrennt-lokal planende Marktwirtschaft, die Zentralplanwirtschaft und die verteilt-eingebettete Planung im Commonismus.

Die Marktwirtschaft ist ein dezentral-verteiltes, sich selbst organisierendes Netzwerk mit den jeweiligen Märkten (Ölmarkt, Kupfermarkt, Weizenmarkt etc.) als extrem starken Hubs. Diese Hubs bilden für ihren Markt (Subnetz) einen Single Point of Failure (SPOF), der bei Versagen das jeweilige Subnetz mit allen beteiligten Knoten (Unternehmen) kollabieren lässt. Die MBV über das Geld repräsentiert dabei ein Backbone, die alle Hubs und Knoten miteinander verbindet. Damit kann sich das einzelne

Umkippen von Subnetzen dominoartig ins ganze Netz ausbreiten, was nur mit erheblichem Aufwand (staatliche Intervention) abgepuffert werden kann.[24] Das Gesamtnetz weist zwar selbstähnliche und durch die Selbstorganisation hochgradig adaptive Teilnetze auf, deren potenzielle Resilienz wird allerdings durch starke Backbone-Verknüpfung unterminiert.

Die Zentralplanwirtschaft entspricht einem zentral-hierarchischen, gesteuerten Netz mit einer Planinstitution als Mega-Hub. Der zentrale Hub bildet gleichzeitig den zentralen SPOF. Aufgrund des geringen Selbstorganisationsgrads und des Steuerungscharakters der Netzhierarchie sind dominoartige Zusammenbrüche eher unwahrscheinlich. Wahrscheinlicher sind Degradationserscheinungen aufgrund der großen Distanz von Plan-Hub und Ausführungsknoten (Unternehmen), geringen Fähigkeiten zu Topologieadaptionen und Innovationen und dem Wunsch von Unternehmen, sich dem zentralen Kommando zu entziehen und mehr eigenverantwortliche Handlungsfähigkeit zu erringen. In Netzwerken, in denen die Planung über MBV statt MIK geschieht (etwa im Realsozialismus), verschärfen sich wegen der gegenläufigen Logiken von stofflicher und wertförmiger Vermittlung die Probleme.

Die verteilt-eingebettete Planung im Commonismus ist ein Gegenmodell zu Zentralplanung und Marktwirtschaft. Sie entspricht einem dezentral-verteilten, sich selbst organisierenden Netzwerk, das eine selbstähnliche Topologie aufweist. Subnetze sind strukturähnliche Abbildungen des Gesamtnetzes. Sie sind ihrerseits polyzentral strukturiert, das heißt, die Hubs als Knoten der Infrastrukturorganisation und Planung sind über das Subnetz verteilt. Ihr Versagen hätte eine relativ geringe Schadensreichweite, es kommt zu keinen oder nur geringen Dominoeffekten. Auch wenn ein komplettes Subnetz kollabieren sollte (z. B. aufgrund eines externen Impacts), bleibt das Gesamtnetz intakt. Es handelt sich insgesamt um eine robuste und resiliente Netztopologie. Gleichzeitig ist sie wesentlich dynamischer und adaptiver als eine Zentralplanwirtschaft und strukturell eher einer Marktwirtschaft ähnlich. Allerdings sind hier die flexiblen, eigenständig agierenden Einheiten immer reziprok-inkludierend auf andere Einheiten bezogen, von denen sie abhängig sind und vice versa. Sie sind sowohl semiautonom als auch semiabhängig – oder in einem Wort abhängig-

24 Exemplarisch war 2008 der Zusammenbruch des Immobilienmarkts in den USA mit den entsprechenden Schockwellen rund um die ganze Welt.

autonom. Der Commonismus ist also topologisch eher anschlussfähig an die Marktwirtschaft als der Staatssozialismus, denn worauf es ankommt, ist eine Revolution der Beziehungsweisen (sozial und logistisch) im Gegensatz zu einer Konzentrierung von Planung in einer zentralen Instanz, was einen enormen topologischen Umbau bedeuten würde. Mit dem Commonismus setzt sich auch eine neue historische Form der Wahrheitsproduktion jenseits von Markt (›Der Markt hat recht‹) und Essenzialismus (›Ein Wesen muss zur Geltung kommen‹) durch: Es ist die Wahrheit der Bedürfnisse, die sich ihrer Historizität praktisch versichert.

Literatur

Abram, David (1996): *The* Spell of the Sensuous. Perception and Language in a More-Than-Human World. New York: Vintage Books.

Dapprich, Jan Philipp (2022): Tokens make the world go round: socialist tokens as an alternative to money. In: Review of Evolutionary Political Economy.

Hayek, Friedrich A. (1945): The Use of Knowledge in Society. In: The American Economic Review. 35 (4): S.519–530.

Helfrich, Silke/Bollier, David (2019): Frei, fair und lebendig. Die Macht der Commons, Bielefeld: transcript Verlag.

Holzkamp, Klaus (1983): Grundlegung der Psychologie. Frankfurt am Main: Campus Verlag.

Holzkamp, Klaus (1993): Lernen. Subjektwissenschaftliche Grundlegung. Frankfurt am Main: Campus Verlag.

Marx, Karl (1973 [1875]): Kritik des Gothaer Programms, in: MEW 19, Berlin: Dietz Verlag.

Marx, Karl (1972 [1890]): Das Kapital. Kritik der politischen Ökonomie. Erster Band. 4. Auflage (hrsg. von Friedrich Engels), in: Marx-Engels-Werke 23, Berlin: Dietz Verlag.

Neurath, Otto (1919): Wesen und Weg der Sozialisierung. München: G.D.W. Callway.

Redecker, Eva von (2020): Revolution für das Leben. Philosophie der neuen Protestformen. Frankfurt am Main: S. Fischer Verlag.

Scheidler, Fabian (2015): Das Ende der Megamaschine. Geschichte einer scheiternden Zivilisation. Wien: Promedia Verlag.

Spehr, Christoph (2003): Gleicher als andere. Eine Grundlegung der freien Kooperation. Berlin: Dietz Verlag.

Sutterlütti, Simon/Meretz, Stefan (2018): Kapitalismus aufheben. Eine Einladung, über Utopie und Transformation neu nachzudenken. Hamburg: VSA Verlag.

Sutterlütti, Simon/Meretz, Stefan (2023): Make Capitalism History. A Practical Framework for Utopia and the Transformation of Society. Cham: Palgrave Macmillan.

Daniel Loick und Jan Groos[1]

Freiheit, Souveränität und Recht ohne Gewalt | Ein Gespräch

Jan Groos: Wir wollen uns heute vor allem zwei Themenfeldern zuwenden, zum einen der Frage nach dem Recht ohne Gewalt und zum anderen der damit zusammenhängenden Frage bzw. kritischen Auseinandersetzung mit dem Konzept der Souveränität. Lass uns mit dem Recht ohne Gewalt anfangen: Worum geht es beim Recht ohne Gewalt?

Daniel Loick: Für viele Menschen ist Recht ohne Gewalt gar nicht vorstellbar. Viele sind der Meinung, dass der Zwang etwas ist, das grundsätzlich zum Recht dazugehört. Bei Kant, der eine der prominentesten Begründungen der Zwangsbefugnis im Recht gegeben hat, heißt es etwa: »Recht und die Befugnis zu zwingen sind einerlei.« Dementsprechend bedürfen auch die Polizei und andere Formen staatlicher Gewalt keiner eigenen Rechtfertigung mehr: Sie sind einfach dazu da, dem Recht zur Durchsetzung zu verhelfen. Die Vorstellung ist dann, wenn wir nur ein Recht haben, aber nicht auch noch die Durchsetzung, dann haben wir im Grunde gar kein Recht und dann können wir es eigentlich auch gleich sein lassen.

Es gibt aber, sowohl in der Geschichte der politischen Philosophie als auch in sozialen und politischen Bewegungen, Strömungen, die diese Behauptung, dass das Recht immer mit Zwang zusammenhänge, zurückweisen. Eine Überlegung ist dabei, dass man in der Geschichte empirisch sehen kann, dass es sehr schwer ist, den Zwang zurückzubinden an diese Funktion der Rechtsdurchsetzung. Es ist zum Beispiel häufig vorgekommen, dass sich die Institutionen, welche man eingesetzt hat, um das Recht durchzusetzen,

1 Das hier abgedruckte Gespräch zwischen Daniel Loick und Jan Groos ist im Rahmen des von Jan Groos betriebenen Podcasts *Future Histories* (www.futurehistories.today) entstanden. Die Episode wurde während der Vergesellschaftungskonferenz (www.vergesellschaftungskonferenz.de) im Oktober 2022 aufgezeichnet und am 5.2.2023 via *Future Histories* veröffentlicht. Sie erscheint hier in leicht überarbeiteter Version.

verselbstständigen. An der Polizeigewalt kann man sehen, dass die Polizei eben nicht einfach nur das Recht durchsetzt, sondern regelmäßig mehr oder etwas anderes macht als das Recht durchzusetzen. Das kann unterschiedliche Formen annehmen. Besonders deutlich wird diese Eigenständigkeit, wenn Polizist*innen explizit ein eigenständiges politisches Programm verfolgen, wie sich an den zahlreichen Beispielen von Nazis in der Polizei zeigen lässt. Aber auch kleinere, oft subtile und unbemerkte Schikanen im Alltag zeigen, dass es unmöglich ist, die Gewalt an das Recht zurückzubinden. Das ist eine mögliche Kritikweise.

Eine andere, radikalere Kritik an staatlicher Zwangsbefugnis, verfährt grundsätzlich: Selbst wenn es möglich wäre, die Gewalt an das Recht zurückzubinden, macht sie dies noch lange nicht legitim. Das ist der Gedanke, der bei Walter Benjamin in seiner *Kritik der Gewalt* formuliert wird. Das kann man sich am Beispiel der Folter klarmachen: Die Folter lehnen wir aus prinzipiellen Gründen ab, unabhängig davon, ob sie ein geeignetes Mittel ist – einfach deshalb, weil das Prinzip der Menschenwürde grundsätzlich gilt und keiner Zweckrationalität unterworfen werden darf. Dieses Argument könnte man ausweiten und sich fragen: Widersprechen nicht auch das Einsperren, das Beschießen mit einem Wasserwerfer, das Deportieren der grundlegenden Menschenwürde? Sowohl aus praktischen als auch aus grundsätzlichen Gründen sind also Zweifel an der Legitimität der Verbindung des Rechts mit der Gewalt angemeldet. Daher stellt sich die Frage: Ist es denn auch anders möglich?

Ich habe mich in meiner älteren Arbeit hier oft auf die jüdischen Rechtstraditionen als Form von Recht bezogen, das unter Bedingungen der Diaspora entstanden ist und deshalb gar nicht den Staat als Durchsetzungsinstanz anrufen konnte. Aber auch viele andere Communitys, die selbst von rassistischer Polizeigewalt betroffen sind, haben ganz praktisch nach Alternativen zu staatlicher Gewalt gesucht, um ihre Konflikte zu regeln. Viele dieser Experimente lassen sich unter dem Begriff des Abolitionismus zusammenfassen. In diesen heterogenen Kontexten wird immer wieder die Frage aufgeworfen: Können wir am Recht als einer gesellschaftlichen Regelungsinstanz festhalten, gleichzeitig aber auf die Polizei oder auf andere Formen des Zwangs verzichten?

Jan Groos: Jetzt hast du zuletzt gesagt »*gesellschaftliche* Regelungsinstanz««, hast aber davor eigentlich zwei Beispiele angeführt, die vielleicht von einer gewissen Homogenität innerhalb der Gruppe ausgehen. Homogenität durch ein geteiltes Leid, das Erfahrungen erzeugt, auf deren Basis dann so eine Form von Recht ohne Gewalt nochmal anders verankert werden kann, als eine Art Gruppenidentität vielleicht. Aber interessant wäre ja eigentlich genau die Frage, wie man es schaffen könnte, aus so einer gruppenspezifischen Funktion herauszutreten, hin zu einer gesellschaftlichen Ebene. Das ist ja die große Herausforderung. Wie wird das gedacht?

Daniel Loick: Das jüdische Recht ist zunächst nur ein Beispiel dafür, dass die Zwangsgewalt dem Recht nicht schon prinzipiell beigeordnet ist. Das ist vielmehr eine historische Frage: Unter welchen Bedingungen wird das Recht wie und von wem durchgesetzt? Wenn das der Fall ist, so lässt sich auch über Bedingungen nachdenken, unter denen das Recht auf den Zwang verzichten kann. Übrigens ist auch schon das momentan geltende internationale Recht ein weiteres Beispiel. Es gibt, darüber sind sich alle einig, internationales geltendes Recht. Es gibt aber keinen Weltstaat, der dieses Recht durchsetzt. Vielmehr muss die Anwendung des Rechts zwischen den Akteuren selbst ausgehandelt werden. Am jüdischen Recht und am internationalen Recht sieht man zunächst nur, dass es sich bei der Trennung von Recht und Staat um keine utopischen oder notwendig emanzipatorischen Fantasien handelt.

Im jüdischen Recht ist es in der Tat so, dass die Tora aufgrund einer gemeinsamen Glaubensüberzeugung als Rechtsquelle angesehen wird. Insofern ist das Beispiel nicht so zu verstehen, dass das jüdische Recht jetzt von allen als Modell anerkannt werden soll. Das internationale Recht wiederum ist mit ganz vielen anderen kapitalistischen und staatlichen Interessen verknüpft, insofern ist das auch kein utopisches Beispiel. Wir müssen uns also selbst fragen, wie kann man die Bindungskraft des Rechts generieren, ohne so etwas wie eine transzendente Glaubensquelle vorauszusetzen und ohne dass Recht einfach eine Vereinbarung der Stärksten ist. Eine Antwort darauf, die ich versucht habe in der *Kritik der Souveränität* zu geben, ist, dass diese Bindungskraft des Rechts aus der Generierung des Rechts selber kommen muss. Man kann zum Beispiel sehen, dass wenn wir alle daran beteiligt sind, uns selbst Regeln zu geben, die Chance höher ist, dass wir uns auch an diese Regeln halten. Wenn ich in meiner WG einen Putzplan vereinbare, dann halte ich mich daran, einfach deshalb, weil ich an der Erstellung dieser Regel beteiligt war und ihr deshalb einen Wert zuschreibe.

Das gleiche Prinzip (gemeinsame Deliberation setzt Bindungskräfte frei) kann man auch in viel größeren und auch in sehr heterogenen Kontexten beobachten: In Situationen, in denen die Entscheidungs- oder Regelgebungsprozesse demokratischer sind, kommt es auch zu einer größeren Bereitschaft, sich daran zu halten.

Ein Beispiel für diesen Zusammenhang ist das Participatory Budgeting Modell, mit dem große Städte wie Porto Allegre in Brasilien Erfahrungen gesammelt haben. Die gesamte Bevölkerung ist daran beteiligt, den Haushalt in der Stadt zu schaffen und mitzuschreiben. Das führt zum Beispiel auch zu einem Rückgang an Steuerhinterziehung und zwar ohne eine Reformierung der Überwachung, ohne dass mehr überprüft wird. Durch die Beteiligung am Prozess entsteht eine Bereitschaft, das Geld für dieses Gemeinsame auszugeben, selbst dann, wenn man inhaltlich gar nicht unbedingt dafür war. So ungefähr stelle ich mir das auch insgesamt vor: dass durch die radikale Demokratisierung der Entscheidungsfindungsprozesse in der Gesellschaft die Zwangsgewalt des Rechts zurückgedrängt werden kann.

Jan Groos: Und würdest du in Bezug auf die Frage der Skalierbarkeit solcher Zugänge so etwas wie eine anarchistische Verfassungsgebung als Möglichkeit ansehen, das Ganze auch auf einer höherstufigen Ebene einzusetzen? Wenn Beteiligung zwingend notwendig ist, weil sie letztlich das Residuum der Legitimation darstellt, dann geht es ja auch darum, sich vorzustellen, wie das in skalierbaren Formen geschehen kann.

Daniel Loick: Ja, ich würde schon sagen, dass das auch eine Verfassungsgebung beinhaltet. In Chile ist das beispielsweise schon ausprobiert worden. Leider nicht mit dem Ergebnis, dass die Verfassung verabschiedet wurde, aber man hat doch gesehen, wie große Teile der Bevölkerung in einen demokratischen Prozess des Schreibens einer Verfassung eingebunden werden können. Ich glaube auch, dass jede anarchistische oder sozialistische, wie auch immer man das nennen will, jede transformatorische Politik so einen Moment beinhalten muss. Einen Moment einer radikalen Neugründung, die auch erstmal den Rahmen der weiteren Verhandlungen festsetzt.

Ich bin allerdings skeptisch, ob es wünschenswert ist, das in einem globalen Maßstab zu machen. Dazu gibt es ja ganz unterschiedliche Überlegungen, z. B. zu so etwas wie einer Art Weltverfassung. Dafür spricht natürlich, dass viele Entscheidungen, die heute getroffen werden, die ganze Welt als Planeten betreffen. Allerdings sehe ich in dieser Art von Kosmopolitismus eine bestimmte koloniale Imprägnierung, die, von einem westlichen Modell aus gesehen, die ganze Welt homogenisiert, die der ganzen Welt eine politische Rationalität aufpfropft. Ich glaube, dass es da eher so eine Art Interlegalität geben müsste, dass man also irgendwie dazu kommen muss, verschiedene Rechtsformen miteinander zu verbinden. Am besten wäre es natürlich, wenn die alle so weit wie möglich anarchistisch wären bzw. durch Freiheit, Gleichheit und Solidarität verbunden, aber diese Rechtsformen werden trotzdem sehr unterschiedlich sein und sehr unterschiedlich gedacht werden. Den Konflikt zwischen diesen lokalen Verfassungen muss man dann eben nicht unbedingt in einem globalen Netzwerk von Recht harmonisieren. Man kann diese Konflikte auch im konkreten Fall auf einer horizontalen Ebene miteinander aushandeln. Aber das ist jetzt ziemlich spekulativ.

Jan Groos: Ja, aber es wäre trotzdem interessant, dem weiter nachzugehen, denn es schließt sich im Grunde die Frage an, auf welcher Basis sich diese unterschiedlichen Verfassungen verbinden ließen. Klassischerweise wurde das ja über eine territoriale Maxime gelöst, was dann in den Nationalstaaten resultierte. Das ist aber natürlich nicht die Bezugsgröße, die du dir vorstellst.

Daniel Loick: Richtig, territorial sollte man das sowieso nicht denken. Diese Idee, dass eine Mitgliedschaft in einer politischen Körperschaft aufgrund der Geburt auf einem Territorium zugesprochen wird, von dieser Idee sollten wir uns grundsätzlich verabschieden. Sie erzeugt immer nur eine Form von Abschottungslogik und strukturellen Ausschluss. Wir müssen dahin kommen, politische Mitgliedschaft oder auch politische Beteiligung, Selbstbestimmung und Selbstregierung postterritorial zu denken. Das ist natürlich nicht so einfach. Es gibt ja einen Bezug des Rechts zum Territorium, insofern es zum Beispiel um Rohstoffe geht oder einfach um Sachen, die an einem bestimmten Ort passieren, dann bezieht sich das Recht auf den Ort. Allerdings gibt es ganz viele Rechtsfragen, die überhaupt keinen Bezug zu Territorialität haben, zum Beispiel mit wem ich eine Gemeinschaft bilden will, sei es eine Ehegemeinschaft oder eine Solidargemeinschaft, oder welche Regeln es für die Kindererziehung gibt, etc.

Ähnlich könnte man auch alle möglichen anderen Sachen nach selbstgewählten Gemeinschaftsformen regeln und das wird ja auch zum Teil gemacht. Oft wird das heute halt religiös gedacht, beispielsweise, dass ich einerseits Mitglied der Bundesrepublik Deutschland sein kann, aber andererseits auch Mitglied der katholischen Kirche. In Bezug auf die Frage, ob ich die Kommunion erhalten darf, ist die Kirche dann autonom, das zu entscheiden. Dann gibt es natürlich trotzdem noch staatliche Souveränität, da kommen wir dann noch zu, also Bereiche, in denen der Staat immer das letzte Wort hat. Grundsätzlich könnte man sich aber auch ein Ineinandergreifen und ein nebeneinander Existieren von unterschiedlichen Rechtsgemeinschaften, die sich gegenseitig überlappen, die sich auch ein Territorium teilen, vorstellen. Das entspricht im Übrigen auch viel mehr der Tatsache der globalen Freizügigkeit und Mobilität. Viele der subjektiven und mentalen Bezüge der Menschen heutzutage sind nicht territorial. Es gibt ganz viele Menschen, die gleichzeitig einem Ort ganz weit weg und einem Ort hier verbunden sind. Allerdings können sie derzeit nur hier mitwirken. Dieser Tatsache, dass es sich überlappende Verflechtungen und Netzwerke gibt, welche global verteilt sind, kann man durch das territoriale Modell sowieso nicht mehr Rechnung tragen.

Jan Groos: Wie kann innerhalb dieser Form des Denkens des Rechts, die eben nicht territorial ausgerichtet ist und die nicht nur ein dominantes Recht kennt, welches über allen anderen steht, wie kann in dieser Form des Denkens des Rechts dann eine Art von Stabilität erzeugt werden, die in der Lage ist, Bindungskräfte stabil zu reproduzieren? Denn das ist etwas, das in *Future Histories* immer mal wieder aufkam in Bezug auf stark voluntaristische Zugänge. Wie kann trotz absoluter Freiwilligkeit eine Form von Institutionalisierung und Stabilisierung zwischen Fremden erzeugt werden? Das ist besonders wichtig, wenn es darum geht, in der Lage zu sein, eine Form von Schutz zu produzieren, der ansonsten in Kontexten der absoluten Freiwilligkeit vielleicht auch nicht gegeben wäre, was ja durchaus eine Gefahr darstellt. Ich erinnere mich, dass du dieses Thema in unserem letzten Gespräch [Future Histories Episode S01E12 | Daniel Loick zu Anarchismus] zum Beispiel in Bezug auf sexualisierte Gewalt angesprochen hast und dabei sehr vehement darauf hingewiesen hast, dass so etwas unter keinen Umständen unter den Tisch gekehrt werden darf.[2] Sexualisierte Gewalt ist dabei ein Beispiel und steht auch für andere Formen der Gewalt

2 Siehe dazu auch den Beitrag von Ilse Lenz in diesem Band, in dem Kulturen erwähnt werden, in denen Gewalt zwischen den Geschlechtern nicht existiert.

und letztlich auch für Formen des Ausgeliefertseins und der Unsicherheit. Es muss also eine Form der Produktion von Sicherheit im transpersonalen Raum geben, die nicht auf Gewalt und Zwang zugreift.

Daniel Loick: Ja, das sind sehr, sehr schwierige Fragen, die in einem sozialen Transformationsprozess auszuhandeln sind, weil man das perfekte Rechtssystem nicht am Reißbrett entwerfen kann. Was aus meiner Sicht bei einem solchen Prozess zu beachten wäre, ist ein Prinzip aus der bürgerlichen Rechtstheorie, nämlich das Rechtsverweigerungsverbot: Das bedeutet, dass du als Einzelne*r immer die Möglichkeit hast, das Recht anzurufen. Es kann zwar sein, dass du vor Gericht nicht Recht bekommst, aber es muss immer die Möglichkeit geben – das ist zumindest das Versprechen des bürgerlichen Rechts –, dass etwas entschieden wird. Natürlich ist das für Millionen von Menschen heute nicht der Fall, aber es gibt das Versprechen und den Anspruch, dass niemand ganz aus dem Recht rausfällt. Und das auch ist eine Herausforderung für jedes Nachdenken, auch über plurale Rechtsquellen, zu verhindern, dass sich jemand außerhalb des Rechts befindet, dass Menschen aus dem Recht herausfallen und dann keine Community mehr haben, die vergessen werden, wenn es das gesamtgesellschaftliche Regelungssubjekt als eine Art Basisframework nicht gibt.

Es gibt, ob du das Beispiel von sexualisierter Gewalt nimmst oder irgendeine andere Form von Gewalt, einen berechtigten Anspruch seitens der Gewaltbetroffenen, dass von der Gemeinschaft etwas dazu gesagt wird. Neben dem konkreten Schaden, den jemand durch Gewalt erleiden kann, gibt es auch einen symbolischen Schaden, dass jemand durch ein Unrecht außerhalb der gemeinsamen Bezüge gestellt wird. Dies muss durch einen öffentlichen Akt wieder repariert werden: Man muss wieder Teil der Gemeinschaft werden, und das Unrecht, das einem widerfahren ist, muss als solches so benannt werden. Im jetzigen System regelt das die Strafe. Dadurch, dass der Täter bestraft wird, signalisiert man dem Opfer, dass die Tat Unrecht war. Ich glaube, man kann daher die Strafe nicht ersatzlos abschaffen, sondern muss darüber nachdenken, welche anderen – weniger gewaltvollen, vernünftigeren – Institutionen an ihre Stelle treten könnten. Eine Voraussetzung dafür ist, dass es eine Art Framework gibt, das verhindert, dass zum Beispiel das Leid, was jemandem widerfährt, einfach unbeantwortet bleibt. Das ist ein starkes Argument dafür, dass es neben verschiedenen Rechtsquellen auch noch eine übergeordnete Verfassung gibt, wie du sagst, aber eine gute Antwort ist es nicht.

Jan Groos: Interessant, da kommt dann doch wieder die übergeordnete Verfassung ins Spiel.

Daniel Loick: ... ja, die übergeordnete Verfassung, aber für mich ist die nicht im Weltmaßstab, sondern die ist vielleicht eher städtisch ...

Jan Groos: ... was wieder territorial wäre übrigens ...

Daniel Loick: ... ja, aber Stadt ist nicht nur territorial zu denken ...

Jan Groos: ... nö, aber auch ...

Daniel Loick: ... auch, ja, genau, es gibt einen lokalen Bezug, der auch total markant ist für die Lebensrealität. Ich bewege mich in einer Stadt, in einer Nachbarschaft sogar und das ist für meine Lebensrealität total wichtig und das muss rechtlich auch abgebildet werden. Der globale Aspekt muss allerdings auch abgebildet werden. Wenn du durch Frankfurt oder Berlin läufst, sieht man das doch sofort. Die städtische Lebensrealität ist doch nicht von dem Boden geprägt, sondern von global verflochtenen Strukturen: Meine Energiekosten werden von dem Krieg in der Ukraine geprägt, ich stimme bei den Wahlen in der Türkei ab, mein Essen kommt aus Japan, meine Nachbarin aus Somalia, etc. Das alles auf eine territoriale Nähe zu reduzieren, scheint mir absurd. Die entscheidende Herausforderung angesichts dieser komplizierten Verflechtungen scheint mir wirklich die Pluralität zu sein, also dass es unterschiedliche Regelungsebenen gibt, die miteinander koexistieren. Dazu gibt es auch im Kollisionsrecht oder unter dem Stichwort der Interlegalität bereits interessante Überlegungen. Wie sich das auf die Verfassungsgebung auswirkt, kann ich allerdings einfach nicht sagen.

Jan Groos: Das ist aber insofern entscheidend, als dass bei den Beispielen, die du vorhin genannt hast, also die Beispiele, bei denen es so eine Parallelität gibt – die Kirche darf über dieses entscheiden und der Staat über jenes und eine dritte Institution über was anderes –, am Ende eben doch eine allgemeine Vereinheitlichung unter dem Schirm eines nationalstaatlichen Souveräns gewährleistet wird. Das heißt aber auch, dass es, wenn man beim Denken von Überlappungen auf einen solchen nationalstaatlichen Souverän verzichtet, andere Formen der Vereinheitlichung oder zumindest stabil strukturierte Kompatibilität geben muss. Da sonst ja quasi dann verschiedene Gruppen auf ein und dieselbe Sache …

Daniel Loick: … Stabilität, glaube ich, gibt es nicht. Also, ich versteh schon, was du damit meinst, dass es jetzt nicht immer die ganze Zeit so ist wie bei Kafka und man weiß nicht wer zuständig ist und läuft von einem Amt zum nächsten und so weiter. Das ist natürlich eine Horrorvision. Aber ich meine, es gibt keine Konfliktfreiheit, es gibt keine absolute Harmonie, das liegt einfach in der Natur der Sache. Sobald Rechtsquellen konkurrieren, gibt es auch Kompetenzschwierigkeiten. Allerdings ist das auch der Fall, wenn eine Rechtsquelle, und sei sie noch so basic, sich zu universalisieren versucht. Jeder Universalisierungsversuch wird faktisch herausgefordert werden, entweder von konkurrierenden Universalierungsansprüchen oder einfach von Communitys, die sich darin nicht wiederfinden. Dies wurde historisch extrem gewaltvoll aufgelöst durch die Idee einer unteilbaren Souveränität, in der jeder Rechtskonkurrenz ausgeschaltet ist – in der aber die Einheit fingiert und gewaltsam oktroyiert ist. Von dieser Phantasie zehrt auch noch die Idee einer übergeordneten Prozedur, auf die sich alle geeinigt haben sollen – der Wunsch nach Vereinheitlichung und Homogenisierung. Und ich weiß nicht, ob das so nötig ist. Eine Pluralität entspricht doch vielmehr unserer Conditio Humana, z. B. der Pluralität unseres persönlichen Wesens, aber auch unserer Bezüge und unserer Gemeinschaften, denen wir angehören, von Beziehungsweisen, die wir eingehen.

Jan Groos: Ja, ja, voll, aber ich möchte nur darauf hinweisen, dass es nicht in einem universellen Übergeordneten gestillt werden müsste, sondern dass man es ja auch darüber machen könnte, zu klären, was die Modalitäten der Regelung von Inkompatibilitäten oder Überlappungen sind, in Fällen, die nicht miteinander korrespondieren. Es müsste also ein Modus gefunden werden, mit dessen Hilfe solche Fälle geregelt werden können, wenn das Universelle wegfällt. Das wäre dann eine Frage, die es zu bearbeiten gälte.

Daniel Loick: Ja, aber ich weiß nicht, ob das ein realistischer Anspruch ist. So ein Problem besteht ja heute bereits im internationalen Recht. Es gibt ganz heterogene Rechtsquellen und vielleicht gibt es auch Communitys, die sich gar nicht in Form des Rechts organisieren wollen, die eine ganz andere Form des Zusammenlebens haben. Es gibt also ganz unterschiedliche normative Grammatiken, die aufeinanderprallen und irgendwie ausagiert werden müssen. Jede Form des Übergeordneten ist, glaube ich, eine Form von imperialer Homogenisierung einer dieser normativen Logiken. Deshalb verstehe ich zwar das Bedürfnis nach Stabilität, aber ich glaube, dass es nicht realistisch ist. Und dann muss man dahin kommen, dass die Konflikte zwischen den Normordnungen halt mit möglichst wenig Gewalt ausgetragen werden[3]. Das geht vielleicht durch eine Form von Kommunikation, eine Form von Diplomatie oder durch eine Form von Austausch.

Jan Groos: Es scheint mir fast schon eine Frage der Größenordnung, denn auf bestimmten Ebenen – du hast dich vorhin auf die Stadt bezogen – ist anscheinend eine Form von übergeordneter Normenordnung durchaus wieder denkbar. Also scheint es wohl mit der Skalierbarkeitsfrage zusammenzuhängen. Kommt mir jetzt jedenfalls so vor, wenn ich versuche, es mir zu imaginieren.

Daniel Loick: Ja, ich weiß nicht, ob du Skalierbarkeit als quantitative Frage meinst. Ich denke, es ist eher eine qualitative Frage. Es geht eher um die Frage, welche Form von Regelungen durch welche Form von Community geregelt werden kann und welche Form von Community das wiederum festlegen kann. Die Souveränität hatte diesen berühmten Begriff, mit dem Edmund Stoiber mal bekannt geworden ist: Kompetenz-Kompetenz. Das heißt, der Souverän hat die Kompetenz zu entscheiden, was in seine eigene Kompetenz fällt. Und ich glaube, das gibt es halt nicht. Es gibt nicht eine Instanz, die letztlich entscheidet, der Sportverein ist für den Sport zuständig und die Nachbarschaft ist für die Straße zuständig und so weiter, sondern das muss sich immer wieder neu aushandeln.

Jan Groos: Ich würde vorschlagen, wir versuchen, das mal rückzubinden an zwei Bereiche, die mir immer wieder mal begegnen. Ich muss mit unterschiedlich starker Irritation feststellen, dass Leute doch Fürsprecher*innen des Zwangs sind, bei denen ich es in erster Instanz vielleicht nicht vermutet hätte. Das begegnet mir im Rahmen der Klimafrage, aber auch im Rahmen der Planungsdebatte.

Fangen wir vielleicht mit der Klimafrage an. Da ist nämlich die Volte, dass eine bestimmte Zeitlichkeit erzeugt wird, ein kurzes Zeitfenster, innerhalb dessen nun agiert werden müsse.

---

3 Siehe dazu den Beitrag von Herrmann Amborn in diesem Band.

In dieser kurzen Zeit seien bestimmte Sachen angeblich nicht möglich – und das wird natürlich erstmal nur unterstellt –, namentlich zum Beispiel radikaldemokratische Zugänge, da diese angeblich nicht die nötige Effektivität aufweisen könnten. An dieser Stelle wird dann eingebogen in eine Richtung, die ich, im Anschluss an Philipp Staab, einen Gast, der vor Kurzem da war, als eine Art Technokratie-Sehnsucht bezeichnen würde. Und im Lichte der Klimakrise kommen mir immer häufiger Positionen unter, in denen dezidiert gesagt wird, der Zwang solle wieder in das Repertoire mit aufgenommen werden, was ja auch impliziert, er wäre vorher jemals draußen gewesen. In diesem Narrativ wiederum wird das gerne an die Feststellung gekoppelt, dass Beharren auf einer totalen Freiwilligkeit sei im Grunde eine neoliberale Mär, welche es zu überwinden gelte. Man solle nicht in die Kakophonie eines hyperindividualistischen Freiheitsversprechens eintreten. Das ist nicht meine Position – nur um das klarzustellen …

Daniel Loick: … ja, aber es gibt noch eine dritte Alternative. Freiwilligkeit wäre auch gar keine Kategorie, mit der ich agieren würde. Denn das ist eine individualistische Vorstellung, die von einer Art Konsens- oder Zustimmungsmodell ausgeht, das sehr stark aus dem Liberalismus kommt. Das findet man auch in manchen Spielarten des Anarchismus, die einen sehr, sehr starken Begriff persönlicher Autonomie haben. Die oder der Einzelne entscheidet dann immer wieder freiwillig *Ja* oder *Nein*. Das ist, glaube ich, eine Vorstellung vom menschlichen Wesen als einem asozialen Wesen, das ganz frei schwebend *Ja* oder *Nein* sagt oder die Bedingungen unterzeichnet oder nicht. Und das widerspricht einer Vorstellung vom Menschen als einem sozialen Wesen, das in starke Interdependenzen, Abhängigkeiten und so weiter eingebunden ist. Trotzdem glaube ich, dass die Vorstellung, man könne Menschen zur Ökologie zwingen, Quatsch ist. Andreas Malm z.B. vertritt so was ja ganz stark, diese Vorstellung von einem Kriegskommunismus in ökologischer Hinsicht. Da heißt es dann [paraphrasierend]: »Weil jetzt gerade die [ökologische] Krise ist, muss man den Kapitalismus brechen, aber das geht allerdings nur durch eine zentrale autoritäre Intervention seitens des Staates.«

Ich finde das aber erstens politisch gefährlich, denn wir wissen aus der Geschichte, wie sich diese Vorstellungen eines autoritären Kommunismus entwickelt haben (Adamczak 2017). Es ist dann sehr schwierig, diese erste Phase zu beenden und das führt eher zu einer Intensivierung von Gewalt oder von staatlichem Zwang. Und jenseits von dieser politischen Gefahr glaube ich, dass es auch ökologisch nicht klappt. Eva von Redecker[4] argumentiert zum Beispiel in diese Richtung, dass es auch aus ökologischer Sicht nicht erfolgversprechend ist, diese autoritäre oder zwangsbasierte Lösung durchzusetzen.

Im Moment ist zum Beispiel ein großer Teil des globalen Flugverkehrs militärisch. Das heißt, die ganze Vorstellung von einem Staat, der die Leute überwacht, ob sie ökologisch sind, braucht selber so viele Gewaltmittel, die wiederum unökologisch sind. Das heißt, es kommt zu einem ironischen Umschlag, in dem die Ökologie sichergestellt werden soll mit Mitteln, die das selbst wieder untergraben. Deshalb ist auch aus ökologischer Sicht die einzige Möglichkeit eine Dezentralisierung. Dezentralisierung und Brechung des Kapitalismus müssen auch mit einer Brechung des autoritären Staates einhergehen. Sie ist auch von Murray Bookchin und dem Ökoanarchismus vertreten worden (Bookchin 1986) und auch im zeitgenössischen Abolitionismus zentral. »Abolitionismus muss grün sein«, wie Ruth Wilson Gilmore sagt (Gilmore 2022). Das heißt: Weder geht es um einen staatlichen Zwang noch um eine individualistische Freiwilligkeit, sondern man muss kollektive Lösungen finden und man muss Kollektivität anders denken als staatlich.

Jan Groos: Können wir da vielleicht nochmal die Grundbegriffe klären, weil du jetzt dezidiert die Freiwilligkeit abgegrenzt hast von einer Abwesenheit von Zwang. Wenn das nicht deckungsgleich ist, dann erklär doch mal ein bisschen genauer, was du unter der Abwesenheit von Zwang verstehst.

Daniel Loick: Im Anarchismus wird Freiheit oft über einen negativen Freiheitsbegriff verstanden, über den wir beim letzten Mal schon gesprochen haben, und das finde ich problematisch. Also dass man denkt, ich bin ein einzelnes Individuum und ich bin dann frei, wenn ich nicht gehindert werde, irgendwas zu tun. Und ich glaube aber, da wir eben soziale Wesen sind, bedeutet das halt auch, dass wir von vornherein aufeinander verwiesen sind. Das bedeutet, dass Selbstbestimmung grundsätzlich ein sozialer Prozess ist, der andere miteinbezieht. Dies kann Praktiken beinhalten, die man

4 Siehe z. B.: »Eva von Redecker zu Bleibefreiheit und demokratischer Planung«, in Future Histories S02E38, 22.01.2023, online: https://www.futurehistories.today/episoden-blog/s02/e38-eva-von-redecker-zu-bleibefreiheit-und-demokratischer-planung/

vielleicht aus einer individualistischen Sicht als Zwang empfinden würde. Zum Beispiel in einer WG: Dass geputzt werden muss, das ist keine Frage der Freiwilligkeit, das muss halt gemacht werden. Das muss dann auf eine Weise ausgehandelt werden, die möglichst gewaltfrei ist. Ich wäre dagegen, die Leute mit einer Polizei dazu zu zwingen, das zu machen. Aber das trägt einem Bild Rechnung, dass Menschen auf soziale Weise aufeinander verwiesen sind. Es ist nicht als Zwang anzusehen, dass man bestimmte Sachen machen muss. Bei Hegel gibt es diesen Satz, »Freiheit ist die Einsicht in die Notwendigkeit« (Marx/Engels 1990: 106) und ein bisschen was ist da schon dran. Das ist auch bei der ökologischen Frage ganz zentral, dass wir als Lebewesen von dem Planeten abhängig sind. Unser Schicksal ist mit dem Schicksal des Planeten und der Tiere und allen anderen Lebens verknüpft. Das ist der Horizont unserer Freiheit.

Zu sagen, meine Freiheit besteht darin, den Planeten zerstören zu dürfen, möglichst schnell Auto zu fahren, ein SUV haben zu dürfen, möglichst oft in Urlaub zu fahren, Fleisch zu essen, das ist objektiv gesehen eine Form von Unfreiheit, weil sich Menschen dabei von einem unvermittelten und nicht durch die soziale Kommunikation hindurchgegangenen egoistischen Trieb treiben lassen. Sich von seinem Trieb bestimmen zu lassen, ist eine Form von Unfreiheit. Deshalb müssen wir unsere Freiheit in der Abhängigkeit von anderen denken. Freiheit in der Abhängigkeit von anderen und von den planetaren Lebensgrundlagen. Das ist der Horizont, wie man über Politik, über ökologische Politik nachdenken kann. Eine Politik des Überlebens in dieser Krise ist eine, die diese Abhängigkeit als Abhängigkeit anerkennt und auch affirmiert.

Jan Groos: Ich verstehe das Argument, aber es schließen sich ein paar Fragen an. Es gibt da einen ausgeprägten Graubereich. Ich habe mir zum Beispiel eine Frage aufgeschrieben: Ersetzt sozialer Druck den formellen Zwang und ist das besser?

Ich muss da an ein Gespräch denken, das ich mit Silke van Dyk und Tine Haubner zu Community-Kapitalismus (Dyk/Haubner 2021) geführt habe, die eben in diese Richtung sehr kritisch sind. Die beiden kritisieren diese neuen Formen von alternativen Gemeinschaften und sagen, dass die Formen von Abhängigkeit, die daraus resultieren, nicht immer wünschenswerter sind. Sie erzeugen Formen der Ausgeliefertheit, die, so die Interpretation von Silke und Tine, auch nicht besser sind als die Anonymität des

Sozialstaates, da sie z.B. nicht in der Lage sind, bestimmte Formen von Sicherheit zu produzieren. Sie beschreiben diese Abhängigkeitsverhältnisse in Gemeinschaften als eine Art vergiftete Frucht der Gabe, die eigentlich immer auch ein Schuldverhältnis darstellt. Das ist das Framing aus dem heraus, Tine und Sylke das betrachten.

Daniel Loick: Ich finde, es sind sogar zwei Probleme, auf die man eine Antwort finden muss. Das eine ist der von Tine Haubner und Sylke van Dyk beschriebene Community-Kapitalismus, also dass der Staat bestimmte Verantwortung abgibt, die dann kompensatorisch von bestimmten Communitys übernommen werden muss. Das geht von der Erziehung bis zur Daseinsvorsorge, Rente usw. Es gibt dabei eine Responsibilisierung von Nahbeziehungen, die aus dem neoliberalen Umbau der Gesellschaft resultiert und den Kapitalismus insgesamt nicht angreift. Tatsächlich trägt dies zu einer Art von Verelendung der Communitys bei und damit auch der Menschen. Und das zweite ist, was eher mit der Frage von sozialem Druck zusammenhängt, dass diese Communitys intern eine neue Form von Konformitätsdruck entfalten könnten, der für die einzelne Person nicht unbedingt besser oder freiheitlicher ist als der bürgerliche Rechtsstaat und der Kapitalismus. Das sind beides sehr wichtige Herausforderungen von anarchistischer oder abolitionistischer Theorie.

Bezüglich der ersten Herausforderung, also dem Community-Kapitalismus, würde ich sagen, das ist absolut berechtigt und ist wirklich eine Gefahr. Es ist ja auch tatsächlich so, dass viele radikale Alternativen gerade aus der Not heraus entstanden sind, wie etwa Formen der solidarischen Ökonomie im Griechenland der Krise. Das wird in der abolitionistischen Bewegung aber auch so erkannt und kritisch analysiert. Die Frage ist doch, wie lassen sich die Experimente von unten so stabilisieren und miteinander vernetzen, dass sie wirklich zu einer Alternative, zu einer tatsächlichen Macht werden können, die die Communitys ermächtigt. Wie das geht und welche Rolle Forderungen an den Staat dabei spielen können, ist letztlich eine strategische Frage: Wie kann man soziale Infrastrukturen erstreiten, ohne dass dies zu einer Pazifizierung und Domestizierung von Kritik führt?

Die vielleicht sogar noch schwierigere Frage ist die nach dem Zwang, der noch im Gemeinschaftsdruck liegt. Das ist wirklich eine Frage, die in den Kern des sozialen Freiheitsbegriffs geht. Und hier haben die individualistischen Anarchist*innen vielleicht auch einen Punkt. Allein das Rauchen

z. B., da kann man sich leicht vorstellen, dass Leute sagen »Du schadest jetzt der Gemeinschaft, wieso hörst du nicht auf zu rauchen?«, sodass da ein Druck erzeugt wird, der problematisch ist. Ich glaube aber, dass wir das auf der Ebene des Freiheitsbegriffs so regeln können, dass wir sagen, dass individuelle Exzentrik und individuelle Kapriziosität nicht als eine Abweichung von Gemeinschaft zu sehen sind, sondern eher als Ausdruck unserer Gemeinschaftlichkeit. Individualität ist nicht das Gegenteil von Gemeinschaft, sondern ist gerade ein Teil der Schönheit unserer Gemeinschaft. So haben die alten Griechen zum Beispiel die Olympiade verstanden. Dass es da Leute gibt, die ganz schnell rennen können, ist nicht Ausdruck ihrer individuellen Stärke, sondern ist Zeichen der Schönheit der Polis. Und so müssten wir auch dahin kommen, andere Formen von Gemeinschaften zu denken, Gemeinschaften also, die Abweichung und Pluralität immer schon mitdenken. So kann Druck dann gar nicht oder nur begrenzt aufgebaut werden, da Raum geschaffen werden muss für Dissidenz und Abweichung. Dissidenz und Abweichung sind nicht der Kontrapunkt von Gemeinschaft, sondern sind auch Ausdruck der Gemeinschaft.

Jan Groos: Ja, aber es gibt noch einen anderen Aspekt. Und das ist jetzt nicht meine Position, sondern es geht mir nur darum, das auch darzustellen. Der andere Aspekt ist, dass es nicht nur um die Abstrafung der Andersartigkeit geht, sondern auch um die Frage, inwiefern sozialer Druck einen produktiven Mechanismus darstellen könnte, der die Gewalt oder den formalen Druck im produktiven Sinn ersetzt. Und das können wir jetzt vielleicht rückbinden an die Planungsdebatte. Denn dort kommt diese Frage dann dezidiert auf, z. B. in Bezug auf die Frage, ob es eine Arbeitspflicht gibt oder nicht. Da erfüllt der soziale Druck eine andere Funktion, nicht eine Gleichmachung im Sinne des Wegkürzens von Individualität, sondern als etwas, was gewissermaßen Folgsamkeit erzeugen kann, ohne auf formale Gewalt zurückzugreifen oder einen expliziten Zwang zu erzeugen. Und was du jetzt wiederum sagst, ist: nein, der soziale Druck soll es auch nicht sein, sondern die Vernunft im Gegensatz zum Trieb.

Daniel Loick: Ja, also mit Vernunft meine ich nicht eine fremdbestimmte Rationalität, die das entscheidet. In Bezug auf Arbeit zum Beispiel wäre es eine Horrorvorstellung, wenn der kapitalistische Arbeitszwang durch einen sozialistischen Arbeitszwang ersetzt würde und dann die *Vernunft* entscheiden soll, was gut für mich ist. Es gibt doch eine dritte Alternative:

Die Arbeit so attraktiv zu machen, dass ich mich gerne am Arbeitsprozess beteilige. Das ist das, was Marx meint, wenn er sagt, die Arbeit müsse »zum ersten Lebensbedürfnis« werden (Marx/Engels 1987: 21). Das kann man natürlich auch wieder autoritär wenden, aber dass das Füreinander-tätig-Sein selbst ein Bedürfnis ist, finde ich zunächst einmal sehr plausibel. Wenn die Organisation der Arbeit dann demokratisiert wird, was ja ohnehin notwendig ist, um den Zwangscharakter des Rechts zurückzudrängen, dann sind erstens die Arbeitsbedingungen sehr viel schöner, Arbeit ist dann also etwas, was die Menschen vielleicht gar nicht verpassen wollen, weil sie dadurch in die Form der sozialen Kooperation eingebunden sind.

Und selbst bei den unangenehmen Tätigkeiten, die man einfach aufteilen muss, spielt die Frage der demokratischen Beteiligung an den Aushandlungsprozessen eine wichtige Rolle. Von Adorno gibt es die Aussage, er würde auch zwei Stunden am Tag den Aufzug bedienen, wenn das auf durchsichtige Weise einer vernünftigen Gesellschaft diene. Das ist vielleicht ein bisschen peinlich, dass Adorno keine unangenehmere Arbeit einfällt als einen Aufzug zu bedienen, aber er trifft einen Punkt: Ich kann mich zu mir selbst ins Verhältnis setzen. Wenn ich den Sinn einer Arbeit einsehe – zum Beispiel, weil ich an der Aushandlung beteiligt war –, dann erzeugt das eine Identifikation und damit auch eine Motivation, die sich gegen meinen unvermittelten Trieb durchsetzt.

Ist das dann schon ein informeller Zwang? Das ist natürlich schwer zu trennen, denn das ist vielleicht im Einzelfall unangenehm und du möchtest lieber schlafen als Aufzugsdienst zu machen, aber du machst es, weil die anderen dich sonst doof finden. Da würde ich aber sagen, das ist eine akzeptable Form von informellem Zwang, weil das den Einzelnen an die Sozialität und Abhängigkeit seiner Existenz erinnert. Natürlich sehe ich auch die Gefahr, dass das umkippt in eine drastische Form von Zwang, aber man muss auch aufpassen, dass in der Analyse nicht am Ende alle Katzen grau werden. Wenn es wirklich gar keinen Unterschied in der Bewertung mehr gibt zwischen Polizeigewalt und informellem Druck in der WG, fände ich das absurd.

Jan Groos: Ja, verstehe ich auch, aber man kann sich wahrscheinlich auch Spielarten dessen vorstellen, in denen die durchsichtige Weise, die Adorno da angesprochen hatte, zu einer anprangernden Weise werden kann. Dann kippt es wieder in eine andere Richtung. Wenn z. B. zwar formell niemand gezwungen, aber öffentlich überall registriert wird, wie viele freiwillige Stunden geleistet wurden, und alle werden sozial geächtet, die ihr Soll nicht erfüllt haben. Ich verstehe aber auch, dass wir das zum einen nicht abschließend klären können und dass zum anderen bestimmte Formen des sozialen Drucks einfach existieren und das in bestimmten Ausformungen vielleicht auch durchaus sinnvoll sein kann.

Daniel Loick: Das überhaupt als Druck oder als Zwang zu bezeichnen, ist auch schon aus einer sehr individualistischen Sicht gedacht. Bei Hegel gibt es eine Metapher, dass so etwas nur insofern ein Hindernis meiner Freiheit ist, wie das Meer ein Hindernis der Freiheit der Fische ist. Es ist eben auch nicht ein Hindernis, sondern der soziale Stoff, in dem ich mich bewege. So sind auch ethische Grenzen keine Freiheitseinschränkungen, sondern Freiheitsermöglichungen: Wenn ich der anderen Person schade, schade ich immer auch mir selbst, weil die andere Person ja Teil des Sozialzusammenhangs ist, von dem ich abhängig bin. Und dann zu sagen, das sei in einem signifikanten Sinne eine Form von Zwang, das finde ich angesichts eines sozialen Freiheitsbegriffs einfach nicht plausibel.

Jan Groos: Ja, das kann ich total nachvollziehen. Ich frage mich gerade, inwiefern wir die Frage der Souveränität besprochen haben? Sie ist ja mehrfach aufgeschienen, aber vielleicht kannst du den Ausgangspunkt deiner Kritik der Souveränität nochmal darlegen, damit wir ein Bild davon bekommen, worum es grundsätzlich geht. Wie kann ein post-souveränes Denken produktiv gemacht werden?

Daniel Loick: Ich denke, es gibt bei der Souveränität, so wie bei vielen Sachen, eine Dialektik. Wenn man die ideengeschichtliche Entwicklung des Souveränitätsbegriffs betrachtet, z. B. von Bodin[5] im 16. Jahrhundert bis zu den heutigen Denkern und Verteidigern der Souveränität, dann lag darin immer auch der Anspruch, bestimmte als natürlich, religiös oder als ökonomisch angesehenen Prozesse unter menschliche Kontrolle zu bringen. Dass es also darum geht, Souveränität über diese Prozesse zu erhalten. Schon bei Bodin, in der Grundsituation des französischen Bürgerkriegs zwischen unterschiedlichen Konfessionen, sagt der französische Staat, dass er die letztinstanzliche Entscheidungskompetenz für sich beansprucht, z. B. eben auch in Fragen der Religion oder einer erzwungenen Toleranz gegenüber

5 Jean Bodin (1530–1596) war ein französischer Jurist und Staatstheoretiker.

den Hugenotten. Das heißt, es gibt darin auch einen emanzipatorischen Anspruch. Und ich würde aber sagen, dass es immer zu Umschlagpunkten kommt, sowohl wie es in der realen Geschichte durchgesetzt wird, als auch wie es in der Ideengeschichte gedacht ist. Da wird dann zum Beispiel die Kontrolllosigkeit gegenüber der Kirche durch den absoluten König ersetzt. Die letzte Station davon ist dann eben die Vorstellung einer absoluten Machtfülle des Souveräns. Diese Vorstellung ist mittlerweile stark verflüssigt oder zusammengeschrumpft, weil das Volk an die Stelle des Königs getreten ist, daher sprechen wir von Volkssouveränität. Das geht einher mit einer Änderung der Verfahrensweisen und dazu gehört zum Beispiel das Recht. Das Recht ist nicht mehr einfach nur ein Befehl, den ein Souverän einem anderen gibt, denn das Volk ist ja selbst schon der Souverän. Der Idee nach gibt es also nicht mehr so ein Gegenüber, sondern es gibt eine Selbstregierung des Volkes in seiner Immanenz: Der Idee nach zwingt das Volk im Recht nicht einen anderen, sondern nur sich selbst. Und da gibt es wieder diesen Rückfall. Auf der einen Seite ist es der Idee nach eine demokratische Idee (»Wir, das Volk, bestimmen«), aber darin nistet sich dann auch wieder eine Form von Gewalt ein, in Form von Polizeigewalt, in Form von Grenzen, territorialen Ausschlussmechanismen, in Form von Gefängnissen. Das kann aber nicht aufgelöst werden, indem man hinter die Souveränität zurückfällt. Es gibt ja auch Horrorszenarien von Failed States oder andere Situationen, die dann nicht von weniger, sondern von noch mehr Gewalt bestimmt sind. Genauso wenig ist ja die Pointe von Kapitalismuskritik nicht, wieder zum Feudalismus zurückzugehen. Sondern die Idee muss sein, darüber hinauszugehen und an dem demokratischen Versprechen der Souveränität festzuhalten, aber eben ohne diesen Moment des Rückfalls. Ich denke das ist eingelöst in dieser Idee des Rechts als einem gesamtgesellschaftlichen Regulierungsanspruch, aber ohne den Zwang als unterlaufendes Moment.

Jan Groos: Das ist ein bisschen lustig, denn jetzt hattest du wieder den gesamtgesellschaftlichen Anspruch drin.

Daniel Loick: Ja, aber gesamtgesellschaftlicher Anspruch heißt ...

Jan Groos: ... aus einer pluralen Perspektive heraus ...

Daniel Loick: ... ja, das *Gesamt* darin ist nicht homogen gedacht. Wir zehren da imaginär immer noch von Ludwig dem Vierzehnten, der auf dem Thron sitzt und alles bestimmt. Das ist absolutistisch, zu denken, dass man das gesamte gesellschaftliche Leben von einem einzigen Ort aus programmieren kann. Ich glaube, eine radikale Demokratie kann nicht an dieser absolutistischen Vorstellung festhalten. Das *Gesamt* darin muss viel pluralere Multi-Level-Formen mit einbeziehen, aber auch konfligierende Rechtsquellen usw. In dieser Pluralität muss aber dieser Anspruch eingelöst werden, dass wir, die Menschen, und heute übrigens auch in Kollaboration mit anderen Lebewesen, gemeinsam gestalten können, wie wir leben wollen.

Jan Groos: Das ist dann für die nächste Episode, Daniel, weil was sich da nämlich abzeichnet, ist ja eine postsubjektive Souveränität. Eine Auseinandersetzung mit der Frage einer posthumanen Souveränität.

Daniel Loick: ... ja, auch eine post-souveräne post-humane Souveränität. Ja, wie man das mit Tieren zusammendenken kann, da musst du andere Leute einladen, aber das ist eine andere Frage, die definitiv auf der Tagesordnung steht. Und es gibt ja auch diese Tendenzen im Recht, dass nichtmenschlichen Entitäten Rechtssubjektivität zugesprochen wird. In Neuseeland z. B. der berühmte Fluss Whanganui, der Rechtssubjekt ist, oder in Spanien ist eine Lagune, Mar Menor, Rechtssubjekt. Wie man nicht-menschliche Entitäten überhaupt in diese Form von Demokratie einbezieht, ist übrigens ein weiteres Argument gegen die Homogenisierung des Rechts. Denn Tiere haben eine ganz andere Subjektivität als wir. Es wäre auch wieder eine offensichtliche, imperiale Geste, Tiere z. B. vor Gericht zu bringen. Das muss anders gedacht werden. Man muss diesbezüglich eine andere Form von rechtlicher Berücksichtigung denken.

Jan Groos: Andere würden wahrscheinlich auch technologische Ökologien noch mit hineinbringen. Aber das würde jetzt ausufern.

Daniel, am Ende frage ich immer noch: Wenn du dir Zukunft vorstellst, was stimmt dich freudig?

Daniel Loick: Oh, darauf war ich jetzt schon wieder nicht vorbereitet! Also, ich glaube, man darf nie einen Ist-Zustand mit einem zukünftigen Zustand vergleichen. Deshalb sind wir nicht neidisch auf die Leute mit den UFOs. Wir sind nicht neidisch auf das, was in der Zukunft passiert, sondern wir vergleichen einen Ist-Zustand mit einem möglichen Ist-Zustand, mit einer Möglichkeit, die immer mitläuft mit der Geschichte. Das ist etwas,

was mich hoffnungsvoll stimmt: diese Potenziale. So sehr wir in dunklen Zeiten leben, wo man kaum den Mut findet, morgens aufzustehen, weil alles so schlimm ist gerade. So sehr wächst zugleich auch das Potenzial der Befreiung. Das sind die Sachen, die dich interessieren, die technologischen Entwicklungen, z. B. was uns an neuen Regelungsmechanismen zur Verfügung steht, aber es sind auch die affektiven und die emotionalen und die theoretischen, die intellektuellen Potenziale, die es mittlerweile gibt. Wenn ich mir den Abolitionismus anschaue als eine neue Bewegung, die sich erst seit ein paar Jahren intensiv so formiert hat – natürlich gibt es auch viele Vorläufer –, aber da gibt es so viele spannende, produktive Diskussionen, die mich freudig stimmen, wo ich wirklich neue imaginäre Ressourcen bekomme, mir eine andere Zukunft vorzustellen.

Jan Groos: Wunderbar. Daniel, vielen Dank für das Gespräch.

Daniel Loick: Ich danke dir.

Literatur

Adamczak, Bini (2017): Beziehungsweise Revolution: 1917, 1968 und kommende. Originalausgabe Edition. Berlin: Suhrkamp Verlag.

Bookchin, Murray (1986): Post-Scarcity Anarchism. Revised Edition. Montréal: Black Rose Books.

Dyk, Silke van/Haubner, Tine (2021): Community-Kapitalismus. 1. Aufl. Hamburg: Hamburger Edition.

Gilmore, Ruth Wilson (2022): Abolition Geography: Essays Towards Liberation: Selected Essays and Interviews. London, New York: Verso Books.

Marx, Karl/Engels, Friedrich (1987): Marx Engels Werke: Bd 19. 9. Aufl. Berlin: Dietz Verlag Berlin.

Marx, Karl/Engels, Friedrich (1990): Marx/Engels: Werke, Band 20: Anti-Dühring – Dialektik der Natur, Bd. 20. Berlin: Karl Dietz Verlag.

Simon Sutterlütti

Parecon: Noch immer Lohnarbeit, noch immer Kapitalismus

In diesem thesenförmigen Beitrag möchte ich kurz darstellen, warum ich glaube, dass Parecon in seiner häufigsten Form keine Alternative zu Kapitalismus und Staatssozialismus darstellt. Gerade weil Parecon mit Marktwirtschaft und Staatssozialismus grundlegende Merkmale teilt (Arbeitszwang, Warenproduktion und somit Herrschaft des (Tausch-)Werts) stellt sie nur eine scheinbare Alternative dar, und doch liegen in Theorie und Praxis von Parecon Potenziale zur tatsächlichen Aufhebung von Kapitalismus und Herrschaft. In der Vorbemerkung unterscheide ich zuerst zwischen einer lohnarbeitsbasierten Parecon-Variante und den drei großen linke Utopien. Hieran schließe ich eine Kritik des Kommandosozialismus an, denn das Verständnis dieser realisierten sozialistischen Alternative, welche sich m.E. als kapitalistische Formierung entpuppte, ist zentral für eine Diskussion anarchistischer und sozialistischer Alternativen zum Kapitalismus. Daran folgt meine Kritik der lohnarbeitsbasierten Parecon-Variante und ein kurzer Ausblick.

Vorbemerkung

1. Als Vertreter des Commonismus teile ich viele grundlegende Anliegen von Parecon: den Markt-Abolitionismus (und damit eine klare Haltung gegen die vielen Spielarten des Marktsozialismus), die grundlegend dezentrale Struktur, den Fokus auf Selbstorganisation, vergesellschafteten Besitz und den Mut und die Überzeugung, dass es notwendig ist eine Alternative zum Kapitalismus möglichst konkret zu bestimmen. Tatsächlich könnte ich mich mit einer Variante von Parecon auch grundsätzlich anfreunden (auch wenn ich immer noch etwas kritisieren würde u.a. die Kritik an der ›Unit of Account‹, s.u.): wenn Güter nicht mehr nach Arbeitsleistung, sondern Bedürfnissen verteilt würden und damit Arbeit grundsätzlich freiwillig

wäre. In der Sprache von Parecon: Wenn der Prozentsatz von öffentlichen Gütern, die frei zur Verfügung gestellt werden, bei annähernd 100 % liegt bzw. ein bedingungsloses Einkommen, also keine Trennung mehr zwischen einem bedingungslosen Grundeinkommen und einem Extra für Arbeitsleistung existiert (zur Kritik der Vorstellung von bedingungslosen Grundeinkommen plus Leistungsextra siehe weiter unten). Für die häufigste Variante von Parecon ist die Beibehaltung von Lohnarbeit, Bezahlung und Arbeitszwang aber zentral und dieser Variante ist meine Kritik gewidmet. Laut Vertreter*innen von Parecon war die Beibehaltung des Arbeitszwangs auch einer Kritik von Noam Chomsky und David Graeber ausgesetzt, also befinde ich mich wohl in guter Gesellschaft.

2. Um die lohnarbeitsbasierte Parecon-Variante (von nun an L-Parecon) einzuschätzen, lohnt sich ein Blick auf andere postkapitalitische Utopien der linken Bewegung. Meines Erachtens existieren drei große:

2a. Ökosoziale Marktwirtschaft

Nach dem Scheitern des Kommandosozialismus gaben viele Linke insgesamt Vorstellungen gesellschaftlicher Planung auf und vertreten seither eine stark regulierte Marktwirtschaft (mit bedingungslosen Grundeinkommen, starken Arbeiter*innenrechten und ökologischer Rahmung, globaler Umverteilung, evtl. gar Auflösung der Nationalstaaten). Einige gehen noch etwas weiter und verlangen einen Marktsozialismus, in dem Betriebe in Arbeiterhand sind.

2b. *Kommandosozialismus 2.0*[1]

Ja, das erste Mal hat das nicht ganz so geklappt mit der Staatsplanung, aber jetzt haben wir Computer und mit Demokratie statt Diktatur machen wir dieses Mal wirklich Sozialismus und beseitigen den Markt endgültig.

2c. *Post-Lohnarbeit-Gesellschaft*

Das Problem am Kommandosozialismus war nicht zu wenig Kapitalismus, sondern zu viel. Er hat Lohnarbeit und die Verteilung nach Geld beibehalten und hat so versucht, den Kapitalismus auf seiner eigenen Basis aufzuheben – und ist damit gescheitert. Post-Kapitalismus heißt, dass Güter

---

1 Ich nenne die planwirtschaftlichen, realsozialistischen Versuche des 20. Jahrhunderts Kommandosozialismus, da Kommando in Form von Befehl und Gehorsam sowohl seine politische wie ökonomische Struktur hinlänglich beschreibt. Realsozialismus klingt so, als wäre er die einzige Realisierungsform des Sozialismus, Staatssozialismus liegt nahe am Begriff des Kommandosozialismus, aber es gibt linke Traditionen, die Staat bloß als Begriff für politische Aushandlung und Absprache und nicht für durchsetzungsmächtige Institution mit Gewaltmonopol etc. verstehen.

nach Bedürfnissen und nicht nach Arbeitsleistung, Macht oder Privilegien verteilt werden und dass Arbeit grundsätzlich freiwillig ist. Für diese Gesellschaft gibt es leider keinen griffigen Namen, Marxist*innen nennen sie (antiautoritären) Kommunismus, Anarchist*innen einfach Anarchismus, Commons-Praktiker*innen Commons-Gesellschaft, Automatisierungsgläubige Post-Work-Gesellschaft, andere Subsistenzökonomie.

L-Parecon ist meines Erachtens am ehesten als Mischung von Marktsozialismus (die Betriebe gehören den Arbeiter*innen und Preise werden dezentral verhandelt und gebildet) und Kommandosozialismus (es existiert keine Konkurrenz, es gibt rätedemokratische Formen gesamtgesellschaftlicher Entscheidung, was produziert werden soll, und dies hängt irgendwie auch mit dem ›Planning Board‹ zusammen) zu begreifen. Die Probleme von L-Parecon versteht man besser, wenn man sich die Praxis und Kritik des Kommandosozialismus ansieht.

Kommandosozialismus: Die etatistische Form des Kapitalismus

1. Die Kritik des Kommandosozialismus ist häufig politisch bzw. politizistisch, nicht politökonomisch. Kritisiert wird dann die Diktatur und die ›Herrschaft der Bürokraten(klasse)‹, aber auch wenn die Regierung gewählt worden wäre, hätte sie ganz ähnliche Probleme und Gegensätze angetroffen. Die Probleme des Kommandosozialismus lagen nicht vornehmlich in seiner politischen Struktur, sondern in seiner politökonomischen Form, in der (Re-)Produktionsweise selbst.
2. Das Scheitern des Kommandosozialismus erklären Forscher*innen unter anderem durch Außenhandel und die Eingebundenheit in den Weltmarkt, die fehlende Demokratie und fortbestehende Klassenherrschaft, schlechte Planung (Geldrechnung statt Arbeitszeitrechnung, fehlende Computer und unterkomplexe Optimierungsrechnung) und/oder Herrschaft des Tauschwerts und daraus entstehende gesellschaftliche Gegensätze wie eine schwache ›Anreizstruktur‹.
3. Auch wenn alle anderen Ursachen ihre Berechtigung haben, ist das Grundproblem des Kommandosozialismus, dass er eine Planwirtschaft auf Basis kapitalistischer Vergesellschaftung (Lohnarbeit, Warenproduktion, Herrschaft des Werts) aufbaute. Er ist also nicht das ›ganz andere‹ zur Marktwirtschaft, sondern deren etatistischer Pol.

4. Diese grundsätzliche Ähnlichkeit lässt sich auch anhand von Ausbeutung und Klassen aufzeigen, aber noch fundamentaler am »Springpunkt« von Marx' ökonomischer Analyse: konkrete gebrauchswertschaffende Arbeit und abstrakte tauschwertschaffende Arbeit. Nach Marx besitzen Waren einen Gebrauchswert (Nutzen, bspw. kann man auf einem Stuhl sitzen) und Tauschwert (Preis). Im Kapitalismus muss es Produzent*innen – Arbeiter*innen und Unternehmen – zuvorderst um den Tauschwert der Produkte gehen, weil sie damit ihren Lebensunterhalt sichern. Alle kapitalistischen Akteure (Staaten, Unternehmen, Konsument*innen etc.) streben also nach dem höchsten Anteil am (Tausch-)Wert: Unternehmen nach Profit, Arbeiter*innen nach Lohn, Staaten nach Steuern etc. Und dies ist auch im Kommandosozialismus der Fall:

- Lohnarbeit, da die Arbeiter*innen noch immer primär für den Lohn bzw. Tauschwert ihrer Arbeit tätig waren (dabei ist es auch egal ob dieser als Geld, Credits oder Arbeitszeitgutscheine erscheint) und der Gebrauchswert notwendig sekundär war (aller staatlichen Propaganda zum Trotz).
- Warenproduktion, da auch die Betriebe primär an dem Tauschwert ihrer Produkte interessiert waren (Boni, Prämien, materielle Zuwendungen, Ausstattung mit Ressourcen) und deshalb ihre produzierten Güter wie Waren behandelten und verkauften.
- Herrschaft des Werts, da schlussendlich der Tauschwert die ökonomischen Akteure antrieb, so die Wirtschaft beherrschte und eine vernünftige Planung verunmöglichte.

5. Der Kommandosozialismus war ein Kapitalismus, der die eingeschränkt produktivkraftsteigernde und nachfrageorientierende Marktkonkurrenz ausschaltete und durch ein unproduktives Gegeneinander von staatlichen Vorgaben und betrieblichen Interessen ersetzte (vgl. Stahlmann 1990, Kurz 1991). In der Marktwirtschaft erzwingt die Konkurrenz eine Orientierung am Gebrauchswert, um den Tauschwert zu realisieren, der Gebrauchswert ist, »Träger des Tauschwerts« (MEW 23: 28). Sind die Güter unnütz oder schlechter als die Konkurrenz, kaufen die Konsument*innen bei der Konkurrenz. Gerade die Konkurrenz beendet der Kommandosozialismus und der Staat vereint alle Unternehmen und Kapitalist*innen als Gesamtkapitalist: »Die ganze Gesellschaft wird ein Büro und eine Fabrik mit gleicher Arbeit und gleichem Lohn sein« (Lenin).

6. Die Herrschaft des Tauschwerts äußert sich einerseits in der notwendigen Abspaltung der Care-Arbeit und damit eines wichtigen Pfeilers des Patriarchats. Solange es bezahlte Arbeit gibt, gibt es unbezahlte und diese macht bspw. in Deutschland 57 % der gesamten Arbeitszeit aus (Winker 2021.) Und im Kommandosozialismus war diese Zahl wohl nicht deutlich geringer, trotz einiger Versuche der Vergesellschaftung von Care-Arbeit (die wieder die grundsätzliche sozialistische Ausrichtung dieser Gesellschaft beweist). Andererseits äußert sich diese Herrschaft in verschiedenen Spaltungen der Gesellschaft: Arbeiter*innen vs. Betriebe: hoher Lohn, gute Arbeitsbedingungen vs. geringe Kosten und hohe Ausbeutung; Betrieb vs. Staat: entspannte Ziele, Qualität sekundär vs. hohe Leistung, gute Produkte, termingerechte Lieferung. Auf der empirischen Oberfläche äußern sich diese Spaltungen in »betriebsegoistischer Politik«, vielerlei Ineffizienz und Unterproduktion. So täuschten Direktor*innen »mit offenbar beträchtlichem Erfolg die Planungsinstanzen über ihre tatsächliche Leistungsfähigkeit«, um die Planerfüllung zu vereinfachen und Prämien zu sichern (Gutmann 1999: 32). Da keine Konkurrenz dieser betriebsegoistischen Politik widersprach, kam es zum Planpoker, einem Versteckspiel zwischen Betrieb und Zentrale.

7. Der Kommandosozialismus war vielleicht politisch hart, ökonomisch war er sanft. Nur eine weiche Anreizstruktur vermittelte den Widerspruch von individuellen und gesellschaftlichen Interessen. Es gab keine starke ökonomische Peitsche gegen Arbeiter*innen (hohe Einkommensdifferenz und Arbeitslosigkeit) oder Betriebe (Profitdifferenzen und Konkurs).

8. Die Folge war, dass Reformist*innen eben wieder marktwirtschaftliche Elemente einführen wollten: »materielle Interessiertheit« durch höhere Einkommensdifferenzen, leistungsbezogener Lohn, Sanktionen für Betriebe, Konkurrenz.

9. Parecon steht vor ganz ähnlichen Problemen, auch dieses Modell behält den Tauschwert als entscheidenden Anreiz für Betriebe und Arbeiter*innen bei und wird auch ähnlich ökonomisch sanft konzipiert, was (falls die Durchsetzung möglich ist) sich in der Realität durch ähnliche Reformversuche Richtung Disziplinierung und Konkurrenz unter Betrieben und Arbeiter*innen entwickeln kann, wenn diese nicht die erwarteten Leistungen erbringen. Auf Basis dieser historischen Erfahrungen der sozialistischen Bewegung im Kommandosozialismus wollen wir uns nun Parecon selbst zuwenden:

Wie Arbeitszwang den Anarchismus zerstört

1. Obwohl sich L-Parecon als klassenlose Gesellschaft konzipiert, indem die Produktionsmittel den Arbeiter*innen bzw. der Gesellschaft gehören und nicht einzelnen Individuen, bestehen Klassenverhältnisse fort. Klassenverhältnisse erschöpfen sich nämlich nicht in den Besitzverhältnissen, sondern solange es bezahlte Arbeiter*innen gibt, gibt es auch Arbeitgeber*innen bzw. Kapitalist*innen. Im Kommandosozialismus war der Staat der universelle Kapitalist, der dann an die Betriebsleiter*innen die operationelle Gewalt übertrug. Ähnlich ist es in L-Parecon, selbst wenn die Betriebe keine Leitung wählen, sondern alle zusammen basisdemokratisch den Betrieb verwalten, müssen sie sich selbst gegenüber als Kapitalist*innen verhalten. Als Kapitalist*innen stehen sie auf der Seite des Betriebsinteresses und damit auf der Seite von Kostenreduktion, pünktlicher Lieferung, Leistungsstärke, Produktivität. Als Arbeiter*innen scheinen die Leistungsanforderungen überzogen, versuchen sie Stress zu reduzieren, Arbeitsumstände zu verbessern etc. Wie viel Macht die Kapitalseite bzw. Arbeiterseite hat, hängt von den Rahmenbedingungen ab. Zur Illustration: Im Kommandosozialismus hatte die Kapitalseite nur eingeschränkte Macht über die Arbeiter*innen und musste vielfache Unproduktivität akzeptieren.

> »Es ist üblich geworden, die Arbeitspausen in den Bauwagen stundenlang (!) auszudehnen oder in aller Ruhe aus den Fenstern der Bauobjekte dem Leben und Treiben auf den Straßen zuzusehen [...] Offenbar fehlt in allen diesen Fällen jede Kontrolle oder auch ein Ansporn zur Arbeit« (Erich Hanke zit. nach Vollmer 1999: 369 f.).

2. Auch in L-Parecon soll es keine Konkurrenz zwischen den Betrieben geben, sondern nur die anderen Betriebe, und Konsument*innenräte sollen Druck ausüben können. Ist dieser Druck nur sanft, ist von einer starken Arbeiter*innenseite auszugehen und es entstehen ähnliche Probleme bei der Produktivität wie im Kommandosozialismus. Natürlich kann auch die Kapitalseite gestärkt werden... Aber wie auch immer dies konkret aussieht, es bleibt deutlich, dass ein Klassenverhältnis vorhanden ist. Auch wenn sich dieses Klassenverhältnis nicht in Form einer besitzenden, nicht-arbeitenden Klasse äußert. Nur ein Abschaffen der bezahlten Arbeit, würde tatsächlich auch Kapital und Klasse tilgen.

3. Wie im Kommandosozialismus findet sich auch in L-Parecon der Widerspruch von Gebrauchs- und Tauschwert. Die einzelnen Akteure wie Betriebe und Arbeiter*innen wollen möglichst viel Lohn, Credits, Produktionsmittel für ihre Arbeit erhalten und konkurrieren dabei mit allen anderen Akteuren. In der Planung der Produktion interessieren sich die Akteure nicht zuvorderst für den Gebrauchswert der Produkte, und dies durchlöchert, zersiebt, erdrückt eine vernünftige Planung. Die Widersprüche drücken sich dann in den Aushandlungen der Preise der Produkte, der ›Lohnfonds‹ und der Ausstattung der Betriebe etc. aus. Die produzierenden Betriebe wollen ihre Produkte zu möglichst hohen Preisen verkaufen, die konsumierenden Betriebe und Endkonsument*innen verlangen möglichst niedrige Preise, aber wenn keine Konkurrenz die Preistreiberei unterbindet, was reduziert sie dann? Ist Arbeit freiwillig, dann gibt es nur noch einen Grund zu arbeiten: die Produktion von Gebrauchswerten, und dieses gemeinsamen Interesses kann sich dann die Planung bedienen. Dabei gibt es natürlich noch immer Konflikte und Interessensunterschiede, was Produktionstempo, Produktivität, Verteilung von Produktionsmittel etc. angeht, aber diese Konflikte sind direkt über die Sache und die konkreten Bedürfnisse vermittelt und nicht durch den Tauschwert über- und verformt.

4. Auf individueller Ebene herrscht weiter die Heteronomie der Lohnarbeit. Auch wenn ›balanced job complexes‹ Engführung und Reduktion aufbricht, müssen die Menschen ihre Arbeitskraft zu Markte tragen, sich bei den Betrieben bewerben, darstellen, verkaufen. Hieraus folgen verschiedene Deformationen des kapitalistischen Subjekts: der Körperpanzer und die Disziplin des Lohnarbeitssubjektes, die Abspaltung von Emotionen und Gefühlen als Störfaktoren, die Abwendung von konkreter (Re-)Produktion, die Orientierung auf Konsumtion und Freizeit als ›Reich der Freiheit‹ und des Glücks.

5. Wie auch im Kommandosozialismus führt die Entlohnung zu einer Abspaltung und Abwertung der Care-Arbeit. Einerseits kann eine Inwertsetzung der Care-Arbeit durch Bezahlung nicht das Ziel sein, die Eltern sollen sich ja nicht um die Kinder kümmern, weil sie bezahlt werden, und die Logiken der Lohnarbeit sollten hier gerade nicht importiert werden. Andererseits muss diese Inwertsetzung auch mangelhaft sein. Die Abwertung und Abspaltung der Care-Arbeit ist notwendiger Bestandteil einer lohnarbeitsbasierten Gesellschaft. Die nur eingeschränkt wünschenswerte

Integration muss gebrochen bleiben, u.a. weil immer auch die Möglichkeit besteht, diese Arbeit unbezahlt zu lassen, weil sie trotzdem getan wird.
6. Vertreter*innen von L-Parecon betonen, dass der primäre ›Anreiz‹ zur Arbeit der Gebrauchswert und damit die Sinnhaftigkeit der Tätigkeit sein soll. Die Entlohnung soll nur zusätzlicher Anreiz sein und dient vor allem der Verrechnung. Zwei Einwände: Warum sollte die Sinnhaftigkeit der Tätigkeit bzw. Arbeit[2] nicht ausreichen? Weshalb reicht nicht die praktische und geistige Anerkennung durch die Gesellschaft? Die Produkte werden (gerne) verwendet und anstrengende und schwere Arbeit, für die sich schwerer Menschen finden, erhält besonders viel materielle Zuwendung zur Gestaltung, Automatisierung und Verbesserung und auch soziale Anerkennung. Weshalb reicht nicht das direkte Feedback von Kooperationspartner*innen, Freund*innen etc., warum bedarf es einer monetären, der Arbeit gegenüber tendenziellen entfremdeten, sekundären Bestätigung in Form höherer Konsummöglichkeiten? Ist dieses Zuckerbrot-und-Peitsche-Modell dem Menschen nicht eigentlich eine Zumutung und hat seine Existenzberechtigung ausschließlich in herrschaftlichen Gesellschaften, in welchen der Behaviorismus mit seinen äußeren Anreizen und Pawlow'schen Hundeversuchen real das Leben der Menschen managt?

Der zweite Einwand: Soll der Lohn Fairness herstellen? Meines Erachtens ist eine Fairness, die auf Arbeitsleistung beruht, fundamental ungerecht: diese Leistungsfähigkeit hängt deutlich von familiären Hintergründen, psychischer Verfassung, Glück etc. ab und eben nicht von Selbstdisziplin. Und selbst wenn sie von der individuellen Disziplin abhinge, würde ich die Menschen doch nicht sekundär für ihre Selbstunterwerfung durch Konsum belohnen.[3]

---

2 In der marxistischen Tradition, in welcher wir stehen (Wertkritik), wird der Arbeitsbegriff nicht neutral verwendet, sondern bezeichnet entfremdete Tätigkeit, passend zur Wortherkunft arabeit (mhd.) = Mühsal. Dies hat auch den theoretischen Grund, eine Distanz zu den bürgerlichen Kategorien herzustellen, aber man könnte freiwillige Tätigkeit auch Arbeit nennen, um die Anstrengung und Mühsal darin aufzubewahren.

3 Diese Würdigung der Leistungsfähigkeit bzw. Meritokratie ist wirklich eine starke Tradition der Moderne: Die Französische Revolution wandte sich gegen den nicht-arbeitenden, adligen ›Parasiten‹, der Sozialismus gegen die Kapitalist*innen, aber der Nationalsozialismus gegen die nicht-arbeitenden Jüd*innen. Diese intellektuelle Tradition hat ihre objektiven Momente, wenn sie die Ausbeutung durch Adel und Kapitalist*innen ankreidet, aber schleppt dabei immer auch die Abwertung all jener mit sich, die nicht (so hart) arbeiten können, und ist somit grundsätzlich ableistisch,

Vertreter*innen von Parecon argumentieren, dass der Lohn auch notwendig sei, um die Verteilung zu organisieren. Aber einerseits könnte auch ein bedingungsloses Einkommen (abhängig von Parametern wie Anzahl der Kinder, körperlicher Behinderung etc.) verteilt werden, um Güter zu verteilen und Knappheit zu berechnen, aber dies bedarf der Reduktion gesellschaftlicher Komplexität auf eine Größe. Dies ist vereinbar mit dem Ende des Arbeitszwangs, aber aus anderen Gründen kritisch (s.u.).

7. Noch zwei weitere Einwände: Erstens existiert in sozialistischen Alternativen häufig ein Bewusstsein für die Gewalt der Arbeit und die soll über das bedingungslose Grundeinkommen abgeschwächt werden, aber genau diese Vorstellung ist fragwürdig. Ist das bedingungslose Grundeinkommen hoch genug, büßt die Gesellschaft genau jenes Kommando über die Arbeitskraft ein, die die Lohnarbeit herstellt. Darum glaube ich, dass das bedingungslose Grundeinkommen immer deutlich unter dem Lohn für eine volle Arbeitsstelle liegen muss, damit der Anreiz zur entfremdeten Arbeit hoch genug ist, um die Funktionsfähigkeit der Gesellschaft zu gewährleisten. Auch kann neben der entfremdeten, erzwungenen Arbeit nicht einfach eine unbezahlte, freiwillige Sphäre aufgebaut werden. Es stellt sich ständig die Frage, welche Arbeiten es denn ›verdienen‹, bezahlt zu werden. Letztlich haben Menschen immer einen guten Grund, für ihre Arbeit auch Lohn zu erwarten (vgl. https://keimform.de/2019/tuecken-der-belohnung/). Die Commons-Sphäre bricht neben der entfremdeten Sphäre zusammen. Entsprechend ist auch eher ein Einschwenken in die umgekehrte Richtung zu beobachten, dass also auch private Care-Arbeit entlohnt werden soll.

8. Es sei noch ein letzter Einwand genannt, der sich jedoch nicht allein gegen den Arbeitszwang richtet. Parecon insgesamt wird durch eine Unit of Account (UOA) reguliert und dies hat gefährliche Konsequenzen. In einer sozialistischen Gesellschaft können Rechengrößen drei Funktionen haben:

- Informationsgröße/ bloße Recheneneinheit: Die Recheneinheit – bspw. Arbeitszeit, Emissionen oder Energie - unterstützt die Entscheidungsfindung und hat nur informierende Funktion. (Solche Größen gibt es auch im Commonismus.)
- UOA als Optimierungs-/Entscheidungsgröße: Eine post-work/kommunistische Gesellschaft versucht bspw., Arbeitszeit und Emissionen

adultistisch und patriarchal (weil eben unbezahlte Arbeit vergeschlechtlicht und abgewertet ist).

zu sparen und optimiert über die UOA(s). Damit ›trifft‹ die Größe Entscheidungen auf vielerlei Ebenen (bspw. welche Betriebe mehr Ressourcen erhalten etc.). Hier verselbstständigt sich die Größe tatsächlich und entfaltet besondere Entscheidungsmacht. Weiterhin ist aber die Arbeitsleistung von der Konsummöglichkeit unabhängig.

- UOA als Erscheinungsform des Wert: Das wird sie nur, wenn Vergesellschaftung über Arbeit und UOA als Optimierungsgröße gemeinsam auftritt.

Schon eine UOA als Optimierungsgröße schafft große Probleme, indem sie gesellschaftliche Probleme auf eine (oder mehrere) Einheit(en) reduziert und so einen Teil der Wertlogik reproduziert. Nehmen wir einen Betrieb mit relativ hoher Arbeitszeit und durchschnittlichen THG-Emissionen. Die UOA Arbeitszeit würde nahelegen, diesen Betrieb in der Ausstattung zu benachteiligen. Vielleicht begründet sich die geringe Arbeitsproduktivität rational, dass die Arbeiter*innen entspannt arbeiten wollen oder viele behinderte Personen dort arbeiten oder ein Vogelbiotop in der Nähe geschützt wird. All diese Gründe können nicht in der UOA ausgedrückt werden und werden deshalb in der gesellschaftlichen Planung ignoriert. Die UOA reduziert die gesellschaftliche Rationalität, reduziert die Komplexität menschlicher Bedürfnisse auf eine Größe.

Im Commonismus argumentieren wir für eine Vielfalt von Rechengrößen, die die gesellschaftliche Planung begleiten. So könnten sich Commonist*innen darauf einigen, Arbeitszeit, CO_2-Emissionen, Energieinput etc. ständig mitzuberechnen und als Planungsgrundlage zu verwenden, aber wir stehen, wie gesagt, der Reduktion auf eine Optimierungsgröße skeptisch gegenüber. Gesellschaftliche Rationalität ist komplex und bedarf deshalb einer Vielzahl von Rechengrößen (vgl. Dapprich 2020 – noch lohnbasiert, aber zumindest zwei Größen).

Jenseits des Arbeitszwangs: Allen nach ihren Bedürfnissen

1. Ist Konsumtion von der Arbeitsleistung unabhängig, geht die Güterverteilung nach Bedürfnissen und nicht nach Arbeitsleistung und ist Arbeit freiwillig, so ändert sich die Gesamtstruktur der Gesellschaft. Der Tauschwert verblasst, da nur noch der Gebrauchswert Tätigkeit und Planung anleitet. Die Interessensunterschiede können direkt als Bedürfnisunter-

schiede bearbeitet werden und die Gewalt der Klassenverhältnisse und das Versprechen von Geld deformieren nicht mehr die gesellschaftliche Assoziation. Auch ist die grundlegende Deformierung des Subjekts durch die Unterwerfung unter die Lohnarbeit aufgehoben und die freie Entfaltung der Bedürfnisse ermöglicht. Das Subjekt ist nicht nur auf die konsumtiven (in kritisch-psychologischer Terminologie: sinnlich-vitalen) Bedürfnisse zurückgeworfen, sondern kann auch die produktiven Bedürfnisse[4] entfalten, und gerade diese leiten auch Tätigkeitsentscheidungen. Darum heißt es nicht nur: »Jeder nach seinen Fähigkeiten und jedem nach seinen Bedürfnissen«, sondern ›Jede nach ihren (sinnlich-vitalen und produktiven) Bedürfnissen‹.

2. Die daraus folgende Fragestellung ›Wer macht die Müllabfuhr?‹ bzw. ›Wie organisieren wir die unbeliebten Tätigkeiten‹ stellt sich dann natürlich, aber verlangt eben die menschlichste Bearbeitung dieser Fragestellung seitens der Gesellschaft: Sie muss diese Tätigkeit so organisieren, verteilen, rotieren lassen, automatisieren, gestalten, dass die Menschen diese Verantwortung gemeinsam schultern. Freiwillig tätig zu sein, bedeutet eben, zwischen »Lust und Notwendigkeit« (Kratzwald) aktiv zu sein. Ich tue etwas, weil ich darauf Lust habe, aber eben auch, weil es wichtig ist. Näheres hierzu in Sutterlütti/Meretz 2018 und Sutterlütti 2023 (tbp).

3. Wie Thomas (Stölner) aber so elegant in Diskussionen immer wieder betont: Der Handwerker, der ihm zu Hause hilft, ist für eine gleiche Bezahlung aller empfänglicher als für die Abschaffung der Entlohnung und des Geldes. Dies ist ein beliebtes Argument aus dem Transformationsdiskurs: die Utopie wird hinterfragt aufgrund des Transformationspfades, und dies ist legitim und verständlich. Doch einerseits kann dieses Argument auch auf falsche Fährten führen: Gerade die Nähe zur existierenden Gesellschaft kann eben ein Nachteil dieser gesellschaftlichen Alternative sein. Dies ist Teil meines Arguments: Gerade die Nähe von Kommandosozialismus und L-Parecon zu Kapitalismus ist gerade das Problem. Historisch konnte der Kommandosozialismus gerade deswegen keine wirkliche Alternative zur Marktwirtschaft darstellen. Und mein Argument ist, dass dies für eine lohnarbeitsbasierte Parecon auch nicht gilt. Es besteht die Gefahr, anarchistische und sozialistische Potenziale – hart formuliert – auf die Herstellung eines

4 Kritisch-Psychologisch nicht als ›Bedürfnis nach Arbeit‹, sondern Bedürfnis nach Teilhabe an der kollektiven Verfügung über die Lebensbedingungen (vgl. Sutterlütti/Meretz 2018).

aktualisierten oder reformierten Kapitalismus zu reduzieren. Andererseits gilt es, das Argument selbst infrage zu stellen: Schon 57 % der Arbeit dieser Gesellschaft ist unbezahlt (und patriarchal-kapitalistisch überformt, und denoch existiert die Care-Logik), einige Güter, gerade im globalen Norden, werden (eingeschränkt) als ›öffentliche Güter‹ nicht tauschlogisch zur Verfügung gestellt: Bildung, Medizin, Grundversorgung, digitales Wissen. Und vor allem hat gerade die Abschaffung des Arbeitszwangs ein enormes Potenzial, Begehren zu mobilisieren, auch jenseits des typischen Arbeiterbewegungssozialismus, sondern mit deutlichem Blick auf Care-Arbeit und indigene, nicht-kapitalistische (Re-)Produktionsweisen.

4. Eine tatsächliche herrschaftsfreie Gesellschaft kann nur jenseits des Arbeitszwangs organisiert sein, und eben diese Potenziale gibt es auch bei Parecon mit seiner »agnostischen« Position zu »Grundeinkommen« und öffentlichen Gütern. Aber dafür muss man sich den desaströsen Wirkungen des Arbeitszwanges und der Tauschlogik erst bewusst werden. Hierzu empfehle ich ein genaueres Studium der sozialistischen Erfahrungen des 20. Jahrhunderts.

Literatur

Dapprich, Jan Philipp (2020): Rationality and distribution in the socialist economy. Online: https://theses.gla.ac.uk/81793/8/2020DapprichPhD.pdf. Glasgow: University of Glasgow.

Gutmann, Gernot (1999): In der Wirtschaftsordnung der DDR angelegte Blockaden und Effizienzhindemisse für die Prozesse der Modernisierung, des Strukturwandels und des Wirtschaftswachstums. In: Eberhard Kuhrt (1999): Die Endzeit der DDR-Wirtschaft. Analysen zur Wirtschafts-, Sozial- und Umweltpolitik. Opladen: Leske + Budrich 1999. S. 1–60.

Kurz, Robert (1991): Der Kollaps der Modernisierung. Vom Zusammenbruch des Kasernensozialismus zur Krise der Weltökonomjie. Frankfurt a. Main: Eichborn Verlag.

Marx, Karl (1867): Das Kapital. Band 1. Marx-Engels-Werke (MEW) 23.

Stahlmann, Johanna (1990): Die Quadratur des Kreises. Funktionsmechanismus und Zusammenbruch der sowjetischen Planökonomie. In: Krisis. https://www.krisis.org/1990/die-quadratur-des-kreises/.

Vollmer, Uwe (1999): Vollbeschäftigungspolitik, Arbeitseinsatzplanung und Entlohnung der abhängig Beschäftigten in der DDR-Wirtschaft. In: Eberhard Kuhrt (1999): Die Endzeit der DDR-Wirtschaft. Analysen zur Wirtschafts-, Sozial- und Umweltpolitik. Opladen: Leske + Buderich. S. 323–374.

Winker, Gabriele (2021): Solidarische Care-Ökonomie. Revolutionäre Realpolitik für Care und Klima. Bielefeld: transcript.

Robin Hahnel[1]

Antwort auf Sutterlütti und den ›Commonismus‹

Ich schreibe als Antwort auf den Artikel von Simon Sutterlütti mit dem Titel *Parecon: Immer noch Lohnarbeit, immer noch Kapitalismus*. Ich muss zugeben, dass mich der Titel von Sutterlüttis Artikel zunächst verblüfft und beleidigt hat. In den letzten vierzig Jahren haben viele unser Modell einer *partizipatorischen Wirtschaft* aus vielen verschiedenen Gründen kritisiert, aber niemand hat unsere Vorschläge jemals einfach als »immer noch Kapitalismus« abgetan. Doch bevor ich mich dazu äußere, wo wir meiner Meinung nach tatsächlich inhaltlich übereinstimmen und wo wir vielleicht noch uneins sind, möchte ich zunächst versuchen, das Gespräch über das Beschimpfen hinauszuführen. Eine vernünftige und nützliche Definition eines kapitalistischen Wirtschaftssystems sieht meiner Meinung nach folgendermaßen aus:

1. Die Produktionsmittel befinden sich als Privateigentum im Besitz einer Minderheit der Bevölkerung, die seit Langem als Kapitalistenklasse bezeichnet wird und die Arbeiter*innen anstellt, damit sie im Austausch gegen einen Lohn das tun, was ihnen von ihren kapitalistischen Arbeitgeber*innen aufgetragen wird.

2. Es ist dadurch gekennzeichnet, dass alles – natürliche Ressourcen, Kapitalgüter, Zwischenprodukte, Endprodukte und Dienstleistungen sowie die Arbeitszeit der Arbeiter*innen – auf Märkten gekauft und verkauft wird.

Dies ist nicht nur eine vernünftige und nützliche Definition, sie wird auch nahezu allgemein anerkannt, mit Ausnahme von einigen Anarchist*innen und Maoist*innen – und jetzt offenbar auch einigen *Commonist*innen* –, die stattdessen jede Wirtschaft, die sie missbilligen, als ›kapitalistisch‹ und jede herrschende Klasse als ›kapitalistische Klasse‹ bezeichnen. In der Sprache, die alle anderen sprechen, gibt es jedoch eindeutig keine Kapitalistenklasse, der die Produktionsmittel in einer partizipatorischen Wirtschaft gehören, in der die Produktionsmittel allen und niemandem

1 Aus dem US-amerikanischen Englisch übersetzt von Thomas Stölner.

gemeinsam gehören. Außerdem wird das, was produziert wird, und ebenso wie es produziert wird, durch eine Reihe höchst demokratischer und partizipatorischer Planungsverfahren bestimmt – ein partizipatorisches und demokratisches Jahresplanungsverfahren, ein partizipatorisches und demokratisches Investitionsplanungsverfahren und drei verschiedene partizipatorische und demokratische, langfristige Entwicklungsplanungsverfahren – und ganz bestimmt nicht durch Marktkräfte und Markttausch. Eine partizipatorische Wirtschaft ist also *eindeutig nicht* kapitalistisch im Sinne des üblichen Sprachgebrauchs.

Nicht jedes Wirtschaftssystem mit einer herrschenden Klasse ist eine kapitalistische Wirtschaft. Und nicht jede herrschende Klasse ist kapitalistisch. In der Feudalwirtschaft waren die Feudalherren eine herrschende Klasse, die über eine Klasse von Bauern herrschte und diese ausbeutete. Und ja, was die jüngere Geschichte betrifft, wurden zentrale Planer*innen und Betriebsleiter*innen zu einer neuen herrschenden Klasse über die Arbeiter*innen, die sowohl in der UdSSR als auch in den osteuropäischen Nachkriegswirtschaften unterdrückt und ausgebeutet wurden. Die kommunistischen Parteien in diesen Ländern liquidierten ihre kapitalistischen Klassen, indem sie ihnen das Eigentum an den Produktionsmitteln entzogen. Und nachdem Stalin in den 1920er-Jahren seinen kurzen Flirt mit der Rückkehr zu einem Marktsystem, der sogenannten ›neuen Wirtschaftspolitik‹, beendet hatte, wurde das, was produziert wurde und wie es produziert wurde, durch ein autoritäres System bestimmt, das als zentrale Planung oder Kommandoplanung bekannt ist und über viele Jahrzehnte von einer neuen herrschenden Klasse geleitet wurde. Meine eigene Bezeichnung für diese neue herrschende Klasse in diesem neuen, nicht erstrebenswerten Wirtschaftssystem ist die Koordinator*innenklasse. Also *ja*, was die kommunistischen Parteien in der UdSSR und nach dem Zweiten Weltkrieg auch in Osteuropa schufen, war eine neue Form der Klassenherrschaft – ein nicht-marktwirtschaftliches System, in dem die Produktionsmittel dem Staat gehörten und die Märkte durch eine autoritäre Kommandoplanung ersetzt wurden, die von einer Koordinator*innenklasse von zentralen Planer*innen und Werksleiter*innen geleitet wurde, die über die einfachen Arbeiter*innen herrschten und sie ausbeuteten.

Wenn wir jedoch die irreführenden und kontraproduktiven Beschimpfungen beiseitelassen, glaube ich, dass Befürworter*innen einer partizipatorischen Wirtschaft wie ich und Anhänger*innen des ›Commonismus‹

wie Simon Sutterlütti nicht nur eine sehr ähnliche Hoffnung für die Menschheit teilen, sondern auch die Überzeugung, dass unsere Hoffnung nicht nur ein Hirngespinst ist, sondern etwas, das durchaus möglich ist. Darüber hinaus glaube ich, dass sich viele der Differenzen zwischen uns auf Meinungsverschiedenheiten darüber reduzieren, wie lange es dauern wird und was erforderlich sein wird, bis die Menschen dazu kommen, einander mehr zu vertrauen und füreinander zu sorgen, als es heute der Fall ist oder sein wird, wenn der Kapitalismus besiegt ist. Wir konzentrieren einen Großteil unserer Aufmerksamkeit auf die institutionellen Strukturen in einem neuen postkapitalistischen Umfeld, von denen wir glauben, dass sie notwendig sein werden, um eine neue gemeinsame Geschichte der gerechten Zusammenarbeit zu schaffen. Sutterlütti hingegen scheint diese institutionellen Maßnahmen für unnötig zu halten und findet sie, um eines der Lieblingswörter meiner kleinen Enkelin zu verwenden, ›eklig‹.

Unser Nachdenken über Arbeit und Kompensation wird am ausführlichsten in Kapitel 4 meines jüngsten Buches, *A Participatory Economy* (Hahnel 2022) dargelegt, wo ich die Diskussion über *Arbeit und Einkommen* wie folgt beginne:

> »Diejenigen, die über das Leben nach dem Kapitalismus schreiben, halten sich oft damit auf, wie Arbeit erstrebenswert werden kann – eine Möglichkeit für Menschen, ihre Kreativität auszudrücken, ein Mittel, mit dem wir unsere Kräfte und Potenziale voll entfalten können, eine Möglichkeit, unsere Solidarität mit unseren Mitmenschen konkret auszudrücken, indem wir Dinge herstellen, von denen wir wissen, dass sie ihnen gefallen werden, weil wir wissen, dass sie dasselbe für uns tun. Vor mehr als hundert Jahren spekulierte Karl Marx über eine Zeit, in der ›die Arbeit nicht nur ein Mittel zum Leben, sondern das Hauptbedürfnis des Lebens geworden ist‹, eine Zeit, in der ›die Unterordnung des Individuums unter die Arbeitsteilung und damit auch der Widerspruch zwischen geistiger und körperlicher Arbeit verschwunden ist‹. Wir glauben, dass die Arbeit in einer Partizipatorischen Wirtschaft sowohl anders sein als auch sich anders anfühlen wird, weil sie ganz anders organisiert sein wird. Und wir vertrauen darauf, dass, sobald die Anreize so verändert werden, dass die Suche nach neuen Technologien, die die Arbeit für alle angenehmer und interessanter machen, Vorrang hat, dies auch schnell der Fall sein wird.«

Wir teilen also sicherlich einige Überzeugungen mit den Commonist*innen über die Arbeit in einer wünschenswerten Wirtschaft. Ich möchte auch darauf hinweisen, dass die Befürworter*innen des Commonismus anscheinend auch unseren Vorschlag gutheißen, Arbeit im Sinne von Ermächtigung und Attraktivität auszubalancieren. Unsere diesbezüglichen Vorschläge zur drastischen Umstrukturierung des Arbeitslebens haben im Laufe der Jahre mehr Kritik von anderen Sozialist*innen geerntet als alle anderen Vorschläge, die wir gemacht haben. Aber wenn ich ihn richtig verstehe, stimmt Sutterlütti mit uns überein, dass: (I.) wenn einige Arbeitsplätze nur ermächtigende Aufgaben enthalten, während die meisten Arbeitsplätze nur wenige oder gar keine enthalten, die formale kollektive wirtschaftliche Selbstverwaltung schließlich zu einer Farce wird; und es (II.) nicht fair ist, wenn einige Menschen mehr unerwünschte Aufgaben übernehmen als andere.

Darüber hinaus würde es mich nicht überraschen, wenn Sutterlütti die Einwände, die andere gegen unseren Vorschlag vorgebracht haben, dass Arbeitsplätze aus Gründen der Stärkung und der Attraktivität ausgewogen sein sollten, nicht überzeugend fände, und zwar aus vielen der gleichen Gründe, die wir haben. Wir haben ausführlich auf die Behauptungen geantwortet, dass (a) Arbeitsplätze nicht ausgeglichen werden sollten, weil Talente knapp und Ausbildung sozial kostspielig ist und es daher ineffizient ist, wenn talentierte Menschen mit einer umfangreichen Ausbildung *niedere* Aufgaben erledigen; und (b) dass die Bedeutung von Fachwissen ignoriert wird, wenn alle gleichermaßen an wirtschaftlichen Entscheidungen beteiligt werden. Ich vermute, dass Sutterlütti und andere Commonist*innen weitgehend mit unserer Empfehlung übereinstimmen würden, dass jeder Versuch unternommen werden sollte, ausgewogene Tätigkeitsbündel zu erreichen – wie auch mit unserer Widerlegung von Einwänden, die andere vorgebracht haben. Kurzum, ich glaube, dass Befürworter*innen einer partizipatorischen Wirtschaft und Commonist*innen wie Sutterlütti viele Gemeinsamkeiten haben.

Ich glaube auch, dass sich unsere Meinungsverschiedenheiten weitgehend auf eine Frage des Timings reduzieren. In Kapitel vier von *Eine partizipatorische Wirtschaft* habe ich auch geschrieben:

> »Wir glauben jedoch auch, dass Aufgaben, die nicht angenehm oder an sich lohnend sind, weiterhin erledigt werden müssen. Manchmal ist es unangenehm, pünktlich zur Arbeit zu erscheinen oder länger zu bleiben, als einem lieb ist, denn die Menschen, mit denen wir arbeiten, müssen sich auf uns verlassen können. Und wir vermuten, dass es noch eine ganze Weile Aufgaben geben wird, die

niemand als *das Wichtigste im Leben* betrachtet, die aber dennoch erledigt werden müssen. Kurz gesagt, ohne der Frage vorgreifen zu wollen, wie schnell oder in welchem Ausmaß Arbeit in einer zukünftigen partizipatorischen Wirtschaft befriedigender und angenehmer werden wird, glauben wir, dass einige Arbeiten den Menschen persönliche Belastungen auferlegen werden, und deshalb gehen wir nicht davon aus, dass die Fragen, wie die Belastungen verteilt werden, was die Menschen dazu motivieren wird, Belastungen auf sich zu nehmen, und wie diejenigen, die Belastungen bei der Arbeit auf sich nehmen, entschädigt werden sollen, verschwinden werden.«

Es gibt drei Möglichkeiten, wenn der Kapitalismus gestürzt und durch ein neues und besseres Wirtschaftssystem ersetzt wird:

1. Es wird keine unangenehmen Aufgaben mehr geben, die zu erledigen sind. Maschinen werden alle Aufgaben übernehmen, die die Menschen nicht als *das wichtigste Bedürfnis des Lebens* empfinden, sodass jede*r einfach das tun kann, worauf er*sie Lust hat. Und selbst wenn einige gar nicht arbeiten wollen, werden diejenigen, die arbeiten, diejenigen, die nicht arbeiten, gerne unterstützen und ihnen die Möglichkeit geben, zu konsumieren, was sie brauchen, da diejenigen, die noch arbeiten, das tun, was ihnen Spaß macht.

2. Es wird immer noch einige unangenehme Aufgaben geben. Die Menschen werden sich jedoch leicht und gerne freiwillig bereit erklären, diese gerecht zu teilen, ohne dass es irgendwelcher formaler institutioneller Verfahren bedarf, geschweige denn irgendwelcher positiver oder negativer *materieller Anreize*.

3. Es wird immer noch einige unangenehme Aufgaben geben. Für eine gewisse Zeit werden die Menschen jedoch misstrauisch genug sein, wie diese Aufgaben unter ihnen aufgeteilt werden, sodass formale institutionelle Verfahren und positive und negative *materielle Anreize* erforderlich sein werden.

Möglichkeit Nr. 1: Nicht wenige Marxist*innen glaubten, dass sich der Kapitalismus bis zu dem Punkt weiterentwickeln würde, an dem alle unangenehmen Aufgaben automatisiert worden wären, woraufhin die Profitrate auf Null sinken würde, sodass die Kapitalist*innen nicht mehr bereit wären, Kapitalist*innen zu sein, und die Ära des Sozialismus beginnen würde, allerdings erst, nachdem die unangenehme Arbeit bereits ein Ende gefunden hätte. Andere Sozialist*innen, die nicht an die Theorie des *tendenziellen*

Rückgangs der Profitrate der kapitalistischen Krise glauben, sind stattdessen der Meinung, dass, selbst wenn die Notwendigkeit, einige unangenehme Aufgaben zu erledigen, bestehen bleibt, wenn der Kapitalismus abgelöst wird, alle diese Aufgaben schnell abgeschafft – automatisiert – werden, sobald die Arbeiter*innen, die einen Anreiz haben, dies zu tun, anstatt der Kapitalist*innen, die keinen Anreiz dazu haben, endlich das Sagen haben.

Ich glaube nicht, dass eine der beiden Versionen der Möglichkeit 1 realistisch ist. Erstens beinhaltet die Automatisierung – das Ersetzen von Arbeit durch Maschinen – keine inhärente Tendenz, die Profitrate zu senken, wie Marx durch seine *Arbeitswerttheorie* zu glauben verleitet wurde. Zweitens glaube ich, dass wir immer Menschen brauchen werden, um bestimmte Dinge zu tun, auch wenn sie lieber etwas anderes tun würden, und zwar für eine sehr, sehr lange Zeit. Das Problem des *Wer wird Dinge tun, die keinen Spaß machen* wird also nicht so schnell verschwinden. Drittens glaube ich, dass eine der Folgen der Entdeckung, dass es ökologische Zwänge gibt, darin besteht, dass unangenehme Aufgaben, die die Menschen ausführen müssen, nicht so schnell und vollständig beseitigt werden, wie es sich die Sozialist*innen einst vorstellten, da wir jetzt verstehen, was es bedeutet, auf einem Planeten zu leben, auf dem die Belastbarkeit der natürlichen Umwelt infrage gestellt ist. Oder, anders ausgedrückt: Jetzt, da *Mutter Natur* nicht mehr im Überfluss vorhanden ist, sondern *knapp* geworden ist, ist es nicht mehr klug, die Arbeitsproduktivität schneller zu steigern als die Effizienz des Umweltdurchsatzes[2] [3]. Ich glaube jedoch nicht, dass die Commonist*innen ihre Vorstellungen von Arbeit und Einkommen auf

2 Wenn eine neue Technologie es uns ermöglicht, den gleichen Output mit weniger Arbeitsstunden zu erzielen, nennen wir das eine *Steigerung der Arbeitsproduktivität.* Wir hätten dies auch als eine Steigerung der *Durchsatzleistung* der Arbeit bezeichnen können. Wenn eine neue Technologie es uns ermöglicht, die gleiche Leistung mit weniger Hektar Land zu erzielen, nennen wir das eine *Steigerung der ökologischen Durchsatzleistung.*

3 Siehe Kapitel 2 in Hahnel *Income Distribution and Environmental Sustainability: A Sraffian Approach* (Hahnel 2018) für einen formalen Beweis, dass die Bestände an *Naturkapital* nicht abnehmen, solange die Effizienz des Umweltdurchsatzes genauso schnell steigt wie die Arbeitsproduktivität. Dieses Theorem beweist, dass ökologische Ökonomen, die den *Steady State* und *Degrowth* vertreten, schlichtweg falsch liegen, wenn sie argumentieren, dass weiteres Wirtschaftswachstum zwangsläufig mit ökologischer Nachhaltigkeit unvereinbar ist. Es stimmt jedoch, dass wir, anders als zu Zeiten, als die Menschen in einer weitgehend *leeren Welt* lebten, jetzt weitere Steigerungen der Arbeitsproduktivität abmildern müssen, um mit der ökologischen Nachhaltigkeit vereinbar zu sein. Leider bedeutet dies, dass es neue Hindernisse für

Möglichkeit Nr. 1 gründen. So wie ich sie verstehe, glauben sie stattdessen an Möglichkeit 2.

Möglichkeit 2: Mein Problem mit Möglichkeit 2 ist, dass ich sie für naiv halte, sowohl was den Zeitpunkt als auch den Prozess angeht. Ich glaube nicht, dass die Menschen leicht, schnell, fröhlich und *natürlich* herausfinden werden, wie sie unangenehme Aufgaben für einige Zeit teilen können, selbst wenn der Kapitalismus durch ein neues Wirtschaftssystem ersetzt wird, das alle gerecht behandelt. Ich glaube, dass das Erbe der Geschichte der menschlichen Beziehungen zu lange zu negativ war, als dass diese Art von Vertrauen und Kommunikation über Nacht auf magische Weise entstehen könnte, wenn der Kapitalismus gestürzt wird. Wie Sutterlütti glaube ich jedoch auch, dass nach einer gewissen Zeit, in der die Menschen feststellen, dass andere endlich ihren gerechten Anteil an unangenehmen Aufgaben übernehmen – oder, wie ich es ausdrücke, dass der Nettonutzen der Wirtschaftstätigkeit für alle in etwa gleich ist –, die Art von formellen Institutionen, die wir vorgeschlagen haben und die Sutterlütti als erniedrigend empfindet und für unnötig hält, *verwelken* können, da sie nicht mehr notwendig sind.

Wie ich bereits geschrieben habe, gibt es zahlreiche Beweise dafür, dass Menschen in der Lage sind, Lasten und Erträge untereinander zu teilen, ohne auf das zurückzugreifen, was Thorstein Veblen berühmt als »ungerechte Vergleiche« bezeichnete. Aber ich halte es für naiv, die Tatsache zu ignorieren, dass die Art von Vertrauen und Solidarität, die dies erfordert, sicherlich nicht von einem der Wirtschaftssysteme gefördert wurde, die die Menschen über mehrere Jahrtausende hinweg erlebt haben, in denen eine herrschende Klasse über diejenigen, die die Arbeit verrichten, geherrscht und sie ausgebeutet hat. Vielmehr hat jedes Klassensystem – ob koordinatorisch, kapitalistisch, feudal oder sklavenhalterisch – die Menschen gelehrt, genau das Gegenteil zu erwarten und zu glauben. Es hat die Menschen gelehrt, dass sie allen Grund haben, zu glauben, dass andere sie nicht fair behandeln werden. Solange wir also keine starken institutionellen Strukturen schaffen, um faire Ergebnisse zu erzielen, sehe ich keinen Grund für die Menschen, etwas anderes zu erwarten.

---

eine rasche Verringerung der Zahl der Arbeitsstunden gibt, die wir für Aufgaben aufwenden müssen, die wir als unangenehm empfinden.

So wie ich Sutterlüttis Kritik an unseren Vorschlägen für eine partizipatorische Wirtschaft lese, läuft sie meines Erachtens auf den naiven Glauben hinaus, dass institutionelle Strukturen zur Schaffung einer neuen Realität und neuer Erwartungen nicht notwendig sein werden. Unserer Ansicht nach werden die Menschen erst dann neue Erwartungen an das Verhalten der anderen haben, wenn sie die Erfahrung gemacht haben, dass andere sie fair und solidarisch behandeln. So wie ich ihn lese, glaubt Sutterlütti stattdessen, dass das *positive* menschliche Potenzial, von dem auch wir glauben, dass es existiert, spontan und fast unmittelbar nach dem Sturz des Kapitalismus zum Vorschein kommen wird. Manchmal wirft Sutterlütti uns mit den Anhänger*innen des Kapitalismus in einen Topf, die behaupten, dass die Menschen unfähig sind, sich gegenseitig fair und solidarisch zu behandeln. Ich hoffe, ich habe deutlich gemacht, dass dies nicht der Fall ist. Wir glauben auch, dass die Menschen in der Lage sind, einander ganz anders zu betrachten und zu behandeln, als wir es in einer langen und traurigen Geschichte von Wirtschaftssystemen tun mussten, in denen eine Minderheit die Mehrheit beherrscht und ausgebeutet hat. Aber wir glauben, dass diese lange und schmutzige Geschichte ein Erbe von Zweifeln hinterlassen hat, das zu überwinden einige Zeit in Anspruch nehmen wird. Deshalb haben wir uns sehr bemüht, Vorschläge für institutionelle Strukturen und Prozesse anzubieten, um mit der Partizipatorischen Ökonomie ein neues und anderes Vermächtnis zu erzeugen. Wenn Strukturen und Prozesse der Partizipatorischen Ökonomie erst etabliert sind, haben wir, wie Sutterlütti auch, die Hoffnung, dass die Menschen ihre Angelegenheiten solidarisch regeln, ohne immer erst dazu angehalten werden zu müssen.

Literatur

Hahnel, Robin (2018): Income Distribution and Environmental Sustainability: A Sraffian Approach. London New York: Routledge.

Hahnel, Robin (2022): A Participatory Economy. Chico: AK Press.

TEIL 2

Alternative Organisationen zur Überwindung überflüssiger sozialer Herrschaft

Reinhart Kößler

Nationalstaat und Moderne[1]

Jeder Staat beruht auf Gewalt. Auch das im modernen Staat residierende Monopol legitimer Gewalt begründet ein Gewaltregime. Dies zu überwinden und das darauf gegründete Regime ad acta zu legen, liegt auf absehbare Zeit jenseits konkreter Handlungsperspektiven. Doch gerade dann tun auch Kritiker*innen dieser Regime, Anarchist*innen (in besseren Tagen dichtete Wolf Biermann: »... jeder Anarchist, egal ob Christ oder Kommunist«) gut daran, auf die Verregelung dieser Gewaltordnung zu achten (Elias 1976, Elwert 2004). Es gibt durchaus Gründe dafür, die Ursprünge des modernen Staates in einem »protection racket« (Tilly 1985) zu sehen, als Erpresserorganisation, die ansonsten schutzlos Ausgelieferten Sicherheit zu einem bestimmten Preis anbietet. Daraus lassen sich Zweifel an der historischen Legitimität dieses Arrangements begründen. Diese Zweifel können helfen, die Einsicht zu begründen, dass es sich um einen höchst gefährlichen Apparat handelt, der, soweit er nicht abgeschafft werden kann, wenigstens eingehegt werden sollte. Zugleich ist zu bedenken, dass auch das *racket*, also die kriminelle Vereinigung, die sich aus Sicht des großen Sozialhistorikers Charles Tilly zum Staat formiert hat, Schutz bietet, nur zum Preis der notfalls erzwungenen Konformität. Bildlich gesprochen: Gerade wer protestiert, hat eben ein vitales Interesse daran, dass die Polizei Namensschilder trägt – eben um die Regeln im Zweifel wenigstens rückwirkend (vielleicht) einklagbar zu machen. Gewalt wird durch Regeln eingehegt, Konflikte werden handhabbar, und wie schon Aischylos in den *Erinnyen* dargelegt hat, ist es die öffentliche Gewalt, die das Streben der Einzelnen, durch Rache Gerechtigkeit zu erzwingen an sich zieht und einhegt. Diese Gewalt muss nicht wie in der griechischen Tragödie Athene heißen, sie hat historisch viele Namen getragen. Aber die Göttin stand für die Stadt, das Gemeinwesen, das nicht zuletzt Gerechtigkeit versprach.

---

1 Der folgende Text baut auf Überlegungen auf, die vor allem Tilman Schiel in den 1980er- und 1990er-Jahren im Kontext der damaligen Bielefelder Debatte um Sicherheit angestoßen hat und die wir teils gemeinsam weiterentwickelt haben, s. Kößler & Schiel 1997.

Wie sich bald zeigen sollte, ist es bei der Gerechtigkeit mit weisen Richtersprüchen nicht getan – erst recht nicht, wenn man bedenkt, dass das Recht selbst auf Gewaltverhältnisse zurückgeht (Benjamin 1980). Hier geht es dann nicht allein um die Einhegung von Gewalt und ihre Verregelung, sondern auch um gesellschaftliche Machtverhältnisse, durch die die Form dieser Verregelung wesentlich determiniert wird. Gewalt wird nicht einfach verregelt, sondern dies geschieht auf eine bestimmte Weise, in der sich weitgehend hegemoniale Interessen durchsetzen:

> »Die Gedanken der herrschenden Klasse sind in jeder Epoche die herrschenden Gedanken, d.h. die Klasse, welche die herrschende **materielle** Macht der Gesellschaft ist, ist zugleich ihre herrschende **geistige** Macht« (Marx und Engels 1845/46: 46).

Dies gilt erst recht in modernen, staatlich verfassten Gemeinwesen.

Seit etwa 140 Jahren, spätestens im Gefolge der Berliner Afrika-Konferenz von 1884/85 und der darauf folgenden, hektischen Aufteilung des Kontinents unter die damals sich für legitim erachtenden *Mächte*, ist die bewohnbare Welt, d.h. die Landmasse außerhalb der Antarktis, staatlich organisiert – zunächst neben dynastischen und Nationalstaaten großenteils in Kolonien von Staaten Europas, Nordamerikas und Nordostasiens, nach deren Unabhängigkeit zunehmend in Nationalstaaten, wenigstens ihrem Anspruch nach. Das hat eine Reihe von Voraussetzungen und ebenso von nachhaltigen Folgen.

Zunächst gelten im internationalen System nach wie vor das im Westfälischen Frieden von 1648 etablierte System der gegenseitigen Anerkennung der Souveräne und das Territorialprinzip. Auch Despoten, die die Menschenrechte als aufgezwungenes Konstrukt des Westens beklagen, haben sich sehr selten gegen diese Prinzipien gewendet. Sie wären auch schön blöd: Schließlich bedeutet die gegenseitige Anerkennung der Souveräne, dass sie sich nicht darin einmischen, was andere Souveräne in ihrem jeweiligen Gebiet anstellen. Das Territorialprinzip wiederum fordert, dass die Souveräne ihr jeweiliges, von den anderen anerkanntes Territorium kontrollieren und dafür sorgen, dass z.B. keine Piraterie davon ausgeht oder andere Handlungsweisen, die für die Nachbarn negative Konsequenzen haben könnten. Insofern sind die Souveräne bei aller Konkurrenz und ungeachtet häufiger Konflikte auch voneinander abhängig.

1648, als das Westfälische System etabliert wurde, waren die beteiligten Souveräne konkrete Personen, in aller Regel absolute Herrscher. Knapp anderthalb Jahrhunderte später setzte eine grundlegende Wende ein: An die Stelle des Herrschers trat die Nation, nicht umsonst repräsentiert zunächst in der Vernunft, später dann in Marianne, dem deutschen Michel oder anderen, die als banalisierte Wiedergänger*innen der Athene durchgehen können. Immanuel Kant (1796: 195, 204f.) knüpfte daran große Hoffnungen: Für ihn war die Möglichkeit, den »Ewigen Frieden« über den Status eines Wirtshausschilds »auf dem ein Kirchhof gemalt war«, hinauszuheben, verbunden mit der im ersten Definitivartikel formulierten Prämisse, dass »die bürgerliche Verfassung in jedem Staate republikanisch« sei, da dann »die Staatsbürger … alle Drangsale des Kriegs über sich selbst beschließen« müssten. Kant hatte offenkundig andere Verhältnisse als die des Jahres 2023 im Auge, interessierte sich im Widerschein der Französischen Revolution auch noch nicht für die Fallstricke der repräsentativen Demokratie. Die Erwartung, dass *republikanisch*, in neuerer Diktion *demokratisch* verfasste Staaten nicht Krieg gegeneinander führen, hat sich jedoch bis in die Gegenwart gehalten.

Dabei sind diese demokratisch verfassten Staaten Nationalstaaten – nicht im Sinne einer ethnisch definierten Titularnation, wie dies häufig aufgefasst wird, sondern im Sinne eines von Staatsbürger*innen gebildeten Gemeinwesens. Diese Staaten gehören nicht mehr einer Dynastie, sondern eben diesem Gemeinwesen, der Nation. Die *Grande Nation* der Französischen Revolution sollte nun keineswegs *größer* sein als alle anderen Nationalstaaten, sondern die Kleinlichkeiten der *petites nations* im Hexagon, also der Provinzen wie Limousin, Angoulême oder Languedoc, sicher auch der Vendée, von der dann die große gegenrevolutionäre Bewegung ausging, überwinden und überspannen. Sehr bewusst schlossen diese Vorstellungen – denen, wie sich bald herausstellen sollte, der Terror keineswegs fremd war – an antike Konzepte der *res publica* und der *koinonía polititiké* an, der Versammlung der Freien und Gleichen.

Diese Formen direkter republikanischer Entscheidungsfindung waren außerhalb weniger innerschweizer Kantone nie realistisch; ihre patriarchalischen Grundannahmen wurden bald auch durch die Suffragetten-Bewegung nachhaltig angegriffen. Dennoch verweisen sie auf eine Grundannahme moderner Nationalstaaten: Die Nation wird als Gemeinschaft verstanden, freilich nicht als eine, die sich in der Versammlung physisch real darstellt, sondern als *vorgestellte*, anders gesagt virtuelle Gemeinschaft (Anderson 1983). Diese Gemeinschaft ist nicht konstituiert durch unmittelbare Beziehungen und persönliche Bekanntschaft, sondern durch Kommunikation und geteilte, über kanonische Texte vermittelte Vorstellungen und daran anknüpfende Debatten. Aus diesem Grund ist ethnische Homogenität auch kein notwendiges Merkmal der Nation und des Nationalstaates. Dafür stehen heute Nationalstaaten wie die USA oder Indien, doch auch das Frankreich von 1789 ist zu nennen, als nur eine Minderheit der Einwohner*innen Französisch sprach. Die Einigungsprozesse des 19. Jahrhunderts in Italien und Deutschland lassen sich ähnlich beschreiben.

Freilich hängt die vorgestellte Gemeinschaft keineswegs in der Luft; *imaginiert* ist nicht dasselbe wie *imaginär*: Das Versprechen der *Fraternité*, anders der Solidarität, in dem berühmten Dreigestirn der Französischen Republik und der ihr nachfolgenden Konzepte – *Liberté, Égalité, Fraternité* – enthält für die Bürger (erst nach langen Kämpfen auch für die Bürgerinnen) der Republik materielle Garantien, die sich allerdings auch in Frankreich nach hoffnungsvollen Anläufen zunächst als brüchig erwiesen. Seit dem späten 19. und zumal in der zweiten Hälfte des 20. Jahrhunderts wurden jedoch in den meisten metropolitanen kapitalistischen Gesellschaften staatlich garantierte Solidarfonds geschaffen, durch die die großen Lebensrisiken – Krankheit, Arbeitslosigkeit, Arbeitsunfähigkeit und Alter – wenigstens minimal abgesichert wurden. Auch wenn diese seit Bismarck in Deutschland oder seit Beveridge in Großbritannien, aber auch in Frankreich und in Ansätzen in den USA, erst recht in Skandinavien institutionalisierten Garantien unter neoliberalen Vorzeichen gerade auch gegenwärtig infrage gestellt werden, unterfüttern sie doch die Super-Gemeinschaft (Tilman Schiel; s. Kößler und Schiel 1997) der Nation mit einer materiellen Substanz. Die Herrschaft hat den Beherrschten hier etwas zu bieten.

In der Realität nimmt die dahinter stehende gegenseitige Anerkennung der Freien und Gleichen zumeist die Gestalt einer von viktorianischen Vorstellungen inspirierten Sozialpolitik an, nach der die Armen, auch die *deserving poor*, zuallererst diszipliniert und zur Arbeit verpflichtet werden müssen (vgl. auch Sachße und Tenstädt 1986). Sokrates beanspruchte für das, was er für die Athener getan hatte – sein Denken und Reden – die lebenslängliche Speisung im *Prytaneion*, also genau eine materielle Anerkennung für eine immaterielle, nicht auf dem Markt handelbare Leistung. Bekanntlich wurde ihm diese Anerkennung verweigert und er wurde zum

Schierlingsbecher verurteilt. Heute kreist die Debatte um ein bedingungsloses Grundeinkommen um genau diese Fragen: die Anerkennung von Arbeiten und Lebensformen, die außerhalb des Lohnnexus und nicht unter den damit einhergehenden Kontrollmechanismen stehen (Elson 1988).

Doch gerade auch ein bedingungsloses Grundeinkommen wäre aller Wahrscheinlichkeit nach nur auf Staatsbürger*innen beschränkt. Diese Eingrenzung verweist ebenso wie bereits realisierte sozialstaatliche Institutionalisierungen auf den exkludierenden Charakter des Nationalstaates. Solche Exklusionen gehen unweigerlich mit Inklusion einher, als die Sozialstaatlichkeit gelesen werden kann, zumal wenn sie bürgerliche Rechte erweitern und unterfüttern soll (Marshall 1950). Die Dialektik der Grenze, die mit dem Übergang zu linearen Grenzen (*borders*) gegenüber früheren Grenzsäumen (*frontiers*) (Giddens 1985: 49ff) pointiert und durch das Territorialprinzip, d.h. den Anspruch auf zuverlässige Kontrolle des Staatsgebiets, radikalisiert wird, enthält die Tendenz zur klaren und rigiden Unterscheidung zwischen denen, die mit Rechten und Ansprüchen dazugehören, und denen, die solche Ansprüche nicht erheben können. In den Staaten, in denen der industrielle Kapitalismus seinen Anfang nahm, waren das 19. und 20. Jahrhundert erfüllt von Kämpfen um solche Rechte und Ansprüche. Dazu gehörte das Recht auf Freiheit, auf die Verfügung über die eigene Person, die auch für Männer keineswegs so allgemein gegeben war, wie die Rede vom »freien Lohnarbeiter« es nahelegt (Gerstenberger 2016), weiter Kämpfe um Koalitionsfreiheit und um staatsbürgerliche Rechte, zumal um das Wahlrecht. Sehr bald zeigte sich, dass diese Rechte ebenso wie die personalen Menschenrechte inhaltsleer sind, wenn sie nicht durch substanzielle Garantien unterlegt sind. Hier greifen soziale Sicherheitssysteme, die staatlich garantierten Sozialfonds (T.H. Marshall 1950), aber auch die sozialen und kollektiven Menschenrechte ebenso wie der Internationale Pakt über wirtschaftliche, soziale und kulturelle Rechte (Internationaler Pakt 1966). Obwohl nun die Absicherung der großen Lebensrisiken auch in Deutschland großenteils – wie etwa Arbeitslosen- oder Rentenversicherung – nicht an Staatsbürgerschaft oder Residenz, sondern an die aktive Teilnahme am Arbeitsmarkt gebunden und allerdings staatlich administriert und garantiert ist, erscheinen diese Garantien weithin als Ausfluss der Staatsbürgerschaft. Dies löst zumal in Phasen eines intensivierten Migrationsgeschehens heftige Abwehrreflexe und das Bestreben nach Ausschluss vorgeblich nicht Zugehöriger aus.

Die Identifikation mit der vorgestellten Gemeinschaft, der Nation, beruht demnach nicht zum wenigsten aus den materiellen Garantien, die diese bietet – recht unabhängig davon, wie diese Garantien einmal zustande gekommen sein mögen, ob als Ergebnis sozialer Kämpfe, als taktisches Zugeständnis oder etwa aufgrund staatlicher Sorge um die Rekrutenbasis. Wichtig ist hier, dass soziale Rechte – auch Ansprüche und Erwartungen im Kontext von Nationalstaaten häufig Ausschlussmechanismen gegenüber Migrant*innen und Minderheiten zur Konsequenz haben, etwa in Deutschland 2015/16 oder seit Mitte der 2000er-Jahre immer wieder in Südafrika (Njamnjoh 2019).

Demnach beschränkt sich die Sicherheit, die der Nationalstaat verspricht, keineswegs auf die militärische Garantie der Souveränität gegenüber Angriffen, wie dies neuerdings wieder reklamiert wird. Vielmehr geht es um die Verknüpfung verschiedener Dimensionen von Sicherheitsgarantien, die dann auch die militärische Verteidigung motivieren können. Diese kann dann als Steigerung der Ausschlussmechanismen verstanden werden – aktuell zu beobachten in der Ukraine, wo die russische Aggression zu Reflexen des Ausschlusses von als russisch definierter Literatur und Musik geführt hat.

Diese Identifikationsprozesse gegenüber der Nation und ihrem Staat sind auch in anderer Weise materiell unterfüttert: Der moderne Staat ist undenkbar ohne spezifische Veränderungen in der Finanz- und Militärverfassung. Die durch den Westfälischen Frieden (1648) im westlichen Europa etablierte Ordnung der einander anerkennenden, aber in kontinuierliche Konflikte verwickelten dynastischen Souveräne führte zur Aufstellung großer stehender Heere, die immer gewaltigere Ressourcen banden (Krippendorff 1985). Im paradigmatischen Fall Frankreichs war die damit einhergehende Staatsverschuldung der Auslöser einer Krise, die das Ende des Absolutismus einleitete: Die nach langer Pause wieder einberufenen Stände beanspruchten mit der Steuerhoheit letztlich die Ausübung der Souveränität. Nicht viel anders war anderthalb Jahrzehnte zuvor der Ausgangspunkt der Amerikanischen Revolution begründet: »no taxation without representation«. Mit der Staatsschuld verbunden war die Enteignung des Staates, der sich nicht mehr aus Domänen und Regalien finanzieren konnte, sondern sich in erster Linie auf die von der Staatsbürgerschaft erbrachten Steuern stützt(e) (Goldscheid 1976). Dies begründete nicht nur den Anspruch der Steuerzahler – auf die zunächst staatsbürgerliche

Rechte weitgehend beschränkt waren – auf die Entscheidungskompetenz über die Verwendung der Mittel, sondern zugleich die Ausbettung des Staates: Zumindest formal ist die moderne Bürokratie nicht abhängig von persönlichen Gnadenerweisen und Verpflichtungen, sondern entscheidet nach objektiven – freilich keineswegs gesellschaftlich neutralen – Kriterien. Die herrschende Klasse ist keine unmittelbar regierende Klasse. Umso eher kann die Bürokratie im Interesse des Gesamtsystems oder des ideellen Gesamtkapitalisten agieren und bei Bedarf dieses Interesse auch gegen einzelne Kapitalist*innen durchsetzen. Freilich soll man sich nicht täuschen: In der Wirklichkeit weicht gerade auch die Bürokratie nicht selten vom Idealtyp (nicht Idealbild!) ab. Es ist ein verbreiteter Irrtum der Linken, dass alles, was staatlicherseits geschieht, glasklar das Kapitalinteresse ausdrücke. Irrationalität stellt immer eine reale Möglichkeit dar. Dabei kommt es natürlich auf die Kriterien solcher Rationalität an. Wenn aber etwa Regelungen zur Absicherung von Häusern gegen Erdbebenschäden mehr oder weniger systematisch missachtet werden – wie jüngst wieder tragisch deutlich wurde am Erdbeben im Südosten der Türkei –, so nützt dies gewiss einzelnen, aber schwerlich der Gesamtheit der Kapitaleigner*innen.

In diesen Kontext lässt sich auch die Schaffung der erwähnten staatlich garantierten Solidarfonds weiter einordnen. Diese, ebenso wie andere Arbeitsschutzbestimmungen, dienten nicht allein der sozialen Sicherheit der Lohnabhängigen, sondern auch der sozialen Kohäsion, der Absicherung gegen explosive soziale Bewegungen, wie sie 1848 in der Junischlacht in Paris klar hervorgetreten waren, eben in Verteidigung der Nationalwerkstätten, die der Sicherung des Lebensunterhalts des Pariser Proletariats und damit der tendenziellen Aufhebung der proletarischen Lage gedient hatten. Diese Errungenschaft der Februarrevolution wurde nicht umsonst schnell und blutig zunichtegemacht. Sie kann aber als Vorschein einer gesellschaftlichen Solidarität gesehen werden, die den Lohnnexus selbst konterkariert, anstatt lediglich seine ärgsten Folgen abzufedern. Bis in die neueste Zeit markiert gerade dies die Grenze staatlicher Sozialpolitik, die auf die »stets drohende Peitsche der ›Arbeitslosigkeit‹« (Weber 1988: 127) angewiesen bleibt. In diesem Rahmen aber lassen sich sozialstaatliche Vorkehrungen als Durchsetzung einer Systemrationalität gegenüber den Interessen gerade auch der Einzelkapitalien verstehen.

Das Streben nach Kohäsion orientiert sich demnach einerseits an materieller Absicherung, andererseits an Ausschlussmechanismen, die wesentlich in der viktorianischen Ideologie von den vorgeblich arbeitsscheuen Armen – in globalisierter Form der »faulen Eingeborenen« (Alatas 1977) – gründen. Damit rückt erneut die Grenzziehung in den Blick, die für den Nationalstaat unverzichtbar ist. Das gilt, ganz gleich, ob Staaten sich auf eine womöglich ethnisch definierte Nation berufen oder ob ein Verbund von Staaten – wie heute die Europäische Union – diese Ausschlussmechanismen exekutiert. Zur Erinnerung: Betrachtet man staatsbürgerliche Rechte, so war diese Grenze nicht immer allein territorial, sondern lange Zeit auch sozial kodiert. Das allgemeine Wahlrecht hat das in der Weise geändert, als Rechte im Rahmen der Staatsangehörigkeit formal nicht mehr mit Klassenzugehörigkeit einhergehen, wobei jedoch solche Diskriminierungen gerade in Deutschland für Migrant*innen großenteils fortbestehen.

All dies hängt mit der Identifikation des *Volkes* mit dem Staat zusammen. Wie gesagt, der Staat gehört nicht mehr der Herrscherdynastie, sondern dem Volk, und das ist zweifellos ein großer Fortschritt. Seitdem dieser Schritt beispielhaft von der Französischen Revolution vollzogen wurde, sind jedoch Widersprüche deutlich geworden. Diese betrafen zunächst Ausschlüsse: Frauen, Sklaven in den Kolonien, Arme. In Teilen wurden diese Ausschlüsse bearbeitet, vor allem durch die Ausdehnung des Wahlrechts und nicht zuletzt in Form der Kämpfe gegen Sklaverei, allen voran die Revolution in der damaligen französischen Kolonie Haiti, die erfolgreich die von der Französischen Revolution proklamierten Menschenrechte einforderte. Freilich zeigt diese Auflistung zugleich, dass die Eroberung formaler Rechte nur begrenzt mit materiellen Veränderungen der Lebensumstände einherging, geschweige denn mit einer Infragestellung der Klassenverhältnisse, wie dies die englischen Chartist*innen erwartet hatten.

Soweit in den großen, wegweisenden Revolutionen von 1776 in Nordamerika und 1789 in Frankreich das *Volk* auftrat, war dies jedenfalls keineswegs ›ethnisch‹ bestimmt. So konnte der anglo-amerikanische Republikaner Thomas Paine in die *Assemblée Nationale* einziehen, weil seine Loyalität einer vorab politisch verstandenen Nation galt. Seit dem frühen 19. Jahrhundert setzte vor allem die deutsche Romantik dieser politischen, in der späteren Diktion von Ernest Renan (1882) der *Willensnation*, die auf dem täglichen Plebiszit der Bürger*innen beruht, die *Kulturnation* entgegen, die sich auf die Gemeinsamkeit der Sprache und letztlich auch einer fiktiven Abstammung berief. Das änderte aber nichts an der grundlegenden »Formel ›Nation ist gleich Staat ist gleich Volk‹« (Hobsbawm 1991: 30):

Auch wenn die Unterscheidung zwischen der Vorstellung der Nation als weitgehend fiktiver ethnischer Gemeinschaft und eines primär auf bewusster Willensoption beruhenden, vorab politischen Zusammenhangs in ihrer Bedeutung kaum zu überschätzen ist, so ändert dies nichts daran, dass die Nation in erster Linie und im gesamten Zeitraum ihrer Existenz in der Moderne vorab in Form des Staates aufgetreten ist.

Die Normalisierung dieses Zustandes, des Ineinsfallens von Nation und Staat, zunächst in Europa, später auch in der postkolonialen Welt, bedeutete zunächst, dass die National-Staaten in die Position der Souveräne des westfälischen Systems einrückten: Die gegenseitige Anerkennung impliziert weiterhin das Territorialprinzip, das nach außen gewendet auch die gegenseitige Garantie der Souveräne impliziert, das eigene Gebiet zu kontrollieren und damit zugleich Übergriffe auf die Nachbarterritorien zu unterbinden – in gewisser Weise ein System kollektiver Sicherheit der Souveräne auch gegenüber Dissidenten. Gerade in dieser Hinsicht zeigt sich zugleich, dass der republikanische Staat als Erbe seiner dynastischen Vorläufer auch in die von diesen geschaffenen nach außen wie nach innen gerichteten Gewaltverhältnisse eingetreten ist.

Die Vorstellung davon, was das *Volk* sei, bewegte sich im Verlauf des 19. Jahrhunderts zusehends in die Richtung einer ethnisch bestimmten Identität. In Europa wurde dies mit der italienischen und der deutschen Einigung sowie den nationalen Bewegungen im östlichen Europa dominant. Zugleich wurden die Prinzipien moderner Staatlichkeit durch die gewaltsame globale Expansion Westeuropas sowie Nordamerikas global verallgemeinert. Die Kolonisierungswelle im letzten Drittel des 19. Jahrhunderts war nichts anderes als die universelle Ausbreitung des modernen Staates. Dies betraf auch Territorien, die keiner formalen Kolonisierung unterlagen: Anstrengungen zur ›Selbststärkung‹ zielten auf die Erhaltung der Eigenständigkeit, letztlich im Rahmen des durch moderne Staatlichkeit vorgegebenen Bezugsrahmens von Territorialprinzip und Solidarität, regelmäßig verbunden mit dem Versuch zum Aufbau eines an westlichen Vorbildern orientierten Militärs. Im Fall Japans gelang dies in überwältigender Weise, eine Reihe anderer Fälle endeten in halbkolonialen Situationen oder auch in formeller Kolonisierung. In einer Dimension aber unterschieden sich die Ergebnisse dieser sichtlich sehr unterschiedlichen Verlaufsformen nicht wesentlich: in der Etablierung moderner Staatlichkeit. Die Konsequenzen reichen, wie nach den großen Entkolonisierungswellen, die auf den Zweiten Weltkrieg folgten, zu sehen ist, noch weiter: Gerade auch postkoloniale Staaten folgen bei allen Unterschieden und auch durch Krisen hindurch der Logik dieser modernen Staatlichkeit. Das Reden vom Scheitern von Staaten, von ihrer Desintegration, verstellt den Blick darauf, dass diese Staatlichkeit und ihre Durchsetzung wie im gesamten Verlauf ihrer Geschichte auf unterschiedliche gesellschaftliche Interessen und unweigerlich auch auf Widerstand stoßen. Genau hier setzt die Mobilisierung vorgeblich primordialer Loyalitäten, in erster Linie auf Ethnizität sich berufender Zusammenhänge ein.

Man könnte dies bis auf die Anfänge der deutschen Nationalbewegung zurückverfolgen. Die ›Franzosenzeit‹ d.h. die Einbeziehung großer Teile des westlichen und nördlichen Deutschlands in das napoleonische Kaiserreich und die Reorganisation der meisten übrigen Territorien im Rheinbund unter französischer Hegemonie, hatte große rechtspolitische Veränderungen mit sich gebracht. Das in den linksrheinischen Gebieten und Teilen des Rheinbundes dauerhaft durchgesetzte, in Frankreich formulierte positive Recht traf während der Restaurationszeit auf ebenso vehemente wie aufschlussreiche Kritik, allen voran des Begründers der Historischen Rechtsschule Friedrich Carl von Savigny. Er wandte sich nicht nur gegen die Vorstellung eines den Staat begründenden Gesellschaftsvertrags, sondern auch von gesatztem Recht. Rechtsinstitutionen seien vielmehr »hervorgebracht von der höhern Natur des Volkes als eines stets werdenden, sich entwickelnden Ganzen« (Savigny 1815, S. 3–5). Daraus ergebe sich eine Kontinuität des Rechts als Ausfluss eines »unauflösliche(n) organische(n) Zusammenhang(s) der Geschlechter und Zeitalter« (1892, S. 68/1814, S. 112 f.). Dementsprechend wurde die Geschichte der Nation in Deutschland mindestens bis auf Hermann den Cherusker und die Varusschlacht im Jahr 9 unserer Ära zurückgeführt. Das war gewiss nicht auf Deutschland beschränkt. Selbst in Frankreich, dem Hort der politischen Nation, spielten die Gallier als Bezugspunkt einer konstruierten Nationalgeschichte jetzt eine wichtige Rolle. Solche Bezüge hatten dort eine große Bedeutung, wo – wie in Italien und Deutschland – die emphatisch betriebene Einigung real bestehende Divergenzen nicht zuletzt in der Sprache notfalls auch gewaltsam überwölbte. Auch in dieser Epoche wurde Nation freilich anders gedacht, vor allem in den USA, wo sich längst nicht alle auf die Pilgerväter berufen konnten und die Siedlungsgeschichte den Bezug auf regional begründete Mythen wie die Revolution im späten 18. Jahrhundert, auf die Verfassung, nicht zuletzt aber auf die Projektion des Siedlungsprozesses in die Zukunft erforderte, im *Manifest Destiny*, das die reale Kolonisierung und Siedlung bis zur Pazifikküste vorwegnahm. Die nationalen Mythen legitimierten die Einheit der Nation und erzählten zugleich von ihrer Vortrefflichkeit, auch im Vergleich zu anderen, konkurrierenden Nationalstaaten.

Frühzeitig waren die europäischen Nationalstaaten in überseeische Geschäfte involviert, deren Wurzeln deutlich vor die Epoche der Revolutionen zurückreichten. Die industrielle Revolution veränderte aber auch die Bedeutung der vorhandenen Kolonialverhältnisse und forcierte deren Expansion. Zum einen wurde nun eine internationale Arbeitsteilung etabliert, unter der die sich herausbildenden, industriekapitalistischen Regionen die von anderen Weltteilen bereitgestellten Rohstoffe absorbierten und zugleich dort Märkte suchten – zunächst vor allem für billige Baumwollstoffe, die anderswo die entsprechende handwerkliche Produktion zerstörten. Fast zeitgleich nahm die Emigration aus Europa nie gekannte Ausmaße an. Dies verlieh der europäischen Siedlungskolonisation ebenfalls eine neue Dynamik. Neben Amerika mit dem Schwerpunkt auf der Expansion der USA nach Westen erfasste sie vor allem Australien und Teile Afrikas. Neben die britische Herrschaft in der Kapkolonie traten hier sukzessive seit 1830 Frankreichs Expansion in Algerien, die Ausbreitung der britischen Herrschaft im Süden Afrikas, Italiens in Eritrea und später in Libyen sowie Deutschlands im heutigen Namibia. Ungeachtet der Zustände im sich vorwärts bewegenden Grenzsaum, wo die *frontier* vorübergehend neu aktualisiert wurde, bedeutete dies eine forcierte Expansion staatlicher Herrschaft. Die Siedlungsexpansion bedingte zugleich eine auch gegenüber anderen Formen der Kolonisation forcierte und in unterschiedlichem Maß, jedoch regelmäßig staatlich unterfütterte Enteignung, Entrechtung und oft genug die physische Eliminierung der Indigenen. Gerade in diesen, in einigen Fällen bis zum Völkermord reichenden Situationen entfaltete daher die mit dem modernen Staat verbundene Verregelung von Gewalt ihren Schutz allein für die Privilegierten, während die Ausgeschlossenen der Gewalt Privilegierter ausgeliefert wurden. Giorgio Agamben (2002) hat diese Verweigerung jeglichen Schutzes in den Begriff des *homo sacer* gefasst. Damit sind reale und in Völkermorden bis hin zum Holocaust realisierte Möglichkeiten des modernen Staates bezeichnet.

Die Verschränkung kolonialer Expansion mit der universellen Durchsetzung des Territorialprinzips wird besonders deutlich am Ergebnis der

Berliner Afrika-Konferenz 1884/85, auf der die *Mächte* ohne jegliche afrikanische Beteiligung die Prinzipien festlegten, nach denen in der Folge die Aufteilung des Kontinents vonstattenging. Zentral für den kolonialen Anspruch war danach der Nachweis der *tatsächlichen Inbesitznahme* (*effective occupation*), d.h. die wirksame Projektion moderner staatlicher Macht. In Wirklichkeit haben koloniale Staaten dieser Forderung längst nicht immer und überall entsprochen, und es ergab sich ein despotisches Regime mit terroristischen Potenzialen, das jedoch räumlich wie zeitlich lückenhaft blieb und damit Subalternen auch Chancen des Widerstands bot.

Die Universalisierung moderner Staatlichkeit war in dieser Weise gleichbedeutend mit der fortgesetzten territorialen Ausdehnung der Herrschaftsbereiche moderner Staaten, die eben auch Kolonien einschlossen. Diese Expansion betraf freilich auch in Amerika die Vernichtung jeglicher Autonomie Indigener im Norden, mit der Konsolidierung und Ausdehnung des effektiven Herrschaftsbereichs, aber auch analoge Prozesse im Süden des Doppelkontinents. Der Widerstand, den die Mapuche im Süden des heutigen Chile über Jahrhunderte hinweg erfolgreich der weiteren Expansion der spanischen Herrschaft entgegengesetzt hatten, wurde von der unabhängigen Republik soweit besiegt, dass die formelle Eingliederung des Territoriums gelang, dauert aber als hartnäckiger Kampf gegen die Inwertsetzung und ihre Folgen bis heute an (Kaltmeier 2022).

Bei allen gravierenden Unterschieden nahm die Unabhängigkeit, die die einstigen Kolonien in Amerika im späten 18. und frühen 19. Jahrhundert erlangten, doch in einem wesentlichen Punkt die Erfahrungen vorweg, für die seit Mitte des 20. Jahrhunderts postkoloniale Staaten stehen. Sie alle fügten sich selbst, ungeachtet divergierender und teils einander widerstreitender gesellschaftlicher Projekte, in das etablierte System der einander anerkennenden und garantierenden Staaten ein. Gerade nach langen und harten Kämpfen um die staatliche Unabhängigkeit beharren Regierungen postkolonialer Staaten auf Souveränitätsrechten und staatlicher Einheit, auch angesichts offenkundiger Diversität (Kößler 2019, 2021, 2022). Allerdings verschränken sich diese Widersprüche mit anderen Prozessen, dem Kampf um den Zugang zu staatlichen Ressourcen und Machtpositionen (Southall 2013).

Moderne Staaten unterscheiden sich untereinander in vielerlei Hinsicht. Sie unterliegen aber den hier umrissenen Zwängen: Ihre Legitimität erfordert nach innen eine minimale Garantie an Sicherheit für die

Staatsbürger*innen, sowohl gegenüber physischer Gewaltanwendung (die freilich immer eine Drohung vonseiten des Staates selbst bleibt), also im Sinne des *protection racket*, als auch von Garantien der Mittel zum Überleben. Wo dies nicht gegeben ist, erodiert jener hegemoniale Konsens, der zur Sicherung von Herrschaft mindestens auf mittlere Sicht unerlässlich ist. Nach außen ist eine minimale Kontrolle des eigenen Territoriums Voraussetzung der effektiven Anerkennung als Souverän, was die Respektierung dieses Territoriums und seiner Grenzen einschließt. Die bezeichneten Garantien haben sich im Lauf der letzten zwei Jahrhunderte wesentlich ausgeweitet, man denke nur an die *kritische Infrastruktur*, die weit über den Globalen Norden hinaus für große Gruppen, meist übergroße Mehrheiten, zur Voraussetzung ihres Überlebens geworden ist.

Wie eingangs bereits bemerkt – dieser Staat ist ein höchst gefährliches Instrument, zumal seine Funktions- und Handlungsweisen alles andere als neutral, sondern interessengeleitet sind. Allein, die heutigen Menschen sind in die Existenz dieses Leviathans so verstrickt, dass sie kaum zu wünschen wagen, ihn los zu sein – und da, wo er kollabiert, wird er in aller Regel zurückgewünscht. Gewiss ist etwas dran an Bert Brechts *Gleichnis des Buddha vom brennenden Haus*, wo es am Schluss heißt: »... daß wir denen, die/Angesichts der heraufkommenden Bombenflugzeuggeschwader des Kapitals noch allzulang fragen/ ... was aus ihren Sparbüchsen und Sonntagshosen werden soll nach einer Umwälzung/nicht viel zu sagen haben« (1967: 666). Es stellt auch ein Risiko dar, die notwendige Umwälzung zu fürchten, weil sie existenzielle Gefahren bringt. Doch der Grad an Komplexität, den die Moderne hervorgebracht hat, schlägt gerade auch auf das Denken und Anstreben von Alternativen durch. Nicht zuletzt wissen wir aus den Erfahrungen des 20. Jahrhunderts, dass unmittelbare, d.h. nicht durch Tausch und Äquivalente, also Märkte, hergestellte Zusammenhänge nicht notwendig die frei assoziierten Produzent*innen in ihr Recht setzen, sondern die reale, erfahrene Möglichkeit zur Entstehung despotischer Herrschaft enthalten (Kößler 1993). In ideengeschichtlicher Perspektive müssen sich diese ernsten Rückfragen an Bakunin ebenso wie an Marx richten. Wir befinden uns daher im Hinblick auf den Staat in einer ähnlichen Lage, wie sie Max Weber (1963: 203) mit der Wendung vom »stahlharten Gehäuse« für den Kapitalismus beschrieben hat. Voluntaristische Sprünge erscheinen wenig erfolgversprechend, wären sie denn, entgegen dem Augenschein, strategisch realistisch. Daher ist es umso wichtiger, wachsam den

Staat einzuhegen, zu kontrollieren und seinen Exzessen, die sich nicht in Polizeigewalt erschöpfen, entgegenzutreten.

Ganz aktuell zeigt sich die Verstrickung nicht nur in Strukturen staatlicher Herrschaft, sondern im Denken in Kategorien des Staates in den nicht wenigen Versuchen, dem medial vorherrschenden Bellizismus nach der Aggression Russlands auf die Ukraine sinnvolle Argumente entgegenzusetzen. Die weitgehend marginalisierten Wortmeldungen von Gruppierungen und Einzelpersonen, die sich auf *die Friedensbewegung* berufen, legen allzu oft den Schwerpunkt ihrer Argumentation auf die Konsequenzen der Politik der USA und der NATO nach den Umbrüchen von 1989/91, insbesondere auf die Osterweiterung des Militärbündnisses und die damit einhergehende Verletzung der *Sicherheitsinteressen* Russlands. Das ist immanent nicht falsch, und es werden dafür Kronzeugen wie George F. Kennan oder Egon Bahr genannt – sicher keine Kritiker, sondern Akteure staatlichen Handelns. Im Grunde entspricht dieses Denken der realistischen Schule der internationalen Beziehungen: Staaten agieren auf einem Schachbrett der internationalen Politik, das aufgrund des Fehlens eines Erzwingungsstabes für die Einhaltung der Regel gerne als ›Anarchie‹ gekennzeichnet wird. Daraus ergibt sich im konkreten Fall, dass für Groß- und Supermächte Machtsphären, oft auch als ›Hinterhof‹ bezeichnet, definiert werden, die diese Mächte gegenseitig zu respektieren haben. Viele erinnern sich an Aktionen, den Hinterhof der USA vor allem im südlichen Amerika zu kontrollieren. Wer Interventionen gegen Chile, Grenada oder Nicaragua – um nur diese drei zu nennen – kritisiert hat (und aktuell etwa der Venezuela-Politik des *Westens* kritisch gegenübersteht), wird aber nicht einfach Russland eine Einflusssphäre im östlichen Europa zusprechen können – womöglich mit dem Argument, dass diese Territorien einmal zur Sowjetunion und noch früher zum Zarenreich gehört haben. Solches Denken hält daran fest, Staaten als Schachfiguren zu verstehen, die sonst aber als *Black Box* behandelt werden. D.h. ihre inneren Verhältnisse, ihre gesellschaftliche Dynamik kommen in diesem Denken kaum vor. Damit trifft es sich mit dem bellizistischen Denkstil, der in der aktuellen Konfrontation so weit geht, russischen Deserteuren Asyl und sonstigen Schutz zu verweigern.

Gerade in solchen fatalen Situationen, wie wir sie aktuell beobachten müssen, ist Kritik auf die utopische Funktion verwiesen: »Denken heißt Überschreiten«, was für Ernst Bloch die Chance der *docta spes*, der belehrten Hoffnung bedeutete, das gerade Gegenteil blinder Zuversicht, auf die uns manche *anchor men* im Fernsehen verweisen wollen. Es muss in dieser Perspektive darum gehen, nach möglichen Bündnissen zu fragen, nach Möglichkeiten, die – wenn auch schwache – Opposition gegen die Kriegspolitik, den Expansionismus oder den rabiaten Nationalismus, der so weit geht, Lev Tolstoj aus den Lehrplänen und von Straßenschildern zu verbannen, weil er ja Russe war, zu stärken und sich mit ihr zu verbinden. Nicht zuletzt sollte der Schriftsteller uns auf einen nach ihm benannten Ashram in Südafrika verweisen, Tolstoy Farm, 1910 gegründet von M.K. Gandhi, einem der wirkmächtigsten Anarchisten, dessen Praxis immer wesentlich helfen kann, über das schlechte Bestehende hinauszudenken und hinauszuhandeln.

Literatur:

Agamben, Giorgio (2002): Die souveräne Macht und das nackte Leben. Frankfurt am Main: Suhrkamp.

Alatas, Syed Hussein (1977): The Myth of the Lazy Native. A study of the image of the Malays, Filipinos and Javanese from the 16th to the 20th century and its function on the ideology of colonial capitalism. London: Cass.

Anderson, Benedict (1983): Imagined Communities. Reflections on the Origins and Spread of Nationalism. London: Verso.

Benjamin, Walter (1980): Zur Kritik der Gewalt. In ders., Gesammelte Schriften II.1, Frankfurt am Main: Suhrkamp, S. 179–203.

Brecht, Bertolt (1967): Gesammelte Werke 9. Gedichte 2. Frankfurt am Main: Suhrkamp.

Elias, Norbert (1976): Über den Prozeß der Zivilisation. 2 Bde., Frankfurt am Main: Suhrkamp.

Elson, Diane (1988): Market Socialism or Socialising the Market, New Left Review 172, S. 3–44 http://digamo.free.fr/elson88.pdf (18.2.2023)

Elwert, Georg 2004: Anthropologische Perspektiven auf Konflikt. In: Julia Eckert (Hg.), Anthropologie der Konflikte. Georg Elwerts konflikttheoretische Thesen in der Diskussion. Bielefeld: transcript, S. 26–28 file:///C:/Users/r-koe/Downloads/10.1515_9783839402719-001.pdf (18.2.2023)

Gerstenberger, Heide (2016): Markt und Gewalt: Die Funktionsweise des historischen Kapitalismus. 2. korr. Aufl. 2018. Münster: Westfälisches Dampfboot.

Giddens, Anthony (1985): The Nation State and Violence. Volume Two of A Contemporary Critique of Historical Materialism. Cambridge: Polity.

Goldscheid, Rudolf (1976): Finanzwissenschaft und Soziologie. In: Rudolf Hickel (Hg): Rudolf Goldscheid und Josef Schumpeter, Die Finanzkrise des Steuerstaates.

Beiträge zur politischen Ökonomie der Staatsfinanzen. Frankfurt am Main: Suhrkamp

Hobsbawm, Eric (1991): Nationen und Nationalismus. Mythos und Realität seit 1789. Frankfurt am Main & New York: Campus.

Internationaler Pakt (1966): Internationaler Pakt über wirtschaftliche, soziale und kulturelle Rechte vom 19. Dezember 1966 (BGbl 1976 II 428) https://menschenrechte-durchsetzen.dgvn.de/fileadmin/user_upload/menschenr_durchsetzen/bilder/Menschenrechtsdokumente/Sozialpakt_1966_deutsch.pdf (19.2.2023)

Kaltmeier, Olaf (2022): Resistencia mapuche. Reflexiones en torno al poder. Siglos XVI a XX! Santiago de Chile: Pehuén 2022

Kant, Immanuel 1796/1983: Zum ewigen Frieden. Ein philosophischer Entwurf. In: ders., Werke in zehn Bänden (Weischedel), Bd. 9, Darmstadt: Wissenschaftliche Buchgesellschaft, S. 190–251.

Kößler, Reinhart 1993: Despotie in der Moderne. Frankfurt am Main & New York: Campus.

Kößler, Reinhart (2019) Diversity in the Postcolonial State: The case of the return of looted heirlooms from Germany to Namibia in 2019. NAD: Nuovi Autoritarismi e Democrazie: Diritto, Instituzioni, Società 2/2019, S. 109–124 https://riviste.unimi.it/index.php/NAD/issue/view/1421 (18.2.2023)

Kößler, Reinhart (2021) »Diversität und Erinnerung. Zur Auseinandersetzung mit den Konsequenzen des kolonialen Völkermordes (1904–1908) in Namibia.« In: Artur Bogner, Reinhart Kößler, Rüdiger Korff, Henning Melber (Hg.), Die Welt aus der Perspektive der Entwicklungssoziologie. Festschrift für Dieter Neubert. Baden-Baden: Nomos 2020, S. 165–186.

Kößler, Reinhart (2022) »Politics of Memory and Difference. Remarks on the Postcolonial Situation in Namibia/ Políticas de memoria y diferencia. Observaciones sobre la situación postcolonial en Namibia.« Diálogos de saberes 53 (2020; ersch. 2022), S. 123–134.

Kößler, Reinhart und Tilman Schiel 1997: Auf dem Weg zu einer kritischen Theorie der Modernisierung. Frankfurt am Main: IKO.

Krippendorff, Ekkehart 1985: Staat und Krieg. Die historische Logik politischer Unvernunft. Frankfurt am Main: Suhrkamp.

Marshall, T. H. 1950: Citizenship and Social Class. In: ders., Citizenship and Social Class and other Essays. Cambridge: Cambridge University Press, S. 1–85 http://www.jura.uni-bielefeld.de/lehrstuehle/davy/wustldata/1950_Marshall_Citizenship_and_Social_Class_OCR.pdf (18.2.2023)

Marx, Karl und Friedrich Engels (1845/46/1962): Die deutsche Ideologie. Kritik der neuesten deutschen Philosophie in ihren Repräsentanten Feuerbach, B. Bauer, Stirner, und des deutschen Sozialismus in seinen verschiedenen Propheten. In: Marx-Engels-Werke Bd. 3, Berlin (DDR): Dietz, S. 9–530.

Njamnjoh, Francis (2019): Keynote Address: Mobility, Globalisation, and the Policing of Citizenship and Belonging in the Twenty-First Century Delivered at the 27th Biennial Conference of the Southern African Historical Society, Rhodes University, 24 June 2019 https://www.tandfonline.com/doi/pdf/10.1080/02582473.2021.1909121 (18.2.2023)

Renan, Ernest (1993): Was ist eine Nation? In: Michael Jeismann und Henning Ritter (Hg.), Grenzfälle. Über neuen und alten Nationalismus. Leipzig: Reclam, S. 290–311. (1882)

Sachße, Christoph, Tenstedt, Florian (Hg.) (1986): Soziale Sicherheit und soziale Disziplinierung: Beiträge zu einer historischen Theorie der Sozialpolitik. Frankfurt am Main: Suhrkamp.

Savigny, Carl Friedrich von (1815): Ueber den Zweck dieser Zeitschrift, Zeitschrift für geschichtliche Rechtswissenschaft 1, S. 1–17.

Savigny, Carl Friedrich von (1814/1892): Vom Beruf unsrer Zeit für Gesetzgebung und Rechtswissenschaft. Neudruck nach der dritten Auflage (1840) Freiburg im Breisgau (1814).

Southall, Roger (2013): Liberation Movements in Power. Party and State in Southern Africa. Scottsville, South Africa: University of KwaZulu-Natal Press.

Tilly, Charles (1985): War making and state making as organised crime. In: Peter Evans, Dietrich Rueschemeyer, Theda Skocpol (Hg.), Bringing the State Back In. Cambridge: Cambridge University Press, S. 169–186.

Weber, Max (1963): Die protestantische Ethik und der Geist des Kapitalismus, In: ders., Gesammelte Aufsätze zur Religionssoziologie I, Tübingen: Mohr, S. 17–206.

Weber, Max (1988): Zur Psychophysik der industriellen Arbeit (1908–09). In: ders., Gesammelte Aufsätze zur Soziologie und Sozialpolitik, Tübingen: Mohr, S. 61–255.

Bernd Drücke

Anarchismus als gelebte Utopie, Anarchie als Ziel[1]

In den letzten zweiundzwanzig Jahren, bis Ende Dezember 2020, war ich Koordinationsredakteur der Graswurzelrevolution, einer gewaltfrei-anarchistischen Zeitung, die seit 1972 existiert. Seit Januar 2021 arbeite ich als wissenschaftlicher Leiter im Archiv für Alternatives Schrifttum (afas) in Duisburg, das sich um die Sicherung und Auswertung der sozialen Bewegungsgeschichte bemüht.

Es gab in meinem Leben viele Versuche, Anarchismus in der Praxis auch ein Stück weit zu realisieren, soweit das überhaupt möglich ist. Im Kapitalismus ist die Umsetzung anarchistischer Praxis ja schwierig, wie Adorno schon gesagt hat: »Es gibt kein richtiges Leben im Falschen«. Aber es gibt ein Leben, und wir können versuchen, diese anarchistische Idee, eine herrschaftsfreie Gesellschaft, vorab, schrittweise umzusetzen, die Gesellschaft von unten gewaltfrei umzuwälzen. Das ist die Idee der Graswurzelrevolution, der ich anhänge und auf die ich im Verlauf des Beitrags noch näher eingehen werde.

Der Begriff ›Anarchie‹ kommt aus der griechischen Antike und bedeutet ›ohne Herrschaft‹. Es war ursprünglich ein weitgehend neutraler Begriff, mit dem primär die Zeit zwischen den Wahlen gemeint war. Wenn die alte Regierung also nicht mehr und die neue noch nicht im Amt war, dann haben die Griechen gesagt: ›Das ist Anarchie‹. ›Anarchia‹ ist also eine Zeit, in der es keine Herrschaft gibt, keine Herrschaft von Menschen über Menschen. Der Begriff wurde augenscheinlich neutral verwendet. Er hat dann in den mehr als zweitausend Jahren danach eine sehr starke Wendung erfahren, oft als negativ besetzter Begriff, manchmal aber auch als durchaus positiv besetzter. Das lässt sich gut am Beispiel Johann Wolfgang

---

1 Überarbeitetes Vortragsmanuskript des Referats, mit dem der Workshop »ja! Anarchismus. Gelebte Utopie, Theorie und Praxis im 21. Jahrhundert« auf der Tagung »Krise des Nationalstaats – anarchistische Antworten« an der Pädagogischen Hochschule im März 2021 eingeleitet worden ist. Ein YouTube-Mitschnitt findet sich unter: https://www.youtube.com/watch?v=_OyJjtUurtU.

Goethes festmachen, der 1787 noch formulierte, dass ihm »von Jugend auf Anarchie verdrießlicher gewesen« sei »als der Tod«. Rund 21 Jahre später betrachtete der bekannte Dichter die Anarchie dagegen bereits als notwendiges Ferment des kulturellen Fortschritts und formulierte Folgendes:

> »Warum mir aber in neuster Welt
> Anarchie gar so wohl gefällt?
> Ein jeder lebt nach seinem Sinn,
> Das ist nun also auch mein Gewinn.
> Ich lass einem jeden sein Bestreben,
> Um auch nach meinem Sinne zu leben.« Goethe (1836 [1821]: 206)

Der Anarchist Gustav Landauer hat sein Verständnis von Anarchie in der anarchistischen Zeitschrift *Der Sozialist* vom 15. Juli 1911 so auf den Punkt gebracht:

> »Die Anarchie ist der Ausdruck für die Befreiung des Menschen vom Staatsgötzen, vom Kirchengötzen, vom Kapitalgötzen; Sozialismus ist der Ausdruck für die wahre echte Verbindung zwischen den Menschen, die echt ist, weil sie aus dem individuellen Geist erwächst, weil sie als das ewig Gleiche und Eine im Geist des einzelnen, als lebendige Idee blüht, weil sie zwischen den Menschen als freier Bund ersteht.«

Das nur als kurze Einleitung zum Begriff ›Anarchie‹. Die Begriffe ›Anarchist‹ und ›Anarchistin‹ sind dagegen noch längst nicht so alt. Diese Begriffe stammen aus der französischen Revolutionszeit und in dieser Zeit war es oft so, dass Rechte Linke als Anarchisten beschimpft haben und Linke Rechte, was damit zusammenhängt, dass ›Anarchie‹ immer auch als Schmähbegriff verwendet wurde, als Synonym für Chaos und Terror. Diese Vorstellung ist eng damit verbunden, dass viele Menschen bis heute denken, dass wir eine Gesellschaft brauchen, die von oben nach unten strukturiert ist, also auf Herrschaft aufbaut. Das Gegenmodell wäre eine Gesellschaft von Gleichen unter Gleichen, die egalitär organisiert ist, wie es in vielen Gesellschaften nicht nur vor der neolithischen Revolution der Fall war. Viele Gesellschaften mit einer weitgehend egalitären Struktur wurden in der Folge des Kolonialismus zerstört (vgl. hierzu die Beiträge von Ilse Lenz und Hermann Amborn).

Rüdiger Haude und Thomas Wagner (2018) zeigen das im Buch *Herrschaftsfreie Institutionen* an Beispielen unter anderem aus den Bereichen

Verwandtschaftsstruktur, Anarchitektur und Spiel. Die beiden Kultursoziologen beschreiben auch, dass gerade sogenannte ›primitive Gesellschaften‹ eine wunderbare institutionelle Fantasie besaßen, um die Herrschaftsfreiheit dauerhaft sicherzustellen. Sie rufen in Erinnerung, dass es in der Geschichte und bis heute egalitäre, nicht-staatlich organisierte Gesellschaften gab und gibt, anarchistische Gesellschaftsstrukturen, die nicht auf Herrschaft aufgebaut waren, sondern ein gleichberechtigtes emanzipatorisches Leben für alle, die im Einklang mit der Natur lebten, zu verwirklichen versuchten.

Davon sind wir heute leider weit entfernt.

Dabei ist die Idee einer herrschaftsfreien Gesellschaft aus meiner Sicht nach wie vor unglaublich wichtig, auch um die kommenden Krisen zu bewältigen. Wir stehen eigentlich kurz vor dem Abgrund. Die Menschheit geht schnurstracks auf den Untergang zu, wenn der Kapitalismus triumphiert und die Profitmaximierung mächtiger Konzerne weiterhin wichtiger ist als das Überleben der Arten, das Klima und eine lebenswerte Zukunft für alle. Die Auswirkungen der Klimakatastrophe und des Artensterbens werden das, was wir mit der Coronakrise erlebten, um ein Vielfaches übersteigen. Das sind Katastrophen, die für viele im globalen Norden vielleicht noch gar nicht so bedrohlich wirken, die aber jetzt schon vor allem für viele Menschen im globalen Süden real und verheerend sind. Wenn die industrialisierten Länder so weitermachen wie momentan, dann ist das nicht nur eine die Umwelt und Natur zerstörende Entwicklung, sondern perspektivisch auch eine die Menschheit selbst bedrohende Entwicklung.

Eine Lösung dieser Probleme sehe ich als Anarchist nicht in einem grünen Kapitalismus, sondern in der Abschaffung des kapitalistischen Systems, einer Abschaffung von Ausbeutung und Profitstreben, einer solidarischen, herrschaftslosen, gewaltfreien Gesellschaft jenseits von Kapitalismus, Nationalismus und Staat.

Der Begriff Anarchist wurde zum ersten Mal 1840 von Pierre-Joseph Proudhon als Selbstbezeichnung verwendet. Der französische Frühsozialist, auf den man sich nicht guten Gewissens berufen kann, war der erste, der sich selber als Anarchist bezeichnete. Er war aber auch, so die anarchafeministische Bloggerin und Autorin Antje Schrupp (2009), »ein extremer Antifeminist und in seiner Frauenverachtung deutlich radikaler als alle anderen Denker seiner Zeit, ob bürgerliche oder sozialistische«.

Man kann nicht sagen, dass Proudhon der Anfang der anarchistischen Bewegung war. Den würde ich eher an der Spaltung der Ersten Internationale festmachen. Die Erste Internationale war ein Zusammenschluss aller sozialistischen Gruppierungen. Also Marx, Engels, Bakunin, viele Linke waren in dieser Internationale praktisch seit 1864 vernetzt. Die Internationale hat sich letztlich an der Frage gespalten, wie man zum Sozialismus, zur klassenlosen Gesellschaft kommen kann, zur Anarchie, zur Herrschaftsfreiheit.

Der Zusammenschluss ist im Grunde an dem Konzept von Marx gescheitert, weil dieser der Meinung war, dass wir nur durch die Diktatur des Proletariats zum Sozialismus kommen. Bakunin sagt dagegen, dass die Diktatur des Proletariats nichts anderes sei als die Diktatur von Parteieliten, eine Diktatur von Menschen über Menschen, und das führe letztlich zu Sklaverei und Ausbeutung, zu einer neuen staatskapitalistischen Gesellschaft, die autoritär organisiert sei. Man könnte also durchaus sagen, dass bei Bakunin 1870 das, was dann in den realsozialistischen Staaten ab 1917 entstanden ist, in gewisser Weise vorhergesagt worden ist. Aus diesen bolschewistischen Bewegungen entwickelten sich Diktaturen, die mit den freiheitlichen Idealen, die Anarchist*innen und auch andere libertäre Sozialist*innen hatten, wenig zu tun hatten.

Was macht Anarchisten und Anarchistinnen aus? Ich will keinen haben, der über mich herrscht, aber ich will auch keinen beherrschen, also ich möchte eine Gesellschaft, die nicht auf Ausbeutung, Zwang und Kapitalismus aufgebaut ist, sondern auf gegenseitiger Hilfe, auf freier Assoziation, auf sozialem Handeln. Wer dieses Denken wunderbar dargestellt hat, ist Errico Malatesta (1853–1932). Er hat die Frage, warum wir Anarchist*innen sind, folgendermaßen beantwortet:

> »Abgesehen von unseren Vorstellungen über den politischen Staat und die Regierung, das heißt die zwangsmäßige Organisation der Gesellschaft, die unser spezifisches Wesensmerkmal bilden, abgesehen auch von unseren Ideen über die beste Möglichkeit, allen Menschen die Benutzung der Produktionsmittel und die Beteiligung an den Vorteilen des gesellschaftlichen Zusammenlebens zu garantieren, sind wir Anarchisten aufgrund unseres Gefühls, das die Triebfeder sämtlicher gesellschaftlicher Erneuerer ist, ohne das unser Anarchismus eine Lüge oder ohne Sinn wäre. Dieses Gefühl ist die Liebe zu den Menschen, ist die Tatsache, an den Leiden der anderen zu leiden. [...] wenn ich esse, dann kann ich keinen Geschmack daran finden, wenn ich denke, dass Menschen Hungers sterben; wenn ich meiner kleinen Tochter ein Spielzeug kaufe und ganz glücklich über ihre Freude bin, dann wird diese Freude schnell getrübt, wenn ich vor dem

> Schaufenster des Händlers Kinder mit weit aufgerissenen Augen sehe, die mit einem Pfennigpüppchen glücklich gemacht werden könnten; wenn ich mich vergnüge, dann verdüstert sich mein Gemüt, sobald mir in den Sinn kommt, dass es Unglückliche gibt, die im Kerker schmachten; wenn ich studiere oder eine Arbeit mache, die mir gefällt, empfinde ich so etwas wie Gewissensbisse, wenn ich daran denke, wie viele es gibt, die klüger sind als ich und gezwungen sind, ihr Leben in einer abstumpfenden, oft unnützen oder schädlichen Arbeit zu vergeuden. Reiner Egoismus, wie ihr seht, doch ein Egoismus, den andere Altruismus nennen und ohne den niemand ein wirklicher Anarchist sein kann« (Malatesta 1983 [o.J.], o.S.).

Ich finde, hier hat Malatesta sehr schön auf den Punkt gebracht, was Anarchist*innen auszeichnet. Die anarchistische Ethik wird durch dieses Zitat klar und deutlich vermittelt. Das ist auch ein Punkt, der uns von Anhänger*innen des autoritären Sozialismus, also des Marxismus und Staatssozialismus, unterscheidet. Es gab nie anarchistische Gulags und es gab auch nie anarchistische Diktaturen. Tatsächlich gab es aber anarchistische Erfolgsgeschichten. Sogar in Deutschland gab es große anarchistische Bewegungen, auch wenn das den meisten heute nicht bekannt ist. Vor dem Ersten Weltkrieg gab es ungefähr 10.000 organisierte Lokalisten. Das war eine basisdemokratische, libertär-sozialistische Gewerkschaftsbewegung, die keine autoritäre Struktur haben wollte. Dadurch unterschieden sich die Lokalisten von den anderen, oft straff von oben nach unten organisierten Gewerkschaften. Die Lokalisten versuchten, unter anderem durch die Propagierung des Generalstreiks und anderer direkter Aktionen, die Anarchie, die klassenlose, herrschaftsfreie Gesellschaft herbeizuführen. Die Lokalisten waren ursprünglich Teil der Sozialdemokratie, sind aber als Linksradikale aus der SPD rausgeschmissen worden und haben sich dann eigenständig als Teil des international vernetzten Anarchosyndikalismus entwickelt.

1914, mit Beginn des Ersten Weltkriegs, verhielt es sich so, dass es einen sogenannten Burgfrieden gab, das heißt, antimilitaristische und anarchistische Publikationen konnten nicht mehr erscheinen, nur noch als Untergrundblätter. So erschien *Der Ziegelbrenner* von Ret Marut während des Ersten Weltkriegs als anarchistische Untergrundzeitschrift und Tarnschrift. Deserteure, Kriegsdienstverweigerer und Anarchopazifisten wurden während des Ersten Weltkrieges für verrückt erklärt oder inhaftiert, weil sie sich geweigert haben, in den Krieg zu ziehen und auf Befehl andere

Menschen zu erschießen. Andere Anarchisten wurden bewusst als ›Kanonenfutter‹ in die ersten Reihen geschickt. Es gab am Beginn des Ersten Weltkrieges sogenannte Anarchistenlisten, die die Generäle und Offiziere an ihre Untergebenen weitergegeben haben. So sind viele Anarchisten schon in den ersten Kriegsmonaten zu Tode gekommen. Nichtsdestotrotz haben Anarchist*innen im Ersten Weltkrieg konsequent antimilitaristische Agitation betrieben, das heißt, sie waren eine der wenigen sozialen Kräfte, die vehement und konsequent gegen den Krieg agitiert haben – und das schon von Anfang an. Das unterscheidet sie von den meisten anderen Gruppierungen und das führt auch letztlich dazu, dass die Anarchist*innen nach dem Ersten Weltkrieg für einige Jahre eine gesellschaftlich bedeutende Kraft auch in Deutschland wurden. Sie hatten große Anteile an der Novemberrevolution 1918 und daran, dass das Frauenwahlrecht durchgesetzt wurde. Es gab nach dem Ersten Weltkrieg erstmals in der Geschichte eine anarchosyndikalistische Massenbewegung auch in Deutschland, die Freie Arbeiter Union Deutschlands. Die FAUD hatte bis zu 150.000 Mitglieder nach dem Ersten Weltkrieg und die anarchistische Wochenzeitung *Der Syndikalist* hatte zeitweise eine Auflage von wöchentlich 120.000, heute unvorstellbar. Es gibt heute in Deutschland überhaupt keine linke Zeitung mehr, die eine solch hohe Auflage hat.

Die Bedeutung des Anarchosyndikalismus als gesellschaftliche Kraft ist immer wieder unterschätzt und kleingeredet worden. Dabei hatten Anarchosyndikalist*innen einen großen Anteil daran, dass der Kapp-Putsch 1920 innerhalb von viereinhalb Tagen in sich zusammengebrochen ist. Zuerst hatten Anarchosyndikalisten und Sozialdemokraten zum Generalstreik gegen den Putsch aufgerufen. Einen Tag später auch die KPD, die zunächst sehr skeptisch war. Der Streik führte tatsächlich dazu, dass das gesellschaftliche Leben zuerst in Berlin und dann im ganzen Reichsgebiet zum Erliegen kam. Im Grunde haben die Arbeiterinnen und Arbeiter durch den Generalstreik diesen Putschversuch von Rechtsextremen zum Scheitern gebracht und das mit weitgehend gewaltfreien Mitteln, nämlich mit dem Mittel der Sabotage und des Generalstreiks, mit Mitteln der Direkten Aktion also, die die anarchistischen Gruppen immer auch propagiert haben. Das war eine große Erfolgsgeschichte, die sich allerdings danach gerächt hat. Viele der an diesem Generalstreik Beteiligten und vor allen Dingen viele Agitatoren und Agitatorinnen wurden entlassen, und das führte auch dazu, dass die Mitgliederzahl der FAUD von zwischenzeitlich 150.000

drastisch zurückging und z. B. 1923 nur noch bei 24.000 lag. Die Mitgliederzahlen sind auch deshalb zurückgegangen, weil die Weltwirtschaftskrise dafür gesorgt hat, dass die Leute ihre Mitgliedsbeiträge nicht mehr zahlen konnten. Aber nichtsdestotrotz gab es oft schon in den Zwanzigerjahren eine antimilitaristische und anarchistische Alternativkultur, freie Schulen und Kindergärten, die Alternativen zur üblichen klerikalen und autoritären Prügelpädagogik bieten wollten. Der Anarchopazifist Ernst Friedrich betrieb z. B. einen proletarischen Kindergarten und die berühmte freie Schule Summerhill wurde ursprünglich 1920 in einem Vorort von Dresden gegründet. Summerhill existiert bis heute in England, viele andere Projekte sind jedoch gescheitert, aber in der Gesamtschau kann man sagen, dass es in den Zwanzigerjahren tatsächlich schon eine alternative, antiautoritäre soziale Bewegung gab, die dann aber über Jahrzehnte in der Bedeutungslosigkeit verschwinden und erst 1968 eine Renaissance erleben sollte.

Mit der Machtübergabe des Staates an die Nazis 1933 wurde die anarchosyndikalistische Bewegung in Deutschland jedoch zunächst zerschlagen und viele ihrer Mitglieder auch physisch vernichtet. Der bekannte Anarchist Erich Mühsam wurde 1933, kurz nach der Machtergreifung durch die Nazis, verhaftet und 1934 auf bestialische Weise im KZ Oranienburg von NS-Schergen ermordet. So wie ihm erging es vielen. Die anarchistische Bewegung, die in den Zwanzigerjahren auch in Deutschland eine Blüte erlebt hatte, wurde durch zwölf Jahre Nazidiktatur quasi ausgelöscht.

Helmut Kirschey ein Anarchosyndikalist aus Wuppertal, der Ende der Zwanziger schon bei den schwarzen Scharen, einer anarchistischen Jugendbewegung, aktiv war, die sich Anfang der Dreißigerjahre Straßenschlachten mit der Hitlerjugend lieferte, mag hier exemplarisch für jene Anarchist*innen stehen, die diese dunkle Zeit überlebten. Anfang 1933 wurde er als ganz junger Aktivist verhaftet und verhört, ohne dass die Nazis jedoch herausfanden, dass er an antifaschistischen Aktionen gegen die Hitlerjugend beteiligt war. Deshalb bot sich ihm nach seiner Freilassung die Gelegenheit, das Land umgehend zu verlassen. Zunächst floh er in die Niederlande, wo die DAS ihren Sitz hatte, die *Deutschen Anarchosyndikalisten im Ausland*, eine Exilorganisation von geflüchteten Anarchist*innen, die aus den Niederlanden heraus die anarchosyndikalistische Zeitschrift *Die Internationale*, getarnt als *Deutschtum im Ausland*, also als Tarnschrift, ins Reichsgebiet zu schmuggeln. Helmut Kirschey war an dieser wichtigen Zeitschrift beteiligt und bei den DAS sehr aktiv. Anschließend ging er nach

Spanien, um die dortigen Anarchist*innen in ihrem Kampf gegen General Franco zu unterstützen, der 1936 einen faschistischen Putsch durchgeführt hatte, der massiv vom faschistischen Italien und vom nationalsozialistischen Deutschland unterstützt worden war.

Der spanische Bürgerkrieg ist bis heute ein wichtiger Bezugspunkt für die anarchistische Bewegung weltweit, weil es 1936 in Barcelona und in vielen anderen Regionen, vor allem Kataloniens, eine soziale Revolution gab. In Barcelona belagerten die Leute die Kasernen und bedrängten die Soldaten und die Polizeibeamten, sich der antifaschistischen Bewegung anzuschließen. Die CNT, die größte anarchosyndikalistische Gewerkschaft der Welt, hatte in Spanien 1936 etwa zwei Millionen Mitglieder bei einer Bevölkerungszahl von 23 Millionen, also fast jede*r Zehnte war zu Beginn des Spanischen Bürgerkriegs Mitglied der CNT. Das war eine große, gesellschaftliche Kraft, die wesentlich dazu beitrug, dass sich große Teile der Bevölkerung gegen diesen faschistischen Putsch stellten. Sie führten Blockaden durch und errichteten Barrikaden. Zum Teil bewaffneten sie sich sogar, obwohl die Anarchist*innen eigentlich den bewaffneten Kampf ablehnten – aber in dem Fall ging es um die Selbstverteidigung der Republik gegen eine faschistische Diktatur. Die Motivation für einen bewaffneten Kampf rührte auch daher, dass jeder Mensch, der nach Deutschland und nach Italien schaute, wusste, was es bedeutet, wenn sich eine Demokratie in einen faschistischen Staat verwandelt, nämlich die totale Zerstörung sozialer Bewegungen und aller emanzipatorischen Kräfte. Tatsächlich gelang es in Spanien in großen Teilen eine soziale Revolution umzusetzen. Es wurden in den anarchistischen Gebieten über dreitausend freie Schulen gegründet und ein beispielloses Alphabetisierungsprogramm für Erwachsene und Kinder durchgeführt. Es gab unfassbar viele emanzipatorische, anarchistische Zeitungen, Zeitschriften und auch Literaturblätter, es entstand durch diese soziale Revolution eine zuvor unvorstellbare kulturelle Vielfalt.

In Teilen Spaniens war der »kurze Sommer der Anarchie«, wie ihn Enzensberger (1972) in seinem großartigen Buch beschrieben hat, Realität. Es glückte, große Teile der Gesellschaft von unten her umzuwälzen. Die Hotels Barcelonas, wo vor der Revolution nur Reiche verkehrten, wurden zu Volksküchen, in denen die ganze Bevölkerung gemeinsam essen konnte. Die Kirchen wurden zu Krankenhäusern. Die Straßenbahnen wurden vergesellschaftet und mit schwarz-roten Symbolen der anarchosyndikalistischen CNT und der anarchistischen FAI versehen. Es gab keine Großgrundbesitzer und Chefs mehr, sondern die Gesellschaft wurde praktisch kollektiviert. Trotz Bürgerkriegsbedingungen in weiten Teilen Spaniens wurde versucht, die Idee der herrschaftsfreien Gesellschaft soweit wie möglich in die Tat umzusetzen. Der Bürgerkrieg dauerte drei Jahre, die Spanische Revolution war im Grunde nur ein »kurzer Sommer der Anarchie«. Sie war zwar vorhanden, aber nach dem Sommer 1936 wurde sie immer mehr zu einem Bürgerkrieg und die stalinistischen Kräfte gewannen nach und nach die Oberhand, was damit zusammenhängt, dass niemand die anarchosyndikalistischen Kräfte (und auch nicht die demokratische Regierung) unterstützen wollte, auch Frankreich nicht. Abgesehen von Mexiko war die Sowjetunion unter Stalin der einzige Staat, der mit Waffenlieferungen Hilfe bot. Stalin ließ sie sich gegen den Goldschatz der spanischen Republik abtrotzen. Und Stalin unterstützte vor allem die ihm nahestehende Kommunistische Partei Spaniens, die vor dem Bürgerkrieg noch bedeutungslos war. Währenddessen wurden die Franco-Faschisten massiv von Nazideutschland und dem faschistischen Italien unterstützt. Nach drei Jahren Bürgerkrieg war die spanische Republik Geschichte. Die Franco-Diktatur hielt sich bis zum Tod des Diktators 1975 beziehungsweise der Abhaltung freier Wahlen 1977.

Ich will im Folgenden etwas näher auf Helmut Kirschey eingehen, den ich 2001 kennenlernen durfte. Zu diesem Zeitpunkt war er schon 88, also ein hochbetagter Mann, aber immer noch quietschfidel.

Nachdem er 1936 nach Spanien gegangen war, erlebte er dort als DAS-Kämpfer die soziale Revolution und kämpfte gegen die Franco-Faschisten. In Barcelona gaben die *Deutschen Anarchosyndikalisten im Ausland* (eine kleine, aber wichtige anarchosyndikalistische Organisation, die in Spanien sehr aktiv war) eine eigene Zeitung heraus, die *Soziale Revolution*. Das war eine Frontzeitung für deutsche Anarchist*innen, die sich der spanischen Revolution angeschlossen hatten.

Als Helmut Kirschey uns in Münster besuchte und einen Vortrag über soziale Revolution hielt, konnte ich ihm Kopien dieser Zeitung, die ich im Rahmen meiner Doktorarbeit im IISG Amsterdam angefertigt hatte, zeigen. Er war sichtlich erfreut, da er sie seit über sechzig Jahren nicht mehr zu Gesicht bekommen hatte. Er war ein lebendiger Zeitzeuge, wurde 1938 von den Stalinisten in Spanien verhaftet und in ein Geheimlager gebracht. 1939 konnte er nach Schweden fliehen, wo er sich der SAC, der anarchosyndikalistischen schwedischen Gewerkschaft anschloss (die

Anarchosyndikalist*innen waren damals sehr gut vernetzt und es gab ein weltweites Netzwerk von anarchosyndikalistischen Gewerkschaften.).

Schweden war im Zweiten Weltkrieg zwar neutral, allerdings fuhren deutsche Wehrmachtszüge durch Schweden nach Finnland an die Front – und diese Chance nutzte Helmut Kirschey. Helmut und seine Genoss*innen produzierten Flugblätter, mit denen sie die Nazisoldaten zur Fahnenflucht und Sabotage aufriefen, natürlich unter großer Lebensgefahr. Wäre das aufgeflogen, wäre Helmut Kirschey von Schweden ans Deutsche Reich ausgeliefert worden und das hätte ihn sicherlich das Leben gekostet. Doch er überlebte, blieb in Schweden und wurde schwedischer Staatsbürger. In den Achtzigerjahren lernte Dieter Nelles, ein Anarchismusforscher aus Wuppertal, ihn dort kennen, publizierte ein Buch mit ihm und unternahm mit ihm mehrere Reisen durch Deutschland. So begegnete mir ein ganz großartiger Mensch, und es war wunderbar zu sehen, dass es solche revolutionären Menschen bis ins hohe Alter gibt. Als er bei uns in Münster war, wurde sehr deutlich: Anarchismus hält jung. Anarchismus ist nicht nur Geschichte, sondern es ist eine soziale Bewegung, die heute immer noch existiert.

Nach dem Zweiten Weltkrieg war der Anarchismus in Deutschland allerdings bedeutungslos. Es gab nur wenige erfolgreiche Versuche, wieder an die anarchistische Massenbewegung der Zwanzigerjahre sowie an die anarchistische Jugendbewegung anzuknüpfen. Das Wissen darüber war durch zwölf Jahre Nazidiktatur zerstört. Im Grunde ist diese Bewegung ausradiert worden. Die ganzen Zusammenhänge waren zerstört. In der Sowjetischen Besatzungszone (SBZ) wurden die Anarchist*innen schon in der zweiten Hälfte der Vierzigerjahre verhaftet und zum Teil dort inhaftiert, wo sie bereits während des Zweiten Weltkriegs eingesessen hatten, in den ehemaligen Konzentrationslagern. Das ist aus stalinistischer Sicht folgerichtig, da sie einen freiheitlichen Sozialismus und keine Diktatur anstrebten und sich eben gegen eine diktatorische etatistisch-sozialistische Entwicklung in der SBZ und späteren DDR wendeten. Sie hatten versucht, auf dem Boden der SBZ einen anarchistischen Kongress zu organisieren, mithilfe einer Abonnentenliste. Dummerweise kam ein Spitzel in den Besitz dieser Liste und machte sie den Machthaber*innen zugänglich. Die aufgeführten Anarchist*innen wurden umgehend vom Geheimdienst verhaftet und den zukünftigen DDR-Behörden übergeben. In der DDR gab es daher erst ab Ende der Siebzigerjahre wieder eine kleine anarchistische Bewegung. In der Bundesrepublik entwickelte sie sich tatsächlich ab

1967/68. Vorher gab es eine anarchistische Kleinstbewegung. Im Rahmen der Ostermarschbewegung gründeten sich die ersten Graswurzelzeitungen und -gruppen, aber erst ab 1967/68 brach eine Phase des Neoanarchismus an, in der wir uns heute noch befinden. Im Neoanarchismus ging man auch mit marxistischen Schriften undogmatisch um. In diesen Gruppen wurde alles Mögliche gelesen und eigneten sich die Menschen alles Mögliche an. Wenn man sich zum Beispiel *Linkeck* oder *FIZZ* oder andere Zeitungen dieser neoanarchistischen Bewegungen anschaut, dann fällt auf, dass der Neoanarchismus der 1960er- und frühen 1970er-Jahre stark geprägt war von den Geschehnissen in den USA, außerdem auch vom Dadaismus, aber dass die anarchistische Geschichte nur wenig Einfluss hatte. Es gab kein Wissen darüber, dass auch in Deutschland schon einmal eine anarchistische Massenbewegung existiert hatte und es, historisch gesehen, eine gewisse Feindschaft zwischen Anarchismus und autoritärem Marxismus gab. Das war den meisten Neoanarchist*innen nicht bewusst. Sie waren durchaus undogmatischer als ihre Vorgänger. Was sie außerdem von den alten, überlebenden Anarchisten wie Willy Huppertz und Augustin Souchy unterschied, war, dass sie nicht aus einer proletarischen Bewegung kamen, sondern zum großen Teil aus dem Bürgertum. Der Neoanarchismus war anders als der Anarchosyndikalismus der 1920er-Jahre kein Teil einer proletarischen Bewegung, sondern er entstand, stark beeinflusst durch die aus den USA kommende Hippie-Bewegung, bei den Studierenden aus dem Bürgertum und seinen intellektuellen Szenen.

Seit 1972 gibt es die Zeitschrift *Graswurzelrevolution* (GWR). Ich war ab 1998 bis Januar 2021 Redakteur und finde, dass sie ein sehr gutes Beispiel dafür ist, wie man Anarchismus leben kann, in dem Sinne, dass die GWR völlig anders strukturiert ist als zum Beispiel die taz oder irgendwelche anderen Zeitungen, in denen es eine Chefredaktion gibt. In der Graswurzelrevolution gibt es einen Herausgeber*innenkreis. Über alle Artikel wird im Konsensverfahren abgestimmt, das heißt die Artikel, die letztlich in dieser Zeitung erscheinen sollen, werden vorab vom Herausgeber*innenkreis diskutiert, der momentan aus siebenundzwanzig Leuten besteht. Somit ist die GWR ein Versuch, die anarchistische Idee schon heute ein Stück weit zu leben und auch publizistisch die Ideen des Gewaltfreien Anarchismus zu verbreiten. Die Zeitung selber hat sich seit 1972 weiterentwickelt, ganz klar auch in Abgrenzung zu linken Bewegungen und Zeitschriften, die der

RAF mehr oder weniger nahestanden. Die *agit 883* z. B., eine bekannte neoanarchistisch-linksradikale Zeitung veröffentlichte alles Mögliche, unter anderem auch RAF-Papiere oder Texte von anderen autoritären marxistischen Gruppen. BILD und andere Massenmedien bedachten die RAF mit schöner Regelmäßigkeit mit dem Etikett ›anarchistisch‹. Eine Fremdzuschreibung, wie sie falscher nicht sein kann. Aus Sicht der RAF-Mitglieder war der Anarchismus nämlich ›eine kleinbürgerliche, pseudorevolutionäre Bewegung‹. Und sich selbst verstanden die Mitglieder der RAF als ›Leninisten mit Knarre‹. Aber das Zerrbild, dass Anarchie Chaos sei und Anarchisten Terroristen, wurde durch den Terror der RAF indirekt befeuert.

Und dieses Bild der bösen Anarchist*innen spukt immer noch in den meisten Köpfen der Bevölkerung und der Medienmacher*innen, bis hin zur taz, die am 7./8. November 2015 auf ihrer Titelseite unter der Rubrik »DER STÄRKSTE SATZ« folgendes Zitat des Historikers Timothy Snyder veröffentlichte: »Hitler war kein Staatsmann oder Nationalist, sondern ein in rassistischen Kategorien denkender Anarchist.« Solche Absurditäten sind ein Spucken auf Erich Mühsams Grab und auf die Gräber von anderen getöteten Anarchist*innen. Hitler hasste Erich Mühsam persönlich und bekämpfte die Anarchist*innen brutal. Es ist ein Skandal, den Diktator und Massenmörder als Anarchisten zu bezeichnen. Das zeigt deutlich wie infam dieser Begriff bis heute verwendet wird, bis in weite Teile der Linken hinein. Die taz hatte ich als Beispiel genannt, in anderen Zeitungen ist das leider auch gang und gäbe.

Die Graswurzelrevolution hingegen ist als »Monatszeitschrift für eine gewaltfreie, herrschaftslose Gesellschaft« immer Teil der sozialen Bewegungen geblieben und hat dort die anarchistischen Prinzipien offensiv vertreten. Dass viele gewaltfreie und anarchistische Ideen, die in dieser Graswurzel-Bewegung entstanden sind, heute tatsächlich in den sozialen Bewegungen zum Teil umgesetzt sind, ist vielleicht einer unserer größten Erfolge. Heute ist es selbstverständlich, dass man versucht, sich in den sozialen Bewegungen basisdemokratisch zu organisieren. Gewaltfreie Widerstandsmethoden, wie sie die GWR propagiert, waren zum Beispiel in den Protesten gegen die Castortransporte sehr effektiv und sind heute in der Klimagerechtigkeitsbewegung eine Selbstverständlichkeit.

Wichtig ist es, in den sozialen Bewegungen alt werden zu können und dabei so viel wie möglich von der Utopie schon zu Lebzeiten umzusetzen.

Diese Idee hatte unter anderem Horst Stowasser (1985) mit dem Projekt A in die Tat umzusetzen versucht. Das Projekt-A-Buch von Stowasser ist ursprünglich konspirativ verbreitet worden, nur unter der Ladentheke. Die Idee, die dahintersteckte, war, dass Anarchist*innen sich nicht nur als Nischenbewegung in den sozialen Bewegungen oder in kleinen Projekten engagieren sollten, sondern, dass man transgenerationale Strukturen schafft, die die anarchistischen Ziele weitest möglich umsetzen, auch innerhalb des kapitalistischen Systems (vgl. hierzu auch den Beitrag von Johann Bergmann). Das wäre allerdings wiederum nur eine Nische, weil es ein Ziel des Anarchismus ist, den Kapitalismus durch ein herrschaftsfreies Wirtschaftssystem zu ersetzen, einem, das menschenfreundlicher ist und das nicht auf Ausbeutung und Konkurrenz basiert, sondern auf gegenseitiger Hilfe und sozialem Zusammenleben. Die Idee, die hinter dem Projekt steckte, war, dass man versucht, eine Kleinstadt oder ein Dorf in gewisser Weise anarchistisch zu unterwandern, indem man verschiedene Doppelprojekte aufbaut: zum Beispiel eine Kneipe und einen Buchladen oder ein Taxiunternehmen und ein Café/eine Bäckerei usw. Im Grunde sollten alle sozialen Bereiche, die es gibt, abgedeckt werden durch verschiedene Doppelprojekte. Die beteiligten Leute würden bei Bedarf zwischen den verschiedenen Projekten hin- und herwechseln und Überschüsse würden in einen gemeinsamen Topf eingezahlt, aus dem neue Projekte vorfinanziert werden könnten. So würde letztlich im Dorf eine Struktur ohne Chef entstehen und das ganze Dorf in gewisser Weise durch anarchistische Betriebe übernommen werden.

Die Idee finde ich nach wie vor gut, weil es wichtig ist, als Anarchist*in in solchen Strukturen leben zu können. Trotzdem hatte Adorno natürlich Recht, als er sagte: »Es gibt kein richtiges Leben im falschen«, aber wir wollen trotzdem so gut und herrschaftsfrei wie möglich leben, und wir wollen alle versuchen, so viel von unseren Utopien wie möglich schon jetzt in die Realität umzusetzen. Dafür sind solche Ideen wie die von Stowasser entwickelte durchaus produktiv. Und sie hat auch heute noch Einfluss: Das Mietshäusersyndikat, das in Freiburg auf dem Grethergelände entstand, ist z. B. stark von der Projekt-A-Idee inspiriert. Die Idee, die hinter dem Mietshäusersyndikat steckt, ist, dem Kapitalmarkt Wohnraum zu entziehen, bezahlbaren, kollektiven, selbstverwalteten Wohnraum zu schaffen und gleichzeitig basisdemokratische Strukturen innerhalb dieses Wohnraums umzusetzen und zu verwirklichen. Inzwischen gibt es 160 Projekte dieser Art. Diese Gebäude, in denen die Leute leben, sollen nicht mehr verkauft werden können, sondern dem Kapitalmarkt dauerhaft entzogen bleiben, die Mieten unter dem Mietpreis stagnieren. Durch die Vernetzung mit anderen ähnlichen Wohnprojekten soll eine große gesellschaftliche Kraft entstehen. Da ist meiner Ansicht nach schon eine Menge erreicht worden.

Ich selbst wohne seit über 30 Jahren in einem selbstverwalteten Wohnprojekt in Münster, im Breul. Wir vier (meine Lebensgefährtin und unsere zwei Kinder) wohnen zusammen mit sechzig Leuten in diesem Wohnprojekt. Zuerst besetzten wir einige Wohnungen, um die Zerstörung und Räumung zu verhindern. Vor dreißig Jahren sollten die Häuser abgerissen werden und ein Spekulant versuchte, sie zu ›entmieten‹. Das bezeichnete er tatsächlich so, aber wir stemmten uns als Bewohner*innenschaft dagegen. Das waren nicht nur Anarchist*innen, sondern da waren Student*innen, unpolitische Leute dabei, Künstlerinnen, Sozialdemokraten, Grüne. Ich selbst war allerdings stark beeinflusst von dieser Projekt-A-Idee. Wir setzten durch, dass die Häuser nicht abgerissen wurden. Im Anschluss sanierten wir sie. Wir setzten durch Straßenfeste, Öffentlichkeitsaktionen, Blockaden und direkte gewaltfreie Aktionen durch, dass diese Häuser erhalten blieben und wir sie selbst verwalten. Inzwischen konnten wir sogar über ein Blockheizkraftwerk im Keller eine eigene Stromversorgung installieren und Regenwasserrückhalteanlagen bauen. So entstand mitten in der Altstadt von Münster ein kleines Soziotop. Das ist meiner Meinung nach ein gutes Beispiel dafür, dass man solidarische, selbstorganisierte und selbstverwaltete Wohnformen von unten in die Tat umsetzen kann. Durch die Räumungsdrohung entwickelte sich eine Gemeinschaft, in der Leute, die sich vielleicht gar nicht alle unbedingt gut riechen können, trotzdem an einem Strang zogen, um zu verhindern, dass die Häuser abgerissen werden. Dabei zeigte sich die Stärke der Idee der gegenseitigen Hilfe, die auch der Anarchismus verbreitet und die sich ganz wunderbar in die Tat umsetzte. Unser Wohnprojekt existiert immer noch, ist immer noch selbstverwaltet, allen Problemen zum Trotz.

Solche Freiräume bieten Möglichkeiten, sich anders zu organisieren, und bieten auch die Möglichkeit, alt zu werden in sozialen Bewegungen. Ich bin seit über 40 Jahren Teil der sozialen Bewegungen und sehe mich seit 40 Jahren als Anarchist. Da ist es wichtig, dass man Strukturen hat, in denen man aufgefangen wird, in denen eine gegenseitige Hilfe auch gelebt und versucht wird, diese Utopie nicht nur philosophisch zu denken, sondern sie im realen Leben soweit wie möglich schon in die Tat umzusetzen.

Das bietet wiederum Kraft, um sich in den sozialen Bewegungen zu engagieren. Wir wissen, dass wir die Anarchie nicht morgen umsetzen können. Momentan sind wir eher in Abwehrkämpfe gegen den neu aufkommenden Faschismus, gegen AFD, gegen Rechtsextreme, gegen Rassisten, Sexisten und Militarisierung verwickelt. Wir führen Abwehrkämpfe, für die wir auf die Straße gehen müssen. Ich denke aber, dass anarchistische Utopien und egalitäre Strukturen von unten auch dazu beitragen können, dass wir dieser faschistischen Gefahr effektiv entgegentreten können. Ich würde sagen, dass wir in meiner Wahlheimatstadt Münster auf einem guten Weg sind. Münster ist die einzige Stadt in Deutschland, in der die AFD bei der Bundestagswahl an der Fünfprozenthürde gescheitert ist. Wenn die AfD in Münster auftritt, sind die vielleicht mit hundert Leuten da, die sie aus dem ganzen Bundesgebiet heranbringen, und wir sind mit über zehntausend Leuten als lokale, antifaschistische Demonstration auf der Straße.

Ich hoffe, dass es uns gelingt, auch durch anarchistische Strukturen, die Gesellschaft von unten zu transformieren hin zu einer menschenfreundlicheren, egalitären, herrschaftsfreieren Gesellschaft. *Herrschaftsfreiheit* ist ein Ziel, das im Kapitalismus nicht möglich ist. Der Kapitalismus muss letztlich überwunden werden. Kapitalismus ist ein System, das die Menschheit in den Untergang treibt. Der Klimawandel und das Artensterben sind nicht nur von Menschen gemacht, sondern eine Folge des Kapitalismus. Dem können wir nur versuchen, mit unseren eigenen Utopien, mit konkreten Handlungen und Theorien entgegenzutreten. In diesem Sinne möchte ich gern ein schönes Zitat des US-amerikanischen Soziologen Charles Wright Mills wiedergeben:

> »Im Namen des Realismus werden die Menschen total verrückt, und genau das, was sie ›utopisch‹ nennen, ist die Vorbedingung für den Fortbestand der Menschheit. Utopische Maßnahmen sind Maßnahmen, die uns vor dem Atomtod retten; realistische, gesunde, vernünftige, praktische Schritte sind heute die Aktionen der Verrückten und der Dummköpfe« (Mills 1959: 156).

Das hat Mills 1959 formuliert. Ich finde, dass das heute noch genauso zutrifft.

Der Widerstand gegen die Atomindustrie ist ein gutes Beispiel für den erfolgreichen Widerstand sozialer Bewegungen, das wir ebenfalls nicht vergessen sollten. In den Siebzigerjahren war geplant, über zweihundert Atomkraftwerke in Deutschland zu bauen. Die Anti-AKW-Bewegung konnte durch den Druck von unten einen großen Teil dieser Atomkraftwerke verhindern oder ihre Abschaltung durchsetzen. Das ist ein Beispiel dafür, dass diese Abwehrkämpfe auf der einen Seite unerlässlich und wichtig sind, um überhaupt gesellschaftliche Fortschritte in positiver Weise zu erreichen. Auf der anderen Seite bieten sie auch Potenzial, um ein anderes Leben zumindest temporär zu verwirklichen. Gerade in der Antiatombewegung sind etliche freiheitliche Versuche umgesetzt worden, zum Beispiel das *Hüttendorf 2001* in Gorleben, wo 1980 unter starker Beteiligung von Anarchist*innen auf dem Bauplatzgelände ein Hüttendorf mit über dreitausend Leuten aufgebaut und sogar schon mit Solarenergie experimentiert wurde. Vor allen Dingen aber entstand dort eine große gesellschaftliche Kraft, die letztlich dazu führte, dass der niedersächsische CDU-Ministerpräsident Ernst Albrecht, Vater der heutigen EU-Chefin Ursula von der Leyen, das größte Projekt der Atom-Mafia in Niedersachsen aufgeben musste. Albrecht sagte zum Ende der geplanten Plutoniumfabrik WAA in Gorleben: »Wir können die Wiederaufarbeitungsanlage in Gorleben nicht gegen den Willen der Bevölkerung durchsetzen.«

Worauf Franz Josef Strauß erwiderte, das sei kein Problem, wenn sie das nicht hinbekämen, dann würden sie die Plutoniumfabrik halt im bayrischen Wackersdorf bauen. »Da sind über sechzig Prozent CSU-Wähler.« Die würden sich freuen, wenn sie neue Arbeitsplätze in der Plutoniumfabrik kriegen. Da gäbe es sicher keinen Widerstand.

Da hatte er sich allerdings geschnitten. In Wackersdorf war der Widerstand noch massiver als in Gorleben. Die Bauern kippten in jedes neue Bohrloch ihre Gülle hinein, der Bauzaun wurde immer wieder demontiert, es wurde so viel Widerstand geleistet, dass am Ende die Atomindustrie einräumen musste, dass sie die Wiederaufbereitungsanlage auch in Wackersdorf nicht durchsetzen könne. Das würde ihnen zu teuer.

Es gibt weltweit eine reiche Widerstandsgeschichte, von der Pariser Commune, über die Salzmärsche in Indien, Rosa Parks, die Kämpfe gegen Rassismus, Krieg und Sexismus bis hin zur erfolgreichen weltweiten Bewegung gegen das Apartheidregime in Südafrika. Das sind Geschichten, an die wir denken sollten, wenn der Frust uns zu überwältigen droht.

Im Moment haben wir eine katastrophale Situation. Diese Corona-Pandemie ist nur ein Vorbote der Krisen, die noch kommen werden. Der Klimawandel und das Artensterben werden viel schlimmere Verwerfungen zur Folge haben als das, was wir jetzt gerade erleben. Dagegen sollten wir uns wappnen, weshalb es immer wieder wichtig ist, auch auf solche erfolgreichen Bewegungsgeschichten zurückzublicken. Gleichzeitig gilt es, zu versuchen, in der Gegenwart ganz real die eigenen Utopien schon ein Stück weit umzusetzen, und ich hoffe, dass ich mit diesem Beitrag ein paar Anregungen geben konnte.

Schließen möchte ich mit einem weiteren Zitat von Gustav Landauer, aus der von ihm herausgegebenen libertär-sozialistischen Zeitschrift *Der Sozialist* von 1897:

> »Es kommt keine Freiheit, wenn man sich nicht die Freiheit und die eigene Facon selber herausnimmt, es kommt nur die Anarchie der Zukunft, wenn die Menschen der Gegenwart Anarchisten sind, nicht nur Anhänger des Anarchismus. Das ist ein großer Unterschied, ob ich Anhänger des Anarchismus oder ob ich ein Anarchist bin. Der Anhänger eines Lehrgebäudes kann im übrigen ein Philister und Spießbürger sein; eine Wesenswandlung ist notwendig oder wenigstens eine Umkrempelung des ganzen Menschen, so daß endlich die innere Überzeugung etwas Gelebtes wird, das in Erscheinung tritt.«

Literatur

Bauer, Johann (2008): Ein weltweiter Aufbruch! Gespräch über den gewaltfreien Anarchismus der Siebzigerjahre, Heidelberg: Verlag Graswurzelrevolution.

Baxmeyer, Martin (2018): Amparo Poch y Gascón. Biographie und Erzählungen aus der Spanischen Revolution. Heidelberg: Verlag Graswurzelrevolution.

Baxmeyer, Martin/Drücke, Bernd/Kerkeling, Luz (Hrsg.) (2004): Abel Paz und die Spanische Revolution. Frankfurt/Main: Verlag Edition AV.

Bernecker, Walther L. (2006): Anarchismus und Bürgerkrieg. Zur Geschichte der Sozialen Revolution in Spanien 1936–1939. Heidelberg: Verlag Graswurzelrevolution.

Chomsky, Noam (2020): Über Anarchismus. Beiträge aus vier Jahrzehnten. Heidelberg: Verlag Graswurzelrevolution.

Drücke, Bernd (2014): Anarchismus Hoch 2. Soziale Bewegung, Utopie, Realität, Zukunft. Berlin: Karin Kramer Verlag

Drücke, Bernd (2016): Anarchismus Hoch 3. Utopie, Theorie, Praxis. Münster: Unrast Verlag.

Drücke, Bernd (Hrsg.) (2018): ja! Anarchismus. Gelebte Utopie im 21. Jahrhundert, 2. erweiterte Aufl. Münster: Unrast Verlag.

Drücke, Bernd (1998): Zwischen Schreibtisch und Straßenschlacht? Anarchismus und libertäre Presse in Ost- und Westdeutschland. Ulm: Verlag Klemm & Oelschläger.

Enzensberger, Hans Magnus (1972): Der kurze Sommer der Anarchie. Frankfurt/Main: Suhrkamp.

Goldman, Emma (2013): Anarchismus & andere Essays. Münster: Unrast Verlag.

Goldman, Emma (2010): Gelebtes Leben. Autobiographie. Hamburg: Edition Nautilus.

Goldman, Emma (1987): Niedergang der russischen Revolution. Berlin: Karin Kramer Verlag.

Goethe, Johann Wolfgang von (1836): Sämtliche Werke. Erster Band. Paris: Tétot Frérers.

Graf, Andreas/Nelles, Dieter (Hrsg.) (2000): Helmut Kirschey: »A las Barricadas«. Erinnerungen und Einsichten eines Antifaschisten. Achterland Verlagscompagnie: Bocholt und Bredevoort.

Haude, Rüdiger/Wagner, Thomas (2018): Herrschaftsfreie Institutionen. Texte zur Stabilisierung staatsloser, egalitärer Gesellschaften. 2. Aufl. Heidelberg: Verlag Graswurzelrevolution.

Kalicha, Sebastian (2017): Gewaltfreier Anarchismus und anarchistischer Pazifismus. Heidelberg: Verlag Graswurzelrevolution.

Landauer, Gustav (1989): Auch die Vergangenheit ist Zukunft. Essays zum Anarchismus. Hrsg. von Wolf, Siegbert. München: Luchterhand Literaturverlag.

Malatesta, Errico (1977): A*narchie*. Meppen/Ems: EMS-Kopp-Verlag.

Malatesta, Errico (1982 [o.J.]: Warum sind wir Anarchisten? In: Schwarz-roter Kain-Kalenda 1983. Ohne Paginierung. Berlin: Verlag Klaus Guhl.

Marin, Lou (1998): Ursprung der Revolte. Albert Camus und der Anarchismus. Heidelberg: Verlag Graswurzelrevolution.

Mills, Charles Wright (1959): Die Konsequenz. Politik ohne Verantwortung. München: Kindler.

Müller-Kampel, Beatrix (Hrsg.) (2007): »Krieg ist der Mord auf Kommando«. Bürgerliche und anarchistische Friedenskonzepte. Bertha von Suttner und Pierre Ramus. Heidelberg: Verlag Graswurzelrevolution.

Paz, Abel (1993): Durruti. Leben und Tode des spanischen Anarchisten. Hamburg: Edition Nautilus.

Rocker, Rudolf (1999): Nationalismus und Kultur. Münster: Bibliothek Thélème.

Schrupp, Antje (2009): Proudhon – der größte Frauenfeind des 19. Jahrhunderts wird gefeiert, Blogbeitrag vom 17.1.2009. https://antjeschrupp.com/2009/01/17/proudhon-der-groste-frauenfeind-des-19-jahrhunderts-wird-gefeiert/; letzter Zugriff 22.3.2023.

Stowasser, Horst (2007): Anarchie! Idee – Geschichte – Perspektiven. Hamburg: Edition Nautilus.

Stowasser, Horst (1985): Das Projekt A. Wetzlar: An-Archia.

Stowasser, Horst (1993): Leben ohne Chef und Staat. Berlin: Karin Kramer Verlag.

von Borries, Achim/Brandies, Ingeborg (Hrsg.) (2007): Anarchismus. Theorie, Kritik, Utopie. Texte und Kommentare. Heidelberg: Verlag Graswurzelrevolution.

Ilse Lenz

Frauenmacht ohne Herrschaft – Überblick und aktuelle Ansätze feministischer Theorie

> »Gab es Gesellschaften, in denen Frauen Macht hatten, ohne zu herrschen oder beherrscht zu werden? Diese Frage steht im Zentrum neuer Auseinandersetzungen in der Frauenforschung und der Frauenpolitik. Sie provoziert uns, unsere Begriffe von Macht, von Herrschaft, von Grund auf zu überdenken, indem wir die historische Möglichkeit von gleichheitlichen (egalitären) Beziehungen zwischen den Geschlechtern überprüfen.« (Lenz und Luig 1990b: 1)

Ich möchte diesen Beitrag[1] mit zwei Vorbemerkungen beginnen: Die dieser Tagung zu Grunde gelegte Problematik »Krise des Nationalstaats – Anarchistische Antworten?« habe ich mit Blick auf die meine hier zu verhandelnde Fragestellung zunächst umformatiert in »Krise der Nationalstaaten – Anarchistische Fragen«. Denn ich denke, dass sich aus der Diagnose einer Krise des Nationalstaats beim heutigen Forschungsstand aus der Sicht der Geschlechterforschung vor allem Fragen gewinnen lassen, Antworten aber noch kaum in Reichweite sind. Ich denke, dass *vor* den *anarchistischen Antworten* auf die Fragen, die mit der aktuellen Krise des Nationalstaats provoziert werden, *zunächst an-*

---

1 Dieser Beitrag ist ein überarbeiteter Vortrag auf der Konferenz *Krise der Nationalstaaten – anarchistische Antworten* vom 19.–21.3.2021 in Freiburg. Er beruht vor allem auf einer Rückschau auf den von Ute Luig und mir herausgegebenen Band, der damals den Begriff der geschlechtssymmetrischen Gesellschaften in Deutschland einführte; vgl. Lenz, Ilse / Luig, Ute: *Frauenmacht ohne Herrschaft. Geschlechterverhältnisse in nichtpatriarchalischen Gesellschaften.* Berlin: Orlanda, 1990. Zum neueren Forschungsstand zur Ethnologie der Geschlechterverhältnisse vgl. u.a. die Übersicht bei Bonvillain, Nancy: *Women and men. Cultural constructs of gender.* 5. Aufl. Lanham / London, Rowman & Littlefield, 2021 und die dort zitierte Literatur. Für Diskussionen und Ermutigung danke ich Reinhart Kößler, Uwe Bittlingmayer und Thomas Stölner.

archistisch inspirierte Fragen formuliert werden sollten, um nicht so zu tun, als gäbe es bereits fertige Antworten. Ich möchte in diesem Beitrag zur Entwicklung relevanter Fragestellungen vor allem durch den Rekurs auf die Ethnologie nicht-patriarchaler Gesellschaften beitragen (vgl. Lenz und Luig 1990a). Denn diese ermöglicht, sowohl Verengungen und Irrwege in der gegenwärtigen Genderdebatte zu erkennen, wie auch historisch praktizierte Alternativen herrschaftsfreier Machtdynamiken wahrzunehmen. Allerdings sind solche Alternativen nicht sozialromantisch direkt als Lösung der heutigen Krisen zu propagieren. Vielmehr bieten sie gerade in der Distanz zur Geschlechterasymmetrie im flexibilisierten globalen Kapitalismus grundlegende Impulse zur Kritik dessen, was heute ›natürlich‹ erscheint.

Meine zweite Vorbemerkung lautet: Die Analyse von Geschlechterverhältnissen im Nationalstaat angesichts von dessen Krise adressiert die Staatlichkeit selbst unmittelbar. Für die anarchistische Theoriebildung ist aber zunächst festzuhalten, dass die Abwesenheit des Staates bzw. staatlicher Strukturen keineswegs die Garantie herrschaftsfreier Gesellschaft oder herrschaftsfreier Geschlechterverhältnisse bedeutet hat. In seiner klassischen Untersuchung *Regulierte Anarchie* vertritt Christian Sigrist (Sigrist 1967), dass sich die Analyse von Geschlechterverhältnissen aus anarchistischer gesellschaftstheoretischer Sicht nicht auf das potenziell männlich konnotierte politische Feld beschränken darf, sondern die unterschiedlichen gesellschaftlichen Felder insgesamt in den Blick nehmen muss. Die Leitfrage lautet dann, ob und wie herrschaftsfreie Geschlechterverhältnisse ohne den Staat zu denken sind. Hier ist das Konzept der geschlechtssymmetrischen Gesellschaften relevant, auf das ich im Verlauf des Beitrags genauer eingehen werde.

Im Folgenden stelle ich zunächst zwei gegensätzliche Beispiele für nicht-patriarchale Gesellschaften vor, in denen Frauen Macht hatten und Männer nicht über sie herrschten. Anschließend spreche ich verschiedene Grundprobleme der Beschäftigung mit nichtstaatlichen vormodernen Gesellschaften im Globalen Süden an. Zu einer differenzierten Auseinandersetzung mit nicht-patriarchalen Gesellschaften werde ich dann den Ansatz der geschlechtssymmetrischen Gesellschaften umreißen. Schließlich komme ich zu der Frage, was man aus diesen Einblicken in historische geschlechtersymmetrische Gesellschaften für die Gegenwart und Zukunft entnehmen kann (und was nicht).

Die San als Beispiel einer geschlechtersymmetrischen Gesellschaft

Ich möchte dazu einladen, zwei sehr unterschiedliche nicht-patriarchale Gesellschaften – die San und die Irokes*innen – näher zu betrachten.[2] Die San leben heute in der Kalahari-Wüste, die sich von Südafrika, über Namibia, Botswana, Angola bis Sambia erstreckt. Vorher waren sie im südlichen Afrika weit verbreitet. Sie sind als Wildbeuter, also als Jäger und Sammlerinnen unterwegs. Diese Wirtschaftsweise beruht auf Respekt vor der äußeren Natur, deren Früchte angeeignet werden, wie auch auf der Leistung der Sammelnden und Jagenden und ihrer persönlichen Autonomie. Ferner erfordern beide Tätigkeiten eine hohe Mobilität, ausgeprägtes Wissen über die lokalen Bedingungen und Kooperation innerhalb der Gruppe wie auch mit anderen Lokalgruppen. Anders als oft angenommen, konnten vorkoloniale Wildbeuter historisch ihre Arbeit mit Muße verbinden und ihre an die Umwelt angepassten Bedürfnisse in der Regel gut erfüllen.

Die San gelten als egalitär und hierarchiearm (vgl. Malan 2017: 105–107) und haben weder eine interne Schichtung noch formale politische Führer. Ferner haben sie eine anerkannte Geschlechterdifferenzierung, die sich in der geschlechtlichen Arbeitsteilung und in den Übergangs- und Heilungsritualen ausdrückt.[3] Allerdings haben sich die Geschlechterverhältnisse bei den San durch die Kolonialherrschaft und die folgende Verdrängung in die Kalahari sehr verändert.

Herkömmlich lebten die San in flexiblen Lokalgruppen. In der Regel stammen diese von den Gründer*innen der Gruppe, oftmals ein Geschwisterpaar, ab und die Abstammung geht dann bilateral auf beiden Seiten weiter. Menschen sehen sich also gleichermaßen mit beiden Eltern verwandt, aber auch mit Personen, die in einem fiktiven Verwandtschaftsverhältnis z. B. als Schwestern oder Onkel aufgenommen werden (s.u.). Das unterscheidet sich von der patrilinearen Verwandtschaft in den modernen europäischen Nationalstaaten, wo die zentrale Abstammungslinie über den Vater ging, in die die Frau einheiratete, wobei sie ihren eigenen Namen

2 Es handelt sich um vorkoloniale historische Gesellschaften, während die Erzählung im historischen Präsens erfolgt.

3 Vgl. die detaillierte historische Rekonstruktion von Ute Luig: *Sind egalitäre Gesellschaften auch geschlechtsegalitär? Untersuchungen zur Geschlechterbeziehung in afrikanischen Wildbeutergesellschaften*. In Lenz, Luig a.a.O. 1990: 75–152, und Bonvillain a.a.O. 2021: 36–42.

und Status aufgab. Diese bilaterale flexible Verwandtschaft unterscheidet sich aber auch von der matrilinearen Abstammung in der Mutterlinie, die herkömmlich als Grundbedingung für ein Matriarchat gesehen wird.

Menschen von außerhalb der Lokalgruppe werden oft als Geschwister oder andere Verwandte angesprochen; man sagt: »Du bist mein Bruder« oder »Du bist meine Schwester«. Es gibt also fiktive bzw. *offen sozialkonstruktive* Bestimmungen von Verwandtschaft. Diese fiktive Verwandtschaft ermöglicht den Einzelnen und der Gruppe, in einer schwierigen ökologischen Umgebung, Netzwerke mit anderen Lokalgruppen zu entwickeln, sodass sie Zugang zu deren Ressourcen erhalten. Denn die Kalahari umfasst ein sehr großes und nicht ungefährliches Landgebiet, in dem ein breites soziales Netzwerk ermöglicht, mobil zu leben und Ressourcen auf der Grundlage von Reziprozität zu teilen. Das stabilisiert das Überleben für alle Beteiligten.

Das Land ist im Kollektivbesitz der Lokalgruppe. Es gibt eine geschlechtliche Arbeitsteilung, die kooperativ umgesetzt wird. Die Frauen sammeln und tragen damit den Großteil zur Ernährung der Gruppe bei. Sie gehen zwei-, dreimal in der Woche los und sammeln hinreichend Früchte, Wurzeln usw. für die alltägliche Versorgung. Deswegen ist ihr Wissen über die natürlichen Ressourcen und Vorgänge, das sie lebenslang aufbauen und austauschen, wertvoll und wird von der Gruppe hoch geschätzt. Die Männer jagen und erlangen damit wertvolle Güter für gemeinsamen rituellen Verzehr und den Tausch. Aber die Arbeitsteilung ist nicht strikt.[4] So zeigen sich kooperative Formen der Reproduktionsarbeit. Wenn die Frauen etwa zum Sammeln unterwegs sind, dann kümmern sich die Männer um die Kinder, holen Wasser oder leisten die erforderliche Reproduktionsarbeit.

Die Umverteilung der symbolisch wertvollen Güter, also sowohl der Jagdbeute der Männer als auch der Luxusgüter, vor allem Schmuck-Güter, die die Frauen produzieren, ist zentral. Sie werden an Mitglieder der Lokalgruppe, aber auch an Außenstehende weitergegeben. Diese Redistribution sorgt dafür, dass sich in der Lokalgruppe keine deutlichen Ungleichheiten herausbilden. Mitglieder, die sich der Umverteilung entziehen und Güter horten, werden sanktioniert. Durch die Geschenke an die Außenstehenden werden Beziehungen zu ihnen geschmiedet und aufrechterhalten, die dann

---

4 Die Hausarbeit im Sinne häuslicher unbezahlter Versorgungsarbeit von Frauen gibt es bei den San nicht.

den Zugang zu deren Ressourcen, in Krisen zum Beispiel zu Wasserstellen, ermöglichen.

Sexualität und Begehren werden unter den Vorzeichen persönlicher Autonomie gelebt und tendenziell von der Frage der Reproduktion, also des Kinderbekommens getrennt. Bei den San scheinen Frauen und Männer sexuelle Aktivitäten schön zu finden und das wechselseitig anzuerkennen. Attraktivität geht also von beiden Geschlechtern aus und sie wird etwa in den Initiationsriten unmittelbar adressiert. In diesen Riten wird die Geschlechtlichkeit und die Differenz betont.

Ehen werden zum einen von den Eltern, oft den Müttern, arrangiert, wobei junge Mädchen mit älteren Männern, die sich als Jäger oder durch ihren Charakter ausgewiesen haben, zusammengebracht werden. Sexualität wird erst nach der Geschlechtsreife der Mädchen und im beidseitigen Einvernehmen gelebt; die Männer scheinen auf die Bereitschaft der Partnerin zu warten. Die Mädchen können sich diesen Ehen widersetzen und etwa ein Drittel wird später meist auf Wunsch der Frau geschieden. Zum anderen finden die Paare frei zusammen und können sich flexibel trennen. Die Ehen sind meist monogam und Ehebruch führt zu Konflikten, wird aber kaum sozial sanktioniert. Geschlechtliche Gewalt und Vergewaltigungen sind selten und werden missbilligt.

Die Frauen können über die Reproduktion, also das Kinderbekommen, autonom entscheiden und weder die Ehemänner noch deren Verwandte haben etwas zu bestimmen. Sie schieben durch oft jahrelanges Stillen erneute Schwangerschaften auf, aber auch Abtreibung und wenige Fälle von Kindestötung sind bekannt. Kleinkinder stellen für die Mütter, die im Gehen sammeln und sie dabei tragen müssen, eine beträchtliche körperliche Anforderung dar. Meist haben sie nicht mehr als drei oder vier Kinder.

Die San leben als flexible Zusammenschlüsse von Erwachsenen, in denen die Frauen durch das Sammeln den alltäglichen Lebensunterhalt beschaffen und die Männer und Kinder mitversorgen. Familien sind lose Kooperations- und Konsumtionsgemeinschaften, deren Mitglieder über hohe persönliche Freiheit verfügen (Luig 1990: 104). Die Zahl der Kinder ist nicht ausschlaggebend für die ökonomische Versorgung wie in Bauerngesellschaften, wo die Kinder die zukünftigen Arbeitskräfte des Haushalts darstellen. Deswegen haben in Bauerngesellschaften, einfach gesagt, die alten Männer, die Patriarchen, meist die Kontrolle über die Reproduktionsfähigkeit der Frauen übernommen; sie kontrollieren deren

Sexualität durch Normen und Gewalt und wirken auf viele Nachkommen hin (vgl. Lenz 2018).

Schließlich ist für eine machtkritische Analyse der traditionellen Vergesellschaftung der San wichtig, wie Konsens und kollektive Entscheidungsfindung geschaffen wird. Bei den San wird in Beratungen der Lokalgruppen entschieden, die wenig institutionalisiert sind. Es gibt bei den San niemanden, der von oben herrscht (Malan 2017: 105). Die Gruppengründer haben zwar ein hohes symbolisches Ansehen, sie können aber nicht über andere bestimmen und anderen Gruppenmitgliedern befehlen, wie die Entscheidung auszusehen hat. Für eine Entscheidungsfindung wird so lange diskutiert, bis man zu einem Konsens gelangt. Solche Diskussionen sind nicht immer harmonisch, sondern können auch sehr konfliktiv ausgetragen werden, aber das Ziel ist Konsens (analog wird die Entscheidungsfindung bei ›Ethnien‹ im Südsudan beschrieben; vgl. hierzu Amborn 2016: 149–159).

So stellt sich bei den San immer wieder eine geschlechtliche Machtbalance her, die auf persönlicher Autonomie der erwachsenen Mitglieder, ständiger Nivellierung von persönlicher Ungleichheit durch reziproke Umverteilung, Austausch innerhalb und zwischen den Lokalgruppen und egalitären Entscheidungen aufbaut und mit Geschlechterdifferenz in den wesentlichen Ritualen und der komplementären Arbeitsteilung verbunden ist.

Geschlechtersymmetrie bei den Irokesen

Die zweite nicht-patriarchale Gesellschaft, die ich kurz vorstellen will, bilden die Irokesen, die sich grundlegend von den San unterscheiden. Sie waren Jäger und Gartenbauer. Selbst nannten sie sich *Leute des Langhauses* (*Haudenosaunee*). Sechs große Gruppen hatten sich zu einem Bund zusammengeschlossen (Wolf 1991). Sie lebten um die großen Seen in den heutigen Vereinigten Staaten von Amerika und im heutigen Kanada. Sie haben ein matrilineares Abstammungssystem, nach dem die Zugehörigkeit zur Gruppe über die weibliche Linie zugeordnet wird, die die Töchter fortsetzen. Männer können in der Lineage ihrer Schwester, aber kaum als Ehemänner Autorität beanspruchen.

Mehrere Familien bewohnen ein Langhaus, das von den älteren Frauen, den Matronen, geleitet wird. Die Wohnform ist matrilokal, die Töchter bleiben also in ihrer Gruppe und die Söhne ziehen nach der Heirat in das Langhaus ihrer Frau. Da Männer aber häufig auf der Jagd oder in Kriegszügen unterwegs sind, bleiben die Beziehungen flexibel und können gelöst werden. Hochzeiten und Scheidungen sind vergleichsweise *ritualarm*. Letztere können sowohl vom Mann als auch von der Frau initiiert werden und Kinder bleiben nach einer vollzogenen Scheidung in der Regel bei der Mutter (Brown 1990: 158). In der matrilinearen Gesellschaft der Irokesen hat die ältere Frau die Autorität über das Langhaus, wodurch sich die Irokesen von vielen anderen matrilinear organisierten Gesellschaften abheben.[5] Über Vergewaltigungen gibt es keine Berichte und eine Quelle besagt, dass auch kriegsgefangene Frauen nicht zum Opfer sexueller Gewalt wurden.

Die Frauen verfügen über das Land, das in Gemeinbesitz ist, wie auch über die Produkte des Gartenbaus und des Sammelns. Die häuslichen Vorräte werden gleichfalls von ihnen verwaltet. Während die San Jäger und Sammlerinnen sind, betreiben die Irokesen Wanderfeldbau, aus dem der Großteil der Ernährung und Vorräte stammt. In diesem Gartenbau wird der Boden von den Männern vorbereitet. Darauf pflanzen und ernten die Frauen mit Unterstützung der Männer Mais und Gemüse. Die Männer gehen auf die Jagd und sind oft lange abwesend. Ihnen obliegt auch der Fischfang, wobei hier kooperiert wird. Geschlechtliche Arbeitsteilung mit einem reziproken Austausch und Umverteilung prägt das Zusammenleben. Die Frauen haben die Entscheidungsbefugnis über die Ernte und verteilen auch die Jagdbeute.

Neben der Jagd spezialisierten sich die Männer auf die Kriegsführung. Unter dem Einfluss des britischen und französischen Kolonialismus gewann die vorher schon vorhandene Kriegsführung stark an Bedeutung (Wolf 1991). So blieben die Männer längere Zeiten fort. Ihre Abwesenheit wurde durch die Macht der Frauen über die Wirtschaft und die materiellen Güter abgestützt.

Es hatten sich politische Institutionen herausgebildet, die geschlechtlich differenziert waren. Sie bestanden aus Räten auf den drei Ebenen des Langhauses, der Lokalgruppe und des Irokesenbundes. Während im Langhaus die Matronen das Wort führten, waren die lokalen Räte und der Bundesrat von Männern besetzt. Jedoch wurden diese männlichen Räte von den Matronen mitausgewählt. Frauen hatten eigene Räte, die durch einen männlichen Sprecher in den männlichen Räten vertreten wurden.

5 In vielen matrilinearen Gesellschaften liegt die Autorität bei den älteren Brüdern, also bei Männern. Anzeichen für geschlechtssymmetrische Verhältnisse sind auch für die vorkolonialen Minangkabau zu finden; vgl. Lenz / Luig a.a.O. 1990.

Diese Räte waren auf die Unterstützung der Matronen angewiesen, die die materiellen Ressourcen verwalteten und so etwa die Lebensmittel für die Jagd oder Kriegsführung reduzieren oder verweigern konnten (Brown 1990: 167).

Bei den Irokesen ergibt sich die Machtbalance der Geschlechter also aus einer unterschiedlichen Verfügung der Frauen über den Boden, die Produktion und die Güter, sowie der Männer über die Politik, wobei Komplementarität, Umverteilung, Reziprozität und persönliche Autonomie leitend waren.

Kritische Selbstreflexion bei der Analyse nicht-patriarchaler Gesellschaften

Bei der Beschäftigung mit nicht-patriarchalen Gesellschaften ist kritische Selbstreflexion erforderlich. Schon angesichts des westlichen Kolonialismus, der den Großteil dieser Gesellschaften aufgebrochen und unterworden hat, und der postkolonialen globalen Machtverhältnisse ist sie wesentlich. Ferner sind die Ethnologie wie die Sozialwissenschaften insgesamt und in ihren Ansätzen und Begriffen durch diese ungleiche Geschichte geprägt. Insgesamt stellen sich im Zugang zu und im Verständnis von diesen Gesellschaften eine Reihe von Problemen.

Zunächst ist das *Kolonialismusproblem* wahrzunehmen. Die modernen europäischen Kolonialstaaten waren zutiefst patriarchal und sie bewirkten mit, dass sich das moderne Patriarchat weltweit ausgebreitet hat. Laut ihrer patriarchalen politischen Theorie entsprach die Herrschaft des Mannes in der Familie der Herrschaft des Fürsten über die Untertanen und wurden die weißen Kolonialherren als den indigenen Völkern überlegen bezeichnet. Dieser Patriarchalismus war christlich und unter Bezug auf die antike politische Philosophie des Aristoteles darüber hinaus naturrechtlich begründet. Deswegen wurden in der frühen kolonialen Literatur die nicht-patriarchalen Gesellschaften oft als völlig absurd, gegen *die Natur* oder gegen Gott aufgefasst. Sie wurden als illegitime Abweichungen von der christlichen oder naturrechtlichen Ordnung abgewertet und dementsprechend fallen oft die Berichte über diese ›perversen‹ Gesellschaften aus. Allerdings existieren auch sehr schöne Beschreibungen, wie zum Beispiel von dem Jesuiten und Missionar Joseph-François Lafitau, der fünf Jahre bei Irokesen gelebt und ihr Leben genau und respektvoll festgehalten hat

(Lafitau 1974). In den vorkolonialen Gesellschaften existierten oft keine schriftlichen Quellen, vielmehr wurden Berichte über sie erst später im Kolonialismus von Ethnografen, Missionaren und Reisenden mit ihren eurozentrischen Sichtweisen verfasst.

Das zweite Problem für die kritische Selbstreflexion ist das *Evolutionsproblem*. Während der kolonialen Unterordnung des Globalen Südens und Ostens blieb die ›westliche‹ Wissensproduktion darüber nicht bei Missions- und Reiseberichten stehen, sondern allmählich bildeten sich die Anthropologie oder die Ethnologie heraus, die zunächst deskriptiv vorgingen. Diese Fachwissenschaften vertraten die Ansicht, dass die vorkolonialen Gesellschaften nicht absurd oder illegitim sind, sondern dass sie *anders* sind und entsprechend ihrer Kultur funktionieren. Das soziale Denken im neunzehnten Jahrhundert nahm also die Herausforderung der Existenz nicht-patriarchaler Gesellschaften grundsätzlich auf. Jedoch wurden diese dann als primitiv oder traditionell eingestuft und deren Mitglieder als Wilde beschrieben. Sie wurden also aus der Perspektive einer spezifischen Temporalität der Selbstbeschreibung moderner Gesellschaften in eine Zeitlogik eingepresst, die der Fortschrittserzählung moderner Gesellschaften selbst diente (vgl. zum allgemeinen Verständnis dieses Prozesses Kößler 1998; Hall 1994). Aus der Perspektive der europäischen Herrschaft wird der Fortschritt als eigenständiges Ziel bestimmt. Die nicht-patriarchalen Gesellschaften stehen in dieser Sicht am Beginn der Menschheitsgeschichte, die noch wild sei. Im Laufe der Entwicklung und des Fortschritts komme es zum Patriarchat und dann verlaufe die Zivilisationsgeschichte weiter in Richtung Moderne und Kapitalismus.

Neben dem Evolutionsproblem und dem Kolonialismusproblem existiert ferner das *Problem des Sinnverstehens*, des Bezugs auf die symbolischen Formen und Praktiken nicht-patriarchaler Gesellschaften. Eignen sich Begriffe aus den ›westlichen‹ Sozialwissenschaften überhaupt dafür, vorkoloniale, nicht-patriarchale Gesellschaften zu verstehen? Das Matriarchat, so die Standardauffassung, wird dadurch definiert, dass die Frauen die Macht haben. Aber was bedeutet Macht hier genau? Der Machtbegriff der männlich zentrierten Moderne ist von Max Weber sehr realistisch beschrieben worden, nämlich als die Fähigkeit, seinen Willen auch gegen Widerstreben in einer sozialen Beziehung durchzusetzen (vgl. Weber 1976: 28). In nicht-patriarchalen Gesellschaften ist Macht vermutlich anders verstanden worden. Sie kann sich, so meine These, als wechselseitige Beeinflussung von vielen Menschen artikulieren. Man kann sie als *polyzentrischen Prozess* wechselseitiger Beeinflussungen mit Machtbalancen interpretieren, worauf ich weiter unten zurückkomme.

Ein weiteres Grundproblem bei der Beschäftigung mit nicht-patriarchalen Gesellschaften ist das *Projektionsproblem*. Nicht-patriarchale Gesellschaften werden als Orte der Sehnsucht konstruiert und es werden eigene Wünsche und Bedürfnisse in sie hineinprojiziert. Friedrich Engels hat in seinem Buch *Der Ursprung der Familie, des Privateigentums und des Staats* (1884) eine klassische Untersuchung zum Matriachat verfasst. Darin beschreibt er den »regellosen Geschlechtsverkehr« und »die Gruppenehe« bei vorpatriarchalen Gruppen als Gegenbild zu der patriarchalischen bürgerlichen Ehe (Engels [1884] 1975). Bis heute wird das Matriarchat als Gegenentwurf und Gegenbild der heutigen patriarchalen Gesellschaften gesehen. In anderer Form zeigen sich solche Projektionen, wenn queere Personen in den USA zu indigenen Gruppen gehen und dort verschiedene queere Lebensformen wie etwa True Spirit People suchen und sie unmittelbar aneignen wollen, ohne deren anderen Kontext selbstkritisch zu reflektieren.[6]

Schließlich stellt sich bei der Auseinandersetzung mit nicht-patriarchalen Gesellschaften das *Universalismusproblem*. Der Universalismus wurde zunächst eurozentrisch exklusiv eingebracht. Wie gesagt, stützte er sich auf die Vorstellung, dass die nicht-patriarchalen Gruppen eine frühe Stufe der menschlichen Evolution verkörpern. In diesem verengten Universalismus bildeten sie nur eine Evolutionsetappe, die durch den Fortschritt zum Untergang verdammt sei und in Europa bereits vor langer Zeit überwunden wurde. Gegen diesen eurozentrischen Universalismus hatten schon die Kulturanthropologie und die funktionalistische Ethnologie protestiert und vertreten, dass man jede Gesellschaft in ihrem Kontext betrachten müsse. Im Ergebnis wurden universale Ansätze zu Geschlechtersymmetrie zusammen mit dem Evolutionsdenken aufgegeben und partikuläre Vorstellungen von matriarchalen oder matrilokalen Gesellschaften wurden hegemonial. Die folgende Dominanz des Kulturrelativismus und die Aufgabe des Universalismus in einer so entscheidenden Frage wie der Geschlechtsherrschaft sind jedoch in meiner Sicht unbefriedigend und letztlich nicht hinnehmbar.

6 Diese selbstkritische Reflexion ist selbstverständlich auch relevant für den Ansatz der geschlechtssymmetrischen Gesellschaften wie Ute Luig und ich ihn vertreten haben (Lenz und Luig 1990a).

Bei dem eurozentrischen Universalismus ist im Kern die ausschließende Denkweise, die den Kolonialismus, das Klassendenken und Sexismus legitimierte, zu kritisieren und nicht der Versuch, Menschenrechte universal für alle zu denken. Anders formuliert geht es um die Frage, ob die nichtpatriarchalen Gesellschaften nur jeweils für sich stehen oder ob nicht doch Geschlechterbalancen existierten, die sich in unterschiedlichen Formen quer durch die Menschheitsgesellschaften manifestierten.

Ich plädiere also bei der Untersuchung nichtpatriarchaler Gesellschaften für einen reflexiven Universalismus (Lenz, 2013), der induktiv von den bekannten ›Fällen‹ ausgeht und dann nach ihnen gemeinsamen Merkmalen sucht, die für ihren Kreis universalisierbar sind. So vermeidet man das deduktive Vorgehen, das eine homogene menschliche Evolution annimmt, und erkennt die vielfältigen gesellschaftlichen Entwicklungswege an. Der Ansatz der geschlechtssymmetrischen Gesellschaft bietet einen solchen Zugang.

Geschlechtssymmetrische Gesellschaften

Der Begriff der geschlechtssymmetrischen Gesellschaften verweist auf einen Theorieansatz, der aus der historischen Ethnologie kommt und empirisch erhärtet ist. Er steht am Ende eines langen Diskurses zu nichtpatriarchalen Gesellschaften. Johann Jacob Bachofen begründete ihn, als er bei seiner Untersuchung griechischer Quellen auf Hinweise von Frauenmacht stieß, die sich von dem Patriarchat im Europa des 19. Jahrhunderts unterschieden. Er fasste diese Verhältnisse unter dem Begriff des Mutterrechts zusammen (Bachofen 1861). Friedrich Engels hat die Vorstellung des Mutterrechts in seinem Buch *Der Ursprung der Familie, des Privateigentums und des Staats* (Engels [1884] 1975) übernommen und auf materielle Grundlagen bezogen, nämlich vorstaatliche Wildbeuter- und Bauerngemeinschaften. Ferner hat Engels Lewis Morgans Schriften zu den Irokesen aufgenommen (Morgan 2021). Er hat die Vorstellung eines nichtstaatlichen Mutterrechts und früher Freiheit und Gleichheit kombiniert mit der einer notwendigen historischen Entwicklung über das Patriarchat zum Kapitalismus. Die sozialistische Revolution würde dann diese Freiheit und Gleichheit auf Ebene der Gemeinschaft und der Individuen verwirklichen. Engels Buch wurde zum Bestseller und viele Frauen und Männer, die das Kapital von Karl Marx nicht gelesen hatten, haben den Ursprung der Familie, des Privateigentums und des Staates verschlungen. Jedoch leitete Engels sein Modell von einer eurozentrischen Evolutionstheorie der Aufklärung ab und ordnete die nichtwestlichen Gesellschaften ihm unter. Sein Wissen bezog er aus antiken Quellen oder Missionars- und Reiseberichten, während die empirische Forschung noch am Anfang stand. Die empirisch forschende Kulturanthropologie lehnte Engels Argumentation in der Folge ab.

Feministische Autor*innen haben das Motiv des Mutterrechts in Form der Matriarchatstheorie weitergeführt. So hat Heide Göttner-Abendroth den Ansatz noch einmal konzise zusammengefasst: Das Matriarchat ist laut ihr gekennzeichnet durch Abstammung über die Mutterlinie, Wohnung bei der Mutter, wirtschaftlichen Gemeinbesitz entlang der weiblichen Erbfolge, freie Sexualität und religiöse Macht und Kreativität der Frauen (Göttner-Abendroth [1941] 1999, [1941] 2010).

Parallel dazu hat sich die feministische Ethnologie ab den 1970er-Jahren der Frage zugewandt, ob es Gesellschaften mit Geschlechtergleichheit gibt. Im Ergebnis hat sie sich von dem klassischen Matriarchatsmodell verabschiedet. Statt nach der Herrschaft von Frauen suchte sie nun nach gleichheitlichen Geschlechterverhältnissen. Wegweisend war Eleanor Leacock, die als Impulsgeberin für die konkrete Frage nach geschlechtsegalitären Gesellschaften gelten kann (Leacock 1981; Leacock und Safa 1986). Leacock brachte den Ansatz der geschlechtsegalitären Gruppen ein, in denen die Geschlechter gleich sind. Ferner hat sie solche Gruppen bei Sammlerinnen und Jägergruppen sowie bei Gartenbauern identifiziert. Als wesentliches Merkmal von Geschlechtergleichheit konstatiert Leacock das Motiv der *Streuung von Machtressourcen*. So wird Autorität in den Entscheidungsprozessen gestreut und alle erwachsenen Mitglieder der Gruppe haben Zugang zu Ressourcen. Als Entscheidungsprinzip gilt Konsens. Die Frauen kontrollieren die Produktionsmittel und das Produkt in ihren Arbeitsbereichen. So betrieben die Frauen bei den Irokesen den Gartenbau, bewahrten das Produkt in ihren Häusern auf und gaben es den Männern. Der Haushalt bildet den öffentlichen Wirtschaftsbereich und Hausarbeit ist für alle wichtig. Dem Ansatz der geschlechtsegalitären Gesellschaften liegt eine, wenn auch weite Vorstellung von Gleichheit zugrunde. Das beinhaltet eine gewisse Engführung, denn Herrschaftsfreiheit ist nicht nur unter Gleichen, sondern auch bei Geschlechterdifferenz gegeben, wie sich in der Folge zeigen wird.

Demgegenüber ist der Ansatz geschlechtssymmetrischer Gesellschaften offener und kann sich auf unterschiedliche Genderbilder zwischen Gleichheit und Differenz beziehen (vgl. zum Folgenden ausführlicher Lenz 1990: 55–60). Eine einfache Definition lautet: In geschlechtssymmetrischen Gesellschaften ist die Macht zwischen den Geschlechtern polyzentrisch verteilt und die erwachsenen Personen verfügen geschlechtsübergreifend über gewisse persönliche Autonomie und Anerkennung, sodass sich geschlechtliche Machtbalancen ergeben.

Folgen wir den wichtigsten Ergebnissen der hier vorliegenden empirischen und theoretischen Untersuchungen (vgl. Lenz, Luig 1990), so ergibt sich die Macht von Frauen oder Männern als Möglichkeit, Einfluss auszuüben, vor allem durch Verfügung oder eigenständige Positionen in den folgenden Feldern:

- Kontrolle über die eigenen Produktionsprozesse, also der Besitz an Produktionsmitteln und die Verfügung über das Produkt;
- Kontrolle über die Reproduktion der Nachkommen, also eigenständige Verfügung über die Gebärfähigkeit;
- eigenständige Bestimmung über die Sexualität und über den Körper;
- (proto-)politische Autorität;
- eigenständige, kreative und sozial hoch bewertete Positionen in der symbolischen Ordnung und den rituellen und religiösen Aktivitäten zu ihrer Aufrechterhaltung.

Die ethnohistorische Forschung hat zwei Formationen herausgearbeitet, in denen geschlechtssymmetrische Gesellschaften empirisch belegt wurden. In der einen ist wie bei den San eine Nähe der Geschlechter bei anerkannter Geschlechterdifferenz, eine geringe institutionelle Differenzierung und eine horizontale Machtbalance autonomer Mitglieder festzustellen. Sie haben eine entweder eine wenig ausgeprägte oder komplementäre geschlechtliche Arbeitsteilung (Luig 1990), wobei Männer und Frauen in ihrem Bereich über die materiellen Ressourcen und das Wissen über die Produktion verfügen. Die Ältesten, zu denen Frauen wie Männer gehören, verfügen über den Besitz der Gruppe wie den Zugang zu Land und Wasser. Ferner werden Frauen als sexuelle Subjekte gesehen und können autonom über ihre Sexualität bestimmen. Das gilt auch für die Reproduktion: Die Entscheidung über Schwangerschaft und Aufziehen der Neugeborenen liegt bei ihnen[7] und Mutterschaft spielt im Gegensatz zu sexueller Attraktivität eine geringe Rolle. Bei politischen Entscheidungen reden beide Geschlechter mit und greifen teils zur Gewalt. In den Riten werden Geschlecht und Sexualität gefeiert und betont (Luig 1990). Insgesamt wird die Geschlechterdifferenz anerkannt, aber sie drückt sich nicht in institutionell verfestigter Geschlechterungleichheit aus, wohl weil die geschlechtlichen Praktiken wie auch die zentralen Institutionen flexibel sind und die persönliche Autonomie wesentlich ist. Man könnte von Praktiken der *Minimierung der anerkannten Geschlechterdifferenz* sprechen.

Im Gegensatz dazu ist in der anderen Formation wie bei den Irokesen die Geschlechterdifferenz grundlegend für die Organisation der matrilinearen Verwandtschaft also der Gruppenzugehörigkeit, für den matrilokalen Wohnsitz, die Arbeitsteilung und die männlich zentrierte Organisation der politischen und sozialen Räte. Die sozialen Felder der Produktion, Reproduktion und Verwandtschaft sowie Politik und symbolisches Wissen und Praktiken haben sich herausdifferenziert, während die Geschlechter unterschiedliche Autorität in diesen innehaben. So verfügen Frauen eher über das Land und den Gartenbau, während Männer die protopolitische Entscheidungsmacht haben. Da die Macht polyzentrisch zwischen diesen Feldern verteilt ist, ergibt sich eine Balance ohne ein einseitiges Dominanzverhältnis zwischen ihnen. Die Frage von materieller Gleichartigkeit der Geschlechter ist für diese polyzentrische prozessuale Machtbalance relativ unwichtig, denn diese ergibt sich aus dem Zusammenwirken des Handelns der Personen in bestimmten – unterschiedlichen oder gleichen – Schlüsselbereichen. Anstelle der Praktiken der *Minimierung der anerkannten Geschlechterdifferenz* im ersten Fall zeigt sich hier deren komplementäre Verankerung in wesentlichen sozialen Feldern und ihren Institutionen wie der matrilinearen Abstammung, der wirtschaftlichen Kooperation und Umverteilung und der Politik, sodass sich Machtbalancen ergeben.

In beiden Formationen verbindet sich die Geschlechtersymmetrie also mit einer anerkannten Geschlechterdifferenz. Dies steht im Widerspruch zu dem postkonstruktivistischen Genderdiskurs, der annimmt, dass die

7 Diese Entscheidungen sind gravierend und ich will das damit verbundene Dilemma keineswegs verharmlosen. Der wesentliche Punkt aber ist, dass die Frauen selbst entscheiden und weder ihre Männer noch eine männlich dominierte Gruppe die Reproduktion kontrolliert, was ein zentrales Merkmal des Patriarchats darstellt.

Geschlechterungleichheit eben aus der kulturellen Geschlechterdifferenz resultiert. Geschlechtssymmetrie ergibt sich also in *spezifischen Konstellationen* aus der Kontrolle der Ressourcen, der der eigenen Person und von wichtigen politischen und kulturellen Positionen. Dies sind zentrale, miteinander verwobene Bereiche gesellschaftlichen Handelns, der Praxis im weiten Sinne.

Während bisher die *Balance zwischen den Personen und Geschlechtern* in der Gruppe herausgearbeitet wurde, soll nun angedeutet werden, auf welchen Werten und Praktiken sie ermöglicht wird. In geschlechtssymmetrischen Gesellschaften haben die erwachsenen Mitglieder gleichwertigen oder gleichen Zugang zu den Chancen und wertvollen Gütern einer Gesellschaft, wobei Kinder und Nichtmitglieder tendenziell ausgeschlossen sind.

Zunächst unterscheidet sich der Machtbegriff von dem weiterhin hegemonialen Verständnis von Macht als einseitiger Dominanz über andere, wie es die klassische Standarddefinition von Max Weber einbringt, in der es immer um ein Durchsetzen gegen Widerstand und Interessen anderer geht. Die klassische Matriarchatstheorie ging von der Macht der Mütter in diesem Sinne aus, also einer Frauenherrschaft über Männer. In diesem Sinne stellte sie ein Gegenbild zum Patriarchat dar. Die Ethnografien geschlechtssymmetrischer Gesellschaften zeigen vielmehr, dass alle beteiligt sind und Macht im Sinne des Einflusses in der Gruppe ausüben, sodass wechselseitiger Konsens ein Grundziel darstellt. Weiterhin gilt *Reziprozität*, also Wechselseitigkeit, man gibt sich gegenseitig Vorteile und man unterstützt sich gegenseitig. Es herrscht Respekt für alle institutionalisierten Geschlechter: Sind dies Männer und Frauen, dann respektieren Frauen Männer und Männer respektieren Frauen.[8] Soweit wir das überhaupt wissen können, gab es in einigen Beispielen geschlechtssymmetrischer Gesellschaft in der vorkolonialen Zeit keine Berichte über Vergewaltigung und bei geschlechtlicher Gewalt intervenierte die Gruppe. Die gleichwertige symmetrische Beteiligung aller Gesellschaftsmitglieder stellt allerdings weder einen Automatismus noch ein Perpetuum Mobile dar, sondern sie muss fortlaufend aktiv hergestellt werden (Luig 1990). Schließlich wird die geschlechtliche Balance der Machtfelder durch eine Balance in der

8 Ich spreche von Frauen und Männern, da mir keine Hinweise auf ein häufigeres Vorkommen von Vielgeschlechtlichkeit in geschlechtssymmetrischen Gesellschaften als in patriarchalen vorliegen und sie in den mir vorliegenden historischen Ethnografien nicht aufgeführt wurde. Das kann aber auch ein Problem des Forschungsstands sein.

Kontrolle der zentralen Institutionen abgestützt, die noch nicht in einem hierarchischen Verhältnis zueinanderstehen. Während zum Beispiel bei den Irokesen Männer die Räte und die Außenvertretung der Gruppe innehaben, kontrollieren die alten Frauen das Produkt des Gartenbaus (vgl. z. B. die Ausführungen in Brown 1990). Da diese Männer in der Institution der Räte auf die materielle Unterstützung der Frauen in der matrilinearen Institution der materiellen Produktion und Verteilung angewiesen sind, suchen sie in der Regel den Konsens mit ihnen. Diese Balance ist nach dem vorliegenden Forschungsstand nur in nichtstaatlichen Gesellschaften festzustellen, und mit der Entwicklung der Staaten schwindet zumindest im Nahen Osten und in Europa die Frauenmacht.

Postfeministischer Konstruktivismus und Geschlechtersymmetrie

Der Band zu geschlechtssymmetrischen Gesellschaften von Ute Luig und mir erschien um 1990 – also zeitgleich mit dem Buch *Gender Trouble* von Judith Butler, das die dekonstruktive diskursive Revolution in den Gender Studies beflügelte (Butler 1990).[9] In Kritik an dem traditionellen biologistischen Geschlechtsdualismus in Wissenschaft und Gesellschaft wurde darin *Gender* als *Ergebnis* von Sprache und Kultur interpretiert. Insgesamt verschoben sich daraufhin die Schwerpunkte in der Geschlechterforschung. Zum einen verlagerte sich der Fokus von der Analyse struktureller und historischer Veränderungen des Geschlechterverhältnisses zur Analyse der kulturellen Erzeugung und der performativen Herstellung von Gender. Danach entstehe Gender durch unser alltägliches Handeln, indem wir alle jeden Tag vergeschlechtlicht miteinander umgehen, woraus Ungleichheit resultiere. Zum anderen wurde das Verständnis von Geschlecht von dem Geschlechtsdualismus entlang einer Frau-Mann-Achse, die sehr eng war, auf *queer* und geschlechtliche Vielfalt erweitert. In der Folge wurde tendenziell eine Gleichursprünglichkeit von Genderdifferenz und Geschlechterdiskriminierung und -ungleichheit angenommen und es etablierte sich die Vorstellung, dass die Relativierung von Geschlecht oder Geschlechtlichkeit zur

9 Deutsche Übersetzung: *Das Unbehagen der Geschlechter.* Frankfurt am Main: Suhrkamp 1991. Butler stand nicht allein mit ihrer Hinterfragung des Genderdualismus und dekonstruktive Zugänge zu Geschlecht wurden weiter diskutiert, aber sie leitete den diskursiven *turn* in Geschlechterforschung und Kulturwissenschaften ein.

Abschaffung der Geschlechterdiskriminierung führe. Diese Relativierung könne entweder durch die generelle Aufhebung der Relevanzstellung der Kategorie Geschlecht oder durch einen Übergang zur Geschlechtervielfalt ermöglicht werden.

Auf diese Verschiebung und Erweiterung der Sichtweise hat Susanne Schröter mit einer brillanten Studie zu geschlechtlicher Vielfalt in ethnologischer Sicht geantwortet, die in der Geschlechterforschung wenig rezipiert worden ist (Schröter 2002). Darin analysiert Schröter Vielgeschlechtlichkeit beispielhaft in einigen Gesellschaften historisch und in der Gegenwart. Als erstes Beispiel werden die Hijras in Indien präsentiert, die als legitimes drittes Geschlecht im Indien der Gegenwart gelten. Ihnen werden übernatürliche Kräfte zugeschrieben, sie können Segen bringen und werden zu Geburten und anderen rituell flankierten Gelegenheiten herbeigerufen. Ein weiteres Beispiel bezieht sich auf sogenannte *two spirit* Personen, die in vielen indigenen Gesellschaften in den USA ein drittes oder viertes Geschlecht bildeten. Von außen wurden sie oft als Transvestiten oder Homosexuelle bezeichnet und teils von queeren Bewegungen vereinnahmt. Doch das sind eurozentrische Projektionen. Ein drittes Beispiel bilden die sogenannten »geschworenen Jungfrauen« (Burrnesha, MännerFrauen) des südlichen Balkans, vor allem Albaniens, die es heute nur noch vereinzelt gibt. »Geschworene Jungfrauen« werden als Männer erzogen, tragen männliche Kleidung, einen männlichen Hartschnitt, rauchen und trinken und raufen sich auch.

Schröter sieht in vielgeschlechtlichen Gruppen Spielarten von Gender, die sich im Rahmen einer grundlegenden Zweigeschlechtlichkeit bewegen und diese letztlich bestätigen. Denn sie werden als drittes Geschlecht neben den zwei anderen Geschlechtern verstanden. Weiterhin zeigt ihre Studie keine Verbindungen zwischen Geschlechtervielfalt, die in patriarchalen und in eher egalitären Wildbeutergruppen auftrat, und Geschlechtersymmetrie.

Insofern ist die These der Fundierung von Geschlechtergleichheit durch Aufhebung oder Vervielfältigung von Geschlecht zumindest historisch-ethnologisch widerlegt. Denn zum einen existierte Geschlechtssymmetrie in verschiedenen Formationen, die die Geschlechterdifferenz in unterschiedlicher Weise anerkannten. Zum anderen ist kein Zusammenhang zwischen Gendervielfalt und -gleichheit festzustellen. Ein Problem der These ist die alleinige Fokussierung auf das Verständnis von Gender und die Ausblendung der gesellschaftlichen Kontexte für Geschlechtergleichheit.

Was bedeutet dieses Ergebnis für das Verhältnis von Gender und dem Ziel der Gleichheit? Historische Geschlechtergleichheit im Sinne geschlechtssymmetrischer Gesellschaften baut nicht darauf auf, dass das Geschlecht nicht existent ist, man es also schlicht abschafft. Vielmehr finden sich Varianten einer Genderminimierung oder institutionalisierte Differenzierung, beides verbunden mit Balance in und zwischen den zentralen Machtfeldern. Deswegen sollte entsprechend komplex über Geschlecht und gesellschaftliche Machtsymmetrien nachgedacht werden.

Was folgt aus dem Ansatz der Geschlechtssymmetrie?

Was ließe sich aus dieser historischen ethnologischen Perspektive für Handlungsstrategien für Gegenwart und Zukunft folgern? Zunächst möchte ich an die Reihe von unterschiedlichen Problemen erinnern, die mit einer solchen Perspektive verbunden sind (Kolonialismusproblem, Evaluationsproblem, Problem des Sinnverstehens, Projektionsproblem, Universalismusproblem). Unter Berücksichtigung dieser Probleme ist festzuhalten, dass es Beispiele für historische nicht-patriarchale Gesellschaften gibt und sie vor dem Kolonialismus auch in patriarchalen Umwelten überlebten, weil sie von ihren Mitgliedern getragen wurden. Die herrschende Ideologie der Moderne lautete, dass es das Patriarchat immer gab. In der romantischen und der sozialistischen Kritik wurde dann das Matriarchat als Gegenentwurf vorgestellt (vgl. z. B. Engels [1884] 1975).

Aus den vorgestellten Beispielen geschlechtersymmetrischer Gesellschaften lässt sich auf die Gestaltbarkeit von Geschlechterverhältnissen insgesamt schließen. Wird diese Gestaltbarkeit in das Innen der Menschheitsgeschichte verlegt, dann lässt sich die Gestaltbarkeit von Autonomie, Gleichheit und Solidarität jenseits eines Käfigs patriarchaler Herrschaft denken. Gleichzeitig widerlegen die hier angeführten Beispiele geschlechtssymmetrischer Gesellschaften die Annahme, dass Gleichheit allein durch Aufhebung des Geschlechts als soziale Ordnungskategorie zu erreichen war. Solche Gesellschaften und Geschlechterarrangements bieten Inspiration für Zukunftsentwürfe durch Denkweisen und Praktiken, die durch den Kolonialismus allerdings zerstört und untergeordnet wurden. Sie setzen schließlich erneut folgende Fragen auf die Tagesordnung der Geschlechterforschung:

- Welcher Genderbegriff, mit welchen Praktiken und Strukturen ist sinnvoll, um eurozentrische und neopatriarchale bias zu überwinden?
- Wie kann umfassende gleichheitliche Partizipation ermöglicht werden?
- Wie können Machtbalancen bei der Anerkennung von Differenzen hergestellt werden?
- Wie gelingen Verbindungen von Autonomie, Reziprozität, Minimierung von Ungleichheit, die herkömmlich durch Umverteilung erreicht wurde, und Respekt aller Geschlechter?

Ich möchte anmerken, dass der gegenwärtige intersektionale Mainstream solche Fragen kaum aufnimmt und statt Balancen, Umverteilung, Reziprozität und persönliche Autonomie aller Subjekte vor allem individualisierte Ansätze von Positionen und Privilegien fokussiert, in dem Sinne, dass Individuen Privilegien ihrer Positionen (weiß, männlich, cis usw.) aufgeben sollen. Damit folgt er dem neoliberalen eurozentrischen Denken, das Ansätze aus dem postkolonialen Süden beiseiteschiebt und gesellschaftliche Problemlagen auf individuelle Positionierungen und Handlungsweisen reduziert. Das verbindet sich häufig mit Ressentiments und Fragmentierung. Die hier vertretene Perspektive richtet sich demgegenüber auf die Prozesshaftigkeit der Herstellung von Geschlecht und von Machtbalancen, also die Möglichkeit von Geschlechtersymmetrie.

Jedoch enthalten die geschlechtssymmetrischen Gesellschaften keine unmittelbare Übertragbarkeit oder Rezeptur für die Zukunft. Vielleicht kommt es in der Zukunft tatsächlich zu sozialen Innovationen wie der Einführung nicht-binärer Denkweisen und Praktiken, geschlechtlicher Vielfalt oder polyzentrischer Machtbalancen mit individueller Autonomie. Man sollte dabei aber berücksichtigen, dass sich die Vorstellungen von Nicht-Binärität, sexueller Vielfalt usw. aus der Genderkritik in der globalisierten, dynamischen Moderne entwickelten. Das sind Innovationen, die sich in diesem Kontext demokratisch und nicht herrschaftlich begründen lassen müssen. Sie müssen als zivilisatorischer Vorteil für eine Bevölkerungsmehrheit erkennbar sein. Das ist nicht dadurch zu erreichen, indem man als Avantgarde tendenziell elitär Normen setzt.

Der Ansatz der geschlechtssymmetrischen Gesellschaft lässt sich auf das Konzept der Geschlechterordnung beziehen. Zwar wurde dieses entwickelt, um Geschlechterverhältnisse in neopatriarchalen kapitalistischen

Gesellschaften zu beschreiben. Aber aufgrund ihrer allgemeinen Fassung lässt es sich m.E. für verschiedene Formationen anwenden. Unter der Geschlechterordnung wird die Gesamtheit der Strukturen und Institutionen gefasst, die das Geschlechterverhältnis bestimmen. Das Geschlechterwissen beinhaltet die kulturellen und symbolischen Repräsentationen zu Geschlecht in einer Gesellschaft. Seine hegemoniale Form trägt dazu bei, die Geschlechterordnung zu legitimieren.[10]

In der folgenden Abbildung wird schematisch die Beziehung zwischen Geschlechterordnung und Geschlechterwissen in postindustriellen kapitalistischen Gesellschaften dargestellt.

Geschlechterordnung	**Geschlechterwissen**
Gesamtheit der Strukturen und Institutionen, die das Geschlechterverhältnis bestimmen: • Machtverteilung • Arbeitsteilung • Normierung des Begehrens • Normierung der Körper	Geschlechterdiskurse und Wissen Hegemoniale Geschlechternormen: • Zweigeschlechtlichkeit • Hegemoniale Männlichkeit • Heteronormativität

Abb. 1: Geschlechterordnung und Geschlechterwissen

Sehr grob gesprochen lautet die These, dass in postindustriellen kapitalistischen Gesellschaften in der Gesamtheit aller Strukturen und Institutionen, die in der rechten Spalte aufgeführt sind, Männer herrschen. Bei der Machtverteilung, also der Politik, sind Männer in der Mehrheit. Bei der Arbeitsteilung verrichten Frauen den Löwenanteil unbezahlter Arbeit, während Männer die bezahlte bis gut bezahlte Arbeit übernehmen (Gender-Pay-Gap). Sexualität und Begehren sind weiterhin heteronormativ. Die Körper werden normiert und müssen mit einem eindeutigen Geschlecht ausgestattet sein, sonst werden sie nicht anerkannt.

10 Der Ansatz leitet sich von Raewyn Connell und Birgit Pfau-Effinger her; vgl. zur Geschlechterordnung allgemein und ihrer Flexibilisierung in der gegenwärtigen sozialen Transformation Lenz, Ilse: Genderflexer? Zum gegenwärtigen Wandel der Geschlechterordnung. In: Evertz, Sabine / Lenz, Ilse / Ressel, Saida (Hg.): Geschlecht im flexibilisierten Kapitalismus. Neue UnGleichheiten. Wiesbaden: VS Verlag. 2017, S. 181–222.

Komplementär zu diesen Strukturen und Institutionen existiert ein bestimmtes Geschlechterwissen, das heute in den herrschenden Diskursen und Wissensarchiven vorhanden ist. Hierzu gehören in kapitalistisch-modernen Gesellschaften hegemoniale Geschlechternormen, Zweigeschlechtlichkeit, hegemoniale Männlichkeit und Heteronormativität. Danach wird diese Geschlechterordnung durch dieses Geschlechterwissen immer wieder legitimiert, wiederhergestellt und reproduziert.

In der folgenden Abbildung wird spekulativ die Vorstellung einer geschlechtssymmetrischen Geschlechterordnung auf der Grundlage von Machtbalancen der Geschlechter umrissen.

Geschlechterordnung mit Machtbalancen der Geschlechter	**Geschlechterwissen**
Gesamtheit der Strukturen und Institutionen, die das Geschlechterverhältnis bestimmen: • Gleichheitliche Machtverteilung • Ausgehandelte, gleichheitliche, Arbeitsteilung • Vielfältigkeit des Begehrens • Vielfältigkeit der Körper	Geschlechterwissen: Minimierung von Geschlecht oder Abkoppelung des Geschlechts von intimate und public citizenship: • Individuelle Autonomie • Respekt und Reziprozität • Kooperation und Konsens unter Anerkennung von Differenzen und konflikthafter Verhandlung • Anerkannte Machtbalancen

Abb. 2: Geschlechtersymmetrie und gleichheitliche Geschlechterordnungen

Eine geschlechtssymmetrische Gesellschaft würde eine gleichheitliche Machtverteilung etablieren. Sie würde eine ausgehandelte, gleichheitliche Arbeitsteilung installieren. Weiterhin würde sie vielfältiges Begehren, vielfältige Körper zulassen können, ohne auf eine hegemoniale Normierung des Begehrens hinzuwirken. Auch hinter der Anerkennung von Vielfalt im Begehren und Körper stehen gesellschaftliche Normen, die allerdings offen für individuelle Autonomie bei Entscheidungen sind und individuelle Verwundbarkeit berücksichtigen. In der Dimension des Geschlechterwissens sind die beiden Varianten der Minimierung von Geschlecht oder Abkoppelung des Geschlechts von der intimate und public citizenship denkbar. Die letzten Begriffe verweisen dabei auf die queere Theorie, nach der Rechte und die Möglichkeiten der Individuen nicht mehr mit ihrer Sexualität zusammenhängen sollen. Alle Geschlechter sollen alle Möglichkeiten haben, sowohl im Kontext der intimate als auch der öffentlichen citizenship. Das allen zugängliche Geschlechterwissen baut auf individueller Autonomie, Anerkennung von Unterschieden und daraus folgendem Respekt, Reziprozität, Kooperation und Konsens auf und sieht symmetrische Machtbalancen vor.

Sind solche Machtbalancen nur nach der Abschaffung des Staats denkbar oder wie wäre das Verhältnis von Staatlichkeit und der Geschlechterordnung zu denken? Bereits zu Beginn habe ich argumentiert, dass die Abwesenheit von Staat die zentrale Fragestellung für Geschlechtssymmetrie bezeichnet. Zwar ging nach dem bisherigen Forschungsstand die Einführung des Patriarchats mit der des Staats einher, aber das ist eine Diagnose der vergangenen Entwicklung und keine notwendige Bedingung für Wege in die Zukunft. Vielmehr lautet die Kernfrage, ob und wie Gesellschaften sich selbst regulieren können, sodass Individualität, Autonomie, Reziprozität und Relationalität grundlegend sind?

Etwas gewagt formuliert, lässt sich Geschlechtersymmetrie als Anregung für die Selbstregulierung bzw. Autopoiesis einer gleichheitlichen Gesellschaft verstehen. Demgegenüber erscheint mir zumindest das Fortbestehen von Staatlichkeit als sekundäre Frage. Wenn eine symmetrische Gesellschaft sich selbst gleichheitlich reguliert, unter Anerkennung von individueller Autonomie, inklusive sexueller und geschlechtlicher Selbstbestimmung, unter Anerkennung von horizontalen, also nicht hierarchischen Unterschieden, unter Etablierung von Machtbalancen, Reziprozität und Konsensfindung, dann könnte Staatlichkeit diese gesellschaftlichen Institutionen eventuell auch institutionell abstützen.

Literatur

Amborn, Hermann (2016): Das Recht als Hort der Anarchie. Gesellschaften ohne Herrschaft und Staat. 1. Aufl. Berlin: Matthes & Seitz (Fröhliche Wissenschaft, v.310).

Aulenbacher, Brigitte; Wetterer, Angelika (Hg.) (2009): Arbeit. Perspektiven und Diagnosen der Geschlechterforschung. 1. Aufl. Münster: Verl. Westfälisches Dampfboot (Forum Frauen- und Geschlechterforschung, 25).

Bachofen, Johann Jakob (1861): Das Mutterrecht. Eine Untersuchung über die Gynaikokratie der alten Welt nach ihrer religiösen und rechtlichen Natur. Stuttgart: Krais & Hoffmann.

Brown, Judith K. (1990): Irokesinnen. In: Ilse Lenz und Ute Luig (Hg.): Frauenmacht ohne Herrschaft. Geschlechterverhältnisse in nichtpatriarchalischen Gesellschaften. 1. Aufl. Berlin: Orlanda-Frauenverl.: 153–171.

Butler, Judith (1990). Gender trouble (1. Aufl). New York, NY [u.a.]: Routledge.

Butler, Judith (1991): Das Unbehagen der Geschlechter. 1. Auflage. Frankfurt am Main: Suhrkamp.

Engels, Friedrich ([1884] 1975): Der Ursprung der Familie, des Privateigentums und des Staats. Im Anschluss an Lewis H. Morgans Forschungen. In: Marx Engels Werke (MEW) (Hg.): Band 21. Berlin: Dietz: 25–173.

Göttner-Abendroth, Heide ([1941] 2010): Das Matriarchat. Band 1: Geschichte seiner Erforschung. 4. Auflage. Stuttgart: Verlag W. Kohlhammer. Online verfügbar unter http://shop2.kohlhammer.de/shopX/shops/kohlhammer/data/pdf/978-3-17-021522-1_L.pdf.

Hall, Stuart (1994): Der Westen und der Rest: Diskurs und Macht. In: Stuart Hall (Hg.): Rassismus und kulturelle Identität. Ausgewählte Schriften 2. Hamburg: Argument: 137–179.

Knapp, Gudrun-Axeli; Wetterer, Angelika (Hg.) (2003): Achsen der Differenz. 1. Aufl. Münster: Verl. Westfälisches Dampfboot (Forum Frauenforschung, 16).

Kößler, Reinhart (1998): Entwicklung. 1. Aufl. Münster: Verl. Westfälisches Dampfboot (Einstiege, 3).

Lafitau, Joseph-François (1974): Customs of the American Indians compared with the customs of primitive times. Toronto: Champlain Society (The Publications of the Champlain Society, 48).

Leacock, Eleanor Burke (1981): Myths of male dominance. Collected articles on women cross-culturally. New York: Monthly Review Pr.

Leacock, Eleanor Burke; Safa, Helen Icken (1986): Women's work. Development and the division of labor by gender. 3. [print.]. New York, N.Y.: Bergin & Garvey.

Lenz, Ilse (1990): Geschlechtssymmetrische Gesellschaften. Neue Ansätze nach der Matriarchatsdebatte. In: Ilse Lenz und Ute Luig (Hg.): Frauenmacht ohne Herrschaft. Geschlechterverhältnisse in nichtpatriarchalischen Gesellschaften. 1. Aufl. Berlin: Orlanda-Frauenverlag: 17–74.

Lenz, Ilse; Luig, Ute (Hg.) (1990a): Frauenmacht ohne Herrschaft. Geschlechterverhältnisse in nichtpatriarchalischen Gesellschaften. 1. Aufl. Berlin: Orlanda-Frauenverl.

Lenz, Ilse; Luig, Ute (1990b): Jenseits von Patriarchat und Matriarchat. In: Ilse Lenz und Ute Luig (Hg.): Frauenmacht ohne Herrschaft. Geschlechterverhältnisse in nichtpatriarchalischen Gesellschaften. 1. Aufl. Berlin: Orlanda-Frauenverlag: 1–15.

Lenz, Ilse (2013): Differences of Humanity from the Perspective of Gender Research. In: Approaching Humankind, Bd. 6. Göttingen: V&R Unipress, 217–232.

Lenz, Ilse (2017): Genderflexer? Zum gegenwärtigen Wandel der Geschlechterordnung. Germany: Springer Fachmedien Wiesbaden GmbH.

Lenz, Ilse (2018). Was kommt nach dem Patriarchat. In: Das Argument, 60, 826–840.

Luig, Ute (1990): Sind egalitäre Gesellschaften auch geschlechtsegalitär? Untersuchungen zur Geschlechterbeziehung in afrikanischen Wildbeutergesellschaften. In: Lenz, Ilse/Luig, Ute (Hrsg.), Frauenmacht ohne Herrschaft. 1. Aufl. Berlin: Orlanda-Frauenverlag, 75–152.

Malan, J. S. (2017): Peoples of Namibia. Faerie Glen, Pretoria: Rhino Print.

Malinowski, Bronislaw (1985): Eine wissenschaftliche Theorie der Kultur. Und andere Aufsätze. (2.Aufl.). Frankfurt am Main: Suhrkamp (Suhrkamp-Taschenbuch Wissenschaft, 104).

Morgan, Lewis Henry ([1851] 2021): League Of The Ho-Dé-No-Sau-Nee, Or Iroquois. Alpha Editions.

Radcliffe-Brown, Alfred R. (1952): Structure and Function in Primitive Society. London: Routledge & Kegan.

Schröter, Susanne (2002): FeMale: Über Grenzverläufe zwischen den Geschlechtern. 1. Edition. Frankfurt am Main: FISCHER Taschenbuch.

Scott, James C. (2009): The Art of Not Being Governed. An Anarchistic History of Upland Southeast Asia. New Haven, London: Yale University Press.

Sigrist, Christian (1967): Regulierte Anarchie. Freiburg: Walter Verlag.

Weber, Max (1976): Wirtschaft und Gesellschaft. Grundriss der verstehenden Soziologie. Fünfte, revidierte Auflage. Tübingen: J.C.B. Mohr (Paul Siebeck).

Wetterer, Angelika (2002): Arbeitsteilung und Geschlechterkonstruktion. »Gender at work« in theoretischer und historischer Perspektive. Konstanz: UVK (Theorie und Methode Sozialwissenschaften).

Wolf, Eric R. (1991): Die Völker ohne Geschichte. Europa und die andere Welt seit 1400. Frankfurt am Main, New York: Campus.

Hermann Amborn

Recht – ein Hort der Anarchie

Schaffung von Normen und deren Geltung durch herrschaftsfreie Diskurse am Beispiel polykephaler Gesellschaften in Afrika

In den hier behandelten herrschaftsfreien Gemeinschaften besteht zwischen Ausformung von Normen und deren Geltung eine enge und untrennbare Verbindung, in der Begründung und Akzeptanz bereits enthalten sind.

Hierin unterscheiden sie sich grundsätzlich von hierarchischen oder staatlichen Gesellschaften mit deren Gewaltmonopol. In letzteren bilden Rechtssetzung und Rechtsdurchführung einen eigenen institutionellen Rahmen. Je weniger dieser mit anderen gesellschaftlichen Bereichen in Beziehung steht, desto größer ist der Legitimitätsbedarf. Dies gilt gleichermaßen für Staaten mit repräsentativer Demokratie und selbst für autoritäre Regime. Fragen zur Legitimität des Staates und des staatlichen Rechts werden von mir hier nicht diskutiert.

In meinen Ausführungen geht es in erster Linie um die Darstellung und Analyse gesellschaftlicher Hervorbringungen und Konzepte, die *vor* einer eventuell notwendig werdenden Legitimitätserzeugung liegen. Darum vermeide ich zunächst den Begriff Legitimität, da er dem Wortsinne nach gesetzte Reglementierungen (*lex*) voraussetzt, was in den hier zu behandelnden Lebenswelten nicht stets der Fall ist.

Was zeichnet solche Gemeinschaften aus, in denen Normen einschließlich deren Reglementierung sowohl Zustimmung als auch Geltung besitzen und die zudem ohne einen Vollstreckungsapparat auskommen?[1]
Kennzeichnend für diese Gesellschaften, sind insbesondere die sukzessive Einbeziehung aller Mitglieder in gemeinsam entwickelte Entscheidungsprozesse, Formen kooperativer Zusammenarbeit ohne Befehlsstrukturen sowie verschiedene ineinandergreifende und ausbalancierte soziale Be-

1 Die folgenden Ausführungen basieren weitgehend auf meinem 2016 erschienenen Buch *Recht als Hort der Anarchie*.

ziehungssysteme oder Institutionen, die ein Leben ohne Zentralgewalt ermöglichen. Gesellschaften dieser Art sind in allen Erdteilen anzutreffen und umfassen nicht selten mehrere Millionen Menschen. Es handelt sich bei ihnen gewiss nicht um eine historische Vorstufe des Staates, wie oft in den einschlägigen Wissenschaften postuliert, vielmehr bilden sie ein Kontrastmodell zum Staat, das heute jedoch in der Regel nur noch innerhalb von Staatsgrenzen anzufinden ist und sich deshalb mit staatlichen Organisationsstrukturen auseinandersetzen und bisweilen arrangieren muss. Oft totgesagt oder als Auslaufmodell abgetan, existieren sie gleichwohl heute noch, ja, es entstehen sogar immer wieder neue Formen herrschaftsfreier Gesellung, worauf besonders David Graeber (2008) hinweist.

Für Gesellschaften dieser Art wähle ich den Begriff polykephal. Ich ziehe diesen Begriff anderen Bezeichnungen wie segmentär, egalitär oder akephal vor, da es sich um Gesellschaften handelt, in denen viele Köpfe an der Entscheidungsfindung teilnehmen. Der Begriff polykephal ist innerhalb des semantischen Feldes von Anarchie zu verstehen. Und zwar An-Archie im Wortsinne: Ohne Herrschaft.

In den folgenden Ausführungen beziehe ich mich auf das östliche Afrika, im Besonderen auf Gesellschaften im Horn von Afrika.[2]

Idealtypisch bestehen polykephale Gesellschaften im östlichen Afrika aus einer Vielzahl miteinander vernetzter, politisch gleichrangiger Segmente, eine Gleichrangigkeit, wie sie auch sozial und politisch für die einzelnen Mitglieder besteht. Diese Vielfalt und Reziprozität der Institutionen und die breite Streuung der Machtbefugnisse zielt auf eine ausgeglichene Machtbalance in der Gesellschaft, wodurch egalitäre Tendenzen unterstützt werden.

Wichtige Institutionen sind der Territorialverband, Lineages und Klane sowie das Generationsgruppensystem. Die Lineages und Klane sind unilineare Deszendenzgruppen, deren Mitglieder sich als miteinander verwandt betrachten. Sie sind exogam organisiert, d.h. ihre Mitglieder dürfen nicht untereinander heiraten. Darüber hinaus werden Menschen entsprechend der Generation, der sie angehören, in ›Gada‹ genannte Generationsgruppensysteme integriert. In diesem Rahmen durchlaufen sie in bestimmten Zeitintervallen eine feste Abfolge von Rangstufen, die Status

2 Meine Kenntnisse über das östliche Afrika verdanke ich meinen Gesprächspartner*innen, die mir von 1973 an während mehrerer Aufenthalte, Einblicke in ihre Kultur boten. Mit einigen von ihnen stehe ich heute noch in Verbindung.

und Funktion des Einzelnen bestimmen. Die soziale Reife einer Person bemisst sich also nicht nach dem biologischen Alter, wie es in Altersklassensystemen der Fall ist, sondern nach ihrer genealogischen Position.[3]

Diese komplexe Sozialordnung, deren Entstehung auf einer langen historischen Entwicklung basiert, steht im Gegensatz zu staatlichen Strukturen. Sie verweist darauf, dass eine unilineare Evolution zum zentralistischen Staat hin – mit dessen Zwangsläufigkeit von Hierarchisierung verbunden mit Herrschaft, die ihrerseits universelle Legitimität beansprucht – infrage zu stellen ist. Lässt sich dies auch für die Machtverhältnisse sagen?

Hierzu stellte Pierre Clastres, französischer Ethnologe und Theoretiker jüngerer anarchischer Gesellschaften, kategorisch fest: Wo es Gesellschaft gibt, wird es auch Machtverhältnisse geben, wobei aber »Zwangsmacht« eine Sonderform der Macht darstellt (Clastres 1976: 23). Auch polykephale Gesellschaften sind also nicht frei von Machtbeziehungen, es ist deshalb von zentraler Bedeutung, wie sie Macht und den Umgang mit Macht verstehen und handhaben.

Es empfiehlt sich zur Untersuchung von Formen der Macht, Überlegungen einzubeziehen, wie sie Hannah Arendt und Michel Foucault angestellt haben. In ihren Diskursen wird Macht nicht als Zwang angenommen, sondern ihr kreatives Potenzial hervorgehoben. Sowohl Arendt als auch Foucault wenden sich gegen die Auffassung, Macht sei stets eine Vorstufe von Herrschaft.

Foucault versteht unter Machtverhältnissen Handlungsweisen, die auf andere einwirken, deren Handlungen aber nicht vorzeichnen, sondern ein breites Feld von Antworten ermöglichen. Die Freiheit des Gegenübers bleibt erhalten, denn der andere wird trotz beabsichtigter Einwirkung als Subjekt des Handelns anerkannt. Mit der Strukturierung von Handlungsmöglichkeiten steht Macht im Gegensatz zu Herrschaft und Gewalt: »Ein Gewaltverhältnis ... zwingt, beugt, bricht, es zerstört ...« (Foucault 1994: 254).

Bereits Hannah Arendt[4] kritisierte, dass unter dem Machtbegriff letztlich stets – wie etwa bei Max Weber – Gewaltsamkeit verstanden werde,

3 In jüngerer Zeit gewannen in Äthiopien unter Oromo-Intellektuellen mit dem Gada-System verbundene basisdemokratische Ideale an Bedeutung. In Abgrenzung gegenüber den zentralistisch organisierten Völkern Nordäthiopiens wurde das Gada-System zum Kampfbegriff und Symbol der eigenen Identität.

4 In diesem Abschnitt beziehe ich mich insbesondere auf Arendt 2009: 44–48.

wenn auch Unterschiedliches darunter subsumiert würde. Darum unterscheidet sie zwischen Macht, Stärke, Kraft, Autorität und schließlich Gewalt. Für sie entspricht Macht der menschlichen Fähigkeit, nicht nur zu handeln oder etwas zu tun, sondern sich mit anderen zusammenzuschließen und im *Einverständnis* mit ihnen zu handeln. In anderen Worten: Macht ist eine kreative Kraft, kollektive Entscheidungen zu treffen und Konflikte zu lösen. Gewalt hingegen ist letztlich – wie bei Foucault – eine Bankrotterklärung.

In unserem Zusammenhang sind Arendts Anmerkungen zur Autorität erhellend. Genießen doch auch in polykephalen Gesellschaften Personen Autorität, deren Weisheit und kluges Urteilsvermögen geschätzt wird. Um Zustimmung zu erhalten müssen sie sich ihrer Autorität würdig erweisen, besitzen sie doch keine Befehlsgewalt. Hannah Arendt zufolge wird Autorität, da sie Gehorsam fordert, gewöhnlich für eine Form von Macht oder Gewalt gehalten. Echte Autorität schließt Arendt zufolge den Gebrauch äußerer Zwangsmittel aus. Sie bedarf weder des Zwangs noch der Überredung, sondern des Respekts.

Bahnbrechend waren die Arbeiten britischer Social Anthropologists in den 1940ern zur *Regulierten Anarchie*. Unter rezenten Arbeiten ist besonders James Scotts Buch über anarchische Gesellschaften in den Bergländern Südostasiens (Scott 2009) zu nennen.[5]

Während die internationale Gemeinschaft hartnäckig, aber vergeblich versuchte (mit Warlords) in Süd-Somalia einen Staat aufzubauen, schufen die Menschen im einstigen Nordsomalia aus eigener Kraft mit ihren traditionell vorhandenen Institutionen und Strategien – jenseits eines Staatswesens – funktionierende Gemeinwesen mit einer stabilen Sicherheitslage. Die Leistung dieser Menschen werden verdrängt: Puntland und Somaliland sind international nicht anerkannt. Anstatt von Ältestenräten zu lernen, stellt die EU stattliche Summen für NGOs zur Verfügung, um diesen ›Zurückgebliebenen‹ Unterricht im Aufbau eines Mehrparteiensystems zu erteilen. Ein erfolgreiches soziopolitisches System wird mit ›Entwicklungshilfe‹ zerstört. Zur Ignoranz gegenüber der Entwicklung antiherrschaftlicher Gesellschaftsmodelle bemerkt David Graeber: »Die heutige Welt ist voll von ... anarchischen Freiräumen, und je erfolgreicher sie sind, um so unwahrscheinlicher ist es, dass wir von ihnen hören« (2008: 54).

5 Die Besprechung neuerer Arbeiten zu selbstorganisierten Gemeinwesen ohne hierarchische Institutionen bieten Robinson und Tormey (Robinson/Tormey 2012).

Recht schützt die Freiheit von Herrschaft

Wie aber konnten diese Gesellschaften in jahrhundertelanger Nachbarschaft von aggressiven und u.U. auch attraktiveren zentralistischen Völkern in Ost- und Nordostafrika ihre Weltsicht in der Gesellschaft verankern und weiterentwickeln? Wir können davon ausgehen, dass sie sich bewusst gegenüber zentralistischen politischen Strukturen abgrenzten. Was kein Einzelfall ist, wie Beispiele aus anderen Erdteilen zeigen. Vorsätzliches Verlassen von Volksgruppen der zentralistisch hierarchischen Organisation im chinesischen Reich, verbunden mit der Gründung anarchischer Gemeinwesen in den Bergregionen von Nordindien ostwärts, untersuchte Scott (2009).

Welche Wege haben diese Gesellschaften gewählt, damit Macht nicht zu Zwangsgewalt wird?

Zum einen durch die komplementäre Vernetzung der genannten Institutionen *und*, so meine These, zum anderen durch die Entwicklung einer spezifischen Rechtsvorstellung und Rechtspraxis.

Zu diesen Überlegungen haben mich meine Gesprächspartner*innen in Südäthiopien angeregt. Als ich mich mit ihnen über ihre Rechtsauffassung unterhielt und darüber, wer jeweils über Recht und Unrecht befinde, erzählten sie mir folgende Geschichte, die sich vor langer Zeit zugetragen hatte.

> »Einmal war bei einer Prügelei zwischen zwei Brüdern der eine der beiden ums Leben gekommen. Der Überlebende wurde beim Klanoberhaupt des Mordes beschuldigt, woraufhin dieser seine Hinrichtung anordnete. Der Beschuldigte erfuhr von diesem Urteil in seinem Versteck. Er rief seine Freunde zusammen und schilderte ihnen den Tathergang: wie ihn sein Bruder zunächst betrogen und dann auch noch verprügelt habe. Während des Handgemenges sei der Bruder dann an seinen Verletzungen gestorben. Daraufhin beschlossen die Zuhörer*innen, ein Gremium zu bilden, das sich jetzt und in Zukunft mit solchen Vorwürfen befassen sollte. Nach Prüfung des Tatbestandes sollte es in gemeinsamer Beratung eine Lösung finden. Sie setzten fest, dass von nun an der Klanälteste nicht mehr allein entscheiden könne, vielmehr solle er fortan sogar von den Zusammenkünften ausgeschlossen sein. Erst nach der Urteilsfindung würde er informiert und müsse dann das Urteil sanktionieren. Das war vor langer, langer Zeit und ist unsere Tradition.«

In nur wenigen Worten wird hier ein fundamentaler gesellschaftlicher Prozess geschildert: die Übertragung der Rechtshoheit von einer Zentralinstanz auf eine Vielzahl von Verantwortungsträger*innen. Dabei wird der bei uns geltende Grundsatz, dass alle Seiten gehört werden sollen, noch dahingehend erweitert, dass alle Anwesenden in den Entscheidungsprozess einbezogen werden. Außerdem wird angesprochen, wie mit Unstimmigkeit in der Gesellschaft umzugehen ist. Wesentlich ist die Einschränkung der Kompetenzen der erblichen Klanältesten. In Afrika südlich der Sahara berufen sich die Klanältesten häufig auf den in Gründungsmythen genannten Urahnen und leiten hieraus die Legitimation eines Herrschaftsanspruches ab, wie etwa auch Kaiser Haile Sellassie es getan hat.

Die südäthiopische Erzählung enthält als Konzentrat all jene Konstellationen, die in meiner Untersuchung von Bedeutung sind: Macht und Gegenmacht, Herrschaft versus Herrschaftsvermeidung sowie Kommunikation und Rechtsvorstellungen, die zum Gemeingut werden. Schauplätze der untersuchten Prozesse sind herrschaftsfreie Gemeinschaften, in denen Gegenseitigkeit als gesellschaftliches Prinzip dominiert.

Mit den Wertvorstellungen, die der eigenen Gesellschaft und ihren Institutionen zugrunde liegen, wird das einzelne Individuum im Verlauf seiner Sozialisation vertraut gemacht.

Ein erwachsener Mann gehört allein drei Institutionen an: Klan, Territorialverband und Gada und kann in allen drei Befugnisse übernehmen. Den einzelnen Institutionen liegen jedoch jeweils anders ausgerichtete Interessen zugrunde. Was einerseits eine Machtbalance bedeutet, andererseits aber für Individuum und Personengruppen häufig Entscheidungsdilemmata mit sich bringt (ausführlich hierzu Amborn 2016).

Auftretende Spannungsverhältnisse und daraus resultierende Konflikte werden keineswegs unterdrückt, vielmehr sollen sie thematisiert und ausgetragen werden. Dadurch bietet sich die Möglichkeit zur kreativen Modifikation nicht mehr tragfähiger Strukturen.

Eine gemeinsame Konfliktbewältigung fördert in polykephalen Gesellschaften den sozialen Zusammenhalt. Darüber hinaus hält das dialektische Spannungsverhältnis zwischen erblich vorgegebenem Klan und zeitlich variablem Gada- und Territorialsystem das System in Bewegung, verhindert dessen Verkrustung und wirkt dem Dominantwerden eines Sektors entgegen.

Eine solcherart angelegte Gesellschaft verlangt von ihren Mitgliedern soziales und politisches Engagement. Alle, ob Mann oder Frau, müssen sich Entscheidungen stellen. Der Mensch (insbesondere der Mann) in der polykephalen Gesellschaft ist ein *politisches Wesen* im wahrsten Sinne des

Wortes. Politik ist ubiquitär. Grundsätzlich sind Erwachsene – ob Mann oder Frau – in den genannten Bereichen auf irgendeine Weise verantwortliche Entscheidungsträger*innen.

Die Tatsache, dass der Mensch in einer solchen Gesellschaft sowohl an politischen wie an rechtlichen Problemstellungen Anteil hat und diese darum mittragen kann, ist meines Erachtens einer der Gründe dafür, dass es diesen Menschen gelungen ist, die Prinzipien ihrer herrschaftsfreien Gesellschaft lebendig zu halten und gegenüber Bevormundung wachsam zu sein. Mit ihren Wertvorstellungen haben sie sich offensichtlich bewusst von benachbarten hierarchisch-zentralistischen Gesellschaften abgegrenzt.

Ihre politische Unabhängigkeit wurde ihnen zwar von der übergeordneten Staatsmacht genommen, aber es gelang ihnen, ihre eigene Normensetzung und ihre rechtliche Autonomie, trotz eines staatlichen Rechtssystems auf lokaler Ebene weitgehend zu bewahren, was sich wiederum auf die inneren sozialen und politischen Verhältnisse positiv ausgewirkt hat.

Beeindruckend sind die im achtjährigen Turnus stattfindenden *All-Borana*-Treffen. Auf ihnen werden sowohl politische wie rechtliche Probleme behandelt und Richtlinien auf ihre aktuelle Gültigkeit hin überprüft und gegebenenfalls modifiziert. Etwa einen Monat lang nehmen bis zu 3.000 Diskutant*innen daran teil. Das bisher letzte Treffen fand im Herbst 2012 statt.[6]

Gesellschaftlich relevante Belange jeglicher Art werden in Gremien behandelt. Dazu gehören Probleme der äußeren und ökonomischen Sicherheit und vor allem kommunale Aufgaben.

Polykephalen Gesellschaften liegt eine signifikante Auffassung des Rechts zugrunde: Recht ist Teil der Lebenswirklichkeit verzahnt mit Wertesystem, Weltbild, Ethos und Religion sowie dem Politischen. Es kann darum gelten: Das Recht in polykephalen Gesellschaften ist weder ein Abstraktum noch ein Anwendungskatalog, sondern verkörpert sich in der gemeinsamen Anwendung.

Wer aber befindet darüber, was rechtens ist und wie Beschlüsse umgesetzt werden?

Analog zum Erwerb landwirtschaftlicher Kenntnisse ist bei den hier behandelten Volksgruppen das Wertesystem – das Verhalten anderen Per-

6 Unter den Neuerungen wurden z. B. Bestimmungen zur Förderung der Ausbildung von Mädchen verabschiedet. Vgl. den Bericht vom 18. September 2012 { https://www.ardajila.com/?p=1380}

sonen gegenüber, Ethos und Recht – Teil der Sozialisation. An den Volksversammlungen soll jeder und jede teilnehmen; auch Jugendliche, die hier die geltenden Regeln erlernen, die sie später als Erwachsene mitgestalten. Folglich kennen alle Erwachsenen die Rechtsordnung.

Es ist verständlich, dass dort, wo jeder das Recht kennt, auf eine Rechtsinstanz verzichtet werden kann. Richterliche Gewalt wird nicht in die Hände von Einzelpersonen gelegt. Es gibt keine*n Richter*in, der*die ein Urteil fällt.

Die Macht des Rechts beruht auf dessen Unterstützung durch die Gemeinschaft. Denn es ist ein eigenes, von den Ahnen tradiertes, gemeinsam weiterentwickeltes und verwirklichtes Konzept, das keiner weiteren Legitimation bedarf, ist diese doch umfassend in den soziopolitischen Strukturen verankert. In Staatsgesellschaften ist Jurisprudenz weitgehend aus dem übrigen Sozialgefüge ausgegliedert. In polykephalen Gesellschaften hingegen ist Recht nichts Äußerliches, sondern ist den Menschen inhärent, von ihnen allen geteilt. Mögliche Gefahren für eine auf Egalität ausgerichtete Gesellschaftsordnung bestehen im Innern seitens erblicher oder gewählter Würdenträger. Ein wirkungsvolles Recht kann ihnen Schranken setzen. Amtsmissbrauch gehört zu den schwersten Vergehen – und wird, sofern Abmahnungen nichts fruchten, ungewöhnlich hart bestraft, unter Umständen sogar mit Landesverweis.

Anarchische Gesellschaften sind nicht frei von kriegerischen Auseinandersetzungen. Allerdings bleiben Eroberungskriege mit dem Ziel der Unterwerfung fremder Bevölkerung, die Ausnahmen.

Als im Mittelalter das äthiopische Kaiserreich zusammenbrach und Oromo-Gruppen in das Machtvakuum vordrangen, unterwarfen die Oromo die dortige Bevölkerung nicht, sondern inkorporierten sie in die eigene Gesellschaft.

Die reziproke, teilweise antagonistische Verkettung von Institutionen sowie deren Verknüpfung mit der Rechtsauffassung und Rechtssetzung hemmt das Aufkommen von Emporkömmlingen und wirkt dem Übergewicht einzelner gesellschaftlicher Bereiche entgegen.

Für das Funktionieren einer herrschaftsfreien Gemeinschaft, die über *Face-to-face*-Gruppen hinausgeht, ist offensichtlich die Verflechtung und Interaktion mehrerer Faktoren von Belang.

Bereits die Art des Miteinander-Kommunizierens in den Versammlungen erfolgt, wie gesagt, unter der Voraussetzung herrschaftsfreier Strukturen, die in den Institutionen angelegt sind, und die Sozialisation in die verschiedenen Institutionen fördert die Verinnerlichung eines egalitären Ethos.

Allein genommen sind jedoch Institutionen – wie Klan, Territorialverband und Gadasystem – keine Garantie für gedeihliche polykephale Gesellschaften.

Wesentlich ist vielmehr, dass die Gemeinschaft aktiv an Wertsetzungsprozessen teilnimmt. Rechts- und Moralvorstellungen sowie ihre Reflexion in freier Kommunikation sind ein wesentlicher Bestandteil der Lebenswelt dieser Menschen, was zugleich entscheidend zur Prägung ihres Habitus beiträgt. Mit Bourdieu kann man sagen, dass sich die im Laufe der Sozialisation erworbenen Wahrnehmungs-, Verhaltens-, und Denkmuster im Habitus eines Menschen niederschlagen und verinnerlicht werden. Dieses von den gesellschaftlichen Verhältnissen geprägte endliche Reservoir strukturiert die soziale Praxis, determiniert sie aber nicht, was den Akteuren im Rahmen ihres Habitus Möglichkeiten zum Entwickeln von Strategien auf verschiedenen gesellschaftlichen Ebenen bietet (Bourdieu 1976; Bourdieu 1998).

In polykephalen Gesellschaften wirken die reziproke, teilweise antagonistische Verkettung von Institutionen sowie deren Verknüpfung mit der Rechtsauffassung und Rechtssetzung dem Aufkommen von Emporkömmlingen und dem Übergewicht einzelner gesellschaftlicher Bereiche entgegen.

Literatur

Amborn, Hermann (2016): Das Recht als Hort der Anarchie. Berlin: Matthes & Seitz.

Arendt, Hannah (2009): Macht und Gewalt. 19. Aufl. München: Piper.

Bourdieu, Pierre (1976): Entwurf einer Theorie der Praxis auf der Grundlage der kabylischen Gesellschaft. Frankfurt/Main: Suhrkamp.

Bourdieu, Pierre (1998): Praktische Vernunft. Zur Theorie des Handelns. Frankfurt/Main: Suhrkamp.

Clastres, Pierre (1976): Staatsfeinde. Studien zur politischen Anthropologie. Frankfurt/Main: Suhrkamp.

Foucault, Michel (1994): Nachwort. Das Subjekt und die Macht. In: Dryfus, Hubert & Rabinow, Paul (Hg.): Michel Foucault. Jenseits von Strukturalismus und Hermeneutik, Frankfurt/Main: Suhrkamp, S. 243–261.

Graeber, David (2008): Frei von Herrschaft. Fragmente einer anarchistischen Anthropologie. Wuppertal: Peter Hammer Verlag.

Robinson, Andrew & Tormey, Simon (2012): Beyond the State. Anthropology and ›actually existing-anarchism‹. In: Critique of Anthropology, 32 (2), S. 143–157.

Scott, James C. (2009): The art of not being governed: An Anarchist History of Upland Southeast Asia. New Haven, New York: Yale University Press.

Johann Bergmann

Herrschaftsfrei die Re_Produktion organisieren

Einleitende Worte

Das Folgende ist die Text-Basis meines ersten Online-Workshops.

Der Workshop bestand aus drei Teilen:

- Zur Kritik der bestehenden Verhältnisse
- Warum sollten wir uns von Geld und Eigentum befreien?
- Mögliche Praxisansätze – Herrschaftsfrei die Re_Produktion organisieren.

Im Umfeld des Umsonstladens Bremen haben wir seit 2006 versucht, die Kritik am Eigentum in weiteren Projekten praktisch umzusetzen. Zum Umsonstladen-Vernetzungstreffen 2010 habe ich einen Workshop zum Thema ›Geld und Eigentum abschaffen‹ angeboten. Aus dem folgenden kollektiven Diskussionsprozess entstand das Buchprojekt *Befreiung vom Geld und Eigentum – ... und warum das noch lange nicht reicht*. Band 1 & 2 sind Anfang 2020 gedruckt erschienen und werden auf Spendenbasis verteilt. Sie befassen sich mit einer umfassenden Kritik des Bestehenden. Dabei werden die verschiedenen Herrschaftsverhältnisse als sich wechselseitig mit Eigentum, Geld und Warenform verstärkend beschrieben.

1. Zur Kritik der bestehenden Verhältnisse

Was ist Eigentum?

Wir, die Buchprojekt-Gruppe im Netz Umsonstökonomie, sind überzeugt, dass die Antwort auf diese Frage eine wichtige Grundlage ist, um zu verstehen, was hier und heute passiert. Zu verstehen ist wiederum Grundlage dafür, sinnvoll zu handeln. Deshalb waren alle erst einmal aufgefordert, sich Gedanken zu der Frage ›Was ist Eigentum?‹ zu machen.

Die meisten Marxist*innen kritisieren mit Marx nur das Privateigentum, nicht das Eigentum an sich, dass er für überhistorisch hielt (Marx 1858: 9). Wir haben uns damit auseinandergesetzt (Buchprojekt-Gruppe im Netz Umsonstökonomie 2020a: 15–16) und gehen davon aus, dass Herrschaft jeder Form von Eigentum eingeschrieben ist, also sowohl Kollektiv-, Privat- als auch Staatseigentum.

Wie also verstehen wir Eigentum und worin sehen wir eine gesellschaftliche Alternative dazu:

> »Der bürgerlich-kapitalistische Rechtsstaat unterscheidet zwischen Eigentum und Besitz. Eigentum ist das, was eine* gekauft, geerbt etc. hat. Demgegenüber besitzt eine* ein Buch, dass eine* gerade ausgeliehen hat, das Saatgut, dass eine Bäuer*in von Monsanto geleast hat oder eine Wohnung, die eine* gemietet hat. Das Ding bleibt damit aber weiter Eigentum z.B. einer Bibliothek, einer anderen Person, eines kapitalistischen Unternehmens« (Buchprojekt-Gruppe im Netz Umsonstökonomie o.J.).

In der Alltagssprache ist diese wichtige Unterscheidung sehr verwischt. In der Commons-Debatte wird der Begriff Besitz als positive Alternative zu Eigentum gesetzt. Friederike Habermann benutzt im Commons-Kontext den Begriff Besitz sehr im Sinne eines Nutzungskonzeptes, wie wir es vertreten:

> »Nur solange etwas genutzt wird, ist es im Besitz; Besitz ist damit ein soziales Verhältnis zwischen einer Person und einer Sache. Hört dieses Verhältnis auf, erhält selbst ein Gut, das völliger Rivalität im Gebrauch unterliegt – wie beispielsweise ein Kleidungsstück – seine Eigenschaft als Gemeingut zurück. Es kann von anderen genutzt werden und damit in deren Besitz übergehen« (Habermann 2009: 83).

Das Eigentum wird, anders als oft behauptet, im Commons-Konzept nicht aufgehoben. Es wird vielmehr zu Kollektiveigentum, ähnlich wie in Orwells Horrorszenario *1984*. Wir plädieren deshalb dafür, von Vergesellschaftung und von Nutzungskonzepten zu sprechen und den Begriff Besitz und die Praxis davon zu vermeiden. Ein interessanter Gedanke der neo-marxistischen Kommunisierungs-Debatte (Sportello 2014: 13) kann auch in einfacheren Worten gefasst werden: Nur wenn wir nichts be- und verrechnen, ist es in der sich immer weiter verschärfenden vielfachen Krise, die den Kapitalismus erschüttern wird, möglich, die Menschen, auch über Klassengrenzen hinaus, im Kampf für eine lebendige Zukunft zu vereinen.

Damit ist Eigentum und damit die Ökonomie überwunden.

Eigentum war nicht schon immer da

Die Idee des Eigentums wurde von kriegerischen, patriarchalen Kulturen erfunden. Zunächst wurden Frauen und Nutztiere geraubt und zu Eigentum erklärt. Damit wurden auch die Kinder der Frauen und die Jungtiere zu Eigentum. Bald brauchte es Vorformen des Staates, um das Eigentum über eine Rechtsgrundlage und militärische Macht zu sichern. Das machen z. B. die Gesetze auf der knapp 3.300 Jahre alten Stele mit Gesetzestafeln des Hammurabi aus dem Babylonisches Reich deutlich.

Eigentum wandelt sich im Laufe der Geschichte

Anfangs gab das Eigentum der Eigentümer*in das Recht über die Person / das Tier / das Ding zu verfügen. Später kam das Recht der Verfügung über Produktionsmittel (z. B. eine Mühle, später Fabrik) und über Boden (z. B. für Landwirtschaft) und die Bodenschätze (z. B. Bergbau) hinzu. Heute gibt es weitere Formen von Eigentum, die durch das Recht geschützt werden (z. B. geistiges Eigentum / Recht auf alleinige Nutzung von Gensequenzen oder gentechnisch veränderten Lebewesen / Recht auf Big-Data-Erhebung und -Nutzung). Es ist immer der Staat der dieses Recht im Sinne des Eigentums formuliert und durchsetzt (Buchprojekt-Gruppe im Netz Umsonstökonomie 2020a: 12–37).

Eigentum als Raub

Die Herstellung von Eigentum war und ist bis heute ein brutaler Raubzug des Kapitals. Dieser Raubzug wurde und wird bis heute von Denker*innen und Politiker*innen ideologisch legitimiert und vom jeweiligen Staat als rechtmäßig erklärt und militärisch abgesichert.

Der Raubzug entschädigte im 19. Jahrhundert die armen Männer damit, dass er das Patriarchat modernisierte und Frau und Kinder zu ihrem faktischen Eigentum erklärte (Buchprojekt-Gruppe im Netz Umsonstökonomie 2020a: 41–48).

Staat / Ökonomie / Militär

Erstmals in der Geschichte bestimmt die Ökonomie die Gesellschaft. In der frühen Neuzeit begann die symbiotische Entstehung von Ökonomie, Staat und Militär. Das Militär waren damals private Söldnertruppen, dann wurde es staatlich, um heute in Teilen reprivatisiert zu werden. Dies bedeutete sehr gewalttätige Prozesse, in denen die Menschen diesen neuen, ökonomischen und staatlichen Verhältnissen unterworfen wurden. Diese Prozesse brutalisierten die patriarchale gesellschaftliche Basis (Buchprojekt-Gruppe im Netz Umsonstökonomie 2020: 142–148).

Die Kolonialisierung verändert die Welt

Die Kolonialisierung begann vor über 500 Jahren. Genozide und Plünderung in Lateinamerika lieferten Gold und Silber für den kapitalistischen Take off (Marx 1864: 743). Einen großen Teil des Globalen Südens kolonialisierten die europäischen Mächte im 19. Jahrhundert. Die meisten Menschen/Kulturen, die dort lebten, kannten bis dahin die Idee des Eigentums nicht. Das Land, auf dem sie lebten, und oft auch sie selbst wurden Eigentum der Kolonialherr*innen. Nach den Erfahrungen des die Herrschaft und das Eigentum bedrohenden multikulturellen Mobs wurde es nötig, die ausgeplünderten Armen zu spalten. Die Wissenschaft erfand den modernen Rassismus (Buchprojekt-Gruppe im Netz Umsonstökonomie 2020b: 184–197).

Arbeit / Ware und die Abspaltung

Der Begriff warenproduzierendes Patriarchat fasst Kapitalismus und von kommunistischen Parteien regierte Staaten zusammen. Reproduktives Tun / Care-Tätigkeiten wurden abgespalten. Sie wurden Frauen zugewiesen und diese in der Regel aus der Ökonomie und damit von Geld / Anerkennung ausgeschlossen.

Es gibt einen mehr oder weniger offenen Zwang zur Arbeit. Arbeit produziert Reichtum und Armut. Alle Verhältnisse werden tendenziell zu Warenverhältnissen. D.h. nahezu alles gibt es nur zu kaufen. Es herrscht Wachstumszwang für die Wirtschaft (Buchprojekt-Gruppe im Netz Umsonstökonomie 2020a: 57–67).

Neokoloniale Herrschaft

Die Länder des Globalen Südens werden trotz ihrer formalen Unabhängigkeit ökonomisch (und wo es notwendig ist auch militärisch) der Herrschaft von Eigentum, Geld und Kapital unterworfen.

Ökonomische Mittel sind z. B. die Abhängigkeit durch Weltmarktpreise (Terms of Trade), die Abhängigkeit durch Verschuldung, der Zwang, gute

Investitionsbedingungen für europäische, US-amerikanische oder mittlerweile auch chinesische Konzerne zu schaffen, sowie Freihandelsverträge. Dazu ein Beispiel aus Band 1: Der im November 2014 fertig verhandelte EPA Freihandelsvertrag mit Westafrika enthält z. B. keinerlei belastbaren Schutz für Menschen- und Arbeitsrechte oder Umweltstandards. Das Problem Kinderarbeit wird mit keinem Wort erwähnt. Abgesichert wird aber, dass weiterhin Elektroschrott, Hähnchenbeine und Second-Hand-Kleidung aus der EU dorthin exportiert werden können.[1]

Auf dem Weg zur Selbstzerstörung

Das warenproduzierende Patriarchat war auf vielen Ebenen schon immer destruktiv. Seit der Erfindung der Atomkraft ist das warenproduzierende Patriarchat auf dem Weg zur Selbstzerstörung. Es speit nicht länger nur verbrauchte Arbeiter*innen als Ausschuss aus. Es zerstört nicht länger nur die Umgebung der Industrieanlagen und damit die Gesundheit der dort Lebenden. Es zerstört heute die Grundlagen des Lebens auf der Erde (Artensterben / Aufheizung des Erdklimas / radioaktive Verseuchung uvm.).

Damit steht jegliche Alternative in einem Wettlauf mit der Zerstörung bis zur Überwindung des warenproduzierenden Patriarchats.

Da das System aber die Grundlagen seiner eigenen Existenz angreift, steht es auf ›tönernen Füßen‹. Kaum eine*r hat Mitte der 1980er–Jahre den Zusammenbruch der UdSSR und ihrer Satellitenstaaten 1989 erwartet. Wenn wir darauf warten, dass der Kapitalismus zusammenbricht, kann das, je nachdem wie lange sich das hinauszögert, dazu führen, dass wir nur noch eine sehr stark geschädigte Erde vorfinden. Das könnte eine Erde sein, in der alle miteinander im Überlebenskampf stehen. Deshalb gilt es, jetzt zu handeln (Buchprojekt-Gruppe im Netz Umsonstökonomie 2020b: 223–232, 318–327).

Emanzipation durch den Staat?

Bis heute gibt es Hoffnung auf emanzipatorisch handelnde linke Regierungen. Im letzten Jahrzehnt traf dies vor allem auf Lateinamerika zu: Uruguay, Venezuela, Bolivien, Ecuador, Brasilien, aber auch auf Griechenland (Syriza) oder Spanien (Podemos).

Ich werde darauf am Beispiel Bolivien eingehen. In Bolivien gab es ab 2001 gut fünf Jahre massiven, teils militanten Widerstand gegen die Ent-

1 Vgl. ARD Europamagazin: Kinderarbeit – EU verschließt die Augen, 2.11.2014

eignung kollektiver Ressourcen durch Privatisierung (z. B. Wasserkrieg von Cochabamba). 2006 wurde die indigene MAS-Regierungspartei. Erstmals spiegelte sich die indigene Bevölkerungsmehrheit im Parlament wider. In der Verfassung wurden emanzipatorische Elemente verankert. Die neue Verfassung beinhaltete u.a. das Buen Vivir (gutes Leben), Plurinationalität und viele ökologische und soziale Ansprüche.

Es gab intensive Diskussionsprozesse unter den einfachen Menschen. Aber: Die Prinzipien des Eigentums und der Regierung untergraben die Ansprüche. Der Extraktivismus (Bergbau / industrielle Landwirtschaft) wurde ausgeweitet. Die Umverteilung von Reichtum und auch Bildung / Alphabetisierung blieben stecken. Garantierte Rechte insbesondere von Indigenen stehen nur auf dem Papier. Die Regierung handelt zunehmend autoritär. Enttäuschung verbreitete sich. Wir denken, dass das nicht anders sein kann, sondern Folge der staatlichen und ökonomischen Logiken ist.

Im November 2019 gab es einen Putsch von rechts. Getragen wurde er von Großgrundbesitzer*innen, Evangelikalen, Faschist*innen sowie großen Teilen der Führung von Polizei und Militär. Nach dem Putsch gab es elf Monate lang brutale Gewalt gegen Indigene. Bei der Wahl im Oktober 2020 siegte erneut die MAS (Buchprojekt-Gruppe im Netz Umsonstökonomie 2020a: 282–288).

Emanzipation gegen den Staat

Diese Versuche sind immer widersprüchlich. Denn das Eigentum herrscht weltweit. Nicht alle beteiligten Gruppen streben eine herrschaftsfreie Gesellschaft an. Im Folgenden einige Beispiele:

Die Sarin auf Java, Indonesien akzeptieren weder Eigentum an Boden noch an Produktionsmitteln. Sie lehnen Handelsgewinne ab und leisten Widerstand gegen die Beton-Industrie. Die indigenen Mapuche leisten vor allem im Süden Chiles seit fünf Jahrhunderten Widerstand gegen die Kolonialherren. Sie streben kollektive Nutzung von Boden an. Die indigenen Zapatistas in Chiapas, Mexiko begannen nach ihrem bewaffneten Aufstand 1994 gegen das Nafta Freihandelsabkommen mit dem Aufbau kollektiver Strukturen. Die Basis ist die Subsistenz. Die Kurd*innen in Rojava im Norden Syriens begannen 2012 mit dem Aufbau kollektiver Strukturen.

In allen diesen Prozessen haben Frauen begonnen, sich aus der patriarchalen Herrschaft zu befreien. Vielfach stehen weltweit indigene Gruppen an der Frontlinie gegen die Ausplünderung der Erde sowie gegen die Privatisierung und Zerstörung ihrer Lebensgrundlagen.

Anarchismus und Emanzipation

Immer wieder gibt es Versuche, herrschaftsfreie Projekte / Gesellschaften aufzubauen. Sie richten sich gegen den Staat.

Zentral sind für uns dabei die folgenden Ansätze:

> »Der kommunistische Anarchismus beinhaltet u.a. wichtige Prinzipien wie substanzielle Gleichheit, Gegenseitige Hilfe und die Befreiung vom Geld und Eigentum. Ohne den Anarcha-Feminismus, ergänzt durch andere Feminismen werden wir nicht zu Herrschaftsfreiheit, sondern zu einem ManArchismus kommen. Radikale Ökologie (Mackinger 2015) ist die einzig sinnvolle Antwort auf den Prozess der ökologischen Selbstzerstörung« (Buchprojekt-Gruppe im Netz Umsonstökonomie 2020b: 318–327).

2. Warum sollten wir uns von Geld, Eigentum und Ökonomie befreien?

Im Folgenden geben wir einen Auszug aus dem noch nicht erschienenen Band 5 wieder. Auslassungen und Ergänzungen sind mit [...] gekennzeichnet.

Herrschaftsfreie Ökonomie?

Substanzielle Gleichheit ist eine Grundlage, ohne die es keine Freiheit im anarchistischen Sinne gibt. Und: »Es gibt keine Freiheit des Einzelwesens ohne Gerechtigkeit für alle« (Rocker 1933: 239). Das sind grundlegende Thesen, die zum Anarch*a-Kommunismus führen. Brauchen wir also eine herrschaftsfreie Ökonomie?

[...] In der Antike existierte die Ökonomie »noch nicht als unabhängiges, autonomes, dem Rest der Gesellschaft, der menschlichen Aktivität [...] entgegengestelltes Moment« (Voyer 1977: 239). Stadtstaaten wie Athen setzten dem Gewinnstreben Einzelner im Sinne der städtischen Gemeinschaft der Freien oft enge Grenzen (Platon gab gute Argumente für das bessere Funktionieren einer kollektiven Eliten-Herrschaft). Eine autonome, sich gegen die Menschen und die Gesellschaft wendende Form der Ökonomie entwickelte sich erst mit dem Kapitalismus. Sie fand sich spätestens seit Lenins Neuer Ökonomischer Politik auch in der UdSSR.

Ist die Ökonomie also reformierbar? Brauchen wir eine Alternative Ökonomie? Brauchen wir eine Solidarische Ökonomie? Oder: Brauchen wir eine Alternative zur Ökonomie? Je nachdem, wie eine* die Fragen formuliert, bleiben die Antworten in der herrschenden Ordnung gefangen, oder können diese überwinden helfen.

Die Situationist*innen konstatierten zu Recht, dass nichts als ökonomisches System außerhalb des bürgerlichen Denkens existiert und dass dieses ökonomische System den Weg der Selbstzerstörung beschritten hat (Voyer 1977: 36). Auch [der Anarchist] Luciano Lanza wies darauf hin, dass »[u]nsere Unfähigkeit, die Ökonomie wegzudenken, [...] unsere Unfähigkeit deutlich werden [lässt], die Herrschaft zu annulieren« (Lanza 1988). In revolutionären Situationen kann das bürgerliche Denken aufgebrochen werden.

Außerdem ist Ökonomie fest mit dem Wertbegriff verbunden. Die Theoretiker*innen der Kommunisierung sagen deshalb klar, dass Kommunisierung keine Wirtschaft ist (Sportello 2014: 7). Wir stimmen ihnen insofern zu, dass wir eine Alternative zur Ökonomie bereits im Prozess der Emanzipation brauchen.

> »Hat eine Gesellschaft den gesamten sozialen Reichtum in Besitz genommen und das Recht eines jeden auf diesen Reichtum feierlich proklamiert, ganz gleich, wie groß der Anteil des Einzelnen an der Produktion des Reichtums gewesen sein mag, dann muß sie zwangsläufig auf jegliche Art von Arbeitslohn, sei es in Geld oder in Arbeitsgutscheinen, verzichten« (Kropotkin 2014: 190) [...].
>
> »Jede Spur von Eigentum zieht notwendigerweise einen Rest von Regierung nach sich, und umgekehrt wird der kleinste Überrest einer Regierung Ausbeutung, Usurpation [also in Besitznahme von Eigentum und Macht] hervorrufen, die darauf hinauslaufen, das Privateigentum wiederherzustellen« (Merlino 1972: 267). [beide Zitate Einschub aus Band 4]
>
> »We are not trying to overthrow capitalism for the benefit of the proletariat. In fact, the society we envision is not spoken to in any leftist theory that I've ever heard of. Those theories deal only with how to redistribute the spoils of exploiting the Earth to benefit a different class of humans. We need to build a society that is not based on the exploitation of Earth at all — a society whose goal is to achieve a stable state with nature for the benefit of all species« (Bari in Shantz 2001).

Judi Bari vertrat einen ökologischen Anarcho-Syndikalismus. Ziel ist eine Gesellschaft, die auf ökologisch vertretbare Art das gesellschaftlich diskutierte Notwendige und Schöne jenseits von Klassenstrukturen produziert. Damit verschwindet auch das Proletariat.

[...] Im Folgenden bauen wir deshalb auf der These auf, dass wir eine Alternative zur Ökonomie brauchen, um Herrschaft überwinden zu können. Die Beiträge aus den Ansätzen zur Kommunisierung haben stark dazu beigetragen, vom massiven Unbehagen mit dem Begriff und Inhalt von Ökonomie zu ihrer konsequenten Ablehnung zu kommen.

Kommunismus?

Kommunismus? Seit dem Scheitern der UdSSR und ihrer Satellitenstaaten wird Kommunismus in den bürgerlichen Medien nur mehr als rückwärtsgewandt, als total veraltet dargestellt. [Ende des 19. Jahrhunderts hatte bereits der Anarcho-Kommunismus Schlüsse gezogen, die auf eine Überwindung von Ökonomie zielen. Kropotkin skizzierte in *Die Eroberung des Brotes* Grundzüge einer anarcho-kommunistischen Gesellschaft.]

Wir sind aber überzeugt, dass speziell der Anarcho-Kommunismus, auch wenn er Ende des 19. Jahrhunderts konzipiert wurde, zwar Aktualisierungen wie den Anarcha-Feminismus (Ehrlich 1979) für das 21. Jahrhundert braucht (Pop 2005), aber in seinen Grundzügen auch heute von großer Bedeutung für gesellschaftliche Emanzipationsbewegungen ist. [...]

Kommunismus kann aber nur eine Zukunft haben, wenn sich intensiv mit den Verbrechen, die in seinem Namen begangen wurden, auseinandergesetzt wird. Wir begrüßen es deshalb, wenn sich Kommunist*innen, wie in der Utopie-Ausgabe von *Straßen aus Zucker*, zu dieser Auseinandersetzung bekennen:

> »Wir kennen den stalinistischen, maoistischen etc. Terror, die Millionen Toten (unter denen nicht zuletzt zahlreiche Kommunist_innen und Jüd_innen_Juden waren). Die Schlächter haben Namen, ob sie Stalin, Mao, Pol Pot, Ceauşescu oder auch – als Verantwortliche für das Niederschlagen des Matrosenaufstands von Kronstadt – Trotzki und Lenin heißen« (Straßen aus Zucker 2017: 3).

Anarchist*innen waren immer wieder Opfer dieses kommunistischen Terrors. Vereinzelt gab es aber auch Anarchist*innen, die sich diesen Terrorsystemen anschlossen. [...]

Der Weg der autoritären kommunistischen Parteien führte nie in Richtung Kommunismus, sondern immer in Richtung Staat, Herrschaft und

Bürokratie, ja sogar hin zum roten Faschismus. Hammer und Sichel werden immer als Symbole für diese staatliche Herrschaft stehen. [...]

Kommunismus heißt für uns mit Malatesta:

> »Alles zum Leben Notwendige allen Menschen zugänglich zu machen und es zu ermöglichen, daß alle Kräfte, alle Fähigkeiten, aller guter Wille unter den Menschen zur Befriedigung der Bedürfnisse beitragen können« (Malatesta 1975: 73).

Der Staatskommunismus hat immer Privilegien für die Partei – gestaffelt nach der Machtposition ihrer Amtsträger– geschaffen, nie die Bedürfnisse der Menschen in den Mittelpunkt des Handels gestellt.

Anarcho-Kommunismus strebt die substanzielle Gleichheit, nicht die absolute Gleichheit an. Die bürgerliche Gleichheit gibt z. B. jede*r das Recht, z. B. eine Winterjacke zu kaufen – aber weltweit gesehen fehlt den meisten das Geld dazu. Nach dem Prinzip der absoluten Gleichheit erhält jede*r eine Jacke, unabhängig davon, ob er*sie diese gerade braucht. Die substanzielle Gleichheit geht von der Unterschiedlichkeit der Menschen und ihrer Bedürfnisse aus. Jede*r nimmt sich die Jacke, die er*sie braucht aus dem kollektiven Vorrat. Und: Ohne eine substanzielle Gleichheit kann es keine Herrschaftsfreiheit geben. Ein libertärer Kommunismus, wie ihn die spanischen Anarcho-Syndikalist*innen in der sozialen Revolution 1936 aufbauten, wächst von unten. Er wird seine Widersprüche haben, wie die Reproduktion der patriarchalen Herrschaft in Spanien 1936. Er kann mit den Menschen, die ihn aufbauen, wachsen, kann Widersprüche erkennen und bearbeiten. Und: Ein libertärer Kommunismus kann sich entfalten. Aber nie kann er von oben durchgesetzt werden, sonst würde er sich als neue Herrschaft über die Menschen erheben.

3 Re-Organisation von Re-Produktion

Im noch nicht gedruckten Band 5 beschäftigen wir uns auch intensiv mit möglichen Wegen und Problemen der Überwindung der herrschenden Verhältnisse und entwerfen eine eigene offene Utopie. Daraus stammt der folgende kleine Ausschnitt, der sich mit einer Alternative zur Ökonomie beschäftigt.

> »The existence of private property, the appropriation of nature as a source of growth and production for profit instead of need are at the root of the problem, so they cannot be part of the solution« (Warwick 2018: 19).

Diese anarchistische Kritik greift mehrfach zu kurz. Es ist nicht allein das Privateigentum die Wurzel des Problems. Das Staatseigentum funktioniert genauso rücksichtslos, wenn es auch die strategischen Bedürfnisse des Staates ins Zentrum rückt und die Bedürfnisse der Partei-Bürokratie privilegiert. Aber auch das Kollektiveigentum in der sozialen Revolution in Spanien 1936 zog Probleme nach sich.

> »Am 17. Mai 1937 stellte eine Kommission der CNT in Barcelona fest: ›Das unmäßige Verlangen alles zu vergesellschaften, namentlich Betriebe, die über Geldreserven verfügen, hat unter den Massen einen [...] kleinbürgerlichen Geist geweckt. [...] Da jeder Kollektivbetrieb als Sondereigentum und nicht als Nießbrauch galt, wurde auf die Interessen der übrigen Teile der Gemeinschaft überhaupt keine Rücksicht genommen‹« (Broué et al. 1987: 199).

Dazu kommt, dass Anarchisten wie Souchy ökonomische Pluralität forderten und kein Problem im Nebeneinander von Kollektiven und Privatunternehmungen sahen (Souchy 1969: 151–152). Das Problem liegt also im Eigentum selbst. Es schließt aus, gibt einzelnen oder Gruppen damit Macht über andere. Ebenfalls mit dem Eigentumsrecht verknüpft sind die beiden anderen Ebenen, die in obiger Kritik von Privateigentum unter den Tisch fallen. Eigentum braucht das Herrschaftsinstrument Staat. Ohne den Staat bräuchte jede*r individuelle oder kollektive Eigentümer*in militärische, juristische etc. Machtmittel, um das Eigentum gegen die Ausgeschlossenen zu rechtfertigen und zu verteidigen. Und: Was geschieht, wenn wir von Aneignung der Natur zur Befriedigung der Bedürfnisse sprechen. Plündern wir die Natur trotzdem? Sollten wir nicht von Nutzen statt von Aneignen sprechen. Dies gelingt nur, kippt nicht in Destruktivität *um*, wenn kooperative, eigentumslose Begegnungen mit der Natur gesucht und entwickelt werden.

Austausch und Produktion jenseits von Geld und Eigentum, jenseits von Tauschgesetz, kann nur auf Kommunikation unter substanziell Gleichen funktionieren. Geld ist das Machtmittel, dass Tausch anonym und verallgemeinerbar macht und die Tauschenden trennt. Wenn es wegfällt, muss ich kommunizieren, was und warum ich das gerade brauche. Nur in einem vor- oder nach-bürgerlichen Kontext kann also etwas wie eine herrschaftsfreie Re_Produktion existieren. Das ist keine Ökonomie mehr, ist nicht wie diese Teil eines komplexen gesellschaftlichen Geflechts und nicht ein alles dominierendes System. »Das wahre Ziel heißt, die Gesellschaft auf einer Grundlage neu zu errichten, die die Armut ausschließt« (Wilde 1891: 3).

Und nicht nur die Armut, sondern auch die soziale und ökologische Destruktivität. [...]

Aufbau von herrschaftsfreien Gesellschaften

Es kann keinen Masterplan für den Aufbau einer herrschaftsfreien Re_Produktion geben. Wir können heute nur Grundlagen fixieren – wie die Befriedigung der Bedürfnisse der einzelnen Menschen als Ausgangspunkt oder die globale Solidarität. Die Menschen auf dem Weg zu einer herrschaftsfreien Gesellschaft werden diese Ideen in ihrer Praxis immer wieder unterschiedlich füllen.

Wir sollten es uns nicht zu einfach machen. Klare, einfache Lösungen, wie sie z.B. Johann Most in folgender leicht verständlicher Propaganda verbreitete, geben falsche Antworten:

> »Selbst jene Menschen, welche auf dem Boden der heutigen Gesellschaft aufgewachsen sind, werden nach vollzogener Umgestaltung der sozialen Verhältnisse wie umgewandelt sein. [...] Mit der Institution des Privateigentums stehen und fallen alle schlechten Eigenschaften des Menschen, welche ihn heute verunzieren« (Most, in Cantzen 1984: 22).

Eine herrschaftsfreie Organisierung von Re_Produktion löst nicht alle Probleme. Die herrschende Ordnung ist uns allen nicht äußerlich, sondern zutiefst in uns verwurzelt. Es bedarf also eines langen Prozesses der Veränderung und der Selbstveränderung.

Weit einfacher, als eine herrschaftsfreie Re_Produktion praktisch zu beschreiben, ist es, sie abstrakt sowohl negativ als auch positiv zu definieren. Die negative Definition kann aus der Kritik des Kapitalismus gewonnen werden:

> »Sämtliche Institutionen des Kapitals, also das heutige Privateigentum [...], Lohnsystem und Unternehmertum [sowie] das Geld [... sind] als unproduktiv und schädlich abgeschafft« (Ramus 1922: 11–12).

Dabei darf die Überwindung der patriarchalen Grundlegung des Kapitalismus nicht vergessen werden. Als Kurzfassung ist Marxens positive Definition sicher am bekanntesten: »Jeder nach seinen Fähigkeiten, jedem nach seinen Bedürfnissen« (Marx 1973: 21).

[Indem wir die Ökonomie überwinden und die Trennung von Produktion und Reproduktion aufheben, schaffen wir eine Grundlage, patriarchale

Herrschaft überwinden zu können.] Eine herrschaftsfreie Re_Produktion kann darüber hinaus nur auf dem Prinzip der Freiwilligen Vereinbarung beruhen. Sie darf einerseits keine*n vom sinnvollen re_produktiven Tun ausschließen, andererseits keine*n zum Ableisten eines bestimmten Durchschnitts an sinnvollem Tun zwingen. [...]

Eine herrschaftsfreie Re_Produktion muss einerseits die Versorgung der Menschen mit allem zur Grundversorgung Gehörenden organisieren und andererseits die Erfüllung der besonderen, individuellen Bedürfnisse aller Menschen ermöglichen. Eine herrschaftsfreie Re_Produktion setzt also eine gewisse gesellschaftliche Produktivität voraus. Diese gesellschaftliche Produktivität muss, anders als heute, einerseits global für alle Einzelnen und alle Kollektive zugänglich sein und andererseits sozial und ökologisch keine Herrschaftsverhältnisse produzieren. Insbesondere ist es für die Mehrheit der Menschen in den Ländern des Globalen Südens sicherzustellen, dass sie, nach Kolonialismus, Neo-Kolonialismus und Festung Europa, ihre Vorstellungen von gutem Leben umsetzen können. »Das Gefühl [...] von Lebensfreude ist eng mit der anarchistischen Tradition gepaart, trotz der trockenen Askese, die stellenweise in ihr zum Vorschein kommt« (Bookchin 1992: 116). Diese Lebensfreude muss sich ganz praktisch auch im Re_Produktionsbereich widerspiegeln.

Andererseits, auch sinnvolles Tun ist nicht frei von gewissen Notwendigkeiten. Deshalb wird es unter Anarchist*innen über Ansätze wie diesen auch immer Auseinandersetzungen geben:

> »Wir sind weder für die Abschaffung von Arbeit, noch für ihre Reduzierung zu einem, für ein bedeutungsvolles, glückliches Leben, benötigten Minimum. Hinter all dem steckt immer die Hand derer, die unsere Leben regulieren wollen, für uns denken wollen, oder uns höflich vorschlagen so zu denken wie sie es tun. Wir sind für die Zerstörung von Arbeit und dies ist, wie wir demonstrieren werden, eine ganz andere Angelegenheit« (Bookchin 1992: 3).

Ist eine Utopie, die nicht nur die Arbeit überwinden will, indem sie sie in sinnvolles Tun transformiert, jenseits eines totalen technizistischen Albtraums oder eines radikalen Anarch*a-Primitivismus möglich? Annette Schlemm schlägt vor, dazu von den individuellen Selbstentfaltungsbedürfnissen (Schlemm 2006: 6) auszugehen. Das führt ihrer Ansicht nach aus berechtigtem Eigeninteresse zu effektiven, sozial- und ökologisch verträglichen Strukturen.

Ein großes Problem für die aufzubauende Organisierung von herrschaftsfreier Re_Produktion sind die ökologischen Zerstörungen, die das warenproduzierende Patriarchat hinterlässt.

Hier und jetzt: in deinem Ort Prozesse starten

Das Folgende bezieht sich auf den Schlussteil unseres noch nicht veröffentlichten Band 4. Die meisten der erwähnten und viele weitere Projekte werden dort ab dem Kapitel *Praxen von Umsonstökonomie heute* (Riseup o. J.) dargestellt.

Wir können und sollten hier und heute beginnen, solche Prozesse anzuregen. Es ist klar: Das warenproduzierende Patriarchat verhindert es, dass diese Versuche sich hier und jetzt voll entfalten können. Wir brauchen aber eine Vielfalt gelebter radikaler Praxen, um unsere Selbstveränderung zu entfalten, Versuch und Irrtum zu reflektieren und die Ideen herrschaftsfreier Praxen in der Gesellschaft zu verbreiten.

Praktische Projekte können z. B. sein: einen Umsonstladen oder really, really free markets zu organisieren, kollektives Containern oder Lebensmittel-Connections aufzubauen, Dinge- und Fähigkeiten-Pools zu verwirklichen, eine Küche für Alle, ein Food-not-Bombs- oder ein Aufstrichkollektiv zu gründen, Selbsthilfe-Werkstätten oder Repair-Cafés einzurichten, freie Musik- und Theater- Aufführungen, Ausstellungen etc. zu organisieren, widerständige Direct-Action-Gruppen (z. B. für freien ÖPNV, freies Baden ... oder gegen aktuelle Herrschaftsprojekte) aufzubauen oder widerständige Theorie, die soziale und ökologische Bewegungen mit den Problemen von Geld und Eigentum konfrontiert, zu entwickeln und zu diskutieren.

Die Praxen des Free City Netzwerks der San Francisco Diggers (1966–1968) kann euch weitere Anregungen geben.

Ein Umsonstladen allein wird schnell als karitatives Projekt wahrgenommen. Deshalb brauchen wir Verbund-Netze für Projekte. Und: Die beteiligten Personen sollten darüber reflektieren, wohin sie damit wollen.

Wir brauchen kollektive Prozesse, die sich gegen die gesellschaftliche Vereinzelung wenden. Es braucht Orte, an denen wir mit der Befreiung von Geld und Eigentum experimentieren und wo wir Gegenseitige Hilfe praktizieren können. Wo es sinnvoll ist, können diese sich gegebenenfalls als Föderation zusammenschließen. Es braucht Formen Direkter Aktion als Formen des Widerstandes und um herrschaftsfreie Alternativen zu entfalten.

Wir brauchen kollektive Prozesse, in denen jede*r einzelne gehört wird und sich wiederfindet, die Aktiven Perspektiven jenseits der Re-Integration in Markt und Staat bieten, die fehlerfreundlich sind und die Freude und ein gutes Leben beinhalten.

Wir brauchen Strukturen, die es ermöglichen, uns weiterzuentwickeln. Von Erfahrungen ähnlicher Projekte können wir lernen. Es ist wichtig, zu lernen unterstützend statt herabwürdigend miteinander umzugehen. Rassistische und sexistische Anteile, von denen keine*r völlig frei ist, bedürfen es, reflektiert und abgebaut zu werden. Es gilt zu lernen mit psychischen Schädigungen, die jede*r mehr oder weniger ausgeprägt von der herrschenden Ordnung davonträgt, gut umzugehen.

Literatur

Bookchin, Murray (1992): Die Neugestaltung der Gesellschaft. Grafenau: Trotzdem Verlag.

Broué, Pierre/Temime, Emile/Gurland, A. R. (1987): Revolution und Krieg in Spanien. Frankfurt am Main: Suhrkamp.

Buchprojekt-Gruppe im Netz Umsonstökonomie (2020a): Befreiung vom Geld und Eigentum, Bd. 1. Bremen und Wien: Selbstverlag.

Buchprojekt-Gruppe im Netz Umsonstökonomie (2020b): Befreiung vom Geld und Eigentum, Bd. 2. Bremen und Wien: Selbstverlag.

Buchprojekt-Gruppe im Netz Umsonstökonomie (o. J.): Befreiung vom Geld und Eigentum, Bd. 5. Bremen und Wien: Selbstverlag.

Cantzen, Rolf (1984): Freiheit unter saurem Regen. 1. Aufl. Berlin: Ed. Ahrens im Verl. Zerling.

Ehrlich, Carol (1979): Der Anarchismus und seine Verbindung zum Feminismus. In: Kornegger, Peggy/Ehrlich, Carol (Hrsg.), Anarcha-Feminismus. Berlin: Libertad-Verlag. Text abrufbar unter: https://www.alibro50.libertadverlag.de/Philosophie-Theorie/Anarchismus-neuer/Anarcha-Feminismus::5186.html (Zugriff am 25.5.2023).

Habermann, Friederike (2009): Halbinseln gegen den Strom: Anders leben und wirtschaften im Alltag. Königstein,Taunus: Ulrike Helmer Verlag.

Kropotkin, Peter (2014): Die Eroberung des Brotes. Neuaufl. Aschaffenburg: Alibri.

Lanza, Luciano (1988): Herrschaft und Ökonomie. In: *Schwarzer Faden. Vierteljahresschrift für Lust und Freiheit.*, Heft 4 (29).

Mackinger, Christof (2015): Radikale Ökologie. Münster: Unrast Verlag.

Malatesta, Errico (1975): Anarchie. Berlin: Kramer.

Marx, Karl (1858): Grundrisse der Kritik der politischen Ökonomie. Berlin, Dietz Verlag.

Marx, Karl (1864): Das Kapital. Der Produktionsprozeß des Kapitals., Bd. 1. 41. Auflage, unveränderter Nachdruck der 11. Auflage 1962. Berlin: Karl Dietz Verlag.

Marx, Karl (1973): Kritik des Gothaer Programms. 4. Aufl. Berlin: Dietz Verlag.

Merlino, Saviero (1972): Die Zukunft gehört dem Experiment. In: Oberländer, Erwin (Hrsg.), Dokumente der Weltrevolution Band 4 – Der Anarchismus, Bd. 4. Olten: Verlag Walter, 263–281.

Pop, Paul (2005): Rot-Schwarze Flitterwochen. Marx und Kropotkin für das 21. Jahrhundert. In: *grundrisse. zeitschrift für linke theorie & debatte.* Text abrufbar unter: https://anarchistischebibliothek.org/library/paul-pop-rot-schwarze-flitterwochen (Zugriff am 25.5.2023).

Ramus, Pierre (1922): Was ist und will der Bund herrschaftsloser Sozialisten. 3. Wien: Revolutionsbräuhaus.

Riseup (o. J.): Befreiung vom Geld und Eigentum. Geld und Eigentum abschaffen. Text abrufbar unter: https://we.riseup.net/geldundeigentumabschaffen (Zugriff am 25.5.2023).

Rocker, Rudolf (1933): Nationalismus und Kultur, Bd. 1. Amsterdam: Unruhen Publikationen. Text abrufbar unter: http://archive.org/details/unruhen_2015_rocker_i (Zugriff am 25.5.2023).

Schlemm, Annette (2006): Selbstentfaltungs-Gesellschaft als konkrete Utopie. Osnabrück: Packpapier Verlag.

Shantz, Jeff (2001): Syndicalism, Ecology and Feminism: Judi Bari's Vision. The Anarchist Library. Text abrufbar unter: https://theanarchistlibrary.org/library/jeff-shantz-syndicalism-ecology-and-feminism-judi-bari-s-vision (Zugriff am 25.5.2023).

Souchy, Augustin (1969): Anarcho-Syndikalisten über Bürgerkrieg und Revolution in Spanien. Neuaufl. Darmstadt: März Verlag.

Sportello, Doc (2014): Gender und Klassen: Kommunisierung Band 3. Originalübersetzung Edition. bahoe books.

Straßen aus Zucker (2017): Wie wir leben wollen oder: Projekt K. In: *Straßen aus Zucker*, 12, 3–4.

Voyer, Jean-Pierre (1977): Untersuchung über die Natur und die Ursachen des Elends der Menschen. Hamburg: Edition Nautilus.

Warwick, John (2018): Capitalism Is Killing the Earth: An Anarchist Guide to Ecology. ohne Ort: Anarchist Federation.

Wilde, Oscar (1891): Der Sozialismus und die Seele des Menschen, Bd. 67. Moers: Verlag Syndikat-A.

John Holloway

Anarchistische Antworten?[1]

Dies ist eine praktische Frage. Wo ist der Ausweg, wie kann die jetzige Katastrophe beendet werden? Wie ziehen wir die Notbremse?

Wir leben in einem gescheiterten System. Es wird täglich deutlicher, dass die gegenwärtige gesellschaftliche Organisation ein Desaster ist, dass der Kapitalismus nicht in der Lage ist, ein annehmbares Leben sicherzustellen. Die Covid-Pandemie ist kein natürliches Phänomen, sondern ein Ergebnis der gesellschaftlichen Zerstörung der Biodiversität, und es ist wahrscheinlich, dass weitere Pandemien folgen werden. Die Erderwärmung, die menschliche sowie viele nicht-menschliche Lebensformen bedroht, ist Ergebnis der kapitalistischen Zerstörung zuvor erreichter Gleichgewichte. Die gesellschaftliche Akzeptanz von Geld als herrschendem Maß gesellschaftlichen Werts zwingt einen Großteil der Weltbevölkerung dazu, unter elenden und prekären Bedingungen zu leben.

Die durch den Kapitalismus hervorgerufene Zerstörung findet mit wachsender Geschwindigkeit statt. Wachsende Ungleichheit, zunehmender Rassismus und Faschismus, wachsende Spannungen zwischen Staaten, ein überall anhaltendes Wachstum der Macht von Polizei und Armee. Darüber hinaus hängt das Überleben des Kapitalismus von der ständigen Ausweitung der Akkumulation von Schulden ab, die wahrscheinlich irgendwann zusammenbrechen wird.

Die Situation ist dringlich, wir Menschen sind jetzt mit der realen Möglichkeit unserer eigenen Auslöschung konfrontiert.

Wo ist der Ausweg? Wie kann die jetzige Katastrophe beendet werden? Die traditionelle Antwort derjenigen, die sich der durch das Kapital verursachten Zerstörung bewusst sind, lautet: durch den Staat. Politische Denker*innen und Politiker*innen vom späten Hegel bis hin zu Keynes

1 Manuskript des Vortrags für die Online-Tagung *Krise der Nationalstaaten – anarchistische Antworten?* vom 19. bis 21.3.2021 an der Pädagogischen Hochschule Freiburg. Übersetzung aus dem Englischen von Lars Stubbe. Alle Anmerkungen stammen vom Übersetzer.

und Roosevelt und jetzt Biden haben den Staat als Gegengewicht zur durch das Kapital angerichteten Zerstörung angesehen. Die Staaten werden das Problem der Erderwärmung lösen, die Staaten werden die Zerstörung der Biodiversität richten, die Staaten werden die von der gegenwärtigen Krise hervorgerufene massive Not und Armut wiedergutmachen. Gebt bloß den richtigen Anführer*innen eure Stimme und alles wird in Ordnung sein. Und wenn du sehr besorgt bist, über das, was gerade passiert, dann stimme einfach für radikalere Anführer, für Sanders oder Corbyn oder Die Linke oder Podemos oder Evo Morales oder Maduro oder López Obrador, und alles wird in Ordnung sein.

Das Problem mit dieser Argumentation ist, dass die Erfahrung zeigt, dass es nicht funktioniert. Linke Anführer*innen haben ihre Versprechen niemals erfüllt, haben niemals die Veränderungen erreicht, die sie versprochen haben. In Lateinamerika waren die linken Politiker*innen, die während der sogenannten Rosa Welle zu Beginn dieses Jahrhunderts an die Macht gekommen waren, eng mit dem Extraktivismus und anderen Formen zerstörerischer Entwicklung verbunden. Der *tren maya*[2], der gegenwärtig López Obradors bevorzugtes Projekt in Mexiko ist, ist dafür bloß das jüngste Beispiel. Linke Parteien und Politiker*innen mögen kleinere Veränderungen bewirken, aber sie haben überhaupt nichts dazu beigetragen, die zerstörerische Dynamik des Kapitals zu brechen. Aber nicht nur die Erfahrung zeigt uns, dass der Staat nicht das Gegengewicht zum Kapital ist, das er zu sein scheint. Theoretische Reflexion führt zu demselben Ergebnis. Der Staat, der als vom Kapital getrennte Form erscheint, wird tatsächlich vom Kapital hervorgebracht und hängt von diesem für seine Existenz ab. Der Staat ist kein Kapitalist und seine Arbeiter*innen erschaffen insgesamt nicht die Erträge, die er für seine Existenz benötigt. Die Erträge entstehen aus der Ausbeutung von Arbeiter*innen durch das Kapital, sodass der Staat tatsächlich von dieser Ausbeutung, also von der Akkumulation des Kapitals, abhängig ist, um seine eigene Existenz zu reproduzieren. Der Staat ist eben durch seine Existenzform gezwungen, die Akkumulation des Kapitals zu befördern. Das

2 *Maya-Zug*; ein Projekt der Regierung der sozialdemokratischen Partei Morena unter Führung des Präsidenten Andrés Manuel López Obrador, mit dem die wichtigsten Mayastätten auf der Halbinsel Yucatán auf über 1.500 km Strecke miteinander verbunden werden sollen. Das Projekt wird wegen seiner gravierenden Auswirkungen auf die Ökosysteme, die Beeinträchtigung der Autonomie der lokalen Bevölkerungsgruppen und die Ausrichtung auf den Tourismus, der kaum zur Entwicklung beiträgt, scharf kritisiert.

Kapital hängt ebenfalls von der Existenz einer Instanz ab, die nicht wie ein*e Kapitalist*in handelt und die als vom Kapital getrennt erscheint, um seine eigene Reproduktion sicherzustellen. Der Staat scheint das Zentrum der Macht zu sein, tatsächlich aber liegt die Macht bei den Kapitaleigner*innen, das heißt, bei den Personen, die ihre Existenz der Expansion des Kapitals widmen. Anders ausgedrückt, stellt der Staat kein Gegengewicht zum Kapital dar, er ist Teil derselben unkontrollierbaren Dynamik der Zerstörung. (Diese theoretischen Überlegungen stellen meiner Ansicht nach den Kern der sogenannten *Staatsableitungsdebatte*[3] der 1970er-Jahre dar.)

Die Tatsache, dass der Staat an das Kapital gebunden ist, bedeutet, dass er uns ausschließt. Die staatliche Demokratie ist ein Prozess des Ausschlusses, der sagt, ›komm und stimme alle vier oder fünf Jahre für uns, gehe dann nach Hause und akzeptiere, was wir beschließen‹. Der Staat ist die Existenz eines Organs von Funktionsträger*innen, die die Verantwortung dafür übernehmen, die Reproduktion der Gesellschaft sicherzustellen (natürlich in einer Form, die mit der Reproduktion des Kapitals kompatibel ist). Sie tragen die Verantwortung, sie nehmen uns diese Verantwortung weg. Aber was auch immer ihre Absichten sein mögen, ist es ihnen doch nicht möglich, diese Verantwortung zu erfüllen, weil sie nicht über die Gegenmacht verfügen, die sie zu haben scheinen. Was sie tun und wie sie es tun, wird von der Notwendigkeit, die Reproduktion des Kapitals sicherzustellen, bestimmt. Gegenwärtig sprechen Politiker*innen von der Notwendigkeit eines radikalen Neustarts, sobald die Welt aus der Pandemie herauskommt, aber nirgendwo spricht ein*e Politiker*in oder Regierungsbeamte*r davon, dass die Abschaffung eines auf das Streben nach Profit begründeten Systems Teil dieses Neustarts sein muss.

Wenn der Staat nicht die Antwort auf die kapitalistische Zerstörung ist, dann folgt daraus, dass auch die Kanalisierung unserer Anliegen in po-

3 Die Staatsableitungsdebatte war eine Diskussion innerhalb des Marxismus über die Frage nach der Funktion des Staates im Kapitalismus, die in den 1970er-Jahren durch Autor*innen wie Christel Neusüß, Elmar Altvater, Freerk Huisken, Joachim Hirsch u.a. geprägt wurde. In den 1920er-Jahren hatte bereits Eugen Paschukanis das Verhältnis zwischen Wertform und Form des Rechts aus marxistischer Sicht problematisiert und damit Stalins Postulat vom Aufbau des Sozialismus infrage gestellt, was letztlich 1937 zu Paschukanis' Verurteilung und Exekution geführt hat. Die Debatte unterscheidet sich dahingehend von den verschiedenen funktionalistischen Staatsdefinitionen in der marxistischen Diskussion, dass sie die intrinsische Abhängigkeit der Staatsform vom Kapital theoretisiert. John Holloway hat in seinem Buch *Die Welt verändern ohne die Macht zu übernehmen* die Staatsableitungsdebatte fortentwickelt.

litische Parteien nicht die Antwort sein kann, da Parteien Organisationen sind, die Änderungen mittels des Staates hervorzubringen versuchen. Versuche, eine radikale Veränderung durch Parteien und die Übernahme der Staatsmacht herzustellen, haben generell zur Erschaffung von autoritären Regimen geführt, die mindestens so schlecht waren wie diejenigen, gegen die sie gekämpft haben.

Wenn also der Staat nicht die Antwort ist, wo ist dann der Ausweg, wie beenden wir dann die jetzige Katastrophe? Wir nehmen selbstverständlich an einer Konferenz wie dieser teil, um anarchistische Antworten zu diskutieren. Aber es gibt dabei mindestens drei Probleme: Erstens nehmen hier nicht die Millionen Menschen teil, die wir für eine wirkliche Richtungsänderung benötigen; zweitens haben wir keine Antworten und drittens ist die Bezeichnung Anarchismus wahrscheinlich nicht hilfreich.

Warum sind hier nicht Millionen von Menschen? Es gibt sicherlich ein weit verbreitetes und wachsendes Gefühl der Wut und der Verzweiflung, ein Bewusstsein, dass das System nicht funktioniert. Warum bewegt sich diese Wut in die andere Richtung, entweder hin zu linksreformistischen Parteien (Die Linke, Sanders, Corbyn, Tsipras) oder zur extremen Rechten? Es gibt viele Erklärungen, aber eine, die mir wichtig erscheint, ist Leonidas Oikonomakis' Kommentar zur Wahl von Syriza in Griechenland im Jahr 2015, dass die Menschen, selbst nach Jahren sehr militanter anti-staatlicher Proteste gegen Austerität, immer noch davon ausgingen, dass der Staat »die alleinige Option« sei. Wenn wir an die Erderwärmung denken, ein Ende der Gewalt gegen Frauen, eine Kontrolle der Pandemie, eine Lösung unserer wirtschaftlichen Verzweiflung in der gegenwärtigen Krise, ist es weiterhin schwierig, nicht davon auszugehen, dass die Antworten beim Staat liegen, selbst wenn wir wissen, dass sie dort nicht liegen.

Vielleicht müssen wir die Vorstellung von Antworten aufgeben. Wir haben keine Antworten. Es kann sich nicht darum drehen, anarchistische Antworten den Antworten des Staates gegenüberzustellen. Der Staat gibt die Antworten, falsche Antworten. Wir haben Fragen, drängende Fragen, neue Fragen, denn diese Situation einer bevorstehenden Auslöschung hat niemals zuvor existiert. Wie können wir die destruktive Dynamik des Kapitals anhalten? Die einzige Antwort darauf ist, dass wir es nicht wissen.

Aus zwei Gründen ist es wichtig zu sagen, dass wir es nicht wissen. Erstens, weil es wahr ist. Wir wissen nicht, wie wir die gegenwärtige Katastrophe beenden können. Wir haben Ideen, aber wir wissen es nicht wirklich. Und zweitens, weil eine Politik der Fragen sich sehr von einer Politik der Antworten unterscheidet. Wenn wir die Antworten haben, ist es unsere Aufgabe, sie anderen zu erklären. Dies macht der Staat, dies machen Avantgardeparteien. Wenn wir Fragen haben, aber keine Antworten, dann müssen wir sie zusammen diskutieren, um zu versuchen, vorwärtsweisende Wege zu finden. »Preguntando caminamos«[4], wie die Zapatist*innen sagen. Der Prozess des Fragens und Zuhörens ist nicht der Weg zu einer anderen Gesellschaft, es ist bereits die Erschaffung einer anderen Gesellschaft. Das Fragend-Zuhören ist bereits die gegenseitige Anerkennung unserer unterschiedlichen Würden. Wir fragen-und-hören-dir-zu, weil wir deine Würde anerkennen. Dies ist das Gegenteil von staatlicher Politik. Der Staat spricht. Er gibt vor, zu-fragen-und-zuzuhören, aber er tut es nicht und kann es nicht, denn seine Existenz hängt von der Reproduktion einer Form gesellschaftlicher Organisation ab, die auf der Herrschaft des Geldes gegründet ist.

Unser Fragend-Zuhören ist eine anti-identitäre Bewegung. Wir erkennen deine Würde nicht deswegen an, weil du ein*e Anarchist*in oder Kommunist*in bist, oder Deutsche*r oder Österreicher*in oder Mexikaner*in oder Ir*in oder weil du eine Frau oder schwarz oder indigen bist. Etiketten sind sehr gefährlich, selbst wenn es nette Etiketten sind, denn sie erschaffen identitäre Unterscheidungen. Zu sagen: »Wir sind Anarchisten«, ist in sich widersprüchlich, denn es reproduziert die identitäre Logik des Staates: wir sind Anarchist*innen, ihr nicht; wir sind Deutsche, ihr nicht. Wenn wir gegen den Staat sind, bedeutet das, dass wir auch gegen seine Logik sind, gegen seine Grammatik.

Wir haben keine Antworten, aber unser Gehend-Fragen beginnt nicht bei null. Es ist Teil einer langen Geschichte des Gehend-Fragens. In diesen Tagen feiern wir just den 150sten Jahrestag der Pariser Kommune und den hundertsten Jahrestag des Kronstädter Aufstands. In der Gegenwart inspiriert uns die Erfahrung der Zapatist*innen, gerade wo sie dabei sind, ihre Reise über den Atlantik zu organisieren, um sich in diesem Sommer mit den Gehend-Fragenden in Europa zu verbinden.[5] Und natürlich betrachten wir die tief verankerte Praxis von Räten in der kurdischen Bewegung unter den furchtbar schwierigen Bedingungen ihres Kampfes. Und

4 »Fragend gehen wir voran«; Motto der Zapatist*innen, die 1994 gegen die neoliberale Ordnung in Mexikos Süden aufgestanden sind und seitdem in Chiapas ihre Autonomie entwickeln.

5 https//www.ya-basta-netz.org/europa-von-unten-und-ezln-zapatistas-reise/

darüber hinaus die Millionen von Rissen, in denen Menschen sich auf einer anti-hierarchischen Grundlage gegenseitiger Anerkennung zu organisieren versuchen. Es ist einfach nicht wahr, dass der Staat die einzige Option ist. Wir müssen von den Dächern rufen, dass es eine andere, seit Langem bestehende Option gibt: die Option, die Sachen selbst zu machen, kollektiv.

Die Organisierung in der Tradition von Kommunen oder Räten geschieht nicht auf der Basis von Auswahl-und-Ausschluss, sondern auf der Grundlage eines Zusammenkommens derjenigen, die da sind, gleich ob im Dorf, in der Nachbarschaft oder der Fabrik, mit allen Unterschieden, ihren Streitereien, ihren Verrücktheiten, ihren Gemeinheiten, ihren geteilten Interessen und gemeinsamen Anliegen. Die Organisierung ist nicht instrumentell: sie ist nicht als bester Weg erschaffen, ein bestimmtes Ziel zu erreichen, denn sie ist ihr eigenes Ziel. Sie hat keine abschließend definierte Mitgliedschaft, da es ihr Ziel ist, hinzuzuziehen, nicht auszuschließen. Ihre Diskussionen zielen nicht darauf ab, die korrekte Linie zu definieren, sondern Unterschiede zum Ausdruck zu bringen und ihnen gerecht zu werden, hier und jetzt die gegenseitige Anerkennung, die im Kapitalismus negiert wird, sorgsam aufzubauen. Dies bedeutet nicht die Unterdrückung von Debatten, sondern im Gegenteil, einen konstanten Diskussions- und Kritikprozess zu führen, der nicht auf die Eliminierung, Denunzierung oder Etikettierung der Gegner*innen abzielt, sondern auf die Aufrechterhaltung der kreativen Spannung des Zusammenhaltens. Ein immer schwieriges gegenseitiges Anerkennen der Würden, die in unterschiedliche Richtungen ziehen.

Der Rat oder die Kommune ist eine Bewegung der Selbstbestimmung: durch Fragen-Zuhören-Denken werden wir entscheiden, wie die Welt sein soll, und nicht, indem wir den blinden Diktaten des Geldes und des Profits folgen. Der Rat, die Kommune, ist eine Bewegung gegen die Herrschaft des Gelds. Und, vielleicht zunehmend wichtiger, es bedeutet, unsere Verantwortung für die Gestaltung der Zukunft menschlichen Lebens anzunehmen. Wenn wir den Punkt der Auslöschung erreichen, wird es nicht helfen, am letzten Tag zu sagen: »Es ist alles die Schuld der Kapitalist*innen und ihrer Staaten«. Nein: es wird *unsere* Schuld sein, wenn wir nicht die Macht des Geldes brechen und vom Staat unsere Verantwortung für die Zukunft menschlichen Lebens zurückerobern.

Jens Kastner

Solidarität zwischen Staat und Anarchie

Zur aktuellen Debatte um Grundlagen und Motivationen solidarischer Praktiken[1]

I.

Eine der größten Solidaritätsbewegungen des frühen 20. Jahrhunderts war sicherlich die für die beiden Anarchisten Ferdinando ›Nicola‹ Sacco (1891–1927) und Bartolomeo Vanzetti (1888–1927). Die beiden Arbeiter waren in den USA des doppelten Raubmords angeklagt und später zum Tode verurteilt worden. Gegen die drohende Vollstreckung der Todesstrafe entwickelte sich eine globale Protestbewegung, an der mehrere Hunderttausend Menschen partizipierten und die die drohende Hinrichtung als anstehenden politisch motivierten Justizmord wertete. Anarchistische Kreise waren in diese Kampagne stark involviert. Die beiden Migranten – sie waren beide 1908 aus Italien in die USA eingewandert –, waren 1917 für einige Monate nach Mexiko geflohen, um der Einziehung zum Wehrdienst zu entgehen. 1921 wurden sie der Raubmorde für schuldig befunden und deswegen 1927 zum Tode verurteilt, wobei vonseiten der Staatsanwaltschaft die in der Kriegsdienstverweigerung gesehene Untreue gegenüber den USA belastend hervorgehoben wurde (vgl. Ortner 1988: 178 ff.). Sacco und Vanzetti wurden am 23. August 1927 auf dem elektrischen Stuhl hingerichtet.

Dieses Beispiel zu Beginn eines Textes über Solidarität soll Folgendes sagen: Solidarität spielte im Anarchismus eine nicht unbedeutende – theoretische wie praktische – Rolle. Diese Rolle spiegelt sich nicht nur in der Kampagne selbst. Sie manifestiert sich auch in der Kriegsdienstverweigerung der beiden Protagonisten, insofern sie einem universalistischen Verständnis von Solidarität praktischen Ausdruck verleiht. Sie ist von dem Gedanken getragen, dass die positive Bezugnahme auf *alle anderen*

1 Dies ist die überarbeitete und erweiterte Fassung eines Textes, der in *Ne Znam. Zeitschrift für Anarchismusforschung*, Nr. 9, Frühjahr 2020: 89–110, erschienen ist.

sich in der umgesetzten Entscheidung äußert, niemanden zu töten.[2] Das wird insbesondere daran deutlich, dass eine partikularistische Solidarität ihrem Handeln entgegengesetzt wird – ein Konzept, das ihnen schließlich zum Verhängnis wird. Und zwar insofern, als die mangelnde Bereitschaft, Kriegsdienst für die USA zu leisten, als eine Verweigerung von Solidarität dem Staat und schließlich auch der nationalen Gemeinschaft gegenüber ausgelegt wird. Dass diese Auslegung keineswegs absonderlich ist, sondern sich bis in heutige soziologische Debatten über Solidarität zieht, wird sich im Folgenden zeigen.

Während im aktuellen soziologischen Diskurs eine starke Betonung auf die positive Rolle des Staates vorherrscht, werden diesem staatszentrierten Denken vieler Soziolog*innen im Anarchismus theoretische wie politische Alternativen entgegengesetzt. Diese enthalten häufig nicht weniger problematische Setzungen als jene Entwürfe, gegen die sie sich richten. Die Problematiken der unterschiedlichen Konzeptionen von Solidarität stehen im Folgenden zur Diskussion.

II.

Im Mainstream der soziologischen Debatte wird Solidarität auch von linken Theoretiker*innen häufig gleichermaßen als Aufgabe und Effekt von nationalstaatlicher Organisierung des Sozialen betrachtet. Bei Emile Durkheim ist es zwar nicht in erster Linie der Staat, sondern die gesellschaftliche Arbeitsteilung, die eine soziale Systematik der gegenseitigen Abhängigkeit entstehen lässt. In dieser gegenseitigen Abhängigkeit erscheint die Einschränkung individueller Freiheiten zugunsten des Gemeinwohls legitim, Durkheim nennt sie daher ein »solidarisches System« (Durkheim 1992 [1893]: 284). Es ist ein System von Geben und Nehmen: »Weil sich das Individuum nicht selbst genügt, enthält es von der Gesellschaft alles, was es benötigt, und für ebendiese Gesellschaft setzt es sich ein« (Durkheim 1992 [1893]: 285). Der Staat hat dabei lediglich die – immerhin in bindendes Recht gegossene – Aufgabe, »uns an das Gefühl gemeinsamer Solidarität zu erinnern« (Durkheim 1992 [1893]: 285). Der Staat erinnert nur daran, was letztlich ohnehin von der Arbeitsteilung geschaffen wurde. Durkheim

2 Bis heute wird in anarchistischen Argumentationsweisen die (totale) Kriegsdienstverweigerung häufig mit der schlichten Tatsache begründet, dass wenn niemand Kriegsdienst leisten würde, es schließlich keine Kriege gäbe.

schwankt immer zwischen einem staatszentrierten Fortschrittsoptimismus auf der einen Seite, der ihn behaupten lässt, die »Arbeitsteilung führt zu Rechtsregeln« (Durkheim 1992 [1893]: 283), und einem Verständnis von Gesellschaft auf der anderen Seite, das ohnehin durch verpflichtende Gegenseitigkeit – »Jede Gesellschaft ist eine moralische Gesellschaft« (Durkheim 1992 [1893]: 285) – geprägt ist und solche Regeln im Prinzip gar nicht nötig werden lassen dürfte. Dem liegt letztlich auch eine Gleichsetzung von Soziabilität und Solidarität zugrunde: Die einfache Tatsache, dass Menschen in modernen Gesellschaften per se auf andere Menschen angewiesen sind, wird mit der Bereitschaft, für andere Opfer zu bringen oder zumindest die Durchsetzung eigener Interessen zurückzustellen, gleichgesetzt. So jedenfalls ist der vorsichtige Hinweis darauf zu erklären, dass der Staat, wenn auch rechtlich regulierend, vor allem an die Solidarität erinnere.

Diese Erinnerungsfunktion des Staates wird in der Soziologie dann aber ausgeweitet. Der Staat wird nicht mehr nur als Aktualisierungsinstanz begriffen, sondern als Garant für solidarisches Handeln der einzelnen. Erst angesichts der Globalisierung, in der die regulierende wie auch die identitätsstiftende Funktion des Staates geschwächt oder zumindest infrage gestellt wird, und angesichts der Prekarisierung, die als Teil der neoliberalen Globalisierung als Rückzug des Staates aus seinen sozialpolitischen und Umverteilungsagenden zu verstehen ist, stellt sich auch für die Soziologie (wieder) die Frage, wie Solidarität entstehen und gewährleistet werden kann. Pierre Bourdieu mahnte etwa 1997 in einem dringenden Appell, der europäischen Währungsunion – als Form einer suprastaatlichen Vereinbarung – müsse unbedingt die »soziale Harmonisierung und die Solidarität, die sie herstellt« (Bourdieu 1997: 75), vorausgehen. Bourdieu führt dann einen ganzen Kriterienkatalog auf, wie diese Solidarität gerettet bzw. wieder erschaffen werden kann (Festsetzung eines Mindestlohns, Maßnahmen gegen Korruption und Steuerhinterziehung und gegen Sozialdumping, eine am Gemeinwohl orientierte Investitionspolitik, Erweiterung des sozialen Wohnungsbaus, Investitionen in Forschung, Gesundheitswesen und Umweltschutz u.a.).

Der Staat wird nicht mehr nur als Erinnerungsinstanz, sondern als Schöpfer und Garant von Solidarität interpretiert – sowohl aktuell als auch historisch betrachtet. Der Nationalstaat und die bürgerliche Familie, schreibt etwa Jürgen Habermas (2004: 227), waren bis in die zweite Hälfte des 20. Jahrhunderts hinein die »beiden erfolgreichsten Institutionen bei der Beschaffung von Solidarität«. Anders als die Familie aber entkoppelt der Staat die Verteilung von Rechten und Pflichten – hier verstanden als das Empfangen und Gewähren von solidarischer Praxis – von der relativen Willkür väterlicher Autorität und überführt sie in geregelte Verfahren.

Als Beschaffer und Garant von Solidarität gewährleistet der Staat dieser Argumentation nach, dass, wie Claus Offe (2004: 49) es zusammenfasst, gegenseitige »Verpflichtungen einerseits und ergebnisorientierte Kalküle andererseits die Mischung eingehen, die für den Begriff der Solidarität charakteristisch ist«. Solidarität ist in dieser Definition Ergebnis einer Pflicht (›Bringt Opfer und teilt!‹) und eines kalkulierenden Abwägens (›Was habe ich davon?‹). Als Garant dafür, dass diese Mischung gelingt oder durchgesetzt wird und sozial tragfähig auf Dauer gestellt werden kann, wird in der soziologischen Diskussion der moderne Nationalstaat ausgemacht. »Man kann«, fasst Heinz Bude (2019: 45) mehr fest- als beschreibend zusammen, »den Sozialstaat als Form institutionalisierter Solidarität begreifen«. Denn, so die Argumentation, die Versorgungsbedürftigen – Alte, Arbeitsunfähige und Arbeitslose – werden versorgt und die staatlichen Institutionen gewähren allen anderen eine gewisse Erwartungssicherheit, diese Versorgung im Bedarfsfall ebenfalls zu genießen. Diese relative Sicherheit gewährt eben die institutionelle Regulierung, die an die Stelle der familiären Willkür das geregelte Verfahren und die umsetzende Behörde setzt. Auch wenn der Nationalstaat für den Wechsel von einer moralisch fundierten wechselseitigen Hilfe auf eine behördliche Versorgung steht, sind die moralischen Implikationen durch diese Umstellung keineswegs verschwunden. Die Leistungen des Nationalstaats dem/der einzelnen gegenüber werden nicht einfach qua Mitgliedschaft (also durch die Staatsbürgerschaft) gewährt, sondern sie werden immer wieder in Begriffen gegenseitiger Verantwortung beschrieben und beurteilt. Der Staat muss zwar dafür sorgen, dass allgemeine Pflicht und singuläres Kalkül im Gleichgewicht bleiben, aber auch die Einzelnen werden zu verantwortlichem Handeln – letztlich nach moralischen Kriterien – angehalten (etwa ›den Sozialstaat nicht auszunutzen‹). Dieser moralische Appell bei gleichzeitiger Betonung der geregelten Verfahren beruht darauf, dass der moderne Nationalstaat als diejenige Instanz gesehen wird, die die Mängel vormoderner moralischer Ökonomien, nämlich die Ausnutzbarkeit, eingehegt hat. Laut Wolfgang Streeck hat der Nationalstaat, indem er Solidarität »formal verbindlich machte und insoweit erzwang, […] ein zentrales Problem kollektiven Handelns [gelöst], das darin bestand, dass die ›Grenzmoral‹

rational handelnder ›Trittbrettfahrer‹ (hier Personen, die das kollektive Gut sozialer Integration nutzen, ohne sich an seinen Kosten beteiligt zu haben) den guten Willen der gut sozialisierten Mehrheit der Bürger unterminieren kann« (Streeck 2004: 223).[3] Dem liegt ein Solidaritätsbegriff zugrunde, der Solidarität immer als Tauschverhältnis denkt: Die Hilfe wird nur deshalb geleistet, weil diejenigen, die sie empfangen, auch bereit sind (oder eben staatlich durch Steuer- und Wehrpflicht gezwungen werden), etwas dafür zu geben; die Opfer werden nur deshalb gebracht, weil eine Gegenleistung durch eine Pflicht abgesichert ist. Zu den Trittbrettfahrer*innen zählen dann all diejenigen, die den »staatskonstitutiven Pflichten« (Offe 2004: 39) nicht nachkommen, also die sich weigern, »ihre Steuern zu zahlen und ihrer Wehr- (oder auch sonstigen Dienst-)pflicht zu genügen« (Offe 2004: 39).

Aus der Sicht von Streeck und Offe sind also Kriegsdienstverweigerer zugleich auch Solidaritätsverweigerer. Die Soziologen treten hier im wörtlichen Sinne als Staatsanwälte auf, ihre Argumentation gleicht exakt der Position des Staatsanwaltes im Prozess gegen Sacco und Vanzetti.

III.

Die Konzeption von Solidarität im Anarchismus unterscheidet sich dabei grundlegend – so eine der im Folgenden vertretenen These – von vielen Strömungen der aktuellen soziologischen Diskussion um die Aktualität von Begriff und Praxis der Solidarität. Sie stellt demgegenüber die permanente Suche nach einer Solidarität dar, die nicht an die »staatskonstitutiven Pflichten« (Offe 2004: 39) gebunden ist.[4] Solidarität im Anarchismus war immer die Suche nach dem »funktionalen Äquivalent für den National-

3 Der Trittbrettfahrer ist auch schon bei Hondrich und Koch-Arzberger (1992: 33) der Inbegriff des anti-solidarisch Handelnden. Auch Heinz Bude (2004: 13) konstatiert: »Der Gegentyp zum solidarischen Menschen ist der Trittbrettfahrer.«

4 Der Philosoph Kurt Bayertz (1998) hatte in einem breit rezipierten Überblickstext überhaupt bezweifelt, dass Solidarität eine angemessene oder auch notwendige Legitimation für den Sozialstaat sei. Erstens handle es sich bei staatlichen Sozialleistungen nicht um auf irgendwie geartete Verbundenheit zurückgehende Hilfe, sondern um einen Verwaltungsakt – den Bayertz hier, anders als Habermas u.a., als vom Hilfsgedanken abgekoppelten Tatbestand begriffen wissen will. Zweitens, damit zusammenhängend, könne von Solidarität letztlich nur im Hinblick auf freiwillige Praktiken gesprochen werden, was bei staatlichen (Umverteilungs-)Leistungen nicht der Fall sei, die schließlich auf durch Androhung von Gewalt basierten Abgaben beruhten, vgl. Kurt Bayertz 1998: 37.

staat« (Streeck 2004: 222), nach dem die Soziologie erst wieder im historischen Augenblick der verstärkten Globalisierung und der damit einhergehenden Denationalisierungstendenzen zu fragen beginnt. Diese Suche beginnt bereits mit Peter Kropotkins Studie *Gegenseitige Hilfe in der Tier- und Menschenwelt* (1902) und nimmt ihren Verlauf bis in die aktuelleren Debatten um die Arbeiten etwa von David Graeber u.a. Sie ist getragen von dem Credo, das etwa der anarchistische Aktivist und Theoretiker Uri Gordon auf den Punkt bringt, wenn er schreibt, dass die »wirksamste Art anarchistischer Propaganda [...] immer die Schaffung und die Demonstration anarchistischer gesellschaftlicher Beziehungen sein [wird] – eben die Praxis der vorwegnehmenden Politik« (Gordon 2010: 64).

Während Durkheim (1992 [1893]: 56) die *Anarchie* als eine Situation ablehnt, in der regelloses Chaos herrscht und der Mensch »inmitten seines engsten sozialen Milieus auf Kriegsfuß zu leben« hat, geht es den Anarchist*innen selbst um eine herrschaftsfreie Ordnung des Sozialen. Auch Kropotkin geht es – wie Durkheim – um soziale Ordnung als solche, nur dass sie sowohl in ihren Ursprüngen als auch in der Form, in der sie angestrebt wird, anders gedacht wird.

Nicht der Kampf ums Dasein, so Kropotkin, aber auch nicht Liebe und Sympathie seien es, »worauf die menschliche Gesellschaft beruht. Es ist das Bewußtsein – und sei es nur in dem Entwicklungsstadium eines Instinkts – von menschlicher Solidarität« (Kropotkin 1976 [1902]: 17). Mit dem Hinweis darauf, dass es nicht Liebe und Sympathie sind, die die Menschen zusammenbringen und Solidarität stiften, macht Kropotkin deutlich, dass es ihm um ein Phänomen geht, das nicht auf kleine Gemeinschaften voneinander bekannten Personen beschränkt bleibt. »Liebe und Sympathie«, merkt Kurt Bayertz (1998: 25) in Auseinandersetzung mit Kropotkin an, »sind persönliche Beziehungen, die zumindest in größeren Gesellschaften nicht als übergreifendes Band zwischen den Individuen vorausgesetzt werden können«. Diese nicht auf Liebe und Sympathie beruhende, wenn auch nur rudimentär vorhandene Solidarität weitet sich dem Fortschrittsglauben Kropotkins entsprechend im Laufe der Geschichte immer weiter aus. Kropotkin (Kropotkin 1976 [1902]: 302) hat die »Geschichte der Versittlichung« im Blick, im Zuge derer das »Ideal des sittlichen Menschen« entstanden ist, seine/ihre »Handlungsfreiheit auf einen Kreis einzuschränken, in dem er die Freiheit anderer nicht stört«. Sich gegenseitig nicht zu stören, ist selbstverständlich noch weit davon entfernt, sich gegenseitig zu unterstützen, aber die Umsetzung dieses sittlichen Ideals ist eine Voraussetzung für die Entfaltung der Solidarität. Während er mit der zunehmenden »Versittlichung« den Effekt einer historischen Entwicklung beschreibt, spricht er an anderer Stelle allerdings auch von einem »Trieb des Menschen zu gegenseitiger Hilfe« (Kropotkin 1976 [1902]: 208), der die Wechselfälle der Geschichte überdauert habe. Es sei »schon immer so«, schreibt der Anthropologe und Anarchist David Graeber (2012: 90) im Anschluss an Kropotkin, dass Menschen selbstverständlich und permanent gegenseitige Hilfe geleistet hätten. Graeber geht sogar so weit zu behaupten, dass der Anarchismus deshalb »eine der Hauptgrundlagen menschlicher Interaktion« (Graeber 2012: 90)[5] sei.

Die Annahme einer natürlichen solidarischen Verbundenheit aller Menschen ist allerdings problematisch (und deshalb theoretisch auch unbefriedigend): Erstens können auf ihrer Grundlage nicht die sehr unterschiedlichen Formen der Vergesellschaftung erklärt werden (vgl. Bayertz 1998: 25). Und zweitens stellt sich das Problem, dass die Geschichte der Menschheit empirisch einfach anderes nahelegt als grundlegende Solidarität aller mit allen. So wie es zu allen Zeiten Anzeichen solidarischer Bezugnahmen gegeben hat, so lassen sich alltägliche Niedertracht, systematische Feindseligkeit und Völkermorde kaum vor dem Hintergrund dieser Vorstellung erklären. Dem Einwand, dass es auf diese empirische Gewaltgeschichte nicht ankomme, wird, wie Kurt Bayertz (1998: 19) aufgezeigt hat, in der Regel damit begegnet, »die behauptete universelle Solidarität nicht als ein empirisches Phänomen, sondern als eine Wesensbestimmung der Menschen zu deuten und damit ins Metaphysische zu transportieren« (Bayertz 1998: 19). Das gilt auch für viele anarchistische Ansätze.

In Kropotkins Perspektive 1976 [1902]: 210) ist der Staat jedenfalls weder Erschaffer noch Garant für solidarisches Handeln, sondern, im Gegenteil, der moderne Nationalstaat habe »systematisch alle Institutionen aus[gerottet], in denen früher die Tendenz zu gegenseitiger Hilfe Ausdruck gefunden hatte«. Kropotkin meint die frühneuzeitlichen Dorfgemeinschaften, die Gilden und die Städte. In ihrer Tradition sieht er kommunale und regionale Kooperationen bis in die Gegenwart des 19. Jahrhunderts am Werk, die sich jenseits des Staates gehalten haben.

5 Damit vertritt Graeber ein sehr weites Verständnis von Anarchismus. Zur Kritik daran vgl. etwa Bewernitz/Kastner 2012.

»Entscheidend ist dabei«, schreibt Daniel Loick (2017: 81) über Kropotkins Betonung der solidarischen Beziehungen jenseits des Nationalstaates, »dass gegenseitige Hilfe keine Soll-Anforderung an die Menschen ist, sondern eine reale Praxis, deren funktionale Überlegenheit und Stabilität sich über Jahrhunderte gezeigt hat«. Das Hervorheben dieser realen Praxis geht einher mit einem negativen Urteil staatlicher Intervention in die alltäglichen Beziehungen. Der Staat habe über die Monopolisierung der Zuständigkeit für die sozialen Beziehungen die gegenseitige Hilfe ausgehebelt und zu moralischer Gleichgültigkeit beigetragen. »Je mehr die Verpflichtung gegen den Staat sich häuften, um so mehr wurden offenbar die Bürger ihrer Verpflichtung gegeneinander entledigt« (Kropotkin 1976 [1902]: 211). Im Anarchismus Kropotkins ist der Staat also weder ein Garant für Solidarität im Sinne der Aufrechterhaltung der sozialen Bande (Soziabilität) noch im Sinne moralischen Verhaltens. Im Gegenteil, die Einführung verbindlicher Pflichten durch staatliche Gesetzgebung wird als geradezu moralverhindernd interpretiert. Diese Argumentation, dass staatliche Institutionalisierung die Suspendierung moralischen Handelns bewirkt, wird zu einem Kernelement anarchistischer Ethik. Die moralischen Errungenschaften der Verantwortlichkeit und der Solidarität, heißt es etwa in der von Rudolf Rocker (o.J. [1919]: 16) verfassten *Prinzipienerklärung des Syndikalismus*, würden durch die »Zentralisationsmethode des Staates und der Kirche unterdrückt«, indem den Menschen die Entscheidungsmöglichkeiten abgenommen werden. Dem setzen die Anarchist*innen eine auf individueller Verantwortung basierende, kollektive Organisierung *von unten* entgegen.

Die moralische Haltung – und damit auch das Entstehen und Praktizieren von Solidarität – zeichnet sich nach Kropotkin gerade durch Uneigennützigkeit und Nicht-Reziprozität aus.[6]

Moralische Haltung an Pflichtgefühl und Pflichterfüllung zu binden, sieht Kropotkin als übelste Konsequenz der Grundlegung der Moralphilosophie von Immanuel Kant (vgl. hierzu Kropotkin 2013 [1923]). Moralisches Handeln darf sich demgegenüber nicht nach vernunftgeleiteten Regeln oder sozialen Funktionserfordernissen richten. In diesem Sinne hatte sich später auch der Soziologe Zygmunt Bauman gegen die Tradition von

6 Zu Kropotkins Ethik im Kontext der Postmoderne-Debatte vgl. auch Kastner 2000:162ff.

Kant und Durkheim mit dem Argument gewandt, moralisches Verhalten als regel- und normkonforme Praktiken zu beschreiben, trage letztlich zu einer Suspendierung von individueller Verantwortung bei (oder trage sie zumindest mit) (vgl. hierzu Bauman 1994: 184 ff.).[7]

Ein anarchistisches Solidaritätsverständnis erfordert demgegenüber den Fokus auf Regelverletzung und damit auch deutlich eher die Verweigerung der Wehrpflicht als ihre Einhaltung. Es erfordert Ungehorsam gegenüber dem Staat, nicht Loyalität. In diesem Sinne begründete auch Henry David Thoreau in seiner einflussreichen Schrift *Über die Pflicht zum Ungehorsam gegenüber dem Staat* (1849) Steuer- und Wehrpflichtverweigerung als humanitäre Aktionsformen gegen den Krieg (der USA gegen Mexiko 1846–1848) und gegen die Sklaverei (vgl. Thoreau 1973 [1849]). In dieser argumentatorischen Tradition befanden sich vor allem seit den 1960er-Jahren dann auch viele Kriegsdienstverweigerer.

Kropotkins Behauptung von der »gegenseitigen Hilfe« als einem natürlichen Grundprinzip menschlichen Zusammenlebens ist selbstverständlich auch eine Legitimationserzählung. Denn wenn nicht der Kampf aller gegen alle (Hobbes) und der Todestrieb (Freud) die Soziabilität prägen, sondern Solidarität, dann braucht es im Prinzip auch keinen einhegenden und regulierenden Staat. Mit Kropotkins Naturannahme ist deshalb, wie Rolf Cantzen (1995: 191) richtig herausgestellt hat, »einem repressiv-autoritären Staatsverständnis die Legitimationsgrundlage bestritten«. Allerdings sind Annahmen über die Natur des Menschen als Grundlage für gesellschaftstheoretische Erörterungen ebenso unbefriedigend wie für politische Strategien. Deshalb stellt sich die Frage, wie dem Staat die Legitimation entzogen werden könnte, ohne auf Annahmen über die Natur des Menschen zurückgreifen zu müssen. Eine Antwort darauf könnte in der Schilderung der Genese von Solidarität bestehen, wenn also gezeigt werden könnte, dass es nicht staatliche Institutionen sind, die Solidarität erschaffen, sondern andere, nicht- oder außer- oder anti-staatliche Praktiken.

---

7 Bauman verlegt dabei allerdings, ähnlich wie Kropotkin und Graeber, die Moral in vorsoziale Gefilde und erklärt sie zur Fähigkeit, die »zur Ausstattung des Menschen wie seine biologische Konstitution« gehören (Baumann 1994: 193). Zu Baumans Moralkonzeption und der soziologischen Diskussion darum vgl. außerdem Kastner 2000 und Kastner 2015.

IV.

Die solidarische Haltung wird laut Kropotkin, wie gezeigt, durch den Staat eher geschmälert als gefördert. Was also fördert sie, bringt sie voran und weitet sie aus? Neben seinen Annahmen über die menschliche Natur und den Verlauf der Geschichte – und relativ unabhängig davon – hatte Kropotkin ja noch etwas anderes betont: Es sind die gesellschaftlichen Kämpfe, in denen die einen für die anderen einstehen und sie unterstützen, in denen Solidarität entsteht und deren paradigmatischen Ausdruck Kropotkin im Arbeiterstreik sieht. Ersparnisse werden der Streikkasse geopfert, Essen wird gespart und an die Streikenden weitergegeben usw. Diese Energie und Opferbereitschaft in der gegenseitigen Unterstützung beim Streik – aber auch beim Verkauf von Zeitschriften, bei Versammlungen und sozialistischen Wahlwerbeaktionen – habe schier unvorstellbare Ausmaße, betont Kropotkin (1976 [1902]: 247) anerkennend, aller »Fortschritt der Vergangenheit ist durch solche Männer und solche Hingebung hervorgebracht worden«[8]. Dass Solidarität sich ausweitet, geschieht also nicht von selbst – auch wenn es das Fortschrittsparadigma nahelegt –, sondern ist der Effekt von Kämpfen, in denen Solidarität geübt wird. Solidarität führt demnach zu mehr Solidarität.

Solidarität, folgert die Sozialtheoretikerin Bini Adamczak (2017: 258) zu Recht, »ist in der Geschichte der Streiks und der Rebellionen nichts, was von oben verordnet wird, nichts, was von weisen Lehrerinnen anerzogen wird, sondern eine zunächst spontane Bewegung, die sich gleichzeitig horizontal und von unten ausbreitet«. Adamzcak hebt im Anschluss an den Anarchisten Gustav Landauer die neuen Beziehungen zwischen Menschen hervor, die sich in Streiks und Rebellionen bilden. Landauer hatte den Staat nicht als Institution oder Werkzeug (der herrschenden Klasse) begriffen, sondern als Verhältnis zwischen Menschen. Ein solches Verhältnis wird nicht ein für alle Mal erschaffen, sondern »entsteht in jedem Augenblick durch Dulden und Handeln« (Landauer 1989a [1912]: 178). Dementsprechend ist auch aus anarchistischer Sicht der Aufbau neuer, nicht staatlich regulierter Beziehungen zentrales Mittel und zentrales Ziel des politischen Kampfes zugleich: »Der Sozialismus« schreibt Landauer, »ist zuerst die Tat der Sozialisten« (Landauer 1989b [1915]: 229). Als Konsequenz aus

8 Kropotkin spricht hier wie an allen anderen Stellen, an denen es um Fortschritte der Menschheit geht, immer bloß explizit von Männern.

der Suche nach einem Solidaritätskonzept, das nicht auf den »staatskonstitutiven Pflichten« (Offe) beruht, setzten Landauer wie Adamczak also auf Beziehungen: Solidarität sei keine Frage der Haltung, so Adamczak (2017: 270), »sondern eine Frage der Beziehung«.

Aber was Adamczak vielleicht unterschätzt, sind die Hürden, die sich im Aufbau neuer Beziehungen ergeben und die auch das Konzept von Solidarität im Kern betreffen. Es geht um das grundsätzliche Problem, dass Solidarität, wenn sie nicht als natürliche vorausgesetzt wird, immer bestimmten Leuten gilt (und anderen nicht). Das gilt gerade für Streik und Rebellion. Im Streik der Arbeitenden sind die solidarisch Handelnden sich ähnlich: Kropotkins Modell der Solidarität lehnt sich auch bei den Streiks an die vormoderne Dörflichkeit und ihre soziale Nähe an: »Unter den Bergleuten und den Seeleuten erzeugen ihre gemeinsamen Beschäftigungen und ihr tägliches enges Zusammenleben ein Gefühl der Solidarität«, schreibt Kropotkin (1976 [1902]: 252). Das Solidaritätsproblem ist damit eindeutig als Identitätsproblem ausgemacht: Die einander Ähnlichen unterstützen sich gegenseitig. Ihre Ähnlichkeit kann sich auf gemeinsames Erleben (etwa der Arbeit) ebenso gründen wie auf gemeinsame Interessen (etwa höhere Löhne und kürzere Arbeitszeiten), kann aber auch auf Identifizierung als solcher beruhen: Letzteres trifft etwa auf die »Bergarbeiterswitwe« (Kropotkin 1976 [1902]: 246) zu, die die Ersparnisse dem Streikfonds spendet, weil sie sich mit dem Arbeitskampf (und womöglich der Arbeiterklasse) identifiziert, obwohl sie selbst nicht unter Tage war und vermutlich einer anderen Arbeit nachging (sonst wäre sie vielleicht als Bergarbeiterin beschrieben worden).

Warum identifiziert sich die Bergarbeiterswitwe mit dem Arbeitskampf? Weil sie ihn für gut und richtig hält (Moral) und weil sie weiß oder ahnt, dass er auch ihr nützt (Interesse/Kalkül). Vielleicht identifiziert sie sich insgeheim aber auch mit dem Streik, weil sie weiß, dass unsolidarisches Verhalten in ihrem Milieu als verwerflich und schäbig gilt, weil es erstens das Erreichen der gemeinsamen Ziele behindert und zweitens dem Gegner zuarbeitet (vgl. Bayertz 1998: 42 ff.). Aber die Bergarbeiterswitwe weiß oder spürt auch, dass sie sich das Milieu der Bergarbeiter*innen, die Klassenzugehörigkeit, die schwere Arbeit und die Armut nicht selbst ausgesucht hat, und ihre Identifizierung mit dem Kampf kann insofern auch als eine Reaktion auf die Herrschaft gedeutet werden, die sie dazu verdammt, Bergarbeiterswitwe zu sein, als Widerstand gegen die Positionierung durch das

Kapital. Die Solidarität innerhalb der Arbeiter*innenklasse ist insofern, wie Edward P. Thompson (1966: 487) herausgestellt hat, immer sowohl eine »solidarity *with*« (den Genoss*innen) als auch eine »solidarity *against*« (das Kapital).

Damit nimmt diese Art von Solidarität allerdings einen gänzlich anderen Charakter an als diejenige Solidarität, für die sie nach Kropotkin ja eigentlich ein Beispiel sein soll: Will Kropotkin mit dem Streik ein Beispiel geben für das Entstehen der allgemeinen Solidarität, der gegenseitigen Hilfe als Grundprinzip des menschlichen Zusammenlebens und des sozialen Bandes, stellt sie sich in Wirklichkeit als trennend dar. Sie teilt in jene, die einander solidarisch sind (die Arbeiter*innen), und jene, die dieser Solidarität nicht nur nicht bedürfen, sondern gegen die sie sich sogar richtet (Kapitalist*innen).

Damit tut sich auch ein theoretisches Problem auf zwischen universalistischen und partikularistischen Vorstellungen von Solidarität. Die universalistische Vorstellung von Solidarität ist per se sehr weit gefasst und es stellt sich die Frage, ob sie überhaupt als solche bezeichnet werden sollte: Wenn Solidarität – wie bei Durkheim und Kropotkin – prinzipiell alle gleichermaßen betrifft (bzw. betreffen soll), muss das Kriterium für ihre Verwirklichung relativ niedrigschwellig angesetzt werden. Das heißt, Solidarität bezeichnet dann schlicht die Tatsache, dass Menschen irgendwie aufeinander angewiesen sind und deshalb zur Kooperation und gegenseitiger Hilfe hier und da genötigt sind und/oder neigen. Es bleibt aber unbestimmt, ob dafür etwas mehr getan werden muss, als manchmal zu kooperieren (ob etwa eine vertragliche Verpflichtung und/oder eine moralisch verbindliche Beziehung einzugehen ist). Es bleibt darüber hinaus auch unklar, wie bei einer solchen Vorstellung von Solidarität, die aus funktionalen Notwendigkeiten entsteht (also durch das Aufeinander-Angewiesensein), dann Niedertracht, Gewalt, systematische Ausbeutung erklärt werden sollen. Was Durkheim als Solidarität beschreibt, sollte wohl eher Sozialität genannt werden.

Der Begriff der Solidarität müsste dann schließlich für solche Praktiken, Beziehungen und Haltungen reserviert bleiben, die sich immer auf bestimmte Menschen richtet und auf bestimmte nicht, die also per se partikularistisch sind, weil sie nur einen Teil (lat. *pars*) der Menschen betrifft. Gegenüber dem Dilemma, dass Solidarität eigentlich universalistisch sein müsste, in der Praxis (aber auch in der Theorie) nur schwer anders als partikularistisch zu haben ist, gibt es im Wesentlichen zwei Strategien:

Die erste besteht darin, das Problem zu übergehen oder zu leugnen wie bei Kropotkin, der den Widerspruch zwischen dem, wofür das Streik-Beispiel steht, und dem, wofür es stehen sollte, nicht sieht oder einfach nicht thematisiert.[9] Die zweite Strategie besteht darin, das Problem anzugehen, indem empfohlen wird, das Partikulare so weit und so lange auszudehnen, bis es dem Universellen möglichst nahekommt. Das ist die Strategie Richard Rortys, der Solidarität zwar nicht von Ähnlichkeiten lösen möchte, aber anmahnt, »daß wir versuchen müssen, in unser Verständnis von ›wir‹ auch Menschen aufzunehmen, die wir bis jetzt zu den ›sie‹ gezählt haben« (Rorty 1992: 309). Diese Strategie ist insofern unbefriedigend, als sie die identitäre, also auf Gleichheit basierende Grundlage der Solidarität nicht infrage stellt – sie lässt dementsprechend keinen Raum für das radikal Andere und basiert, wie Diane Elam kritisiert hat, auf Assimilation (also auf Ähnlich-Werdung, auf Angleichung an das bestehende Wir) (Elam 1994: 114).

Solidarität ist letztlich immer partikularistisch, auch wenn sie beansprucht, diesen Teil, für den sie Geltung beansprucht, so weit wie möglich auszudehnen. Solidarität gilt immer bestimmten (Gruppen von) Menschen und anderen nicht. Solidarität ist im Prinzip immer exklusiv. Diesem Problem stellt sich auch Monika Mokre (2015: 87) in ihrer Auseinandersetzung mit dem Refugee Protestcamp in Wien 2013, wenn sie darauf hinweist, dass »Solidarität, wenn sie als politisch wirksam gedacht wird, [...] ein Außen der solidarischen Gemeinschaft« braucht. Solidarität formiert sich meist – wenn auch manchmal implizit – auch *gegen* etwas, wie Thompson aufgezeigt hatte: Die Solidarität für Sacco und Vanzetti richtete sich gegen die Willkür des US-Justizsystems (oder allgemeiner, gegen das staatliche Monopol auf legale Tötung), die Solidarität mit den Refugee Protesten richtete sich gegen das Grenzregime der Europäischen Union usw.

9 Eine*r der wenigen Anarchist*innen, der*die sich diesem Problem stellt, ist der Historiker Max Nettlau. Er schreibt in Bezug auf den Streik, man solle sich nicht der Illusion hingeben, er führe automatisch zur Sympathie eines Großteils der Bevölkerung, im Gegenteil, man dürfe die Augen nicht davor verschließen, dass »die große Masse, die unberührt ist von fortschrittlichen Ideen und edlen Gefühlen (wenn das nicht der Fall wäre, wie könnte sie denn die bestehende gesellschaftliche Ordnung ertragen?) keine Sympathie für die organisierte Arbeiterschaft« habe. Es gelte darauf hinzuarbeiten, die Masse nicht »nur gefühlsmäßig, sondern materiell« am Streik, zu interessieren, Nettlau 1980 [1899]: 90f.

Der Partikularismus der Solidarität muss dementsprechend mit den Ein- und Ausschlüssen konfrontiert werden, die er hervorbringt, und sie müssen gegebenenfalls gerechtfertigt werden. Die partikularistische Solidarität muss aber gar nicht unbedingt von einer »solidarischen Gemeinschaft« (Mokre) ausgehen, d.h. der Teil (*pars*), für den der Partikularismus steht, muss keine fest umrissene Einheit sein. Kurt Bayertz hat am Ende seines Systematisierungsversuches zwei Typen der Solidarität unterschieden: Zum einen spricht er auch von der »*Gemeinschafts-Solidarität*« (Bayertz 1998: 49), die auf die affektgeladene, identitätsbestimmende »Zugehörigkeit zu einer Gemeinschaft« (Bayertz 1998: 50) gründet und die auf dieser Grundlage parteiliches – solidarisches – Handeln hervorbringt. Daneben spricht Bayertz (1998: 49) auch von einer »*Kampf-Solidarität*«, die zwar auch auf gemeinschaftlichen Beziehungen gründen kann, aber nicht muss: Bayertz (1998: 49) plädiert dafür, diese Art von Solidarität definitorisch »an materielle oder symbolische Hilfe für jene zu binden, die für ihre *Rechte* kämpfen«. Als Beispiel führt er die Solidarität von Europäer*innen mit den Schwarzen Südafrikaner*innen an, die gegen die Apartheid kämpften. In diesem Sinne interpretiert auch die Philosophin Eva von Redecker das Verständnis von Solidarität bei Kropotkin wenn sie schreibt: »Gegenseitige Hilfe schafft Beziehungen, sie setzt sie nicht voraus« (von Redecker 2020: 214). Die Solidarischen sind weder selbst Teil der Unterdrückten, gehören im Fall der Anti-Apartheid-Bewegung also nicht zu den Schwarzen Bevölkerungsgruppen, noch ziehen sie nennenswerten Nutzen aus ihrer Solidarität. (Wobei in der aktuellen Diskussion häufig unterstellt wird, dieser Nutzen bestehe doch und zwar im Unsichtbarmachen und dem Ausbau der eigenen Privilegien.[10]) Ähnliches gilt wohl auch für die Solidarität mit Sacco und Vanzetti, für die weder Gruppenzugehörigkeit noch Nutzen eine Rolle spielte, sondern für die vor allem die temporär geteilten Haltungen ausschlaggebend waren.

10 Die postkolonialistische Theoretikerin Nikita Dhawan etwa hat den Vorwurf gegen die *Occupy Wall Street*-Bewegung, die Indignados und die Refugee-Proteste in Metropolen wie Wien und Berlin erhoben, sie wären selbst gar nicht Subalterne und würden mit ihrem Engagement nur von den eigenen, strukturellen Involviertheiten, von ihren Privilegien ablenken und einer »Erotik des Widerstands« frönen. Zu Ende gedacht, macht diese Haltung Dhawans, die Solidarität an Zugehörigkeit (zur Kategorie der Subalternen) knüpft, Solidarität schlechthin unmöglich, vgl. Dhawan 2015.

V.

Die Frage der Haltung führt auch zurück zum Staat. Bini Adamczak greift im Kontext ihrer Auseinandersetzung mit Begriff und Praxis der »Beziehungsweise« und der Frage nach solidarischen Beziehungen, wie oben bereits angerissen, auf Gustav Landauers Definition des Staates als Verhältnis auf. Wie Landauer will sie darauf hinweisen, dass wenn der Staat ein Verhältnis, eine Beziehung zwischen Menschen ist – und nicht ein Instrument der Klassenherrschaft, das man nur in die Hände kriegen müsste, und auch nicht als Subjekt, das unterdrückt, reguliert und wegschließt wie ein Apparat –, dann gilt es aus emanzipatorischer, revolutionärer Sicht, neue andere Beziehungen, also nicht-staatliche Beziehungen aufzubauen. Gegen die als falsch, weil ausbeuterisch, analysierten kapitalistischen Verhältnisse sollten antihierarchische, solidarische Beziehungen eingegangen und aufgebaut werden. Deshalb schreibt Adamczak (2017: 270) auch, Solidarität sei »keine Frage der Haltung, sondern eine Frage der Beziehung«. Die Revolution selbst sei kein Ereignis, sondern das Knüpfen neuer Beziehungen. Allerdings stellt sich die Frage, ob Haltung und Beziehungen sich unbedingt gegenseitig ausschließen müssen. Aus irgendetwas müssen diese neuen Beziehungen ja entstehen, sie entwickeln sich nicht von selbst oder bloß deshalb, weil Menschen ähnliche Lebens- und Leidensverhältnisse teilen, oder auch deshalb nicht, weil sie sie gerade nicht teilen und den Benachteiligten vielleicht Mitleid, Sympathien und/oder Hilfsbereitschaft entgegenbringen, obwohl sie selbst gar nicht benachteiligt sind. (Für Letztere geben die linken Intellektuellen das herkömmliche Modell ab.)

Woher soll die Solidarität kommen, wenn sie nicht (auch) aus einer Haltung heraus erwächst?[11] Weder ähnliche noch radikal verschiedene Lebensumstände und Ausbeutungsformen machen Menschen per se sensibler füreinander oder führen auch nur automatisch zu berechnender Unterstützung (was beides als solidarische Praxis beschrieben werden könnte). Die in linken Bewegungen immer wieder gehegte Vorstellung, die eigene Unterdrückung mache aufmerksamer für das Leiden anderer, ist historisch leider tausendfach widerlegt worden. Unterdrückte Industriearbeiter sind nicht automatisch

---

11 Adamczak legt nahe, dass Solidarität mit der Betonung der Haltung auf eine moralphilosophische Frage herabgestuft wird (wie bei Richard Rorty), anstatt sie als sozialtransformatorische Frage zu behandeln. Aber das folgt m.E. nicht notwendiger Weise daraus, Haltungen in den Blick zu nehmen.

sensibler für die Unterdrückung von Frauen, weiße Feministinnen haben oft keinen Blick für Rassismen gehabt, Antirassismus kann durchaus mit Antisemitismus einhergehen usw. Schon in den 1980er-Jahren stellte die niederländische Feministin Anja Meulenbelt (1993: 271) lakonisch und ernüchtert fest: »Unterdrückung macht niemanden verständnisvoller.«

Wenn nicht aus geteiltem Leid oder Anteilnahme am Leid anderer, aus was soll »das Ensemble solidarischer Beziehungsweisen«, das nach Adamczak (2017: 266) die Revolution ausmacht, also entstehen? Sie muss sich auf Haltungen gründen, so instabil und flüchtig diese auch immer sein mögen. Relative Flüchtigkeit und Fragilität machen letztlich auch die Dynamik von Haltungen aus, ihre Veränderbarkeit und tragen zu jenem Prozesshaften bei, das jede Beziehung schließlich ist.

VI.

Wenn von der Naturannahme abgesehen wird, stellt sich hinsichtlich der Solidarität nicht nur die Frage, wo sie herkommt, sondern auch die Frage, worauf sie sich gründen sollte. Diese Frage stellt sich insbesondere dann, wenn ein positives Interesse besteht, sie zu erschaffen – ein Interesse, das die staatstragenden Soziolog*innen ganz offensichtlich ebenso teilen wie die am Anarchismus orientierten Aktivist*innen und Theoretiker*innen.

In der Frage nach den Grundlagen der Solidarität stehen sich wieder zwei grundverschiedene Konzepte gegenüber, die sich allerdings nicht mit der Dichotomie staatszentriert vs. anarchistisch decken, sondern quer zu ihr liegen. Soll die Solidarität den Gleichen und Ähnlichen gelten, deren Zugehörigkeit wahlweise streng geregelt (wie durch Staatsbürgerschaft) oder möglichst offen (wie im Vorschlag Richard Rortys) bestimmt wird? Oder soll die Solidarität gerade den Anderen und Ungleichen gelten, also auf Differenz statt Gleichheit beruhen, wie sie in der »Kampf-Solidarität« (Bayertz) der weißen Europäer*innen mit den Schwarzen in Südafrika während der Apartheid zum Ausdruck kam und wie sie sich heute in den Seenot-Rettungsaktionen von Refugees durch Organisationen wie Sea Watch und anderen manifestiert?[12]

12 Für eine Solidarität, die sich nur in dem Sinne auf Gleichheit bezieht, »dass sie diese als moralischen Maßstab einklagt, nicht aber als Ausgangspunkt für ihr Entstehen voraussetzt«, habe ich an anderer Stelle gemeinsam mit Lea Susemichel plädiert, Kastner/Susemichel 2021: 34.

Im Anarchismus findet sich keine theoretische Ausarbeitung dieser Frage. Über die von Kropotkin grundgelegte Konzeption ist selten hinausgedacht worden: Solidarität existiert demnach, wie gezeigt, in der kollektiven Natur des Menschen und wird durch die Entwicklung eines zunehmenden Bewusstseins für sie ausgeweitet. Sie entsteht im persönlichen Kontakt, siehe Dorfbewohner*innen, Berg- und Seeleute, es gibt aber auch ein sich ausdehnendes »Bewußtsein internationaler Solidarität« (Kropotkin 1976 [1902]: 256). Diese internationale Solidarität ist aber nicht Effekt staatlicher Pflichten, sondern, im Gegenteil, sie entwickelt sich über Einsichten in vergleichbare soziale Lagen und ähnliche politische Anliegen. So ist auch Michail Bakunin (1995 [1871]: 136) zu verstehen, wenn er schreibt: »Die Freiheit, die Sittlichkeit und Würde des Menschen besteht gerade darin, daß er das Gute tut, nicht weil es ihm befohlen wird, sondern weil er es begreift, weil er es will und liebt.« Um diejenigen zur gesellschaftlichen Mehrheit zu machen, die das Gute lieben, wurde das Begreifen als zentral angesehen. Aber auch das beispielhafte Tun. Wenn die Solidarität im Anarchismus theoretisch sicherlich unterbelichtet bleibt, spielt sie doch in der Praxis eine zentrale Rolle.

Inmitten des Spanischen Bürgerkrieges (1936–1939) wurde 1937 die Organisation *Solidaridad Internacional Antifascista* (SAI, Internationale Antifaschistische Solidarität) gegründet. Die Gründung wurde von der anarchosyndikalistischen Gewerkschaft CNT (Confederación Nacional de Trabajo, Nationale Konföderation der Arbeit) und den anarchistischen Organisationen FAI (Federación Anarquista Ibérica, Iberische Anarchistische Föderation) und FILJ (Federación Ibérica de Juventudes Libertarias, Iberische Föderation der Libertären Jugend) betrieben. Mitglieder der SAI sammelten im Ausland Spenden für die Revolution, informierten über die Errungenschaften der Revolution und organisierten die Hilfe für Flüchtlinge nach dem Sieg Francos. Die Organisation war u.a. eine Reaktion auf die zunehmende Dominanz der Kommunist*innen aufseiten der antifaschistischen Kräfte, wandte sich dementsprechend auch vor allem an das libertäre, also anarchistische und anarchosyndikalistische Spektrum. Es wurde eine Solidarität praktiziert, die vor allem den ›eigenen Leuten‹ zukam.

Insofern kommt hier eine Solidarität zum Ausdruck, die sich wie bei Kropotkin und Thompson auf ein eher identitäres Modell von Solidarität stützt. Aber die Identität bezog sich nicht immer, wie bei Kropotkin, auf eine organisch vorgestellte Gemeinschaft. Sie wurde stattdessen auch, wie das Beispiel SIA zeigt, als Kampfverbund konzipiert und praktiziert. Es geht um Formen der Solidarität, die nicht nur Beziehungen sind, sondern die, wie David Featherstone in seiner Geschichte der verborgenen Internationalismen anhand vieler Beispiele zeigt, als »a transformative relation« (Featherstone 2014: 244) zu begreifen sind. Solidarität nicht nur als Verknüpfung von bereits Bestehendem (Individuen, Kollektiven, Organisationen, sozialen Beziehungen), sondern als verändernde Verbindung. Solidarität als gesellschaftsverändernde Beziehung zu beschreiben, betont einerseits deren offenen, prozesshaften Charakter, lässt andererseits aber die von der staatsanwaltschaftlichen Soziologie erwünschte institutionelle Verpflichtung nicht zu.

Als transformative Praxis basiert Solidarität auf Haltungen, die ansonsten keinen gemeinsamen Grund – Herkunft, Leidenserfahrung o.Ä. – braucht. Diese Kampfsolidarität war stets offen für Bündnisse und dementsprechend auch nicht hermetisch geschlossen. Die gemeinsame Haltung war Voraussetzung für den Impuls und die Organisierung von Solidarität, aber nicht prinzipiell für deren Inanspruchnahme. Das ist eine wichtige Differenzierung. Denn auch wenn die Solidarität – im paradigmatischen Falle der SIA – zunächst Anarchist*innen zukam, war sie nicht auf diese beschränkt. Wenn auch oft ausschlaggebend, ist die gemeinsame Haltung zwischen den Helfenden und den Hilfe-Empfangenden schließlich nicht entscheidend für Motivation und Praxis von Solidarität. Ja, Solidarität ist mehr als Unterstützung und Hilfe, wie etwa auch bell hooks betont hatte. Aber nein, deshalb muss sie, anders als bell hooks meinte, nicht auf einer »community of interests« (hooks 1986: 138) beruhen – sonst wäre Seenotrettung keine solidarische Praxis, sondern bloß Hilfe. Und trotzdem braucht Solidarität, wie hooks (1986: 138) auch schreibt, »sustained, ongoing commitment«. Aber diesen anhaltenden Einsatz braucht sie nicht gegenüber der »community of interests« (die beispielsweise mit Geflüchteten, die zu ertrinken drohen, nicht unbedingt besteht), sondern sich selbst gegenüber. Entscheidend ist die Haltung schlechthin: die Haltung, dass eine solidarische Gesellschaft erstrebenswert ist und sich nur durch solidarische Praxis erschaffen lässt. Diese Praxis kann den Ähnlichen, sie kann aber prinzipiell auch den ganz Anderen zuteilwerden. Solche Formen von Solidarität, die (sozialstrukturell gesehen) ›von unten‹ entstehen und getragen wurden und werden, verbinden häufig, wie Featherstone (2014: 18) schreibt, »different parts of the world« und basieren zugleich auf »translocal political organizing«. Sie brauchen, soll damit gesagt sein, weder die soziale Nähe noch die nationalstaatliche Institutionalisierung. Das Beispiel SAI kann darüber hinaus zeigen, dass die Betonung der Haltung im Konzept der Solidarität nicht bedeutet, diese auf moralisches Tun zu reduzieren, sondern dass es durchaus darum geht, sie als transformatorische Praxis zu begreifen, die auch Verstetigung beinhaltet, also etwa »das Schaffen von Netzwerken, eine (infra-)strukturelle und institutionalisierte Festigung, die solidarisches Handeln zukünftig dauerhaft leichter und lebbarer macht« (Kastner/Susemichel 2021: 47).

So kann der solidarische Universalismus, der den Kriegsdienst verweigert, weil er das Töten grundsätzlich ablehnt, mit der partikularistischen Solidarität verknüpft werden, die zwar immer bestimmten Leuten gilt und anderen nicht, die aber diese Bestimmung der Leute nicht festlegt: Diese Leute sind kein ›Wir‹ – weder eines, das über Nationalität, Ethnizität und/oder Staatsbürgerschaft (wie bei den staatsanwaltlichen Soziolog*innen), noch eines, das über gemeinsame Arbeits- und Leidenserfahrungen zusammengeschweißt wird (wie in der marxistischen, aber auch anarchistischen Tradition), noch eines, das von pragmatischen Liberalen ausgeht und möglichst ausgeweitet werden soll (wie bei Rorty). Solidarität realisiert sich so gesehen als eine Art Koalition, die, wie Diane Elam (1994: 69) sie sich vorgestellt hat, sich »around a suspicion of identity as the essential grounding for meaningful political action« gründet. Diese Leute, denen die Solidarität gilt, sind bestimmte Leute zu einer bestimmten Zeit, an einem bestimmten Ort und für einen bestimmten Zeitraum. Sie sind nicht festgelegt und im Prinzip heute die und morgen jene, weil alle dafür infrage kommen.

In der politischen Aktion kann diese »unbedingte Solidarität« (Kastner/Susemichel) im Anschluss an Elam konzeptionell von (nicht-essenzialistischer) Identitätspolitik ausgehen und zugleich »auf die Auflösung dieser Identität« (Kastner/Susemichel 2021: 45) abzielen. Analytisch kann sie dennoch unterschiedliche Wahrscheinlichkeiten für die Entstehung solidarischer Praktiken in Betracht ziehen. Denn sicherlich bieten sich die einen eher an als die anderen und jede soziologische Analyse solidarischer Praktiken wird bestimmte Konstellationen als wahrscheinliche und tendenziell häufige ausmachen können (dass etwa linke Aktivist*innen für Flüchtlinge und für Seenotrettung spenden und auf die Straße gehen) und andere als tendenziell unwahrscheinlich beschreiben können (dass etwa prekär beschäftigte Anarchist*innen sich in Solidarität mit Konzernchefs üben). Die ganz Anderen, denen die Solidarität gilt, sind in der Regel Leidende und/oder Kämpfende, zu deren Zielen oder Anliegen eine positive Beziehung hergestellt werden kann und/oder deren Leid schlicht gemildert werden soll (oder die, wie bei der Seenotrettung, einfach vor dem Tod bewahrt werden sollen).

Solidarität ist insofern auch kein ›Geben und Nehmen‹, sondern der Aufbau einer Beziehung, die, auch wenn Beziehungen immer aus unzähligen Interaktionen bestehen, zunächst durchaus einseitig ausgerichtet bzw. ausgeübt sein kann. Was hätten Sacco und Vanzetti, selbst wenn sie nicht hingerichtet worden wären, den Abertausenden zu geben gehabt, die sich für sie eingesetzt haben? Und warum hätten sie etwas geben sollen oder gar müssen (außer vielleicht relativ abstrakten Gefühlen wie dem Zusammenhalt der Arbeiter*innenklasse oder Teil einer Gruppe von Menschen zu sein, die für ›das Richtige‹ eintritt)? Solidarität kann zwar auf Gegenleistung hoffen, sich aber – aus emanzipatorischer Sicht jedenfalls – nicht auf sie gründen, weder im moralischen noch im vertragsrechtlichen Sinne. Solidarität ist dann immer auch eine »solidarity without garanties« (Featherstone 2014: 245), sie muss stets erkämpft und neu artikuliert werden. Dabei »lässt sie die Beteiligten nicht unberührt, sie verändert nicht nur ihre Beziehung, sondern auch die solidarischen Subjekte selbst« (Kastner/Susemichel 2021: 45). Solidarität ist – konzeptionell und politisch aus emanzipatorischer Perspektive auch kaum anders denkbar – permanente, kollektive Beziehungsarbeit.

Literaturverzeichnis

Adamczak, Bini (2017): Beziehungsweise Revolution. 1917, 1968 und kommende. Berlin: Suhrkamp Verlag, 2017.

Bakunin, Michail (1995 [1871]): Gott und der Staat. Grafenau: Trotzdem Verlag.

Bauman, Zygmunt (1994): Dialektik der Ordnung. Die Moderne und der Holocaust. Hamburg: Europäische Verlagsanstalt.

Bayertz, Kurt (1998): Begriff und Problem der Solidarität. In: ders. (Hg.): Solidarität. Begriff und Problem. Frankfurt am Main: Suhrkamp Verlag:11–53.

Bewernitz, Torsten/Kastner, Jens (2012): Bondage, Zynismus und Konstruktionen. Der Anarchist David Graeber und der Poststrukturalismus. In: Graswurzelrevolution (Münster). Nr. 373:14–15.

Bourdieu, Pierre (1997): Für einen neuen Internationalismus. In: ders.: Gegenfeuer. Wortmeldungen im Dienste des Widerstands gegen die neoliberale Invasion. Konstanz: UVK: 68–76.

Bude, Heinz (2019): Solidarität. Die Zukunft einer großen Idee. München: Carl Hanser Verlag.

Cantzen, Rolf (1995): Weniger Staat, mehr Gesellschaft. Freiheit – Ökologie – Anarchismus. Grafenau: Trotzdem Verlag.

Dhawan, Nikita (2015): Die unerträgliche Langsamkeit des Wandels: Das Phantasma einer Stimme des Volkes und die Erotik des Widerstands. In: Phantasma und Politik. Nummer 11. Hebbel am Ufer: Berlin, 26.5.2015: 10–13.

Durkheim, Emile (1992 [1893]): Über soziale Arbeitsteilung. Studie über die Organisation höherer Gesellschaften. Frankfurt am Main: Suhrkamp Verlag.

Elam, Diane (1994): Feminism and Deconstruction. London/New York: Routledge.

Featherstone, David (2014): Solidarity. Hidden Histories and Geographies of Internationalism. London/New York: Zed Books.

Gordon, Uri (2010): Hier und Jetzt. Anarchistische Praxis und Theorie. Hamburg: Edition Nautilus.

Graeber, David (2012): Frei von Herrschaft. Fragmente einer anarchistischen Anthropologie. Wuppertal: Peter Hammer Verlag.

Habermas, Jürgen (2004): Solidarität jenseits des Nationalstaats. Notizen zu einer Diskussion. In: Beckert, Jens/Eckert, Julia/Kohli, Martin/Streeck, Wolfgang (Hg.): Transnationale Solidarität. Chancen und Grenzen. Frankfurt am Main/New York: Campus Verlag: 225–235.

Hondrich, Karl Otto/Koch Arzberger, Claudia (1992): Solidarität in der modernen Gesellschaft. Frankfurt am Main: Fischer Taschenbuch Verlag.

hooks, bell (1986): Sisterhood: Political Solidarity between Women, in: Feminist Review. Nummer 23:125–138.

Kastner, Jens (2000): Politik und Postmoderne. Libertäre Aspekte in der Soziologie Zygmunt Baumans. Münster: Unrast Verlag.

Kastner, Jens (2015): Zygmunt Bauman. Globalisierung, Politik und flüchtige Kritik. Wien/ Berlin: Verlag Turia + Kant.

Kastner, Jens/Susemichel, Lea (2021): Unbedingte Solidarität. In: dies. (Hg.): Unbedingte Solidarität. Münster: Unrast Verlag: 13–48.

Kropotkin, Peter (1976 [1902]): Gegenseitige Hilfe in der Tier- und Menschenwelt. Frankfurt am Main/Berlin/Wien: Ullstein Verlag.

Kropotkin, Peter (2013 [1923]): Ethik. Ursprung und Entwicklung der Sitten. Aschaffenburg: Alibri Verlag.

Landauer, Gustav (1989 [1912]): Zum Thema: Sozialismus und Wissenschaft. In: ders.: Auch die Vergangenheit ist Zukunft. Essays zum Anarchismus. Berlin: Sammlung Luchterhand:172–180.

Landauer, Gustav (1989 [1915]): Stelle Dich, Sozialist! In: ders.: Auch die Vergangenheit ist Zukunft. Essays zum Anarchismus. Berlin: Sammlung Luchterhand:224–230.

Loick, Daniel (2017): Anarchismus zur Einführung. Hamburg: Junius Verlag.

Meulenbelt, Anja (1993 [1985]): Scheidelinien. Über Sexismus, Rassismus und Klassismus. Reinbek: Rowohlt Verlag.

Mokre, Monika (2015): Solidarität als Übersetzung. Wien/Linz/Berlin/London/Zürich: transversal texts.

Nettlau, Max (1980 [1899]): Verantwortung und Solidarität im Klassenkampf. In: ders.: Gesammelte Aufsätze. Band 1. Hannover: Verlag Die freie Gesellschaft:87–100.

Offe, Claus (2004): Pflichten versus Kosten. Typen und Kontexte solidarischen Handelns. In: Beckert, Jens/Eckert, Julia/Kohli, Martin/Streeck, Wolfgang (Hg.): Transnationale Solidarität. Chancen und Grenzen. Frankfurt am Main/New York: Campus Verlag:35–50.

Ortner, Helmut (1988): Zwei Italiener in Amerika. Der Justizmord Sacco & Vanzetti. Rastatt: Verlag Arthur Moewig.

Redecker, Eva von (2020): Revolution für das Leben. Philosophie der neuen Protestformen. Frankfurt am Main: S. Fischer Verlag.

Rocker, Rudolf (o.J. [1919]: Die Prinzipienerklärung des Syndikalismus [1919]. Moers: Syndikat A.

Rorty, Richard (1992): Kontingenz, Ironie und Solidarität. Frankfurt am Main: Suhrkamp Verlag.

Streeck, Wolfang (2004): Einleitung. In: Beckert, Jens/Eckert, Julia/Kohli, Martin/Streeck, Wolfgang (Hg.): Transnationale Solidarität. Chancen und Grenzen. Frankfurt am Main/New York: Campus Verlag:221–224.

Thompson, Edward P. (1966 [1963]): The making of the English working class. New York City: Pantheon Books.

Thoreau, Henry David (1973 [1849]): Über die Pflicht zum Ungehorsam gegen den Staat. In: ders.: Über die Pflicht zum Ungehorsam gegen den Staat und andere Essays. Zürich: Diogenes Verlag: 7–35.

TEIL 3

Konkrete Formen alternativer Entscheidungsfindungen

Christoph Besemer

Konsens mit Tausenden. Entscheidungsfindung in großen Gruppen

Zu meiner Person

Mein Name ist Christoph Besemer. Ich wohne in Freiburg und habe an der Freien Universität in Berlin Politikwissenschaften studiert und dort viele interessante Leute kennengelernt, die sich mit Anarchismus, Gewaltfreiheit und sozialen Bewegungen beschäftigten. Diese Themen kamen auch in meiner Vita zusammen, da ich mich – angestoßen durch meine Kriegsdienstverweigerung – mit Alternativen zu Krieg und Militär befasste und dabei auf die Gewaltfreiheit gestoßen war, die ich nun durch mein Studium vertiefte, und zwar nicht nur theoretisch, sondern auch praktisch. Nach dem Studium war ich die meiste Zeit hauptamtlicher Mitarbeiter bei der *Werkstatt für Gewaltfreie Aktion, Baden*, die ich Ende März 2021 nach mehr als 30 Jahren verlassen habe.

Im Rahmen dieser Einrichtung habe ich mich mit Methoden rund um Gewaltfreiheit, Gewaltfreie Aktion, Kommunikation, Konfliktbearbeitung und Vermittlung in Konflikten befasst und dazu auch bei verschiedenen Veröffentlichungen als Autor mitgewirkt. Diese Kenntnisse und Erfahrungen konnte ich in die Vorbereitung und Durchführung verschiedenster Aktionen einbringen, bei denen Gewaltfreiheit, Konsensentscheidung und Bezugsgruppen-System praktiziert wurden. Auf der Basis dieser theoretischen und praktischen Erfahrungen möchte ich Sie heute einladen, mitzudenken, wie es gehen könnte, Konsens-Entscheidungsfindung auch in größeren Gruppen – »Konsens mit Tausenden« habe ich im Titel geschrieben – umzusetzen. Und ich möchte gleich hinzufügen: Ich habe nicht die fertigen Antworten – aber seit gestern weiß ich ja, dass die Fragen wichtiger sind als die Antworten ...

Vorbemerkungen

Ich fange an mit drei Vorbemerkungen, die ich für wichtig halte, um dieses Thema in einen größeren Bezugsrahmen zu stellen. Bei den Fragestellungen, die im Programm der Tagung stehen, wird in der Mitte gefragt: »Wie trifft man herrschaftsfrei und effektiv Entscheidungen in großen Gesellschaften?«. Dazu folgende Gedanken:

1. Herrschaftsfreiheit und Gewaltfreiheit

Herrschaftsfreiheit ist eng verbunden mit Gewaltfreiheit, denn Gewalt ist die extremste Form der Freiheitsberaubung und Unterdrückung.

Herrschaftsfreiheit ist auch dort nicht gegeben, wo eine strukturelle, fest etablierte Macht einer Mehrheit das Sagen hat.

Wechselnde Mehrheiten lindern zwar dieses Problem, indem es nicht immer dieselben Personen sind, die sich auf Kosten der anderen durchsetzen bzw. die anderen überstimmen, aber das Problem der Fremdbestimmung bleibt bestehen und es wird die Chance vertan, eine gewalt- und herrschaftsfreie Gesellschaft aufzubauen.

2. Herrschaftsfreie Entscheidungsfindung bedeutet deshalb konsensorientierte Entscheidungsfindung.

Die in sozialen Bewegungen und pazifistischen Glaubensgemeinschaften (wie Quäker und Mennoniten) entwickelten Konsensverfahren helfen, den Anspruch in die Wirklichkeit umzusetzen.

Die Werkstatt für Gewaltfreie Aktion, für die ich hier spreche, hat dieses Verfahren und seine Facetten in einem Handbuch zusammengestellt und unterstützt Gruppen dabei, die Konsensfindung zu erlernen und anzuwenden.[1]

3. Konsensorientierte Entscheidungen

Diese sind nicht nur möglich, sondern oft auch nötig, z. B. wenn es um eine gemeinsame Aktion geht, die ein gewisses Risiko mit sich bringt, oder um ein selbstverwaltetes Projekt, das nur gemeinschaftlich aufgebaut und betrieben werden kann. Denn auf Freiwilligkeit beruhende Gruppen und Gemeinschaften können ihren Zusammenhalt nur dann bewahren, wenn ihre Mitglieder mit den getroffenen Entscheidungen einverstanden sind.

1 Diese Konsens-Handbuch kann unter www.wfga.de kostenfrei heruntergeladen werden.

Überblick über das Programm des Workshops

Zuerst soll es darum gehen, wie ein Konsensverfahren abläuft und wie die sogenannten Konsensstufen aussehen, mit denen wir in Gruppen bis ca. 20 Personen gut arbeiten können.

Das ist natürlich noch keine Zahl, mit der man ganze Gesellschaften organisieren kann.

Deshalb folgt als nächstes Thema: Wie die Zahl der beteiligten Menschen erhöht werden kann? Dies ist möglich durch das Sprecher*innenrats-System. Damit können meiner Einschätzung nach bis zu 8.000 Personen in die Entscheidungsfindung einbezogen und organisiert werden.

8.000 ist jedoch immer noch ein relativer kleiner Umfang. Das ist die Größe eines relativ überschaubaren Stadtteils. Wenn es die ganze Gesellschaft sein soll, braucht es weitere Elemente und Konzepte der konsensualen Entscheidungsfindung, die auch miteinander verzahnt und verbunden werden können, damit eine größere Anzahl von Menschen einbezogen werden kann.

Und letztlich geht es auch um die Frage: Gibt es auch Grenzen der Konsens-Entscheidungsfindung und sind diese Grenzen für Gemeinschaften möglicherweise auch sinnvoll?

Definition ›Konsens‹

Zunächst möchte ich den Begriff ›Konsens‹ genauer definieren. Wir hatten gestern beim Vortrag von Hermann Amborn »Das Recht als Hort der Anarchie« im Chat eine heftige Diskussion über Konsens. Da wurde zum Beispiel von einem Teilnehmer aus Freiburg geschrieben: »Konsens gibt es nur, wenn abweichende Stimmen zum Schweigen gebracht werden oder niemand widerspricht.« Das ist natürlich eine Sicht von ›Konsens‹, die ich so nicht teilen kann, weil damit der Konsens schon als Ausgangspunkt einer Entscheidungsfindung definiert wird: Alle sind einer Meinung, und wenn sich niemand dagegen wehrt, ist es Konsens. Falls jemand dagegen ist, muss diese Person irgendwie zum Schweigen gebracht werden, damit der Konsens nicht verhindert wird.

Aber Konsens bezeichnet – im Gegenteil – ein Verfahren, an dessen *Ende* eine Entscheidung steht, die alle Beteiligten mittragen können. Das heißt, ein Konsensprozess macht nur einen Sinn, wenn die Meinungen unterschiedlich sind! Ja, Einstimmigkeit ist auch Konsens, aber dann muss sich die Gruppe nicht darüber unterhalten, wie sie zusammenkommt. Konsens-Entscheidungsfindung ist also ein Verfahren, um unterschiedliche Meinungen, Wünsche und Bedürfnisse zusammenzubringen. Und dazu braucht es ein Vorgehen, das sinnvoll ist und zu diesem Ziel führt. Am Ende soll dann tatsächlich ein Konsens stehen, der von allen mitgetragen wird. Das bedeutet nicht, dass alle jubeln und die Lösung als ihre Lieblingsentscheidung ansehen, sondern dass sie erkennen, dass sie in Anbetracht dieser Gruppe und dem, was sie will, die bestmöglichste ist.

Konsens bezeichnet ein Entscheidungsverfahren,
an dessen Ende eine Entscheidung steht,
die alle Beteiligten mittragen können.

Das Konsensverfahren

Ganz grob zum Ablauf einer Konsensfindung:

Zunächst ist es wichtig, dass dieser Prozess – besonders bei großen Gruppen – von einer Person moderiert wird. Das kann ein*e Gruppenteilnehmer*in sein oder eine externe Person.

– Für das Erstere spricht, dass es spontan durchführbar ist und keine Kosten verursacht. Voraussetzung ist jedoch, dass diese*r Moderierende aus der Gruppe in der Lage ist, die Moderationsaufgabe vom eigenen Anliegen zu trennen. Hilfreich dafür ist es, wenn die Beiträge der moderierenden Person nicht am Anfang stehen, sondern am Schluss, sodass keine zu starke Beeinflussung der Gruppe durch diese Doppelfunktion entsteht.

Eine andere Möglichkeit ist es, dass der*die gruppeninterne Moderator*in sich aus den inhaltlichen Entscheidungen der heraushält, sofern das möglich und sinnvoll ist.

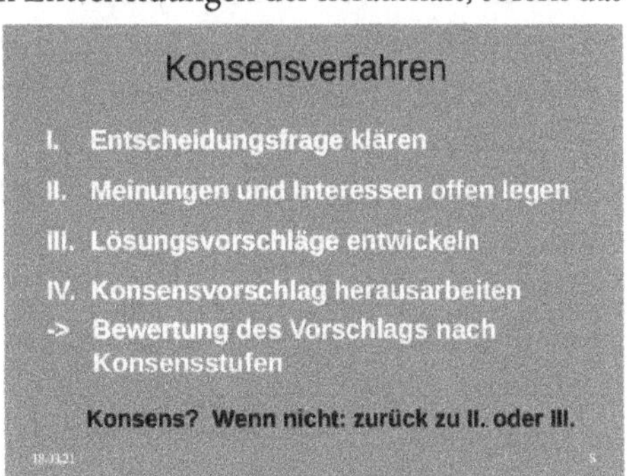

– Für eine externe Moderation spricht, dass eine geeignete Person gesucht werden kann, die erfahren genug ist, den anstehenden Entscheidungsprozess zu steuern, ohne eigene inhaltliche Interessen im Hintergrund zu haben.

Der erste Schritt bei der Konsensfindung ist es, die Entscheidungsfrage zu klären. Anfangs können ganz verschiedene Statements geäußert werden, aus denen das eigentliche Problem herauskristallisiert werden muss. Es geht dabei um eine konkrete Fragestellung, die von allen Beteiligten als zentrale Frage angesehen wird.

Der nächste Schritt ist, dass von allen Gruppenmitgliedern die Meinungen, Interessen und Bedürfnisse offengelegt werden. Dies geschieht dadurch, dass alle den Raum bekommen, diese zu äußern – am besten in Form einer Runde, weil dann alle sehen, wer gerade das Wort hat, wer bereits gesprochen hat und wer noch nicht. In dieser Runde soll nicht sofort auf die geäußerten Meinungen reagiert werden, sondern das Gesagte bleibt zunächst stehen, bis alle ihre Position dargelegt haben. Anschließend kann noch Zeit gegeben werden für gezielte Nachfragen, damit wirklich für alle klar ist, wie jede*r Einzelne zu der Fragestellung steht.

Erst dann – nachdem das ganze Spektrum gehört wurde – kommt die Phase, Lösungsvorschläge zu entwickeln, die alle Interessen und Bedürfnisse in der Gruppe berücksichtigen. Es können ganz wilde Vorschläge sein, ganz unrealistische, aber auch sehr realistische ...

Wenn die Ideen ausgehen, wird geschaut, welche sich überschneiden und woraus ein Konsens bestehen könnte. Das bedeutet jedoch nicht, von allen Vorschlägen ein bisschen abzuschneiden und alles zu ›verrühren‹, sondern es geht darum, die Elemente sinnvoll herauszuarbeiten, die mit den anderen zusammenpassen, und dass manchmal auch eine etwas komplexere Entscheidung getroffen wird, bei der dann aber auch alle einbezogen waren. Also kein Einheitsbrei, sondern ein Menü, das alle Wünsche befriedigt.

Dieser Konsensvorschlag ist jedoch nicht alleine dadurch, dass er gemacht wurde, schon Konsens, sondern er wird jetzt nochmal allen Beteiligten vorgelegt, um ihn zu bewerten. Dabei geht es nicht um Ja, Nein oder Enthaltung, also die drei Stufen, die wir von der Mehrheitsentscheidung kennen, sondern es gibt differenziertere Stufen der Zustimmung oder Ablehnung. Dies werde ich gleich vorstellen.

Wenn trotz aller Bemühungen in dieser Bewertungsphase kein Konsens zustande gekommen ist, bedeutet dies, dass noch einmal zurückgegangen werden muss, um entweder neue Lösungsvorschläge zu entwickeln – offensichtlich sind durch die bisherigen nicht alle mitgenommen worden – oder um noch mehr zu verstehen, worum es den Menschen geht, die sich in dieser Lösung nicht wiederfinden. Also zurück zu Stufe 2: Meinungen, Interessen, Bedürfnisse.

Wie sieht jetzt so eine differenzierte Bewertung eines Lösungsvorschlags aus? Dazu wurden – nicht nur hier in Deutschland, sondern auch international – Konsensstufen wie die folgenden entwickelt:

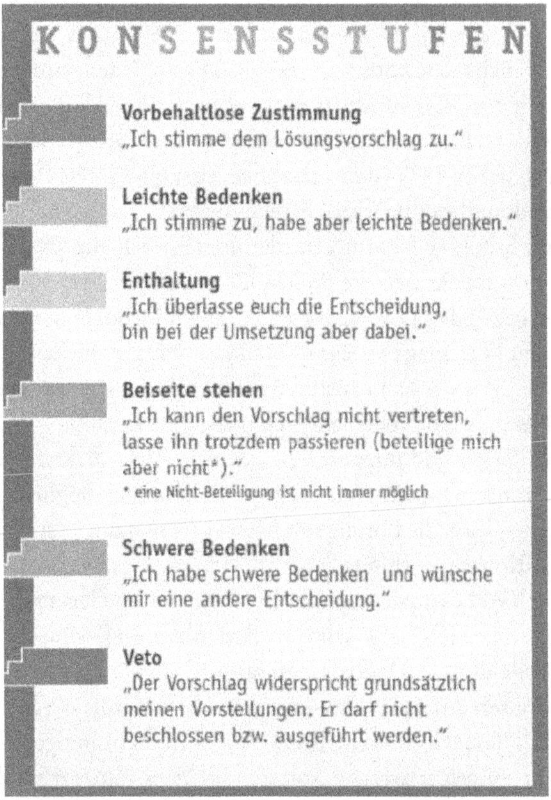

Die größtmögliche und erstrebenswerteste Zustimmungsstufe ist die vorbehaltlose Zustimmung: »Ich stimme dem Lösungsvorschlag zu.« Da gibt es kein Wenn und Aber.

Das ist wunderbar, aber es muss nicht sein, dass alle vorbehaltlos zustimmen.

Es gibt auch abgeschwächte Stufen, die dazu führen, dass ein Konsens gefunden wird. Zum Beispiel, wenn jemand sagt: »Ich habe da schon auch Bedenken, aber die sind nicht so schwerwiegend, dass ich nicht zustimmen könnte. An manchen Punkten hätte ich es lieber anders, aber im Großen und Ganzen finde ich es okay.«

Bei dieser Stufe ergibt sich oft eine Dynamik, dass die anderen Gruppenmitglieder Ideen bekommen, wie die Bedenken ausgeräumt werden könnten. Diese können letztendlich auch den Lösungsvorschlag bereichern.

Die dritte Stufe ist die Enthaltung. Nach einigem Überlegen haben wir diese Stufe auch mit aufgenommen, weil es auch Situationen gibt, in denen es Einzelnen nicht so wichtig ist, was genau entschieden wird, oder bei denen sie allen genannten Vorschlägen etwas abgewinnen können. Das heißt, sie überlassen die Entscheidung den anderen, sind aber bei der Umsetzung auf jeden Fall dabei. Dies gibt es also auch, aber eine aktive Beteiligung bei der Entscheidungsfindung wäre erstrebenswerter.

Die vierte Stufe – eine Stufe, bei der immer noch ein Konsens erreicht werden kann – ist das Beiseite-Stehen. Dabei gibt es zwar einen gewissen Widerstand gegen den Lösungsvorschlag, er wird jedoch nicht verhindert: »Ich lasse den Vorschlag passieren, beteilige mich aber nicht.« Das bedeutet, dass diejenigen, die nicht zustimmen wollen oder können, den Konsens nicht blockieren, sondern den anderen quasi die ›Erlaubnis‹ erteilen, den Beschluss zu fassen und umzusetzen, wenn sie selbst nicht anwesend sein und dafür einstehen müssen. Dies ist zwar nicht immer möglich, aber dieses Beiseite-Stehen kann die Lösung sein, wenn gegensätzliche Interessen einen inhaltlichen Konsens verhindern.

Schließlich gibt es noch ›schwere Bedenken‹ – im Gegensatz zu ›leichten Bedenken‹: »Ich habe schwere Bedenken und wünsche mir eine andere Entscheidung.« Das ist schon fast die ›rote Karte‹. Aber schwere Bedenken sollten auf jeden Fall ausgesprochen werden, eigentlich auch schon in der Phase davor. Wenn diese Bedenken im bisherigen Gesprächsverlauf nicht aufgelöst werden konnten, geht es nun darum, nochmals zu überlegen, wie diese Bedenken berücksichtigt oder zumindest abgemildert werden könnten, sodass es nur noch leichte Bedenken sind, oder zu prüfen, ob nicht doch das Beiseite-Treten eine Option sein könnte. Treten in einer kleinen Gruppe schwere Bedenken auf, bedeutet dies in der Regel, dass die Entscheidung nicht umgesetzt werden sollte. Denn das wäre nicht gut für die Gruppe. In manchen Fällen aber ist es wichtig, dass etwas aktiv angegangen wird, und wenn trotz allen Bemühens keine Lösung gefunden wird, sind die Bedenkenträger*innen oft bereit mitzumachen, um handlungsfähig zu sein.

Erst die letzte Stufe, das ›Veto‹, ist ein Einspruch gegen die Lösung, der bedeutet, dass die Gruppe diesen Beschluss nicht ausführen darf: »Der Vorschlag widerspricht grundsätzlich meinen Vorstellungen. Er darf nicht beschlossen bzw. ausgeführt werden.«

Ein Veto sollte nur dann eingelegt werden, wenn es um grundsätzliche Dinge geht, die für diese Person, aber auch für die Gruppe essenziell sind. Wenn ich mich nur gegen die Lösung sträube, weil ich eine andere Lösung vorgezogen hätte, ist das kein Grund für ein Veto. Wenn jedoch z. B. ›Gewaltfreiheit‹ ein wichtiger Wert in der Gruppe ist, dann kommt es vor, dass evtl. bestimmte Aktionen abgelehnt werden, weil sie dem eigenen Verständnis von Gewaltfreiheit nicht entsprechen. Diese persönliche Bedeutung eines Vetos zeigt sich dann z. B. darin, dass das Gruppenmitglied die Gruppe verlassen würde, wenn das Veto übergangen wird, weil dann die gemeinsame Basis nicht mehr vorhanden wäre.

Eine Trennung ist in einem solchen Fall meist für beide Seiten der einzige Ausweg. Und dies ist auch der letzte Punkt: der Nicht-Konsens: »Wenn nichts mehr geht …«

Aus der Gruppe gehen

Wenn trotz aller Bemühungen ein Veto nicht auszuräumen ist und die Gruppe trotzdem diese Entscheidung treffen will, stellt das die Zugehörigkeit der das Veto einlegenden Person zur Gruppe infrage. In diesem Fall bleibt als Lösung oder logische Konsequenz, dass sie die Gruppe verlässt oder die Gruppe sich von der Person trennt. Die Gruppe ist dann wieder handlungsfähig.

Man kann diesen Konsensfindungs-Prozess auch grafisch darstellen, wie es ein Kollege von mir getan hat. Er hat das Bild eines Fisches entwickelt, das gut zeigt, worum es geht (Abbildung auf der folgen Seite):

Der Prozess fängt links an bei ›Gegenstand klären‹. Am Anfang gibt es eine gewisse Bandbreite von Themen, um die es gehen sollte. Um einen Konsens finden zu können, muss nun aus dieser Diffusität und der Vielfalt eine gemeinsame Fragestellung entwickelt werden. Dies ist die Schwanzflosse, die immer dünner wird. Das heißt, es muss immer mehr hin auf eine ganz klare Fragestellung fokussiert werden.

Dann – bis zur Mitte des Fisches, den Zacken unten und oben – ist ein divergierendes Denken hilfreich: Die unterschiedlichsten Aspekte, Meinungen und Interessen dürfen in den Prozess eingebracht werden. Je

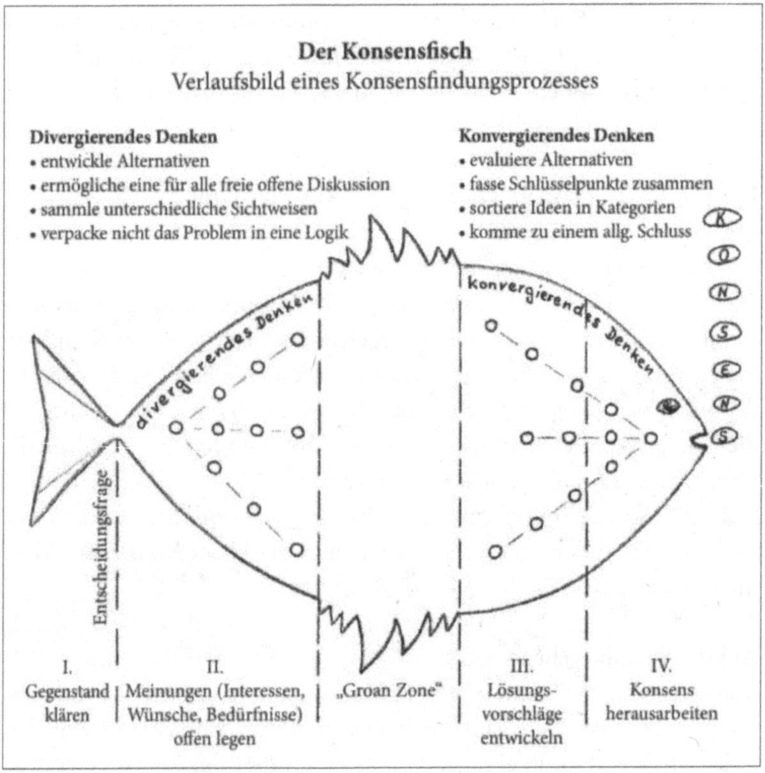

breiter, umso besser. Denn, wenn etwas nicht zur Sprache kommt, was später hinderlich für das Ergebnis ist, hätte am Anfang doch etwas intensiver nachgedacht werden sollen. Es dürfen Positionen vertreten werden, ohne erst darüber nachzudenken, ob sie einen Gruppenkonsens stören könnten oder nicht. Denn es ist hier noch nicht der Zeitpunkt, an dem ein Konsens gesucht wird, sondern es soll die Befindlichkeit, das Denken, Fühlen und Wollen in der ganzen Breite aufgedeckt werden.

Dies kann natürlich manchmal auch schwierig sein, wenn z. B. manche schon an ein konkretes Ergebnis denken oder genervt sind, wenn eine andere Person neue Meinungen einbringt oder den Prozess zu blockieren scheint. Das ist dann die sogenannte ›Groan Zone‹, in der gegrummelt wird, Unzufriedenheit entsteht. Das muss nicht vorkommen, aber das ist es, was oft in einem Konsensprozess als störend und anstrengend empfunden wird: Dass man mit der eigenen Ungeduld oder mit einer bestimmten anderen Person nicht mehr umgehen kann und deshalb nervös wird. Aber es ist wichtig, dass es ausgesprochen und auch gehört wird. Denn dann kann die Person auch eher dazu übergehen, andere zu berücksichtigen und mit einzubeziehen.

Dies ist dann der Wendepunkt nach all den individuellen Meinungen, Gefühlen, Bedürfnissen, dass nun jede*r nicht nur von sich selbst redet, sondern auch das Ganze in den Blick nimmt und für die ganze Gruppe nachdenkt: Was ist für diese Gruppe jetzt in dieser Situation hilfreich? Das ist das ›konvergierende Denken‹. Wir nehmen dabei all die Bestandteile aus dem Gesagten heraus, die in der Gruppe vorhanden und wichtig sind, um Ideen für eine konsensfähige Lösung herauszuarbeiten. Dies ist ein wichtiger Unterschied: Am Anfang darf ich meine persönliche Meinung vertreten, auch wenn ich weiß, dass sie die anderen womöglich stört bzw. sie es anders sehen. Im zweiten Teil geht es nicht um mich, sondern um die Gruppe, und wir schauen auf das, was das Gemeinsame – das beste Gemeinsame! – für diese Person(en) hier im Raum ist.

Wenn dies nun nach und nach zusammengesetzt wird, ist es wichtig, dass das Ergebnis am Schluss zunächst nur als Vorschlag formuliert wird, in den alles Wichtige eingearbeitet ist und mit dem eigentlich jede*r zufrieden sein müsste. Dann sollte trotzdem anhand der Konsensstufen nachgefragt werden: »Ist es wirklich so?« Und wenn an dieser Stelle noch Bedenken auftauchen, bedeutet das entweder, wir haben vorher nicht gründlich genug gearbeitet, oder, es sind neue Aspekte dazugekommen, die berücksichtigt werden sollten. Dann muss nochmals eine Schleife in die dritte oder zweite Phase gedreht werden. Ansonsten ist ein Konsens gefunden worden, den auch wirklich alle vertreten können.

Nun möchte ich auf die Frage eingehen, wie wir über die Größe einer Gruppe von 15 bis 20 Personen hinauskommen. Ich trete in der Regel für eine Gruppengröße – bei Basisgruppen – von maximal 20 Menschen ein, wobei dies eigentlich schon ein bisschen zu viel ist. Das lässt sich aber noch bewältigen. Aber wie wir gestern schon von einer Diskussionsteilnehmerin gehört haben, ist die optimale Größe einer solchen Gruppe erfahrungsgemäß 15. Das sehe ich auch so. Und warum ist dies der Fall? Es geht zum einen darum, dass es nicht zu wenige Teilnehmer*innen sind, damit möglichst viele Menschen mit ihren Meinungen einbezogen werden. Es ist zwar völlig okay, mit fünf bis sieben Personen zu einer Entscheidungsfindung zu kommen, wenn es aber darum geht, möglichst viele Menschen zu organisieren, sollte die Gruppengröße höher angesetzt werden.

15 Personen sind schon relativ viel und es ist trotzdem möglich, sie nacheinander anzuhören, wenn sie sich zum Thema äußern. Das strapaziert oft die Geduld, aber man übt sich auch darin, sich konkret und kurz zu äußern. Und eine Gruppe von 15 Personen kann der*die Moderator*in im Blick haben, die Rollen können verteilt werden und das Gesagte übersteigt in der Regel nicht die Aufnahmekapazität, sodass alle Beteiligten merken und erleben, dass sie gehört werden. Wenn es mehr Personen sind, kommt Ungeduld auf oder manche werden vielleicht übergangen oder schließen sich nur anderen an. Das wird dann nicht so produktiv, als wenn alle ihren Raum bekommen.

Doch was machen wir, wenn es mehr Personen sind?

Während des spanischen Bürgerkriegs 1936–39 organisierten sich die Anarcho-Syndikalist*innen in basisdemokratischen *grupos de afinidad*. Dieses Modell wurde in in den sozialen Bewegungen der USA aufgenommen und ›affinity groups‹ genannt. Von dort kam es dann in den 1970/80er-Jahren auch nach Deutschland und wurde als sogenanntes ›Bezugsgruppen-System‹ zum Beispiel bei den Aktionen der gewaltfreien Anti-AKW- und der Friedens-Bewegung angewendet. Die Idee dahinter ist, dass die Menge an teilnehmenden Personen in Untergruppen aufgeteilt wird und sie sich dort gegenseitig kennenlernen können, falls diese nicht schon vorher einen Bezug untereinander hatten. In diesen Gruppen kann Vertrauen untereinander wachsen und (Aktions-)Trainings können durchgeführt werden. Dabei handelt es sich zwar um eine zahlenmäßig begrenzte Gruppe, aber wenn die anderen das ebenfalls tun, existieren vielleicht zehn bis zwanzig weitere Bezugsgruppen (oder auch ›Basisgruppen‹), in denen die Beteiligten miteinander in Kontakt sind und Entscheidungen treffen können. Nun müssen sich diese Gruppen aber auch untereinander austauschen und für gemeinsame Fragestellungen einen Konsens finden. Zunächst werden diese Fragestellungen an alle Bezugsgruppen weitergegeben, dort beraten und ein Gruppenkonsens erarbeitet, welcher dann von ein oder besser zwei Sprecher*innen der Bezugsgruppe (BG) in einen Sprecher*innen-Rat (SR) eingebracht wird.

Dies ist auf der rechten Seite dargestellt: Die Großgruppe links setzt sich aus vier kleineren Basisgruppen (rechts) zusammen, die in einem gemeinsamen Sprecher*innenrat (Mitte rechts) ihre Ergebnisse austauschen. Das Ideal eines Sprecher*innenrats ist, dass dort nicht die Gruppen-Vertreter*innen eine Entscheidung treffen, sondern dass sie nur darauf schaut, ob die

Ergebnisse der Bezugsgruppen gleich oder kompatibel miteinander sind – dann können sie einfach zusammengefügt werden. Falls es Unterschiede gibt, die nicht überbrückbar sind, würden die BG-Vertreter*innen wieder in ihre Gruppe zurückgehen und erzählen, was die anderen Bezugsgruppen dazu denken und dass es Probleme gibt. Diese werden in der Gruppe diskutiert und überlegt, was getan werden könnte, um diese Unvereinbarkeit aufzulösen. Es wird also ein neuer Vorschlag erarbeitet, der von den BG-Sprecher*innen in den Sprecher*innenrat eingebracht wird.

Das Vorstellen der Gruppenmeinung ist natürlich eine verantwortungsvolle Aufgabe, weil es oft ungewohnt ist, einen Gruppenkonsens so zu vermitteln, dass dabei nicht die eigenen ›Geschichten‹ mit eingebracht werden oder im Sprecher*innenrat versucht wird, die eigene Meinung durchzudrücken.

Wenn nun im Sprecher*innenrat ein Lösungsvorschlag gefunden wird, den alle BG-Vertreter*innen mittragen können, bedeutet dies noch nicht, dass damit der Entscheidungsprozess zu Ende ist. Vielmehr wird dieser SR-Lösungsvorschlag der eigenen Basisgruppe vorgestellt und erst wenn alle Gruppenmitglieder entsprechend der Konsensstufen zustimmen oder den Vorschlag passieren lassen, steht die Entscheidung.

Hilfreich bei einem solchen Sprecher*innenratssystem ist, wenn die Basisgruppen nicht nur *einen* konkreten Lösungsvorschlag weitergeben, sondern auch Spielräume benennen, was sie noch vertreten könnten und was nicht, und damit einen Raum abstecken, der konsensfähig ist, sodass es mehr Überschneidungsmöglichkeiten mit den Ergebnissen der anderen Gruppen gibt. Dann kann nämlich der SR-Rat auch sagen, diese strittige Meinung gab es auch, aber es gibt eine gemeinsame Übereinstimmung über ein paar andere Punkte und das wäre schon mal ein Grundkonsens. Über Ergänzungen, die noch dazu kommen, kann immer noch geredet werden.

Dieses Modell ist vor allem aus den sozialen Bewegungen gekommen und wurde bei größeren Aktionen angewendet, wo es auch funktioniert hat.

Einige dieser Aktionen möchte ich nun kurz vorstellen:

Bsp. Seabrook (USA) 1975–1977: Besetzung eines AKW-Bauplatzes (2.400 TN in Hunderten von Bezugsgruppen)

In Seabrook wurde von 1975 bis 1977 eine Kampagne gegen den Bau eines Atomkraftwerkes durchgeführt, bei der auch eine Besetzung des Bauplatzes stattgefunden hat, an der ca. 2.400 Menschen in Hunderten von Bezugsgruppen teilgenommen haben. Dort wurde dieses Bezugsgruppen- und Sprecher*innenrats-Modell tatsächlich erfolgreich durchgeführt (›Kernkraftwerk Seabrook‹ 2022).

Wir in der deutschen Anti-AKW- und Friedens-Bewegung haben davon viel gelernt und übernommen, auch deshalb, weil Menschen aus Deutschland in die USA gegangen sind und genau hingeschaut haben, wie dies organisiert wurde und welche Erfahrungen damit gemacht wurden. Eine Bezugsgruppe aus Berlin hielt sich dort ca. vier Monate auf und verbreitete die Erkenntnisse anschließend in der Anti-Atom-Bewegung der 1980er-Jahre, wo sie z. B. auch in die ›Freien Republik Wendland‹ bei Gorleben, wo das Atommüll-Endlager geplant war, und anderswo eingeflossen sind.

Bsp. Atomwaffenlager Großengstingen 1982: Blockade des Einfahrtstors (ca. 700 TN)
Es ist auch eingeflossen in die erste große Blockade eines Atomwaffenlagers bei Großengstingen auf der Schwäbischen Alb 1982, wo die Einfahrtstore durch ca. 700 Personen blockiert wurden, die auch in Bezugsgruppen und Sprecher*innenräte organisiert waren (Besemer 1990: 21–22).

Bsp. American-Peace-Test-Kampagne 1988: Eindringen in ein Atomwaffen-Testgelände in Nevada (USA) (6.000–8.000 TN)
Und dann gab es 1988 wieder in den USA eine Anti-Atomwaffen-Kampagne, bei der die Aktionsteilnehmer*innen in ein Testgelände in Nevada eindrangen, in dem neue Atomwaffen getestet wurden. Daran haben sich 6.000 bis 8.000 Menschen beteiligt und der Entscheidungsprozess basierte auf dem Konsensverfahren in Bezugsgruppen und Sprecher*innenräten (Schaaf 1988).

Bsp. X-tausendmal-quer ab 1996: Anti-Castortransport-Aktionen: Sitzblockaden vor Verladekran und auf Castortransport-Strecken
(3.000–4.000 in BG organisierte TN)
In Deutschland wurden ab 1996 im Zuge der Proteste gegen die Atommüll-Transporte ins Wendland die Castor-Transporte durch zahlreiche Aktionen behindert: durch Sitzblockaden am Verladekran und den Containern und auch auf den Castor-Transportstrecken. An diesen Aktionen waren zwischen 3.000 und 4.000 Menschen beteiligt, die in Bezugsgruppen organisiert waren (Besemer 1990: 125–131).

Einwöchige Blockade des Atomwaffenlagers Großengstingen 1982

Um es etwas anschaulicher zu machen, wie es mit den Bezugsgruppen und den Sprecher*innen-Räten funktioniert, möchte ich ein wenig von der Aktion in Großengstingen erzählen, denn dort hatte ich auch selbst mitgewirkt. Zur Vorbereitung auf den heutigen Vortrag habe ich nochmals meine Aufzeichnungen von damals durchgelesen, um meine Erinnerungen daran aufzufrischen – immerhin ist es ja schon fast 40 Jahre her – und ich fand es immer noch ganz interessant, was dort alles geschehen war.

Die Aktion fand vom 1. bis zum 8. August 1982 statt. Drei Tage zuvor hatten sich die Aktions-Teilnehmer*innen schon versammelt und sich auf fünf Zeltcamps rund um das Atomwaffen-Lager aufgeteilt. Es waren, wie gesagt, ca. 700 Personen und alle waren in Bezugsgruppen organisiert, die schon im Vorfeld Gruppen- und Aktions-Trainings gemacht hatten. Die Gruppengröße betrug zwischen vier und 20 Personen. Insgesamt waren es ca. 50 Bezugsgruppen. In diesen fünf Camps, die räumlich etwas weit voneinander entfernt waren, gab es jeweils einen ›Dorf-Sprecher*innen-Rat‹ für die jeweils 10 bis 15 Bezugsgruppen vor Ort. Die Bezugsgruppen berieten über die anstehenden Fragen und zweimal täglich trat der Dorf-Sprecher*innen-Rat zusammen, in dem dann austauscht wurde, was gerade in den Gruppen Thema war und welche Meinungen es dazu gab.

Für den Informationsfluss zwischen diesen fünf Camps gab es täglich eine Besprechung im Gesamt-Sprecher*innen-Rat, in dem die einzelnen Dörfer jeweils mit zwei Sprecher*innen vertreten waren. Manchmal waren es auch mehr Sitzungen.

Worum ging es in diesen Besprechungen? Wozu sind sie nötig? – Ich möchte dies an einem Beispiel zu Beginn der Aktionswoche erläutern:

Unsere Bezugsgruppe hatte sich an der Anmeldung und Einweisung der ankommenden Aktionsgruppen beteiligt. Dabei hatte ein anwesender Polizist mir mitgeteilt, dass sein Vorgesetzter ein Gespräch mit uns führen wolle und wir ihm einen Termin am folgenden Tag nennen sollten. Das war natürlich eine Information, die ich weitergeben musste. Deshalb berichtete ich am Abend beim ersten Dorf-Sprecher*innen-Rat auf unserem Zeltplatz über diese Anfrage. Dies löste, wie ich fast erwartet hatte, mittlere Diskussionen aus. Es war kein einfaches Thema. Aber es konnte ein Vorschlag erarbeitet werden, wie und wann das Gespräch stattfinden könnte.

Das war natürlich ein Vorschlag auf der Sprecher*innenrats-Ebene und der hätte zunächst in die Bezugsgruppen gehen müssen. Aber weil es wie ein einfaches Thema aussah, wurde es zunächst im Sprecher*innen-Rat diskutiert und eine Lösung gefunden. Bis schließlich ein BG-Vertreter meinte, es könnte ja sein, dass es einen Einspruch aus den Bezugsgruppen gibt, weil manche womöglich überhaupt nicht wollten, dass Polizei auf unseren Platz kommt.

Deshalb wurde die Diskussion um einen Tag verschoben, damit die Frage in den Bezugsgruppen erörtert werden konnte. Dies geschah auch und es stellte sich heraus, dass es keine Bedenken gab. Das Gespräch mit dem Polizei-Einsatzleiter und einem weiteren Polizisten fand dann noch am gleichen Tag statt.

Dies als Beispiel dafür, dass eine scheinbar einfache Entscheidungsfindung ohne Rückkopplung mit allen Teilnehmer*innen möglich erschien, aber dann doch – nach Intervention eines BG-Sprechers – alle Beteiligten einbezogen wurden. Meine eigene Ungeduld zeigt dabei, wie leicht es passieren kann, dass etwas als nicht so wichtig angesehen wird und die anderen übergangen werden. Aber es war sinnvoll und besser, dass es so gelaufen ist.

– Ein anderes Thema in den Bezugsgruppen und Sprecher*innen-Räten war die Anfrage vom Fernsehen (die ›Abendschau‹ im SWF), ob wir jemanden zu einer Live-Diskussion mit dem Hauptmann M. vom Atomwaffenlager schicken könnten. Das war natürlich eine große Chance für uns, in die Öffentlichkeit zu kommen. Die große Frage war allerdings: Wer ist bereit dazu und wem würden die Bezugsgruppen das Mandat dazu geben? Es wurden deshalb zahlreiche Rollenspiele bzw. Rollengespräche mit einem fiktiven Hauptmann durchgeführt. Einer, der sich dazu bereit erklärt hatte und bei den Rollenspielen ganz gut aufgetreten war, wurde dann als geeigneter Vertreter für unsere Aktion ausgewählt. Einige Leute vom Camp sind mit ihm ins Fernsehstudio nach Stuttgart gefahren und unser Vertreter hatte es wirklich ausgezeichnet gemacht, ein glatter ›Punktsieg‹ über den Hauptmann.

– Eine weitere wichtige Konsensentscheidung in den Bezugsgruppen samt Sprecher*innen-Räten war die Gestaltung der Auftaktaktion: Wie beginnen wir diese Massenblockade? Heraus kam Folgendes: Zunächst gab es einen Demonstrationszug mit allen Beteiligten bis kurz vor das Atomwaffenlager und anschließend ging die erste Blockadegruppe alleine bis zur Sperre vor, damit auf der anderen Seite keine Überreaktionen entstanden.

– Schließlich wurde am Ende der Blockadewoche die Gestaltung des Abschlusses per Konsens entschieden: Eine sich aufbauende Gesamtblockade am Haupttor, vielfältige musikalische und andere kreative Aktivitäten dort, ein beeindruckendes 20-minütiges Schweigen und ein gemeinsamer Abzug der Aktionsgruppen.

Ich möchte nun einen vergleichenden Überblick geben über die zwei Aktionen und Entscheidungsmodelle in Großengstingen und die der American-Peace-Test-Kampagne:

Auffällig ist, dass bei der American-Peace-Test-Aktion 1988 wesentlich mehr Menschen beteiligt und organisiert waren als in Großengstingen – circa zehnmal mehr, obwohl beide mit einem dreistufigen Sprecher*innenrats-Modell arbeiteten. Die wesentlichen Unterschiede, die dies möglich machten, waren:

1. Gruppengrößen:
- Die Bezugsgruppen bei der American-Peace-Test-Kampagne waren zum Teil bis zu 50 Personen groß.
- Es gab eine Zwischenebene, auf der sich bis zu 10 Bezugsgruppen mit gemeinsamen Interessen zusammenschließen konnten.
- Der Sprecher*innen-Rat bestand aus bis zu 400 Personen. Die Teilnahme als Beobachter*in war auch möglich.

2. Moderation und Technik:
- Die Gruppen und Sprecher*innen-Räte wurden von professionellen Moderator*innen geleitet.
- Es wurden – obwohl es damals noch keine Internetmöglichkeiten wie heute gab – Computernetze und Telefonkonferenzen eingesetzt, um Menschen einzubeziehen, Informationen weiterzugeben und Vorbesprechungen durchzuführen.

3. Arbeitsweise und Entscheidungsverfahren:
- Im Sprecher*innen-Rat wurden Entscheidungen zum Teil auch mit 75 %-Mehrheiten getroffen.
- Es konnten dort auch Entscheidungen getroffen werden, die nicht nochmals zurück in die Bezugsgruppen mussten, um sie dort zu bestätigen.
- Im Gegenzug hatten die Bezugsgruppen auch viel mehr Autonomie in ihren Handlungsmöglichkeiten, also nicht alles musste vom Spre-

cher*innen-Rat genehmigt werden, sondern es wurden dort eher Informationen ausgetauscht.

Wie viele Personen können mit solch einen Entscheidungsmodell organisiert werden?

Nehmen wir das Modell Großengstingen mit zwei Sprecher*innenrats-Ebenen:

Wenn hier alle Bezugsgruppen die Idealgröße von 15 Personen gehabt hätten und auf der *ersten Sprecher*innenrats-Ebene* ebenfalls 15 Gruppen vertreten gewesen wären, hätten darüber *225 Personen* in den Konsensentscheidungsprozess einbezogen werden können. Angemerkt sei aber, dass es – wie bereits erwähnt – ratsam ist, zwei Gruppenvertreter*innen in den SR-Rat zu schicken. Vielleicht spricht dort nur die erste Person (A) und die zweite (a) beobachtet, ergänzt oder korrigiert bei Bedarf etwas und kann dann evtl. beim nächsten Mal der*die aktive Sprecher*in sein. Dies verändert jedoch die Anzahl der repräsentierten Gruppenteilnehmenden nicht.

Wenn nun eine *zweite Delegierten-Ebene* eingezogen wird – wie in Großengstingen der Gesamt-Sprecher*innen-Rat oder bei der American-Peace-Test-Kampagne – erweitert sich die Zahl der basisdemokratisch organisierbaren Personen auf max. *3.375 Personen.*

Auf dieser Ebene sind die Basisgruppen nicht direkt vertreten, sondern über die Sprecher*innen-Räte der ersten Ebene. Das bedeutet, dass der Rückfluss der Informationen auch über diese Zwischenstufe verlaufen muss, es sei denn Plenatreffen oder technische Informationskanäle (Internet) machen diesen Aufwand überflüssig.

Wenn also mit dem bisher schon bekannten und erprobten Dreistufen-Modell (Basisgruppe – 1. Sprecher*innen-Rat – 2. Sprecher*innen-Rat) über 3.000 Menschen in den Entscheidungsprozess einbezogen werden können, stellt sich die Frage:

Kann das auch auf noch mehr Delegierten-Ebenen ausgeweitet werden?

Bei einer dritten Ebene könnten dann 50.635 Personen vertreten werden.

Das hört sich ganz super an. Die Frage ist nur: Ist das praktikabel? Denn die Entscheidungen sollen ja nicht in den Sprecher*innen-Räten getroffen werden, sondern an der Basis.

Wir können auch weiterdenken: mit der 4. Delegierten-Ebene könnten ca. 750.000 Personen vertreten werden, mit einer 5. Ebene 11.250.000 ... Aber die Fragezeichen werden immer größer!

Wir hatten bei den historischen Beispielen die Grenzen von 2.400 Personen, bei der American-Peace-Test-Kampagne waren es sogar 6.000 bis 8.000, aber das lag auch daran, dass z. B. die Bezugsgruppen bis zu 50 Personen groß waren, was für Konsensfindung nicht zu empfehlen ist.

Gibt es also eine ›natürliche‹ Grenze bei ca. 3.000 Personen, welche mit dem 3-stufigen Modell noch bewältigbar ist?

Grenze bei 3.000 Personen?

Es gibt verschiedene Argumente und Erfahrungen, die dafür sprechen:

- Es gibt bisher keine praktischen Erfahrungen mit dem Modell eines Sprecher*innen-Rats auf der 3. Delegierten-Ebene – zumindest kenne ich sie nicht.
- Yona Friedmann hat in seinem Buch ›Machbare Utopien‹ (1978) aufgezeigt, dass eine Organisation sich ab einer bestimmten Gruppengröße teilen muss, wenn sie ihre Struktur beibehalten möchte, oder die Struktur verändert sich. Dies nennt er das »Gesetz der kritischen Gruppengröße«. Das könnte bedeuten, dass wenn wir über diese Grenze hinausgehen, sich vielleicht auch unsere basisdemokratische Sprecher*innenrats-›Kultur‹ verändern würde.
- Bei herrschaftsfreien indigenen Gemeinschaften wie zum Beispiel den Hopis in Nordamerika heißt es, dass bei 3.000 Personen eine Grenze existiert, bis zu der ein Mensch in einer Gemeinde noch ein Mensch sein kann.
- Auch in der neueren Geschichte waren erfolgreiche Großkommunen wie z. B. die Kibbuzim, zumindest nach Schätzungen von Rolf Schwendter (Schwendter 1970), nie größer als 3.000 Personen.
- Und im gestrigen Vortrag von Hermann Amborn tauchte auch die Zahl 3.000 auf als Grenze für polykephale Gesellschaften.

Bewirkt also die Überschreitung dieser Grenze eine Verwässerung des Konsensmodells? Oder zeigt sie die Notwendigkeit eines parlamentarischen oder rätedemokratischen Vertretungsorgans auf oder die Notwendigkeit von plebiszitären Mehrheitsentscheidungen?

Das ist die Frage, die ich mir und auch Ihnen stelle: Was machen wir mit diesen zahlenmäßigen Beschränkungen des in der Praxis bewährten Sprecher*innenrats-Modells?

Zusätzliche Verfahren und Elemente herrschaftsfreier Entscheidungsfindung

In der neueren Zeit gibt es einige Entwicklungen, die vielleicht eine Lösung des Problems anzeigen können oder zumindest eine Anregung für die Suche nach Lösungen sind.

Hier eine Übersicht dieser zusätzlichen Elemente einer Demokratisierung der politischen Entscheidungsfindung:

- Durch unsere moderne Internet-Kultur ergeben sich zeitsparende Möglichkeiten der digitalen Live-Übertragungen von Sprecher*innen-Räten zur direkten Information der Basisgruppen.
- Es gibt auch die Möglichkeit, den Sprecher*innen-Räten gewisse Entscheidungsbefugnisse zu überlassen, um den Prozess zu beschleunigen, was ja auch schon praktiziert wurde. Das geht bei einer Vertrauensbasis in den Bezugsgruppen gegenüber den Sprecher*innen, dass diese gut einschätzen können, was die Gruppe mittragen kann und was nicht. Die Ergebnisse werden den Basisgruppen anschließend zur Bewertung und Absegnung vorgelegt.
- Weiterhin gibt es die Möglichkeit, wie es teilweise schon praktiziert wurde oder wird, zwar einen Konsens anzustreben, aber, wenn es nicht klappt, auch qualifizierte Mehrheitsentscheidungen zuzulassen – z.B. 75%-Mehrheiten. Dies ist natürlich eine Aufweichung des Konsens-Prinzips und kann sich negativ auswirken, wenn sich dadurch neue Herrschaftsstrukturen ausbilden.
- Schließlich gibt es noch die Möglichkeit eines imperativen Mandats, d.h. dass doch Abgeordnete gewählt werden, diese jedoch klare inhaltliche Aufträge bekommen und der Basis rechenschaftspflichtig sind.
- Eine weitere Überlegung wäre, ob bei gewählten Repräsentationsgremien wie z.B. dem Parlament nicht das Konsensprinzip eingeführt werden sollte. Das wäre etwas ganz anderes, als mit Mehrheiten zu regieren, die meist feststehen.

- In der zweiten Spalte sind neuere Zugänge aufgelistet: Einer davon ist der sogenannte ›Bürger*innen-Rat‹ von Zufalls-Bürger*innen, die über mehrere Wochen zu bestimmten Themen arbeiten. Erst vorgestern ging einer zu Ende, in dem es um die zukünftige Rolle Deutschlands in der Welt ging. 152 Beteiligte haben sich dazu an zehn Terminen informiert, diskutiert und gemeinsame Empfehlungen für die Politik ausgearbeitet. Die Vertreter*innen der Fraktionen im Bundestags haben diese entgegengenommen. Bundestagspräsident Wolfgang Schäuble hatte diesen Bürger*innen-Rat in Auftrag gegeben und das Dokument wird jetzt im Parlament beraten. Die Stimmung dort ist offenbar so, dass die Abgeordneten sagen, dass es hilfreich für sie sei, wenn sie eine ›Bürger*innen-Meinung‹ haben, die qualifiziert ist und nicht auf einer spontanen Meinungsumfrage mit Ja-Nein-Antworten beruht. Es gibt Vorläufer dazu, die sogenannten ›Planungszellen‹ nach Peter Dienel, bei denen 25 Zufalls-Bürger*innen fünf Tage lang zusammen mit Expert*innen gearbeitet und Bürger*innen-Gutachten erstellt haben.
- Dann gibt es natürlich noch die Bürger*innen- bzw. Volks-Begehren und -Entscheide, welche natürlich keinen Konsens bringen, sondern Mehrheitsentscheidungen. Vielleicht braucht es das auch, wenn vorher qualifizierte Alternativen erarbeitet wurden.
- Einen ganz interessanten Vorschlag hat der Jurist Thilo Weichert gemacht, der als gewaltfreier Aktivist in Freiburg gelebt und gewirkt hat und später das Amt des Datenschutzbeauftragten in Schleswig-Holstein innehatte. Er hatte für politische Streitthemen eine ›Widerstands-Klausel‹ vorgeschlagen, nämlich dass politische Entscheidungen, die nur mit körperlicher Gewalt durchgesetzt werden können, nicht vollzogen werden dürfen, wenn der Widerstand gewaltfrei ist. Das ist sozusagen ein Vetorecht bei gewaltfreiem Widerstand: Wenn eine politische Entscheidung auf einen solchen organisierten Widerstand trifft, kann die Entscheidung nicht gut gewesen sein.
- Was auch noch möglich ist, wenn Konflikte sich verhärten, ist eine Mediation im politischen Raum.

  Wir hatten in Baden-Württemberg etwas Ähnliches beim hoch eskalierten Konflikt um den Neubau des Stuttgarter Hauptbahnhofs (›Stuttgart 21‹), bei dem es großen Widerstand gab mit dramatischen Ereignissen und auch Verletzten. Und das führte zu einem Schlich-

tungsverfahren. Es war keine Mediation, ist auch nicht so glücklich ausgegangen, aber die Idee war gut, alle Konfliktparteien an einen Tisch zu bringen.
Mit der Methode der Mediation kann mit den Betroffenen ein Konsens ausgearbeitet werden, der auch auf breiterer gesellschaftlicher Basis akzeptiert wird, weil die Hauptbetroffenen sich darauf geeinigt haben.

- Schließlich muss auch hinterfragt werden, ob alles auf höchster Ebene diskutiert und entschieden werden muss. Ist nicht eine gewisse Autonomie und Dezentralisierung sinnvoller, wo vieles in kleineren Einheiten besprochen und umgesetzt wird und nicht alle mitreden und Dinge entscheiden, die sie letztendlich gar nicht betreffen?
- Es gibt natürlich auch eine Eingrenzungsmöglichkeit, nämlich dass nur diejenigen, die direkt betroffen sind oder starkes Interesse daran haben, in die Entscheidungsfindung einbezogen werden.
- Darüber hinaus gibt es auch die Möglichkeit, dass Entscheidungen zeitlich befristet werden und dann zu einem späteren Zeitpunkt überprüft wird, ob sich die Umsetzung bewährt hat oder nicht.

Mit diesem ›Werkzeugkasten‹, neuen Ideen und weiteren praktischen Erfahrungen bin ich zuversichtlich, dass Konsensfindung auch mit Tausenden und in größeren Gemeinschaften möglich ist. Machen wir uns daran, diesen spannenden Aufbau herrschaftsfreier Strukturen in allerlei gesellschaftlichen Bereichen voranzubringen und damit einer friedlichen gewaltfreien Gesellschaft näher zu kommen!

Literatur

AK Engstingen (Hrsg.) (1982): Handbuch Sommer '82 (nicht mehr erhältlich).

AK Engstingen (Hrsg.) (1982): Handbuch 2 Blockadeaktion '82, – Auswertung (nicht mehr erhältlich).

Besemer, Christoph (1981): Zurück zur Zukunft? Utopische Kommunen – Anspruch und Wirklichkeit, Berlin: Ahde-Verlag.

Besemer, Christoph (1990): Konsens: Anleitung zur herrschaftsfreien Entscheidungsfindung. 1. Aufl. Karlsruhe: S. und U. Thiel.

Besemer, Christoph et al. (2014): Politische Mediation. Prinzipien und Bedingungen gelingender Vermittlung in öffentlichen Konflikten, hrsg. von Stiftung Mitarbeit & Werkstatt für Gewaltfreie Aktion, Baden, Bonn.

Burnicki, Ralf (2002): Anarchismus und Konsens. Gegen Repräsentation und Mehrheitsprinzip: Strukturen einer nicht hierarchischen Demokratie, Frankfurt: Verlag Edition AV.

Dienel, Peter C. (2002): Die Planungszelle. Der Bürger als Chance. Mit Statusreport 2002, 5. Auflage, Wiesbaden: Westdeutscher Verlag.

Erbacher, Friedrich (2004): Basisdemokratie des Widerstands: X-tausendmal quer, in: Werkstatt für Gewaltfreie Aktion, Baden (Hrsg.): Konsens. Handbuch zur gewaltfreien Entscheidungsfindung (S. 125–131), Karlsruhe: Eigenverlag.

Friedman, Yona (1978): Machbare Utopien. Absage an geläufige Zukunftsmodelle, Frankfurt/Main: fischer alternativ.

Gugel, Günther / Furtner, Horst (1983): Gewaltfreie Aktion, hrsg. vom Verein für Friedenspädagogik Tübingen, Tübingen: Eigenverlag.

Koch, Hannes (2021): Können Bürgerräte die Demokratie retten? In: taz am wochenende 20./21. Februar 2021, S. 20–21.

Schaaf, Stefan (1988): »Peace–Test« gegen Atom–Tests. In: Die Tageszeitung: taz, 14. März 1988.

Schwendter, Rolf (1970): Modelle zur Radikaldemokratie, Wuppertal-Barmen: Jugenddienst Verlag.

Werkstatt für Gewaltfreie Aktion, Baden (Hg.) (1990): Konsens. Anleitung zur herrschaftsfreien Entscheidungsfindung, Arbeits- + Aktionshefte 3, Freiburg: Eigenverlag.

Werkstatt für Gewaltfreie Aktion, Baden (Hg.) (2004): Konsens. Handbuch zur gewaltfreien Entscheidungsfindung, Karlsruhe: Eigenverlag.

X-tausendmal quer – überall – Infoblätter (1997): Herrschaftsarme Selbstorganisation: Bezugsgruppen, Konsensprinzip & SprecherInn*enrat.*

Zora Weber

Gemeinschaftsbildung nach Morgan Scott Peck als Ressource für anarchische Gruppenbildungsprozesse

Morgan Scott Peck (1936–2005), dessen Interesse an Gruppenkommunikation durch eigene Erfahrungen in Gruppen während seiner Ausbildung zum Psychiater geweckt wurde, entwickelte seit Anfang der 1980er-Jahre die Methode der Gemeinschaftsbildung. Die theoretischen Grundlagen dazu veröffentlichte er 1984 in seinem Buch *The Different Drum – Community Making and Peace*, welches 2007 erstmalig in deutscher Ausgabe unter dem Titel *Gemeinschaftsbildung – Der Weg zu authentischer Gemeinschaft* erschien. Da der von Peck beschriebenen Gemeinschaft u.a. Eigenschaften wie antitotalitär, durch Konsens entscheidend, antihierarisch zugeschrieben werden (Peck 2019: 53), gehen wir an dieser Stelle der Frage nach, inwiefern sich dieser Ansatz für anarchische Gruppen und deren Anliegen eignen würde.

Die Gemeinschaftsbildung nach Scott Peck umfasst insgesamt vier Phasen, von denen angenommen wird, dass eine Gruppe sie durchlaufen muss, um zur Gemeinschaft werden zu können. Erst dann, so Scotts These, kann die Gruppe beginnen, sich mit ihren eigentlichen Aufgabenstellungen oder Zielen zu beschäftigen (Peck 2019: 89). In Phase eins, der sogenannten ›Pseudogemeinschaft‹ treten Verhaltensweisen zutage, die durch Konditionierungen im Sozialverhalten geprägt wurden. Beispielsweise gehen die Teilnehmenden sehr freundlich und diskret miteinander um, Dissens oder Konflikte werden in der Regel vermieden. Es kommt zum Austausch von Nettigkeiten, die gewohnten Umgangsformen werden gewahrt (Peck 2019: 73–75). Was sich in der Gruppe wirklich abspielt, besonders emotional, kommt nicht auf den Tisch. Im weiteren Verlauf lassen sich die unterschiedlichen Ansichten zwischen Einzelnen nicht länger negieren. In dem Versuch sie zu nivellieren, wird argumentiert und miteinander gerungen. Es kommt zu oftmals lauten, weder zielgerichteten noch konstruktiven verbalen Kämpfen. Diese zweite Phase wird als ›Chaos‹ bezeichnet (Peck 2019: 77). Viele Gruppen bleiben in dieser Phase stecken und stagnieren in der Folge oder trennen sich wieder. Typische Verhaltensweisen innerhalb einer Gruppe, welche die zweite Phase des Chaos begünstigen, sind u.a.: Vorurteile hegen, Erwartungen an sich selbst/die Gruppe haben, das Bedürfnis zu kontrollieren, Rechthaberei, Querulantentum, Projektion eigener Konflikte auf andere, Ego-Spielchen und regressives Verhalten.

Im zu durchlaufenden Prozess der Gemeinschaftsbildung nach Scott Peck gibt es einmalig bis zu zwei Begleiter*innen, die aber nur – falls nötig – intervenieren, um der Gesamtgruppe den Weg durch die Phasen zu erleichtern oder, falls sie in einer Phase stecken bleibt, wieder Bewegung in die Gruppendynamik zu bringen (Peck 2019: 100–101). Später sind die Begleiter*innen nicht mehr notwendig, da die Teilnehmenden in die Verantwortung gegenüber sich selbst und der Gemeinschaft gehen. *Group of all leaders* ist die fachliche Bezeichnung, die Scott Peck dafür eingeführt hat (Peck 2019: 61). D.h. eine Moderation oder Supervision ist überflüssig.

In den letzten beiden Phasen seiner Methode beschreibt Scott Peck einen Weg aus dem Chaos heraus. Dabei steht die Frage im Mittelpunkt, welche Kommunikationsformen für eine Gemeinschaft förderlich sein könnten.

In der sogenannten ›Leere‹, der dritten Phase der Gemeinschaftsbildung, müssen die Teilnehmenden eigene Gewohnheiten und Haltungen hinterfragen und diese im Anschluss mehr in den Hintergrund stellen. Jede*r ist aufgefordert, sich zugleich noch mehr auf die Gruppe einzulassen und sich (dennoch) zurückzunehmen. Die eigenen blinden Flecken können angeschaut sowie reflektiert werden. Möglich wird das durch zunehmendes Schweigen, das nur unterbrochen wird, sobald jemand einen Impuls zu sprechen verspürt. Auch nach einem Redebeitrag wird abgewartet, bis sich wieder jemand zu Wort meldet. Dadurch entsteht ein Raum des Zuwartens, in dem eine zunehmende Selbstwahrnehmung und ein neues Miteinander auf emotionaler Ebene möglich werden (Peck 2019: 180). Die daraus entstehende Offenheit sich selbst und der Gruppe gegenüber schafft Transparenz. Nach und nach entsteht eine friedvolle, von Respekt getragene Atmosphäre, welche die vierte Phase kennzeichnet. Es ist eine *echte* Gemeinschaft entstanden, in der authentisch kommuniziert wird. Nähe kann nun zugelassen werden. Die Emotionen, die im Chaos quasi vor sich hin köchelten, kommen nun auf den Tisch. Die Erfahrungsebene im Menschen wird angesprochen. Doch während das Schweigen in der Leere oftmals als quälend und schmerzvoll beschrieben wird, verwandelt es sich in Phase vier zu einer angenehmen Stille, aus der kreative und konstruktive Wortbeiträge kommen können. Die

Veränderung der Gesamtstimmung kennzeichnet den Übergang von der dritten Phase der Leere zur vierten Phase der Gemeinschaft (Peck 2019: 88). Es ist selbstredend, dass die vier beschriebenen Phasen idealtypisch sind und in der Praxis nicht klar voneinander abgegrenzt werden können. Real handelt es sich bei dem Prozess der Gemeinschaftsbildung nach Scott Peck eher um eine Art Zickzackkurs durch die einzelnen Phasen, je nach Wortbeiträgen der Teilnehmenden und der Gruppendynamik. Der Zustand der authentischen Gemeinschaft (also Phase vier) ist dementsprechend nicht von Dauer (Peck 2019: 116). Falls eine Gruppe während der Erarbeitung von Themen, Zielen etc. wieder anfängt, sich im Chaos zu bewegen, geht sie zurück in den Gemeinschaftsbildungsprozess und arbeitet wieder an Haltungen und Mustern, bis die Gemeinschaftsatmosphäre erneut hergestellt ist. Es kommt also oftmals zu einem Pendeln zwischen der Arbeit an Sachthemen und dem Prozess an sich (Peck 2019: 288).

Grundsätzlich gilt der Anspruch, die Gruppen sollten *einschließend* – im Sinne von integrativ – sein, d.h. allen Menschen unabhängig von Alter, Geschlecht, Religion, kultureller oder sozialer Zugehörigkeit, Weltanschauung und Lebensstil offen stehen. Unterschiede in den erwähnten Bereichen werden als Bereicherung geschätzt und bekommen in Phase vier genügend Raum, geäußert zu werden (Peck 2019: 51, 199).

Wie bereits erwähnt, sind alle Teilnehmenden in der Verantwortung gegenüber sich selbst und der Gemeinschaft. Anstehende Entscheidungen werden daher ausschließlich über Konsens gefällt. Auch hierfür ist eine Meinungs- und Ideenvielfalt von Vorteil (Peck 2019: 285, 314).

Als zusätzliche Hilfestellung gibt es neben den vier Phasen auf Scott Peck zurückgehende Kommunikationsempfehlungen (siehe Anhang). Beide sind für den Prozess wegweisend.

Im Kern geht es also um die Frage, wie sich ein eigenverantwortlicher, ehrlicher, wohlwollender und nährender Austausch ohne Gruppenleitung – und ohne einer Ideologie zu folgen – in Freiheit verwirklichen lässt.

Scott Peck sah sich nach eigener Aussage nicht als Anarchist, hielt jedoch das Nationalstaatensystem für veraltet (Peck 2019: 244).

Ergänzend hier ein Exkurs zu David Bohm (1917–1992), einem Quantenphysiker, der philosophische Überlegungen zur Natur der Denkprozesse anstellte und der erforschte, wie sie unsere Meinungsbildung und kulturelle Konditionierung und damit unser Verhalten innerhalb einer Gruppe beeinflussen. Posthum erschien 1996 *On Dialogue*, eine Kompilation von

Seminarvorträgen und Essays, die bereits seit 1998 in deutscher Übersetzung vorliegt. Neben seinen weitestgehend theoretischen Ausführungen beschreibt er darin die von ihm entwickelte Methode der Gruppengespräche. Wichtig im Zusammenhang mit der Gemeinschaftsbildung nach Scott Peck ist, dass David Bohm keine expliziten Phasen beschreibt. Dennoch gibt es einige Überschneidungen. So geht es auch ihm darum, den verbalen Schlagabtausch in einer Diskussionsrunde, in welcher eigene Annahmen oftmals lautstark verfochten werden, zu beenden. Dies gelingt innerhalb einer Gruppe über ein In-der-Schwebe-Halten und ein Anteilnehmen bzw. Zuhören, was mit der Zeit ebenfalls zu Schweigeperioden führt, um schließlich zu einem Bereich zu gelangen, in dem Neues jenseits der bereits konditionierten Denkvorgänge entstehen kann. Die Eigen- und Gruppenwahrnehmung spielen dabei eine essenzielle Rolle (Bohm 2019). An zahlreichen pädagogischen Einrichtungen wird das Vorgehen Bohms noch als Methode vermittelt, während Pecks Ansatz heutzutage im deutschsprachigen Raum vor allem in Lebensgemeinschaften wie z. B. Schloss Oberbrunn, Glarisegg oder Schloss Tempelhof praktiziert wird (Brase o. J.). Daneben gibt es in einigen deutschen Städten fortlaufende Gruppen, die sich regelmäßig treffen.

Nun zurück zur eingangs gestellten Frage, inwieweit sich die Methode von Scott Peck für anarchische Gruppen eignen würde.

Unabhängig vom inhaltlichen Kontext, in welchem anarchische Gruppen arbeiten, bedarf es der Offenheit aller Teilnehmenden, sich auf den Gemeinschaftsbildungsprozess einzulassen. Ebenso muss die Bereitschaft zur Selbstreflexion von Verhaltensmustern innerhalb der Gruppe vorhanden sein. Dies sind die wichtigsten Grundvoraussetzungen. Wenn jemand Vorbehalte gegen den Prozess an sich hat, kann er nicht durchgeführt werden. Auch für Menschen, die Emotionalität generell als unerlaubt oder gar esoterisch abtun, ist der Prozess sicherlich nicht geeignet. Genauso für Menschen, die immer sich selbst und ihren Standpunkt oder ihre Interessen in den Vordergrund stellen (Peck 2019: 272). Da würde eine Gruppe im Chaos stecken bleiben.

Des Weiteren ist es gut nachvollziehbar, dass eine Gruppe grundsätzlich besser *arbeitsfähig*[1] ist, sobald zwischenmenschliche Konflikte ausgesprochen und soweit wie möglich geklärt werden konnten.

1 Ein Begriff, der auf den Psychiater Wilfred Bion zurückgeht (Peck 2019: 91).

Dass jede*r in der Ich-Form sprechen und den jeweiligen Sprechenden ausreden lassen soll, erinnert stark an die gewaltfreie Kommunikation nach Marshall Rosenberg. Sie kann durchaus Teil des Gemeinschaftsbildungsprozesses sein, da sie ihn positiv unterstützt.

Allerdings braucht es bei längerfristig bestehenden Gruppen eine bewusste Bemühung, die Gemeinschaft aufrecht zu erhalten, weil durch die Regelmäßigkeit – auch dazu bedarf es einer Bereitschaft – neue Spannungsfelder erzeugt werden, welche wiederum Aufmerksamkeit und Zeit zur Klärung benötigen (Peck 2019: 217). Doch da der Gemeinschaftsbildungsprozess im Vorfeld gut einzuüben ist, kann bei auftretenden Konfliktsituationen rasch auf ihn zurückgegriffen werden. Es bedarf keiner Mediation, wie es z. B. beim Auftreten emotionaler Konflikte im Konsensverfahren häufig der Fall ist, um von der Sachebene zur Konfliktklärung zu wechseln (Sahler et al. 2004: 118).

Besonders geeignet scheint die Methode für anarchische Gruppen als Kommunikationsrahmen zu sein, weil sie, wie oben erwähnt, keine Hierarchien kennt, jede*r in die Verantwortung tritt (*group of all leaders*) sowie Raum für eigene Standpunkte erhält, durch Konsens entschieden wird und sie vom Anspruch her integrativ ist.

Als Nachteil erweist sich hingegen, dass keine Unter- oder Teilgruppen gebildet werden sollten, was bei Konsensverfahren größerer Gruppen durchaus üblich ist[2], da dies innerhalb der Gemeinschaftsbildung sogar als Vermeidungsmechanismus gilt, im Sinne einer Flucht, um sich der Leere-Phase zu entziehen (Peck 2019: 93). Scott Peck arbeitete mit Gruppen zwischen 30 und 60 Teilnehmenden. Bohms Gruppen hatten zwischen 20 und 40 Teilnehmenden. Aufgrund des Vorgehens beider, werden auch bei diesen Gruppengrößen noch alle gehört und mit einbezogen.

Was die von Scott Peck vorgegebenen Kommunikationsempfehlungen anbelangt, so sind diese nicht in Stein gemeißelt. Sie könnten durchaus von einer anarchischen Gruppe vereinfacht bzw. verändert werden. Oder eine anarchische Gruppe stellt eigene Kommunikationsvorgaben auf, indem sie beispielsweise nur die Grundprinzipien der Empfehlungen übernimmt. Das könnten z. B. folgende Punkte sein:

2 Um mit einer Gruppe gut arbeiten zu können, werden 15 Teilnehmende und weniger angegeben. Auch beim Großgruppen-Verfahren finden Gespräche in Teilgruppen von 9 bis 15 Personen statt (Sahler et al. 2004: 57, 62).

- in Ich-Form sprechen
- sich ausreden lassen
- den nacheinander Sprechenden aufmerksam zuhören
- einen Wortbeitrag heranreifen lassen, bis der Impuls zum Sprechen kommt
- respektvoll und wertschätzend miteinander sprechen

Mit der Festlegung des Kommunikationsrahmens kann die Gruppe im Grunde experimentieren. Letztlich geht es um eine alternative Kommunikationskultur mit einer neuen Qualität des Miteinanders. Dafür stellen anarchische Gruppen ein geeignetes Übungsfeld dar.

Bei vertiefter Auseinandersetzung mit der Methode tritt zudem zutage, welches Potenzial ihr innewohnen könnte. Scott Peck selbst hat der Gemeinschaftsbildung in Bezug auf Gesellschaften eine grundsätzlich friedensstiftende Wirkung zugeschrieben (Peck 2019: 270). Als Impuls für weitergehende Untersuchungen wäre also auch eine Fragestellung denkbar, die nicht nur einzelne Gruppierungen hinsichtlich der Gemeinschaftsbildung einbezieht, sondern Gruppendynamiken im gesamtgesellschaftlichen Kontext in den Blick nehmen würde.

Anhang

Kommunikationsempfehlungen für die Gemeinschaftsbildung (Peck 2019: 423)

- Sei pünktlich zu jeder Gesprächsrunde.
- Sag Deinen Namen, bevor Du sprichst.
- Sprich in der ICH-Form.
- Sprich von Dir und Deiner momentanen Erfahrung (erforsche Dich, doziere nicht, rechtfertige Dich nicht).
- Verpflichte Dich, am Ball zu bleiben (bleibe bis zum Ende jeder Runde).
- Schließe ein – vermeide jemanden auszuschließen.
- Drücke Dein Missfallen in der Gruppe aus, nicht außerhalb des Kreises.
- Sei verantwortlich für Deinen persönlichen Erfolg (was Du für Dich aus der Runde oder dem Workshop herausholst).

- Sei beteiligt mit Worten oder ohne Worte, sei emotional anwesend in der Gruppe.
- Respektiere absolute Vertraulichkeit.
- Erkenne den Wert von Stille und Schweigen in Gemeinschaft.
- Gehe ein Risiko ein!
- Höre auf Deine innere Stimme und sprich, wenn Du dazu bewegt bist, sprich nicht, wenn Du nicht dazu bewegt bist.
- Fasse Dich kurz.
- Keine Fragen, keine Ratschläge.
- Bitte kein Alkohol während des Workshops.

Literatur:

Bohm, David (2019): Der Dialog: Das offene Gespräch am Ende der Diskussionen. 9. Aufl. Stuttgart: Klett-Cotta.

Brase, Götz (o. J.): Gemeinschaftsbildung, Communitybuilding Workshop nach Scott Peck. Gemeinschaftsbildung nach Scott Peck. Text abrufbar unter: https://www.gemeinschaftsbildung.com/ (Zugriff am 31.5.2023).

Peck, M. Scott (2019): Gemeinschaftsbildung: Der Weg zu authentischer Gemeinschaft. 5. Aufl. Oberbrunn: Schloss Oberbrunn.

Sahler, Bernd / Besemer, Christoph / Wohland, Ulrich / Wanie, Renate / Traupe, Andreas / Löwensprung, Katrin / Erbacher, Friedrich / Bubenik-Bauer, Iris / Hansens, Hedda / Stehn, Jan et al. (2004): Konsens – Handbuch zur gewaltfreien Entscheidungsfindung. 1., Edition. Karlsruhe: WfGA-Buchversand – Gewaltfrei Leben Lernen.

Peter Seyferth

Rechtsdurchsetzung in anarchistischen Gruppen[1]

Triggerwarnung: Es wird sexualisierte Gewalt erwähnt.

Einleitung

Anarchist*innen[2] lehnen den Rechtsstaat ab. Aber sie bewerten auch einige Taten als falsch; und diese Taten geschehen. Wie gehen Anarchist*innen damit um? Wie behandeln sie Regelverletzungen in ihren Gemeinschaften? Oder präziser gefragt: Welche Alternativen zum staatlichen Recht, zur Judikative und zum Strafsystem haben Anarchist*innen ausprobiert und angewendet, insbesondere in Fällen sexualisierter Gewalt in ihren eigenen Szenen?[3] Funktionieren diese Alternativen, und sind sie besser als das staatliche Rechtssystem? Ich hoffe, dass insbesondere ein kritischer Blick auf den Umgang mit einer bestimmten Kategorie von Verbrechen (nämlich sexualisierter Gewalt) Erkenntnisse zutage fördern kann, die über rein theoretische Reflexionen hinausgehen.

---

1 Der vorliegende Text ist eine bearbeitete, übersetzte und erweiterte Version eines schon früher veröffentlichten Kapitels (Seyferth 2021). Die Begriffe ›Restorative Justice‹, ›Transformative Justice‹ und ›Community Accountability‹ lasse ich unübersetzt.

2 In diesem Artikel werde ich weitgehend mit Sternchen gendersensibel schreiben. In den Abschnitten aber, in denen es um sexualisierte Gewalt geht, werde ich für die Täter männliche und für die Opfer weibliche Pronomen und Artikel verwenden (es sei denn, ich schreibe ›das Opfer‹). Denn seien wir ehrlich: Sexualisierte Gewalt wird in den allermeisten Fällen von Männern gegen Frauen ausgeübt. Damit will ich nicht behaupten, dass es nicht gelegentlich auch mal anders sein könnte.

3 Ich ziehe es vor, von ›anarchistischen Szenen‹ zu sprechen, nicht von ›der anarchistischen Bewegung‹. Soziologisch gesehen ist es irreführend, von einer anarchistischen Bewegung zu sprechen, da der Organisationsgrad des Anarchismus viel schwächer und umstrittener ist als in anderen (neuen) sozialen Bewegungen (obwohl es Überschneidungen gibt und für Bewegungen generell gilt, dass sie nicht auf Organisationen reduziert werden können). Die Netzwerkstruktur des Anarchismus wird m.E. mit dem Begriff der ›Szenen‹ besser erfasst (vgl. dazu Seyferth 2019: S. 131–135).

Ich darf mit einer persönlichen Vorbemerkung anfangen. Ich war zehn Jahre lang ein Mitglied einer mehr oder weniger anarchistischen Selbstverteidigungsgruppe in München. Wir trainierten Modern Arnis und Thaiboxen, um für bewaffnete und unbewaffnete Kampfsituationen vorbereitet zu sein. Unsere Gruppe war in den subkulturellen und politischen Szenen bekannt, v.a. in Punk- und Antifa-Kreisen, aber auch die Polizei wusste von uns. Gelegentlich wurden wir zu Veranstaltungen dieser Szenen eingeladen, um sie vor Angriffen zu schützen. Diese Veranstaltungen dienten als Verwirklichungsort, weil sich dort die Szenen reproduzieren konnten, indem sie ihre Werte auslebten und so miteinander umgingen, wie sie das für richtig hielten. Idealerweise zumindest. Man könnte die Veranstaltungen vielleicht ›Temporäre Autonome Zonen‹[4] nennen, aber vermutlich sollte ich hier das Wort ›Präfiguration‹ verwenden. Für Anarchist*innen ist Präfiguration eine der wichtigsten Strategien, um Anarchie zu verwirklichen: Es genügt nicht, »den Staat zu zerschlagen« (obwohl das ja ein in den Szenen häufig benutzter Punk-Slogan ist); es müssen zugleich die Keime der angestrebten, zukünftigen Gesellschaft ausgestreut werden, indem schon im Hier und Jetzt herrschaftsfrei gelebt wird. Daher erschaffen sich Anarchist*innen in ihren Szenen ein Experimentierfeld, in dem Techniken der anarchistischen Gemeinschaftlichkeit in der Praxis ausprobiert werden. Ich weiß nicht, ob die staatlichen Autoritäten und die nichtstaatlichen Autoritären diese subkulturellen Räume als wirkliche Bedrohung ihrer Machtposition wahrnehmen – oder ob sie sie und die dort agierenden Leute für eine leichte Beute halten. Wie auch immer: Diese Räume mussten verteidigt werden. Weder die Punks noch die

4 ›Temporäre Autonome Zone‹ ist ein Begriff, der von Hakim Bey geprägt wurde; Bey bezeichnete damit ziemlich unterschiedliche Phänomene (von Festivals bis Aufstände), weigerte sich aber letztlich, eine Definition zu formulieren (vgl. Bey 2003: S. 114). Anarchistische Veranstaltungen, also Veranstaltungen, die anarchistisch organisiert sind und ablaufen, sind ›Zonen‹, weil sie räumlich begrenzt sind; sie sind ›temporär‹, weil sie zeitlich begrenzt sind (und zwar nicht aus äußerlichen, womöglich polizeilichen Gründen, sondern von vornherein); und sie sind ›autonom‹, weil die Regeln und ihre Durchsetzung nicht von der staatlichen Ordnung herrühren, deren Territorium durch die TAZ vorübergehend ein kleines Stück weit befreit wird. Während solcher Veranstaltungen gelten ausdrückliche oder implizite Regeln, die von den Teilnehmer*innen selbst gesetzt werden (autonom), wohingegen die Berufung auf staatliche Gesetze für illegitim gehalten wird. Eine TAZ ist im Kleinen das, was eine anarchistische Revolution (wie sie sich etwa Kropotkin vorstellte) im Großen und für immer erkämpfen will.

Antifa-Aktivist*innen wollten die Polizei rufen, wenn es Gewaltandrohungen von faschistischen Gruppen gab. Unseren Erfahrungen zufolge interpretiert die Polizei faschistische Angriffe auf die Szene entweder als irrelevante Jugenddelinquenz oder Bandenstreitigkeiten oder sie sympathisiert mit den Faschist*innen. Es war also keine Hilfe von dieser Seite zu erwarten. Unsere Selbstverteidigungsgruppe wurde in der Szene als Verbündete verstanden, also wurden wir gelegentlich als Türsteher*innen oder Sicherheitsdienst für Partys und Konzerte eingeladen. Die Fronten waren eindeutig: Auf unserer Seite die Anarchist*innen, die Linksradikalen und damit eng verbundene Subkulturen, und auf der anderen Seite die Feind*innen, die schlicht als ›Faschist*innen‹ bezeichnet wurden. Wir wollten, dass unsere Veranstaltungen ›safe spaces‹ sind, zumindest für uns selbst. Wir haben uns daher auf eine Arbeitsteilung eingelassen, die auf Fertigkeiten beruhte: Die Kampfsportler*innen waren dafür zuständig, Faschist*innen abzuwehren bzw. rauszuwerfen, und die anderen machten Musik, tranken Bier, tanzten oder diskutierten, je nach Art der Veranstaltung. Gewissermaßen könnte man sagen, dass unsere Selbstverteidigungsgruppe für diese Veranstaltungen Polizei gespielt hat. Das mag ironisch klingen, aber es ist nicht unüblich bei anarchistischen Veranstaltungen. Auch Stanislav Vysotsky hat das beobachtet:

> »Indem sie direkt gegen Faschist*innen vorgehen, bringen militante Antifaschist*innen die anarchistischen Werte der direkten Aktion und des nichtstaatlichen Handelns zum Ausdruck. In diesem Sinne fungiert militante antifaschistische Gewalt unter subkulturellen Akteur*innen als eine Form der anarchistischen Überwachung der präfigurativen Räume, die diese Subkulturen darstellen, weil sie (1) eine Verachtung der Zivilgesellschaft und des Staates widerspiegelt, (2) direktes Handeln beinhaltet und (3) eine Alternative zum staatlichen Handeln darstellt.«[5]

Schon dieser Aspekt der Durchsetzung der Politik (policy) einer Gemeinschaft, also z. B. rassistische Beleidigungen oder Nazipropaganda nicht zu dulden, ist ein interessanter Fall für Reflexionen über die Möglichkeit anarchistischen Rechts. Aber ich möchte einen schwierigeren Fall anführen, der einen bisher unzureichend theoretisierten Aspekt der praktischen Erfahrungen einer bedrohten Szene in den Mittelpunkt stellt.

5 Meine Übersetzung (vgl. Original: Vysotsky 2015: S. 236).

Da war ein Konzert in München geplant, auf dem eine weithin bekannte Anarcho-Punkband spielen sollte. Ich wurde gebeten, als Türsteher zu arbeiten. Aber diesmal war die Szene gespalten: Es ging das Gerücht um, dass ein Bandmitglied, ein Cisgender-Mann, einige Jahre zuvor in einem anderen Land eine Frau zum Sex genötigt habe. Manche glaubten den Gerüchten, andere nicht. Die Debatten waren erhitzt, denn Anarchist*innen sollten keine Konzerte organisieren (oder auch nur besuchen), bei denen Täter auf der Bühne stehen, was potenziellen Opfern Unbehagen bereitet. Diejenigen, die von der Unschuld des Musikers überzeugt waren, wollten, dass das Konzert stattfindet, denn bei diesem Konzert sollten anarchistische Botschaften in der Szene verbreitet werden. Diejenigen hingegen, die davon überzeugt waren, dass der Musiker ein Vergewaltiger ist, wollten das Konzert stören oder sogar unterbrechen, da es ihnen nicht gelungen war, es von vorneherein zu verhindern. Das Konzert begann, und da stand ich an der Tür, um meine Freund*innen und Genoss*innen im Konzertsaal vor meinen anderen Freund*innen und Genoss*innen, die mit Angriff drohten, zu beschützen. Ich wollte das Richtige tun, aber wie sollte ich herausfinden, was das Richtige war? Obwohl es an dem Abend nicht zu gewalttätigen Auseinandersetzungen kam, verstörte mich die ganze Sache. Wir wollten eine herrschaftsfreie Szene. Und obwohl wir uns einig waren, dass sexualisierte Gewalt nicht zu dulden ist, und dass sie in unserer Szene passieren kann, konnten wir uns in diesem Fall nicht einig werden, was zu tun war. Und selbstverständlich gibt es viele vergleichbare Fälle. Die Frage ist also: Wie können anarchistische Szenen mit Verhalten umgehen, das sie selbst als verbrecherisch bewerten, ohne sich an den Staat zu wenden oder sogar selber zu einer Art Staat zu werden? Und daran schließt sich die Frage an, ob der Anarchismus womöglich gerade dabei ist, die Keime eines neuen, nichtstaatlichen Rechtssystems zu entwickeln, das besser ist als staatliche Rechtssysteme.

Der anti-institutionelle Anarchismus der Gruppe CrimethInc.

Offensichtlich fehlte bei diesem Konzert eine Institution, die effektiv entscheiden konnte, ob der angeklagte Musiker ein Täter war oder nicht, und wie die Szene darauf reagieren sollte. Der Musiker selbst verlangte ein faires Verfahren, in dem er zeigen wollte, dass er unschuldig war, aber dazu kam es nicht. Diese Abwesenheit von ›Gerichtsverfahren‹ (das Wort verwende ich hier, weil ich kein besseres kenne) ist nicht unüblich in der anarchistischen Szene, aber sie ist auch nicht universell. Einige lokale Szenen versuchen, Verfahren zu institutionalisieren, die szeneinterne Verbrechen behandeln, während andere Szenen das nicht tun. Das ist keine Inkonsistenz, sondern eine Vielfalt der Praktiken, die mit der Vielfalt in der anarchistischen Theorie konsistent ist. Von Beginn an war der Anarchismus eine vielfältige Bewegung und Ideologie, weshalb es in ihm sehr unterschiedliche Einstellungen gegenüber gesellschaftlichen Institutionen gibt. So unterscheidet etwa Christian Leonhardt zwischen Pierre-Joseph Proudhons Suche nach einer guten, nichtstaatlichen Ordnung und Michail Bakunins ordnungsfeindlichem antistaatlichem Aktivismus, um die Bandbreite der verschiedenen Anarchismen zu zeigen (vgl. Leonhardt 2019: S. 98–103). Er will damit nachweisen, dass Bakunins Ordnungsfeindschaft Jacques Rancières Bevorzugung der ›Politik‹ gegenüber der ›Polizei‹ entspricht. Diese Bevorzugung sieht er auch in Publikationen des CrimethInc.-Kollektivs widergespiegelt, das ich gleich für meine Argumentation ausführlich zitieren werde, weil es innerhalb der anarchistischen Szene sehr einflussreich ist. Bleiben wir aber kurz bei Rancière, der gerne in antiinstitutionellen Zusammenhängen herangezogen wird. Rancières Begrifflichkeit ist kontraintuitiv. So subsumiert er etwa viele Phänomene, die alltagssprachlich (und auch in der nicht-Rancière'schen Wissenschaft) ›politisch‹ genannt würden, unter dem Begriff ›Polizei‹: etwa Parteien, Parlamente, Regierungen, Riotcops usw. – lauter Dinge, die von Anarchist*innen abgelehnt werden. Aber auch politische Aktionen, die von Anarchist*innen ausgeübt werden (z. B. Streiks, Demonstrationen, Ausschreitungen, Schwarze Blöcke) nennt Rancière ›Polizei‹. Unter den Begriff fallen außerdem Wissenschaft, Kunst, Literatur, Gesundheit und Bildung. Das liegt daran, dass nach Rancière jedes Zusammenleben gewissen Logiken folgen muss, mithin also Aufteilungen vornehmen muss, die Ungleichheit nach sich ziehen (vgl. Leonhardt 2019: S. 104–105). Und jede Ordnung, die Ungleichheit herstellt, heißt bei Rancière ›Polizei‹. Allerdings ist das nicht alles. Jeder solchen Ordnung liegt auch eine prinzipielle Gleichheit zugrunde, die wieder auftaucht, wenn mit der Ordnung gebrochen wird. Den Bruch mit der Ordnung nennt Rancière ›Politik‹. Wichtig ist dabei, dass die ›Politik‹ keineswegs die Subjekte neu anordnet, von einer ungleichen in eine gleiche Ordnung. Die ›Politik‹ kann keine ›gute Ordnung‹ schaffen – auch eine ›gute Ordnung‹ wäre ›Polizei‹, da jede Ordnung Aufteilungen vornimmt und somit

Ungleichheit erzeugt. Die ›Politik‹ kann lediglich Ordnung stören (oder zerstören) (vgl. Leonhardt 2019: S. 105–107). Leonhard argumentiert, dass die ordnungsfeindliche Einstellung des Anarchisten Bakunin der ›Politik‹ Rancières entspricht, auch wenn Rancière nicht von ›Anarchie‹, sondern von ›Demokratie‹ spricht.

> »Zusammengefasst sind so gelesen Demokratie wie auch Anarchie keine gesellschaftlichen Ordnungen oder Prinzipien, aus denen sich eine Ordnung ableiten ließe, sondern Praxen der Infragestellung von Ordnungen, die diese immer wieder auf ihre Unvollständigkeit bzw. auf die ihr zugrunde liegende Gleichheit zurückführen« (Leonhardt 2019: S. 107–108).

Leonhardt verwendet Rancières Unterscheidung nicht nur für die Analyse klassischer Anarchismen, sondern wendet sie auch auf ein heute aktives anarchistisches Publikationskollektiv an: CrimethInc.[6] Das Kollektiv ist seit mindestens 1996 aktiv, stammt aus der Hardcore-Punk-Szene (*Straight Edge*), pflegt eine entsprechende DIY-Ethik, hat aber inzwischen sehr professionell aufgemachte Publikationen vorzuweisen. In zahlreichen Büchern, Zeitschriften, Pamphleten und Online-Beiträgen ruft CrimethInc. einerseits zu anarchistischen Taten auf, berichtet und reflektiert andererseits von Ereignissen, Beziehungen und Strukturen, die für einen aktivistischen Anarchismus von Interesse sind. Unter zahlreichen anarchistischen Kollektiven sticht CrimethInc. nicht zuletzt dadurch hervor, dass die Auflagen der gedruckten Publikationen sehr hoch sind. Das allein macht das Kollektiv relevant für die Untersuchung des heutigen Anarchismus. Außerdem vertritt CrimethInc. häufig insurrektionalistische Positionen (ohne sich allein auf diese anarchistische Strömung zu beschränken). Im Insurrektionalismus geht es nicht so sehr um den Aufbau anarchistischer Gegengesellschaften (das wäre eine Richtung, die man eher bei den Nachfolger*innen Gustav Landauers finden könnte) – die aber durchaus positiv wahrgenommen werden. Vielmehr geht es im Insurrektionalismus um einen Bruch mit der Ordnung – also in Rancières Begrifflichkeit um ›Politik‹, nicht um ›Polizei‹. So ein politischer Bruch steht auch im Zentrum vieler Publikationen

6 Die Schreibweise mit großem I im Wort und einem Punkt am Ende ist selbstverständlich ein Wortspiel, mit dem auf das Paradox aufmerksam gemacht wird, dass das Kollektiv zwar antikommerzielle Literatur vertreibt, letztlich aber doch Waren kaufen und verkaufen muss – das ›Inc.‹ suggeriert dabei, dass es sich um eine Firma handele.

des CrimethInc.-Kollektivs.[7] Leonhardt macht darauf aufmerksam, dass das Kollektiv auch die anarchistischsten Institutionen des konsensuellen Entscheidens kritisiert, was ziemlich kühn für ein Kollektiv ist, das selbst zu den erfolgreichsten Verfechtern genau dieser Institutionen gehört. In Leonhardts Leseweise ist CrimethInc.s Gegnerschaft das Resultat praktischer Erfahrungen (z.B. mit den Entscheidungsprozeduren bei Occupy Wall Street) und somit eine intellektuelle Entwicklung (vgl. Leonhardt 2019: S. 108–113). Da ist es doch interessant, dass CrimethInc. sich einige Zeit nach diesem Bekenntnis zu Rancière'scher ›Politik‹ im Feld der Regelsetzung nicht ganz von Rancière'scher ›Polizei‹ im Feld der Regeldurchsetzung distanzieren konnte. Das wird in den theoretischen Reflexionen des Kollektivs deutlich gemacht, die es über eine Klasse von Institutionen anstellte, die Entscheidungsfindungsinstitutionen komplementär ergänzen: Dabei geht es um die judikativen Institutionen, die manche lokale anarchistische Szenen errichtet haben, andere aber nicht. Zu diesem Thema hat CrimethInc. 2013 ein Pamphlet veröffentlicht: *Accounting for Ourselves*. Darin werden sowohl das staatliche Rechtssystem als auch die von diesem stark abweichenden unterschiedlichen legalen Institutionen, die einige lokale anarchistische Szenen aufgebaut haben, scharf kritisiert – nur um am Ende dazu aufzurufen, mit weiteren, anderen legalen Institutionen zu experimentieren (vgl. CrimethInc. 2013).

Nun frage ich mich: Hätte irgendeine Art anarchistischer Rechtsverfahren in dem Fall des beschuldigten Musikers geholfen? Und falls ja: welche Art? Es ist sinnvoll, dafür die anarchistischen Bemühungen, ihre szeneinternen Verbrechensprobleme selbst zu lösen, zu betrachten. Allerdings kann ich das hier nicht in einer umfassenden (oder gar vollständigen) empirischen Studie machen. Stattdessen ziehe ich direkt das CrimethInc.-Pamphlet heran. Darin werden viele Erfahrungen zusammengefasst und einer systematischen Kritik zugeführt. CrimethInc. ist in der anarchistischen Szene gut bekannt und hat daher eine privilegierte Position im Netzwerk – das Kollektiv hat mehr Verbindungen zu anderen

7 Beispielhaft seien die Bücher *Days of War, Nights of Love* (2001), *Recipes for Disaster* (2005) und *Expect Resistance* (2008) genannt, die neben dem anarchistisch-aktivistischen Bruch mit der herrschaftlichen Ordnung noch viele weitere Themen behandeln. Außerdem berichtet CrimethInc. auf der eigenen Homepage von nahezu allen Riots mit anarchistischer Beteiligung, die es in die Weltschlagzeilen schaffen – häufig mit Insiderberichten (sehr viele Beispiele dafür sind unter de.crimethinc.com in vielen Sprachen nachzulesen und in Podcasts zu hören).

als die meisten anderen Aktivist*innen. Das ist eine gute Ausgangsposition, um verschiedene Praktiken in der Szene zu untersuchen. Obwohl das von mir als Beispiel angeführte Konzert in München viele Jahre vor der Veröffentlichung von *Accounting for Ourselves* stattfand, zirkulierten dort schon damals andere CrimethInc.-Publikationen (z. B. *Days of War, Nights of Love*) zwischen lokalen Aktivist*innen. Was CrimethInc. zu sagen hatte, war also schon damals relevant für unsere Szene. Abgesehen davon macht das notorisch regelfeindliche Kollektiv CrimethInc. letztlich Vorschläge für Regeln, Institutionen und Ebenen einer anarchistischen Rechtsordnung. Wenn also sogar die einflussreichsten Vertreter*innen einer Rancière'schen ›Politik‹ nicht darum herumkommen, darüber zu spekulieren, welche Art von Rancière'scher ›Polizei‹ für die anarchistischen Szenen ratsam wäre, dann ist ein Plädoyer für anarchistische Rechtsverfahren durchaus plausibel. Mehr als Plausibilität ist hier auch gar nicht zu erwarten. Eine induktive Generalisierung wäre ein logischer Fehler[8], und eine autoritative Oktroyierung legaler Institutionen wäre unanarchistisch. Im Folgenden werde ich Modelle für legale Institutionen vorstellen, die in anarchistischen Szenen ausprobiert wurden, sowie die gängige Kritik daran. Anschließend werde ich CrimethInc.s davon abweichende Vorschläge referieren.

Existierende anarchistische Alternativen zum Rechtsstaat

Wenn Anarchist*innen etwas gegen das Rechtssystem ausrichten wollen, müssen sie etwas Besseres anbieten, um es zu ersetzen. Judikative Institutionen[9] sind Instrumente der Rechtsdurchsetzung und unterscheiden sich

8 Es ist nicht bekannt, welche (und wie viele) empirischen Quellen CrimethInc. für sein Pamphlet heranzieht. Daher können die beobachteten Fälle nicht als statistisch zuverlässige Stichprobe verwendet werden, die es erlauben würde, Aussagen darüber zu treffen, wie alle (oder wenigstens die meisten) lokalen anarchistischen Gruppen ihre internen Rechtsprobleme lösen. Selbst eine Hypothesenbildung wäre fragwürdig – und vor allem unüberprüfbar. Ich muss mich momentan damit abfinden, dass ich schlicht nicht weiß, wie weit verbreitet die im Folgenden behandelten Alternativen zum Rechtsstaat in der anarchistischen Szene sind. Ich gehe aber davon aus, dass diese Alternativen zumindest breit diskutiert werden und dass aus (einer unbekannten Anzahl von) Einzelfällen bereits Vor- und Nachteile der Verfahren erkannt werden können. Aber das genügt mir. Ich will zeigen, dass es Alternativen gibt und welche Probleme mit ihnen zu erwarten sind – ich will aber nicht zeigen, dass diese Alternativen ubiquitär sind (das sind sie ja offensichtlich nicht).

9 Ich verwende den Begriff ›judikative Institutionen‹ für etwas, das sozusagen Recht spricht, also in Bezugnahme auf gemeinsam anerkannte Regeln Konflikte (v.a.

von legislativen Institutionen, die Instrumente der Rechtsetzung sind. Obwohl einige Anarchist*innen behaupten werden, sie seien gegen das Recht (oder gegen Regeln oder soziale Strukturen, die das Verhalten der Menschen im Allgemeinen beeinflussen), ist es die Durchsetzung des Rechts, die für Anarchist*innen wirklich problematisch ist. Recht im engeren Sinne ist eine Reihe von Regeln. Die meisten (aber nicht alle) Anarchist*innen haben nichts gegen Regeln, solange sie freiwillig beschlossen und befolgt werden. Diese Entscheidungsfindung kann durch die Verwendung geeigneter Strukturen und Verfahren recht anarchistisch gestaltet werden (vgl. Seyferth 2019). In einem weiteren Sinne steht das Recht aber auch für die Herrschaft, die jedes Mal reproduziert wird, wenn jemandem eine Regel mit repressiven Mitteln aufgezwungen wird. Dies ist einer der Hauptangriffspunkte der Anarchist*innen: Nicht so sehr die gesetzgebenden Institutionen, sondern vielmehr die judikativen Institutionen, insbesondere die staatliche Justiz, sind unterdrückerisch. Selbst wenn eine anarchistische Gemeinschaft implizit oder explizit ein Regelwerk beschlossen hat, und selbst wenn jedes Mitglied der Gruppe diesen Regeln zugestimmt hat, ist es möglich, dass einige Mitglieder gegen diese Regeln verstoßen. Was ist in einem solchen Fall zu tun?

Restorative Justice

Wie die Strukturen für Konsensentscheidungen wurden auch die alternativen Rechtsdurchsetzungsverfahren in den 1970er-Jahren von radikalen Aktivist*innen modelliert und seither weiterentwickelt. Ausgangspunkt waren die traditionellen Verfahren zur Bewältigung von Schäden in indigenen Gemeinschaften, die gute Gründe hatten, staatlichen Beamten nicht zu vertrauen. Es entstand das Modell der *Restorative Justice* (wörtlich: ›wiederherstellende Gerechtigkeit‹; manchmal wird auf Deutsch auch ›opferorientierte Justiz‹ gesagt). Es beruht auf der Annahme, dass Schaden nicht durch Bestrafung wiedergutgemacht werden kann, sondern nur dadurch, dass man die vom Konflikt betroffenen Personen zusammenbringt und versucht, zerbrochene Beziehungen wiederherzustellen, Verletzungen

Regelverletzungen) löst und somit mehr oder weniger die gleiche Funktion erfüllt wie das Rechtssystem des Staates, aber nicht so allumfassend und exklusiv ist wie der Staat. Natürlich hat auch das staatliche Rechtssystem Institutionen (z. B. Gerichte und Gefängnisse). In einem Rechtsstaat werden diese judikativen Institutionen durch das Rechtssystem bestimmt. Anarchistische judikative Institutionen hingegen sind (noch) nicht Teil eines größeren Systems.

zu heilen und den zugefügten Schaden zu beheben.[10] Im Fall des beschuldigten Musikers würde die Restorative-Justice-Lösung also idealerweise mit einer Einladung an alle Betroffenen beginnen, sich dem Kreis anzuschließen, in dem Täter, Opfer und Gemeinschaft versuchen, sich zu versöhnen. Im Vergleich zur staatlichen Justiz ist dies eine Erweiterung der beteiligten Parteien. Für Verfahren der Restorative Justice ist der Kontext des Problems entscheidend; er bestimmt, wer beteiligt ist, wer zur Lösung des Konflikts benötigt wird und wer den Prozess unterstützen kann (vgl. Malzahn 2019: S. 194–196). Dabei stehen die Bedürfnisse des Opfers im Vordergrund, was in krassem Gegensatz zu staatlichen Gerichtsverfahren steht, die den Beteiligten den Konflikt wegnehmen. Während die staatliche Justiz in erster Linie darauf abzielt, die staatliche Autorität wiederherzustellen (in dem Sinne, dass sich der Staat im Falle einer Vergewaltigung als das eigentliche Opfer sieht, da in erster Linie die Gesetze des Staates verletzt wurden – die Rolle der vergewaltigten Person wird auf die einer Zeugin bzw. Nebenklägerin[11] reduziert), ist das Hauptziel der Restorative Justice die Stärkung der betroffenen Gemeinschaft. Restorative Justice zielt dabei in erster Linie darauf ab, das Opfer zu stärken. Seine Gefühle, Bedürfnisse und Fragen müssen gehört und ernst genommen werden, was Heilung ermöglicht und dazu führen kann, dass das Vergewaltigungsopfer als vollwertiges Mitglied

10 Das erinnert an die Gerichtsverfahren in polykephalen Gesellschaften, die Hermann Amborn beschreibt. In ihnen »ist vorrangiges Ziel nicht die Bestrafung, sondern die Belehrung«, es soll durch Konsensfindung »der soziale Friede wiedererlangt und besiegelt werden«, damit der »soziale Störfall beseitigt und die Gemeinschaft wieder hergestellt« werden kann (vgl. Amborn 2020). Siehe auch den Beitrag Amborns in diesem Band.

11 Das klingt unglaublich, ist aber Rechtslage (vgl. §§ 395–402 StPO). In Deutschland kann das Opfer bei manchen Straftaten (auch bei sexualisierter Gewalt) erweiterte Rechte im Strafverfahren erhalten (›Nebenklage‹), wobei es der Anklage der Staatsanwaltschaft angeschlossen wird, nicht aber so viele Rechte wie die Staatsanwaltschaft erhält. Dies soll es dem Opfer ermöglichen, nicht nur als Opfer und somit Objekt des Verfahrens aufzutreten (was häufig einer Retraumatisierung gleichkommt), sondern eine gewisse eigene Handlungsmacht im Verfahren zu erhalten, also ein Stück weit Subjekt des Verfahrens zu werden. Aber dies ist nur eine Ausnahme von dem in Deutschland seit Jahrhunderten geltenden Strafverfolgungsmonopol des Staates. Im staatlichen Strafgerichtsverfahren stehen sich also nicht Opfer und Täter als Gegner gegenüber, sondern meist Staatsanwaltschaft und Täter, und manchmal Staatsanwaltschaft plus nebenher Opfer und Täter. Im Restorative-Justice-Modell hingegen geht es um das *Empowerment* des Opfers, das viel mehr zu sagen hat. Auch der Täter und die Gemeinschaft sollen Empowerment erfahren – der Staat hingegen nicht (vgl. Malzahn 2019: S. 197).

der Gemeinschaft wiederhergestellt wird, und nicht auf die Rolle des Opfers reduziert wird. Restorative Justice versucht auch, die Verantwortungsübernahme (›*accountability*‹) des Täters zu ermöglichen, indem sie ihn als Person nicht stigmatisiert. Er kann erklären, wie es zu dem Verbrechen kommen konnte und dass er keine grundsätzlich schlechte Person ist. Die regelwidrigen Taten des Täters werden verurteilt, um das Unrecht der Taten deutlich zu machen, ohne die Person dauerhaft abzulehnen. Schließlich zielt die Restorative Justice auch darauf ab, die Gemeinschaft zu stärken, indem sie das Problem selbst löst, die Bindungen zwischen den Mitgliedern stärkt und ihnen die Teilnahme an der Gemeinschaft ermöglicht. Dies ist von entscheidender Bedeutung für Gemeinschaften, die bereits durch den Staat und andere Herrschaftsmechanismen an den Rand gedrängt sind. Im Idealfall wird ihr Gefühl der Handlungsfähigkeit wiederhergestellt (vgl. Malzahn 2019: S. 197–199).

Restorative Justice folgt sechs Prinzipien, die auf emanzipatorischen Werten beruhen:

1. Die Teilnehmer*innen (zu denen auch der Täter gehört, der ja letztlich wieder zur geheilten Gemeinschaft gehören möchte und Verantwortung übernehmen muss) haben die *Definitionsmacht*. Sie sind die Expert*innen ihres Konflikts, denn nur sie wissen, was geschehen ist und was nun geschehen muss, damit der Konflikt gelöst werden kann.
2. Es werden Lösungen für den Konflikt gesucht, aber *keine Urteile* gefällt. Der Prozess wird nicht von externen Akteur*innen, z. B. dem Staat oder seinem Recht, bestimmt.
3. Da es keine externe (oder eine andere) Autorität gibt, können Lösungen nur im *Konsensverfahren* gefunden werden. Der Kreis der Restorative Justice kommt erst dann zum Abschluss, wenn sich alle Beteiligten auf eine Lösung einigen können.
4. Dies setzt *Freiwilligkeit* für alle Beteiligten voraus. Wenn sie keine Lösung finden wollen, werden sie sie auch nicht finden.
5. Wenn niemand zur Teilnahme gezwungen werden kann, kann auch niemand jemanden von der Teilnahme abhalten – *alle Geschädigten sollten teilnehmen*.
6. Im Kreis der Restorative Justice herrscht *Gleichheit*. Alle formalen Rollen sind aufgehoben, sodass jeder das gleiche Recht hat, zu sprechen und

gehört zu werden. Soziale Machtungleichgewichte und Diskriminierungen, die die Gleichberechtigung außerhalb des Kreises behindern könnten, müssen durch geeignete Verfahren oder durch eine wachsame Moderator*in wirkungslos gemacht werden (vgl. Malzahn 2019: S. 200–201).

Wiederherstellende Gerechtigkeit ist eine DIY-Gerechtigkeit, die versucht, dem Staat die Macht der Konfliktlösung zu entreißen. Es geht um Selbstbestimmung, Autonomie, Gewaltabbau und die Gestaltung einer besseren Zukunft. Sie ist in vielen lokalen anarchistischen Szenen erprobt worden, mit erheblichen Unterschieden in der Prozessgestaltung. Rehzi Malzahn versteht sogar die alternativen Gerichtshöfe in revolutionären Gebieten wie Chiapas (Zapatist*innen) und Rojava (Kurd*innen) als Varianten der Restorative Justice (vgl. Malzahn 2019: S. 218). Da sich viele Anarchist*innen davon inspirieren lassen, ist die augenscheinlich weite Verbreitung des Modells nicht überraschend.

Transformative Justice

Das Modell der Restorative Justice wurde jedoch dafür kritisiert, dass es den Bedürfnissen eines besonderen Falls von Opfern nicht gerecht wird: den Überlebenden sexueller Übergriffe. Diese Kritik wurde vor allem in Gemeinschaften von intersektionell unterdrückten Transfrauen und People of Color laut. Einerseits waren sie Zielscheibe staatlicher Repression. In den USA hat der Staat sein Gefängnissystem seit den 1990er-Jahren massiv ausgebaut und vor allem mit Angehörigen von Gemeinschaften gefüllt, die bereits durch Rassismus, Klassismus, Heteronormativität und wegen fehlender Aufenthaltsgenehmigungen unterdrückt wurden. Andererseits hat sich der feministische Diskurs in den USA in diesen Jahren von der früheren Kritik an den Strukturen der Gewaltgesellschaft (›Patriarchat‹) in eine Sicherheitsdebatte verwandelt, die darauf abzielt, weiße Frauen der Ober- und Mittelschicht zu schützen, indem einzelne Täter ins Gefängnis gesteckt werden (Stichwort ›carceral feminism‹). Transfrauen und People of Color fanden also weder in staatlichen Institutionen noch in der feministischen Szene Schutz. Andere aktivistische Gruppen, auch aus der anarchistischen Szene, erwiesen sich als schockierend duldsam und sogar als Verteidiger der Vergewaltigungskultur. In einigen Fällen war dies eine indirekte Folge der staatlichen Politik: So wurden z. B. in schwarzen

Gruppen Opfer von häuslicher Gewalt und/oder Vergewaltigung von der Gruppe zum Schweigen gebracht, um die Gruppe vor polizeilichen Übergriffen und vor der Reproduktion kolonialistischer Bilder von ›schwarzer Männlichkeit‹ zu schützen (vgl. Monz/Brazzell 2019: S. 223–226). In solchen Fällen hilft die Restorative Justice nicht viel. Daher wurde ein neuer Ansatz entwickelt, zunächst in der abolitionistischen Bewegung (die die Abschaffung der Gefängnisse zum Ziel hat) und später in der Black-Lives-Matter-Bewegung. Das neue Modell wurde *Transformative Justice* genannt, weil es versucht, die Gesellschaft und die Gemeinschaft zu transformieren. Es stellt nicht den Täter in den Mittelpunkt (wie die staatliche Justiz), versucht aber auch nicht, die Überlebenden mit dem Täter zu versöhnen, um so den Status quo ante der Gemeinschaft wiederherzustellen. Für die Anhänger*innen der Transformative Justice ist das Modell der Restorative Justice nicht radikal genug, um die Gesellschaft zu verändern (vgl. Monz/Brazzell 2019: S. 226–227).

Zwar beruht die Transformative Justice ebenso wie die Restorative Justice »auf der Idee, dass eine Gemeinschaft am besten weiß, wie sie mit ihren eigenen Problemen umzugehen hat«[12], aber es muss anerkannt werden, dass die Gemeinschaft selbst Probleme hat, die für das missbräuchliche Verhalten verantwortlich sind und die behandelt werden müssen. Die neuseeländische Gruppe *People Against Prisons Aotearoa* verkündet etwa:

> »Wir ermutigen die Gemeinschaften, zu erkennen, wie sie schädliches Verhalten zulassen oder fördern, sei es absichtlich oder auf andere Weise. Die Einstellungen und Verhaltensweisen, die dazu führen, dass jemandem Schaden zugefügt wird, sind fast immer in der alltäglichen Umgebung dieser Person zu finden.«[13]

Transformative Justice ist daher eng mit der *Community Accountability* (›Verantwortlichkeit der Gemeinschaft‹) verbunden, einem Prozess, der von einer Gemeinschaft verwirklicht werden kann, die gemeinsam daran arbeitet, sich zum Besseren zu verändern. Wie kann dies geschehen, wenn das Verbrechen des sexuellen Missbrauchs begangen wurde? Die US-amerikanische Gruppe *INCITE! Women of Color Against Violence* hat z. B. diese vier Grundsätze der Community Accountability zusammengestellt:

12 Meine Übersetzung (vgl. Original: People Against Prisons Aotearoa o. J.: S. 5).
13 Meine Übersetzung (vgl. Original: People Against Prisons Aotearoa o. J.: S. 21).

- »Gewährleistung von *Sicherheit und Unterstützung* für Gemeinschaftsmitglieder, die Opfer von Gewalt wurden, unter *Wahrung ihrer Selbstbestimmung.*
- Entwicklung nachhaltiger Strategien, um *das missbräuchliche Verhalten von Gemeinschaftsmitgliedern* zu bekämpfen und einen Prozess zu schaffen, der es ihnen ermöglicht, Verantwortung für ihr Handeln zu übernehmen und ihr Verhalten zu ändern.
- Schaffung und Bekräftigung von *Werten und Praktiken*, die Missbrauch und Unterdrückung widerstehen und Sicherheit, Unterstützung und Verantwortung fördern.
- Wir verpflichten uns zu einer kontinuierlichen Entwicklung aller Mitglieder der Gemeinschaft und der Gemeinschaft selbst, um *die politischen Bedingungen zu verändern*, die Unterdrückung und Gewalt verstärken.«[14]

Diese Grundsätze können auf viele verschiedene Arten umgesetzt werden. Es ist möglich, Aufklärungsarbeit zu leisten, Gruppen zu bilden, die den Überlebenden helfen, oder mächtige Menschen anzugreifen, die Gewalt ausüben (dann ist es auch ratsam, Sicherheitspläne gegen deren Racheakte zu haben) (vgl. Monz/Brazzell 2019: S. 229). Im Rahmen der Transformative Justice umfasst die Community Accountability die Schaffung eines sicheren Raums für die Überlebenden. Dann wird sozialer Druck auf den Täter ausgeübt. Der Täter sollte die Verantwortung für seine Taten übernehmen, auch wenn er sich dabei nicht wohlfühlt. Im Gegensatz zu Verfahren der Restorative Justice treffen sich Überlebende und Täter also nicht auf gleicher Augenhöhe, um einen Kompromiss zu finden. Tatsächlich war die Beziehung vor dem Übergriff auch nicht gleichrangig: Der Täter hatte einen Machtvorteil. Seine Gewalt gegen sie war aufgrund des geschlechtsspezifischen Machtgefälles in der Gemeinschaft möglich, auch wenn er sich ebenfalls machtlos fühlte (vgl. Monz/Brazzell 2019: S. 235). Die gesamte Gemeinschaft ist also betroffen und muss sich ebenfalls verändern. Es ergibt keinen Sinn, die Gemeinschaft als einen Ort zu idealisieren, der die Gleichberechtigung bereits verwirklicht hat. Oft finden Täter auch in radikalen Kreisen Apologet*innen, wenn das Bewusstsein für Patriarchat und sexistisches Verhalten nicht ausreichend vorhanden ist.[15] Transforma-

14 Meine Übersetzung (vgl. Original: INCITE! Women of Color Against Violence 2008: S. 69).

15 Es kann daher sogar vorkommen, dass sich eine Gemeinschaft auf die Seite des Täters schlägt und das Opfer ausschließt oder zum Schweigen bringt. Das kann vor

tive Justice kämpft gegen diese oft uneingestandenen Herrschaftsstrukturen in der Szene – und in der gesamten Gesellschaft, die ebenfalls transformiert werden muss, denn letztlich sind es die gesellschaftlichen Verhältnisse, die die Gewalt perpetuieren: Systeme der Unterdrückung und Ausbeutung, der Herrschaft und der staatlichen Gewalt. Transformative Justice hat also in jedem Fall einen revolutionären Anspruch. Wenn sie erfolgreich ist, entstehen ›verantwortliche Gemeinschaften‹ (›accountable communities‹), deren Mitglieder lernen, für ihre eigenen Taten verantwortlich zu sein, und daher in der Lage sind, auch von anderen verantwortungsvolles Verhalten zu verlangen (vgl. Monz/Brazzell 2019: S. 245).[16]

Kritik an diesen Alternativen

Obwohl niemand jemals behauptet hat, dass diese Modelle Allheilmittel sind, haben sie seit den 2000er-Jahren in der anarchistischen Szene an Boden gewonnen, insbesondere das Modell der Transformative Justice, das auf Community Accountability abzielt. Das Kollektiv CrimethInc. erkennt dies an. Als anarchistisches Kollektiv legt CrimethInc. Wert auf den Kampf gegen alle Formen von Herrschaft:

> »Sexuelle Übergriffe und Missbrauch, Partnergewalt, Kindesmissbrauch und sexuelle Belästigung sind die wichtigsten Methoden, mit denen Männer ihre Herrschaft über Frauen ausüben. Sexualisierte Gewalt trägt zur Aufrechterhaltung von Patriarchat, Heterosexismus, Trans-Unterdrückung, Altersdiskriminierung und Unterdrückung der Jugend, rassistischem Kolonialismus und Genozid bei.

allem dann passieren, wenn der Täter als besonders wichtig gilt. Zwar bemühen sich anarchistische Gruppen üblicherweise darum, in ihren Reihen keine informellen Hierarchien entstehen zu lassen, aber diese Bemühungen klappen nicht immer. Man denke z. B. an Julian Assange, der in anarchistischen Kreisen viel Bewunderung für seine Tätigkeit als Whistleblowing ermöglichender Hacker erhielt und somit zur Delegitimierung von Staaten beitrug, und dessen höchst problematisches sexuelles Verhalten dann gerne schweigend ignoriert wurde (wenn auch nicht von allen). Die staatlichen Verfahren gegen Assange werden in anarchistischen Kreisen gerne delegitimiert; doch es wäre zu diskutieren, ob es nicht notwendig wäre, das sexuelle Verhalten Assanges einem Transformative-Justice-Verfahren zu unterwerfen. Abgesehen davon können auch anarchistische Gruppen ganz blind für ihren eigenen Sexismus sein, und in diesen Gruppen mag dann übergriffiges sexualisiertes Verhalten als ›sexuelle Befreiung‹ (allerdings nur der Täter, die Opfer bleiben unsichtbar) gelten und gefeiert werden.

16 Erneut verweise ich auf die Texte von Hermann Amborn (auch in diesem Band), der von herrschaftsfreien Rechtssystemen zu berichten weiß, in denen diese gemeinschaftliche Verantwortung bereits verwirklicht ist (vgl. auch Amborn 2016).

Der Kampf gegen sexuelle Übergriffe und Missbrauch ist für eine revolutionäre Umgestaltung unerlässlich.«[17]

Zunehmend werden Sexualtäter von Veranstaltungen verbannt, Überlebenden wird geglaubt, der Diskurs über das Einverständnis hat sich verbreitet, Möglichkeiten der Verantwortlichkeitsübernahme sind verfügbar geworden. Dies hat die Art und Weise verändert, wie Anarchist*innen sexuelle Beziehungen führen. Anarchist*innen sind zunehmend in der Lage, ihre Grenzen und Wünsche zu kommunizieren. Aber sexuelle Übergriffe gibt es immer noch, und es scheint einige Probleme mit Verantwortungsprozessen zu geben, zumindest in der Praxis. Diese Prozesse führten oft dazu, dass Leute von anarchistischen Veranstaltungen ausgeschlossen wurden, aber manchmal scheinen es nur Gerüchte zu sein, die zum Ausschluss einzelner Personen führten – fast wie in dem Fall, den ich erlebte, als einige Genoss*innen den beschuldigten Musiker (oder die gesamte Band) vom Konzert ausschließen wollten. Andererseits scheint es sogar möglich zu sein, dass Täter die Sprache und Verfahren anarchistischer Rechtsinstitutionen nutzen, um Macht über andere auszuüben und sie zu missbrauchen (vgl. CrimethInc. 2013: S. 9–13). Daher erschien es CrimethInc. notwendig, die »zehn Fallstricke der Community Accountability« näher zu betrachten. Das Kollektiv missbilligt nicht unbedingt das Modell selbst. Die Kritik bezieht sich nicht auf das Modell als solches, sondern auf die Praxis, die den Prinzipien des Modells möglicherweise fehlerhaft folgt. Wenn aber die Anwendung des Modells in Stresssituationen zu Fehlern einlädt, ist das Modell möglicherweise auch nicht robust genug (vgl. CrimethInc. 2013: S. 14).

Dies sind die zehn Fallstricke:

1. Der Prozess ist im Hinblick auf den Abschluss nicht genau genug definiert.

   »Wenn die Erwartungen nicht explizit sind, die Ziele nicht konkret sind oder der Zeitrahmen und die Mittel zur Bewertung nicht klar sind, kann dies zu Verwirrung und Frustration bei allen Beteiligten führen. [...] Wenn wir so viel Zeit und Energie in diese Prozesse investieren, brauchen wir eine Möglichkeit, zu beurteilen, ob sich das lohnt, und wann wir ein Scheitern zugeben müssen.«[18]

17 Meine Übersetzung (vgl. Original: CrimethInc. 2013: S. 4).
18 Meine Übersetzung (vgl. Original: CrimethInc. 2013: S. 15).

2. Gleichzeitig gibt es in der Tat einige Erwartungen an die Reaktionen des Täters auf den Prozess: Er sollte nicht nur sein Verhalten, sondern auch seine psychologische Einstellung ändern. Aber das ist ein Erfolgsstandard, der ziemlich unrealistisch ist, weil er bedeutet, dass die Teilnehmer*innen eines Transformative-Justice-Prozesses jahrelang mit »irgendeinem Drecksack« (»*some scumbag*«) arbeiten müssen, der vielleicht nicht einmal kooperativ ist. Es ist nicht praktikabel, dies auf viele Menschen auszudehnen (vgl. CrimethInc. 2013: S. 16).

3. Lokale anarchistische Szenen sind oft nicht in der Lage, die Anforderungen des Prozesses zu erfüllen. Ein Grund ist die mangelnde Bereitschaft: Transformative Justice verlangt, dass die Verbündeten der Überlebenden alles tun, was die Überlebende will oder braucht; aber es ist nicht befreiend, die Autonomie außer Kraft zu setzen und unkritisch den Forderungen zu folgen, also tun es einige Szenen nicht. Ein weiterer Grund ist der Mangel an Macht: Transformative Justice verlangt auch sichere Räume; das bedeutet normalerweise den Ausschluss von Tätern. Gemeinschaften können ausschließen, aber dieser Ausschluss ist eigentlich das Einzige, was sie tun können – wenn also etwas anderes als Ausschluss notwendig wäre, könnte die Gemeinschaft es nicht umsetzen (vgl. CrimethInc. 2013: S. 17).

4. Für den Prozess sind bestimmte Fähigkeiten in den Bereichen Beratung, Mediation und Konfliktlösung erforderlich. Den meisten Menschen fehlen diese Fähigkeiten. Wenn aber nur wenige über diese Fähigkeiten verfügen, entsteht eine Arbeitsteilung, und diese Personen werden zu Autoritäten (vgl. CrimethInc. 2013: S. 18–19).

5. Depressionen und Burnout können die Folge sein. Das ist nicht überraschend:

   »Es ist eine intensive, emotional aufreibende Arbeit, sich für die Community Accountability zu engagieren, oft mit wenig Wertschätzung oder Entschädigung. Es kann anstrengend und undankbar sein, vor allem, wenn es selten gelingt, eine Gemeinschaft intakt zu halten und gleichzeitig alle Beteiligten zufrieden zu stellen. Die Schwere der Arbeit schreckt die Menschen ab, und das ist auch verständlich.«[19]

19 Meine Übersetzung (vgl. Original: CrimethInc. 2013: S. 19).

6. Damit einhergehend wird der Zeit- und Energieaufwand, den diese Prozesse verursachen, als unverhältnismäßig beurteilt. Oft sagen Genoss*innen, sie seien in die Szene eingetreten, weil sie die Welt revolutionieren (oder einfach nur Spaß haben) wollten, und dass diese Verantwortlichkeitsprozesse dem abträglich seien. Sicherlich ist es revolutionär, das Verhalten eines Täters zu ändern, vor allem durch die Veränderung der gesellschaftlichen Strukturen, die die Gewalt ermöglicht haben. Aber es mag Wege der Revolution geben, die nicht so ermüdend und sogar abstoßend für mögliche neue Genoss*innen sind, und für diese kann Zeit verloren gehen (vgl. CrimethInc. 2013: S. 19–20).

7. Ich spreche oft von der ›anarchistischen Szene‹ und nicht von der ›anarchistischen Bewegung‹. Das liegt daran, dass anarchistische Netzwerke heute sehr ähnlich wie subkulturelle Szenen funktionieren, vor allem jene Szenen, mit denen Anarchist*innen oft zusammenarbeiten. Die am weitesten verbreitete subkulturelle Szene, die für Anarchist*innen relevant ist, ist die Punkszene. Doch obwohl die Zugehörigkeit zu einer Szene wichtig für die eigene Identität sein kann, ist es recht einfach, aus der Szene auszusteigen (oder zu einer ähnlichen Szene in einer anderen Stadt zu wechseln). Wenn also ein Täter zur Rede gestellt wird, kann er sich leicht der Verantwortung entziehen und sein missbräuchliches Verhalten andernorts fortsetzen (vgl. CrimethInc. 2013: S. 20–21).

8. Es gibt einige Verhaltensmerkmale, die typisch (aber nicht notwendig) für anarchistische Szenen sind, die unberechenbares Verhalten fördern und entschuldigen. CrimethInc. nennt ausdrücklich die ›Kultur des Rausches‹, die viele anarchistische Versammlungen durchdringt. Alkohol- und Drogenkonsum können das Gedächtnis noch unzuverlässiger machen, als es ohnehin schon ist. Dies kann dazu führen, dass sich der Täter und die Überlebende an sehr unterschiedliche Dinge erinnern – und das ist ein ernstes Problem für einen Prozess, der sich nicht auf eine Autorität stützt, die gerichtlich versucht, ›die Wahrheit‹ zu bestimmen (vgl. CrimethInc. 2013: S. 21).[20]

9. Da sie im gegnerischen Rechtssystem des Staates sozialisiert wurden, haben alle heutigen Anarchist*innen mit bestimmten Erwartungen zu

20 An dieser Stelle sollte ich vielleicht erwähnten, dass CrimethInc. seine Wurzeln in der ›Straight Edge‹ genannten Untergruppe der Hardcore-Punkszene hat, in der Rauschmittel und die hier kritisierte ›culture of intoxication‹ völlig abgelehnt werden.

kämpfen, die ihre Erfahrungen mit Verantwortlichkeitsprozessen prägen. Wenn jemand als Täter beschimpft wird, fühlt er sich oft sofort in die Defensive gedrängt und neigt dazu, die anderen der ›Hexenjagd‹, des ›Autoritarismus‹ oder des ›Polizisten/Richter/Anwalt/Gefängniswärter-ähnlichen Verhaltens‹ zu beschuldigen. Da die Leute, die den Community-Accountability-Prozess durchführen wollen, die gleiche Sozialisation haben, können sie tatsächlich in diese Art der Rahmung des Prozesses verfallen. Transformative Justice kann also dazu benutzt werden, »mit den Folgen der Machtausübung über andere zu drohen«, anstatt die Gemeinschaft und ihre Mitglieder zu emanzipieren (vgl. CrimethInc. 2013: S. 23).[21]

10. Die Verwendung von Sprache und Methoden zur Aufarbeitung sexueller Übergriffe ist in Fällen von sexuellen Übergriffen sehr sinnvoll. Dazu gehört etwa die Regel, der Person, die den Übergriff überlebte, immer zu glauben und ihrem Wohlergehen die oberste Priorität zuzugestehen. Dies ist aber nur in solchen Situationen unmittelbarer Hilfe zielführend, nicht aber in vielen anderen Situationen, in denen es andere Konfliktthemen gibt, die ergebnisoffener behandelt werden müssen. Zur Community Accountability gehört auch, dass prinzipiell für möglich gehalten wird, dass jemand sich in der Erinnerung täuscht, und das ist eine andere Herangehensweise als im *rape crisis survivor support*, der so einflussreich auf die Transformative Justice war. Dennoch wurden das Modell der Transformative Justice und seine Methoden weithin für andere Arten regelverletzenden Verhaltens verwendet. »Das ist gefährlich [...], weil ihre übermäßige Anwendung sie trivialisieren und andere dazu verleiten kann, die sehr ernsten Situationen von Übergriffen und Missbrauch, für die sie entwickelt wurden, nicht ernst zu nehmen.«[22]

CrimethInc.s alternative Alternativen

Angesichts dieser Kritik hat das CrimethInc.-Kollektiv einige Vorschläge formuliert, die weniger Lösungen für die Probleme als vielmehr experimentelle Pfade darstellen:

21 Meine Übersetzung.
22 Meine Übersetzung (vgl. Original: CrimethInc. 2013: S. 28).

1. *Selbstjustiz unter Führung der Überlebenden*, d.h. physische Konfrontation des Täters durch die Überlebenden und ihre Verbündeten. Dies ist eine alte und gefährliche Taktik. Sie kann sich ermächtigender anfühlen als lange Versöhnungs- oder Transformationsprozesse, wenn die gewaltsame Vergeltung erfolgreich ist. Aber sie kann auch zu Racheakten führen und ist eine Ablehnung der Community Accountability (vgl. CrimethInc. 2013: S. 29–32). Letztendlich ist diese Selbstjustiz nicht sehr anarchistisch – die daraus resultierenden Fehden werden von den besten Kämpfer*innen gewonnen, was die gewaltsame Grundlage des Feudalismus darstellt.

2. *Geschlechtsspezifische Organisierung*. Dieser Vorschlag scheint von erfolgreichen Veränderungen von Gemeinschaften inspiriert zu sein, die sich dafür entscheiden, Verantwortung zu übernehmen, noch bevor etwas Schlimmes passiert. Es gibt gute Erfahrungen mit Frauengruppen, die Selbstverteidigungs- und Kommunikationsfähigkeiten vermitteln. Noch besser wären Männergruppen, die sich darauf konzentrieren, die Einstellung zu Sexualität und Einwilligung zu ändern. Diese Gruppen könnten bei problematischem Verhalten eingreifen, lange bevor es zu einem Übergriff kommt, und sie könnten der Ort sein, an dem man Verantwortlichkeit lernt. Interessanterweise beschreibt CrimethInc. diesen Vorschlag in einer Sprache, die eher zu Rancières ›Polizei‹ als zu seiner ›Politik‹ passt:

   »Die Schaffung von *Strukturen* für den Austausch von Fähigkeiten zum Abbau des Patriarchats und zur Selbsttransformation könnte problematische Verhaltensweisen unter den Teilnehmern verringern und gleichzeitig eine *Infrastruktur* für die Accountability schaffen, wenn Menschen anderen Schaden zugefügt haben.«[23]

3. *Lösung von Konflikten*. Da es viele verschiedene Arten von Konflikten gibt, nicht nur sexuelle Übergriffe, sollte es Fähigkeiten geben, damit umzugehen. Wenn diese Fähigkeiten weit verbreitet sind, wird auch die Teilnahme an Restorative- oder Transformative-Justice-Kreisen wahrscheinlicher. Jeder könnte eine Kultur der lebenslangen Selbstveränderung mit kollektiver Verantwortung und einem differenzierten

23 Meine Übersetzung (und meine Hervorhebung) (vgl. Original: CrimethInc. 2013: S. 33; vgl. CrimethInc. 2013: S. 32–35).

Ansatz zur Bewältigung des angerichteten Schadens akzeptieren (vgl. CrimethInc. 2013: S 35–38).

4. *Konzentrische Kreise der Verbundenheit.* Ohne Gemeinschaft gibt es keine Community Accountability. Aber Anarchist*innen (wie alle anderen auch) haben unterschiedliche Bindungen zu vielen Gemeinschaften. Wir sollten sie als Netzwerke von Gruppen verstehen, von der kleinen Bezugsgruppe bis zu ganzen Szenen. Regeln und Verfahren sind in kleinen geschlossenen Gruppen leichter zu definieren als in offenen Netzwerken (vgl. CrimethInc. 2013: S. 40–43). Dies ist ein interessanter Vorschlag, weil er einerseits am antiorganisatorischen Modell der Bezugsgruppen und Netzwerke von CrimethInc. festhält, andererseits aber den Diskurs für die Konstitutionalisierung und faktisch die Implementierung von Rechtsinstitutionen eröffnet.

Perspektiverweiterung: einige weitere Beispiele

Die meisten dieser Kritikpunkte und Vorschläge beziehen sich ausdrücklich auf Modelle, die in vielen anarchistischen Gemeinschaften von Bedeutung sind: Restorative Justice und Transformative Justice. Aber natürlich gibt es auch andere anarchistische Gemeinschaften, die andere Ansätze für den Umgang mit regelwidrigem Verhalten haben. Viele lehnen Regeln und Prozesse als solche sogar völlig ab, oder wenn die Prozesse nicht richtig funktionieren, verletzen die Gemeinschaften ihre eigenen Prozessregeln, nur um mit ihren Aktivitäten fortzufahren. Das kann sehr problematisch sein. Werfen wir einen kurzen Blick auf einige Beispiele, die Nathan Tamblyn untersucht hat (vgl. Tamblyn 2019: S. 68–73). Es ist bekannt, dass das Völkerrecht, auch wenn es in einer formal horizontalen Verhandlung zwischen Staaten vereinbart wurde, nicht aufgezwungen oder durchgesetzt werden kann. Die meisten Staaten halten sich die meiste Zeit an das Völkerrecht, aber wenn sie es brechen, kann man nicht viel tun. Vielleicht ist das in anarchistischen Kreisen ähnlich, die ebenfalls keine Herrscher*in über sich anerkennen. In einem Kollektiv in einem sozialen Zentrum hatte z. B. ein Einzelne*r etwas Geld gestohlen. Das Kollektiv hat dieses Individuum auf Indymedia namentlich genannt und bloßgestellt. Die Person hatte dieser Veröffentlichung jedoch nie zugestimmt, und es gab kein ordnungsgemäßes Verfahren, um zu prüfen, ob die Einschätzung der Situation durch das Kollektiv richtig war. Außerdem setzt der Begriff ›Geld stehlen‹ die

Vorstellung voraus, dass das Geld dem Kollektiv gehört. Letztendlich hat das Kollektiv das Geld nicht zurückerhalten.

Oder nehmen wir einige englische Wohnungsbaugenossenschaften, die ihre eigenen Regeln aufstellten, um die demokratische Kontrolle über die Organisation durch die Bewohner*innen zu behalten. Wenn jemand seine Miete nicht bezahlte, wurde er oder sie von anderen Bewohner*innen aufgesucht, die versuchten, das Geld einzutreiben. Das ist Nötigung. Und wenn das nicht half, wandte sich die Genossenschaft an das staatliche Recht, was bedeutet, dass das Kollektiv keine funktionierende Lösung für die Mietschulden hatte.

Schließlich ist ein Blick auf die Occupy-Camps interessant. Einige von ihnen wurden nach anarchistischen Prinzipien organisiert. Aber wenn sie bei der Entscheidungsfindung keinen Konsens erreichten, gingen sie zu einem Abstimmungsmodus mit qualifizierter Mehrheit mit hohem Quorum (über 50 %) über, was dem Konsensverfahren (das etwa David Graeber als anarchistisch einstuft) widerspricht (vgl. Graeber 2013: S. 216). Und oft wurden störende oder schwierige Personen gemieden oder ignoriert. Diese Ausschlüsse erfolgten ohne ordentliches Verfahren, sodass die Generalversammlung zu einer dominierenden Macht wurde. Tamblyn kommt daher zu dem Schluss, dass die Occupy-Anarchist*innen durch die Abwesenheit eines entsprechenden (selbstgegebenen) Gesetzes eine andere Form der Herrschaft geschaffen haben. Er ist der Meinung, dass das Gesetz als solches – selbst aus anarchistischer Sicht – nützlicher wäre als die von ihm untersuchte anarchistische Praxis. »Anarchismus und Recht müssen keine Gegensätze sein«[24] (vgl. auch den Beitrag von Amborn).

Doch obwohl die anarchistische Praxis oft von einer Anti-Gesetzes-Rhetorik getragen wird, ist es sinnvoll, sie durch die Brille der Verfassungspolitik zu betrachten. Seit den klassischen Anarchist*innen des 19. Jahrhunderts haben Anarchist*innen das Privateigentum und strukturelle Ungleichheiten kritisiert, weil sie die bürgerlichen Verfassungen auf fatale Weise kompromittierten. Aber, wie einige Expert*innen auf diesem Gebiet sagen, »weit davon entfernt, Verfassungen als solche abzulehnen, kombinierten Anarchist*innen die Ablehnung der liberalen republikanischen Verfassungen mit der Annahme einer pluralistischen Verfassungspolitik«.[25]

24 Meine Übersetzung (vgl. Original: Tamblyn 2019: S. 76).

25 Meine Übersetzung (vgl. Original: Kinna/Prichard/Swann 2019: S. 363).

Praktisch alle Anarchist*innen nach Proudhon empfahlen eine dezentralisierte Föderation mit freier Vereinbarung als Rahmen für konstitutionelle Ordnungen (vgl. hierzu auch den Beitrag von Shalom im Band). Konstitutionelle Politik ist ein Ansatz, um das Problem der politischen Macht durch die Einführung von Regeln und Institutionen zu lösen. Das ist es, was die meisten Anarchist*innen anstreben, einschließlich der nominell antiinstitutionellen Gruppe CrimethInc. Die Occupy-Camps in New York, Portland und London verfolgten ebenfalls eine konstitutionelle Politik: Wie andere Konstitutionalist*innen gaben sie deklarative Prinzipien und Dokumente heraus, die das ›Wir‹ ins Leben riefen; sie entwarfen Institutionen, die Gewalten ausbalancierten oder trennten; sie entpersönlichten die Macht durch Regelsetzungsprozesse; und sie artikulierten die Stimme der verfassungsgebenden Versammlung – des Demos des Camps – durch Konsensentscheidungsverfahren. Obwohl es also reale Probleme gibt, die vor allem für die Aktivist*innen selbst deutlich sichtbar sind, gibt es mehr, als man auf den ersten Blick sieht. Der anarchistische Konstitutionalismus könnte auch auf Rechtsinstitutionen angewendet werden, die anarchistische Rechtsstreitigkeiten ermöglichen. Es würde jetzt aber zu weit führen, wenn ich hier eine eigene anarchistische Verfassung mit verbesserter Judikative formulieren würde.

Schlussbemerkungen

Der Anarchismus braucht Regeln, die von Anarchist*innen aufgestellt werden. Und diese brauchen Mechanismen, um mit der Verletzung der Regeln umzugehen. Ich habe ganz kurz die Möglichkeit der militanten Sicherheit, verschiedene Methoden der alternativen Justiz und andere Praktiken angesprochen. Sexuelle Übergriffe sind ein Problem, das nicht nur die Mainstream-Gesellschaft, sondern auch Aktivist*innenkreise heimsucht. Die Art und Weise, wie die Anarchist*innen mit diesen Konflikten umgehen, ist keineswegs perfekt, aber das gilt auch für das staatliche Strafrechtssystem. Das Recht als solches einfach abzuschaffen, scheint nicht sehr ratsam zu sein, denn das öffnet das Feld für versteckte, inoffizielle Herrschaft. Tatsächlich aber verabschieden die meisten Anarchist*innen ihre eigenen Regeln. Natürlich hat jedes Regelwerk seine Vor- und Nachteile, und man kann seine Durchsetzung zu Herrschaftszwecken nutzen. Wenn wir also nach anarchistischen Rechtsinstitutionen suchen, sollten wir nichts

Perfektes erwarten. Sie begrenzen und ermöglichen Freiheit. Wir sollten die problematischen Verfahren und Institutionen, die die Freiheit maximieren, näher untersuchen. Ein genauerer Blick auf die Anarchist*innen und ihre verschiedenen Rechtssysteme und Gesetze könnte sogar etwas Licht darauf werfen, was bei dem von mir erwähnten konfliktreichen Konzert geholfen hätte.

Literatur

Amborn, Hermann (2016): Das Recht als Hort der Anarchie. Gesellschaften ohne Herrschaft und Staat. Berlin: Matthes & Seitz.

Amborn, Hermann (2020): Schaffung von Normen und deren Geltung durch herrschaftsfreie Diskurse am Beispiel polykephaler Gesellschaften in Afrika und Indonesien. In: Tobias Herbst/Sabrina Zucca-Soest (Hg.): Legitimität des Staates. Baden-Baden: Nomos. S. 25–46.

Bey, Hakim (2003): T.A.Z. The Temporary Autonomous Zone, Ontological Anarchy, Poetic Terrorism. Second Edition with New Preface. Brooklyn: Autonomedia.

CrimethInc. (2013): Accounting for Ourselves. Breaking the Impasse Around Assault and Abuse in Anarchist Scenes. https://crimethinc.com/zines/accounting-for-ourselves (abgerufen am 31.07.2022).

INCITE! Women of Color Against Violence (2008): Law Enforcement Violence Against Women of Color & Trans People of Color: A Critical Intersection Of Gender Violence & State Violence. https://incite-national.org/stop-law-enforcement-violence-toolkit/ (abgerufen am 31.07.2022).

Graeber, David (2013): The Democracy Project. A History. A Crisis. A Movement. London: Allen Lane.

Kinna, Ruth/Prichard, Alex/Swann, Thomas (2019): Occupy and the constitution of anarchy. In: Global Constitutionalism 8 (2). S. 357–390.

Leonhardt, Christian (2019): Jenseits der guten Ordnung. Theoretische Konstellationen zwischen Bakunin, Rancière und CrimethInc. In: Klaus Mathis/Luca Langensand (Hg.): Anarchie als herrschaftslose Ordnung? Berlin: Duncker & Humblot. S. 95–119.

Malzahn, Rehzi (2019): Restorative Justice – eine andere Unrechtsbewältigung ist möglich. In: Rehzi Malzahn (Hg.): Strafe und Gefängnis. Theorie, Kritik, Alternativen. Stuttgart: Schmetterling Verlag. S. 194–221.

Monz, Lisa/Brazzell, Melanie (2019): Kein einfacher Weg: von Restorative zu Transformative Justice im Umgang mit sexualisierter Gewalt und Beziehungsgewalt. In: Rehzi Malzahn (Hg.): Strafe und Gefängnis. Theorie, Kritik, Alternativen. Stuttgart: Schmetterling Verlag. S. 222–248.

People Against Prisons Aotearoa (o.J.): Transformative Justice Workshop. Practical Ways of Solving Interpersonal Harm and Conflict in Our Communities. https://papa.org.nz/publications/ (abgerufen am 31.07.2022).

Seyferth, Peter (2019): Strukturen der Tyranneilosigkeit gegen die Tyrannei der Strukturlosigkeit. Machtanwendung bei der Findung und Durchsetzung von Entscheidungen. In: Klaus Mathis/Luca Langensand (Hg.): Anarchie als herrschaftslose Ordnung? Berlin: Duncker & Humblot. S. 121–144.

Seyferth, Peter (2021): The Case for Anarchist Litigation. Why the Enemies of Legal Institutions Want Legal Institutions. In: Klaus Mathis/Luca Langensand (Hg.): Dignity, Diversity, Anarchy. Proceedings of the Special Workshops ›Human Dignity in Europe‹ and ›The Anarchist Critique of the State, the Law and Authority‹ held at the 29th World Congress of the International Association for Philosophy of Law and Social Philosophy (IVR) in Lucerne, 2019. Stuttgart: Franz Steiner Verlag. S. 203–217.

Tamblyn, Nathan (2019): The Common Ground of Law and Anarchism. In: Liverpool Law Review 40 (1). S. 65–78.

Vysotsky, Stanislav (2015): The Anarchy Police: Militant Anti-Fascism as Alternative Policing Practice. In: Critical Criminology 23 (3). S. 235–254.

Gerlinde Krehn

Gemeinschaftsfähigkeit durch Philosophieren

> »Was an der Oberfläche wie eine Wirtschaftskrise aussieht, sind in Wahrheit die Geburtswehen einer Neuen Welt, in der fast alles anders sein wird als bisher. Wir werden eine grundlegende Änderung von fast allem erleben, was wir tun, wie wir es tun und warum wir es tun. In gewisser Weise wird sich sogar ändern, wer wir sind« (Malik 2013: 13)

Der Wirtschaftswissenschaftler Fredmund Malik hat das 2013 geschrieben. Dass wir uns gerade in einer globalen Umbruchzeit befinden, wird seitdem immer deutlicher. Klimawandel und Artensterben, Globalisierung, Erstarken von Rechtspopulismus und Antisemitismus, Digitalisierung, die Entwicklung der künstlichen Intelligenz mit allen ethischen Herausforderungen und nicht zuletzt die weltwirtschaftlichen Erfordernisse, die mit Strategien des Kapitalismus nicht zu lösen sein werden (siehe hierzu auch den Beitrag von Albert & Shaner): Die Gleichzeitigkeit der Krisen ist eine zusätzliche Herausforderung. Keine Krise lässt sich allein bewältigen, alles hängt mit allem zusammen und wir können auch nicht die eine Krise gegen die andere aufrechnen oder ausspielen. Was aber tun und wie darauf reagieren? Menschen und Gesellschaft werden nicht mehr dieselben sein können. Die Sehnsucht, dass nach den Krisen alles wieder sein kann wie vorher, wird unerfüllt bleiben. Die Veränderungen werden vermutlich so groß sein, dass wir uns das heute gar nicht vorstellen können. Die Frage ist, was also kann diese anstehende Transformation unterstützen oder dazu beitragen, dass sie gelingt.

Beim Philosophieren geht es unter anderem darum, die eigene Denkfähigkeit zu üben, der Wahrheit auf die Spur zu kommen und Handlungsoptionen zu entwickeln. Dabei kommen Menschen miteinander ins Gespräch und lernen, aus der Vielfalt der Ansätze und Meinungen etwas Neues zuzulassen und umsetzen.

Was brauchen Menschen, was brauchen wir, wenn wir uns den Herausforderungen der Gegenwart (und Zukunft) stellen wollen oder müssen? Wenn ich heute mit Erzieher*innen darüber diskutiere, worauf es bei Bildung und Erziehung ankommt, höre ich Schlagworte wie ›das Individuum fördern‹, ›auf die individuellen Interessen eingehen‹ oder die Stärken der Kinder in den Blick nehmen und nicht von Defiziten her denken. Die einzelne Person steht im Mittelpunkt. Niemand wird grundsätzlich infrage stellen, dass der Mensch ein soziales Wesen ist und deshalb auch gemeinschaftsfähig sein muss, aber der Fokus liegt in unserer individualistischen Gesellschaft in erster Linie auf dem Individuum und der Frage, was brauche ich, was braucht der Mensch.

Unstrittig ist für mich, dass Lösungswege für die anstehenden Herausforderungen nur gemeinschaftlich gesucht und auch gegangen werden können, wenn die Menschen auf diesem Planeten weiterleben wollen, weil die Herausforderungen alle betreffen. »Höher, schneller, weiter«, Leistungs- und vor allem Gewinn und Profitorientierung und -maximierung sind Teil des Problems. Was aber kann Teil der Lösung sein? Die Frage können wir nur beantworten, wenn wir herausfinden, was zu einem guten Leben für alle – Menschen, Tiere, Pflanzen – in einer intakten Umwelt notwendig ist. Und möglicherweise auch nur dann, wenn wir in der Lage sind, gemeinschaftlich und solidarisch zu handeln. Das führt unweigerlich zu der Frage, was braucht die Gemeinschaft/Gesellschaft von mir? Oder: Was kann ich für das Gemeinwohl tun? Und wie gelingt Gemeinwohlorientierung? Bisher eingesetzte Strategien führen nicht in die Zukunft. Wir brauchen andere Strategien, müssen offen sein im Denken und mehr als je gemeinschaftsfähig.

Gemeinschaftsfähigkeit

Wie füllt sich dieses Wort ›Gemeinschaftsfähigkeit‹ konkret inhaltlich? Oskar Seitz schreibt unter anderem: Gemeinschaftsfähigkeit »ist Merkmal des einzelnen, kennzeichnet inhaltlich aber die Beziehung zum anderen. Als Sammelbegriff fasst sie ein Ensemble von Subfähigkeiten zusammen, etwa: kommunikative Fähigkeiten, interaktive Fähigkeiten, moralische Fähigkeiten (Rücksichtnahme, Vernunft, Solidarität), kognitive Fähigkeiten (Erkennen, Urteilen, Schließen, Werten)« (Seitz 1998: 7).

Was heißt das für Menschen heute konkret? Was bedeutet das für Bildung heute? Bildung, die vor allem auf die Vermittlung von Wissen zielt, bereitet Menschen nicht auf die Herausforderungen von Gegenwart und Zukunft vor. Wissen ist heute leicht zugängig und erreichbar. Notwendig ist, fragen, einordnen und reflektieren zu können – und vor allem, gemeinsam Strategien zu entwickeln und umzusetzen. Wenn Menschen gemeinschaftsfähig sein sollen, müssen sie mit anderen kommunizieren können. Dazu gehört, dass sie dialog- und auskunftsfähig sind, was eigene Standpunkte betrifft. Dass sie fähig sind, eigene Standpunkte zu finden, und aushalten können, dass andere – auch gegensätzliche - möglicherweise zielführend sein können. Der Austausch von Ideen, Lösungsmöglichkeiten, Standpunkten fordert, dass sich Menschen auf andere Menschen (und Ideen) einlassen können. Sei es, um miteinander nachzudenken und zu hinterfragen oder konkrete Projekte zu planen und miteinander umzusetzen. Für das gemeinsame Handeln braucht es Maßstäbe und ein Bewusstsein für eine gute Balance zwischen Individualismus und Gemeinschaft. Was brauche ich und was braucht die Gemeinschaft von mir? Beide Fragen sind notwendig für Gestaltung und Gelingen des Zusammenlebens von Menschen und/oder von Menschen und Natur.

Was bedeutet Philosophieren?

Es geht beim Philosophieren nicht in erster Linie darum, sich mit philosophischer Ideengeschichte auseinanderzusetzen, sondern darum, eigene Gedanken und Gedanken der anderen zu Problemen und Fragestellungen gleichsam in ein Gedankennetz einzuspinnen und zu erweitern. Wer philosophiert, will wissen, strebt nach ›Wahrheit‹.

Diese Flexibilität geht aus einer Haltung hervor, die sich mit dem bekannten Ausspruch von Sokrates »Ich weiß, dass ich nicht weiß« umschreiben lässt: Teilnehmende in einem philosophischen Gespräch sind bereit, den eigenen Standpunkt immer wieder infrage zu stellen, auch ungewöhnliche Sichtweisen zuzulassen, zu hinterfragen, zu bedenken und ggf. in eigene Denk-Konstrukte einzubauen. Das philosophische Gespräch lebt vor allem durch die Gemeinschaft und den Austausch von unterschiedlichen Gedanken und Erkenntnissen der Teilnehmenden.

Aus diesem Grund ist eine wertschätzende und tolerante Haltung grundlegend dafür, dass Philosophieren gelingt. *Rechthaberei* und *Überzeugen-Wollen* spielen keine Rolle, wenn ich ernst meine, dass andere Gedanken bei der Suche nach der Wahrheit einen wichtigen Beitrag liefern können. Das Herausbilden einer Haltung der gegenseitigen Wertschätzung, des Interesses am anderen und seinen Gedanken sowie die Partizipation an

Entscheidungsprozessen sind substanzieller Teil einer philosophischen Gesprächskultur.

Drei Haltungen sind in besonderer Weise Basis für das Miteinander in philosophischen Gesprächen:

Weisheit
Diese Haltung lässt sich beschreiben durch ein Spannungsfeld zwischen zwei Punkten: einen eigenen Standpunkt haben – und sich bewusst sein, dass das eigene Wissen begrenzt ist. Mit dieser Haltung können Menschen gut aushalten, dass andere Standpunkte als die eigenen existieren und viel mehr noch, dass diese Standpunkte eine Chance sind, das eigene Wissen zu erweitern. Grundsätzlich setzt es voraus, dass jede und jeder bereit ist, den eigenen Standpunkt zu hinterfragen und ggf. auch zu verlassen.

Wertschätzung
Jede Person ist in einem philosophischen Gespräch gleich wichtig. Gedanken und Ideen anderer sind unabhängig vom Ansehen der Person bedenkenswert und bieten Horizonterweiterung oder zumindest andere Perspektiven. Deswegen muss niemand Gedanken und Ideen bewerten oder abwerten. Trotzdem dürfen – ja müssen – sie hinterfragt und auf den ›Prüfstand‹ gestellt werden, weil wir genau wissen und verstehen wollen.

Neugier
Teilnehmende in philosophischen Gesprächen wollen wissen, was andere zu einer Frage denken, wie sie argumentieren und aus welchem Kontext und Lebensumfeld heraus Fragen, Gedanken und Ideen entstanden sind und entstehen. Es geht um Neugier im besten Wortsinn, nicht um distanzloses Ausfragen-Wollen, sondern um Verstehen-Wollen und um echtes Interesse, was und wie andere denken und warum es ihr Anliegen ist. Und es geht auch darum, eigene Standpunkte, Meinungen und Sichtweisen in Beziehung zu setzen und herauszufinden, ob sie Bestand haben.

Das philosophische Gespräch braucht einen gemeinsamen Gesprächsraum, in dem sich die Teilnehmenden sicher und frei fühlen, ihre eigenen Gedanken ohne Vorbehalte auszusprechen. In einem solchen Raum ist kein Platz für verbale Angriffe, Verletzungen, Bewertung oder gar Abwertung. Haltung findet Ausdruck im Verhalten. Deshalb wird sich Haltung auch im Umgang miteinander auswirken und nicht nur auf den sicheren Gesprächsraum selbst.

Bei alledem ist Philosophieren trotzdem mehr als ein Meinungsaustausch in wohlmeinender Gemeinschaft, die sich gegenseitig in der eigenen Meinung bestärkt. Alle sind herausgefordert zu hinterfragen, zu begründen, genau zu untersuchen und entsprechende Schlüsse zu ziehen. Die Haltung ermöglicht, auch kontroverse Standpunkte auszuloten, auszuhalten und als Chance zur Weiterentwicklung eigener Standpunkte zu sehen.

Was fordert ein philosophisches Gespräch?

Es geht im philosophischen Gespräch darum, die eigene Denkfähigkeit zu üben, der Wahrheit auf die Spur zu kommen und Handlungsoptionen zu entwickeln. Das ist möglich, wenn in einem solchen Gespräch Meinungen nicht nur ausgetauscht, sondern auch hinterfragt werden, Thesen nicht nur aufgestellt, sondern auch auf Begründetheit und Tragfähigkeit hin untersucht werden. Nicht nur der Ist-Zustand festgestellt wird, sondern auch Folgen, Konsequenzen und Alternativen untersucht werden. Dazu nützen die Teilnehmenden an philosophischen Gesprächen *Werkzeugfragen*[1] aus der philosophischen Werkzeugkiste.

Ekkehard Martens (Martens 2019: 30–33) hat Philosophieren als Kulturtechnik bezeichnet. Eine Kulturtechnik – wie Lesen, Schreiben und Rechnen – muss eingeübt werden. Kulturtechniken ermöglichen uns, vielfältige Zugänge zur Welt zu erschließen, quasi Welt-Anschauungen zu entwickeln. Eigenständiges Denken und vor allem eigenständiges Fragen öffnet uns mindestens in gleicher Weise Zugänge zur Welt und zum Verstehen. Wenn also Philosophieren eine Kulturtechnik ist, muss es genau wie Lesen, Schreiben und Rechnen geübt werden. Philosophieren ist meiner Meinung nach auch deshalb existenziell für die Herausforderungen der Gegenwart und Zukunft, weil in den philosophischen Gesprächen die Fähigkeiten für Gemeinschaftsfähigkeit entwickelt werden können:

– Ein Gespräch ist ein Gruppengeschehen und findet immer im Austausch (mindestens zu zweit) statt. D.h. die Teilnehmenden müssen sich auf eine *Gesprächs-Beziehung*, auf die Ideen, Gedanken und Perspektiven anderer Beteiligter einlassen. Die Sichtweisen der anderen sind auch dann keine Bedrohung mehr, wenn die Standpunkte gegensätzlich bleiben.

1 Z. B.: Ist das immer so? Was bedeutet das für ...? Woher weißt Du das? Warum ist das so? Hast Du ein Beispiel dafür? Könnte man das auch anders sehen? Welche Folgen hätte das? Kennst Du ein Beispiel aus deinem Alltag? Wie unterscheidet sich das von...?

- Philosophieren ereignet sich im Kontext zwischenmenschlicher Interaktion. Das gemeinsame Gespräch über unterschiedliche Gedanken- und Gefühlswelten ermöglicht Menschen einen Perspektivenwechsel und die Reflexion der eigenen Gedankengänge. Es lebt von gegenseitiger Wertschätzung und dem Interesse an den Gedanken der anderen Gesprächsteilnehmenden. Menschen lernen, sich gegenseitig aktiv zuzuhören, und erfahren eine Horizonterweiterung durch die Gedanken anderer.
- In einem Gespräch geht es darum eigene Standpunkte zu vertreten und diese selbst zu hinterfragen. Andere Standpunkte zu hören, zu überprüfen und in Beziehung zu eigenen Standpunkten zu setzen. Es geht weder darum, andere Standpunkte unhinterfragt zu übernehmen, noch eigene Standpunkte anderen überzustülpen. Dabei positionieren sich Menschen und stehen für sich und andere ein.
- Wer philosophiert, versucht Argumente zu finden, abzuwägen, einzuordnen, um eine möglichst schlüssige Gedankenkette zu entwickeln. Dabei geht es auch darum, Folgen und Konsequenzen aufzudecken. Menschen entwickeln dabei Verstehen Können und Urteilsfähigkeit.
- Ziel ist es, z. B. über Sinn, Moral, Werte und Normen nachzudenken, Orientierung zu finden. Und nicht zuletzt geht es darum, konkrete Handlungsbereitschaft zu entwickeln, die in konkreten Projekten und entsprechendem Verhalten sichtbar wird und dazu führt, nicht nur Verantwortung für das eigene Handeln zu übernehmen, sondern auch solidarisch und gemeinwohlorientiert zu handeln.

Ein philosophisches Gespräch findet in einem herrschaftsfreien Raum statt. Es geht im Gespräch immer um Augenhöhe, auf der sich die Teilnehmenden begegnen. Nicht umsonst findet ein Gespräch in der Regel im Kreis und in einem geschützten, freien Denkraum statt – Thomas Jackson[2] nennt das »intellectual safety«. Niemand ist *Meinungsführer*in*. Alle Äußerungen sind gleich berechtigt, gleich denkwürdig und gleich hinterfragbar. Es geht nicht um richtig und falsch, um recht haben und überzeugen wollen. Die Teilnehmenden wollen vielmehr herausfinden, welche Standpunkte sich wie begründen lassen, damit sie zu diesem Zeitpunkt überzeugen und in diesem Sinn *richtig* sind.

2 Thomas Jackson hat die hawaiianische Methode des Philosophierens mit Kindern, kurz ›p4c‹ genannt, entwickelt und umgesetzt.

Gemeinschaftsfähigkeit durch Philosophieren?!

Philosophieren fordert und fördert durch die Art des Gesprächs und durch den gemeinschaftlichen Prozess Rücksichtnahme, Vernunft, Solidarität und damit kommunikative, interaktive, moralische Fähigkeiten sowie kognitive Fähigkeiten wie Erkennen, Urteilen, Schließen und Werten. Teilnehmende erfahren Selbstwirksamkeit, weil ihre Beiträge im Gespräch eine Rolle spielen. Perspektivenwechsel und andere Sichtweisen stärken Empathie. Andere Standpunkte sind *nur* andere Standpunkte und Denkanstöße, die die eigene Sicht und das Verstehen erweitern können, kein Angriff auf die eigene Person und das eigene Denken. Damit wird auch Ambiguitätstoleranz gefördert. Indem Menschen gemeinsam philosophieren und sich den Herausforderungen in einer guten Haltung stellen, können sie diese Fähigkeiten und die eigene Persönlichkeit weiterentwickeln. Mit diesen – in und durch Gemeinschaft – individuell entwickelten Fähigkeiten ist es (hoffentlich) möglich, in einem Gespräch gemeinsam neue Visionen und Strategien zu entwickeln, die dazu führen, nicht nur individuell Verantwortung zu übernehmen und zu handeln, sondern auch gemeinschaftlich und solidarisch an Lösungen für die anstehenden Herausforderungen und Problemstellungen konkret zu arbeiten und zu handeln. Eine dieser Visionen wäre, über eine herrschaftsfreie Gesellschaft und Welt nachzudenken und Schritte zur Verwirklichung zu entwickeln. Menschen, die gewohnt sind, mit Gedanken zu experimentieren, könnten ohne Berührungsängste die neue Welt gestalten – die sich grundsätzlich verändern wird, ob wir wollen oder nicht. Sie gewinnen dann aktiv eine Welt, die sehr viel anders aussieht als die, in der wir uns heute befinden und die ein gelingendes Zusammenleben für alle ermöglicht.

Literatur

Malik, Fredmund (2013): Interview. In: online Periodikum WertePraxis, II, 13–16. abgerufen am 03.05.2023

Martens, Ekkehard (2019): Methodik des Ethik- und Philosophieunterrichts. 11. Auflage. Hannover: Siebert.

Seitz, Oskar (1998): Gemeinschaftsfähigkeit oder Sozialkompetenz. In: unterrichten/erziehen, 5, 5–9. abgerufen am 03.05.2023

AUSBLICK

Nika Dubrovsky & Noam Chomsky

Über David Graebers »*Pirate Enlightenment*«[1]

Der Anthropologe David Graeber argumentiert in seinem posthum veröffentlichten Buch *Pirate Enlightenment, or the Real Libertalia* (erscheint Anfang nächsten Jahres), dass die Ideen der Aufklärung selbst nicht von Natur aus europäisch sind, sondern vielmehr von außereuropäischen Quellen beeinflusst wurden. Das Werk konzentriert sich auf die proto-demokratischen Formen von Piratengesellschaften und insbesondere auf die Zana-Malata, eine ethnische Gruppe, die aus Nachkommen von Piraten besteht, die sich zu Beginn des 18. Jahrhunderts auf Madagaskar niederließen und die Graeber zu Beginn seiner akademischen Laufbahn bei ethnographischen Forschungen kennen lernte.

Graeber, Autor von *Bullshit Jobs: A Theory* (2018), *Debt: The First 5000 Years* (2011) und *The Dawn of Everything: A New History of Humanity* (zusammen mit dem Archäologen David Wengrow), starb 2020. In einem ausführlichen Gespräch für *ArtReview* spricht seine Witwe, die Künstlerin und Autorin Nika Dubrovsky, mit Noam Chomsky, einem Bewunderer der Arbeit des Anthropologen, über Graebers letztes Projekt, Neoliberalismus und Demokratie, westlichen Empirismus und Imperialismus, Redefreiheit, Roe vs. Wade in den USA, den Krieg in der Ukraine und darüber, wie die deutsche Kunstausstellung Documenta es gerade noch schaffte, zum ersten Mal nicht-westliche Künstler einzuladen.

Chomsky ist einer der führenden Denker der Linken und Autor bedeutender Werke wie *Syntactic Structures* (1957), *Manufacturing Consent* (1988) und zuletzt *The Precipice:* Neoliberalism, *the Pandemic and Urgent Need for Radical Change* (2021, mit C. J. Polychroniou).

---

1 Zuerst veröffentlicht in ArtReview, 21.09.2022. Chrissie Iles und Meg Onli organisieren den ArtReview-Podcast »Subjekt, Objekt, Verb«. Die 81. Ausgabe erkundet die Verbindungen zwischen Künstler*innen, Kunst und Leben.
Aus dem amerikanischen Englisch übersetzt von Manfred Renken.

Nika Dubrovsky Vielen Dank für dieses Gespräch. Es ist uns eine große Ehre. Wir möchten über Davids letztes posthumes Buch, *Pirate Enlightenment*, sprechen, das im Januar 2023 bei Farrar, Straus and Giroux erscheinen wird. In diesem Buch, wie auch in seinen anderen Schriften, spricht David über die Bedeutung des Dialogs. Er beschreibt, wie ganze kulturelle Traditionen aus der Erfindung neuer Geschichten entstehen und wie diese Traditionen dann neu gestaltet und bearbeitet werden.

Noam Chomsky Das war sehr interessant. Sowohl in seinem Essay *There Never Was a West* als auch in dem Buch über die umfangreichen Beiträge indigener Denker [*The Dawn of Everything*, 2021, mit David Wengrow], chinesischer Denker und anderer, die, wie sie betonen, wie David betont, zu ihrer Zeit als Mitwirkende anerkannt waren, dann aber aus der Tradition getilgt wurden. Es wurde nur als eine literarische Technik oder so etwas angesehen. Aber ich denke, er zeigt sehr deutlich, dass es ein wesentlicher Beitrag war.

Die Diskussion in *There Never Was a West* über das Wesen des Einflusses war sehr aufschlussreich. Die verschiedenen Arten des Einflusses, die Art und Weise, wie er interpretiert wird, und die Art und Weise, wie Tradition später konstruiert wird, werden auf der Grundlage von Argumenten herausgefiltert, die, wenn sie allgemein angewandt würden, fast alles auslöschen würden, einschließlich der Tradition selbst. Einer der interessantesten Teile von *The Dawn of Everything* waren meiner Meinung nach die Abschnitte über die Interaktionen mit dem indigenen Philosophen und Denker und seine Beiträge zur Entwicklung des aufklärerischen Denkens durch führende Persönlichkeiten.

ND Kurz bevor Thomas Hobbes den *Leviathan* schrieb, sah er ein Stück von Charles Johnson, *The Successful Pyrate*, auf einer englischen Bühne. David vermutet, dass diese Erfahrung mit den Piraten aus Madagaskar Hobbes‹ politisches Denken beeinflusst haben könnte. Allein die Vorstellung, dass Menschen miteinander verhandeln können, dass Macht nicht nur von oben nach unten, sondern auch horizontal organisiert werden kann, wie es in vielen Piratengemeinschaften und in einigen indigenen Kulturen der Fall war, kam für die Europäer*innen überraschend. David sagte oft, seine Aufgabe sei es, die Aufklärung zu dekolonisieren, unsere Vorstellungen von der Gesellschaft, in der wir leben wollen, zu verändern. Wenn wir unsere Vorstellungen von der Aufklärung und ihren Ursprüngen überdenken, wie wird das Ihrer Meinung nach die öffentliche Meinung verändern?

NC Ich denke, wir müssen genauer untersuchen, wie diese Tradition, wie er sagt, zu einer Rekonstruktion der Vergangenheit durch elitäre Denker*innen wird, die sie in einer bestimmten Form umgestalten. Aber wenn man zu den ursprünglichen Interaktionen zurückkehrt, wie David es getan hat und wie sie es in *The Dawn of Everything* tun, dann sieht man, dass das, was gefiltert wurde, um zur akzeptierten Tradition zu werden, eine scharfe Rekonstruktion dessen ist, was wirklich passiert ist – wobei viele Interaktionen und viele Arten des Heranziehens verschiedener Stimmen, verschiedener Erfahrungen zu etwas reduziert wurden, das dann von elitären Meinungen umgestaltet wurde.

Besonders auffällig finde ich, dass er in *There Never Was a West* von Zeiten spricht, in denen die staatliche Autorität aus dem einen oder anderen Grund nicht funktionierte, nicht aufpasste oder geschwächt war. In diesen Zeiten entwickelten die Interaktionen an der Basis die grundlegenden und bedeutsamen Beiträge zu dem, was später als Demokratie funktionierte.

So sind sie entstanden, so können sie sich entwickeln. Aber nicht die Top-Down-Konzepte, die als unser traditionelles Erbe rekonstruiert werden. Das hat viele Implikationen für die direkte Aktion in der Gegenwart. Ich denke, sein Schwerpunkt liegt auf Dingen wie den Zapatisten in der Vergangenheit, auf die Verwandtschaft, die Arbeit mit den Piraten und so weiter. Die Piraten-Demokratie in Madagaskar und anderen Ländern ist in dieser Hinsicht ziemlich bemerkenswert.

ND In der madagassischen Gesellschaft, in der David mehrere Jahre lang lebte und die er sehr gut kannte, wird der Dialog als politisches Instrument zur Gestaltung des öffentlichen Raums eingesetzt. In Ihrem Buch *Manufacturing Consent* [1988, mit Edward S. Herman] beschreiben Sie, wie der öffentliche Raum und die öffentliche Vorstellungskraft in den westlichen Ländern von oben nach unten durch mächtige ideologische Institutionen kontrolliert werden.

NC Ed Herman, der kürzlich verstorben ist, war der Hauptautor dieses Buches. Er war Spezialist für Finanzen und lehrte an der Wharton School. Er interessierte sich für die institutionelle Struktur der Medien und dafür, wie grundlegende institutionelle Faktoren das entstehende Informationssystem prägen. Ich muss sagen, dass wir in diesem Punkt etwas unterschiedlicher Meinung waren. Meiner Meinung nach ist das alles wichtig, aber ich glaube nicht, dass es sich sehr von der allgemeinen intellektuellen Kultur unterscheidet. In meiner eigenen Arbeit habe ich mich hauptsächlich mit der intellektuellen Elitekultur beschäftigt, die nicht dem gleichen institutionellen Druck ausgesetzt ist, aber dennoch zu einer Version der Realität führt, die sich nicht sehr von dem unterscheidet, was aus dem Mediensystem kommt.

Die Formulierung »manufacturing consent« stammt natürlich nicht von uns. Sie stammt von [dem amerikanischen politischen Kommentator] Walter Lippmann. Und von Edward Bernays, dem Hauptbegründer der Public-Relations-Industrie. Beide waren Mitglieder von Woodrow Wilsons Komitee für öffentliche Information, der ersten großen staatlichen Propagandaagentur, dem sogenannten Creel-Komitee, dessen Aufgabe es war, eine pazifistische Bevölkerung in wütende antideutsche Fanatiker zu verwandeln, als die Regierung Wilson in den Krieg eintrat.

Sowohl Lippmann als auch Bernays waren sehr beeindruckt von dem Erfolg, den sie damit hatten, eine erfundene Version von Gräueltaten usw. zu schaffen, die tatsächlich die öffentliche Meinung dramatisch veränderte. Lippmann nannte diese Technik die »manufacturing consent«, die er als eine neue Kunst in der Praxis der Demokratie bezeichnete. Er war der Meinung, dass die Dinge genau so funktionieren sollten.

Wie David in seinem Text darlegt, war die Meinung der Eliten schon immer radikal antidemokratisch. Die Demokratie wird lediglich als »mob rule« [Pöbelherrschaft] betrachtet, wie Lippmann es ausdrückte; die Verantwortlichen müssen sich vor dem Gebrüll und Getrampel der verwirrten Herde schützen. Lippmann war übrigens der führende liberale öffentliche Intellektuelle des 20. Jahrhunderts, ein Wilson-, Roosevelt-, Kennedy-Liberaler. Aber er spiegelte die allgemeine liberale Auffassung wider, dass die Öffentlichkeit als Zuschauer ihre Schranken verwiesen werden muss, während die seriösen Leute - wir - die Gesellschaft im öffentlichen Interesse führen.

Das ist fast überall so. Nicht nur in den Medien. [...] Bernays war später einer der Begründer der Public-Relations-Industrie, die jährlich Hunderte von Milliarden Dollar für diese Bemühungen ausgibt, Meinungen und Einstellungen zu kontrollieren. Aber alles basiert auf der gleichen Idee, dass die Öffentlichkeit eine verwirrte Herde ist, dumm und zu unwissend, um für ihr eigenes Wohl zu sorgen. Man muss sie auf die eine oder andere Weise kontrollieren und darf keine demokratischen Tendenzen zulassen. Vielleicht kennen Sie das wissenschaftliche Standardwerk, den Goldstandard der Wissenschaft über den Verfassungskonvent, mit dem Titel *The Framers' Coup* [2016, von Michael Klarman], der Putsch der Verfassungsgeber gegen die Demokratie. Sie fürchteten die Demokratie, und sie entwickelten alle möglichen Techniken, um sie wirksam zu verhindern. Wenn man sich den Verfassungskonvent anschaut, dann war der einzige Teilnehmer, der dagegen war, Benjamin Franklin. Er nahm teil, aber es gefiel ihm nicht.

Ja, es ist richtig, dass sich dies in den Medien widerspiegelt, aber es scheint mir, dass dies nicht nur auf die institutionellen Strukturen zurückzuführen ist, die Herman in seiner Arbeit skizziert, sondern auch auf tiefere Strömungen in der Kulturgeschichte. In der englischen Revolution des 17. Jahrhunderts, als es diese Strukturen noch nicht gab, war es dasselbe: »The Men of the Best Quality«, wie sie sich selbst nannten, mussten die rebellische Menge unterwerfen.

Wenn man die Geschichte der englischen Revolution liest, sieht es so aus, als wäre es ein Konflikt zwischen dem König und dem Parlament gewesen, aber man übersieht dabei die Öffentlichkeit, die eine sehr umfangreiche Pamphletliteratur produzierte, und die Leute, die herumreisten und Vorträge hielten und so weiter. Sie wollten weder von einem König noch von einem Parlament regiert werden. Sie drückten es so aus: ›Wir wollen von Leuten regiert werden, die die Sorgen des Volkes kennen, von Leuten wie uns, und nicht von Rittern und Herren, die uns nur unterdrücken wollen. Das ist die englische Revolution, die große Bewegung, die natürlich zum großen Teil mit Gewalt niedergeschlagen wurde.

Dasselbe gilt für die amerikanische Revolution ein Jahrhundert später. David weist darauf hin, dass dies ein tiefer Bestandteil der Aufklärung ist. Einer der auffälligsten Punkte, die er in seinem Essay anführt, ist, dass diese Konzepte der Menschenrechte, der Aufklärung, der Gerechtigkeit und so weiter im so genannten Westen erst entstanden sind, als sie mit anderen Gesellschaften und Kulturen konfrontiert wurden. In der langen Zeit davor hat sich niemand um diese Dinge gekümmert. Das kann kein Zufall sein. Und ich glaube, das zieht sich in gewisser Weise durch die ganze Geschichte, bis zurück zur *Politik* des Aristoteles.

ND Ich fand es sehr interessant, wie David die Geschlechterpolitik mit dem sozialen Status der Frauen verknüpft. Westliche Gesellschaften sind im Allgemeinen patriarchalisch, aber die Gemeinschaften in Madagaskar, die David in seinem Buch beschreibt, sind es nicht, und es ist seltsam, dass gerade wir als demokratisch gelten.

NC Das hat übrigens sehr interessante, sehr aktuelle Konsequenzen. Der Fall Roe v. Wade ist sehr interessant, wenn man die eigentliche Stellungnahme von Alito [Richter am Obersten Gerichtshof Samuel], seine Entscheidung, liest. Er sagt, dass es in der Geschichte und in der Tradition nichts gibt, was die Idee unterstützt, dass Frauen Rechte haben. Wenn man sich die Verfassung ansieht, waren Frauen für die Schöpfer nicht einmal Personen. Sie waren Eigentum. Das ist Blackstone [*Commentaries on the Laws of England*, 1765–69, von William Blackstone], englisches Gewohnheitsrecht. Frauen sind Eigentum des Vaters und werden dem Ehemann übergeben.

Eines der Argumente gegen das Frauenwahlrecht in den Verfassungsdebatten war, dass es ungerecht gegenüber unverheirateten Männern sei, da ein verheirateter Mann zwei Stimmen habe: seine eigene und die seines Besitzers. Dies zieht sich wie ein roter Faden durch die amerikanische Geschichte. Erst 1975 entschied der Oberste Gerichtshof offiziell, dass Frauen in den Bundesgerichten gleichberechtigt sind.

Alitos Meinung ist also völlig richtig. In der gesamten amerikanischen Geschichte und Tradition gibt es nichts, was darauf hinweist, dass Frauen Rechte haben. Deshalb brach Roe mit der Tradition, indem er sagte: »Ja, Frauen sollten Rechte haben.« Das ist nicht genau die Botschaft, die er vermitteln wollte, aber es ist die Essenz, in der seine Meinung historisch korrekt ist.

Im Grunde gibt es seit den 1960er-Jahren einen echten Druck, nicht nur für die Rechte der Frauen, sondern auch für die Meinungsfreiheit. Wenn man in die Geschichte zurückblickt, gibt es keine Geschichte des Schutzes der Meinungsfreiheit. Im 20. Jahrhundert gab es erste Ansätze, vor allem in Pamphleten. Aber erst in den 1960er-Jahren gab es einen starken öffentlichen Druck, der ausreichte, um den Obersten Gerichtshof zu einer recht klaren Position zu bewegen.

In der gegenwärtigen Regression sagen wichtige Mitglieder des Obersten Gerichtshofs, wie Clarence Thomas, dass sie die Entscheidungen, die die Redefreiheit begründeten, wie Times v. Sullivan, überdenken wollen. Wir könnten zur Tradition zurückkehren, wie wir es mit der Revision von Roe getan haben. Diese Errungenschaften sind sehr zerbrechlich. Wir müssen sie jede Minute verteidigen.

ND Die Pariser Salons, in denen viele dieser aufklärerischen Ideen – meist in endlosen Diskussionen – geboren wurden, wurden überwiegend von Frauen geführt. In Davids Piratenaufklärung ist viel vom Krieg die Rede. Er beschreibt, wie sich die gegnerischen Parteien farbige Zeichen auf die Stirn malten, blaue und gelbe, um sich im Kampf zu unterscheiden. Auch der Krieg ist ein Dialog, allerdings ein männlicher, in dem die Kommunikationsmittel ausschließlich auf Gewalt reduziert sind. Für die Figuren in Davids Buch hingegen endet der Krieg in Versammlungen, die komplexe menschliche Gespräche wiederherstellen. Wenn wir über unsere heutige Situation nachdenken, fällt uns vor allem auf, wie sehr wir auf jeden Dialog und Meinungsaustausch verzichten.

NC Das stimmt. Das ist wiederum ein sehr aktuelles Thema. Wie Sie wissen, hat der NATO-Gipfel [Ende Juni in Madrid] viel Aufmerksamkeit erregt, sehr positive Aufmerksamkeit. Ein entscheidendes Element des Gipfels, über das nicht viel gesprochen wurde, betrifft genau das, worüber Sie sprechen. Wenn man sich die strategische Erklärung der NATO anschaut, ich glaube, es ist Artikel 41, dann ist der Grundtenor, dass wir über die Ukraine nicht diskutieren und verhandeln können. Das Problem muss gewaltsam gelöst werden. Das sind nicht die Worte, die benutzt werden, aber das ist die Bedeutung der Worte.

Sie besagen, dass die Frage der NATO-Mitgliedschaft von Bosnien und Herzegowina, Georgien und der Ukraine nicht zur Diskussion steht. Da kann kein Dritter mitreden. Wir entscheiden, wie wir wollen. Das ist eine Art zu sagen: Es kann keine Verhandlungen geben. Es ist seit 30 Jahren klar, lange vor Putin, dass kein russischer Führer jemals akzeptieren wird, dass Georgien und die Ukraine in ein feindliches Militärbündnis eintreten. Das wäre aus strategischer Sicht Russlands Wahnsinn.

Ein Blick auf eine Landkarte oder in die Geschichte der Operation Barbarossa [der Überfall Nazi-Deutschlands auf die Sowjetunion 1941] genügt, um zu verstehen, warum. Das haben auch hohe US-Diplomaten und CIA-Direktoren erkannt. Sie alle haben davor gewarnt. Aber die NATO, also die USA, haben einfach entschieden, dass das keine Rolle spielt. Wir werden weiter darauf bestehen, dass alles mit Gewalt gelöst wird, nicht mit Verhandlungen. Kein Dialog. Das ist wahrscheinlich der wichtigste Teil des NATO-Gipfels, und das entspricht der bisherigen US-Politik. Keine Diskussion, nur Gewalt.

ND Sie sind ein prominenter Wissenschaftler, der viele Jahre in der westlichen akademischen Welt gearbeitet hat. Ich weiß nichts über die akademische Welt, außer dass David sie für konservativ und fast reaktionär hielt und viel darüber geschrieben hat. Vielleicht ist die Idee, dass es möglich ist, den Dialog mit anderen durch direkte Gewalt zu ersetzen und gleichzeitig Demokratie und Freiheit in unserem eigenen Raum zu bewahren, von der westlichen akademischen Gemeinschaft geprägt und unterstützt worden.

NC Ich habe mein akademisches Leben 70 Jahre lang in Elite-Institutionen verbracht: Cambridge, Massachusetts, Harvard, MIT und andere, Oxford und so weiter. Es ist alles dasselbe. Solche Ideen können kaum durchdringen. Sie sind immun gegen den Gedanken, dass das System, in das sie eingebettet sind, auf Gewalt und Unterdrückung beruht. Die Theorien, die entwickelt werden, wie z. B. die Theorie der internationalen Beziehungen, lassen vieles davon völlig außer Acht.

Die Sicherheit der Bevölkerung wird bei der Gestaltung der Regierungspolitik fast nie berücksichtigt. Die Sicherheit der Interessen der Eliten schon. Die Sicherheit der Bevölkerung nicht. Das zeigt sich in der Tat sehr dramatisch, wenn man sich zeitgenössische Dokumente anschaut. Nehmen wir wieder den NATO-Gipfel. Immer wieder taucht das Wort von der »regelbasierten internationalen Ordnung« auf. Wir müssen die »regelbasierte internationale Ordnung« erhalten. Der Ausdruck »UN-gestützte internationale Ordnung« kommt kein einziges Mal vor. Es gibt eine UN-basierte internationale Ordnung, wie die UN-Charta, aber die USA akzeptieren sie nicht. Sie verbietet alles, was die USA tun.

Der große ideologische Kampf mit China besteht darin, dass China auf einer UN-basierten internationalen Ordnung besteht. Die USA wollen eine regelbasierte Ordnung. Dahinter steht die Annahme, dass die USA die Regeln machen. Wir wollen eine internationale Ordnung, die im Grunde genommen die Mafia ist. Der Boss macht die Regeln und alle anderen gehorchen, sonst gibt es Ärger. Das ist die regelbasierte Weltordnung. Und man kann beweisen, dass es so funktioniert, aber man kann damit nicht in eine Elitendiskussion eindringen. Ich kann über meine eigenen Erfahrungen sprechen, aber jeder, der im selben System ist, kann darüber sprechen.

Meine Wohnung in Cambridge war nur wenige Blocks von der Kennedy School of Government in Harvard entfernt. Ich durfte die Schwelle nicht überschreiten, es sei denn, sie konnten es nicht verhindern. Wenn ich zum Beispiel von einer internationalen Organisation, der ausländischen Presse oder einer Studentengruppe eingeladen war, mussten sie es erlauben. Aber ansonsten galt es als Verunreinigung des Terrains, auch nur über diese Themen zu sprechen.

ND Manchmal hat man das Gefühl, dass die Welt wirklich untergeht. Aber David war ein ewiger Optimist. Egal, was passierte, er sagte: »Okay, sehen wir es positiv. Was können wir tun? Wie finden wir einen Ausweg?

Er versuchte sehr ernsthaft, [dem ehemaligen britischen Labour-Chef Jeremy] Corbyn zu helfen, aber als Corbyn abgesägt wurde, verfiel David für eine Weile fast in eine Depression. Doch schon bald konzentrierte er sich auf das *Brain Trust Project*, eine Gruppe von akademischen und nicht-akademischen Aktivist*innen und Künstler*innen, die versuchen, einen unabhängigen Thinktank zur Bekämpfung des Klimawandels zu gründen. Aber angesichts der aktuellen Situation und der Katastrophen, die uns in diesem Ausmaß bevorstehen, fällt es schwer, optimistisch zu bleiben.

NC Unabhängig davon, wie wir persönlich die Wahrscheinlichkeit einer Katastrophe einschätzen, müssen wir den Optimismus des Willens bewahren. Es gibt Chancen, welche auch immer, und wir müssen sie ergreifen. Nehmen Sie Corbyn. Das ist sehr wichtig. Ich meine, wenn Corbyn Premierminister geworden wäre, wie es 2017 den Anschein hatte, dass er es hätte werden können, dann wäre England heute ein ganz anderes Land. Anstatt nur ein Vasall der USA zu sein, was es ist, hätte es ein unabhängiger Akteur auf der Weltbühne sein können.

Es hätte sich mit Europa zusammentun können, um ein unabhängiges Europa zu führen, das sich vor der Invasion mit Russland hätte arrangieren können, als dies noch möglich war. Anstatt einfach in den Schoß der Vereinigten Staaten zu fallen und in die totale Abhängigkeit zu gleiten, wie es geschah.

Das britische Establishment wusste, was es tat. Das Establishment bis hin zum Guardian, der so genannten Linken. Es ist sehr gefährlich, eine Person an die Macht zu lassen, die versucht, eine politische Partei zu gründen, die sich auf das Volk stützt und die Interessen ihrer Wähler widerspiegelt und nicht die konzentrierte private Macht. Das ist ihm gelungen, und das ist viel zu gefährlich, um es zuzulassen.

Deshalb hat das gesamte Establishment, von der sogenannten Linken bis zur Rechten, eine unglaubliche Kampagne gestartet, um ihn zu diskreditieren, und das mit großem Erfolg. Völlig fadenscheinige Gründe, aber ein sehr interessantes Beispiel für die Herstellung von Zustimmung, die viel breiter ist und nicht nur die beteiligten institutionellen Strukturen umfasst.

Dahinter steht die Erkenntnis, dass die Macht des Volkes zu gefährlich ist, um sie zuzulassen. Sie bedroht die Vorherrschaft der Eliten in allen Bereichen und könnte nicht nur zu einer unabhängigen Volksdemokratie in England führen, sondern sogar zu unabhängigen Bewegungen in globalen Angelegenheiten, die die mafiöse Struktur untergraben würden. Es steht viel auf dem Spiel, um jemanden wie Corbyn zu verhindern.

ND David beschreibt anschaulich, wie die demokratischen Strukturen der Piratengemeinschaften von den Traditionen Madagaskars beeinflusst wurden. Die Piraten wählten einen Kapitän, der im Kampf die volle Autorität über die Mannschaft hatte, nicht aber im Alltag.

Viele dieser Piratentraditionen ähneln auffallend anarchistischen Praktiken und sind wahrhaft demokratisch, da sie es jedem Mitglied der Gemeinschaft ermöglichen, das soziale Umfeld um sich herum zu gestalten.

NC Wie er mit Nachdruck betonte, gibt es keine Demokratie, wenn die Repräsentation von der Art ist, wie sie von den liberalen Theoretikern gefordert wird. Nehmen wir die großen liberalen Demokratietheoretiker, Leute wie Walter Lippmann, Harold Lasswell oder andere. In diesem Bild spielt die Öffentlichkeit eine Rolle. Ihre Rolle besteht darin, in regelmäßigen Abständen aufzutauchen und ihr Gewicht zugunsten des einen oder anderen Mitglieds der Elite, die die Macht repräsentiert, in die Waagschale zu werfen und dann nach Hause zu gehen und sie die Welt regieren zu lassen, aber sonst nichts zu tun.

Das ist es, was man Demokratie nennt. Und wie David sagte, hat das nichts mit Demokratie zu tun. Demokratie bedeutet direkte Beteiligung an der Entscheidungsfindung auf allen Ebenen. Man kann die Verantwortung an jemanden delegieren, der vorübergehend eine administrative oder andere Rolle übernimmt.

Bei den indigenen Stämmen, von denen er sprach, wählen sie zum Beispiel einen Kriegsherrn für einen bestimmten Konflikt und hören während des Konflikts auf ihn, dann geht er zurück und schließt sich den anderen an. Das ist wie bei den Piraten, die einen Kapitän wählen, weil sie jemanden brauchen, der Entscheidungen trifft und sie dann wieder zurücknimmt. Aber es ist die Öffentlichkeit selbst, die immer die Macht hat und die, wenn sie will, die Entscheidungsfindung übernehmen kann.

Wenn man eine solche Struktur nicht hat, ist es keine Demokratie. Und natürlich kann man solche Strukturen entwickeln. Zurück zu Corbyn. Wenn es ihm gelungen wäre, die Art von Labour-Partei zu schaffen, für die er sich eingesetzt hat, dann wäre es eine Partei gewesen, die sich auf die Wählerschaft stützt, mit lokalen Gruppen, die ihren Beitrag zur direkten Entscheidungsfindung leisten, und so weiter. Das ist nicht das, was die parlamentarische Labour Party will. Sie will die Entscheidungen treffen und alle anderen sollen den Mund halten und zuhören. Das ist [Tony] Blairs Partei, das ist [Keir] Starmers Partei. Das Gewicht des Establishments stand so stark hinter ihnen, dass die Bemühungen, eine Volkspartei zu schaffen, einfach zunichte gemacht wurden.

Interessanterweise war die Kampagne bei den Wählern erfolgreich. Ich habe mit Labour-Aktivist*innen gesprochen, die an die Türen geklopft haben. Sie sagten, es sei wirklich gut angekommen. Die Leute wollten einfach nichts von Corbyn hören, sie wollten nichts von einer Vier-Tage-Woche oder irgendwelchen wirtschaftlichen Vorschlägen hören. Retten Sie uns einfach vor dieser Person, die versucht, Großbritannien zu zerstören. Das hat sehr gut funktioniert.

ND Ich möchte eine gute Nachricht aus der Kunstwelt verkünden, die auch eine sehr mächtige Institution ist, sehr ähnlich einer Akademie, die auf Ausgrenzung und viel Geld basiert und eng mit dem Finanzkapital, den Steuern und letztlich dem Staat verbunden ist. Eine der größten Kunstausstellungen der Welt, die Documenta in Deutschland, wurde von einem Kollektiv aus Indonesien kuratiert, das fast keine Kunstwerke oder berühmten Künstler*innen im traditionellen Sinne des Wortes ausstellt. Sie haben verschiedene Kollektive eingeladen, vor allem aus dem globalen Süden.

Diese Ausstellung ist insofern erstaunlich, als sie nicht die künstlerischen Leistungen einzelner Personen zeigt, sondern die nützlichen, fürsorglichen und schönen menschlichen Praktiken verschiedener Gemeinschaften.

Aber wie Jeremy Corbyn sind auch sie heute massiven Angriffen ausgesetzt und stehen vielleicht kurz vor der Vernichtung. Die einzige Hoffnung ist, dass die aktuelle Documenta-Ausstellung uns, wie Corbyn, einen Blick auf eine andere Welt zeigen kann, als wäre sie ein Fluchtweg, der uns eines Tages retten könnte.

NC Das ist sehr interessant. Ich erinnere mich, dass es vor etwa 20 Jahren – leider habe ich den Namen vergessen – einen Kunstkenner gab, einen Kanadier, glaube ich, der Ausstellungen von Teppichen kuratierte. Er wies darauf hin, dass es im Nahen Osten seit Tausenden von Jahren eine Form der Frauenkunst gibt, die diese wunderbaren Teppiche mit wundervollen Mustern und Strukturen und so weiter herstellt. Aber niemand hat das je als Kunst angesehen, weil es Frauenarbeit war. Aber die Materialien waren ganz fantastisch. Er stieß auf viel Widerstand. Wer interessiert sich schon für Teppiche? Aber wenn man sich orientalische Teppiche ansieht, sind sie ganz erstaunlich. Inzwischen ist diese Kunstform im Verschwinden begriffen, weil sie durch kommerzielle Kopien ersetzt wird. Aber über buchstäblich Tausende von Jahren war sie eine wichtige kollektive kreative Kunstform. Menschen haben ihre eigene Kunst geschaffen. Sie arbeiteten zusammen. Da es sich um eine kollektive Kunst handelt, kann man einen Teppich nicht alleine herstellen. Sie leisteten einige bemerkenswerte Beiträge zur Arbeit von Frauen.

ND Die Kunstwelt steht in erster Linie für die Trennung von Produktion und Konsum, was es schwierig macht, sich auf kollektive Werke zu beziehen. Daher ist ein*e bedeutende*r Künstler*in im westlichen Sinne immer ein*e Einzelgänger*in, der*die sich vom Rest von uns unterscheidet. Aber die Industriearbeiter*innen, die kollektiv Dinge produzieren, die wir jeden Tag benutzen, bleiben anonym. Die gleiche Trennung führt dazu, dass wir alle Zuschauer*innen und Konsument*innen bleiben, ohne uns an der kollaborativen Kreativität zu beteiligen. Die *Documenta 15* hatte dieses Narrativ verändert. Sie brachte Künstlerinnen und Künstler aus Bangladesch, Lateinamerika und afrikanischen Ländern nach Deutschland und mit ihnen ihre wahren Geschichten vom Kampf um Freiheit, von der Betreuung der Kinder, vom Kochen und so weiter. Sie zeigten uns Westler*innen, dass es den meisten Menschen auf der Welt in gewisser Weise besser geht als uns, obwohl sie keine Kunstinstitutionen haben, und sei es nur, weil ein zentraler Wert ihrer Kunst die Fürsorge ist.

NC So etwas Ähnliches habe ich vor 20 Jahren auf dem Weltsozialforum erlebt. Das erste Treffen des Weltsozialforums in Porto Alegre, Brasilien. Einer der Mitwirkenden war Via Campesina, die größte internationale Bauernorganisation der Welt. Sie bot Räume, in denen vor allem Frauen Tische aufstellten und ihre Kulturen austauschten – verschiedene Gesellschaften, verschiedene Sprachen, verschiedene Arten des Kochens, verschiedene Arten von Saatgut und eine Menge komplexer Traditionen und Wissen.

Tatsächlich war die Landwirtschaft größtenteils eine wissenschaftliche Tätigkeit in den Händen von Frauen. Eine Frau gab das Wissen an ihre Tochter weiter, z. B. welches Saatgut man auf welcher Seite des Hügels pflanzt, weil dort nachmittags die Sonne scheint, und all diese Dinge. Als die wissenschaftliche Landwirtschaft kam, gingen die Erträge zurück, weil all dieses Wissen verloren ging. Aber bei den Treffen von Via Campesina kam all das wieder zurück, mit individuellem Verständnis, komplizierten Kochkünsten, dem Bau von Dingen und dem Austausch von Ideen. Es war erstaunlich, das zu sehen. Das verschwindet natürlich. Auf dem Weltsozialforum gibt es das nicht mehr.

ND In *Pirate Enlightenment* beschreibt David eine marxistische Sicht auf die Geschichte Madagaskars, in der der Kampf der Eliten um Machterweiterung die Haupttriebkraft ist.

David merkt an, dass es etwas seltsam ist, anzunehmen, dass jede Gesellschaft nach diesem Prinzip aufgebaut ist. Das heutige Russland folgt jedoch genau dieser Logik: Es nimmt aktiv am Kampf zwischen rivalisierenden Eliten teil.

In den 1960er-Jahren verfolgte die UdSSR ein anderes Ziel, indem sie antikoloniale Bewegungen weltweit finanziell und mit Waffen unterstützte.

NC Denken Sie daran, dass Russland selbst ein imperiales System ist. Gehen Sie zurück bis zum Herzogtum Moskau, das sich über einen großen Teil der Welt erstreckte: alles imperiale Eroberungen. Es gibt ein interessantes Buch, falls Sie es noch nicht gelesen haben, Crusade and Jihad [2018], von William Polk, einem großen Historiker, der kürzlich verstorben ist, in dem es um den tausendjährigen Krieg des Nordens, einschließlich Russlands, gegen den überwiegend muslimischen Süden geht. Deshalb sind die Regionen, die Putin jetzt [im Juli] besucht, muslimisch. Sie alle wurden als Teil des expandierenden russischen Imperiums erobert. Was wir Russland nennen, ist wie die Vereinigten Staaten. Wir halten die Vereinigten

Staaten für ein souveränes Land, aber das wurden sie erst, nachdem sie die Einwohner*innen ausgerottet hatten. Russland hat sie nicht ausgerottet, sondern sich einverleibt.

Es ist von Anfang an ein imperiales System. Und es ist vor allem ein Krieg gegen den Globalen Süden, der zufällig mehrheitlich muslimisch ist. Wie Polk erklärt, ist dies ein Hauptthema der Geschichte der letzten tausend Jahre. Jede Form von Widerstand wurde versucht, und alle sind gescheitert und als Dschihadisten geendet. Das ist Teil der Weltgeschichte. Was den Westen jetzt stört, ist, dass er in westliches Territorium eindringt. Das darf man nicht tun. Man kann jeden töten, den man töten will, aber woanders, so wie wir es tun. Es ist sehr interessant, die Reaktion des globalen Südens auf diesen Konflikt zu beobachten.

Lesen Sie westliche Fachzeitschriften. Dort wird man auf Unverständnis stoßen, warum die Länder des Globalen Südens nicht mit uns mitziehen. Aber diese Länder lachen nur. Sie sagen: ›Ja, natürlich ist das eine Aggression, aber wovon redet ihr eigentlich? Das macht ihr doch die ganze Zeit mit uns. Wir werden uns eurem Kreuzzug nicht anschließen.‹

ND Ein Freund von mir, der im Nahen Osten lebt, sagte: »Alle sehen mit Schrecken zu, wie Weiße Weiße töten. Wir leben schon lange so.

NC Davids Einblicke in all dies sind sehr erhellend und untergraben viele konventionelle Denkweisen. Er zeigt auch, dass es viele Möglichkeiten gibt, aufgeklärtere, freiere Gesellschaften zu entwickeln, nicht nur die, die in unseren künstlichen Traditionen kodiert sind, die viel von dem, was passiert ist, ausklammern und den Rest so umformen, dass er in den bequemen Rahmen der bestehenden Machtsysteme passt. Ich glaube, das ist ein enormer Beitrag.

Literatur

Aristoteles (2012): Politik. 1. Aufl. Hamburg. Felix Meiner Verlag.

Blackstone, William (1768): Commentaries on the laws of England: Book the second. The third edition. Oxford: printed at the Clarendon Press.

Blackstone, William (1769a): Commentaries on the laws of England: Book the first. The third edition. Dublin: printed for John Exshaw, Henry Saunders, Boulter Grierson, and James Williams.

Blackstone, William (1769b): Commentaries on the laws of England: Book the third. Dublin: printed for John Exshaw, Henry Saunders, Boulter Grierson, James Williams, and John Milliken.

Blackstone, William (1770): Commentaries on the laws of England: Book the fourth. Dublin: [printed for John Exshaw, Henry Saunders, Boulter Grierson, Elizabeth Lynch, James Williams [and 4 others in Dublin].

Chomsky, Noam (1957): Syntactic structures. S'-Gravenhage: Mouton.

Chomsky, Noam (1996): Strukturen der Syntax. Reprint 1973. Reprint 2010 Edition. The Hague: De Gruyter Mouton.

Chomsky, Noam/Polychroniou, C. J. (2021): The Precipice: Neoliberalism, the Pandemic and Urgent Need for Social Change. Haymarket Books.

Herman, Edward S./Chomsky, Noam (1995): Manufacturing Consent: The Political Economy of the Mass Media. 1. Edition. London: Vintage.

Herman, Edward S./Chomsky, Noam (2023): Die Konsensfabrik: Die politische Ökonomie der Massenmedien. 1. Aufl. Frankfurt am Main: Westend.

Graeber, David (2011): Debt. 1. print. Brooklyn, New York, NY: Melville House.

Graeber, David (2019): Bullshit Jobs: The Rise of Pointless Work, and What We Can Do About It. 1. Aufl. London: Penguin.

Graeber, David (2020): Bullshit Jobs: Vom wahren Sinn der Arbeit. 5. Aufl., 2022 Edition. Stuttgart: Klett-Cotta.

Graeber, David (2022a): Schulden: Die ersten 5000 Jahre. 2. Aufl., 2022 Edition. Stuttgart: Klett-Cotta.

Graeber, David (2022b): Einen Westen hat es nie gegeben & Fragmente einer anarchistischen Anthropologie. 1. Aufl. Münster: Unrast Verlag.

Graeber, David (2023a): Pirate enlightenment, or the real Libertalia. First American edition. New York: Farrar, Straus and Giroux.

Graeber, David (2023b): Piraten: Auf der Suche nach der wahren Freiheit. Stuttgart: Klett-Cotta.

Graeber, David/Wengrow, David (2021): The dawn of everything. UK: Allen Lane.

Graeber, David/Wengrow, David (2022): Anfänge: Eine neue Geschichte der Menschheit. 4. Aufl., 2022 Edition. Stuttgart: Klett-Cotta.

Herman, Edward S./Chomsky, Noam (1995): Manufacturing Consent: The Political Economy of the Mass Media. 1. Edition. London: Vintage.

Hobbes, Thomas (2017): Leviathan. Unveränderte eBook-Ausgabe der 1. Aufl. von [1996]. Hamburg: Felix Meiner Verlag.

Johnson, Charles (1713): The successful pyrate. The third edition. London: printed for Bernard Lintott.

Polk, William R. (2018): Crusade and Jihad: The Thousand-Year War Between the Muslim World and the Global North. 1. Aufl. New Haven , London: Yale University Press.

Ilija Trojanow

Von der Notwendigkeit von herrschaftsfreien Räumen zu erzählen[1]

Vor ziemlich genau 200 Jahren entstand mitten in Europa ein kleines Dreieck der Staatenlosigkeit. Ein merkwürdiger Fall, der es uns ermöglicht, historische Experimente jenseits von Ideologie und Theorie zu betrachten, nämlich handfest vor Ort, in einem klitzekleinen Gebiet zwischen Belgien und Deutschland, das damals natürlich noch nicht existierte. Der Grund war der Wiener Kongress, wo die aristokratische Herrschaft nicht nur tanzte, sondern Europa unter sich aufteilte. Es gab nur eine Zinkmine in Westeuropa, in einem Gebiet namens Moresnet, ganz nah an Aachen, wo heute noch eine deutschsprachige Minderheit lebt. Man konnte sich nicht einigen, wem die Mine gehören sollte. Also entschied man, dass sie keinem der benachbarten Staaten zugesprochen werde, aber Preußen, die Niederlande und Frankreich beliefern sollte. So entstand das Gebiet Neutral-Moresnet, in dem es keine Armee gab, in dem die staatlichen Funktionen fast auf null reduziert waren. Es gab zwar einen Polizisten – das wäre eine wunderbare Szene für einen Film –, der sich jeden Tag in Uniform warf. Um Schach zu spielen, Tag für Tag, denn es gab in diesem Gebiet keine Kriminalität, abgesehen von dem einen oder anderen, der wegen Vagabundentum aufgegriffen wurde, was – wie wir Anarchistin wissen – nicht kriminell ist, sondern Ausdruck höherer Weisheit. Dieses Gebiet florierte, so sehr, verglichen mit den umliegenden Gebieten, dass die Bevölkerungszahl explodierte, von knapp dreihundert auf knapp fünftausend. Natürlich haben die Preußen immer wieder versucht, Zugriff zu bekommen – staatliche Macht kann nicht zulassen, dass es ein solches Vakuum gibt, – aber aufgrund des internationalen Kräftemessens behielt dieses Gebiet fast hundert Jahre

---

1 Bei diesem Text handelt es sich um eine leicht überarbeitete Verschriftlichung des gleichnamigen Vortrags auf der Tagung Krise des Nationalstaats – anarchistische Antworten, die im März 2021 online stattfand und von der Pädagogischen Hochschule Freiburg organisiert wurde.

seine Unabhängigkeit, bis zum ersten Weltkrieg. Es wurde zudem kosmopolitisch. Von Haus aus wurde Deutsch, Flämisch, Französisch gesprochen. Weil aber Menschen aus verschiedenen europäischen Ländern und über Europa hinaus – einige aus den USA, sogar einige Chinesen – dorthin zogen, wurde Esperanto zu einer der verwendeten Sprachen. Irgendwann einmal wurden die Straßenschilder dreisprachig: Esperanto, Deutsch und Flämisch. Und die Menschen lebten alle mehrsprachig.

Moresnet war kein herrschaftsfreier Raum in dem Sinne, wie wir es definieren würden, durchaus aber ein neutrales Gebiet, in dem Herrschaft durch staatliche Institutionen minimiert auftrat. Dieses ungeplante Experiment wurde im Ersten Weltkrieg zerstört. Einverleibt, bis zum heutigen Tag, aber ich habe neulich im Internet gelesen, dass es weiterhin als Zentrum für Esperanto floriert. Und schon bin ich beim Grundthema des heutigen Vortrags, dem Erzählen. Ich glaube, dass herrschaftsfreie Strukturen, Räume, Gedanken, Haltungen weniger unter dem Problem leiden (wie oft behauptet wird), dass sie nicht realisierbar sind, denn da gibt es ausreichend viele Beispiele. Vielmehr leiden sie darunter, dass sie selten erzählt werden. Damit meine ich nicht, dass jemand etwas niederschreibt oder weitererzählt, sondern dass sie als prägende Narrative, als Heldengeschichten, als Vorbilder für gesamtgesellschaftliche Mythen kaum vorkommen. Seit dreißig Jahren erzähle ich solche Geschichten und die Menschen reagieren stets fassungslos: Sowas gab es, das ist ja unglaublich! Ich bin fest davon überzeugt, dass wir heute gegen die Folgen von jahrhundertelanger Durchherrschung nicht nur der Menschen und der Regionen und der Natur, sondern auch des geistigen Potenzials des Menschen zu kämpfen haben. Der Kapitalismus, der erfolgreichste Produzent von Überflüssigem, zeichnet sich auch durch eine Mangelwirtschaft an Erzählungen aus. Wir müssen kämpfen gegen ein Dogma, eine Propaganda, eine Verdummung, eine Verengung, die seit zweihundert Jahren, das, was der Mensch sein könnte, das, was der Mensch denkt, das, was der Mensch träumt, enorm limitiert. So sehr, dass unsere Sprache kaum mehr in der Lage ist, eine Ästhetik des Gemeinschaftlichen zum Ausdruck zu bringen.

Es gibt eine wunderbare Geschichte von Nasreddin Hodscha, dem Weisen aus dem Osten, der bei einem Konzert eines großen Virtuosen sich unbeeindruckt zeigt, worauf der frustrierte Gastgeber ihm irgendwann das Instrument, nehmen wir an eine Oud, in die Hand drückt und sagt: »Na? Kannst du es besser?« Worauf Nasreddin Hodscha einen einzigen Ton anschlägt. Immer wieder denselben einen Ton. Alle schlagen die Hände über dem Kopf zusammen und rufen aus: Aber Mulla Nasreddin, Sie können ja gar nicht spielen. Worauf er antwortet: »Von wegen! Ich habe den richtigen Ton schon gefunden. Dieser Stümper da sucht ihn noch.«

So kommt mir unser geistiges Leben vor: Es ist eintönig, monoton, immer wieder dieselben Geschichten, die wir hinterfragen sollten. Wir müssen dieses verarmte geistige Leben – und das empfinde ich als meine Aufgabe als Romancier – mit anderen Geschichten konterkarieren. Was sind das nun für Geschichten? Es sind zum einen Geschichten nicht zugestandener Alternativen. Wir treffen uns ja anlässlich mehrerer düsterer Jahrestage: 100 Jahre seit Niederschlagung des Aufstands von Kronstadt und 150 Jahre seit Niederschlagung der Pariser Kommune.

Das sind zwei Beispiele von vielen. Wir müssen und wir können nicht oft genug erzählen, dass dieses System der weltweiten Durchherrschung überhaupt keine Alternative zulässt, um in der Folge seine eigene Alternativlosigkeit zu propagieren, das ist ein Perpetuum Mobile der Ideologie. Umso wichtiger ist es, Alternativen in Erinnerung zu behalten. Noch wichtiger ist die utopische Erzählung, das utopische Narrativ. Die Utopien sind bekanntlich Lebensformen, die es nirgendwo gibt, die es aber entweder geben sollte oder die es geben wird, je nachdem, wie zuversichtlich wir sind.

Das Utopische speist sich seit je aus schon Existierendem. Das kennen Sie aus der Fantasy-Literatur, aus der Science-Fiction Literatur, es gibt selten oder vielleicht überhaupt keine Entwürfe, die nicht teilweise aus schon Erlebtem, aus anthropologischen Konstanten, aus sozialen Erfahrungen, aus individuellen Geschichten weiterwachsen. Etwas völlig Neues zu erfinden, ist dem Menschen kaum möglich. Deswegen müssten wir betrachten, was es schon gegeben hat. Da gibt es viele Beispiele, wie z. B. jene, die Rebecca Solnit (2020) aufgeschrieben hat, in dem Buch *A Paradise built in Hell.* Neulich erst habe ich einen spannenden wissenschaftlichen Artikel über Panik eher zufällig entdeckt: *Panic: Myth or Reality?*, geschrieben von Lee Clarke (2002). Er ist faszinierend, weil offensichtlich das, was wir aus unseren populären Narrativen kennen, vor allem aus dem Kino und insbesondere aus Hollywoodfilmen, dass nämlich der Mensch, der entfesselte Mensch, der um sein Überleben kämpfende Mensch, zu einer egomanen Wutmaschine wird, die um sich schlägt, die jegliche Form von Gemeinschaftlichkeit negiert – zu einer Bestie wird –, dass diese Darstellung mit den Realitäten wenig zu tun hat. Panik ist wohl ein seltenes Vorkommnis.

Und doch basiert ein Großteil der theoretischen Notwendigkeit von repressivem Zwang auf solchen hysterischen Erzählungen.

Lee Clarke untermauert seine Thesen mit vielen Beispielen – ich werde nur eines kurz erzählen, über einen Brand in Kentucky. Kaum Türen vorhanden, die Menschen bedroht von Hitze und Rauch. Und doch schlagen sie nicht um sich, sie ergreifen keine Stühle, um den anderen den Kopf einzuschlagen, um schneller zum Ausgang zu gelangen, sondern sie helfen sich gegenseitig. Vor allem – und das zeigen solche Beispiele immer wieder – helfen sie wildfremden Menschen. Ich glaube, es gibt jede Menge Belege und Beweise, wenn man sie erzählt und wenn man sie hören möchte, dass der Mensch in der Lage ist, fremden Menschen mit Empathie und Solidarität zu begegnen – das sollte ein Schulfach sein. Genauso, wie Fantasie ein Schulfach sein könnte und müsste, genauso, wie Widerstand ein Schulfach sein könnte und müsste.

Utopien speisen sich aus solchen Beispielen. Beispiele, die ich immer wieder auch selber recherchiert habe und deswegen von ihrer Lebendigkeit und Beseeltheit berichten kann. Sei es die selbstverwalteten Fabriken in Buenos Aires, sei es die Reaktion der Menschen in Karachi nach einem Brand in einer Textilfabrik von Ali Enterprises, sei es Formen des solidarischen Miteinander in Dörfern in Simbabwe. Vor ungefähr dreißig Jahren traf ich dort einen sehr alten Mann, der sich noch an das Leben erinnerte, bevor die Weißen kamen, und er sagte einen Satz, den ich nicht vergessen habe. Er sagte: »Wir sind aufgewachsen mit der Haltung, was nützt es dir, wenn du als einziger im Dorf einen vollen Magen hast.« Das war alles. Wie kann es sein, dass wir in einer Welt leben, in der es als normal und nicht als pathologisch gilt, dass einige Hundert Leute die Hälfte des Weltvermögens ihr Eigentum nennen. Diesem alten Mann, der inzwischen bestimmt nicht mehr am Leben ist, würde das als schierer Wahnsinn vorkommen, denn es gibt keinen Nutzen; keinen geistigen, keinen seelischen, keinen materiellen Nutzen, dass nur einer im Dorf einen vollen Magen hat.

Wie können wir diese Utopien, die von schon Erlebtem ausgehen, in eine bessere Zukunft hineinprojizieren? Damit beschäftige ich mich dieser Tage, ich schreibe einen utopischen Roman. Stets muss ich versichern, es sei tatsächlich eine positive Vision einer herrschaftsfreien, libertären Gesellschaft. Und zu dieser Gelegenheit habe ich mir die vielen existierenden utopischen Entwürfe angeschaut. Ich habe relativ viel gelesen und habe etwas herausgefunden, was mich selber überrascht hat und das ich mit Ihnen teilen möchte, weil ich es für wesentlich halte, nicht nur für das Thema dieser Tagung, sondern auch für unsere Motivation, als Ermutigung, die mir wichtig erscheint in heutigen Zeiten. Mir ist klar geworden, dass es so etwas wie ein Kondensat gibt, ein Destillat utopischen Denkens quer durch die Zeiten, quer durch die Regionen und Epochen. Manche Entwürfe, die ich gelesen habe, berühmt in Westeuropa, sind inzwischen 500 Jahre alt. Andere sind erst vor einigen Jahren in der Science-Fiction formuliert worden. Dazwischen existiert eine Vielfalt an individuellen Prägungen und trotzdem gibt es ein Destillat und dieses Destillat möchte ich Ihnen kurz vorstellen. Wieso ist es wichtig, nur kurz vorab. Weil eines der Argumente gegen eine herrschaftsfreie Gesellschaft behauptet, des einen Utopie sei des anderen Dystopie, das heißt jeder Entwurf einer anderen Gesellschaft, die bestimmte Interessen priorisiert, ist gleichzeitig für andere Menschen eine Negierung ihrer Prioritäten, ihrer Ideale.

Das muss man, glaube ich, ernst nehmen, insofern erscheint es mir relevant, dass wir uns die Tagträume von vielen unterschiedlichen Menschen anschauen und reflektieren, ob sie sich im Kern voneinander unterscheiden. Und damit meine ich essenziell und nicht in der jeweiligen sozialökonomischen Ausprägung. Diesbezüglich wird es und sollte es viele Variationen geben, denn es gibt keinen Grund, wieso nicht unterschiedliche Gemeinschaften, unterschiedliche Kommunen, unterschiedliche Gemeinhäuser unterschiedliche Formen des ebenbürtigen, gleichberechtigten Miteinander entwickeln.

Aber was ist die Essenz? Kurz vorgetragen: *Einerseits* die gesellschaftliche Überwindung des Patriarchats sowie alle Formen von Rassismus, Gleichwertigkeit (siehe hierzu auch die Beiträge von Lenz sowie Chowdhury); *andererseits* die Gleichberechtigung aller Bürgerinnen und Bürger, die freie Entfaltung des Individuums, Selbstständigkeit im Denken und Handeln, freie Wahl der eigenen Tätigkeit oder Untätigkeit, gemäß den jeweiligen Talenten und Bedürfnissen, ein würdevolles, gleichberechtigtes Kommunizieren miteinander, also ein gegenseitiges Sich-Sehen und Ansehen und ein gegenseitiges Sich-Hören und Anhören; Toleranz, Akzeptanz aller Lebensstile, spirituellen Vorstellungen, sexuellen Orientierungen und so weiter und so fort.

Eine grundsätzliche Wertschätzung von Vielfalt, eine Akzeptanz von Eigenwilligkeiten, ich würde sogar sagen, dass Exzentrik als Normalität gilt und nicht als exzentrisch. Altruismus als selbstverständliche Grundhaltung, also gelebte Hilfsbereitschaft und Solidarität. Nähe und Wärme innerhalb von Gemeinschaften, nicht atomisiert, keine Nuklear-Familien, sondern tatsächlich Gemeinschaften. Offenheit für Veränderungen, freie Bildung, wie auch immer sie ausgeprägt ist. Was Bildung sein kann und sein soll, ist in utopischen Entwürfen oft sehr unterschiedlich ausgeprägt, aber die Erziehung legt ihren Fokus stets auf immaterielle Werte, auf Gemeinsinn, auf Empathie. Das Gesellschaftliche und Politische besteht aus flachen Hierarchien, und wenn es kurzzeitig eine Form von Machtkonzentration gibt, dann durch Wahl und begrenzt für eine bestimmte Aufgabe. Bei den Piraten war es so, dass man den Kapitän gewählt hat, bevor man hinaussegelte, um ein anderes Schiff zu entern und zu kapern. Der Kapitän hat für diese Verantwortung den doppelten Anteil, manchmal den vierfachen Anteil der Beute bekommen. Und nach der Rückkehr gab es seine Funktion nicht mehr, d.h. Macht war nicht institutionalisiert, sondern wurde kurzzeitig als Instrument benutzt, um bestimmte Ziele zu erreichen, wenn ein basisdemokratisches Palaver, um es salopp zu sagen, nicht im Dienst der Sache stand.

Es gibt keine festgeschriebenen oder ungeschriebenen Privilegien für eine bestimmte Minderheit, für eine bestimmte Schicht. Anstelle von Autoritäten treten Netzwerke und es gibt ein hohes Maß an Dezentralisierung. Ebenso verschiedene Formen von direkter Demokratie, es ist erstaunlich zu sehen, wie viel man sich da ausdenken kann, als utopische Autorin. Natürlich die Abschaffung des Militärs, der Rüstungsindustrie. In manchen Utopien ist die Achtung von Tieren wichtig, eine Privilegierung des vegetarischen Lebens. Es gibt keine Strafjustiz. Statt Bestrafung gibt es verschiedene Formen der gesellschaftlichen Reaktion auf Missetaten: Scham etwa, im schlimmsten Fall Verbannung und Verstoßung aus der Gesellschaft.

Nun zum Wirtschaftlichen: Wertschöpfung der Natur, natürlich umweltbewusste Lebensweisen, Recycling, Herstellung von äußerst langlebigen Produkten. Ich musste mehrmals schmunzeln, weil in einer der Utopien Produkte hundert Jahre lang benutzt werden können, ich hingegen daheim auf etwas starrte, das nach sechs Monaten neu gekauft werden muss, weil irgendein Anschluss verändert worden ist oder weil die eigene technische Bankrotterklärung dem Objekt eingeschrieben ist. Eine naturnahe Produktion von Gütern, die dem tatsächlichen Bedarf der Menschen entspricht, nicht einem künstlichen durch Werbung erzeugten Bedarf (vgl. hierzu auch den Beitrag von Albert & Shaner). Wirtschaftswachstum kommt als Ziel nicht mehr vor. Kooperation und Tausch anstelle von Wettbewerb und Profit. Freier Zugang zu materiellen Gütern der Grundversorgung für alle. Technologie im Dienst einer höheren Lebensqualität. Keine Verschwendung, kein obsessiver Konsum, kein Hunger.

Kleines Innehalten. Ein schöner Satz aus einem der utopischen Romane, der mich erinnert an die Aussage aus Simbabwe, die ich vorhin zitiert habe: »Wenn wir erfahren würden, dass ein einziger Mensch irgendwo auf Erden hungert, würden wir uns alle als schuldig betrachten, würden wir uns alle aufgefordert fühlen, diesen Missstand zu beseitigen.« Ich bin überzeugt, dass diese Haltung in uns allen schlummert. Es wird allerdings ein enormer Aufwand betrieben, uns zu verrohen gegen eine selbstverständliche Haltung der universellen Empathie.

H.G. Wells, der Autor dieses Satzes, stellt einen Zusammenhang her zwischen Krankheit, also Epidemie, und Fleischindustrie. »Wir können den Gedanken an Schlachthöfe nicht mehr ertragen, wir haben die hygienische Frage des Fleischessens nie klären können. Ich erinnere mich, wie ich als Junge über die Schließung des letzten Schlachthauses, gejubelt habe.«

Ebenso gibt es manchmal die utopische Abschaffung des Geldes, ersetzt durch verschiedene Systeme sozialer Guthaben. Meist werden alle Grundbedürfnisse befriedigt, freier Zugang für alle zu allen Allmenden, Gütern. Also Gemeingut Erde, Luft, Wasser, Musik, Gesundheit. Verschiedene Formen von Automatisierung, je nachdem, wann die Utopie entstanden ist.

Das ist die utopische Essenz.

Wenn Sie sich dieses Destillat ansehen, werden Sie feststellen, es ist ziemlich genau das, was das anarchistische Denken über die Jahrhunderte in verschiedenen Ausformungen vorzuschlagen hat. Für mich war diese Erkenntnis eine Beglückung und eine Bestätigung, dass so viele unterschiedliche Autorin aus verschiedenen Epochen mehr oder weniger ein libertäres, utopisches Programm imaginiert haben.

Und wenn wir solche Entwürfe jetzt unseren Mitmenschen vorschlagen würden, ohne die Frage der Machbarkeit zu stellen, würden wir – davon bin ich überzeugt – trotz 200-jähriger kapitalistischer, nationalstaatlicher Zurichtung eine Mehrheit dafür gewinnen. Und deswegen ist mein Plädoyer, dass wir das anarchistische Denken nicht als politische Theorie oder These betrachten, sondern als eine natürliche Folge menschlichen Verstandes und menschlicher – wie immer Sie es nennen wollen – Herzenswärme, Beseeltheit, Empathie, also der emotionalen und intellektuellen Kapazitäten des

Menschen. Darüber hinaus dürfen wir nicht aus dem Auge verlieren, dass vieles, was heute als selbstverständlich alternativlos gilt, jüngeren Datums ist. Die Strukturen, in denen wir im Moment leben, die existieren plus minus seit 200 Jahren, etwa der Nationalstaat. Gemessen an der Fortdauer der menschlichen Entwicklung, ist der Staat an sich ein relativ neues Phänomen.

Das bedeutet, wir müssen auch erzählen, dass die Art und Weise, wie das Gelingen der real existierenden Verhältnisse propagiert wird, damit zusammenhängt, dass die soziale Effizienz des Staates wie auch des kapitalistischen Systems weit übertrieben wird und die Attraktivität von Alternativen weit untertrieben wird. Wir vernehmen im politischen Diskurs immer wieder die falsche Behauptung, dass der Zweck des Staates die gütige, im Interesse der gesamten Gesellschaft tätige Absicherung der Menschen sei (siehe hierzu auch den Beitrag von Kößler). *Wir* müssen erzählen, dass es – betrachtet man die Geschichte des Staates – für jedes Norwegen 999 Nordkoreas gegeben hat. Dass der Wohlstand, der den Unterprivilegierten gewährt wird, auf Ausbeutung sowie einer destruktiven Extraktion von Rohstoffen basiert, die nicht nachhaltig ist. Das heißt, wir müssen von all den Missverständnissen erzählen. Ich möchte einige wenige kurz erwähnen. Es gibt ein Missverständnis, dass Gleichheit Einheitlichkeit ist, oft hergeleitet von der real existierenden Erfahrung der Diktaturen in Osteuropa, der bolschewistischen Diktatur zuerst in der Sowjetunion, dann später in anderen Ländern Osteuropas. Gewisse Bilder sind in unseren Köpfen, Bilder von gleich und gleich schlecht angezogenen Menschen, die alle das Gleiche essen. Ich glaube, dass eine wirklich gleiche Gesellschaft genau das Gegenteil wäre. Es wäre eine Gesellschaft der enormen Vielfalt. Vergleichbar mit der sich verändernden Wahrnehmung bei einem längeren Aufenthalt in der Wüste. Wenn Sie nur einen Tag dort verbringen, sehen Sie grau oder braun, was immer die dominante Farbe sein mag. Doch je länger Sie sich dort aufhalten, desto mehr öffnet sich ein Fächer der Farbschattierungen. Irgendwann erkennen Sie in der vermeintlichen Eintönigkeit eine unendliche Vielfalt der feinen Unterschiede. Eine herrschaftsfreie, egalitäre Gesellschaft wäre eine Gesellschaft einer völlig anderen Vielfalt, mit einer gelebten Diversität. Aus dem einfachen Grund, dass wir auch von vielen psychologischen, soziologischen Studien wissen, dass in unserem System ein enormer Anpassungsdruck an die vorgegebenen Erfolgsparameter vorherrscht. Und deswegen die Menschen eigentlich eher zu einer Gleichheit in ihrem Verhalten, in ihren Haltungen tendieren, auch in der Art und Weise, wie sie angezogen sind. Mein Bruder war eine Zeitlang Investmentbanker und wenn ich ihn in London besucht habe, konnte ich beobachten, wie die Menschen aus den Bürogebäuden herausströmten. Wie in einer Dystopie mit zugerichteten Cyborgs, alle absolut gleich aussehend. Dem Missverständnis, dass wahre Gleichheit Menschen ihrer Individualität berauben würde, gilt es zu widersprechen.

Das zweite Missverständnis betrifft den kapitalistischen Staat als effizientes System. Es gibt in letzter Zeit einige Narrative, die das mit vielen Zahlen zu belegen versuchen. Etwa Hans Rosling (2019) in seinem Buch *Factfulness*, frei übersetzt: Faktenvöllerei. Oder Steven Pinker (2013) in *Gewalt. Eine neue Geschichte der Menschheit*, der behauptet, dass Gewalt geschichtlich betrachtet zunehmend abnehme. Bücher, die versuchen, die Entwicklung der Menschheit als Erfolg dank des kapitalistischen, globalisierten, nationalstaatlichen Systems darzustellen. Das Problem an solchen Darstellungen ist, dass sie keine Kosten-Nutzen-Rechnung vornehmen. Sie fragen nicht, was wurde geopfert, was wurde verbraucht, was wurde zerstört, um das zu erreichen, was erreicht worden ist. Berücksichtigt man dies, ergibt sich ein anderes Narrativ: Die Natur wurde ausgeschlachtet, teilweise wortwörtlich geschlachtet, um eine entfesselte, exponentielle Entwicklung zu ermöglichen. Bis wir bald alles verbraucht haben und ans Ende kommen werden, unweigerlich. Dann schaut die Kosten-Nutzen-Rechnung gar nicht mehr gut aus. Angesichts dieses Verbrauchs ist es vielmehr skandalös, wie wenig weltweit an individueller, materieller Absicherung gelungen ist, wie wenige Rahmenbedingungen für eine florierende glückliche Gesellschaft geschaffen worden sind, da weiterhin eine Milliarde Menschen an Hunger leidet und unzählige Menschen an unnötigen Krankheiten sterben. Das ist erbärmlich. Dieses System ist in keiner Weise effizient. Wenn Sie einen Motor voller Löcher benutzen, müssen Sie unglaublich viel Treibstoff hineinpumpen. Sie werden ein paar Kilometer schaffen, wenn sie immer wieder nachfüllen, aber niemand würde diesen Motor als effizient betrachten.

Zum Abschied möchte ich erzählen, wieso ich durch und durch optimistisch bin. Das möchte ich deswegen erzählen, weil ich umgeben bin von Leuten, die den Weltuntergang als neue Hausgottheit auserkoren haben. Ich bin aus drei Gründen optimistisch und das sind genau die drei Gründe, die angeblich die größten Probleme der Menschheit sein sollen: Automatisierung, Globalisierung, Digitalisierung. Ganz kurz erzähle ich vom anarchistischen Potenzial dieser drei Phänomene:

Die Chancen in der Automatisierung sind völlig klar: die Befreiung des Menschen von stupider, gefährlicher, entwürdigender Arbeit. Wir wissen, dank des großartigen David Graeber (2020) und seinem Buch *Bullshit Jobs*, wie viel unsinnige Arbeit getätigt wird. Wir wissen, dass wir eine ganz andere Arbeitslosigkeit hätten, wenn dieses System nicht überflüssige Berufe erfinden, wenn der Dienstleistungssektor nicht aufgebläht werden würde. Wir erleben eine unaufhaltsame Entwicklung hin zu einer Automatisierung, die eines Tages den Großteil der notwendigen Produkte produzieren wird, mit geringer menschlicher Beteiligung oder gar ohne, wie manche Leute behaupten, in einem kybernetischen Kreislauf. Können, nicht müssen. Das hängt von den Entscheidungen in einer freien Gesellschaft ab, wie wir die Automatisierung einsetzen. Die Befreiung des Menschen von der Knechtschaft gefährlicher und stumpfsinniger Arbeit ist eine reale Option.

Digitalisierung. Wir wissen, dass die Art und Weise, wie die Plattformen inzwischen gebraucht und missbraucht werden, eine Pervertierung deren ursprünglicher Konzeptionen ist. Wir wissen, dass Plattformen als basisdemokratisches Mittel der Begegnung, der Kommunikation, der Entscheidungsfindung benutzt werden könnten, und ursprünglich war das auch so gedacht. Wenn Sie sich die Monopolstrukturen von profitorientierten Großunternehmen wie Facebook/Meta, Google und andere wegdenken, hätten wir durch digitale Plattformen die Möglichkeit, das, was früher in den akephalen Gesellschaften auf dem Hauptplatz des Dorfes vorgenommen wurde, in die Komplexität eines modernen Lebens zu überführen. Das heißt, wir haben inzwischen technisch die Möglichkeiten, die Mitsprache und die Mitgestaltung aller relativ leicht zu organisieren – wenn natürlich einerseits die staatliche Manipulation aus Eigennutz und die profitgetriebene Nutzung dieser Technologien andererseits wegfiele (vgl. hierzu auch die Beiträge von Hahnel, Chrysostomou & Szczepanczyk und Klöckl).

Und das dritte ist die Globalisierung. Es dürfte klar sein, dass wir die enormen Probleme der Gegenwart nur global bewältigen können. Wir sehen das ja gerade beim Impfen, dieser Impfnationalismus ist nicht nur eine Perversion aus ethischer Sicht, sondern auch eine Dummheit. Wenn wir uns vorstellen, dass der Impfstoff als Allmende definiert worden wäre, wenn wir uns vorstellen, dass der Impfstoff weltweit produziert würde, in kleineren oder größeren Mengen – offensichtlich wäre dies produktionstechnisch nicht so schwierig – und wenn wir uns vorstellen, dass ein gesamtgesellschaftlicher Aufwand betrieben würde, alle Menschen weltweit zu impfen, dann hätten wir jetzt schon oder in absehbarer Zeit eine Durchimpfung der Weltgesellschaft. Stattdessen haben wir jetzt ein zunehmendes Maß an Konflikten, an gegenseitigen Vorwürfen und an unzeitgleichen Impfergebnissen.

Dieses System macht sich keine Gedanken darüber, wie ein Danach aussehen könnte, eine Gesellschaft ohne Nationalstaat, ein Postwachstumsmodell u.a. Die Vielfalt des anarchistischen Denkens hat sich viele Gedanken darüber gemacht. Nicht nur das. Anarchistin hatten in der Geschichte den allerbesten Riecher für negative Entwicklungen. Sei es in Spanien 1936 oder nach der Russischen Revolution. Schon 1918/19 warnten verschiedene Anarchistin, zum Beispiel Emma Goldman, Rudolf Rocker oder Alexander Berkman, vor den Gefahren der bolschewistischen Herrschaft, zu einer Zeit, da alle anderen Linken naiv waren und Illusionen hegten. Wenn es darum geht, eine kritische Lupe auf die Verbrechen und Ungerechtigkeiten existierender Systeme zu richten, ist das anarchistische Denken unschlagbar.

Literatur

Clarke, Lee (2002): Panic: Myth or Reality? In: *Contexts* 1 (3), S. 21–26. DOI: 10.1525/ctx.2002.1.3.21.

Graeber, David (2020): Bullshit Jobs. Vom wahren Sinn der Arbeit. Zweite Auflage. Stuttgart: Klett-Cotta.

Pinker, Steven (2013): Gewalt. Eine neue Geschichte der Menschheit. Frankfurt am Main: Fischer-Taschenbuch ([Fischer-Taschenbücher], 19229).

Rosling, Hans (2019): Factfulness. Wie wir lernen, die Welt so zu sehen, wie sie wirklich ist. 1. Auflage, ungekürzte Ausgabe im Ullstein Taschenbuch. Berlin: Ullstein.

Solnit, Rebecca (2020): A paradise built in hell. The extraordinary communities that arise in disaster. New edition 2020. New York: Penguin Books.

Trojanow, Ilija (2015): Der überflüssige Mensch: Unruhe bewahren. 6. Aufl. München: dtv Verlagsgesellschaft mbH & Co. KG.

Konstantin Wecker

Die Kultur der Anarchie[1]

»Hat es in der Geschichte der Menschheit je ein anderes hehres Ideal gegeben, das so unablässig diffamiert worden ist wie der Anarchismus? Anarchie ist bestialisches Chaos, auf diesen einfachen, doch umso beängstigenderen Nenner lassen sich Jahrhunderte der Verleumdung bringen. Ein Nachschlagewerk aus dem 19. Jahrhundert definiert Anarchisten als ›Idioten oder angeborene Verbrecher, die noch dazu allgemein humpeln, behindert sind und asymmetrische Gesichtszüge tragen‹«, schreibt mein geschätzter Freund und Kollege Ilija Trojanow in seinem wertvollen Buch *Anarchistische Welten* (Trojanow 2012: 6).

Nach dem Sturm der Trump-Faschisten auf das Kapitol am 7. Januar 2021 titelte die BILD: »Die Stunde der Anarchie«.

Ist das nur Blödheit oder nach wie vor die bewusste Diffamierung einer Idee, die schon seit Tausenden von Jahren die Menschheit träumen ließ von einem gleichberechtigten Miteinander ohne krankhaftes Machtstreben, ohne Unterdrückung, ohne Gehorsam?

Konnte man die patriarchalen, meist schwerkranken Gesellschaftssysteme nur dadurch aufrechterhalten, dass systematisch und immer wieder alle anderen Versuche für verrückt erklärt wurden, dämonisiert wurden, und im harmlosesten Fall ins Lächerliche gezogen wurden? Wie verrückt muss eine Menschheit gemacht werden, damit sie glaubt, ein System wie der Kapitalismus, das ausschließlich einigen wenigen zu einem oft obszönen Wohlstand verhilft, sei allen Menschen und eben auch den Armen und Ärmsten dieser Erde dienlich? Wie oft muss man immer und immer wieder der Menschheit zurufen, dass der Mensch von Grund auf ein schlechtes, nicht empathisches und mitleidsloses Wesen sei, das einzig schlechte, unempathische und mitleidslose Herrscher zur Vernunft bringen können? Maligne Narzissten wie Trump und Bolsonaro, Orban oder Erdoğan und wie die vor sich hin

1 Aus: Konstantin Wecker: Poesie und Widerstand in stürmischen Zeiten, Ein Plädoyer für Kunst und Kultur, Mitarbeit: Michael Backmund, Copyright © 2021 Kösel-Verlag, München, in der Penguin Random House Verlagsgruppe GmbH, www.koesel.de [leicht bearbeitet].

pöbelnden alten Machos noch alle heißen mögen, die sich derzeit in den Zentren der Weltmächte ballen?

Wahre Dichterinnen und Dichter waren immer schon Anarchistinnen und Anarchisten. Selbst als es den Begriff noch gar nicht gab. Auch solche, denen man es erst mal nicht ansehen konnte, wie – um nur zwei Beispiele zu nennen – James Joyce oder Dostojewski.

Henry Miller, der große anarchische amerikanische Dichter hat einmal geschrieben, der wahre Künstler müsse Anarchist sein.

Und ich habe das als 17-jähriger glühender Verehrer Millers in mich aufgesogen wie göttliches Manna. Schon als 14-Jähriger ging ich ins Gymnasium mit einem Bakunin-Buch unterm Arm, sodass es jeder sehen konnte, vor allem mein mir verhasster Physiklehrer. Ein alter Nazi, wie die meisten meiner Zuchtmeister des sogenannten humanistischen Ideals.

Ich hatte Bakunin nicht wirklich gelesen. Ich wollte provozieren.

Das gelang mir auch. Später las ich dann alles, was ich über Anarchie in die Finger kriegen konnte und beschäftigte mich vor allem mit der Münchner Räterepublik und ihren wunderbaren Künstler*innen.

Mühsam, Landauer – bis heute bekomme ich Gänsehaut, wenn ich ihrer Poesie und ihrer tragischen Geschichte gedenke.

Der Versuch ist gescheitert. Die Idee aber lebt weiter und mag sie noch so oft scheitern – einst wird die Menschheit in einer herrschaftsfreien Gesellschaft friedlich zusammenleben oder eben gar nicht mehr zusammenleben.

Carl Ludwig Börne (geboren am 6. Mai 1786 im jüdischen Ghetto von Frankfurt am Main als Juda Löb – auch Löw – Baruch; gestorben am 12. Februar 1837 in Paris) schrieb schon damals:

> »Nicht darauf kommt es an, dass die Macht in dieser oder jener Hand sich befinde: Die Macht selbst muss vermindert werden, in welcher Hand sie sich auch befinde. Aber noch kein Herrscher hat die Macht, die er besaß, und wenn er sie auch noch so edel gebrauchte, freiwillig schwächen lassen. (…) Freiheit geht nur aus Anarchie hervor – das ist unsere Meinung, so haben wir die Lehren der Geschichte verstanden« (Trojanow 2012: 6–7).

Freiheit geht nur aus Anarchie hervor – und gemeint ist die Freiheit für alle und jede und jeden. Nicht die Freiheit einiger weniger Begüterter, nicht die Freiheit der in sich selbst so entsetzlich unfreien Tyrannen – unsere Freiheit ist gemeint. Die Freiheit des Geistes und des Herzens, die Freiheit der Kunst, die Freiheit der Liebe.

Ende der 1970er, als die so wichtige 1968er-Bewegung bereits zu ersticken begann an den irrwitzigen Forderungen der verschiedenen marxistischen Ideologen, wurde ich oft in meinen Konzerten unterbrochen von K-Gruppen aller Art, die mich aufforderten, mit ihnen stramm zu stehen und mich ihrer jeweiligen Ideologie zu unterwerfen. Für mich als Anarcho eine absolute Unmöglichkeit. Jede dieser politischen Sekten war der Meinung, einzig sie und ihr von irgendwelchen Dogmatikern formuliertes Weltbild könne die Welt retten. Die neoliberalen Thinktanks rieben sich ob dieser Zerrissenheit die Hände und bereiteten sich auf die Konterrevolution vor.

Anarchie ist ein ständig in Bewegung bleibender Prozess.

Trojanow schreibt zu Recht, »dass sich der Anarchismus niemals zu einem festen System fügen kann, weil es innerhalb eines starren Systems keine wirkliche Befreiung des Denkens geben kann« (Trojanow 2012: 7).

Und ich möchte noch hinzufügen, dass der Verstand eines einzelnen Menschen, mag er noch so brillant sein, nie der Maßstab für ein gemeinsames Miteinander sein kann. Alle sollen mitdenken, mitformen, mitfühlen und zwar nicht, um ein ideologisches, noch so perfekt scheinendes und für die Ewigkeit gültig gemeißeltes Traktat zu erstellen, sondern für ein lebendiges Zusammenwirken. Gleichberechtigt und ohne eitle Besserwisserei. Und vereint im Widerstand gegen alle Formen der Herrschaft. Eben auch und gerade solche, die sich nach geglückten Revolutionen wieder neu herauszuschälen versuchen.

Seit über 50 Jahren singe ich in vielen meiner Lieder gegen die Herrschaft und gegen die Macht an. Auch gegen die immerwährende Gefahr, selbst der Verherrlichung zu verfallen. Das habe ich mir nicht immer wieder ausgedacht, sondern es muss tief in mir etwas Mahnendes, mich stets Warnendes versteckt sein, das sich durchaus bewusst ist, dass ich natürlich ebenso anfällig bin, der Gier nach Macht zu erliegen, wie die meisten von mir bekämpften anderen.

Als ich gefragt wurde, in dem Film *Wunderkinder* von Marcus O. Rosenmüller den SS-Standartenführer Schwartow zu spielen, habe ich sofort zugesagt. Das Drehbuch war hervorragend, und der Film war ein wichtiger antifaschistischer Beitrag zur Erinnerung an das unsägliche Grauen der Naziherrschaft. Ich konnte nicht ahnen, dass ich bei diesen Dreharbeiten etwas kennenlernen musste, das ich eigentlich nicht wirklich wissen wollte von mir.

Ich spielte die absolute Drecksau, den angeblich kunstverliebten Standartenführer, der jüdische Kinder ins KZ stecken sollte und wollte. Schon vom ersten Moment an, in dem ich meine maßgeschneiderte Uniform anzog, war ich dieser Kerl. Ich musste nichts mehr spielen. Nach den ersten Drehwochen wurde ich sauer, wenn Statisten mich nicht mit »Heil Hitler« grüßten. Natürlich nur, solange ich diese verdammte Uniform trug! Nach Drehschluss, am Abend habe ich mich dann entsetzlich vor mir selbst geschämt. Was war da passiert in mir? Mein Leben lang Antifaschist und nun bricht etwas aus mir hervor, was ich bei allen anderen, nur nicht bei mir vermutet hätte. Die Dreharbeiten haben mein Leben wieder mal verändert. Diese Erfahrung hat mir klargemacht, dass alles das, was ich bekämpfe, auch in mir selbst wohnt.

Und es hat mich den Satz wirklich verstehen gelehrt: Niemand darf sich Antifaschist nennen, der nicht ›den Faschisten in sich selbst‹ entdeckt hat.

Wir sollten uns täglich mit allem auseinandersetzen, was uns zutiefst geprägt hat, die wir aufgewachsen sind in einer Gesellschaft von Herrschaft und Gehorsam. »Es gibt kein richtiges Leben im falschen«, hat der große Denker der Frankfurter Schule Theodor W. Adorno in seiner *Minima Moralia* so treffend geschrieben (Adorno 2003: 19).

Wir müssen aufpassen und uns immer wieder selbst infrage stellen. Wir sind alle groß geworden in einem System, das uns Gehorsam gelehrt hat anstelle von Selbstverwirklichung, das uns gelehrt hat, Ellbogen zu gebrauchen anstelle von Umarmung, das uns gelehrt hat, dass wir eigentlich unnütze, unbrauchbare Untertanen seien, die auch mal gerne etwas revoltieren dürfen, aber bitte immer ohne dabei die wirklich mächtigen Macher ernsthaft in ihren ach so wichtigen Unternehmungen zu stören.

Stören wir sie liebe Freundinnen und Freunde, seien wir anarchisch! Es gelingt der herrschenden Meinung seit Jahrtausenden, den – wie Trojanow so treffend schreibt – »krudesten Unsinn durch beharrliche Wiederholung zur unumstößlichen Wahrheit hochzujubeln« (Trojanow 2012: 9).

Nun ist es an uns, den Unsinn zu widerlegen, indem wir zu diesem Wort uns bekennen, das sie uns immer wieder auszureden versuchen, das sie schmähen und vor dem sie anscheinend so Angst haben: Wir sind bekennende Anarchos und stehen dazu!

Literatur

Adorno, Theodor W. (2003): Gesammelte Schriften in 20 Bänden: Bd. 4: Minima Moralia. Reflexionen aus dem beschädigten Leben. 14. Aufl. Frankfurt/Main: Suhrkamp.

Trojanow, Ilija (2012): Anarchistische Welten. 1. Aufl. Hamburg: Ed. Nautilus.

Konstantin Wecker

Den Parolen keine Chance

[Songtext]

Den Parolen keine Chance
lasst sie nicht ans Tageslicht
lasst sie in den Grüften modern
öffnet ihre Gräber nicht

Volk, Nation und Vaterland
sind ihr krudes Kampfgebrüll
alles was dadurch verbrochen
war doch längst entsorgt im Müll.

Wenn sie jetzt den Menschenfängern
wieder aus den Mäulern sprudeln
lasst sie ungehört verdorren
lasst euch nicht dadurch besudeln.

Kriege mit Millionen Toten
haben sie uns eingebracht
Folter, Mord und Diktaturen –
Siegeszug brutaler Macht.

Nein ich hör nicht auf zu träumen
von der herrschaftsfreien Welt
wo der Menschen Miteinander
unser Sein zusammenhält.

Lasst uns jetzt zusammen stehen
es bleibt nicht mehr so viel Zeit,
lasst uns lieben und besiegen
wir den Hass durch Zärtlichkeit.

Nennt mich gerne einen Spinner,
Utopisten und naiv,
doch ich will nicht akzeptieren
was da aus dem Ruder lief.

Es gibt sicher schön're Lieder
wohlgefällig ausgedacht
doch ich glaube, hin und wieder
ist ein Aufschrei angebracht.

Ja, ich hab's schon oft besungen
doch ich wiederhol' mich gern
damals war das Schreckgespenst
zwar bedrohlich, doch noch fern

aber jetzt sind die Gespenster
wieder mal aus Fleisch und Blut
und es darf nicht mehr erwachen
was in ihnen drohend ruht!

Nein, ich hör nicht auf zu träumen
von der herrschaftsfreien Welt
wo der Menschen Miteinander
unser Sein zusammenhält.

Lasst uns jetzt zusammen stehen
es bleibt nicht mehr so viel Zeit,
lasst uns lieben und besiegen
wir den Hass durch Zärtlichkeit.

Musik und Text
Musik: Konstantin Wecker und Ludwig van Beethoven / Text: Konstantin Wecker

Abdruckrechte
Sturm & Klang Musikverlag GmbH / Alisa Wessel Musikverlag

Erstveröffentlichung
Poesie und Widerstand (2017)

Konstantin Wecker

Was mich wütend macht

Dass die Herrschenden andere gerne knechten,
leuchtet mir ein.
Dass die Geknechteten sich lieber knechten lassen
als sich zu erheben,
will mir nicht in den Sinn.
Dass die Herrschenden uns einreden,
Aufrüstung sei die einzig wahre Waffe gegen den Krieg, kann ich verstehen.
Dass wir es glauben,
will mir nicht in den Sinn.
Dass die Herrschenden Geld raffen wollen,
ist ihre Natur.
Das wir es ihnen gestatten,
erzürnt mich.
Ob ich mit Marxisten spreche oder Kapitalisten,
Christen oder Islamisten, Biedermännern oder Großkotzen - fast alle sind der Meinung,
dass ein Gewaltmonopol unerlässlich sei.
Dass die Gewalttäter ihr Monopol haben wollen,
leuchtet mir ein.
Dass ihre Opfer ihnen auch noch zujubeln,
macht mich wütend.

aus dem Album **Utopia** *Live*, 2022
Sturm & Klang Musikverlag
https://sturm-und-klang.de/shop

Weiterführende Empfehlungen

Johann Bergmann

Als Grundlage für den anarchistischen Kommunismus empfehle ich den Klassiker

Kropotkin, Peter: Eroberung des Brotes (Original 1892, div. Ausgaben, auch günstig antiquarisch)

gegen die patriarchale Normalität

Dark Star Collective: Quiet Rumours – An Anarcha-feminist Reader, AK-Press (div. Ausgaben)

gegen den euro-zentrischen Blick

ELANY (Hg.): Schwarze Saat – Gesammelte Schriften zum Schwarzen und Indigenem Anarchismus, Edition Schwarzer Pfeil, o.O., o.J. (2021)

BOVA: In einer Welt der Ruinen – Gespräche von indigener Anarchie, Selbstverlag o. Ort, bova@riseup.net (2022)

für radikale Ökologie

Judi BARI: Revolutionary Ecology, Original 1995, http://www.judibari.org/revolutionary-ecology.html (1999)

für ökologische, nicht-kommerzielle Praxen

Lokomotive Karlshof: Nicht Kommerzielle Landwirtschaft: Ein Erfahrungsbericht (Broschüre 2008)

Ich Tausch Nicht Mehr – ich will mein Leben zurück (Broschüre; https://ich-tausch-nicht-mehr.net/)

Es gibt nichts im Tausch – 5 Jahre Praxis als antikapitalistisches Experiment (Superfood Schleudergang, Karla*hof 2022)

Christoph Besemer

Bücher

Burnicki, Ralf (2002): Anarchismus und Konsens. Gegen Repräsentation und Mehrheitsprinzip: Strukturen einer nichthierarchischen Demokratie, Lich: Verlag Edition AV.

Friedmann, Yona (1978): Machbare Utopien. Absage an geläufige Zukunftsmodelle, Frankfurt a.M.: fischer alternativ.

Guggenberger, Bernd; Offe, Claus (Hg.) (1984): An den Grenzen der Mehrheitsdemokratie. Politik und Soziologie der Mehrheitsregel, Opladen: Westdeutscher Verlag.

Kaner, Sam u.a. (2002): Facilitator's Guide to Participatory Decision-Making, 12. Aufl. Gabriola: New Society Publishers.

Schwendter, Rolf (1970): Modelle zur Radikaldemokratie, Wuppertal-Barmen: Jugenddienst Verlag.

Werkstatt für Gewaltfreie Aktion, Baden (Hg.) (2004): Konsens. Handbuch zur gewaltfreien Entscheidungsfindung, Karlsruhe: Werkstatt für Gewaltfreie Aktion. Kostenlos herunterladbar unter: https://wfga.de/produkt/konsens-handbuch-zur-gewaltfreien-entscheidungsfindung/

Artikel

Blackfield, Charlie: Mehrheitsdiktatur und Konsensprinzip. Konsensverfahren als anarchistische Alternative zum Mehrheitsprinzip? In: Graswurzelrevolution Nr. 210, 1996

Laubenthal, Ulrike: Zum Artikel »Mehrheitsdiktatur oder Konsensprinzip« von Charlie Blackfield (GWR 210); in: Graswurzelrevolution Nr. 211, S.18, 1996

Keimburg, Burkhard: Leben und Entscheiden in der Kommune, Erfahrungen mit dem Konsensprinzip in Niederkaufungen; in: Graswurzelrevolution Nr. 133, April 1989, S. 17

Bernd Drücke

Bücher für den Einstieg

Goldman, Emma (2013): Anarchismus & andere Essays. Münster: Unrast Verlag.

Malatesta, Errico (1977): Anarchie. Meppen/Ems: EMS-Kopp-Verlag.

Stowasser, Horst (2007): Anarchie! Idee – Geschichte – Perspektiven. Hamburg: Edition Nautilus.

von Borries, Achim/Brandies, Ingeborg (Hrsg.) (2007): Anarchismus. Theorie, Kritik, Utopie. Texte und Kommentare. Heidelberg: Verlag Graswurzelrevolution.

Bücher zur Vertiefung:

Chomsky, Noam (2020): Über Anarchismus. Beiträge aus vier Jahrzehnten. Heidelberg: Verlag Graswurzelrevolution.

Drücke, Bernd (Hrsg.) (2018): ja! Anarchismus. Gelebte Utopie im 21. Jahrhundert, 2. erweiterte Aufl. Münster: Unrast Verlag.

Enzensberger, Hans Magnus (1972): Der kurze Sommer der Anarchie. Frankfurt/Main: Suhrkamp.

Goldman, Emma (2010): Gelebtes Leben. Autobiographie. Hamburg: Edition Nautilus.

Kalicha, Sebastian (2017): Gewaltfreier Anarchismus und anarchistischer Pazifismus. Heidelberg: Verlag Graswurzelrevolution.

Stowasser, Horst (1993): Leben ohne Chef und Staat. Berlin: Karin Kramer Verlag.

Links für den Einstieg

www.graswurzel.net

https://www.anarchismus.at/

Links zur Vertiefung
https://anarchiststudies.org/

http://dadaweb.de/wiki/Willkommen_im_neuen_DadAWeb_!

Nika Dubrovsky

Graeber, David (2020): Anarchie – oder was?: Gespräche mit Mehdi Belhaj Kacem, Nika Dubrovsky und Assia Turquier-Zauberman. Zürich: Diaphanes.

Makhno, Nestor/Mett, Ida/Archinov, Piotr (2002): Organisational Platform of the Libertarian Communists. Parental Adviso Edition. ABRAHAM GUILLEN PR.

Daniel Groos

Bücher

Loick, Daniel (2021): Anarchismus zur Einführung. 3., unveränderte Edition. Hamburg: Junius Verlag.

Kuhn, Gabriel (2020): Tier-Werden, Schwarz-Werden, Frau-Werden: Eine Einführung in die politische Philosophie des Poststrukturalismus. 1. Aufl. Münster, Unrast Verlag.

Links

https://anarchismus.de/

https://www.futurehistories.today/episoden-blog/s01/e12-daniel-loick-zu-anarchismus/

Robin Hahnel

Bücher

Cole, George Douglas Howard (2009): Guild Socialism: A Plan for Economic Democracy. BiblioBazaar.

Kropotkin, Peter (1976): Landwirtschaft, Industrie und Handwerk. Berlin: Karin Kramer Verlag.

Le Guin, Ursula K. (2017): Freie Geister. 3. Aufl. Frankfurt am Main: FISCHER Tor.

Pannekoek, Anton (2023): Arbeiterräte: Texte zur sozialen Revolution I. 1. Aufl. Hinrichs, Norbert.

Robinson, Kim Stanley (2021): Das Ministerium für die Zukunft. Deutsche Erstausgabe. München: Wilhelm Heyne Verlag.

Links

Ecoequity: www.ecoequity.org

Participatory Economy Project: www.participatoryeconomy.org

TV

Babylon Berlin. Eine deutsche Neo-Noir-Fernsehserie.

Jens Kastner

Bücher

Baxmeyer, Martin (2018): Amparo Poch y Gascón: Biographie und Erzählungen aus der spanischen Revolution. Heidelberg, Verlag Graswurzelrevolution.

Kellermann, Philippe (Hg.) (2011 ff.): Begegnungen feindlicher Brüder. Zum Verhältnis von Anarchismus und Marxismus in der Geschichte der sozialistischen Bewegung. Bd. 1–3. Münster: Unrast Verlag.

Loick, Daniel (2017): Anarchismus zur Einführung. Hamburg: Junius Verlag.

Lubin, Oskar (2011): Triple A – Anarchismus, Aktivismus, Allianzen. Kleine Streitschrift für ein Upgrading. Münster: edition assemblage.

Zeitungen & Zeitschriften

direkte aktion. Anarchosyndikalistische Zeitung; https://direkteaktion.org

Graswurzelrevolution. Für eine gewaltfreie, herrschaftslose Gesellschaft https://www.graswurzel.net/gwr/

Links

https://www.anarchismus.at. Seite des Anarchistischen Buchladen Wien, hat nicht nur Bücher im Angebot, sondern auf der Seite selbst sind zahlreiche Texte aus Geschichte und Gegenwart des Anarchismus (in diversen Strömungen) nachzulesen!

Claude Klöckl

Cockshott, Paul (2019): How Feasible are Jack Ma's Proposals for Computerized Planning? World Review of Political Economy. Vol. 10(3):302–315. http://doi.org/10.13169/worlrevipoliecon.10.3.0302

Cockshott, W. Paul/Cottrell, Allin/Dunkhase, Helmut (2022): Alternativen aus dem Rechner. Für sozialistische Planung und direkte Demokratie. 3. Aufl. Köln: PapyRossa Verlag.

Hahnel, Robin (2021): Democratic Economic Planning. London: Routledge.

Reinhart Kößler

Berkman, Alexander (1978): ABC des Anarchismus. Lizenzausgabe für die Rixdorfer Verlagsanstalt Edition. Berlin: Guhl, K.

Goldman, Emma (2023): Anarchismus und andere Essays. 4. Aufl. Münster: Unrast Verlag.

Guérin, Daniel (1967): Anarchismus. Frankfurt a.M.: Suhrkamp.

Kropotkin, Peter A. (2022): Memoiren eines Revolutionärs, Bd. 1. 2. Aufl. Münster: Unrast Verlag.

Kropotkin, Peter A. (2002): Memoiren eines Revolutionärs, Bd. 2. 1. Aufl. Münster: Unrast Verlag.

Kropotkin, Peter (2021): Gegenseitige Hilfe in der Tier- und Menschenwelt. Neuauflage. Aschaffenburg: Alibri Verlag.

Reclus, Elisée (1972): Anarchismus und Moral. In: Oberländer, Erwin (Hg.), Dokumente der Weltrevolution. Der Anarchismus. Zürich: Walter-Verlag.

Serge, Victor (1977): Erinnerungen eines Revolutionärs. 3. Aufl. Hamburg: Verlag Association.

Gerlinde Krehn

Bücher

Martens, Ekkehard (2000): Der rote Faden der Ariadne. Leipzig: Reclam Verlag

Bilderbücher

Hula, Saskia; Möltgen, Ulrike (2010): Bei 3 auf den Bäumen. Düsseldorf: Sauerländer Verlag

Jeffers, Oliver (2020): Die Fabel von Fausto, Zürich: Nordsüd Verlag

Rodrigues, André; Ribeiro, Larissa; Desgualdo, Paula; Markun, Pedro (2018): Im Dschungel wird gewählt. München: Prestel Verlag

Wadell, Martin; Oxenbury, Helen (2017): Bauer Ente. Zürich: Atlantis Verlag

Ilse Lenz

Ackelsberg, Martha (2005): Free Women of Spain. Anarchism and the Struggle for the Emancipation of Women. 2. Aufl. Edinburg: AK Press.

Falk, Candace (1990): Love, Anarchy and Emma Goldmann. New Brunswick, London: Rutgers University Press.

Goldmann, Emma (1970): Living my Life. 2 Bde. 2. Aufl. New York: Dover Publications.

Wexler, Alice (1984): Emma Goldmann in America. Boston: Beacon Press.

Wexler, Alice (1989): Emma Goldmann in Exile. From the Russian Revolution to the Spanish Civil war. Boston: Beacon Press.

Zarrow, Peter (1990): Anarchism and Chinese Political Culture. New York: Columbia University Press.

Stefan Meretz

Graeber, David/Wengrow, David (2022): Anfänge: Eine neue Geschichte der Menschheit. 4. Aufl. Stuttgart: Klett-Cotta.

Habermann, Friederike (2016): Ecommony. UmCARE zum Miteinander. Sulzbach am Taunus: Ulrike Helmer Verlag.

Loick, Daniel (2021): Anarchismus zur Einführung. 3., unveränderte Edition. Hamburg: Junius Verlag.

Luthmann, Timo (2022): Politisch aktiv sein und bleiben: Handbuch Nachhaltiger Aktivismus. 3. Aufl. Münster: Unrast Verlag.

Peter Seyferth

Graeber, David (2009): Direct Action. An Ethnography. Oakland, CA/Edinburgh: AK Press. (Ich empfehle, das englische Original zu lesen, da die deutsche Übersetzung gekürzt ist.)

Graeber, David (2012): Inside Occupy. Frankfurt/New York: Campus. Malzahn, Rehzi (Hg.) (2019): Strafe und Gefängnis. Theorie, Kritik, Alternativen. Eine Einführung. Stuttgart: Schmetterling Verlag.

Loick, Daniel/Vanessa E. Thompson (Hg.) (2022): Abolitionismus. Ein Reader. Berlin: Suhrkamp.

Maeckelbergh, Marianne (2009): The Will of the Many. How the Alterglobalisation Movement is Changing the Face of Democracy. London/New York: Pluto Press.

Seeds for Change (2013): A Consensus Handbook. Co-operative decision-making for activists, co-ops and communities. (Download unter https://www.seedsforchange.org.uk/resources)

Stephen Shalom

Graeber, David (2013): Direkte Aktion: Ein Handbuch. 1. Aufl. Hamburg: Edition Nautilus.

Löwy, Michael/Besancenot, Olivier (2016): Revolutionäre Annäherung: Unsere roten und schwarzen Sterne. Berlin: Die Buchmacherei.

Milstein, Cindy (Hg.) (2020): Deciding For Ourselves: The Promise of Direct Democracy, Edinburgh: AK Press.

Wetzel, Tom (2022): Overcoming Capitalism: Strategy for the Working Class in the 21st Century, Edinburgh: AK Press.

Alexandria Shaner

Bücher

Albert, Michael (2021): No Bosses: A New Economy for a Better World. Winchester, UK: John Hunt Publishing.

Butler, Octavia E. (2023): Die Parabel vom Sämann. Neuausgabe Edition. Heyne Verlag.Guin, Ursula K. Le (2017): Freie Geister. 3. Aufl. Frankfurt am Main: FISCHER Tor.

Chambers, Becky (2021): A Psalm for the Wild-Built: A Monk and Robot Book. 1. Aufl. New York: Macmillan USA.

Chambers, Becky (2022): A Prayer for the Crown-Shy: A Monk and Robot Book. 1. Aufl. New York: Macmillan USA.

Dirik, Dilar (2022): The Kurdish Women's Movement, The: History, Theory, Practice. London: Pluto Press.

Graeber, David/Wengrow, David (2022): Anfänge: Eine neue Geschichte der Menschheit. 4. Aufl., Stuttgart: Klett-Cotta.

Kadalie, Modibo (2022): Intimate Direct Democracy: Fort Mose, the Great Dismal Swamp, and the Human Quest for Freedom. On Our Own Authority!

Schmelzer, Matthias/Vetter, Andrea/Vansintjan, Aaron (2022): The Future Is Degrowth: A Guide To A World Beyond Capitalism. New York: Verso Books.

Links

Anark: https://www.youtube.com/@Anark: YouTube-Kanal zur Erforschung der philosophischen Grundlagen linker Ideen, insbesondere anarchistischer und libertär-sozialistischer Richtungen.

Andrewismus: https://www.youtube.com/@Andrewism/about; YouTube-Kanal des trinidadischen Anarchisten und Solarpunk-Aktivisten Andrew Sage.

Thomas Stölner

Bücher

Boal, Augusto (1982): Theater der Unterdrückten. 3. Aufl. Frankfurt am Main: Suhrkamp Verlag.

Graeber, David (2013): Direkte Aktion: Ein Handbuch. 1., Deutsche Erstausgabe. Hamburg: Edition Nautilus.

Le Guin, Ursula K. (2017): Freie Geister. 3. Aufl. Frankfurt am Main: FISCHER Tor.

P.M. (2012): Kartoffeln und Computer: Märkte durch Gemeinschaften ersetzen – Nautilus Flugschrift. 1. Aufl. Hamburg: Edition Nautilus.

Trojanow, Ilija (2012): Anarchistische Welten. 1. Aufl. Hamburg: Ed. Nautilus.

Trojanow, Ilija (2023): Tausend und ein Morgen. 1. Aufl. Frankfurt: S. FISCHER.

Links

www.anarchismus.at

https://www.futurehistories.today/

https://participatoryeconomy.org/

Konstantin Wecker, Revolution: https://www.youtube.com/watch?v=D39rJvoCqjE

Simon Sutterlütti

Bücher

Adamczak, B. (2017). Beziehungsweise Revolution: 1917, 1968 und kommende. Berlin: Suhrkamp Verlag.

Habermann, Friederike (2018), Ausgetauscht! Warum gutes Leben für alle tauschlogikfrei sein muss, Sulzbach am Taunus: Ulrike Helmer Verlag.

Redecker, Eva von (2020): Revolution für das Leben, Frankfurt am Main. Fischer Taschenbuch Verlag.

Sutterlütti, Simon und Stefan Meretz (2018), Kapitalismus aufheben. Eine Einladung, über Utopie und Transformation neu nachzudenken, Hamburg: VSA Verlag

Artikel

Lutosch, H. (2022). Wenn das Baby schreit, dann möchte man doch hingehen: Ein feministischer Blick auf Arbeit, Freiwilligkeit und Bedürfnis in aktuellen linken Utopieentwürfen. https://communaut.org/de/wenn-das-baby-schreit-dann-moechte-man-doch-hingehen, https://www.youtube.com/watch?v=ewN3gaAAr0Q Communaut.

Stahlmann, Johanna (1990): Die Quadratur des Kreises. Funktionsmechanismus und Zusammenbruch der sowjetischen Planökonomie. In: Krisis. https://www.krisis.org/1990/die-quadratur-des-kreises/.

Mitchell Szczepanczyk

Albert, Michael; Hahnel, Robin (1991): The Political Economy of Participatory Economics. Princeton, New Jersey: Princeton University Press.

Hahnel, Robin (2021): Democratic Economic Planning. London: Routledge.

Hahnel, Robin (2022): A Participatory Economy. Chico, California: AK Press, 2022.

Hahnel, Robin; Wright, Erik Olin (2016): Alternatives to Capitalism. London: Verso Books.

Ilija Trojanow

Bücher

Arschninoff, Peter (2021): Die Geschichte der Machno-Bewegung, 3. Aufl. Münster: Unrast Verlag (aus aktuellem Anlass).

Dejacque, Joseph (1980): Utopie der Barrikaden. Berlin: Karin Kramer Verlag (die schönste Utopie).

Geber, Eva (2018): Louise Michel. Wien: Bahoe Books (was für eine Frau).

Goldman, Emma (2010): Gelebtes Leben. Hamburg: Edition Nautilus (was für ein Leben).

Graeber, David (2008), Frei von Herrschaft. Wuppertal: Peter Hammer Verlag (eine Anthropologie).

Nettlau, Max: Geschichte der Anarchie Bd. 1-7, div. Verlage (der Klassiker für den Überblick).

Solnit, Rebecca (2010): A Paradise Built in Hell. New York: Penguin Books, 2010 (in der Katastrophe entsteht nicht Chaos, sondern freiere Ordnung)

Valéry, Paul (2019): Prinzipien aufgeklärter An-archie. Berlin: Matthes & Seitz (aphoristisch).

Film

Die Konsensfabrik. Noam Chomsky und die Medien. Dokumentarfilm, 1992 (für Leseunwillige)

Spezialtipp

James Joyce, Ulysses und Monty Python's Flying Circus (abwechselnd schauen und lesen, um zu erfahren, wie sehr Anarchismus die Künste beeinflusst hat)

Zora Weber

Stowasser, Horst (2020): Anarchie! Idee – Geschichte – Perspektiven, 7. Auflage, Hamburg: Edition Nautilus.

von Borries, Achim / Weber–Brandies, Ingeborg (Hg.) (2013): Anarchismus. Theorie Kritik Utopie, Heidelberg: Graswurzelrevolution.

Konstantin Wecker

Bücher

Enzensberger, Hans Magnus (2022): Der kurze Sommer der Anarchie , 21. Auflage Berlin: Suhrkamp Verlag

Ausgewählte Buchtipps zur Münchner Räterevolution

Graf, Oskar Maria (1984): Wir sind Gefangene. Roman von 1927. München: dtv.
Mühsam, Erich (2003): Wir geben nicht auf! Texte & Gedichte. München: monacensia im AlliteraVerlag.

Sternsdorf-Hauck, Christiane (2008): Brotmarken und rote Fahnen – Frauen in der bayerischen Revolution und Räterepublik 1918/19, ISP Verlag

Toller, Ernst: Eine Jugend in Deutschland. Reinbek: Rowohlt Verlag.

Podcast & Filminterviews:

Marsen, Thies; Backmund; Michael: 100 Jahre Räterepublik in Bayern. Zeitzeugen erzählen, wie die Revolution in München war. Ein Radiofeature. https://www.br.de/radio/bayern2/zeitzeugen-erzaehlen-wie-die-revolution-in-muenchen-war-100.html
Die Geschichte der bayerischen Revolution von 1918/19 konnte bisher nur anhand schriftlicher Quellen erzählt werden. Doch eine Gruppe junger Filmemacher hat 1988 die letzten noch lebenden Zeitzeugen interviewt. Hier können Sie diese einzigartigen Dokumente sehen.

Wecker, Konstantin:

https://www.weckersblog.de/post/es-leben-eisner-und-die-weltrevolution-von-michael-backmund

Weckerswelt TV: Anarchie & Utopien, Konstantin Wecker im Gespräch mit Ilija Trojanow & Gunna Wendt

https://www.youtube.com/watch?v=o7BM0DaTr8A

https://www.youtube.com/watch?v=6PhRjimk1dY

Die Autor*innen

Michael Albert ist ein jahrzehntelanger ständiger Teilnehmer an dem Projekt, eine andere Welt zu verwirklichen. Politisch aus der neuen Linken der Sechzigerjahre hervorgegangen, ist er nach diversen Organisationsgründungen, Lehrtätigkeiten, schriftstellerischen und aktivistischen Bemühungen heute hauptsächlich Betreiber des Podcasts RevolutionZ, emeritierter Mitarbeiter des Projekts ZNet und Mitglied der noch sehr jungen Organisation RealUtopia sowie reger Autor diverser Publikationen. Er ist mit Robin Hahnel Mitautor der ökonomischen Vision der Partizipatorischen Ökonomie (Parecon) und ein unermüdlicher Verfechter dieser und der weiter gefassten Vision der Partizipatorischen Gesellschaft.

Hermann Amborn, wurde am 11. April 1933 in Braubach geboren. Nach einer Tätigkeit als Ingenieur begann Hermann Amborn 1964 das Studium der Ethnologie, Vor- und Frühgeschichte sowie Anthropologie, das er 1973 mit der Promotion mit einer Arbeit über die historische und sozioökonomische Bedeutung der Eisenproduktion in Afrika abschloss. Die Habilitation erfolgte im Wintersemester 1986/87 über gesellschaftliche Arbeitsteilung in akephalen/polykephalen Gesellschaften des östlichen Afrikas mit Vergleichen zu Indien. Von 1987 bis zum Ruhestand 1998 war er als Professor am Institut für Völkerkunde der Ludwig-Maximilians-Universität München angestellt. Ethnologische Forschungen führte er in Äthiopien, Kenia und Bali (Indonesien) durch. Mit Vertretern der Burji-Konso-Gruppen pflegte er eine intensive Arbeitsbeziehung. Amborn publizierte ferner zu folgenden Themen: Aktionsethnologie (diskursive Handlungsforschung), Ethik, ethnische Identität, intensivierte Landwirtschaft, Berufshandwerker, Anthropologie der Landschaft und Bedeutung des Rechts in herrschaftsfreien Gesellschaften.

Johann Bergmann, geb. 1960 in Bremen, war lange Jahre Alleinerziehender, ist seit Langem in ökologischen und sozialen Bewegungen aktiv, veröffentlichte dazu in den letzten 30 Jahren meist kleinere Beiträge, organisiert seit über 20 Jahren Veranstaltungen. 2006 Mitbegründer des Umsonstladens.

Initiierte 2010 das Buchprojekt *Befreiung vom Geld und Eigentum … und warum das noch lange nicht reicht*.

Christoph Besemer, geb. 1955 in Heilbronn. Seit 1972 friedenspolitisches Engagement, gewaltfreie Aktionen, Trainingskollektiv für gewaltfreie Aktionen. 1976–1981 Studium der Politikwissenschaft am Otto-Suhr-Institut der Freien Universität Berlin. 1981–1982 private Schwerstbehinderten-Betreuung in Korntal. 1982–1985 Mitarbeit im Büro des landeskirchlich Beauftragten für Fragen der Kriegsdienstverweigerer und Zivildienstleistenden (Pfr. Schäufele) in Stuttgart. 1985–1987 und 1991–2021 Hauptamtlicher Mitarbeiter der Werkstatt für Gewaltfreie Aktion, Baden (WfGA) in Freiburg (www.wfga.de). 1987–1991 Verschiedene Tätigkeiten in Freiburg sowie ehrenamtliche Mitarbeit in der WfGA. Seit 1.4.2021 Ruhestand und freiberufliche und ehrenamtliche Tätigkeit im Bereich Konfliktbearbeitung, (Konflikt-)Moderation, Mediation, Gewaltfreiheit und Frieden.

Savvina Chowdhury lehrt feministische politische Ökonomie am Evergreen State College in Olympia, Washington. Zu ihren aktuellen Projekten gehört die Arbeit mit Economics for Everyone, einer gemeinschaftsbasierten Gruppe, die monatlich kostenlose Wirtschaftsworkshops abhält und zum Dialog und zur Diskussion über Ungleichheit und die Krisen des Kapitalismus einlädt.

Jason Chrysostomou hat berufliche Erfahrungen im Bereich Website-Design und -Entwicklung. Er ist Mitbegründer einer Genossenschaft von Arbeitnehmern im Bereich der digitalen Technologie und half beim Aufbau eines britischen Verbands von Arbeitnehmern im Bereich der digitalen Technologie. Er ist Mitbegründer des post-kapitalistischen Think-Tanks *Participatory Economy Project*. Sein Hauptinteresse gilt der Entwicklung partizipativer Planungssoftware. Jason ist außerdem ein Klimaaktivist, spielt Jazzgitarre und lebt in London, UK.

Bernd Drücke, geb. 1965 in Unna, Dr. phil., Soziologe, freier Journalist und Autor. Mit zweijähriger Unterbrechung seit November 1998 Koordinationsredakteur der Monatszeitung Graswurzelrevolution, bis Sommer 2003 Lehrbeauftragter am Institut für Soziologie der Uni Münster. Von Januar 2021 bis Januar 2023 wissenschaftlicher Leiter des Archivs für alternatives Schrifttum (afas) in Duisburg. Als Mitglied des Umweltzentrum Archiv e.V. entwickelte er mit der Künstlerin Silke Wagner für die *skulptur projekte münster 07* das Projekt ›Münsters Geschichte von unten‹ (www.uwz-archiv.de).

Nika Dubrovsky ist Künstlerin und Autorin. Sie schreibt Kinderbücher für Erwachsene und Erwachsenenbücher für Kinder sowie Artikel und Essays für Publikationen wie *Artforum, e-flux, artnet* und andere. Zusammen mit Freund*innen hat sie mehrere Bürgerinitiativen gegründet, darunter das Museum of Care und Visual Assemblies, zudem arbeitet sie am David Graeber Institute in London.

Jan Groos ist Forscher, Filmemacher und Podcaster. Er ist wissenschaftlicher Mitarbeiter im DFG-Projekt »Das Regieren der Algorithmen« am Arbeitsbereich Soziologische Theorie der Christian-Albrechts-Universität zu Kiel und arbeitet derzeit an seiner Dissertation zum Thema »Soziotechnische Imaginationen algorithmischer Regierungskunst«. Jan betreibt den Podcast *Future Histories* (www.futurehistories.today) als Teil seiner Forschungspraxis. Informationen zu Publikation und mehr zu finden auf: www.jan-groos.de

Robin Hahnel ist emeritierter Professor der American University in Washington DC, wo er 33 Jahre lang lehrte. In den letzten 16 Jahren lehrte er als Gastprofessor an der Portland State University, dem Lewis and Clark College und der Willamette University in Oregon. Er ist Mitbegründer des postkapitalistischen Modells, das als partizipatorische Wirtschaft bekannt ist. Im letzten halben Jahrhundert war er auch in vielen politischen Kampagnen aktiv, angefangen mit dem Widerstand gegen den US-Krieg in Vietnam.

John Holloway ist Professor an der Hochschule für Soziologie des Instituto de Ciencias Sociales y Humanidades »Alfonso Vélez Pliego« an der Benemérita Universidad Autónoma de Puebla in Mexiko. Seine Bücher *Change the World without taking Power* (erstmals 2002 bei Pluto Press, London) und *Crack Capitalism* (erstmals 2010 bei Pluto Press, London) wurden jeweils in ein Dutzend Sprachen übersetzt und haben internationale Kontroversen ausgelöst. Das dritte Buch der Trilogie, *Hope in Hopeless Times* (Hoffnung in hoffnungslosen Zeiten), das 2022 bei Pluto veröffentlicht wurde, folgt demselben verrufenen Pfad.

Jens Kastner, PD Dr. phil. habil., ist Soziologe und Kunsthistoriker. Er arbeitet als Senior Lecturer am Institut für Kunst- und Kulturwissenschaften an der Akademie der Bildenden Künste Wien und als Privatdozent an der Leuphana Universität Lüneburg. Er schreibt regelmäßig für verschiedene Zeitungen und Zeitschriften (u.a. *Jungle World, springerin, ak – analyse & kritik*). Seine Forschungsschwerpunkte sind Kultur- und Sozialtheorien, Kunstkritik sowie Geschichte und Theorie sozialer Bewegungen, Anarchismus und Latin American Studies. Seit 2005 ist er koordinierender Redakteur von Bildpunkt. Zeitschrift der IG Bildende Kunst (Wien). 2011 erhielt er den ADKV/ Art Cologne-Preis für Kunstkritik.

Claude Klöckl, geb. 1985 in Bregenz, ist Mathematiker und Physiker. Er arbeitet hauptsächlich zu den Themen Energieökonomie, Energieprognosen und Strommarkt. Sein besonderes Interesse ist es, diese technischen Themen in ihrer gesellschaftlichen Relevanz für die Planung einer Ökonomie sowie ihrer Verteilungsgerechtigkeit und Versorgungssicherheit darzustellen. Claude Klöckl promovierte an der Universitat Autonoma de Barcelona, forschte an der Österreichischen Akademie der Wissenschaften sowie der Universität für Bodenkultur Wien und arbeitet momentan für die Austrian Power Grid an der täglichen Prognose erneuerbarer Energieproduktion.

Reinhart Kößler, geb. 1949 in Karlsruhe, ist Sozialwissenschaftler mit den Arbeitsschwerpunkten Gesellschafts- und Entwicklungstheorie, Entwicklungssoziologie, politische Soziologie, postkoloniale Erinnerungspolitik, Regionalschwerpunkt Südliches Afrika; seit 1980 Mitbegründer und Redaktionsmitglied der Zeitschrift *Peripherie*. Institutionell verbunden dem Arnold-Bergstraesser-Institut Freiburg, Seminar für Wissenschaftliche Politik Universität Freiburg, Institut für Soziologie PH Freiburg, Department of Anthropology, University oft the Free State, Südafrika.

Gerlinde Krehn, geb. 1956 in Rednitzhembach, ist Religionspädagogin und Trainerin für philosophische Gesprächsführung. Sie arbeitet mit der eigenen Firma *nach-denkerei* als freiberuflich Referentin im Bildungsbereich. Die Frage welche Bildung brauchen Menschen angesichts der Herausforderungen unserer Zeit, beschäftigt sie in den letzten Jahren zunehmend. Dazu gehört, welche Rolle Philosophieren dabei spielt, und wie sich eine Welt für alle nicht nur denken, sondern auch gestalten lässt.

Ilse Lenz ist Soziologin mit den Arbeitsschwerpunkten Geschlecht/Intersektionalität, Frauenbewegungen in vergleichender Sicht (Deutschland, Japan) und Transformation von Arbeit und Gesellschaft in der Globalisierung.

Daniel Loick ist Associate Professor of Political and Social Philosophy an der Universität Amsterdam. Seine Forschungsschwerpunkte liegen in den Bereichen der politischen Philosophie, der Rechts-, Kultur- und Sozialphilosophie, Sozialtheorie und politischen Theorie.

Stefan Meretz, geb. 1962 in Berlin, ist promovierter Ingenieur und Informatiker, Mitbegründer des Commons-Instituts, Mitbegründer des interdisziplinären Forschungsprojekts »Die Gesellschaft nach dem Geld«, Kolumnist im Wiener Magazin *Streifzüge* und Blogger auf keimform.de.

Anders Sandström ist ausgebildeter Buchhalter mit einem Abschluss der Universität Uppsala. Er lebt in Stockholm, Schweden, wo er als Schatzmeister bei der Sveriges Arbetares Arbetslöshetskassa (SAAK) arbeitet, einem Arbeitsamt, das historisch mit der schwedischen syndikalistischen Gewerkschaft Sveriges Arbetares Centralorganisation (SAC) verbunden ist. Vor seinem Sabbatical und seiner politischen Wende im Jahr 2000 arbeitete Anders als Wirtschaftsprüfungsassistent bei der internationalen Wirtschaftsprüfungsgesellschaft KPMG und später als Leiter der Buchhaltung und Group Financial Controller in verschiedenen Unternehmen. 2010 war Anders Mitbegründer von Parecon Sverige, einer Gruppe, die sich für eine partizipatorische Wirtschaft einsetzt, ein Wirtschaftssystem, das als tragfähige Alternative zum Kapitalismus entwickelt wurde. Sein Hauptinteresse gilt der Erforschung von Antworten auf Fragen der Rechnungslegung im Zusammenhang mit der künftigen Umsetzung einer partizipatorischen Wirtschaft.

Peter Seyferth, geb. 1973 in München, ist ein politischer Philosoph. In der Lehre an verschiedenen Bildungseinrichtungen deckt er die politische Theorie und benachbarte Felder ab. In der Forschung konzentriert er sich auf Utopien, Anarchismus, nichtstaatliche Demokratie und Science-Fiction. Sein besonderes Interesse gilt Strukturen, Institutionen, Regeln und Organisationsformen, die Freiheit und Gleichheit ermöglichen.

Stephen R. Shalom ist emeritierter Professor für Politikwissenschaft an der William Paterson University in New Jersey, USA. Er ist Mitglied des Redaktionsausschusses von *New Politics*. Neben Arbeiten zur Außenpolitik ist er der Herausgeber von *Socialist Visions* (South End Press, 1983) und zahlreicher Artikel über politische Visionen insbesondere der von ihm entwickelten »Parpolity«.

Alexandria Shaner ist Seglerin, Autorin, Organisatorin und Lehrerin. Sie lebt in der südlichen Karibik und ist Mitarbeiterin von ZNetwork.org, Dozentin an der School for Social and Cultural Change und aktiv im Women's Rights & Empowerment Network, dem Climate Reality Project und RealUtopia.org.

Simon Sutterlütti, geb. 1991 in Hallein. Der Ökonom, Soziologe und Historiker arbeitet in dem Projekt »Gesellschaft nach dem Geld« und ist aktiv beim Commons Institut und dem Netzwerk Planwirtschaft. Er forscht zu historischen Planwirtschaft, postkapitalistischen Alternativen und gesellschaftlichen Transformation und publizierte *Kapitalismus aufheben* (2018, commonism.us)

Mitchell Szczepanczyk arbeitet seit 2000 in der professionellen Softwareentwicklung und programmiert regelmäßig in verschiedenen Programmiersprachen wie Python, Clojure, Clojurescript und Elm. Er ist Gründungsmitglied von CAPES, der Chicago Area Participatory Economics Society, und moderiert *PEP Talk*, den Podcast des Participatory Economy Project. Außerdem hat er Radio- und Fernsehsendungen für das Chicago Independent Media Center produziert und arbeitet zu Medienfragen mit Chicago Media Action zusammen. Er lebt mit seinem Sohn Zachary in Chicago.

Ilija Trojanow sammelte über den Globus verteilte Welten. Nach seiner Geburt 1965 in Sofia fing er mit der Flucht 1971 aus Bulgarien in Deutschland damit an, nachdem er dort Asyl erhielt, und setzte in Nairobi seine Sammlung fort, bis er, wieder in München angelangt, Jura, Ethnologie und Havarie studierte. 1989 teilte er seine Sammelleidenschaft mit der Gründung des Marino Verlags für Bücher über Afrika. Seitdem lässt er uns als Autor, Übersetzer und Publizist an seinen gesammelten Welten teilhaben, die er von 1998–2003 in Bombay vertiefte und von 2003–2006 in Kapstadt erweiterte. Seit 2008 nennt er Wien und Stuttgart sein Zuhause.

Zora Weber, geb. 1972 bei Karlsruhe, ist Islamwissenschaftlerin und Physiotherapeutin. Sie beschäftigt sich mit der Gestaltung gruppendynamischer Prozesse und dem gegenwärtigen Bewusstseinswandel hin zu einer qualitativ lebenswerten Zukunft.

Konstantin Wecker ist Musiker, Liedermacher, Komponist, Poet und Autor. Er lebt seit seiner Geburt 1947 in München und hat über 600 Lieder geschrieben, dazu viele Bücher und Gedichtbände sowie viele Filmmusiken komponiert. Der Traum von einer herrschaftsfreien Welt zieht sich wie ein roter Faden durch sein Leben. Mit zwölf Jahren hat er instinktiv als Anarchist angefangen, um den Grad seiner Unangepasstheit schrittweise und stetig zu steigern. Als 14-Jähriger ging er mit einem Buch von Bakunin unter dem Arm ins Gymnasium. Viele Anarchist*innen hatte er bis dahin noch nicht gelesen, aber er wollte seine verhassten Nazipauker, besonders seinen Physiklehrer, zur Weißglut bringen. Das ist ihm gelungen. Seit 1968 ist der Erich-Mühsam-Preisträger Konstantin Wecker immer wieder auf die Straße gegangen zu Demonstrationen und Aktionen des Zivilen Ungehorsams. Ob gegen alte und neue Nazis und Rassisten, gegen Krieg oder den Bau der WAA in Wackersdorf, in Solidarität mit Geflüchteten oder gegen die Repression gegen Klimaaktivist*innen. Konstantin Wecker bezeichnet sich als einen bekennenden Anarcho und sagt: »Ich werde niemals aufhören, zu träumen von einer herrschaftsfreien Welt ohne Kriege, Rassismus, Patriarchat, ohne die zerstörerische Ausbeutung von Menschen und Natur.«

Die Herausgeber*innen

Thomas Stölner studierte von 1993 bis 2001 in Göttingen, Oswego (USA), Wien, Siena und Heidelberg, wo er mit einer Arbeit über Wittgenstein sein Magisterstudium der Ethnologie, Philosophie und Deutsch abschloss. In seiner Arbeit in Wien als Lehrer für Deutsch als Zweitsprache und Erwachsenenbilder führte er in verschiedenen Lehrgängen das Philosophieren als Bildungsprinzip zur Stärkung und Selbstermächtigung der Kinder, Jugendlichen und Erwachsenen ein. Als Kinder- und Jugendfußballtrainer nahm er sich geflüchteten Spielern in seiner Mannschaft und derer Familien an. In dieser Funktion kämpfte er für die Gleichberechtigung von Mädchen im Jugendbereich gegen den Niederösterreichischen Fußballverband. Im »Participatory Economy Project« bringt Thomas Stölner seine Mitarbeit für die Verbreitung und Vertiefung eines alternativen Wirtschaftsmodells ein. Sein Interesse gilt neben dem Anarchismus dem Theater der Unterdrückten. Derzeit beendet er sein Lehramtsstudium an der Universität Wien mit einer Arbeit über partizipatorische Ökonomie.

Prof. Dr. *Uwe H. Bittlingmayer*, hat von 1992 bis 1999 in Münster Soziologie, Philosophie und Politikwissenschaft studiert und war danach zwei Jahre Landesgraduiertenstipendiat Nordrhein-Westfalens. Er promovierte mit einer ideologiekritischen Analyse der Zeitdiagnose Wissensgesellschaft in 2005. Parallel arbeitete er in umwelt- und bildungssoziologischen Drittmittelprojekten am Institut für Soziologie Münster. Von 2005 bis 2008 erfolgte ein Wechsel an die Universität Bielefeld in die Fakultät für Gesundheitswissenschaften, Arbeitsgruppe Prävention und Gesundheitsförderung, wo er in unterschiedlichen Drittmittel-finanzierten Evaluationsprojekten im Bereich der soziologischen Gesundheits- und Bildungsforschung arbeitete. Im Wintersemester 2008/09 erfolgte mit Glück sein einziger Ruf auf eine Professur für Allgemeine Soziologie mit Schwerpunkt Bildungsforschung an das Institut für Soziologie der Pädagogischen Hochschule Freiburg, wo er bis heute arbeitet. Seine aktuellen Arbeitsgebiete sind Kritische Theorie, Gesellschaftstheorie und Zeitdiagnose, Public Health aus soziologischer Perspektive, Soziologie Afghanistans und Namibias sowie Global Health.

Gözde Okcu studierte von 2005 bis 2011 Soziologie in Istanbul und von 2014 bis 2017 Gesundheitspädagogik in Freiburg. Sie war in der Türkei in NGOs im ökologischen Bereich und in Deutschland in der interkulturellen Pädagogik tätig. Seit 2017 arbeitet sie am Institut für Soziologie der Pädagogischen Hochschule Freiburg zu den Themen soziale und gesundheitliche Ungleichheit und soziallagenorientierte Gesundheitsförderung und promoviert über den Life-Skills-Ansatz in der Gesundheitsförderung.

David Graeber

Einen Westen hat es nie gegeben & Fragmente einer anarchistischen Anthropologie

204 Seiten | 16 €
ISBN 978-3-89771-193-8

Können wir beweisen, dass es möglich ist, alles anders zu machen? Höchstwahrscheinlich: ja.

In seinen Fragmenten lädt David Graeber dazu ein, sich eine intellektuelle Praxis vorzustellen, die bisher nur als Möglichkeit existierte: eine anarchistische Anthropologie. Wenn wir die Geschichte der Menschheit in ihrer Gänze erkundeten, würden wir feststellen, dass es unzählige Möglichkeiten gab und gibt, alles anders zu machen. Die Anthropologie birgt einen noch ungehobenen Schatz an Wissen, mit dem sich zeigen ließe, dass Selbstbestimmung und soziale Kreativität weitaus üblicher sind und waren, als wir mithin meinen. Graeber verstand es, gelebte radikale alltägliche politische Praxis greifbar zu machen und in der Form seiner Theorie als Geschenk zurückzugeben.

Michael Albert

Die machbare Utopie

Strategien für eine Gesellschaft der Zukunft

278 Seiten | 16 €
ISBN 978-3-89771-252-2

Ein Leitfaden für Aktivist*innen auf dem Weg in eine gerechte und solidarische Welt

Die machbare Utopie ist eine Debatte über die Ziele und praktischen Prinzipien einer wünschenswerten Gesellschaft der Zukunft. Michael Albert stellt Konzepte und ihre Verbindungen zur gegenwärtigen Gesellschaft dar, formuliert die Utopie einer post-kapitalistischen Zukunft und diskutiert über Mittel und Zwecke, die für die Entwicklung einer gerechten Gesellschaft benötigt werden.

»Mit seiner Kombination aus scharfkantiger Logik und visionärer Hoffnung ist Michael Albert eine der Schatzkammern der amerikanischen Linken.«

Barbara Ehrenreich

Bernd Drücke (Hg.)

Ja! Anarchismus

Gelebte Utopie im 21. Jahrhundert. Interviews und Gespräche

mit einem Vorwort von Konstantin Wecker

348 Seiten | 18 €
ISBN 978-3-89771-256-0

Gespräche zur anarchistischen Praxis

Anarchismus ist nichts Vergangenes. Auch heute versuchen Anarchist*innen vieler Länder, ihre Utopie von einem Leben ohne Chefs und Staat zu verwirklichen. Was bedeutet für sie Anarchie? Wovon träumen sie? Welche Perspektiven sehen sie? Das sind Fragen, auf die sich in diesem Buch einige Antworten finden lassen.

Bernd Drücke (Hg.)

Anarchismus Hoch 3

Utopie, Theorie, Praxis. Interviews und Gespräche

2016 | 252 Seiten | 16 €
ISBN 978-3-89771-219-5

Nachfolgeband von ›ja! Anarchismus‹ und ›Anarchismus Hoch 2‹

UNRAST Verlag | www.unrast-verlag.de | kontakt@unrast-verlag.de

Friends of UNRAST

Engagiertes Publizieren braucht gute Freund:innen!

www.unrast-verlag.de/friends

Friends

Du findest, dass kritische Theorie und Praxis in unserer Gesellschaft eine langfristige Perspektive brauchen und als Gegenöffentlichkeit gesichert werden müssen?

★ Bring dich ein und teile uns mit, welche Themen dir gerade dringlich erscheinen und in welche Diskurse wir gezielt mit neuen Büchern eingreifen sollten. Schreib an lektorat@unrast-verlag.de oder beteilige dich an unserer Chatgruppe.

★ Plane gemeinsam mit uns und unseren Autor*innen Veranstaltungen zu Themen, die in deiner Stadt / Region von Bedeutung sind.

★ Bewirb deine Veranstaltung über unsere Kanäle.

★ Werde Teil unseres Netzwerks **Friends of *UNRAST*** und unterstütze unsere wichtige Arbeit auch finanziell.

Mit einer Mitgliedschaft sicherst du das Fortbestehen unserer Arbeit und hilfst mit, dass der ***UNRAST*** Verlag weiterhin eine Plattform für linke Perspektiven und gesellschaftskritische Stimmen bieten kann.

Du entscheidest dich, den ***UNRAST*** Verlag monatlich mit einem kleinen Beitrag zu unterstützen, und richtest einen entsprechenden Dauerauftrag ein oder erteilst uns auf www.unrast-verlag.de/friends eine Einzugsermächtigung, die du selbstverständlich jederzeit kündigen oder ändern kannst.
Du erhältst eine Einladung zur ***UNRAST***-Chatgruppe, in die du dich sofort konstruktiv einbringen kannst.

Komme zu den **Friends of *UNRAST*** und erteile uns eine Einzugsermächtigung auf www.unrast-verlag.de/friends

oder richte einen Dauerauftrag mit dem Stichwort „friends“ ein:

UNRAST **Verlag**
Triodos Bank
IBAN: DE47 5003 1000 1012 2020 04

Werde Teil des *UNRAST* Netzwerkes!